pfeiffer

Zu diesem Buch

Mit dieser Neuausgabe liegt der »Psychotherapie-Klassiker« »Die rational-emotive Therapie« in völlig überarbeiteter und ergänzter Fassung nun auch dem deutschen Publikum vor. Die revidierte Ausgabe berücksichtigt neueste Ergebnisse der psychotherapeutischen Forschung ebenso wie neue methodische und behandlungstechnische Aspekte der »Rational-Emotiven Verhaltenstherapie« (REVT), wie das Verfahren nun genannt wird.
In ihren therapeutischen Zielen und Zugangsweisen ist sich die Methode treu geblieben, entsprechend der großen Resonanz, die Albert Ellis in Nordamerika und Mitteleuropa fand und immer noch findet: Dem Klienten soll »Hilfe zur Selbsthilfe« gegeben werden. Er wird darin unterstützt, Eigenverantwortung für sein Leben zu übernehmen. Ein zweiter Schwerpunkt liegt darauf, falsche Zwänge und »Glaubenssätze« als lebensfeindliche und gesundheitsbedrohende Prinzipien zu entlarven.

Albert Ellis Ph. D., Klinischer Psychologe, Begründer der »Rational-Emotiven Verhaltenstherapie« (REVT), zahlreiche Veröffentlichungen dazu; Leiter des »Albert Ellis Institute for Rational Emotive Behavior Therapy« in New York.

Albert Ellis

Grundlagen und Methoden der Rational-Emotiven Verhaltenstherapie

J. Pfeiffer Verlag · München

Die amerikanische Originalausgabe ist unter dem Titel »Reason and Emotion in Psychotherapy. A Comprehensive Method of Treating Human Disturbances; Revised and Updated« erschienen bei: Carol Publishing Group

Deutsche Lizenzausgabe durch freundliche Vermittlung der Agentur Schlück, Garbsen

Aus dem Amerikanischen übersetzt von Teresa Junek.

Kapitel I, IV und XI basieren auf der Übersetzung von Brigitte Stein.

Folgende Kapitel der Originalausgabe wurden hier – aus Umfangsgründen – nicht aufgenommen:

- Requisite Conditions for Basic Personality Change
- Rational Emotive Behavior Therapy versus Rationalism
- Guilt, Responsibility and Psychotherapy
- Rational Emotive Behavior Therapy and Other Therapeutic Approaches

Fachkorrektur:
Dr. Burkhard Hoellen
Der Verlag dankt Herrn Hoellen für seine kompetente fachliche Beratung.

Reihe »Leben lernen«
Nr. 26

Printed in Germany
Satz: PC-Print, München
Druck: G. J. Manz AG, Dillingen
Umschlagentwurf: Michael Berwanger, München
Titelabbildung: »La Grande Famille« von René Magritte

ISBN 3-7904-0649-X

Inhalt

Unser Kopf ist rund,
damit das Denken die Richtung wechseln kann.
Francis Picabia

Vorwort zur Deutschen Ausgabe

Die heute so populären und auch erfolgreichen kognitiv-verhaltenszentrierten Psychotherapien waren das Ergebnis eines Entwicklungsprozesses und damit Teil des Zeitgeistes, der in den fünfziger Jahren einsetzte und vielfach als die »kognitive Revolution« in der Psychologie bezeichnet wird.

Durch die zunehmende kognitiv-psychologische Reflexion psychotherapeutischer Modelle, insbesondere im Zusammenhang mit der Rekonzeptualisierung der Verhaltenstherapie, rückte zu Beginn der siebziger Jahre besonders auch die Rational-Emotive Therapie des amerikanischen Psychologen Albert Ellis in den Blickpunkt einer breiten Fachöffentlichkeit. Albert Ellis wurde zu einem wichtigen Ideengeber für die Neubegründung der Verhaltenstherapie, und sein 1977 erstmals in deutscher Übersetzung veröffentlichtes Standardwerk »Reason and Emotion« (»Die rational-emotive Therapie«) formulierte ein sehr anschauliches und einheitliches Konzept über die Entstehung, Aufrechterhaltung und Veränderung psychischer Probleme.

Der praktische Nutzen der von Ellis entwickelten Verfahren ist hinreichend belegt. Vieles spricht dafür, dass sich diese Verfahren besonders gut für einen verbreiteten Einsatz in der psychotherapeutischen Alltagspraxis eignen. Dort, wo sich die kognitiven Therapiemodelle mit den klassischen Verfahren der Verhaltenstherapie verbunden haben, ist es auch gelungen, die theoretische wie empirische Basis dieser Konzeptionen weiter zu festigen. Andererseits haben der kritische Konstruktivismus und eine konnektionistische Sicht dazu beigetragen, kognitiv-psychologische Therapieansätze zu vertiefen. Nach wie vor gilt jedoch auch der kritische Einwand, dass Kognitive Psychologie und die kognitiv orientierten Therapieverfahren noch zu wenig (theoretisch) miteinander »verbunden« sind.

Besonders Ellis hat sich solch kritischen Stimmen nie versagt, und selbst im hohen Alter arbeitet er unermüdlich an der theoretischen Fundierung und Weiterentwicklung seines therapeutischen Systems.

Aus diesem Grunde auch hat er 1994 eine Überarbeitung seines Basiswerkes aus dem Jahre 1962 vorgelegt.

Herausgekommen ist ein völlig neues Buch, im besten Sinne ein Alterswerk, und wenn der Pfeiffer-Verlag diese Neukonzeption in ihren wesentlichen Teilen der deutschen Fachwelt zugänglich macht, dann wird man/frau sich auch hierzulande davon überzeugen können, dass die Überlegungen von Ellis im Verlaufe der Jahre noch pluralistischer, interaktionistischer und differenzierter formuliert wurden. In Absprache mit Albert Ellis sind aus dem amerikanischen Original die wichtigsten Kapitel ausgewählt worden; sie geben einen kompakten und umfassenden Eindruck über den aktuellen Stand der Diskussion um rational-emotive Positionen.

Der Therapieansatz von Ellis, dem ursprünglich eine klinische, d.h. aus der Praxis abgeleitete Störungstheorie zugrunde liegt, erfährt in diesem Buch eine weitere systematische Herausarbeitung und konzeptionelle Grundlegung.

Eine Therapieform wie die Methode von Ellis, die eine Transformation von absolutistischen und perfektionistischen »belief-systems« in funktionalere, »gesündere« Annahmesysteme anstrebt, braucht eine umfassende, integrative Konzipierung.

Neben direktiven, kognitiven Verfahren zur Veränderung von individuellen Denkroutinen und Lebensphilosophien und zusätzlich zu der Befürwortung der Anwendung von erlebnisaktivierend-evokativen Methoden hat Ellis stets eine notwendige Verhaltenszentrierung seiner Therapie betont. Diese Handlungsorientierung erfährt nun auch auf der Ebene der Worte ihren angemessenen Ausdruck, nämlich dadurch, dass Ellis der von ihm begründeten Therapieform den neuen Namen Rational-Emotive Verhaltenstherapie (REVT) gegeben hat.

Darin kann auch ein Vorschlag für die heute so nachdrücklich geforderte Integration der verschiedenen Therapieverfahren auf der Basis einer einheitlichen, kognitiv-emotionalen Handlungstheorie gesehen werden.

So wie Albert Ellis vor nahezu einem halben Jahrhundert frischen Wind in das erstarrte psychoanalytische Modell gebracht hat und wie er Jahre später der Verhaltenstherapie neue Impulse geben konnte, so könnte mit diesem Buch die Trennung zwischen einer »Therapie des Verhaltens« und einer »Therapie der Einsicht« noch stärker aufgehoben werden und ein wichtiger Schritt in die Integration psychologischer Therapien gemacht werden.

Albert Ellis, der als einer der letzten großen Kliniker dieses Jahrhunderts gesehen werden kann und der zugleich ein umfassendes therapeutisches System geschaffen hat, legt mit diesem Buch die Erkenntnis und die klinischen Erfahrung eines langen, produktiven Lebens vor, gleichsam ein theoretisches wie praktisches therapeutisches Vermächtnis.

Burkhard Hoellen — Merzig, im Juli 1997

Vorwort zur Erstausgabe von »Die rational-emotive Therapie«

Angesichts meiner engen Verbindung und Zusammenarbeit mit Dr. Albert Ellis scheine ich mich am allerwenigsten dafür zu eignen, eine Einführung zu diesem Buch zu schreiben. Doch eben weil ich den Autor und seine psychotherapeutische Methode sehr gut kenne, möchte ich den Leser gerne auf bestimmte wichtige Dinge aufmerksam machen.

Zuallererst empfehle ich jedem Leser dieses Bandes, dass er dem gesamten Material seine ganze Aufmerksamkeit widmet. Leider herrscht unter Intellektuellen wie Psychotherapeuten die Tendenz (wie Dr. Ellis hervorhebt), die Praktiken der rational-emotiven Therapie (RET) als oberflächlich, undynamisch und irrig abzutun. Dies entspricht, ehrlich gesagt, meiner eigenen Reaktion vor einigen Jahren, als ich erstmals mit dem Autor über seine therapeutischen Ideen sprach. Doch war es mir in der Zwischenzeit möglich zu erkennen, dass meine ursprünglichen »Widerstände« von meiner starken Konditionierung durch die psychoanalytisch orientierte Kultur herrührten, in welche ich und meine psychotherapeutischen Kollegen lange und ziemlich dogmatisch eingebettet waren.

In den letzten paar Jahren ist mir immer klarer geworden, dass viele der Annahmen, mit denen ich und die meisten anderen Psychologen, Psychiater und andere Mitglieder des psychotherapeutischen Berufs indoktriniert worden sind, eben das sind – Annahmen. Sie wurden und werden uns immer noch als Tatsachen, Wahrheiten, Lehrsätze dargeboten. Dennoch bleiben es Annahmen; und in zahlreichen Fällen, wie ich nun erkenne, sind es falsche Annahmen dazu, wie der Mensch funktioniert und wie er am effektivsten behandelt werden kann, wenn seine Funktionsfähigkeit gestört ist.

Daher schlage ich vor, dass Sie, wie Ihre Reaktionen auf die von Dr. Ellis in diesem Buch vertretenen Theorien und Vorgehensweisen auch ausfallen mögen, seine Gedanken als Herausforderung einiger Ihrer eigenen vorgefassten Meinungen in Bezug auf menschliches Verhalten und die Behandlung von Verhaltensstörungen nutzen. Selbst wenn Sie sich nie von der Effektivität der rational-emotiven Therapie überzeugen lassen, werden Sie viele der Fragen, die eine ehrliche Prüfung dieses Buchs aufwirft, bestimmt einer Untersuchung wert erachten. Zu viele Psychologen, Psychiater, Sozialarbeiter und andere Mitglieder des psychotherapeutischen Berufs entwickeln, was Dr. Esther Menaker die »Verkalkung der Kategorien« genannt hat. Das Mindeste, was der Leser durch das vorurteilsfreie Lesen dieses Buchs gewinnen kann, ist eine Entkalkung seines beruflichen Denkens.

Schließlich möchte ich noch anregen, dass Sie in Ihrer wirklichen Praxis und den täglichen Beobachtungen Ihrer selbst und Anderer einige der Gedanken zum menschlichen Verhalten und zur Psychotherapie *ausprobieren,* die Dr. Ellis in diesem Buch erläutert. Aufgrund meiner eigenen Erfahrung habe ich mich von der Folgerichtigkeit vieler seiner Prinzipien und Praktiken überzeugen lassen.

Trotz meiner anfänglichen Zweifel an der RET habe ich deren Methoden in meiner eigenen klinischen Praxis ausprobiert und festgestellt, dass sie tatsächlich wirkten. Ja, sie wirkten darüber hinaus sogar effektiver als andere Therapietechniken, die ich früher verwendete (und in manchen Fällen auch weiterhin verwende).

Ich bin fest überzeugt, dass einige der Gedanken von Dr. Ellis gleichbedeutend korrektiv für die Vorurteile und Bigotterie *dieser* Generation von Psychotherapeuten und Verhaltenswissenschaftlern sind, wie Dr. Sigmund Freuds Gedanken es für seine Generation waren. Diese Bemerkung mag einfach nur meinen eigenen positiven irrationalen Hang zu Albert Ellis und der RET widerspiegeln. Doch ich glaube, dass Angehörige des psychotherapeutischen Berufsstands, die mein Rezept befolgen, dieses Buch aufmerksam zu lesen, und es als Grundlage dafür nehmen, einige ihrer eigenen Annahmen zu hinterfragen, sowie bestimmte Empfehlungen daraus ausprobieren, werden erkennen, dass meine Einschätzung dieses revolutionären Beitrags nicht völlig verfehlt ist.

Robert A. Harper, Ph.D.
Washington, D.C., 1962

Einleitung zur überarbeiteten und aktualisierten Neuauflage von »Die rational-emotive Therapie«

Die rational-emotive Verhaltenstherapie (REVT) hat es weit gebracht, seit ich Anfang 1962 die erste Ausgabe von *Die rational-emotive Therapie* schrieb. Als ich im Januar 1955 damit begann, die REVT zu praktizieren, war sie auf dem Weg, die erste »kognitive« Therapie oder »kognitive Verhaltens«-Therapie zu werden. Im Jahr 1962 war sie nicht besonders einflussreich, und praktisch alle gut eingeführten Psychotherapien, besonders die Psychoanalyse und die klientenzentrierte (später personzentrierte) Therapie, standen ihr höchst ablehnend gegenüber. Unverzagt fuhr ich fort, die REVT zu praktizieren und sie einer recht kleinen Gruppe begeisterter Anhänger zu lehren. *Die rational-emotive Therapie* wurde zum Haupttext der REVT-Praktiker und ist es bisher über dreißig Jahre lang geblieben. Zu meiner Überraschung wird das Buch auch von vielen Klienten und Anderen als Leitfaden zur Selbsthilfe verwendet, obwohl ich es nicht zu diesem Zweck geschrieben habe.

Heute bin ich froh, dass ich *Die rational-emotive Therapie* geschrieben habe und dass dieses Buch bei so vielen Mitgliedern des psychotherapeutischen Berufsstands wie auch bei vielen Laien guten Anklang fand. Zusammen mit *A New Guide to Rational Living,* dessen Erstausgabe ich 1961 zusammen mit Robert A. Harper geschrieben habe, und meinem Buch von 1988, *How To Stubbornly Refuse to Make Yourself Miserable About Anything – Yes Anything!**, hat es Millionen Laien in die REVT eingeführt, von denen Tausende mir begeistert geschrieben haben.

Diese sowie meine anderen Schriften und Kassetten haben die Botschaften der REVT in der Welt verbreitet und haben eine enorm bekannte Selbsthilfeliteratur ausgelöst, die, mit oder ohne Verdienst der REVT, unzählige Menschen erreicht hat. *Die rational-emotive Therapie* und andere Materialien über das rational-emotive Verhalten haben ebenfalls zu der »kognitiven Revolution« in der modernen Psychotherapie geführt, die etwa zehn Jahre, nachdem ich 1955 die REVT zu lehren begann, erfolgte. Als Folge daraus integrieren wahrscheinlich die meisten Psychotherapeuten in den Vereinigten Staaten und der westlichen Welt ihre Methoden zu einem großen Teil – und oft als wichtigsten Teil – in ihre Praxis. So beinhalten Aaron Becks kognitive Therapie, William Glassers Realitätstherapie, Maxie Maultsbys rationale Verhaltenstherapie, Donald Meichenbaums, Michael Mahoneys kognitive Verhaltens-

* Dt. Ausgabe: Training der Gefühle, mvg-Verlag 1989

therapie und die vieler anderer Praktiker viele Theorien und Praktiken der REVT. Überdies verwenden Therapeuten, denen es heute angenehmer ist, sich »integrative«, »eklektische« oder »konstruktivistische« Therapeuten zu nennen, fast immer wichtige Aspekte der REVT und der verwandten kognitiven Verhaltenstherapie.

Jedoch will ich hier nicht übertreiben. Angenommen, es hätte mich nie gegeben oder ich hätte die REVT nicht begründet, würde die therapeutische Szene immer noch von Psychoanalytikern, von personzentrierten und erlebnisaktivierenden Therapieformen beherrscht wie im Januar 1955, als ich anfing, meine frühe Form der REVT zu praktizieren und zu lehren? Ich glaube kaum. Einige Formen der kognitiven Therapie und der Verhaltenstherapie existierten bereits vor meiner Zeit; und obwohl sie 1955 nicht verbreitet waren, behaupte ich, dass sie ohne meine Formulierungen und Lehren gewachsen wären und sich weiterentwickelt hätten. Weshalb? Weil sich die Wissenschaft – und besonders die Wissenschaft vom Menschen -fast unvermeidlich verändert und verbessert; und wenn die kognitive Therapie und die Verhaltenstherapie für die Behandlung von neurotischen und anderen »emotionalen« Problemen oft nützlich sind – worauf eine umfangreiche Forschung bisher schließen lässt –, dann hätten sie sich aller Wahrscheinlichkeit nach auch ohne meine Beiträge zu einem ähnlichen wie ihrem gegenwärtigen Zustand entwickelt.

Mein größtes Verdienst war, glaube ich, dass ich früher und effektiver zu dieser Entwicklung ermuntert habe, als dies vielleicht sonst geschehen wäre. Tatsächlich könnte ein Teil ihres »Wachstums« – ebenso wie wahrscheinlich ihrer »Behinderung« – von den verschiedenen Fehlern vorangetrieben worden sein, die ich in der Theorie, Praxis und Veröffentlichung der REVT gemacht habe. Diese Fehler – von denen ich viele im vorliegenden Buch zu verbessern versuchte – haben andere kreative Menschen dazu ermuntert, meine ursprüngliche REVT-orientierte Praxis wirksam zu überarbeiten und zu verbessern sowie vieles hinzuzufügen.

Die Wissenschaft schreitet überdies immer weiter fort. Die »guten« Ideen und Praktiken von heute werden zum »Besseren« hin verändert. Die heutige Unwissenheit wird gewöhnlich im Morgen ausgeglichen. Ob es die weit verbreitete, REVT-orientierte Therapie ohne meine Neuerungen – und mein aktiv direktives Trommelrühren für diese Neuerungen – heute geben würde, können wir nicht mit Sicherheit wissen. Doch sie hätte sich sehr wahrscheinlich durchgesetzt, besonders wenn sich die kognitive Verhaltenstherapie weiterhin als wirksam erweist.

Auf jeden Fall gibt es wissenschaftliche Kreativität und konsequente Veränderung bei Urhebern ebenso wie bei deren Imitatoren und Anhängern. Freud war bemerkenswert flexibel und veränderbar – zumindest in mancher Hinsicht. Ich, der in der REVT Flexibilität und Offenheit für Veränderungen besonders hervorhebe, sollte meine eigenen Lehren lieber beherzigen. Das habe ich, glaube ich, auch getan, denn ich habe meine übermäßig begeisterte und etwas einseitige Bindung an die kognitive Therapie, der ich im Lauf der Jahre eine Reihe von Methoden aus der Verhaltenstherapie hinzugefügt hatte, die ursprünglich nicht mit einbegriffen gewesen waren, ein Stück weit aufgegeben. Und ich habe besonders die ursprüngliche REVT mit vielen wirkungsvollen, dramatisch emotiven Praktiken verbessert. Vieles davon, was ich heute mit meinen Klienten mache, habe ich auch in den 50er Jahren gemacht, doch vieles, das ich damals nicht machte, füge ich heute beinah routinemäßig hinzu. Und ich werde auch weiterhin Neues einführen – während die REVT sich weiterhin verändert und entwickelt.

Überdies sehe ich einige meiner ursprünglichen Gedanken heute als mangelhaft an – wie ich in dieser Überarbeitung verdeutlichen werde. Ich entwickelte die REVT aus den Werken von Philosophen und habe immer geglaubt, dass die Menschen ihre Grundeinstellungen oder Kernphilosophien verändern müssten, um ihre gestörten Gefühle und Handlungen wirklich zu verändern und die Änderung auch beizubehalten. Doch in gewisser Hinsicht habe ich entgegen meiner eigenen Prinzipien meinen Klienten zuerst vor Augen geführt, womit sie ihre Störungen hervorriefen, indem sie es sich selbst irrationalerweise sagten, und wie sie diese selbstbezogenen Behauptungen verändern konnten, um sie rationaler und hilfreicher zu machen. Ich spürte, dass bei dieser Form der die Grundhaltungen verändernden Behandlung noch etwas fehlte, doch schien sie meinen Klienten (und Lesern) so direkt und einfach beizubringen zu sein, dass ich sorglos daran festhielt und sie größtenteils in die Erstausgabe von *Die rational-emotive Therapie* aufnahm.

Ironischerweise kam in den 60er Jahren Aaron (Tim) Beck daher, der einer der ersten bedeutenden Therapeuten war, welche der Theorie und Praxis der REVT folgten. Und da er ein aufmerksamer Beobachter dessen war, was die Menschen »sich selbst sagen«, um ihre Neurosen selbst zu schaffen, prägte Tim den Ausdruck »automatische Gedanken«, um das zu beschreiben, was ich zuerst »Selbstverbalisationen« und »irrationale Überzeugungen« (irrational beliefs = iB's) genannt hatte.

Ich erkannte sofort, dass dies recht genau zutraf. Wenn ich die Klienten z. B. fragte: »Was sagen Sie sich selbst, um ängstlich und depressiv zu werden, weil Sie bei einem wichtigen Projekt versagen könnten?«, pflegten sie kurz nach ihren selbstbezogenen Behauptungen zu suchen und zu antworten: »Wenn ich bei diesem Projekt versage, wird mich jeder verachten«, oder: »Wenn ich bei diesem Projekt versage, werde ich nie bei etwas Wichtigem erfolgreich sein.«

Dies waren häufig die ersten und fast automatischen Gedanken, die ängstlichen und depressiven Menschen in den Sinn kamen, wenn sie über Versagen nachdachten. Auf Beobachtungen gegründet waren dies »richtige« Gedanken in dem Sinn, dass die gestörten Menschen sie klar dachten; und sie waren häufige und oft »automatische« Gedanken, die sie mit Versagen in Verbindung brachten. Realistisch gesehen waren diese Gedanken jedoch gewöhnlich »falsch«, da offensichtlich nicht jeder seine Mitmenschen wegen eines Versagens verachtet; und da das Versagen bei einer Aufgabe selten dazu führt, immer bei allem Wichtigen zu versagen.

Ich »wusste« aus meinem ersten Jahr der Anwendung der REVT bei einer Vielzahl von Klienten, dass hinter deren »automatischen«, unrealistischen Gedanken oft unbewusste, tiefer liegende Bewertungen lagen, die »wirklich« zu den Störungen der Klienten führten und ihnen sogar halfen, ihre störenden Gedanken hervorzurufen. Wie z. B.: »Wenn ich in dieser wertvollen Beziehung versage und wenn die Leute mich deshalb verachten, bedeutet das, ich bin ein unbrauchbarer Versager und ein unfähiger Mensch.« Und: »Wenn ich bei dieser Aufgabe versage, werde ich nie in einer wichtigen Sache gut sein, und weil ich nicht erfolgreich bin, bin ich ein unfähiger Mensch.«

Nun sind diese Schlussfolgerungen hinsichtlich des Problems »Versagen« auch antiempirisch. Wenn ich in einer wertvollen Beziehung scheitere und die Leute mich für dieses Scheitern verachten, kann das sehr wohl bedeuten, dass manche mich als unbrauchbaren Versager ansehen – während andere mich ganz in Ordnung finden werden. Und es kann bedeuten, dass ich in dieser Beziehung jämmerlich versagt habe – aber nicht, dass ich in allen Beziehungen versagen werde; ebensowenig wie ich natürlich in allen wichtigen Aspekten meines Lebens unfähig sein werde. So pflegte ich also erstens meinen frühen REVT-Klienten mit Hilfe von realistischen Argumenten oder Streitgesprächen vor Augen zu führen, dass sie, wenn sie in einem wichtigen Projekt oder einer wichtigen Beziehung versagten, nicht unbedingt immer versagen würden, und dass nicht jeder wichtige Mensch sie verachten würde, ebenso wie Aaron Beck dies seinen Klienten mit Hilfe der kognitiven Therapie zeigte. Dies war das realistische oder empirische Argument, das ich gewöhnlich verwendete und das selbst anzuwenden ich ihnen beibrachte.

Zweitens verwendete ich das einschätzende (und ebenfalls realistische, logische und einer übermäßigen Verallgemeinerung entgegenwirkende) Argument, dass das Versagen meiner Klienten bei einem Projekt oder in

einer Beziehung niemals bedeutete, dass sie sich selbst zutreffend als schlechte Menschen einschätzen dürften, obwohl sie oft ihre Leistungen als schlecht bewerten können. In dieser Hinsicht pflegte ich also die irrationalen Überzeugungen (iB's) meiner Klienten ebenso zu disputieren, wie Tim Beck und andere kognitive Verhaltenstherapeuten es tun.
Jedoch erkannte ich in meiner Praxis der REVT auch von Anfang an, dass meine Klienten unter ihren unrealistischen, unlogischen und übermäßig verallgemeinernden neurotischen Überzeugungen absolutistische »Muss« und »Sollte« in sich trugen. Somit dachten sie oft: »Ich muss bei diesem Projekt oder in dieser Beziehung erfolgreich sein, und wenn ich nicht so erfolgreich bin, wie ich sein muss, werden andere mich verachten, ich werde niemals in einer wichtigen Sache Erfolg haben und bin daher ein unzulänglicher Mensch.« Um meinen Klienten zu helfen, suchte ich also nach ihren unrealistischen und unlogischen selbst-schädigenden Überzeugungen – aber ich suchte ebenfalls nach den grandiosen »Muss«, die immer dahinter zu liegen schienen und diese Klienten größtenteils »veranlassten«, ihre irrationalen Überzeugungen (iB's) immer weiter hervorzurufen, und disputierte sie.
Prima – aber ich erkannte das nur oberflächlich und unvollständig, und ich fand und forderte die absolutistischen »Muss« der Menschen zusammen mit ihren sekundären Irrationalitäten heraus. Als ich in den 70er Jahren jedoch sah, dass Tim Becks kognitive Therapie hauptsächlich die automatischen Gedanken der Menschen und die unlogischen Überbewertungen, die dazugehörten, betonte und dass sie häufig (wie Donald Meichenbaums kognitive Verhaltenstherapie) ihre »Muss« überging oder auf dieselbe Stufe mit den automatischen Gedanken und negativen Überbewertungen stellte, begann ich klar und deutlich den Vorrang der mächtigen »Muss« zu erkennen und sah, dass sie den anderen dysfunktionalen Überzeugungen gewöhnlich zugrunde liegen.
Danach habe ich die REVT überarbeitet, so dass sie heute das absolutistische Fordern und Beharren stärker als andere kognitive Verhaltenstherapien betont, und ich bezog diese Betonung in meine folgenden Lehren und Schriften mit ein. Ohne Tim Becks »Hilfe« hätte ich vielleicht viel stärker gezögert, die REVT in diesem wichtigen Punkt zu verändern. Jedenfalls habe ich sie verändert, ebenso wie ich viele andere Aspekte der rational-emotiven Verhaltenstherapie geändert habe, seit ich *Die rationale-emotive Therapie* geschrieben habe. Weil dieses Buch in all den Jahren so beliebt geblieben ist, weil es sich immer noch gut verkauft und weil es für viele Therapeuten und Klienten hilfreich ist, verdient es meiner Ansicht nach, überarbeitet und aktualisiert – und dadurch nochmals verbessert – zu werden.

Somit habe ich versucht, in diesem neuen Band einige meiner ursprünglichen Fehler aufzuzeigen und zu korrigieren. Überdies habe ich eine ganze Reihe anderer Theorien und Praktiken der REVT hinzugefügt, die 1962 nicht existierten oder die, wie im Fall meiner Konzeption des absolutistischen »Muss«, zwar existierten, die ich aber nicht deutlich erkannte und hervorhob. Wegen der räumlichen Einschränkung durch das neue Material habe ich in diesem Buch detaillierte Kapitel zu speziellen Therapieproblemen ausgelassen, die in der ursprünglichen Ausgabe von »Die rational-emotive Therapie« enthalten waren – wie Partnerschafts-, Ehe- und Familienprobleme, sexuelle Schwierigkeiten und die Behandlung ernsthafter Persönlichkeitsstörungen. Ich bin weit über meine frühen Formulierungen in diesen Bereichen hinausgegangen und werde Einzelheiten zu REVT-Ansätzen bei vielen klinischen Störungen in den zweiten Band dieses Buches aufnehmen. Band 2 wird wahrscheinlich *Die Rational-Emotive Verhaltenstherapie bei klinischen Schwierigkeiten: Band 2 der Rational-Emotiven Verhaltenstherapie* heißen. Ich freue mich darauf, bald mit der Arbeit zu beginnen!

I. Die Ursprünge der Rational-Emotiven Verhaltenstherapie

Die Rational-Emotive Psychotherapie (abgekürzt RT-Therapie oder RET), die ich nun Rational-Emotive Verhaltenstherapie nenne, ist auf Umwegen entstanden. Ich habe meine psychotherapeutische Fachausbildung auf den Gebieten der Ehe-, Familien- und Sexualtherapie gemacht; die Behandlung besteht hier weitgehend darin, Patienten mit spezifischen Ehe- und Sexualproblemen zu helfen, indem man ihnen brauchbare Anweisungen gibt, wie sie miteinander umgehen sollen, wie sie ihre sexuellen Praktiken verbessern können, was sie bei der Kindererziehung zu beachten haben usw. Diese Art von Therapie zeitigte einigermaßen befriedigende – und manchmal erstaunlich gute – Resultate. Aber ihr waren auch offenkundig Grenzen gesetzt, denn wie mir bald klar wurde, sind gestörte Ehen (oder sonstige Zweierbeziehungen) das Produkt gestörter Partner; und wenn man den Menschen zeigen will, wie sie glücklich miteinander leben können, muss man sie zunächst lehren, mit sich selbst in Frieden zu leben[1].

Ich unterzog mich aus diesem Grund 1947 einer intensiven psychoanalytischen Ausbildung. Auch vorher schon war ich mit allen Hauptwerken Freuds und seiner wichtigsten Nachfolger vertraut gewesen seit meinen ersten Jahren im College, als ich praktisch in der alten Russel Sage Bibliothek Ecke 22. Straße und Lexington Avenue hauste, einen Block vom Institut des City College von New York entfernt, an dem ich studierte.

Obwohl ich von Anfang an viele Vorbehalte gegenüber Freuds Theorie der Persönlichkeit hatte (da ich schon mit siebzehn Jahren unschwer erkannte, dass Freud scharfsinnige klinische Interpretationen kreierte, um sie in das Prokrustesbett seiner äußerst einseitigen Ödipustheorie zu zwängen), hielt ich dennoch, vielleicht aus reinem Wunschdenken, an meinem Glauben an die Wirksamkeit der orthodoxen psychoanalytischen Technik fest.

Ich glaubte, mit anderen Worten, dass nichtanalytische Methoden zwar oft hilfreich und weit weniger zeitraubend seien als die klassische Analyse, dass diese jedoch gründlicher und tiefschürfender sei und daher auch erheblich bessere Heilerfolge verbürge. Ich unterzog mich denn auch sehr willig einer orthodoxen Analyse bei einem angesehenen Lehranalytiker der Horney-Schule, der vor seinem Anschluss an diese Schule fünfundzwanzig Jahre lang als orthodoxer Freudianer praktiziert hatte und auch mit einigen der Hauptthesen Jungs sympathisierte. Trotz sei-

nes theoretischen Eklektizismus orientierte er sich in seiner analytischen Technik fast ausschließlich an Freud: Die Folge war, dass ich die nächsten drei Jahre auf der Couch zubrachte – hinter mir saß mein meist schweigend zuhörender Analytiker – und mich in freien Assoziationen erging, Hunderte von Träumen mit ihm analysierte und endlos die Übertragungszusammenhänge zwischen meinen Kindheitsbeziehungen zu meiner Mutter, meinem Vater, meiner Schwester und meinem Bruder einerseits und meinen augenblicklichen Sexual-, Liebes-, Ehe- und Berufspartnern und meinem Analytiker andererseits erörterte.
Er und ich waren schließlich übereinstimmend der Ansicht, dass meine Analyse 1949 erfolgreich abgeschlossen sei. Seinem Rat folgend, brachte ich danach mehrere Kontrollfälle zum Abschluss, d. h., ich arbeitete unter Aufsicht eines Lehranalytikers mit meinen eigenen Patienten, wobei ich mich konsequent der Couch, der freien Assoziation, der ausführlichen Traumanalyse und der Auflösung der Übertragungsneurose bediente. Ich forderte alle meine Psychotherapiepatienten – obwohl ich auch meine Ehe- und Familienberatungspraxis fortsetzte, ohne analytische Methoden anzuwenden – auf, sich auf die Couch zu legen, und behandelte sie nach orthodoxem analytischen Reglement.
Leider wollte sich das Wunder der Tiefentherapie, das ich durch die analytische Prozedur herbeizuführen hoffte, nie recht einstellen. Ich glaube sagen zu können, dass ich damals ein guter junger Psychoanalytiker war. Jedenfalls waren meine Patienten dieser Meinung und empfahlen mich an ihre Freunde und Bekannten weiter. Und meine Heilerfolge waren, soweit ich feststellen konnte, mindestens so gut wie die anderer New Yorker Analytiker. Die meisten meiner Patienten blieben ziemlich lange bei mir in Behandlung (statt diese bald wieder abzubrechen, wie dies bei vielen Analysanden der Fall ist); und etwa 60 Prozent meiner neurotischen Patienten wiesen aufgrund der Analyse eine deutliche oder merkbare Besserung auf. Diese Ergebnisse liegen, wie Glover und Philipps gezeigt haben, über den Durchschnittswerten, die bei der klassischen psychoanalytischen Behandlung erzielt werden[2].
Bald musste ich mir jedoch ehrlich eingestehen, dass da etwas nicht in Ordnung war. Zum einen traf ich seitens meiner Patienten häufig auf ernsten Widerstand gegen die psychoanalytische Methode. Vielen von ihnen fiel es überaus schwer, die Technik der freien Assoziation, so wie sie vorgeschrieben war, zu erlernen; manchen von ihnen gelang es nie richtig. Während sich manche Analysanden an viele ihrer Träume erinnerten und mir diese ohne Mühe erzählen konnten, träumten andere selten bzw. erinnerten sich nicht an ihre Träume.
Oft traten lange, unproduktive Gesprächspausen ein (die manchmal die ganze Therapiestunde andauerten), während ich (der klassischen Tech-

nik entsprechend) müßig mit schlaff gehaltenem Bleistift dasaß. Obwohl ich mein Bestes tat, um die Patienten auf der Couch festzuhalten, wollten viele von ihnen verständlicherweise aufspringen und im Zimmer auf und ab gehen oder sich aufsetzen und mich ansehen – jedenfalls alles andere, als gedankenvoll an die Decke zu starren. Nicht selten machten sie mir bittere Vorwürfe, beklagten sich, dass ich nichts täte, um ihnen zu helfen, und erklärten, sie hätten von diesem Unfug nun endgültig die Nase voll. Ich interpretierte solche Reaktionen natürlich pflichtschuldig und gewitzt, ihr Aufbegehren gegen die analytischen Regeln bedeute, dass sie gegen die Übertragungsbeziehung Widerstand leisteten und im Grunde nicht geheilt werden wollten. Oft gelang es mir, sie davon zu überzeugen; aber immer häufiger plagten mich selbst Zweifel.

Diese Zweifel betrafen auch meine eigene Rolle im therapeutischen Prozess. Die Deutung der freien Assoziationen und Träume meiner Patienten und insbesondere die Verknüpfung ihrer aktuellen Probleme mit ihren Erinnerungen an die Vergangenheit machte mir anfangs großen Spaß. »Detektivspielen« nannte ich es insgeheim; und ich gratulierte mir oft dazu, für die spannende Aufgabe, anderen ins Oberstübchen zu schauen, auch noch bezahlt zu werden.

Ich war schon immer gern schriftstellerisch tätig gewesen, aber – dieses »Detektivspielen in der Realität« gefiel mir noch besser, als mir für meine eigenen Geschichten oder die anderer Autoren einen verblüffenden Schluss auszudenken. Wenn ich einen Patienten davon überzeugen konnte, dass er heute wütend sei, nicht weil ihn sein Chef zurechtgewiesen oder weil ihm seine Frau im Bett Schwierigkeiten gemacht hatte, sondern weil er im Grunde seinen Vater oder seine Mutter hasste und durch seine jetzigen Wutausbrüche unbewusst mit ihnen abrechnete – wenn mir mein Patient dann aufgeregt zustimmte, »Ja, das stimmt! Jetzt ist mir das alles sonnenklar!«, dann war ich hocherfreut und fest überzeugt, dass es dem Patienten bald besser gehen werde, da ich ihm doch diesen glänzenden Schlüssel zu seinen Grundproblemen ausgehändigt hatte.

Wie sich bald herausstellte, musste ich mir (und manchmal auch dem Patienten) jedoch leider eingestehen, dass ich mit dieser Annahme meist völlig Unrecht hatte. Denn der gleiche Mensch, der erst gestern wild auf meinen Schreibtisch gehämmert und dabei fast meine hübsche Alabastervase zertrümmert hatte, wobei er triumphierend schrie: »Sie haben Recht! Sie haben absolut recht! Ich hasse wirklich meinen Vater. Ich hasse, hasse, hasse ihn, ich habe ihn immer gehasst, wenn ich es auch bisher nie zugeben wollte, weder mir selbst noch anderen gegenüber. Ja, Sie haben absolut Recht!« – dieser gleiche Mensch, der zu dieser unge-

heuer abreaktiven Einsicht gelangt war und gejubelt hatte, jetzt begreife er endlich, warum er morgens nicht aufstehen und zur Arbeit gehen könne, erschien bereits am nächsten Tag in meiner Praxis, und auch am übernächsten und in den folgenden Wochen und Monaten, und war immer noch nicht imstande, morgens aufzustehen und ins Büro zu gehen.
Und dann fragte er mich ganz verzagt und verzweifelt: »Wie kommt das? Wie gibt es das, Dr. Ellis, dass mir gestern alles völlig klar war, und auch heute ist mir noch alles klar, ich gebe jetzt zu, dass ich das alte Ekel hasse, und trotzdem kann ich noch immer nicht aufstehen, mein Verhalten hat sich nicht im Geringsten gebessert!? Warum? Warum ist das so?« Und ich musste darauf antworten (noch hielt ich mich strikt an die psychoanalytische Theorie, obwohl ich mehr und mehr an deren Gültigkeit zweifelte): »Ja, ich weiß. Sie hatten eine wichtige Einsicht, und ich bin sicher, dass sie Ihnen noch helfen wird. Aber vermutlich haben Sie die Sache nicht wirklich klar genug erfasst; oder vielleicht ist da noch etwas anderes, eine andere wichtige Erkenntnis, die Ihnen noch fehlt, wenn Sie ihr wahrscheinlich auch schon näher gekommen sind, und wenn wir nur geduldig weitermachen, bis Sie wirklich wissen, was Ihnen Schwierigkeiten macht, dann werden Sie morgens aufstehen und zur Arbeit gehen und alles Übrige machen können, woran Ihre Neurose Sie im Augenblick hindert.«
Meist beruhigte sich der Patient auf diese Worte hin oder ließ zumindest vorübergehend von seinen Zweifeln ab. Meine Zweifel verstummten jedoch nie ganz. Nein, ich grübelte und grübelte ...
Auch andere Regeln der klassischen Psychoanalyse stellte ich innerlich in Frage. Wenn mir völlig klar zu sein schien, was einem Patienten zu schaffen machte, warum musste ich dann manchmal wochenlang untätig zuwarten, bis er durch seine eigenen Deutungsversuche erkennen ließ, dass er voll und ganz »bereit« war, meine Einsichten zu akzeptieren? Warum durfte ich den Patienten nicht mit ein paar gezielten Fragen oder Bemerkungen weiterhelfen, wenn ihnen die Technik der freien Assoziation so ungeheure Mühe machte, dass sie in einer ganzen Therapiestunde oft nur ein paar Worte herausbrachten? Warum musste ich jedesmal ohne Ausnahme eine emotional hochgeladene Übertragungsbeziehung inklusive einer Übertragungsneurose zwischen mir und dem Patienten herbeiführen, wenn ich manchen Patienten im Guten wie im Schlechten doch sichtlich gleichgültig zu sein schien und sie nur daran interessiert waren, so schnell wie möglich ihre Probleme mit sich selbst und anderen zu lösen?
Je länger ich darüber nachdachte, desto skeptischer wurde ich in Bezug auf die Effizienz und Wirksamkeit der klassischen analytischen Technik. Nach und nach begann ich, ohne viel Aufhebens zu unorthodoxen,

neofreudianischen Varianten der Analyse und schließlich zu einer sogenannten analytisch orientierten Form der Psychotherapie überzugehen. Im Laufe dieses Prozesses probierte ich, wie ich glaube, die wichtigsten analytischen Methoden alle durch, einschließlich Ferenczis »Liebe-Spenden«, Ranks »Beziehung«, Horneys Betonung der aktuellen Situation und Sullivans Technik der zwischenmenschlichen Beziehung[3]. Alle genannten Methoden fand ich interessant, die meisten anregend für mich und vielfach einsichtsfördernd für meine Patienten. Dennoch musste ich zugeben, dass meine Patienten, obwohl sich die meisten von ihnen besser fühlten und manche lernten, sich in ihrem Leben angemessener zu verhalten, kaum je im wahrsten Sinn des Wortes besserten: d. h. ihre Angst und Aggressionen drastisch und dauerhaft reduzierten.
Sobald ich von der »Tiefen«analyse mit ihren drei bis fünf Wochenstunden auf der Couch zu einer »analytisch orientierten« Form der Psychotherapie überging, bei der ich ein- oder zweimal wöchentlich dem Patienten gegenübersaß, begann ich bessere therapeutische Resultate zu erzielen. Zu meiner großen Überraschung zeitigte diese »oberflächlichere« Methode nicht nur raschere, sondern anscheinend auch tieferreichende und dauerhaftere Wirkungen. In der analytisch orientierten Therapie werden zwar viele der grundlegenden Erkenntnisse Freuds, Ferenczis, Ernest Jones', Otto Fenichels, Karen Horneys, Erich Fromms und anderer führender Psychoanalytiker verwertet, die langwierigen Methoden der freien Assoziation und komplexer Traumanalysen werden jedoch meist beiseite gelassen oder abgekürzt und stattdessen bedient man sich einer aktiveren und rascher interpretierenden therapeutischen Methode[4].

Während ein klassischer Freudianer unter Umständen ein oder zwei Jahre braucht, um seinem Patienten klarzumachen, dass er noch übermäßig an seinen Eltern hängt und dass diese enge Bindung an seinem heutigen neurotischen Verhalten schuld ist, kann eine analytisch orientierte Therapie einem Patienten die gleiche Interpretation schon nach wenigen Sitzungen vermitteln. In sehr aktiver Weise versucht der Therapeut ständig, die Lebensgeschichte des Patienten (die er durch direkte, eindringliche Fragen rekonstruiert) zu seinem gegenwärtigen neurotischen Verhalten in Beziehung zu setzen.

In den Jahren 1950 bis Anfang 1953 wurde ich einer der entscheidendsten Vertreter der aktiv-direktiven Schule der analytisch orientierten Therapeuten. Und ich muss sagen, dass mein aktives Eingreifen bald günstigere Resultate zur Folge hatte. Während ich mit Hilfe der orthodoxen Analyse bei etwa 50 Prozent meiner gesamten Patienten (zu denen Psychotiker und Menschen mit Persönlichkeitsstörungen zählten)

und bei 60 Prozent meiner neurotischen Patienten eine signifikante Besserung bewirkt hatte, konnte ich mit der aktiv-direktiven, analytisch orientierten Therapie bei etwa 63 Prozent meiner Gesamtpatienten und etwa 70 Prozent meiner neurotischen Patienten wesentliche oder nennenswerte Heilerfolge erzielen.
Außerdem benötigten die orthodox behandelten Patienten im Durchschnitt 100 Stunden (nicht wenige von ihnen hatten buchstäblich Hunderte von Sitzungen), die mit aktiveren Methoden behandelten kamen dagegen im Schnitt mit 35 Stunden aus. Soweit ich es beurteilen konnte, bewirkte die abgewandelte Therapie in kürzerer Zeit bessere Resultate als die angeblich »tiefer« schürfende klassische Methode.[5]
Trotzdem war ich mit den Ergebnissen noch immer nicht zufrieden. Auch hier war es wieder so, dass sehr viele Patienten nach relativ kurzer Zeit beträchtliche Fortschritte machten und dass sie sich wesentlich besser fühlten, sobald sie gewisse scheinbar entscheidende Einsichten gewonnen hatten. Aber wenige erwiesen sich als wirklich geheilt im Sinne maximaler Angst- und Aggressionsfreiheit. Und wie zuvor sagte ein Patient nach dem anderen zu mir: »Ja, mir ist jetzt ganz klar, was mir Schwierigkeiten macht und warum; aber die Schwierigkeiten habe ich immer noch. Was soll ich dagegen tun?« Und ich konnte wieder nur hilflos antworten: »Nun, ich bin nicht so sicher, dass es Ihnen wirklich ganz klar ist.« Oder: »Ja, ich glaube Ihnen zwar, dass Sie verstandesmäßig begriffen haben, was Ihnen so lange Schwierigkeiten gemacht hat, aber ich bezweifle, ob Sie auch über die emotionale Einsicht verfügen.« Worauf der Patient oft erwiderte: »Sie haben Recht. Wahrscheinlich habe ich die Sache wirklich noch nicht ganz erfasst. Die emotionale Einsicht fehlt mir noch. Wie bekommt man die?«
Wie alle anderen Psychotherapeuten, die ich kannte, war ich ratlos. Ohne rechte Überzeugung sagte ich dann etwa: »Irgendetwas muss Sie blockieren und Ihnen die emotionale Einsicht verwehren. Schauen wir einmal, was das sein könnte.« Oder ich griff nach dem alten und bewährten Rettungsring frustrierter Therapeuten: »Vielleicht wollen Sie im Grunde gar nicht gesund werden. Vielleicht wollen Sie sich weiter selbst bestrafen, indem Sie an Ihren Schwierigkeiten festhalten.« All dies schien die Patienten zwar in vielen Fällen zu beruhigen, aber mich befriedigte es nicht recht.
Je mehr ich die Wirksamkeit der analytisch orientierten Therapie (und jeder anderen Therapieform, von der ich je gehört hatte) in Frage zu stellen begann, um so überzeugter wurde ich, dass ihrer Theorie und Praxis ein wesentliches Element fehlte. Schließlich fand ich durch einen Versuch- und Irrtum-Prozess heraus, was dieses Element sein konnte.

Der Grundgedanke der Psychoanalyse ist im Wesentlichen derselbe, der der behavioristischen Lerntheorie zugrunde liegt, die ihrerseits weitgehend durch die Pawlowsche Theorie der konditionierten Reaktion geprägt ist. Diese These besagt, dass – ebenso wie Pawlows Hunde darauf konditioniert wurden, beim Läuten einer Glocke Speichel abzusondern, indem man kurz vor der Verabreichung von Futter jedesmal eine Glocke ertönen ließ, bis der konditionierte Reiz (die Glocke) schließlich genügte, um die konditionierte Reaktion (die Absonderung von Speichel) auszulösen – der Mensch in seiner Kindheit konditioniert wird, sich vor etwas zu fürchten (beispielsweise vor dem Zorn seines Vaters), indem man ihn jedesmal, wenn er etwas Verbotenes tut (etwa masturbiert oder sich seiner Mutter sexuell nähert), einschüchtert oder bestraft. Da dieser Theorie zufolge der Mensch genau wie Pawlows Hunde gelernt hat, sich vor etwas (etwa der Missbilligung seiner Eltern) zu fürchten, und da er dies in frühester Jugend lernte, als er gar nicht begriff, was vor sich ging, besteht die recht naheliegende therapeutische Lösung darin, ihm im Verlauf der psychoanalytischen Therapie bewusst zu machen, was damals eigentlich geschehen war. Die Erkenntnis, dass seine Angst gelernt ist und dass er jetzt kein Kind mehr ist und sich nicht mehr vor etwas Bestimmtem (etwa der elterlichen Missbilligung) zu fürchten braucht, soll bewirken, dass seine konditionierte Angst (bzw. seine Neurose) verschwindet. Mit anderen Worten, seine Einsicht in den frühkindlichen Konditionierungsprozess soll die Auswirkungen dieses Prozesses aufheben und ihm die Möglichkeit geben, sich zu »rekonditionieren«.

In den ersten Jahren meiner therapeutischen Praxis erschien mir diese Theorie überaus plausibel. Bald zählte ich zu den Therapeuten, die eine baldige Annäherung zwischen der Freudschen (oder zumindest neofreudianischen) Psychoanalyse und der behavioristischen Lerntheorie für wahrscheinlich hielten und alles tun wollten, um diese Annäherung zu fördern[6].

Meine Beschäftigung mit der Lerntheorie half mir in zumindest einer wichtigen Hinsicht bei meinen therapeutischen Bemühungen weiter. Ich begriff, dass die Einsicht allein einen Menschen nicht befähigt, seine tiefsitzenden Ängste und Aggressionen zu überwinden; er braucht außerdem eine Vielzahl angst- und aggressionsbekämpfender Übungen. Diese Idee schöpfte ich aus Pawlows Dekonditionierungsexperimenten. Dieselben Hunde, die er konditioniert hatte, indem er kurz vor der täglichen Fütterung eine Glocke läutete, dekonditionierte der große russische Psychologe nun einfach dadurch, dass er die Hunde nach dem Ertönen der Glocke nicht mehr fütterte. Nach einer Weile lernten die Tiere, ihre konditionierte Reaktion zu »löschen«, d. h., sie hörten auf, allein beim Klang der Glocke Speichel abzusondern[7].

Diese Methode der Dekonditionierung brachte mich (und offensichtlich auch eine Reihe anderer Therapeuten wie Salter [1949] und Wolpe [1958]) auf die Idee, dass man psychisch gestörte Menschen von ihrer Angst befreien bzw. diese »löschen« könne, wenn man sie ständig zwingt, das zu tun, wovor sie Angst haben (beispielsweise sich mit einem Tier in einem Raum aufzuhalten oder mit der U-Bahn zu fahren), da ihnen dann bald bewusst wird, dass die Sache nicht so schrecklich ist, wie sie fälschlich meinten[8].

Ich begann daher, meinen Patienten nicht nur den Ursprung ihrer Angst klarzumachen und ihnen zu demonstrieren, dass sie sich vor diesen Dingen (wie Ablehnung durch die Eltern) nicht mehr zu fürchten brauchten, sosehr sie auch früher dazu Grund gehabt haben mochten; ich versuchte außerdem (und das fand ich ebenso wichtig), sie zu ermutigen, zu überreden und notfalls unter Druck zu setzen, die Dinge zu tun, vor denen sie Angst hatten (etwa Ablehnung seitens ihrer Eltern oder anderer zu riskieren), um konkreter zu erfassen, dass diese Dinge nicht so fürchterlich waren, wie sie meinten. Aus einem analytisch orientierten Therapeuten wurde ein eklektischer, mit Aufforderung und Überredung arbeitender, aktiv-direktiver Psychotherapeut. Und es stellte sich heraus, dass mit dieser Art der Behandlung, obwohl auch sie ihre definitiven Grenzen hatte, bei den meisten Patienten größere Erfolge zu erzielen waren als mit meinen früheren analytischen Methoden.

Trotzdem entstanden immer wieder frustrierende Situationen, mit denen freilich Therapeuten aller Schulen konfrontiert sind, etwa wenn Patienten sich einfach weigerten, das mindeste für ihre eigene Genesung zu tun, obwohl sie offenkundig bereits über ein hohes Maß an Einsicht in ihre Schwierigkeiten verfügten.

Einen eklatanten therapeutischen Misserfolg erlebte ich beispielsweise mit einer jungen Frau, die sich weigerte, neue Männerbekanntschaften zu schließen, obwohl sie den leidenschaftlichen Wunsch hatte zu heiraten. Nach langer therapeutischer Behandlung durch mich und zwei andere renommierte Analytiker wusste sie sehr wohl, dass ihre überängstlichen Eltern und Verwandten ihr ganz gezielt Angst vor Fremden anerzogen hatten; dass sie sich in extremer Weise vor Ablehnung fürchtete, weil man ihr immer gesagt hatte, sie sei hässlicher und nicht so lebhaft wie ihre jüngere, verheiratete Schwester; dass sie einen Horror vor der Übernahme der Verantwortung hatte, welche die Ehe mit sich bringt, da sie sich (ebenfalls vorwiegend infolge der Indoktrination durch ihre Familie) dieser Verantwortung nicht gewachsen fühlte; und dass sie übermäßig an ihrem Vater hing und die Sicherheit an seiner Seite nicht gegen die Unsicherheit einer Ehe eintauschen wollte. Trotz all dieser Selbsterkenntnis weigerte sie sich strikt, neue Bekanntschaften zu machen, und bediente sich der durchsichtigsten Ausreden, um zu Hause bleiben zu können.

Die Frage, die ich mir während meiner Bemühungen, das Rätsel der Passivität dieser ziemlich typischen Patientin zu lösen, immer wieder stellte, lautete: »Selbst wenn man davon ausgeht, dass ihr früher einmal beigebracht wurde, große Angst vor Ablehnung und vor Verantwortung in Liebe und Ehe zu haben – warum ist diese 33-jährige attraktive, intelligente Frau immer noch genauso ängstlich, obwohl sie stark unter ihrer Angst leidet, in einigen wichtigen anderen Lebensbereichen erfolgreich war und jahrelang therapeutisch behandelt wurde – zuerst klassisch analytisch, dann mit analytisch orientierter Therapie und jetzt nach der aktiv-direktiven, eklektischen Methode? Wie ist es möglich, dass sie im Bereich der Sexualität und Liebe so wenig gelernt hat und fortfährt, sich selbst zu schaden, obwohl sie inzwischen ganz genau weiß, was sie da tut?«

Bei einer ersten Antwort auf diese Frage ging ich von den Erkenntnissen der Pawlowschen Konditionierung und den natürlichen Gesetzen der menschlichen Trägheit aus. Ich sagte mir: »Wenn diese Patientin in ihrer Kindheit und Jugend so stark konditioniert wurde, Angst zu haben, und wenn sie ein Mensch ist, dem es normalerweise leichter fällt, ein altes Verhaltensmuster zu wiederholen als ein neues zu lernen, warum sollte sie dann nicht bis an ihr Lebensende Angst haben?« Aber nein, das stimmte nicht ganz: Es gab ja einen guten Grund, warum die Angst, so stark sie ursprünglich auch konditioniert sein mochte, bei psychisch stark gestörten Patienten wie dieser Frau zumindest nach und nach verschwinden müsste: nämlich das Fehlen positiver Verstärkung bei gleichzeitiger Zunahme höchst unangenehmer Bestrafung. Denn nach der Pawlowschen und der verhaltenswissenschaftlichen Lerntheorie wird der Hund ursprünglich auf das Läuten der Glocke konditioniert, wenn diese kurz vor der Fütterung ertönt, weil er a) ein natürliches bzw. unkonditioniertes Verlangen nach Fleisch hat und b) jedesmal, wenn er die Glocke hört, durch die Fütterung verstärkt, d. h. belohnt wird. Daher ist es nicht das Fleisch als solches, was ihn veranlasst, auf die gleichzeitig ertönende Glocke zu reagieren, sondern der Belohnungscharakter, den das Fleisch für den Hund hat.

Ebenso ist es beim Dekonditionierungsexperiment – bei dem die Glocke ertönt, ohne dass der Hund Futter bekommt: nicht das fehlende Fleisch als solches ist es, was den Hund stört und ihn veranlasst, nicht

mehr auf die Glocke zu reagieren, sondern der Mangel an Belohnung oder Verstärkung, den das Ausbleiben des Fleisches darstellt.
Es wäre eigentlich zu erwarten, dass Menschen ähnlich reagieren wie die Pawlowschen Hunde in den Konditionierungs- und Löschungsexperimenten. Wenn sie in früher Jugend konditioniert wurden, etwas zu fürchten oder zu vermeiden (etwa die Ablehnung seitens ihrer Eltern), dann müsste theoretisch eine allmähliche Re- oder Dekonditionierung stattfinden, sobald sie im Laufe der Jahre feststellen, dass die Sache, in Bezug auf die sie zur Angst konditioniert wurden, in Wirklichkeit gar nicht so schrecklich ist. Dies müsste in besonderem Maß auf Personen mit psychologischer Einsicht zutreffen: sie sollten eigentlich imstande sein, ihre Angst in kurzer Zeit und endgültig zu überwinden, sobald sie sich bewusst sagen können: »Ich habe in meiner Kindheit gelernt, Ablehnung zu fürchten, aber mir ist klar, dass es jetzt nichts mehr zu fürchten gibt.«
Leider werden die wenigsten Menschen auf die geschilderte Weise von Angst und Aggressionen geheilt. Ob die Betreffenden nun über Einsicht in die Ursachen ihrer Störungen verfügen oder nicht, sie werden ihre Ängste kaum je von selbst los, obwohl ihnen die Lebenserfahrung immer wieder zeigt, dass es a) nichts zu fürchten gibt und b) dass sie aufgrund ihrer Angst neurotische Symptome erwerben bzw. behalten, die starken Strafcharakter haben und ihnen das Leben erschweren. Trotz des extrem störenden Einflusses ihrer früh erworbenen Ängste nehmen sie weiterhin die unangenehmsten Folgen dieser Ängste für ihr Verhalten in Kauf.
Dies hielt ich mir ebenso vor Augen wie die Zähigkeit, mit der sich so viele meiner Patienten an ihre selbstzerstörerischen Ängste und Aggressionen klammerten, und dabei fragte ich mich ständig: »Warum? Warum halten hochintelligente Menschen, selbst solche, die über beträchtliche psychologische Einsicht verfügen, so verzweifelt an ihren irrationalen Ideen über sich und andere fest? Warum geben sie unlogischerweise entweder sich selbst oder anderen die Schuld an allem (und erzeugen dabei entweder bei sich Angst und Depressionen oder Überheblichkeit und rufen bei anderen Feindseligkeit und Ressentiments hervor), obwohl sie doch merken, dass ihnen beide Verhaltensweisen nicht weiterhelfen?«
1954 begann ich schließlich, die einzelnen Elemente meines psychologischen und philosophischen Wissens in etwas anderer Weise zusammenzufügen als zuvor und fand eine Lösung, die einen großen Teil dieser wichtigen Fragen zu beantworten schien. Ich erkannte, dass Menschen nicht mit den Pawlowschen Hunden oder anderen niedrigeren Tieren

zu vergleichen sind und dass sich ihre emotionalen Störungen grundlegend von den experimentell hervorgerufenen Neurosen und anderen emotionalen Deformationen unterscheiden, die wir im Labor bei Ratten, Meerschweinchen, Hunden, Schafen und anderen Tierarten erzeugen. Denn die Menschen haben eine Eigentümlichkeit, die kein uns bekanntes Lebewesen in entwickelter Form aufweist: die Sprache und die damit verbundene Fähigkeit zur Symbolbildung. Sie sind fähig, miteinander und (was in Bezug auf Neurosen und Psychosen vielleicht noch wichtiger ist) mit sich selbst in einer Weise zu kommunizieren, die unendlich komplexer und vielfältiger ist als die Signale der verschiedenen Tierarten[9].

Dieser Unterschied ist von grundlegender Bedeutung, wie mir bald klar wurde. Denn obzwar sich der Pawlowsche Hund, sobald er sich an die Gleichzeitigkeit von Glocke und Fütterung gewöhnt hat, offensichtlich auf rudimentärer Ebene selbst ein Signal geben und sich »bewusst« machen kann, dass der Klang der Glocke Fütterungszeit bedeutet (und im Löschvorgang, dass die Glocke ohne Futterdarbietung nicht Fütterungszeit bedeutet), so bleibt seine Zwiesprache mit sich selbst doch sehr begrenzt und weitgehend von äußeren Umständen abhängig.

Für den Experimentator ist es daher relativ leicht, dem Hund klarzumachen, dass es im Fall b) (Ertönen der Glocke ohne Futter) sinnlos für ihn ist, Speichel abzusondern. Weniger leicht, aber dennoch möglich ist es, dem Hund beizubringen, dass er im Fall a) (Darbietung von Futter in Verbindung mit einem aversiven Reiz, wie beispielsweise einem Elektroschock) gut daran tut, nicht zu fressen, während er im Fall b) (Futter ohne aversiven Reiz) unbesorgt fressen kann. Vermutlich läuft dies so ab, weil die Signalprozesse des Hundes ziemlich rudimentär bzw. primär sind und er nicht über ein komplexes oder, wie Pawlow es nannte, sekundäres Signalsystem verfügt, das allein der Mensch zu besitzen scheint. Deshalb fällt es ihm leicht, die einfachen Gleichungen aufzustellen: Futter plus Elektroschock bedeutet nicht fressen.

Mit dem komplexen bzw. sekundären Signalsystem des Menschen kommt jedoch ein neuer Faktor ins Spiel, der die einfachen Annäherungs- oder Vermeidungs-Gleichungen der Tiere radikal verändern kann. Diesen Faktor kann man als Bewusstsein oder Nachdenken über das Denken bezeichnen.

Der Pawlowsche Hund signalisiert sich etwa: »Dieses Fleisch ist gut«, und er geht darauf zu oder sondert Speichel ab. Oder er signalisiert sich: »Dieses Fleisch plus Elektroschock ist schlecht«, deshalb meidet er das Fleisch und den Schock. Vermutlich signalisiert er sich jedoch nie, wie ein Mensch das tun würde: »Ich bin mir bewusst, dass ich denke, dass dieses Fleisch gut ist«, oder: »Ich weiß, dass ich mir selbst sage, dass dieses Fleisch plus Elektroschock schlecht ist und ich es besser nicht anrühre.«

Der Hund nimmt zwar Dinge außerhalb seiner selbst wahr und denkt bis zu einem gewissen Grad über sie nach (das Futter und den Elektroschock), und auch über sich selbst (sein eigenes Verlangen nach dem Fleisch oder seine Wut über den Schock). Aber er denkt unseres Wissens nicht über sein eigenes Denken nach bzw. nimmt seine eigenen Denkprozesse nicht wahr. Demzufolge mangelt es ihm auch an der Fähigkeit, äußere Reize als gut oder schlecht zu definieren; stattdessen ist er weitgehend auf seine konkreten angenehmen oder unangenehmen Empfindungen beschränkt, die diese Reize auslösen.

Mit anderen Worten, der Hund scheint sich in etwa zu sagen (richtiger, zu signalisieren, da er nicht über unsere Sprache verfügt): »Weil dieses Futter gut schmeckt, mag ich es und gehe darauf zu«, und: »Weil mir dieses Futter plus Elektroschock ein unangenehmes Gefühl gibt, mag ich es nicht und rühre es nicht an.« Er reagiert mit seinem Verhalten weitgehend darauf, ob seine Empfindungen verstärkt (belohnt) oder bestraft wurden.

Ein Mensch kann zwar ebenfalls durch seine Empfindungen belohnt oder bestraft werden und daraus entsprechende Schlüsse ziehen, ob er sich bestimmten Situationen aussetzen oder sie vermeiden soll; aber von größerer Bedeutung ist, dass er außerdem durch die verschiedensten symbolischen, nichtsomatischen Vorgänge wie Lächeln, kritische Bemerkungen, Auszeichnungen und Herabsetzungen, die nur in geringer oder in gar keiner Verbindung zu seinen sinnlichen Wahrnehmungen stehen, belohnt oder bestraft werden kann und daraus entsprechende Schlüsse in Bezug auf das Aufsuchen bzw. Vermeiden bestimmter Situationen zu ziehen vermag. Und er kann sich auch durch sein eigenes Denken belohnen oder bestrafen, selbst wenn dieses Denken weitgehend abgeschnitten von äußeren Belohnungen und Bestrafungen ist.

So kann sich beispielsweise ein Mann zwingen, »freiwillig« in die Armee einzutreten, obwohl er eine heftige Abneigung gegen den Armeedienst hat und ihn (speziell in Kriegszeiten) für sehr gefährlich hält, weil er meint, dass ihn seine Freunde für unpatriotisch halten und ihn (insgeheim und ohne es zu sagen) geringer schätzen werden als Dienstleistende, obwohl man ihm kein Haar krümmen wird, falls er es nicht tut (das heißt, man wird ihn nicht boykottieren, von seiner Arbeitsstelle entlassen oder ihn konkret mit aversiven Reizen bestrafen). Obwohl dem Mann also de facto sehr wenige und unbedeutende Nachteile drohen, falls er nicht zur Armee geht, wird er trotzdem selbst für diesen Fall mehrere schwere »Strafen« erfinden oder herbeiführen und wird sich entweder zwingen, beizutreten, oder es nicht tun und sich dann mit Schuldgefühlen und Selbstverachtung quälen.

Genauso kann eine Frau, deren Eltern Tausende Kilometer von ihr entfernt leben und wenig oder keinen Kontakt mit ihr haben oder gar schon gestorben sind, äußerst schuldbewusst und unglücklich über ein Verhalten (oder auch nur beabsichtigtes Verhalten) sein, wie etwa eine voreheliche sexuelle Beziehung, weil ihre Eltern, falls sie da wären, ihre Handlungen (oder Gedanken) wahrscheinlich mißbilligen würden, wenn sie sie auch vermutlich nicht direkt daran hindern dürften.

Dies ist ein besonders klarer Fall, indem eine Handlung (Geschlechtsverkehr) mit keinerlei Nachteilen und vermutlich ziemlich großen Vorteilen verbunden ist (vorausgesetzt, die Frau und ihre gegenwärtigen Freunde und Bekannten stimmen mit ihren Eltern nicht überein und bejahen dieses Verhalten); trotzdem schreckt die Frau vor dieser Handlung zurück (oder leidet dabei unter schrecklichen Schuldgefühlen), da sie sie als verwerflich ansieht (bzw. meint, ihre abwesenden oder verstorbenen Eltern würden so urteilen)[10].

Mit anderen Worten, Hunde fürchten sich vor realen aversiven Reizen, während Menschen sowohl vor diesen als auch vor eingebildeten bzw. vorgestellten Strafreizen Angst haben können. Bis zu einem gewissen Grad können sich allerdings auch niedrige Tiere eine unangenehme Situation vorstellen bzw. diese antizipieren. Beispielsweise können Tauben »abergläubisch« werden und sich vor einer bestimmten Ecke ihres Käfigs oder ähnlicher Käfige fürchten, weil sie einmal in dieser Ecke bestraft wurden, obwohl dies danach nie mehr vorkam. Selbst in diesem Fall musste die Taube jedoch einmal tatsächlich bestraft werden; danach meidet sie diese Situation – nicht, weil sie sie als gefährlich definiert, sondern aufgrund einer Generalisierung.

Tiere sind – wie Edward Tolman in den 30er Jahren ausführte – nachdenklich und zielbewusst[11]. Menschen braucht man jedoch nur zu sagen, es sei schrecklich, wenn andere sie ablehnen; sie sind rasch bereit, diese Propaganda zu glauben, selbst wenn sie keinen konkreten Beweis dafür erhalten: und gerade weil sie es glauben, machen sie die Ablehnung äußerst unangenehm für sich selbst.

Lassen Sie mich den Hauptpunkt, um den es mir hier geht, noch auf andere Weise erklären: niedrigere Tiere können leicht dazu konditioniert werden, physische Strafreize zu fürchten, und durch ihre physische Angst lernen sie auch (soweit es sich um intelligente Tiere, etwa Hunde, handelt), Gesten und Worte zu fürchten (ein Hund lernt zuerst, eine physische Strafe für ein Vergehen zu fürchten; später genügt ein strafender Blick seines Herrn, selbst wenn keine Züchtigung erfolgt).

Der Mensch läßt sich nicht nur durch körperliche Strafen bzw. die Worte und Gesten anderer, die solche Strafen androhen, abschrecken, sondern er schreckt sich auch selbst ab, indem er a) auf negative Äußerungen und Gesten anderer reagiert, selbst wenn diese nicht von direkten körperlichen Strafen begleitet sind, und b) indem er sich von seinen eigenen negativen Worten und Gesten über mögliche negative Reaktionen seitens anderer (oder seitens irgendwelcher hypothetischer Götter) beeinflussen lässt. Der Mensch kann mithin vor rein verbalen oder anderen abstrakten Signalen Angst entwickeln; niedrigere Tiere scheinen dagegen nicht zu derartigen Ängsten zu neigen. Die Neurosen des Menschen unterscheiden sich denn auch in gewisser Hinsicht qualitativ von jenen der Tiere, während sie sich in anderer Hinsicht durchaus mit diesen decken können.

Kehren wir zu meinen Klienten zurück. Im Laufe des Jahres 1954 wurde mir klar, dass sie nicht nur von ihren Eltern und ihrer Kultur lernten, dass bestimmte Gedanken, Gefühle und Verhaltensweisen »gut« und »vorteilhaft« waren und andere Ideen, Empfindungen und Handlungen »schlecht« und »nachteilig« waren, sondern dass sie überdies (beeinflussbar und gelehrig, wie sie von Natur aus sind) häufig mit diesen Lerninhalten übereinstimmten und anfingen, einige ihrer Eigenarten als »gut« und andere als »schlecht« anzusehen. Viele ihrer Ziele, Werte und Präferenzen übernahmen sie weitgehend von ihren Familien und ihrer gesellschaftlichen Erziehung. Andere Ziele und Werte – wie beispielsweise die Vorliebe für Zucker und die Abneigung gegen Schmerzen – rührten teilweise von ihren natürlichen biologischen Tendenzen her, die individuell und persönlich bestimmt sind, doch auch viele Gemeinsamkeiten aufweisen. Wer von uns hasst z. B. Eiscreme und liebt faulenden Fisch? Nicht sehr viele!

Ich erkannte – besonders nachdem ich damit begonnen hatte, die Rational-Emotive Verhaltenstherapie (REVT) anzuwenden –, dass meine Klienten selten in ernstliche Schwierigkeiten gerieten, wenn sie weitgehend den elterlichen und gesellschaftlichen Mustern folgten, da sie gewöhnlich für das Befolgen dieser Sittenkodexe belohnt und für das Abweichen von ihnen bestraft wurden. Solange sie ihre familiär und kulturell akzeptierten Werte als Präferenzen, Wünsche und Begehren beibehielten, waren sie überwiegend auf funktionale und gesunde Art und Weise enttäuscht, wenn ihnen ein Strich durch die Rechnung gemacht wurde. Weshalb? Weil ihre auf Präferenzen beruhenden Selbst-Aussagen oder Selbst-Erkenntnisse die Form annahmen: »Ich mag Erfolg (oder Geld oder Anerkennung oder Sex) sehr gern, aber ich brauche sie absolut nicht und kann auch ohne dies einigermaßen zufrieden sein. Zu schade!

Nun wollen wir mal sehen, wie ich es bekommen kann.« Oder: »Ich mag Fehlschläge (oder Armut oder Ablehnung oder sexuelle Abstinenz) wirklich nicht, aber ich muss sie nicht unbedingt vermeiden. Etwas entbehren zu müssen, ist nur eine Mühsal, keine Katastrophe. Na wenn schon! Ich kann trotzdem vergnügliche Beschäftigungen finden und ein einigermaßen glückliches Leben führen – auch mit dieser Frustration. Wenn ich mich genügend anstrenge, kann ich sie wahrscheinlich überwinden, aber wenn nicht, dann eben nicht. Was soll's!«

Kinder, Jugendliche und Erwachsene lernen sowohl Präferenzen und Werte als auch Antipathien und Abneigungen von ihren Eltern – und, oft ist das sogar noch wichtiger, von den Massenmedien ihrer Kultur. Auch sind sie biologisch für viele »natürlichen« Präferenzen und Abneigungen prädisponiert. Andererseits sind sie den absolutistischen »Muss«, »Soll« und »Sollte«, den Forderungen und Befehlen ihrer Eltern gegenüber leichtgläubig und werden ernstlich davon beeinflusst. Somit werden ihnen oft Einstellungen und Überzeugungen vermittelt wie: »Ich muss bei wichtigen Projekten (wie im Sport, in der Schule und in der Arbeit) unbedingt erfolgreich sein, und wenn ich es nicht bin, dann ist das entsetzlich, ich kann es nicht ertragen! Wenn ich bei solchen Aktivitäten versage, bin ich ein totaler Versager, ein inkompetenter Mensch!« – und sie haben auch die starke Tendenz, diese Überzeugungen zu akzeptieren (und zu konstruieren). Oder sie lernen (und/oder konstruieren): »Ich darf die Vergnügungen, die ich wirklich mag – wie Liebe, Sex, Essen oder Unterhaltung –, nicht entbehren. Es ist entsetzlich, wenn ich sie entbehren muss. Ich kann es nicht ertragen. Das Leben ist überhaupt nicht lebenswert!« Dann fühlen sie sich auf ungesunde und selbstzerstörerische Weise gestört und handeln dysfunktional.

Die REVT sagt nun – im Gegensatz zu fast allen anderen Störungstheorien –, dass wir Absolutismen und »Mussturbation« hauptsächlich deshalb von unseren Erziehern und unserer Kultur annehmen, weil wir natürlicherweise, biologischerweise oft selbst so denken. Praktisch alle Menschen, gleich, wie sie erzogen wurden, haben eine angeborene Tendenz, ihre starken Wünsche und Präferenzen – von denen sie viele offensichtlich erlernen – zu nehmen und sie zu einem absolutistischen »Muss« zu machen, zu konstruieren; und daher haben sie die angeborene Neigung, sich oft unnötig aufzuregen. Das schließt Sie und mich mit ein![12]

Warum machen wir das so oft? Wie ich, Aaron Beck, Shawn Blau, William Ruth und andere vermutet haben, wahrscheinlich aus evolutionären Gründen. Vor Zehntausenden von Jahren haben Menschen, die fest daran glaubten, dass sie gute Leistungen erbringen, gut essen, Sex haben,

Schmerzen vermeiden und ihre menschlichen wie tierischen Feinde umbringen *mussten,* in jener rauhen Zeit vielleicht besser überlebt und mehr Nachkommen gehabt als ihre eher saft- und kraftlosen Nachbarn und Verwandten. Falls ja, dann hätte sie dies für das Denken in Entweder-Oder-Kategorien anfällig gemacht. Es ist also wenig überraschend, wenn wir, ihre Abkömmlinge, oft denken, unsere starken Begehren vollständig erfüllen zu müssen. Selbst wenn unsere gebieterischen »Sollte« und »Muss« nicht funktionieren – weil sie ziemlich grandios und unrealistisch sind, weil unsere Lebensbedingungen ihnen häufig entgegenstehen und weil sie praktisch sicherstellen, dass wir uns oft selbst in Panik, Depression, Wut und Selbsthass hineinmanövrieren –, neigen wir biologisch immer noch dazu, sie zu akzeptieren und sie selbst, ohne die Hilfe anderer, zu erfinden[13].

Gleich möchte ich hinzufügen, dass die REVT zwei einander entgegengesetzte angeborene Tendenzen annimmt, wenn wir keinen wünschenswerten Bedingungen begegnen. Die erste, eben erwähnte, ist die, konstruktiv darauf zu bestehen, dass schlechte Situationen besser nicht existieren sollten und dass sie daher absolut nicht sein dürfen. Diese Tendenz mag, wie ich eben hervorgehoben habe, in primitiven Zeiten hilfreich gewesen sein, heute ist sie jedoch oft destruktiv.

Wie Shawn Blau jedoch bemerkte, als er die letzten beiden Abschnitte las, sollten wir uns besser darüber im Klaren sein, dass unsere Spekulationen darüber, wie sich gegenwärtige menschliche Eigenarten evolutionär entwickelt haben könnten, genau eben das ist – reine Spekulation. Eine derartige Eigenart, wie unsere Tendenz, immer wieder absolutistische »Muss« zu erschaffen, mag ursprünglich, als sie erstmals auftauchte, einem anderen Zweck gedient haben, weil die Umgebung damals anders war. Vielleicht hat sie aber auch gar keinem Zweck gedient – d. h., sie mag aufgetaucht sein und zufällig erhalten geblieben sein, weil sie mit anderen Merkmalen assoziiert war, die damals einen nützlichen Zweck erfüllten. Es gibt wirklich keine Möglichkeit, das festzustellen – somit sollten wir vorsichtig sein mit unseren evolutionären »Erkenntnissen«.

Als Michael Edelstein diesen Abschnitt des Manuskripts zu diesem Buch las, hob er hervor, dass ein absolutistisches »Muss« für unsere fernen Vorfahren oft nicht funktioniert haben könne und ihr Überleben durchaus habe behindern können, indem es zu Panikzuständen, Unentschlossenheit und Verzögerungen führte. Das stimmt, doch genausogut können sie (wie andere selbst-schädigende Ideen) Vorteile für das Überleben gehabt haben.

Eine weitere Möglichkeit ist die, dass sowohl der prähistorische wie auch der moderne Mensch seine starken Präferenzen gern zu einem

»Muss« erhebt – genauso wie er aus »es ist mir nicht gelungen, passende Liebespartner zu gewinnen« gern ein »und deshalb werde ich dabei immer versagen« macht. Der prähistorische und der moderne Mensch überlebten vielleicht trotz und nicht wegen seines irrationalen Denkens. Doch könnte die oben genannte evolutionäre Hypothese dennoch teilweise die Zähigkeit der menschlichen »Mussturbation« erklären – wie ich mit Absolutismen und Perfektionismen einhergehendes Verhalten in den siebziger Jahren zu nennen begann.

Die zweite starke biologische Tendenz, die wohl alle Menschen besitzen, ist die Neigung, sehr proaktiv zu sein: motiviert zu sein und sich gezwungen zu fühlen, konstruktiv die Dinge zum Besseren hin zu verändern. Denn das Bemühen, unser Verhalten ebenso zu verbessern wie die Bedingungen, unter denen wir leben, ist ein grundlegender Teil der menschlichen »Natur«. Wie in den vorangegangenen Absätzen festgestellt wurde, versuchen wir vorzugsweise, schlechte Bedingungen zu verändern: Eine frustrierende, schädigende Umgebung ebenso wie eigene selbst-behindernde Reaktionen (Gedanken, Gefühle und Handlungen) bezüglich unserer Lebensbedingungen (Unterkunft, Nahrungsherstellung, Transportmittel und Kommunikation usw.) zu mildern und das Vergnügen (Spiele, Sport, Kunst, Musik, Literatur usw.) zu steigern. Außerdem: Wir haben die Neigung zu versuchen, unser Verhalten auf erfinderische und kreative Art und Weise zu verändern – um klüger und erfahrener zu werden im Kalkulieren, Problemlösen, Spielen, Singen, Tanzen, Malen, Komponieren, Denken, Sichverändern usw.[14].

Es ist dem Menschen also angeboren (ebenso wie er es auch erlernt), erfindungsreich zu sein – und erfindungsreich bezüglich seines Erfindungsreichtums. Allein, wie auch mit der Hilfe anderer, verwirklichen wir vieles und verwirklichen wir auch uns selbst. Vom evolutionären Standpunkt aus betrachtet, haben Kreativität und Erfindungsreichtum unseren Ahnen nicht nur geholfen, zu überleben und mehr Überlebende hervorzubringen, sondern auch, die Erde (und vielleicht auch andere Planeten) zu beherrschen und die Ausrottung – ebenso wie das Überleben – anderer Spezies zu fördern. Wichtiger noch, die Neigungen unserer Vorfahren zur Selbstaktualisierung hat ihnen – und potentiell uns – geholfen, ein glücklicheres und erfüllteres Leben zu gestalten.

Nun zurück zur Theorie der REVT in Bezug auf menschliche Störungen. Unsere in zwei Richtungen strebende, erstaunlich widersprüchliche »Natur« erlaubt – ja sogar zwingt! – uns, zusammen mit der gesellschaftlichen Erziehung, uns zu schützen und uns zu vergnügen. Doch leider ermuntert sie uns ebenso, unsere großen Ziele, starken Begehren und Präferenzen zu unrealistischen, übermäßig verallgemeinernden, uns selbst (und die Gesellschaft) sabotierenden absolutistischen »Sollte«, »Müsste«, »Muss« und zu Forderungen zu erheben, von denen die meisten sich unter drei Hauptkategorien (mit fast unzähligen Unterpunkten) einordnen lassen:

1. *Forderungen sich selbst gegenüber.* »Ich muss unbedingt, unter praktisch allen Bedingungen und zu allen Zeiten, gute (oder hervorragende!) Leistungen erbringen und die Anerkennung (oder die ganze Liebe!) wichtiger Mitmenschen gewinnen. Wenn ich in dieser wichtigen – und geheiligten! -Hinsicht scheitere, ist das entsetzlich, und ich bin ein schlechter, unfähiger, unwürdiger Mensch, der wahrscheinlich immer versagen wird und der es verdient zu leiden.« Diese Ich-orientierte Form der selbstauferlegten Gebote führt bei Blockierungen oft zu starken Gefühlen wie Selbsthass, Angst, Depression und Suizidalität und zu dysfunktionalen Verhaltensweisen wie Verzögerung, Rückzug und Besessenheit[15].

2. *Forderungen anderen gegenüber.* »Ihr, die wichtigen Mitmenschen, zu denen ich eine Beziehung habe oder mit denen ich Umgang pflege, müsst mich unbedingt, unter praktisch allen Bedingungen und jederzeit freundlich, rücksichtsvoll und fair behandeln. Sonst ist es entsetzlich, und ihr seid verdorbene, schlechte, unwürdige Menschen, die mich immer schlecht behandeln werden und die kein gutes Leben verdienen und streng bestraft werden sollten dafür, sich meiner edlen Person gegenüber so scheußlich benommen zu haben!« Diese auf andere gerichtete Anspruchshaltung führt oft zu heftigen Gefühlen wie Ärger, Wut, Zorn, Schmerz, Eifersucht und Selbstmitleid und zu störenden Verhaltensweisen wie Liebessucht, Streit, Rachsucht, zu Aufruhr, Mord, Fehden, Kriegen und Völkermord[16].

3. *Forderungen der Welt gegenüber.* »Die Bedingungen, unter denen ich lebe (meine Umgebung, die Ökologie, die ökonomischen und politischen Bedingungen), müssen unbedingt und praktisch jederzeit günstig, sicher, frei von Mühsal sowie rasch und leicht zu genießen sein, und wenn sie nicht so sind, ist das entsetzlich, und ich kann es nicht aushalten. Überhaupt nie kann ich mich vergnügen! Mein Leben ist unmöglich und kaum lebenswert!« Diese Form einer Anspruchshaltung der Welt gegenüber führt oft zu einer niedrigen Toleranzschwelle Frustrationen gegenüber und zu Gefühlen wie Selbstmitleid, Verzweiflung, Wut und Depression und zu dysfunktionalen Verhaltensweisen wie Rückzug, Trägheit, Verzögerung, zu Phobien und Süchten[17].

In Kapitel 4 werde ich in groben Zügen einige der verbreitetsten dysfunktionalen und irrationalen Überzeugungen (iB's = irrational Beliefs) darstellen, welche die Menschen insbesondere übernehmen, schaffen und festhalten, wenn sie neurotisch fühlen und handeln. Als ich diese

1956 in meinem ersten bedeutenderen Beitrag über die Rational-Emotive Verhaltenstherapie vorstellte, den ich in Chicago beim Jahreskongress der American Psychological Association (Amerikanische Psychologen-Vereinigung) vortrug, war mir noch nicht völlig klar, dass neurotische Überzeugungen explizit oder implizit ein absolutistisches »Muss« oder einen absolutistischen Anspruch enthielten. Doch nachdem ich die REVT mehrere Jahre lang bei Hunderten von Klienten in Einzel- und Gruppentherapie angewendet hatte, erkannte ich dies deutlich, ebenso wie ich erkannte, dass praktisch alle irrationalen Überzeugungen, die neurotische Störungen begleiten, unter die drei oben aufgeführten Oberbegriffe der »Mussturbation« eingeordnet werden können[18].

Auch legte ich in den fünfziger Jahren, in Anlehnung an Epiktet und andere frühe Philosophen, eine übermäßig vereinfachte Theorie des »ABC« der REVT vor, das ich nun revidiert und erweitert habe[19]. Ich erklärte, dass die Menschen, wenn sie die Ziele und Werte (G's = Goals) haben, am Leben zu bleiben und glücklich zu werden, und wenn aktivierende Ereignisse oder aktivierende Erfahrungen diese Ziele blockieren oder zunichte machen, sie die Wahl haben, an Punkt C (Consequence) auf gesunde oder selbsthelfende Weise zu bedauern, zu bereuen, frustriert oder enttäuscht zu sein wegen ihrer emotionalen Konsequenz; oder sie können sich (bewusst oder unbewusst) dafür entscheiden, an Punkt C ungesund oder neurotisch zu reagieren und wegen ihrer emotionalen Konsequenz in Panik zu geraten, depressiv oder wütend zu werden, entsetzt zu sein, sowie sich selbst zu hassen oder zu bemitleiden. Sie entwickeln gesunde negative Gefühle wegen aktivierender Ereignisse (A's = Activating Events), die ihre Ziele behindern, indem sie – an Punkt B, in ihrem Überzeugungssystem – funktionale oder rationale Überzeugungen (rB's = rational Beliefs) hegen, wie z. B.: »Mir gefällt nicht, was mir da an Punkt A geschieht -oder was ich verursache – also werde ich mein Bestes tun, um es zu verändern. Aber wenn ich das im Augenblick nicht kann, ist das zwar schade, aber es ist nicht entsetzlich oder schrecklich und es *muss* nicht unbedingt besser werden. Selbst wenn ich durch mein eigenes törichtes Verhalten schlechte Dinge wie Versagen oder Zurückweisung verursache, bin ich niemals ein schlechter Mensch und werde mich bemühen, es das nächste Mal besser zu machen.«

Wenn wir aber (an Punkt C) überwiegend ungesunde, selbst-behindernde negative Gefühle bezüglich aktivierender Ereignisse (A's) entwickeln oder hervorbringen, die unsere Ziele blockieren, halten wir gewöhnlich in Punkt B, unserem Überzeugungssystem, an dysfunktionalen oder irrationalen Überzeugungen (iB's) fest wie z. B.: »Was mir an Punkt A geschieht – oder was ich verursache –, sollte nicht, darf absolut nicht sein. Es ist entsetzlich, und ich kann es nicht ertragen. Ich bin ein miserabler, unzulänglicher Mensch, weil ich das verursacht habe oder geschehen ließ, und ich werde wohl nie fähig sein, mich besser zu verhalten und mich zu verändern oder diese schrecklichen Erfahrungen zu akzeptieren und mit ihnen zu leben!«[20]

Im Großen und Ganzen pflichte ich dieser ABC-Theorie der menschlichen Neurose immer noch bei, jedoch mit mehreren Korrekturen:

1. Praktisch alle Menschen, auch Sie, sind von Natur aus höchst beeinflussbar, erregbar und emotional und werden auch dazu erzogen. Daher neigen wir dazu, wichtige Ziele (G's) zu übernehmen und zu konstruieren, besonders das des Überlebens und das, einigermaßen glücklich zu sein, a) wenn wir allein sind, b) gesellschaftlich, wenn wir mit anderen Menschen zusammen sind, c) wenn wir uns in einer intimen Beziehung mit einigen ausgewählten Menschen befinden, d) wenn wir Informationen sammeln und uns bilden, e) wenn wir produktiv arbeiten und f) wenn wir erholsame Interessen wie Kunst, Musik, Literatur, Philosophie, Unterhaltung und Sport pflegen.

2. Wenn unsere wichtigen Ziele (von uns selbst, von anderen oder durch gewisse Bedingungen) blockiert sind, sind wir gewöhnlich emotional beeinflusst, so dass wir unzufrieden, traurig und frustriert und gezwungen (motiviert) sind, diese Blockierungen zu verändern oder zu entfernen. Oft benutzen wir unglückliche aktivierende Ereignisse (A's) als eine Herausforderung, die es zu überwinden gilt, oder als ein Spiel, das sogar Vergnügen bereitet. Das ist unsere gesunde Natur.

3. Wenn unsere wichtigen Ziele dramatisch und traumatisch blockiert sind – wenn wir z. B. physisch oder verbal stark misshandelt, bedroht oder angegriffen werden und uns in großer Gefahr sehen –, geraten wir oft (aber nicht immer) in Panik, sind entsetzt und verängstigt durch (wirkliche oder gedachte) wiederholte Angriffe und geraten manchmal durch wichtige (oder sogar unwichtige) unglückliche aktivierende Ereignisse in Panik. Möglicherweise fixieren wir uns auf angsterregende A's (oder konditionieren uns, auf sie zu reagieren) und denken beständig an sie oder an die Möglichkeit ihres Wiederauftretens.

4. Falls wir mit einem überreagierenden Nervensystem geboren wurden, neigen wir vielleicht auch dazu, selbst unbedeutende oder mäßig unglückliche aktivierende Erfahrungen (A's) zu ernst zu nehmen, sie zu großen Traumata zu machen und immer wieder übermäßig zu reagieren, als ob sie lebensbedrohlich und entsetzlich wären. Damit konditio-

nieren oder trainieren wir uns darauf, über ihr potentielles oder tatsächliches Wiederauftreten entsetzt zu sein.

5. Einige Menschen – besonders manche Kinder – empfinden einen solchen Schock und ein derartiges Entsetzen, wenn sie traumatischen und länger anhaltenden A's ausgesetzt sind, dass sie sich den Gefühlen nicht stellen können, die aus diesem Entsetzen entstehen. In der Folge werden sie diese vielleicht unterdrücken oder eine multiple Persönlichkeitsstruktur entwickeln, um diese Gefühle außerhalb des Bewusstseins zu halten. Es ist fraglich, ob die meisten misshandelten Kinder dies tun, und die Literatur zu diesem Thema ist nicht immer glaubhaft. Auch sind die starken Verdränger und die Menschen mit multipler Persönlichkeit biologisch möglicherweise leichter störbar als andere, die ähnlich traumatische A's erfahren und die Erinnerung daran nicht verdrängen oder keine multiple Persönlichkeit entwickeln[21].

6. Folgendes habe ich bereits in der ersten Ausgabe von *Die rational-emotive Therapie* hervorgehoben, und die REVT hat dies über die Jahre hinweg besonders betont: Wenn wir stark negative Gefühle (C_1) – wie Panik und schwere Depression – über unglückliche aktivierende Erfahrungen (A_1) entwickeln, erschaffen wir möglicherweise auch eine Reihe von rationalen Überzeugungen (rB_2) über unsere C_1, wie z. B.: »Ich gerate nicht gern in Panik. Ich wünschte, ich hätte keine panische Angst.« Doch genauso oft entwickeln wir eine Reihe irrationaler Überzeugungen (iB_2) über unsere C_1, wie z. B.: »Ich darf nicht in Panik geraten! Es ist schrecklich, sich so zu fühlen! Ich kann es nicht aushalten! Ich tauge nichts, weil ich immer wieder in Panik gerate!« Dann haben wir deutliche sekundäre Symptome (C_2) bezüglich der primären (C_1)[22].
Sobald wir sekundäre Störungen (C_2) bezüglich unserer primären Störungen (C_1) entwickeln, wie Depression über unsere Depression oder starke Schuldgefühle über unsere Wut, können wir uns oft so darüber aufregen, dass wir häufig nicht dazu in der Lage sind, mit unseren primären Problemen umzugehen und sie zu überwinden. So wird der Agoraphobiker zuerst panische Angst empfinden, wenn er sich auf offenen Plätzen befindet, doch versetzt er sich dann selbst so sehr in Panik wegen seines Gefühls der Panik (»Es ist schrecklich, panische Anst zu haben! Ich werde noch vor Panik sterben!«), kann er möglicherweise zu verwirrt sein, um seine primäre Bestürzung deutlich zu erkennen und zu überwinden, bevor er nicht seine sekundäre Störung überwunden hat[23].

7. Menschen, die häufig extreme dysfunktionale Gefühle zum Ausdruck bringen, wie beispielsweise panische Angst anstelle »normaler«

Angst, wenn sie sich unglücklichen aktivierenden Erfahrungen (A's = Activating Experiences) gegenübersehen, haben vielleicht ein überreagierendes Nervensystem und leiden an physischen Anomalitäten – wie Hyperventilation oder beschleunigten Herzschlag –, die dazu beitragen können, ihre Probleme zu verschlimmern, und sie noch panischer und depressiver werden zu lassen als Menschen mit weniger reaktiven neurotischen physiologischen Systemen. Folglich neigen sie vielleicht stärker zu primären und sekundären Symptomen als wir anderen[24].

8. Es gibt zahlreiche Beweise dafür, dass starke Emotionen – an Punkt C – oft psychosomatische Konsequenzen nach sich ziehen und dass physische Krankheiten (wie z. B. Herzleiden und Krebs) auch zu gesunden Gefühlen der Sorge und Enttäuschung führen wie auch dysfunktionale Gefühle wie panische Angst und Depression begünstigen. Wegen einer ererbten Prädisposition für Herzleiden, gastrointestinale Probleme, Allergie oder andere Schwächen, neigen manche Menschen möglicherweise stärker zu ernsten psychosomatischen Reaktionen als andere; doch ständige und stark gestörte Emotionen können bei praktisch jedem zur Entstehung psychosomatischer Probleme beitragen[25].

9. Wenn die Menschen psychosomatische Probleme entwickeln, geraten sie deswegen häufig aus der Fassung (»Ich darf kein Geschwür haben! Es ist schrecklich, so zu leiden!«) und tragen dadurch dazu bei, ihre physischen und psychischen Probleme zu verschlimmern.

10. Größtenteils regen wir uns über aktivierende Ereignisse (A's) auf, die unsere Ziele (G's) und Wünsche blockieren, indem wir, bewusst oder unbewusst, ein absolutistisches »Muss« und absolutistische Forderungen nach Erfolg, Anerkennung, Gerechtigkeit und Trost konstruieren. Doch nicht ausschließlich! Wir können bedeutend von unserer sozialen Erziehung, von den Bedingungen unserer Umgebung, von dramatischen und traumatischen Ereignissen sowie von unseren angeborenen biologischen Tendenzen beeinflusst werden, sowohl emotional als auch physisch auf die A's in unserem Leben zu reagieren und/oder überzureagieren. Unsere aktivierenden Ereignisse können dann mit unseren Überzeugungen (B's) und unseren Konsequenzen (C's) interagieren und sie beeinflussen. Unsere B's beeinflussen auch, wie wir unsere A's wahrnehmen und auf unsere C's reagieren. Und unsere C's interagieren mit unseren A's und deren B's und beeinflussen diese ebenfalls. Wenn wir also in panische Angst (über C) geraten, neigen wir gewöhnlich dazu, unsere A's anders zu sehen und stärkere B's in Bezug auf sie zu haben, als wenn wir keine panische Angst hätten.[26]

Was uns an Punkt A geschieht und wie wir auf diese Geschehnisse an den Punkten B und C reagieren, wird ebenfalls signifikant von unseren vorausgehenden A's, B's und C's beeinflusst sowie von den uns eigenen biologischen Tendenzen, »normal« ebenso wie übertrieben auf diese A's, B's und C's zu reagieren. Das ist so kompliziert und mannigfaltig, dass wir klar sehen können, wie mannigfaltig und vielfältig die »Ursachen« neurotischer Störungen sind, obwohl die REVT immer noch die Meinung vertritt, die neurotischen, dysfunktionalen Konsequenzen (C's) (Symptome) der Menschen würden weitestgehend und merklich von ihren irrationalen Überzeugungen (iB's) »verursacht«. Es existiert keine einzelne, monolithische »Ursache«, und wir vereinfachen zu stark, wenn wir eine erfinden[27].

11. Wie ich in der ersten Ausgabe dieses Buchs deutlich gemacht habe, haben die Menschen überdies praktisch niemals reine Gedanken, Gefühle oder Verhaltensweisen. Gewöhnlich denken (bewerten) wir und fühlen uns dadurch glücklich oder unglücklich im Hinblick auf ein aktivierendes Ereignis und unternehmen dann etwas in Bezug darauf. Wir fühlen, um die Effektivität (Nützlichkeit) unserer Gedanken und Handlungen einzuschätzen. Und wir handeln, um unsere Gedanken und Gefühle zu überprüfen und zu sehen, ob sie zu gewinnbringenden oder schädigenden Ergebnissen führen. Das Denken führt Emotionen und Verhaltensweisen herbei und beurteilt sie. Emotionen wiederum motivieren Gedanken und Gefühle. Dann erzeugen und beeinflussen Gedanken und Gefühle sich zirkulär gegenseitig und sind kaum jemals völlig verschieden oder unabhängig voneinander. Unser Leben und unsere Befriedigungen beinhalten alle drei, ebenso wie unsere emotionalen und verhaltensbezogenen Konsequenzen (C's) gewöhnlich aktivierende Ereignisse (A's) und Überzeugungen (B's) bezüglich dieser Ereignisse umfassen.

All dies scheint wahr zu klingen und wird heute von den meisten Psychologen und Psychotherapeuten unterstützt. Inwiefern unterscheidet sich die REVT also von anderen Systemen zur Entstehung emotionaler Störungen und ihrer Behandlung? Indem sie die Ansicht vertritt, dass die wichtigste (und nicht die einzige) »Ursache« der Neurose nicht die unglücklichen aktivierenden Ereignisse (A's) sind, die in der frühen Kindheit oder später auftreten, sondern hauptsächlich dysfunktionale und/oder irrationale Überzeugungen (iB's) über diese Ereignisse. Nicht wünschenswerte A's beeinflussen sowohl gesunde negative C's (z. B. Trauer, Bedauern und Frustration) und stehen in Bezug dazu, als auch ungesunde negative C's (z. B. Panik, Depression und Wut); doch rufen sie kaum Störungen hervor, ohne durch funktionale und dysfunktionale Überzeugungen (B's) vermittelt zu werden.

Dies scheint selbst auf Tiere zuzutreffen, wie Martin Seligman, Edna Foa und andere gezeigt haben. Wenn Versuchstiere schlimmen und unkontrollierbaren Erfahrungen unterworfen werden oder dem, was wir traumatische Ereignisse (A's) nennen könnten, und wenn sie auf C neurotisch damit reagieren, was wir posttraumatische Belastungsstörung (PTSD) nennen könnten, scheinen sie dies nicht nur wegen A zu tun, sondern auch wegen ihrer gestörten Erwartungen und ihres Bedürfnisses, die Geschehnisse an Punkt B vorherzusagen und zu kontrollieren. Die Unvorhersehbarkeit und die mangelnde Kontrollierbarkeit ihrer A's, und nicht nur die A's selbst, scheinen signifikante Faktoren in ihrer im Labor hervorgerufenen »Neurose« zu sein[28].

Die REVT vertritt stärker als die meisten anderen Therapien die Ansicht, dass wir uns gewöhnlich (nicht immer) selbst über unsere A's (und über unsere C's) neurotisch machen, indem wir zunächst vernünftig und rational wünschen und die Präferenz haben, dass wir mehr von dem bekommen, was wir wollen, und weniger von dem, was wir nicht wollen, und dann, indem wir zusätzlich und irrational verlangen und beharren, dass unsere starken Wünsche erfüllt und die mächtigen Abneigungen beseitigt werden. Wenn wir neurotisch sind, bestehen wir darauf, wie oben erwähnt, dass unglückliche A's absolut nicht in unserem Leben bestehen dürfen und dass vorteilhafte A's unbedingt existieren müssen.

Wenn wir uns gestört fühlen und uns dysfunktional verhalten (an Punkt C), nachdem wir nicht wünschenswerte Erfahrungen (an Punkt A) gemacht haben, dann können wir versuchen, unsere A's, B's oder C's zu verändern – oder alle drei. Wenn wir uns also an Punkt C jämmerlich depressiv fühlen und es vermeiden, mit anderen gesellschaftlich zu verkehren, nachdem wir an Punkt A von John, dessen Anerkennung wir uns sehr wünschen, stark kritisiert und zurückgewiesen wurden, können wir A verändern, indem wir Johns Anerkennung zurückgewinnen oder indem wir einige andere wichtige Leute dazu bringen, uns anzuerkennen. Oder wir können uns auf B konzentrieren, indem wir an unserer irrationalen Überzeugung arbeiten: »Ich muss Johns Billigung unbedingt haben, sonst bin ich ein wertloser Mensch!« und sie verändern in: »Ich würde Johns Anerkennung bevorzugen, aber wenn ich sie nicht bekomme, kann ich mich dennoch selbst annehmen und mein Leben immer noch genießen.« Oder wir können C verändern, indem wir uns dazu zwingen, trotz unserer Depression mit anderen zu verkehren und uns damit abzulenken und uns zu beweisen, dass einige dieser Menschen uns akzeptieren werden und dass es nicht »entsetzlich« ist, wenn sie es nicht tun.

Die Rational-Emotive Verhaltenstherapie hilft uns, wie dieses Buch zeigt, gestörte Gefühle und Handlungen (C's) zu beobachten und einzugestehen sowie sie zu verbessern oder zu beseitigen, indem wir daran arbeiten, unsere A's, B's und C's zu verändern, die mit ihnen in Beziehung stehen; und sie hilft uns, unsere sekundären Störungen zuzugeben – unsere Symptome über unsere Symptome. Jedoch können unsere früheren A's (frühe unglückliche aktivierende Erfahrungen) und unsere vergangenen C's nicht verändert werden, weil sie bereits eingetreten sind. Nur unsere Gedanken, Gefühle und Verhaltensweisen in Bezug auf diese vergangenen A's sind veränderbar.

Selbst unsere gegenwärtigen A's können oft nicht verändert werden, weil wir wenig Kontrolle über sie haben. Somit kann John sich immer dafür entscheiden, uns zu kritisieren und zurückzuweisen; ebenso wie andere, deren Gunst wir gern hätten, es tun können.

Oft können wir unser C verändern – besonders, wenn es sich dabei um ein Vermeidungsverhalten, eine Phobie oder einen Zwang handelt –, indem wir uns zwingen, das zu tun, was wir vermeiden, oder uns zwingen, mit dem aufzuhören, was wir zwanghaft tun. Manchmal ist es allerdings fast unmöglich, unser dysfunktionales C zu verändern, ohne unser B zu verändern. Wenn wir also darüber in Panik geraten, weil wir eine Rede halten oder mit einem Flugzeug fliegen oder mit John sprechen sollen, um ihn davon zu überzeugen, uns zu akzeptieren, kann unsere Panik so störend sein, dass sie uns daran hindert, eine Rede zu halten, zu fliegen oder mit John zu sprechen. Es kann also praktisch unmöglich sein, an der eigenen Konsequenz, dem Vermeidungsverhalten, zu arbeiten – wenn wir nicht A verändern (z. B. John und seine Kritik an uns), was wir wahrscheinlich nicht verwirklichen können; oder wenn wir nicht B verändern, die eigenen Überzeugungen im Hinblick darauf, die Rede zu halten, das Flugzeug zu besteigen oder mit John zu sprechen, was wir sehr wahrscheinlich erreichen können.

Wenn das C ein gestörtes, selbst-behinderndes Gefühl oder Verhalten ist, können wir es verändern, indem wir unser B verändern. Denn B ist die persönliche Reaktion auf A und ist daher oft eher kontrollierbar durch die eigene Person, als A und C es sind, obwohl dies harte Arbeit erfordert. Wenn wir also (an Punkt C) depressiv werden und gesellschaftliche Anlässe meiden, nachdem John uns (an Punkt A) kritisiert und zurückgewiesen hat, hängt dieses C sehr wahrscheinlich mit der dysfunktionalen, irrationalen Überzeugung (iB) zusammen (und wird größtenteils davon »verursacht«): »Ich muss Johns Anerkennung unbedingt haben, sonst bin ich ein wertloser Mensch!« Gleichgültig, wie lange wir diese Überzeugung bereits haben oder wie stark wir nun an ihr festhalten, sie ist immer noch die eigene, und folglich können wir sie aller Wahrscheinlichkeit nach verändern.

Wann immer wir uns an Punkt C, unserer Konsequenz, neurotisch aus dem Gleichgewicht gebracht sehen und/oder dysfunktional handeln, zeigt uns die REVT, wie wir eine ganze Reihe kognitiver, emotiver und verhaltensorientierter Methoden verwenden können, von denen einige aus der REVT hervorgegangen sind und viele von anderen Therapierichtungen übernommen wurden, die sie jedoch alle in die Theorie der Rational-Emotiven Verhaltenstherapie einzubinden versucht. Jedoch betont sie im besonderen das Überzeugungssystem der Menschen – die Ideen, Meinungen, Bilder, Metaphern, Erzählungen und Selbstaussagen, mit denen sich diese gewöhnlich in der Vergangenheit geschadet haben, mit denen sie sich in der Gegenwart immer noch endlos stören und mit denen sie sich wahrscheinlich auch in Zukunft weiterhin beunruhigen werden, es sei denn, die Therapie ist wirksam[29].

Die irrationalen Überzeugungen (iB's) hinsichtlich unglücklicher aktivierender Ereignisse (A's) zu verändern und uns damit beizubringen, bezüglich unserer Präferenzen und Abneigungen ziemlich konsequent eine Einstellung zu verwenden, die stark auf Präferenzen basiert statt auf einer imperativen und fordernden Einstellung, wird in der REVT besonders hervorgehoben. Denn unser Überzeugungssystem, wie bereits erwähnt, ist relativ leicht zu erforschen und zu verändern – und wir gestalten tatsächlich einige unserer Überzeugungen über uns selbst, über andere und über die Welt folgerichtig neu, während wir neue Erfahrungen machen und weiter über sie nachdenken[30]. Wenn wir überdies einige unserer grundlegenden »mussturbatorischen« Einstellungen modifizieren und somit einen tiefgreifenden philosophischen Wandel durchmachen, setzt die REVT voraus, dass wir damit viele unserer selbst-schädigenden Gefühle und Verhaltensweisen ebenso wie unsere negativen, antiempirischen automatischen Gedanken verändern können, dabei nicht rückfällig werden und uns selbst tatsächlich weniger »störanfällig« machen können[31].

Die REVT versucht uns also zu helfen, frühe unangenehme Störungen zu verändern, ebenso wie dies auch systemorientierte Therapeuten, strategisch denkende Therapeuten, Trainer sozialer Fertigkeiten und problemlösungsorientierte Therapeuten tun. Sie hilft uns, die »traumatischen« Ereignisse zu verstehen, die uns in der Vergangenheit vielleicht zugestoßen sind – und wie sehr wir uns selbst von ihnen weiter beeinflussen lassen, ebenso wie psychoanalytische und psychodynamische Therapeuten dies (manchmal besessen!) tun. Sie zeigt uns, wie wir uns angemessener zu unserem Therapeuten und den Mitgliedern unserer

Therapiegruppe und somit auch zu anderen Menschen in Beziehung setzen können, wie interpersonale Therapeuten es tun. Die REVT versucht überdies, uns zu helfen, unsere dysfunktionalen Gefühle und Handlungen (C's) zu verändern, z. B. unsere Süchte und Zwangshandlungen, wie Verhaltenstherapeuten es auch tun würden.

Doch zusätzlich zu all diesen Veränderungen zeigt die REVT uns unsere selbst-schädigenden, irrationalen Überzeugungen (iB's) und wie wir daran arbeiten können, sie zu minimieren oder ganz aufzugeben. Die REVT ist also ein umfassendes, multimodales und integratives Therapiesystem, das eine klare und in sich geschlossene Theorie darüber hat, warum wir Menschen uns oft endlos über uns selbst aufregen. Gleichzeitig jedoch sieht die REVT uns als einzigartige Individuen, die *ganz speziell* armselige kognitive, emotive und verhaltensorientierte »Lösungen« für die Schwierigkeiten in unserem Leben konstruieren. Daher sollten wir besser deutlich erkennen, was wir eigentlich tun, wenn wir unangemessen auf diese Schwierigkeiten reagieren, und was wir *speziell* tun können, um für uns selbst hilfreicher (»rationaler«) darüber denken, fühlen und entsprechend handeln zu können[32].

Gewöhnlich versucht die REVT den Menschen zu zeigen, wie sie ihr unrealistisches, unlogisches und unflexibles »Muss« aufgeben und in logischere und flexiblere Sätze verändern können – in Übereinstimmung mit der Theorie der REVT. Gelegentlich benutzt die REVT jedoch auch andere paradoxe Methoden, wenn Klienten starr an ihren Störungen festhalten und »rationale« Methoden zur Selbsthilfe ablehnen[33].

Josie beispielsweise war eine sechzigjährige Sekretärin, die paranoid darauf beharrte, dass ihr früherer Chef sie verfolge, um herauszufinden, wo sie nun arbeite, obwohl sie das vor allen geheimhielt. Er tue das, um ihre neuen Arbeitgeber anrufen und ihnen Lügen über sie erzählen zu können und sie schließlich entlassen werde. Sie glaubte starr daran, dass er sie verfolge (obwohl sie keinen Beweis dafür hatte), dass er unbedingt und um jeden Preis aufgehalten werden müsse und dass sie keine Arbeitsstelle jemals behalten könne, wenn ihm nicht Einhalt geboten (und er am besten getötet) würde. Als ich recht bald entdeckte, dass auch noch soviel Disputieren (an Punkt D in der REVT) bei Josie etwas nützen würde und sie ihre paranoiden Ideen niemals aufgeben würde – ebensowenig wie sie sich medikamentös behandeln lassen würde, was ihr hätte helfen können, diese fixen Ideen abzumildern –, gab ich vor, mit ihr einer Meinung zu sein bezüglich der Niederträchtigkeit ihres früheren Chefs und der »Tatsache«, dass er aufgehalten werden müsse. Aber ich machte Josie klar, dass es nicht sehr vorteilhaft sei, ihn umzubringen, und dass sie eines möglicherweise tun könne,. Aufzuhören,

sich über ihren Ex-Chef aufzuregen, nun vorgeblich freundlich zu ihm zu sein und ihm damit die Befriedigung zu nehmen, die er vermutlich aus dem Wissen um ihre Aufregung zog, um ihm vielleicht auf diese Art und Weise Einhalt zu gebieten.
Zuerst widersetzte sich Josie meinen Vorschlägen, doch schließlich stimmte sie zu, dass es ein schöner Streich wäre, ihrem Ex-Chef die Unerschütterliche vorzuspielen und freundlich zu ihm zu sein, und dass ihr dies helfen würde, sich an ihm für ihre Verfolgung zu rächen. Sie stürzte sich also in die Aufgabe, ihm diesen Streich zu spielen, lenkte sich von ihrer Wut und Depression ab und passte sich an ihre neueste Arbeitsstelle an, statt sich so stark auf ihren früheren Chef und dessen scheußliche Niederträchtigkeit zu konzentrieren, wie sie es an früheren Arbeitsstellen getan hatte, wodurch sie den Verlust jener Stellen selbst herbeigeführt hatte.
Ich glaube kaum, dass ich Josie geheilt habe, indem ich ihren Gefühlen des Verfolgtwerdens ziemlich irrational beigepflichtet habe, und ganz sicher habe ich kein konsequentes REVT-Disputieren bei ihr angewendet. Aber ich glaube, ich habe das Beste getan, was ich tun konnte, indem ich diese unorthodoxe Methode verwendet habe. Praktiker der REVT schneiden ihre Therapie manchmal, wie ich es in diesem Fall getan habe, auf besonders schwierige Klienten zu und verwenden »irrationale« Techniken, um ein »rationales« Ergebnis herbeizuführen. Da »rational« in der REVT bedeutet, sich effektiv selbst zu helfen, kann man die »unlogischen« Techniken, welche die Praktiker manchmal verwenden, als »rational« betrachten. Gewöhnlich werden in der REVT jedoch Argumente verwendet, die realistisch und logisch sind, weil diese den Klienten wahrscheinlicher helfen, die angestrebten Ergebnisse zu erreichen. In der Ökonomie bringen »rationale« Methoden gewöhnlich mehr Waren, mehr Geld oder andere Gewinne hervor. In der REVT bringen »rationale« Methoden eine bessere Gesundheit bezüglich Emotionen und Verhalten[34].
Sowohl die Psychoanalytiker als auch die radikalen Behavioristen betonen das verbale Konditionieren und vertreten die Ansicht, dass die Menschen eine komplizierte Sprache haben und folglich lernen können, dysfunktional zu denken und sich dysfunktional zu verhalten, weil man ihnen selbst-behindernde Gedanken *beibringt* – wie z. B.: »Du musst in der Schule immer gut sein und in wichtigen Fächern die beste Note bekommen!« Doch Analytiker und Behavioristen unterlassen es oft, die Wichtigkeit von Selbstgespräch und selbstkonstruierten Bedeutungen hervorzuheben, welche die Menschen übernehmen und erfinden und mit denen sie sich gewöhnlich irritieren. Denn die Menschen sind von

Natur aus suggestibel und autosuggestibel, wie Emile Coué früh im zwanzigsten Jahrhundert bereits ausführte[35]. Haben sie ein absolutistisches »Muss« oder »Soll« erst einmal gelernt oder erfunden, indoktrinieren sie sich überaus aktiv und energisch immer wieder von Neuem mit diesen Ideen. Wie Jean Piaget und George Kelly gezeigt haben, übernehmen sie nicht passiv familiäre und kulturelle Regeln, sondern gestalten sie selbst, einschließlich wichtiger Varianten davon, und schaffen eigene Ideen und Regeln[36].

Selbst wenn wir daher beweisen könnten, dass wir größtenteils wegen unserer frühen Erfahrungen mit unseren Eltern und unserer Familie sowie durch deren Normen gelernt haben, uns gestört zu verhalten, sollten wir besser eingestehen, dass wir unsere Störungen hauptsächlich selbst immerwährend erhalten und fortbestehen lassen, indem wir diese frühen Botschaften ständig wiederholen – und indem wir selbst andere irrationale Überzeugungen (iB's) erfinden. Vielleicht tun wir dies bewusst – indem wir uns buchstäblich immer wieder etwas sagen wie: »Ich muss bei wichtigen Unternehmungen unbedingt Erfolg haben, sonst bin ich ein unzulänglicher Mensch!« Oder wir internalisieren vielleicht eine gegen uns gerichtete Einstellung wie diese und halten unbewusst oder stillschweigend daran fest, ohne uns völlig darüber im Klaren zu sein, dass sie eine unserer elementaren Kern-Philosophien ist, mit der wir häufig ungesunde Gefühle und Handlungen hervorbringen[37].

Lassen Sie mich dies anhand von Carolines Fall darstellen. Sie wurde fast jedes Mal depressiv, wenn sie einer anderen Frau begegnete, die eine bessere Arbeitsstelle hatte als sie. Als ich sie fragte, was sie bei diesen Gelegenheiten denkt oder sich selbst sagt, antwortete sie: »Nichts. Ich entdecke nur, dass diese andere Frau in ihrem Beruf wirklich erfolgreich ist, und fühle mich augenblicklich bedrückt.«

»Offensichtlich sehen Sie doch aber, dass sie Besseres leistet, und Sie vergleichen sich mit ihr. Sehen und vergleichen sind eine Art und Weise des Denkens«, sagte ich.

»Ja, aber sobald ich das sehe, werde ich augenblicklich depressiv. Ohne weiteren Gedanken, soweit ich das sehen kann. Ich bin einfach konditioniert, so zu reagieren, weil meine Eltern mir immer sagten, ich sei ein Nichts, ich sei nutzlos, wenn ich keine glänzende Berufslaufbahn vorzuweisen hätte. Das hat mich dazu gebracht, so zu denken.«

»Ah«, sagte ich, »nun haben Sie einen Beweis für Ihre Unterstützung der REVT-Hypothese geliefert, dass wir tatsächlich denken, bevor wir uns aufregen. Zuerst haben Sie gesagt, Ihre Eltern hätten Ihnen den Gedanken vermittelt, dass Sie ohne glänzende Berufslaufbahn ein Nichts seien. Nehmen wir einmal an, sie haben es getan. Aber wer hat diesen Gedanken akzeptiert und hat ihn gutgeheißen?«

»Nun, vermutlich ich«, sagte Caroline.
»Richtig. Und wer teilt diese Meinung immer noch?«
»Hmm.«
»Und wer wiederholt es in Gedanken jedes Mal, wenn sie eine andere Frau sieht, die beruflich mehr Erfolg hat als sie?«
»Sie meinen, ich wiederhole diesen Gedanken über meine eigene Wertlosigkeit immer wieder? Aber ich höre mich das selbst nicht sagen, kurz bevor ich depressiv werde.«
»Nein, das nicht. Vielleicht sagen Sie es gar nicht wirklich, wenn Sie eine beruflich erfolgreiche Frau sehen. Aber wenn wir ehrlich sind – ist es nicht Ihre allem zugrunde liegende Philosophie, dass Sie es stillschweigend glauben und dass Sie es sich manchmal bewusst sagen und dann auch sehen, was Sie glauben?«
»Nun, wahrscheinlich schon. Vermutlich habe ich grundsätzlich diese Ansicht.«
»Ich glaube, ja. Denn wenn Sie nur die Ansicht hätten: ›Ich wäre auch gern so erfolgreich wie diese Frau, die ich gerade getroffen habe, aber ich muss es nicht sein. Was macht es schon, wenn ich es nicht bin‹, würden Sie sich dann selbst heruntermachen und sich wertlos und depressiv fühlen?«
»Nein, vermutlich nicht.«
»Bestimmt nicht! Nun haben wir entdeckt, dass Sie zuerst die Philosophie Ihrer Eltern bezüglich der Notwendigkeit Ihres Erfolgs gehört und übernommen haben. Dann haben Sie insgeheim weiter an diesen Gedanken geglaubt, selbst wenn Sie sich nicht völlig bewusst waren, weiterhin daran zu glauben. Drittens haben Sie eine erfolgreiche Frau kennen gelernt und haben sich mit ihr verglichen. Viertens schlussfolgerten Sie, dass jene ein besserer Mensch sei als Sie. Fünftens haben Sie entschieden, dass Ihre Eltern Recht hatten und dass Sie ein wertloses Individuum seien, ein Nichts. Und dann sind Sie depressiv geworden. Begreifen Sie?«
»Das ist erstaunlich! Ohne mir bewusst zu sagen, dass meine Eltern Recht haben würden und dass ich eine Versagerin wäre, wenn ich keine glänzende Karriere machte, halte ich implizit an dieser Überzeugung fest. Und jedes Mal, wenn ich eine recht erfolgreiche Frau treffe, vergleiche ich mich sofort mit ihr, beziehe diesen Vergleich auf meine grundlegende, mich selbst niederdrückende Philosophie und fühle mich am Ende wertlos und deprimiert.«
»Genau! Sie sind insgeheim – und manchmal bewusst – davon überzeugt, dass Sie unbedingt eine glänzende Karriere machen müssen, und wenn Sie entdecken, dass eine andere Frau eine gemacht hat und Sie immer noch nicht, verbinden Sie Ihren negativen Vergleich mit Ihrer

grundlegenden Sichtweise und kommen folglich zu dem Schluss, dass sie ein Nichts seien, und damit deprimieren Sie sich.«

»Ein großer Teil meines Denkens, sowohl was Erwartungen als auch was die Gegenwart angeht, lässt meine selbstkritische, depressive Philosophie hochkommen und erhält sie.«

»Ganz recht. Und da es Ihre Philosophie ist, können Sie sie sich jetzt vollkommen bewusst machen, sie kritisch überprüfen, in Zweifel ziehen und auf gesunde Weise verändern.«

»Wissen Sie, ich glaube, das kann ich.«

Caroline blieb weiterhin auf der Suche nach ihren stillschweigenden, grundlegenden Forderungen an sich selbst, wenn sie darüber deprimiert war, erfolgreichen Frauen zu begegnen, entdeckte, dass sie diese Forderungen unverändert stellte, veränderte sie zu Präferenzen statt unbedingten Notwendigkeiten und war schließlich in der Lage, derartigen Frauen zu begegnen und zu bedauern, nicht wie diese zu sein, doch mit nur geringen Gefühlen der Wertlosigkeit im Hinblick auf diesen traurigen Zustand.

Als ich mit der REVT anfing, dachte ich fälschlicherweise, dass gestörte Menschen fast immer mit sich selbst sprechen, um ihre emotionalen Probleme hervorzurufen. Heute weiß ich, dass sie dies oft tun und sich buchstäblich selbst sagen: »Ich habe wieder versagt. Das bedeutet, dass ich immer versagen werde und als Mensch nichts tauge!« Ich verstehe jetzt, dass sie sich diese Sätze manchmal, aber nicht immer ausdrücklich selbst sagen. Doch ob sie sich diese negativen Bemerkungen sagen oder nicht, sie haben eine *Kern-Philosophie* (von Aaron Beck und anderen manchmal ein Schema genannt), an die sie insgeheim und grundsätzlich fest glauben, die ihren selbstbezogenen Behauptungen zugrunde liegt.

Wir könnten sagen, dass Menschen mit Störungen sich durch viele bewusste und unbewusste Wiederholungen darauf konditionieren oder trainieren, beharrlich (aber nicht unbedingt ständig) sich selbst niedermachende, andere herabsetzende und die Welt anklagende Überzeugungen (B's) zu haben, dass sie sich über diese Kern-Überzeugungen oft nicht im Klaren sind und dass sie, sobald unangenehme aktivierende Ereignisse (A's) auftreten, sie rasch mit diesen grundlegenden iB's verbinden und sich damit unbewusst selbst aus der Fassung bringen. Weil sie ihre A's jedoch deutlich sehen – wie Caroline die Erfolgsfrauen, die sie traf, deutlich sah –, aber ihre stillschweigenden iB's nicht deutlich sehen, beziehen sie ihre gestörten Gefühle – Carolines Depression – auf die A's und vergessen den entscheidenden Einfluss ihrer iB's unter der Oberfläche. Die REVT zeigt ihnen daher diese entscheidende »Ursache« ihrer Störung – und wie sie diese in Zweifel ziehen und verändern können. Sie beschäftigt sich mit den bewussten und unbewussten iB's der Menschen[38].

Psychoanalytiker nehmen gewöhnlich an, dass wir unsere selbstverdammenden Überzeugungen (iB's) von unseren Eltern und unserer Kultur lernen. Das ist bestenfalls nur teilweise richtig. So wird ein Junge in unserer Kultur nicht nur dessen schuldig, dass er seine Mutter begehrt, weil ihm ziemlich zwingend beigebracht wird, dass jeder, der sich so verhält, durch und durch tadelnswert sei; sondern er bleibt auch für immer dieser Art des Begehrens schuldig, a) weil er immer wieder über dessen vermutete Abscheulichkeit hört und liest, und b) weil er sich ständig, jedes Mal, wenn er einen inzestuösen Gedanken hegt, sagt: »O mein Gott! Ich bin ein Schwein, weil ich so schreckliche Gedanken habe.« Selbst wenn *a* nicht länger zuträfe – wenn dieser Junge in eine Gesellschaft käme, in der Inzest als makellose Handlung angesehen würde –, sind die Chancen groß, dass er noch viele Jahre lang und vielleicht bis ans Ende seines Lebens immer noch *b* für wahr halten und sich selbst immer wieder als wertloses Schwein sehen würde, sobald er einen inzestzuösen Gedanken hegt. Selbst wenn einem Jungen nur beigebracht würde, dass inzestuöse Gedanken falsch sind, er selbst jedoch nicht dafür verdammt würde, sie zu haben, würde er sich wahrscheinlich dennoch sagen: »Ich darf diese Gedanken nicht haben! Ich bin schlecht, wenn ich sie habe!« Er wird sich also selbst abwerten dafür, inzestuöse Gedanken zu haben, selbst wenn seine Eltern nur seine Gedanken ablehnen, nicht jedoch sein Selbst, das diese Gedanken hegt. Als menschliches Wesen wird er oft fälschlicherweise schlussfolgern: »Wenn mein Verhalten nicht gut ist, bin ich (der ganze Mensch) nicht gut!«

Das ist es, was ich immer klarer sehe, seit ich mich von der psychoanalytisch orientierten Therapie zur Rational-Emotiven Verhaltenstherapie hinarbeite: dass meine Klienten nicht nur einfach mit irrationalen, falschen Gedanken über ihre eigene Wertlosigkeit indoktriniert wurden, als sie sehr jung waren, sondern dass sie dann auch noch in den Jahren des Erwachsenseins an eben diesen frühen Gedanken weiterhin festhielten. Treffender ausgedrückt: sie (wie Menschen es zu tun pflegen) fuhren aktiv-direktiv damit fort, sich selbst mit dem ursprünglichen Geschwätz immer wieder neu zu indoktrinieren, und ließen es somit kreativ immer weiterleben und zu einem unerlässlichen Teil ihrer grundlegenden Philosophie werden.

Dieses tatkräftige, gewaltsame Festhalten an früh erworbenen oder aufgebauten Irrationalitäten ist gewöhnlich etwas, das die Menschen unwissentlich, unabsichtlich oder unbewusst tun – wenn auch nicht immer, da sie die »Wahrheit« dieser dysfunktionalen Überzeugungen, die sie ursprünglich von ihren Mitmenschen und ihrer Gesellschaft aufgenommen haben, manchmal ziemlich bewusst immer wieder wiederholen. Doch ob nun bewusst oder unbewusst, willentlich oder unwillentlich, auf jeden Fall machen sie sich selbst viele unrealistische, definitive, selbstsabotierende Vorstellungen, glauben und zwingen sich buchstäblich selbst, weiterhin an ihnen festzuhalten. Deshalb bleiben diese Menschen nicht nur neurotisch trotz der großen Nachteile, die dies mit sich bringt, sondern sie widersetzen sich auch oft den besten Bemühungen der Therapeuten, ebenso wie sie ihren eigenen Anstrengungen widerstehen, ihre Neurosen aufzugeben.

Schließlich habe ich das große Rätsel, weshalb so viele Millionen Menschen nicht nur ursprünglich emotional gestört wurden, sondern auch weshalb sie es angesichts von so viel Selbstbehinderung beharrlich bleiben, zumindest zu meiner eigenen Zufriedenheit gelöst. Eben die Möglichkeit der Sprache, die sie im Wesentlichen menschlich macht – die Fähigkeit, mit anderen und mit sich selbst zu sprechen –, befähigt sie auch, diese Möglichkeit zu missbrauchen, indem sie sich selbst Unsinn erzählen: Dinge als schrecklich und unzulässig zu definieren, wenn diese Dinge schlimmstenfalls lästig und ärgerlich sind.

Insbesondere erlaubt das Sprechen, die Fähigkeit zum Selbstgespräch und die Fähigkeit zum Philosophieren den Menschen zu vergessen, dass ihre Notwendigkeiten zum Überleben physischer oder sensorischer Art sind – wie genügend Nahrung, Flüssigkeit, Schutz und angemessene Gesundheit. Die Sprachfähigkeit erlaubt es ihnen inkorrekterweise, ihre psychologischen Begehren – wie den Wunsch nach Liebe, Anerkennung, Erfolg und Muße – in definitive Bedürfnisse zu übersetzen. Sobald sie dann ihre Wünsche oder Präferenzen als Notwendigkeiten definiert haben oder die Definitionen ihrer Eltern oder anderer in diesem Zusammenhang akzeptiert haben, gestatten die Fähigkeiten der Menschen zur Selbst-Kommunikation es ihnen wunderbar, ihre »Bedürfnisse« weiterhin auf diese verzerrte Art und Weise zu definieren, obwohl sie keinerlei zusätzliche Beweise haben, um ihre Definitionen zu untermauern.

Noch präziser ausgedrückt: Als ich erkannte, wie wichtig Gespräch und Selbstgespräch sind, habe ich klinisch entdeckt, dass gestörte Individuen sehr häufig ihre Präferenz, von anderen geliebt oder anerkannt zu werden (die wohl kaum verrückt ist, da die Anerkennung durch andere i. d. R. konkrete Vorteile hat), nehmen und sie willkürlich als dringende Notwendigkeit definieren und diese Definition beibehalten. Dadurch werden sie oft – nein, machen sie sich – ängstlich, von Schuldgefühlen geplagt, depressiv oder hassen sich sonstwie selbst, da es in dieser gleichgültigen Welt, in der wir leben, keinerlei Möglichkeit der Garantie gibt, dass sie von anderen hingebungsvoll geliebt und anerkannt werden.

Ferner verwechseln gestörte Menschen häufig ihre Präferenz, erfolgreich zu sein, ohne Gegenleistung etwas zu bekommen, und in einer völlig gerechten Welt zu leben (was wiederum gesunde Wünsche sind), und verlangen, dass andere und das Universum auf diese Wünsche auch eingehen müssten. Dadurch machen sie sich selbst feindselig, übelnehmerisch und grandios. Ohne menschliches Gespräch und Selbstgespräch sowie die Einstellungen und Philosophien, die ihm zugrunde liegen, könnte ein gewisses Maß an Angst und Feindseligkeit sehr wohl existieren; jedoch nicht, habe ich erkannt, das extreme und intensive Ausmaß dieser Gefühle, das eine emotionale Störung darstellt[39].

Sobald mir klar wurde, dass neurotisches Verhalten nicht nur in jungen Jahren von außen konditioniert oder indoktriniert wurde, sondern dass es ebenso von den Menschen selbst innerlich reindoktriniert oder autosuggeriert wird, bis es zu einem integralen Bestandteil ihrer in der Gegenwart vertretenen (und ständig selbst wiederholten) Lebensphilosophie wird, bekam meine Arbeit mit den Klienten eine radikal neue Tendenz.

Während ich zuvor versucht hatte, ihnen zu zeigen, wie sie ihre Störung ursprünglich entwickelt hatten und was sie aktiv tun konnten, um ihren früh erworbenen Beeinträchtigungen entgegenzuwirken, erkannte ich, dass ich in dieser Hinsicht ungewöhnlich vage gewesen war. Immer noch von an Freud orientierten Theorien in die Irre geführt, hatte ich eine psychodynamische Ursächlichkeit betont statt einer philosophischen, ebenso wie ich hervorgehoben hatte, wie die Klienten ihre Vergangenheit ungeschehen machen konnten, statt was sie aktuell ungesagt und ungedacht lassen sollten. Ich hatte (wie die meisten anderen Therapeuten in den fünfziger Jahren) die Sätze, Bedeutungen und Philosophien vernachlässigt, welche meine Klienten einmal übernommen und hervorgebracht hatten, um ihre Störung hervorzurufen, und dass sie sich selbst immer noch eindringlich überzeugten, ihre größtenteils selbstkonstruierten Störungen aufrechtzuerhalten.

Lassen Sie mich ein Fallbeispiel anführen. In den frühen fünfziger Jahren hatte ich eine 37-jährige Klientin, die ich bereits zwei Jahre lang behandelt hatte und die zunächst beträchtliche Fortschritte gemacht hatte, danach jedoch auf einer Art therapiebedürftigem Plateau stehen geblieben war. Als sie mit der Therapie begann, stritt sie ständig mit ihrem Mann, kam schlecht an ihrer ziemlich untergeordneten Büroarbeitsstelle zurecht und glaubte in paranoider Weise, die ganze Welt sei gegen sie.

Rasch, schon im Verlauf der ersten paar Therapiewochen, wurde klar, dass ihre Eltern (die beide selbst ziemlich paranoid waren) ihr buchstäblich beigebracht hatten, anderen gegenüber misstrauisch zu sein und von der Umwelt ein angenehmes Leben zu verlangen, ob sie sich dafür nun anstrengte oder nicht. Die Eltern hatten ihre Tochter ebenso überzeugt, dass sie undankbar und unfähig sei, wenn sie nicht auf jede Laune ihrer Eltern eingehe und fast alles genau in der von ihnen gewünschten Art und Weise erledige.

Bei dieser Erziehung war es kaum überraschend, dass meine Klientin glaubte, ihr Ehemann tue nie wirklich etwas für sie und sie selbst sei im Grunde minderwertig und verdiene es nicht, es im Leben gut zu haben. Im Verlauf der psychoanalytisch-eklektischen Therapie, die ich damals praktizierte, wurde der Klientin gezeigt, dass sie von ihren Eltern (und von der Kultur, in der sie lebte) tiefgreifend mit Gefühlen ihrer eigenen Unzulänglichkeit indoktriniert worden war. Speziell wurde ihr verdeutlicht, dass sie von ihrem Mann dieselbe bedingungslose Akzeptanz forderte, die sie von ihrem Vater nicht erhalten hatte; und dass sie sich gewöhnlich schrecklich schuldig fühlte, nachdem sie ihren Mann mit Vorwürfen überhäuft hatte, er liebe sie nicht genug, genau wie Jahre zuvor, wenn sie ihre Eltern gehasst und sich ihnen widersetzt hatte, weil sie dachte, sie erwarteten zuviel von ihr.

Dieser Klientin wurden nicht nur die Quellen ihrer Feindseligkeit gegenüber dem Ehemann sowie ihrer ständigen Selbstentwertung klargemacht, sondern sie wurde überdies ermuntert, sich selbst in beiderlei Hinsicht aktiv zu dekonditionieren. So willigte sie ein, die »Hausaufgaben« zu machen, a) zu versuchen, den Standpunkt ihres Mannes zu verstehen und sich ihm gegenüber so zu verhalten, als ob er nicht ihr Vater sei, sondern ein eigenständiger Mensch mit seinen eigenen Rechten, und b) sich zu bemühen, an ihrem Arbeitsplatz im Büro ihr Bestes zu geben und die Möglichkeit zu riskieren, dennoch versagen zu können, und sich vielleicht der Tatsache stellen zu müssen, dass sie nicht die beste Angestellte auf der Welt sei und ein Teil der Klagen über ihre Arbeitsleistung berechtigt sei.

Meine Klientin bemühte sich ziemlich ernsthaft, ihre neu gewonnenen Einsichten zu nutzen und ihre psychotherapeutischen »Hausaufgaben« zu machen. Während der ersten sechs Therapiemonate besserte sich ihr Zustand merklich, so dass sie weit weniger mit ihrem Mann stritt und ihre erste auf eigene Verdienste zurückzuführende Gehaltserhöhung bekam, weil sie besser arbeitete. Dennoch behielt sie ihre eigentlichen Überzeugungen bei, dass sie ein wertloser Mensch sei und dass fast jeder, mit dem sie in Kontakt kam, diese Tatsache erkenne und sie bald

ungebührlich auszunutzen beginne. Sooft ihre gegenwärtigen Schwierigkeiten auch analysiert und zu ihren Entsprechungen in der Vergangenheit zurückverfolgt wurden, nichts schien sie von dieser Grundüberzeugung befreien zu können.
Da ich das Gefühl hatte, dass der Fall nicht hoffnungslos sei und es irgendeine Methode geben müsse, um diese Klientin zu überzeugen, dass ihre selbstabwertenden und paranoiden Überzeugungen unbegründet seien, bemühte ich mich weiterhin beharrlich um den therapeutischen Durchbruch. Und plötzlich, als ich selbst die Dinge ziemlich anders zu sehen begann, trat dieser langersehnte Durchbruch ein.
Der folgende Dialog mit der Klientin vermittelt eine Vorstellung vom Verlauf dieses Prozesses. Wie bei allen anderen Auszügen aus Behandlungsnotizen handelt es sich auch hierbei um einen leicht gekürzten und grammatikalisch bereinigten Text, aus dem alle identifizierenden Hinweise entfernt wurden. Wortwörtliche Mitschriften von REVT-Sitzungen machen die Vorgänge in der Therapie atmosphärisch zwar besser nachvollziehbar, sind aber oft schwerfällig, weitschweifig und – wenn sie nicht sorgfältig kommentiert werden – etwas unklar. Daher nehme ich derartige Mitschriften mit weit umfangreicheren Kommentaren nicht hier, sondern in mehrere meiner anderen Bücher und Artikel auf[40].
»Sie glauben also immer noch«, sagte ich zu meiner Klientin (zum vielleicht hundertsten Mal), »dass Sie nichts taugen und dass niemand Sie je vollständig annehmen und ganz auf Ihrer Seite sein könne?«
»Ja, ich muss ehrlich sein und zugeben, dass ich das immer noch glaube. Ich weiß, dass es töricht ist, das zu glauben, wie Sie mir ständig vor Augen führen. Aber ich glaube es trotzdem immer noch; und nichts scheint meine Überzeugung erschüttern zu können.«
»Nicht einmal die Tatsache, dass sich das Verhältnis zu Ihrem Mann, Ihren Bürokollegen und einigen Ihrer Freunde seit über einem Jahr bedeutend gebessert hat?«
»Nein, nicht einmal das. Ich weiß natürlich, dass es mir besser geht, und ich bin sicher, das ist auf die Sitzungen mit Ihnen zurückzuführen. Und ich freue mich darüber und bin Ihnen dankbar. Aber im Grunde hat sich an meinem Gefühl nichts geändert – dass da wirklich etwas minderwertig ist an mir, etwas, woran ich nichts ändern kann und das die anderen sehen können. Und ich weiß nicht, was ich gegen dieses Gefühl tun soll.«
»Aber dieses ›Gefühl‹, wie Sie es nennen, ist größtenteils nur eine Überzeugung – erkennen Sie das?«
»Wie kann mein Gefühl eine Überzeugung sein? Ich fühle es ja tatsächlich. Ich kann es wirklich nur als Gefühl beschreiben.«

»Ja, aber Sie fühlen es, weil Sie daran glauben. Wenn Sie zum Beispiel glauben würden, dass Sie trotz aller Fehler, die Sie in Ihrem Leben gemacht haben und noch machen werden, und trotz aller anderen, die Sie wie z. B. Ihre Eltern für nicht so vorbildlich hielten, ein feiner Mensch sind, wenn Sie das wirklich glaubten, würden Sie sich dann so zutiefst minderwertig fühlen?«

»Äh. Hm. Nein, wahrscheinlich haben Sie Recht. Vermutlich würde ich mich dann nicht so fühlen.«

»Also gut«, entgegnete ich, »Ihr Gefühl, dass Sie minderwertig sind oder nichts taugen, rührt größtenteils von Ihrer äußerst festen, wenn auch nicht allzu deutlich artikulierten Überzeugung her, dass Sie eben einfach nichts taugen, obwohl sie nun Erfolg haben und Ihr Mann und Ihre Geschäftskollegen Ihnen mehr denn je zeigen, dass sie Sie mögen.«

»Nun«, fragte meine Klientin, »nehmen wir einmal an, Sie hätten Recht und es stünde eine Überzeugung dahinter, die meine Gefühle hervorruft. Wie kann ich mich von dieser Überzeugung befreien?«

»Wie können Sie sie aufrechterhalten?«

»Ach, bestimmt ganz leicht. Denn ich erhalte sie ja aufrecht. Und das seit Jahren, wie Sie sagen.«

»Ja, aber was ist der Beweisgrund dafür, sie aufrechtzuerhalten? Wie können Sie beweisen, dass Sie wirklich minderwertig sind und nichts taugen?«

»Muss ich mir das selbst beweisen? Kann ich es nicht einfach ohne Beweis akzeptieren?«

»Genau! Genau das tun Sie, und zwar zweifellos schon seit Jahren – Sie akzeptieren diese Überzeugung, diese völlig grundlose Überzeugung von Ihrer eigenen ›Minderwertigkeit‹ ohne jeglichen Beweis.«

»Aber wie kann ich sie akzeptieren, wenn dahinter kein Beweis steht, wie Sie sagen?«

»Sie können sie weiterhin akzeptieren, weil ...« An diesem Punkt war ich selbst mit meiner Weisheit am Ende. Doch ich spürte, wenn ich die Frage mit dieser Klientin wirklich zu Ende diskutierte und die alten psychoanalytischen Klischees vermied, die bisher auf diese häufig gestellten Fragen keine befriedigende Antwort hervorgebracht hatten, könnte ich möglicherweise auf eine sowohl mich als auch die Klientin befriedigende Antwort stoßen. Also fuhr ich eigensinnig fort: »... weil, nun, weil Sie ein Mensch sind.«

»Ein Mensch? Was hat denn das damit zu tun?«

»Nun ...« Ich hatte immer noch keine wirkliche Antwort gefunden, spürte aber irgendwie, dass nur wenig außerhalb der Reichweite der gemeinsamen Denkanstrengungen der Klientin und mir eine solche verborgen lag. »So sind die Menschen eben nun mal, nehme ich an. Stur halten sie an grundlosen Überzeugungen fest, selbst wenn sie keine Spur eines Beweises haben, um diese Überzeugungen zu stützen. Millionen Menschen glauben beispielsweise aus ganzem Herzen und dogmatisch an die Existenz Gottes, obwohl Hume, Kant, Russell und viele andere erstklassige Philosophen dargelegt haben, dass sie unmöglich jemals seine Existenz werden beweisen können. Aber das hält niemanden von seinem inbrünstigen Glauben ab.«

»Sie glauben also«, stellte meine Klientin fest, »dass ich etwa auf dieselbe Art und Weise an die ›Wahrheit‹ meiner eigenen Minderwertigkeit glaube, wie jene an die ›Wahrheit‹ Gottes glauben, ohne jeglichen Beweis, der unsere Überzeugungen stützen könnte?«

»Ist es denn nicht so? Und sind sie – die Theorie von Gott und die von Ihrer eigenen Minderwertigkeit – nicht beide von derselben Art einer definierenden Konzeption?«

»Definierend?«

»Ja«, erklärte ich meiner Klientin, »Sie fangen an mit einem Axiom oder einer Prämisse wie z. B.: ›Wenn ich im Leben keinen herausragenden Erfolg habe, bin ich wertlos.‹ Oder, in Ihrem Fall, spezieller: ›Um ein guter Mensch zu sein, muss ich eine herausragende, aufopferungsvolle Tochter, Ehefrau und Mutter sein.‹ Dann betrachten Sie die Tatsachen und stellen rasch fest, dass Sie keinen tollen Erfolg im Leben haben, und dass Sie nicht die beste, aufopferungsvollste Tochter, Ehefrau und Mutter sind, die je gelebt hat. Dann ziehen Sie den Schluss: »Also tauge ich nichts – ich bin sogar minderwertig und schlecht.«

»Nun, ist dieser Schluss nicht die logische Folgerung aus den Tatsachen?«

»Nein, überhaupt nicht! Die Schlussfolgerung stammt fast ausschließlich aus Ihrer definierenden Prämisse. Und in gewissem Sinn existieren überhaupt keine Tatsachen in Ihrem Syllogismus, da Ihre gesamten ›Beweise‹ durch diese Prämissen einem schweren Vorurteil unterliegen.«

»Aber ist es denn keine Tatsache, dass ich eben keine gute, aufopferungsvolle Tochter, Ehefrau und Mutter bin?«

»Nein, nicht notgedrungen. Denn tatsächlich können Sie ja sehr wohl als Tocher ebensogut zu ihren Eltern sein wie die meisten Frauen; tatsächlich sind Sie in dieser Hinsicht vielleicht sogar um einiges besser als die meisten. Doch Ihre Prämisse beinhaltet, dass sie praktisch perfekt sein müssen, um gut zu sein. Und in Anbetracht dieser Prämisse wird sogar die Tatsache, wie gut sie als Tochter sind, unvermeidlich verzerrt und Sie werden sich fast schon zu der Schlussfolgerung gezwungen sehen, dass Sie eine ›schlechte‹ Tochter sind, obwohl Sie in Wirklichkeit sogar besser sein mögen als der Durchschnitt.«

»In meinem Syllogismus gibt es also überhaupt keine echten Tatsachen?«
»Nein. Doch selbst wenn es sie gäbe – wenn Sie z. B. keine durchschnittliche Tochter oder Ehefrau wären –, wäre Ihr Syllogismus immer noch vollkommen tautologisch: da er nur ›bestätigt‹, was Sie in Ihrer Prämisse ursprünglich postuliert haben; nämlich, dass sie wertlos sind, wenn Sie nicht perfekt sind. *Folglich ist Ihre sogenannte Minderwertigkeit oder Schlechtigkeit eine reine Definition und hat nichts mit den Tatsachen zu tun.«*
»Sind alle Neurosen so wie meine?«
»Ja, wenn ich es mir so recht überlege«, meinte ich und überlegte es wirklich, während ich mit der Klientin sprach, »scheinen praktisch alle neurotischen Störungen von derselben, auf Definitionen beruhenden Natur zu sein. Wir nehmen an, dass es schrecklich ist, wenn etwas so ist – besonders, wenn wir unvollkommen sind oder wenn ein anderer nicht auf die engelsgleiche Art und Weise handelt, wie er unserer Meinung nach handeln sollte. Nachdem wir diese Annahme getroffen haben, suchen wir buchstäblich nach den ›Tatsachen‹, um unsere Prämisse zu beweisen. Natürlich finden wir diese ›Tatsachen‹ immer – wir finden, dass wir oder jemand anderer sich sehr schlecht benimmt. Dann ziehen wir den ›logischen‹ Schluss, dass wir Recht hatten und dass das von uns entdeckte ›schlechte‹ Benehmen unsere ursprüngliche Annahme überzeugend ›beweist‹. Doch die wichtigste reale oder zumindest unvoreingenommene ›Tatsache‹ in dieser ›logischen‹ Kette, die wir hiermit konstruieren, ist unsere eigene Ausgangsprämisse – die Überzeugung, die wir uns zu Anfang selbst sagen.«
»Würden Sie dann also behaupten«, fragte meine Klientin, »dass ich mir gewisse unbestätigte Sätze buchstäblich selbst sage und dass meine Störung direkt von diesen, meinen eigenen Sätzen herrührt?«
»Ja«, entgegnete ich mit plötzlichem Enthusiasmus. »Sie bringen mich da auf eine Idee. Bisher hatte ich es noch nicht von dieser Seite betrachtet, obwohl ich es vermutlich doch schon überlegt hatte, ohne es in eben diese Worte zu fassen, da ich ja gerade vor einem Augenblick zu Ihnen gesagt habe, es seien die Sätze, die wir uns selbst zu Anfang sagen, welche den Ball der auf Definitionen beruhenden Prämissen, halbdefinitiven ›Tatsachen‹ und falschen Schlussfolgerungen ins Rollen bringen. Aber ob das nun Ihr Einfall ist oder meiner, es scheint zu stimmen: dass Menschen, die an einer Störung erkranken, sich tatsächlich eine Kette unwahrer Sätze sagen – da die Menschen meistens in Worten, Phrasen und Sätzen denken. Und es sind diese Sätze, die größtenteils tatsächlich zu ihren Neurosen führen.«

»Können Sie das genauer erklären? Wie lauten beispielsweise meine eigenen Sätze genau?«

»Nun, wollen wir mal sehen. Bestimmt können wir sie rasch herausarbeiten. Sie fangen natürlich damit an, den Sätzen anderer, hauptsächlich Ihrer Eltern, zuzuhören. Und deren Sätze lauten, wie wir bereits oftmals durchgemacht haben: ›Schau, Liebes, wenn du uns nicht von Herzen, in völlig aufopfernder Weise liebst, dann taugst du nichts, und das werden die Leute herausfinden, und dann lieben sie dich nicht mehr, und das wäre schrecklich, schrecklich, schrecklich.‹«

»Und ich höre mir diese Sätze meiner Eltern an, die mir immer wieder gesagt werden, und mache sie zu meinen eigenen – ist es das?«

»Ja, Sie machen sie zu Ihren eigenen. Und natürlich nicht nur ihre konkreten, offensichtlichen Sätze, sondern auch ihre Gesten, ihre Intonation, ihre kritischen Blicke usw. Diese haben auch eine besondere Bedeutung für Sie: weil Sie sie in Ihrem eigenen Kopf in Phrasen und Sätze verwandeln. Wenn Ihre Mutter also mit ärgerlicher oder fordernder Stimme sagt: ›Lass' das, Liebes!‹, übersetzen Sie das in: »Lass das, Liebes – oder ich werde dich nicht mehr lieben, wenn du es doch tust, und alle anderen werden denken, dass du schlecht bist, und werden dich nicht mehr lieben, und das wäre schrecklich!«

»Wenn meine Eltern mir also mit Worten oder mit Gesten sagen, dass ich nichts tauge, sage ich mir rasch selbst: ›Sie haben recht. Wenn ich sie nicht von Herzen liebe und mich nicht für sie aufopfere, tauge ich nichts, und jeder wird sehen, dass ich nichts tauge, und niemand wird mich akzeptieren, und das wird schrecklich sein!‹«

»Ganz recht. Und diese Phrasen und Sätzen sind es, die Ihr schreckliches Gefühl – die Ihre Schuldgefühle und Ihre Neurose – hervorrufen.«

»Aber wie? Was genau ist an meinen eigenen Sätzen, dass es ein so scheußliches Gefühl hervorruft? Was ist der unwahre Teil dieser Sätze?«

»Gewöhnlich ist es der letzte Teil. Denn der erste Teil kann sehr oft wahr sein. Der erste Teil, erinnern Sie sich, ist etwas wie: ›Wenn ich meine Eltern nicht vollkommen liebe und mich für sie aufopfere, werden viele oder manche Menschen, einschließlich meiner Eltern, wahrscheinlich denken, dass ich eine schlechte Tochter sei – dass ich nichts tauge.‹ Und dieser Teil Ihres Satzes kann sehr wohl der Wahrheit entsprechen.«

»Viele Menschen, einschließlich meiner Eltern, denken vielleicht wirklich, dass ich nichts tauge, weil ich mich so verhalte – meinen Sie das?«

»Ja. Wahrscheinlich denken Sie tatsächlich so. Folglich ist Ihre Beobachtung, dass verschiedene Menschen, vor allem Ihre Eltern, Sie nicht akzeptieren und für wertlos halten werden, wenn Sie keine perfekte

Tochter sind, wahrscheinlich eine zuverlässige und begründete Beobachtung. Aber das ist es nicht, was Ihnen Schaden zufügt. Der Rest Ihrer Phrasen und Sätze richtet den Schaden an.«
»Sie meinen den Teil, in dem ich sage: ›Weil viele Leute mich vielleicht als unvollkommene Tochter ablehnen, tauge ich nichts?‹«
»Genau. Wenn viele Menschen, ja sogar alle Menschen denken, dass Sie keine perfekte Tochter sind, aber eine perfekte Tochter sein sollten, mag das sehr wohl ihrer wahren Überzeugung oder ihrem wahren Gefühl entsprechen – aber was hat das damit zu tun, was Sie glauben müssen? Wie macht es Sie, außer in Ihren eigenen Augen, wertlos, eine unvollkommene Tochter zu sein? Weshalb, selbst wenn es stimmt, dass Sie Ihren Eltern ein derart unvollkommenes Kind sind, ist es schrecklich, unvollkommen zu sein? Und warum ist es schlimm, wenn viele Leute Sie nicht anerkennen, weil Sie eine schlechte Tochter sind?«
»Ich brauche nicht zu glauben, schlimm zu sein, nur weil andere es glauben? Ich kann mich selbst als unvollkommen akzeptieren, selbst wenn ich es tatsächlich bin, ohne das entsetzlich zu finden?«
»Ja. Außer wenn Ihre Definition von ›schlimm‹ und ›wertlos‹ zu derselben wird wie ihre. Und genau das geschieht natürlich, wenn die Sichtweise Ihrer Eltern und anderer Sie aus der Fassung bringt. Dann machen Sie deren Definition ihrer Person zu Ihrer eigenen. Sie nehmen ihre Sätze und machen sie zu den Ihren. Das ist ein äußerst kreativer, selbst-definierender Akt Ihrerseits, der Ihre Störung erzeugt.«
»Demnach habe ich die Wahl, ihre Definition von mir als wertlos, weil ich eine unvollkommene Tochter bin, anzunehmen oder zurückzuweisen. Und wenn ich sie annehme, mache ich ihre Definition zu meiner eigenen und gerate durcheinander.«
»Ja, Sie geraten unlogischerweise durcheinander.«
»Aber warum unbedingt unlogischerweise? Können Sie nicht Recht haben damit, dass es mich wertlos macht, eine unvollkommene Tochter zu sein?«
»Nein – wieder nur durch eine Definition. Denn offensichtlich betrachten nicht alle Eltern, die eine unvollkommene Tochter haben, diese als wertlos. Manchen Eltern ist ihre Tochter recht wertvoll, selbst wenn sie sich nicht völlig für sie aufopfert. Ihre Eltern denken offensichtlich nicht so, sondern definieren Ihren Wert in Abhängigkeit davon, wieviel Sie für sie tun. Dazu haben sie natürlich das Recht. Doch ihre Vorstellung von Ihnen ist definiert; und sie ist nur tautologisch gültig.«
»Sie meinen, es gibt keine absolute Möglichkeit zu beweisen, dass ich tatsächlich wertlos bin, wenn sie mich für wertlos halten, weil ich nicht aufopferungsvoll genug bin?«

»Richtig. Selbst wenn jeder Einzelne in der Welt die Meinung Ihrer Eltern teilen würde, wäre dies immer noch Definitionssache jedes Einzelnen; und Sie bräuchten es immer noch nicht zu akzeptieren. Doch natürlich ist es, wie wir eben festgestellt haben, höchst unwahrscheinlich, dass alle Menschen auf der Welt einer Meinung sind – was nur umso mehr beweist, wie subjektiv die Definition Ihrer Eltern von ›Wert‹ ist.«

»Und selbst wenn sie und alle anderen darin übereinstimmten, dass ich wertlos sei, weil ich mich nicht genug für ihr Wohlergehen interessiere, würde dies immer noch nicht bedeuten, dass ich diese Definition akzeptieren müßte?«

»Nein, selbstverständlich nicht. Denn selbst wenn sie damit Recht hätten, dass Sie für sie wertlos seien, wenn Sie sich selbst nicht völlig aufopferten – und es ist natürlich ihr Privileg als Eltern, Sie gering zu schätzen, wenn Sie nicht tun, was sie wollen –, besteht keinerlei Verbindung zwischen Ihrem Wert für sie und dem Wert, den Sie für sich selbst haben, es sei denn, *Sie* glauben, dass es eine gibt. Sie können zu sich und für sich selbst völlig gut sein, selbst wenn Ihre Eltern Sie als vollkommen schlecht zu sich und für sie halten.«

»Das klingt ja alles schön und gut. Aber lassen Sie uns doch zu meinen speziellen Sätzen zurückkehren und schauen, wie es da funktioniert.«

»Ja, Sie haben ganz Recht. Denn diese speziellen Sätze sind es, die Sie verändern müssen, damit sich Ihr Zustand bessert. Wie wir bereits festgestellt haben, sind Ihre Kernsätze, die Sie sich selbst sagen, folgende: ›Meine Eltern halten mich für wertlos, wenn ich mich nicht für sie aufopfere, und sie haben Recht. Es wäre schrecklich, wenn sie das weiterhin von mir denken würden und mich nicht akzeptieren würden. Also muss ich größere Opfer für sie bringen – oder mich selbst hassen, falls ich es nicht tue.‹«

»Und diese Sätze sollte ich ändern in …?«

»Nun, Sie sollten sie folgendermaßen ändern: ›Sie mögen ja denken, ich sei wertlos, wenn ich mich nicht noch viel mehr für sie aufopfere, doch was hat das mit meiner eigenen Selbsteinschätzung zu tun? Wäre es wirklich so schrecklich, wenn sie weiterhin so über mich dächten? Nein! Brauche ich ihre Anerkennung so sehr? Nein! Muss ich mich weiterhin selbst hassen, wenn ich nicht aufopferungswilliger bin?‹ Wieder lautet die Antwort: ›Nein!‹«

»Und indem ich diese Sätze ändere, die meine eigene Version ihrer Sätze sowie meinen Glauben daran darstellen, kann ich definitiv meine Gefühle der Schuld und der Wertlosigkeit verändern und Fortschritte machen?«

»Warum versuchen Sie es nicht und warten ab?«

Diese Klientin achtete weiterhin auf ihre eigenen Sätze und versuchte, sie zu ändern. Und innerhalb einiger Wochen nach dem vorstehenden Gespräch besserte sich ihr Zustand weit signifikanter als in den zwei vorangegangenen Jahren meiner Behandlung. »Ich glaube, jetzt habe ich es wirklich heraus!«, berichtete sie zwei Monate später. »Jedes Mal, wenn ich Schuldgefühle bekomme oder aus der Fassung gerate, sage ich mir, dass ich mir da wahrscheinlich irgendeinen dummen Satz sage, der diese Gefühle hervorruft; und gewöhnlich finde ich ihn auch innerhalb weniger Minuten. Und genau wie Sie gesagt haben, beginnen diese Sätze fast immer mit: ›Ist es nicht schrecklich, dass ...‹ oder ›Wäre es nicht furchtbar, wenn ...‹ Und wenn ich mir diese Sätze dann genau betrachte und sie in Frage stelle, indem ich mich frage: ›Wieso ist es entsetzlich, dass ...?‹ oder ›Warum wäre es so schrecklich, wenn ...?‹, komme ich immer darauf, dass es gar nicht entsetzlich oder schrecklich wäre, und dann beruhige ich mich rasch wieder. Und wie Sie vor ein paar Wochen vorhergesagt haben, finde ich, seit ich meine eigenen Sätze hinterfrage und anzweifle, dass sie langsam aufhören, immer wieder aufzutauchen wie früher. Nur noch gelegentlich fange ich jetzt noch an, mir zu sagen, etwas wäre furchtbar oder entsetzlich, wenn es einträte, oder etwas, das geschehen ist, sei schrecklich. Und bei diesen relativ seltenen Gelegenheiten kann ich der ›Entsetzlichkeit‹ oder ›Schrecklichkeit‹, die ich mir da ausdenke, rasch auf die Schliche kommen, sie faktisch oder logisch neu bewerten und sie dann beseitigen. Ich kann es kaum glauben, aber nachdem ich mir so viele Jahre lang praktisch um alles Sorgen gemacht habe und mich für einen Trottel gehalten habe, egal was ich tat, scheine ich an den Punkt zu kommen, dass ich nichts mehr schrecklich oder furchtbar finde, und ich scheine es auch schon im Voraus zu erkennen, nicht erst nachdem ich mich ernstlich aufgeregt habe. Was für einen Unterschied das in meinem Leben ausmacht! Dank dieser neuen Einstellung entwickle ich mich wirklich zu einem völlig anderen Menschen, als ich früher war.«

Tatsächlich spiegelte sich die neue Einstellung dieser Frau in ihrem Verhalten wider. Sie verhielt sich Mann und Kind gegenüber viel angemessener und genoss ihr Familienleben in einer Weise, die sie nie für möglich gehalten hatte. Ihre alte Arbeitsstelle kündigte sie und nahm eine wesentlich besser bezahlte und befriedigendere an. Sie hörte nicht nur auf, sich zu viele Sorgen um die Meinung ihrer Eltern über sie zu machen, sondern begann ihnen zu helfen, einige ihrer eigenen negativen Gedanken sich selbst, einander und der restlichen Welt gegenüber zu überwinden. Das Allerbeste war jedoch, dass sie sich – außer aus praktischen Gründen – nicht mehr darum kümmerte, was andere von ihr hielten. Sie verlor die paranoiden Gedanken, die anderen seien gegen sie, und begann sich als wertvollen Menschen anzusehen, selbst wenn sie offensichtliche Fehler machte und andere sie missbilligend darauf hinwiesen.

Während diese Klientin so beachtliche Fortschritte machte und ich ähnliche (wenn auch nicht immer ebenso glänzende) Ergebnisse bei mehreren anderen Klienten erreichte, nahmen die Prinzipien der Rational-Emotiven Verhaltenstherapie deutlichere Formen für mich an. Anfang 1955 waren die theoretischen Grundlagen und die Praxis der REVT ziemlich klar formuliert.

Der vorgestellte Fall ist recht erstaunlich, finde ich heute, wenn man berücksichtigt, dass ich mit dieser Klientin in den frühen 50er Jahren arbeitete, als ich die Gedanken noch formulierte, die 1955 in der REVT kulminierten. Doch betonte ich fälschlicherweise, dass einfache Selbst-Sätze die Neurose hervorrufen würden. Heute würde ich stattdessen die »Selbst-Annahmen« und »Selbst-Philosophien« dieser Klientin betonen, die nicht unbedingt in der Form von »Selbst-Sätzen« oder »Selbst-Gespräch« vorhanden sind, sondern komplexere und verborgenere Formen der Selbst-Kommunikation annehmen[41].

In der Erstausgabe von *Die rational-emotive Therapie* (RET) zeigte ich vage auf, dass neurotische Gedanken und Verhaltensweisen selbsterschaffen sein können und hob das neurotisierende »Muss« dieser Frau nicht hervor. Ich hielt mich größtenteils an die psychoanalytischen und behavioristischen Theorien, nach denen verbale Indoktrination bei der Entstehung einer Neurose einen enormen Einfluss darstellt und die Konditionierung in der frühen Kindheit die Menschen psychisch krank macht. Heute erkenne ich, dass dies eine enge und oft ungenaue Sichtweise des Ursprungs psychischer Störungen ist.

Ja, die Menschen lernen ihre Werte, Ziele und Verhaltensregeln größtenteils von ihren Eltern, frühen Altersgenossen und von der Kultur, in der sie leben. Und manchmal lernen sie, sich selbst scharf zu kritisieren, weil ihre Eltern und Lehrer mit ihnen unzufrieden sind, und manche erwerben eine niedrige Frustrationstoleranz, weil ihre Eltern und andere sich ihnen gegenüber zu nachgiebig verhalten und sie verwöhnt haben. Noch wichtiger ist jedoch, sie werden leichtgläubig und lernfähig geboren und sind daher von Anfang an höchst beeinflussbar.

Mehr noch, fast alle Menschen übernehmen ihre Präferenzen und Standards von der Gesellschaft und erschaffen zu diesen Zielen absolutistische, unrealistische Forderungen sowie die »Sollte«, »Müsste« und »Muss«, womit sie sich größtenteils selbst psychische Störungen zufügen, wie sie sich auch Störungen wegen ihrer Störungen einreden. Ihre schlimmsten Neurosen sind daher sowohl von außen »konditioniert« als auch selbst beigebracht. Sie konstruieren diese zusätzlich zu ihrer gestörten »Konditionierung« und weit darüber hinaus[42].

Wiederum reichen die Störungen in Adoleszenz und Erwachsenenalter nicht nur einfach automatisch oder gewohnheitsmäßig in die Vergangenheit zurück; wie Jean Piaget und George Kelly festgestellt haben, konstruieren und erschaffen sie ihre frühen Gedanken, Gefühle und Verhaltensweisen vielmehr (wenn auch unbewusst) in der Gegenwart immer wieder neu: Sie »rekonditionieren« sich (sowohl in gesunder wie in selbstsabotierender Weise) immer wieder aufs Neue[43].

Wie ich in der Erstausgabe von *Die rational-emotive Therapie* bemerkte, ist die menschliche Sprache sehr wichtig für die Erzeugung von Störungen, weil sie zu komplexer Kommunikation zwischen den Menschen und besonders zu Selbstgesprächen führt. Selbst wenn die Menschen ihre Störungen aus den negativen verbalen Kommunikationen und absoluten Idealen ihrer Eltern und Lehrer erlernen, halten sie diese größtenteils mittels ihres Selbstgesprächs und anderer Formen von Selbst-Kommunikation aufrecht.

An diesem zweiten Teil des Gedankens – dass die Menschen ihre Störungen größtenteils durch Selbstgespräche aufrechterhalten – halte ich immer noch fest. Doch glaube ich heute, dass sie ebenso einen großen Teil ihrer ernstlichen emotionalen Sabotage selbst hervorrufen, indem sie zu sich selbst über die ursprünglichen Verbalisierungen (und andere Kommunikationen) ihrer Eltern sprechen. Sie nehmen die Ansicht ihrer Eltern: »Es ist falsch, wenn du dich unanständig benimmst, also solltest du dich lieber bessern«, und fügen kreativ hinzu: »Ich darf mich absolut niemals unanständig benehmen, und wenn ich mich benehme, wie ich es nicht soll, bin ich ein schlechter Mensch.« Diese beiden hinzugefügten dysfunktionalen Überzeugungen sind a) unrealistisch, b) übermäßig verallgemeinert und c) reine Definition. Wesen, die nicht über Sprache verfügen, können wahrscheinlich unrealistisch sein, übermäßig generalisieren und definierte oder tautologische Konzeptionen erfinden; doch nur der Mensch mit seiner Sprachvirtuosität kann dies auf elegante Weise tun.

Somit würde ein sich schlecht oder irrational verhaltendes Tier (das z. B. immer wieder schnellere oder stärkere Tiere verfolgt) bestraft werden, würde sich selbst aber nie als ein »schlechtes Tier« ansehen, da diese Konzeption eine Definition ist. »Ich handle oft dumm und schlecht« ist eine Aussage, die mit der empirischen Realität in Beziehung steht, die teilweise bestätigt werden kann und die falsifizierbar ist. Denn »schlechte Taten« sind jene, welche Ergebnisse bringen, die der Mensch nicht mag und die daher, zusammen mit ihren Folgen, beobachtet und gezählt werden können. Aber »weil ich oft schlecht handle, bin ich ein schlechter Mensch« ist zuallererst einmal eine irreführende übermäßige Verallgemeinerung – weil ein »schlechter Mensch« vermutlich immer und ausschließlich »schlechte Taten« vollbringen würde, und es ist höchst unwahrscheinlich, dass auch nur ein einziger derartiger Mensch existiert. Also ist diese übermäßige Verallgemeinerung, um Alfred Korzybskis Theorie der *general semantics* zu verwenden, größtenteils Definitionssache, weil es eine Landkarte – »schlechter Mensch« – als das Territorium seiend definiert, das sie beschreibt – ein Mensch, der Millionen Taten durchführt, von denen viele gut, viele schlecht und viele belanglos sind[44].

Der Satz: »Ich bin ein schlechter Mensch, weil ich eine schlechte Tat begangen habe«, ist sogar noch mehr Definitionssache, weil er die willkürliche Einschätzung einer ganzen Person darstellt. Schließlich können wir uns, nachdem wir »eine schlechte Tat begangen« haben, ganz einfach als »guten Menschen« definieren. Warum? Weil wir sagen könnten: »Ja, das war eine schlechte Tat (z. B. jemandem zu schaden), aber das zu tun macht aus mir einen mutigen oder einen risikofreudigen oder einen experimentierfreudigen Menschen. Folglich bin ich gut.« Oder wir könnten sagen: »Diese schlechte Tat macht mich fehlbar, doch bin ich deswegen kein schlechter Mensch.« Oder: »Das macht mich nur zu einem Menschen, der eine schlechte Tat begangen hat.«

Schließlich könnte man auch sagen, nachdem man ein wichtiges Rennen gewonnen hat: »Ich bin ein guter Mensch, weil ich mich stark angestrengt und das Rennen gewonnen habe.« Oder: »Ich bin ein schlechter Mensch, weil ich mich nicht mehr angestrengt und nicht mit größerem Abstand gewonnen habe.« Oder: »Ich bin ein schlechter Mensch, weil ich meinen Hauptherausforderer, einen netten Burschen, um den Sieg in diesem Rennen gebracht habe.«

Wie Sie hoffentlich erkennen können, sind Begriffe wie »Ich bin ein schlechter/guter Mensch« übermäßige Verallgemeinerungen und weitgehend willkürliche Definitionen. Es fällt uns Menschen schwer genug, eine »gute« oder »schlechte« Tat zu definieren, und wir tun dies mit Hilfe eines recht willkürlichen und definierten – und sich ständig ändernden! – Konsensus. Doch ist dieser Konsens immer weit davon entfernt, einstimmig zu sein!

Was wir sind, dadurch zu definieren, was wir tun, bedeutet, einen »magischen« Sprung in das Land des Trugschlusses zu tun, wie ich es nenne. Mehr noch, diese Art definierenden Denkens macht die eigenen Absichten vollständig zunichte. Denn der Zweck dabei, sich einen »schlechten Menschen« zu nennen, wenn wir »schlechte Taten« vollbringen, ist der, uns zu helfen, in Gegenwart und Zukunft derartige Taten möglichst zu unterlassen. Doch sobald wir uns selbst als »schlecht« definieren, deuten wir an, dass wir nur oder hauptsächlich »Schlechtes« tun können, und sobald wir handeln, als ob dies so wäre, werden wir tendenziell mehr schlechte Taten begehen.

Der Ausdruck »schlechter Mensch« (oder »guter Mensch«) ist ebenfalls unwiderlegbar. Wir können gewöhnlich mit Hilfe des üblichen Konsensus beweisen, dass wir »schlechte Taten« begehen. Aber ein »schlechter Mensch« zu sein bedeutet, dass unser Wesen, unser Innerstes, unser gesamtes Sein, unser Geist, unsere »Seele« – »schlecht« ist. Und wie könnten wir diese Hypothese oder ihr Gegenteil jemals beweisen? Nur mit einer anderen, unwiderlegbaren Theorie!

Somit könnten wir sagen: »Gott (oder der Teufel) weiß, dass mein innerstes Wesen oder meine Seele schlecht ist.« Oder: »Jesus ist für mich gestorben und weiß, dass ich zwar viele schlechte Taten begangen habe, in Wirklichkeit jedoch ›gut‹ bin und Gnade empfangen und in den Himmel eingehen kann.« Na, da haben wir aber viel Glück mit diesen »Beweisen« für unser wirkliches, grundlegendes Gut- oder Schlechtsein!

Darüber hinaus könnte ich nun kommen und sagen: »Unsinn! Mein Gott Dingsda sagt, was du auch tust oder getan hast, du bist wirklich schlecht.« Und wo sind wir dann? Nirgends. Sowohl Ihr Gott wie auch mein Gott, Ihre Sichtweise Ihres »innersten Wesens« und meine Sichtweise meines »innersten Wesens« verfügen über keinerlei empirischen Bezug und sind somit unwiderlegbar. Und jeder Einzelne der vielen Milliarden Menschen auf der Erde könnte uns leicht seine eigene Definition von »Gott« oder »innerstem Wesen« geben. Praktisch alle auf Definition beruhenden und absolutistischen Konzeptionen sind im Grunde Fragen des persönlichen Geschmacks, unterscheiden sich von Mensch zu Mensch und sind deshalb unendlich zahlreich und unwiderlegbar. Wir können ehrerbietig daran glauben, doch ihre »Existenz« können wir weder beweisen noch widerlegen[45].

Das absolutistische »Muss« und Konzeptionen wie: »Ich bin ein schlechter Mensch« sind Philosophien, die auf Sprache beruhen und oft durch Selbstgespräche hervorgerufen und aufrechterhalten werden. Teilweise mögen sie von anderen gelernt sein. Doch genauso werden sie durch Selbst-Kommunikation angenommen, unabhängig gestaltet und beinah endlos aufrechterhalten. Auch führen sie leicht zu zirkulärem Denken. Wenn ich also »Schlechtes« tue und mich folglich einen »schlechten Menschen« nenne, wird mich diese Betrachtungs- und Wahrnehmungsweise als »schlechten Menschen« oft dazu veranlassen, meine »guten«

und »belanglosen« Taten als »schlecht« anzusehen! Sie als »schlecht« zu betrachten wird also meine Meinung »bestätigen«, dass ich durch und durch »schlecht« sei! Oder vielleicht missachte ich meine »guten« Taten auch als unbedeutend, weil ich als »schlechter Mensch« wirklich nichts »Gutes« tun kann. Damit »bestätige« ich wiederum meine Meinung, dass ich durch und durch »schlecht« sei.

Und wieder, wenn ich ehrerbietig glaube, dass ich immer vollkommene Leistungen erbringen muss, werde ich meine Fehler als »schlimm« definieren, werde viele »finden«, die in Wirklichkeit gar nicht existieren, und werde mir damit »beweisen«, dass ich nie erfolgreich sein kann – und dass ich folglich, in Gegenwart und Zukunft, wirklich keine »schlimmen« Fehler mehr machen darf und absolut hervorragende Leistungen erbringen muss! Die menschliche Sprache und ihre Produkte an unwiderlegbaren, auf Definition beruhenden Konzeptionen wie »guter Mensch« und »schlechter Mensch« machen die menschlichen Neurosen weit komplizierter und lassen ihre Aufrechterhaltung wahrscheinlicher werden, als dies in der Tierwelt der Fall ist. Die Selbst-Kommunikation ist vielleicht nicht die einzige Ursache für menschliche Störungen, aber sie ist ganz gewiss die herausragendste[46].

Doch sind Verbalisierungen natürlich nicht die einzige Form menschlicher Sprache oder Kommunikation – ebenso gehören dazu Vorstellungen, Fantasien, Träume, die Verwendung mathematischer und anderer Symbole sowie andere Formen des Inter- und Intrasignalisierens. Daher zeigt die heutige REVT weit mehr als in ihrer ursprünglichen, das Verbalisieren und Sprechen betonenden Form, wie Menschen Imaginationen und Phantasien verwenden können, um ihre emotionalen Probleme hervorzurufen oder auch zu lindern. Wenn wir uns also ein aktivierendes Ereignis (A) vorstellen, wie z. B. eine Rede schlecht gehalten zu haben, können wir (in B, unserem Überzeugungssystem) darüber philosophieren und uns sagen: »Ich bin ein totaler Versager, weil ich nicht so gut spreche, wie ich müsste!«, und wir können uns selbst als völligen Versager, über den jeder lauthals lacht, vorstellen und sehen. Wir können auch rational-emotive Imaginationen dazu benutzen, zu visualisieren, wie wir eine schlechte Rede halten; wir können zulassen, uns deprimiert zu fühlen; und wir können uns dann selbst sagen: »Das war eine schlechte Leistung, aber deswegen bin ich als Mensch trotzdem in Ordnung«. So können wir uns auf gesunde Art traurig und enttäuscht fühlen statt auf ungesunde und depressive Art.

Die menschliche Neigung, über das eigene Denken nachzudenken, zu verallgemeinern und zu philosophieren, sind also sehr wichtige Aspekte bei der Entstehung und Aufrechterhaltung emotionaler Störungen.

Selbstgespräche sind sehr wichtig, doch das Selbstgespräch über das Selbstgespräch ist oft noch selbst-behindernder.
In der Erstausgabe dieses Buchs habe ich die Wichtigkeit des Denkens über das Denken oder das Sich-seiner-selbst-bewusst-Sein hervorgehoben, doch habe ich diesen einzigartigen menschlichen Aspekt nicht genügend betont. Die Menschen denken nicht nur über ihr Denken nach, sondern sie denken auch endlos über ihre Gefühle und Verhaltensweisen nach und bewerten sie ständig. Bald nachdem ich die REVT entwickelt hatte, fand ich heraus, dass die meisten meiner Klienten sekundäre und tertiäre Störungssymptome zeigten, aber ich betonte dies nicht genügend. Heute ist die REVT darauf spezialisiert, nach den sekundären und tertiären Symptomen zu suchen, diese die Klienten erkennen zu lassen und sie zu lindern[47].
Sekundäre Symptome – oft *Symptomstörung* genannt – entstehen größtenteils aus dem absolutistischen »Muss« hinsichtlich primärer Symptome. Wir glauben also ganz fest (an Punkt B_1), dass wir absolut immer bei, sagen wir, Liebesbeziehungen Erfolg haben müssen, und werden dadurch ängstlich und depressiv (an Punkt C_1, Consequence), wenn wir in einer wichtigen Beziehung (an Punkt A_1, aktivierendes Ereignis oder Missgeschick) versagen.
Da wir jedoch selbstbeobachtende und vor allem selbstreflexive Wesen sind, sehen wir, dass wir uns an Punkt C_1 größtenteils selbst ängstlich gemacht haben, also denken wir darüber nach und nehmen C_1 wahr und machen ihn zu einem A_2 (aktivierendes Ereignis$_2$). Dann, an Punkt B_2, glauben wir wiederum, dass wir absolut nicht ängstlich und depressiv sein sollten, sein dürfen, und wir rufen C_2 hervor – starke Gefühle der Angst über unsere Angst, der Depression über unsere Depression.
Und weil wir wiederum C_2, unsere sekundären Gefühle der Angst und Depression, beobachten und darüber nachdenken, besuchen wir vielleicht eine Psychotherapie- (oder Selbsthilfe-)Gruppe. Wenn sich unser Zustand in der Therapie nicht rasch bessert, machen wir aus diesem Misserfolg ein drittes aktivierendes Ereignis (A_3) und rufen außerdem eine dritte irrationale Überzeugung (iB_3) hervor: »Ich darf in der Therapie nicht versagen! Wenn ich in diesem wichtigen Punkt versage, bin ich wertlos!« Mit dieser dysfunktionalen Überzeugung B_3 rufen wir ein Sympton oder eine Folge auf dritter Ebene hervor (C_3) – Angst und Depression bezüglich unserer Therapie.
Eine Störung auf der zweiten (und dritten) Ebene kann in Bezug auf dysfunktionale Gedanken, Gefühle und Verhaltensweisen geschaffen werden. Somit können wir sie hervorrufen, indem wir denken: 1. »Ich darf keine zwanghaften Gedanken haben!«, 2. »Ich darf keine depressi-

ven Gefühle haben!« und 3. »Ich darf keine süchtigen Verhaltensweisen haben!«

Ich habe oft bemerkt, dass Klienten, die unter einer »frei schwebenden« Angst (an Punkt C_1) leiden und nicht feststellen können, weshalb sie ängstlich sind (an Punkt A_1), davor Angst haben, Angst zu haben (an Punkt C_1). Ebenso habe ich entdeckt, dass es in Panikzuständen, wie bei der Panikstörung und Agoraphobie, außergewöhnlich häufig – fast sogar die Regel – ist, dass die Menschen über ihre Panik in Panik geraten und dadurch ihre ursprüngliche Panik verschlimmern und fortbestehen lassen[48].

Der mit der REVT arbeitende Therapeut sucht daher routinemäßig nach sich äußernden primären Symptomen, ebenso wie er nach Symptomen in Bezug auf Symptome sucht; und außerdem nach Symptomen dafür, wie der Klient in Bezug auf den therapeutischen Prozess denkt und fühlt. Gewöhnlich wird das sekundäre (und/oder tertiäre) Symptom zuerst behandelt, und dann wird das primäre untersucht. Der Grund für diese – durchaus flexible – Vorgehensweise ist der, dass Menschen, wenn sie über ihre ursprüngliche Panik in Panik geraten, sich so sehr von diesem sekundären Symptom stören lassen und sich so stark damit beschäftigen, dass sie es schwierig finden, ihre primäre Störung aufzulösen.

Gena, eine 23-jährige Schauspielerin, hatte schreckliche Angst davor, eine schlechte Vorstellung zu geben (C_1). Doch dann geriet sie in Panik darüber, panisch zu sein, und vergaß darüber ihren Text (C_2). Sie hatte auch Angst davor, zuviel Zeit und Geld auf die Therapie zu verwenden (C_3). Ihr wurde geholfen zu erkennen, dass ihre Panik bezüglich der Therapie von ihrer Überzeugung (B_3) herrührte: »Wenn das so etwas wie eine Psychoanalyse ist, wird das Jahre dauern – und das würde meine Schauspielkarriere ruinieren und wäre entsetzlich!« Beim Disputieren (D) über diese irrationale Überzeugung (iB) kam sie zu dem Schluss, dass die REVT sich ziemlich von der Psychoanalyse unterschied; und dass es zwar höchst ungelegen käme, wenn die Therapie lang dauern würde, doch kaum entsetzlich wäre. Sie schlussfolgerte außerdem, dass ihre Angst vor der Therapie überdies nur dazu dienen könne, die Behandlung zu verlängern – also wäre es besser, gut damit zurechtzukommen und die Angst in angemessene Besorgnis zu verwandeln – was sie dann auch tat.

Genas sekundäres Symptom (C_2), die Angst vor ihrer Panik und davor, ihren Text zu vergessen, entsprang ihrer irrationalen Überzeugung (iB): »Ich darf nicht in Panik geraten, denn dann werde ich meinen Text vergessen, und das würde meine gesamte Karriere zerstören!« Sie disputierte diese irrationale Überzeugung, indem sie sich selbst zeigte, dass sie ihren Text immer noch erinnern und gut spielen konnte, wenn sie sich auf den Text konzentrierte und nicht auf ihre Panik, und dass es keinen Grund gab, weshalb sie absolut nicht in Panik geraten durfte. Sie zwang sich zu erkennen, dass sie immer noch Fotomodell oder etwas anderes werden und einigermaßen glücklich werden konnte, selbst wenn ihre Schauspielerkarriere ruiniert wäre.

Nachdem Gena an ihrer tertiären Panik (C_3) und ihrer sekundären Panik (C_2) gearbeitet hatte, wandte sie sich ihrer primären Panik (C_1) zu, die durch die irrationale Überzeugung (iB) hervorgerufen wurde: »Ich muss immer hervorragende Vorstellungen geben und bin ein völliger Versager, wenn ich keine großartige Schauspielerin werde.« Sie disputierte (D) diese Überzeugung und kam zu der rationalen Überzeugung (rB): »Gleichgültig, wie stark mein Wunsch ist, gut zu spielen und eine großartige Schauspielerin zu werden, so muss ich es doch offensichtlich nicht. Schade, wenn ich keine große Schauspielerin würde; aber mein Ende oder gar der Weltuntergang wäre das kaum!«

Nachdem sie mit der REVT an ihrer Panik, ihrer Angst vor der Panik und ihrer Angst vor einer langen, unwirksamen Therapie gearbeitet hatte, veränderte Gena ihre grundlegende Philosophie, alles als schrecklich anzusehen, so umfassend, dass sie selten wegen anderer Dinge – besonders ihrer Liebesbeziehungen – Angst hatte und auch auf der Bühne viel besser wurde.

In der letzten Ausgabe dieses Buches habe ich unterstrichen, dass die Menschen sich mit »präzisen, einfache Aussagen machenden Ausrufesätzen« selbst irritieren und die Störung aufrechterhalten. Ich denke immer noch, dass dies teilweise stimmt – weil Kinder und Erwachsene sich oft Sätze sagen wie: »Weil ich nicht erfolgreich war, bin ich ein völliger Versager!« und »Weil ich dir ein wenig geholfen habe, musst du mich jetzt bevorzugen. Wenn du es nicht tust, bist du eine elende Kreatur!« Doch wie bereits erwähnt, verwenden sie ebenfalls Bilder, Symbole und andere Formen der Intrakommunikation, um sich selbst und andere herabzuwürdigen. Darüber hinaus erschaffen sie oft unbewusst komplexe, abstrakte, insgeheime Philosophien, welche sie selten artikulieren, die jedoch fast ihr ganzes Leben bestimmen – und ruinieren! – können.

Reginald, ein 55-jähriger Lehrer an der Highschool, sagte sich manchmal beinah wörtlich die im letzten Absatz erwähnten Sätze. Doch konstruierte er im Lauf der Jahre auch eine generelle grundlegende Sichtweise, von der er kaum etwas ahnte, bevor seine ersten paar REVT-Stunden seine Aufmerksamkeit darauf lenkten: »Ich muss jede wichtige Aufgabe gut erledigen, sonst bin ich ein Nichtsnutz, der niemals Erfolg hat und sein Pech nur verdient.« Reginald visualisierte sich selbst auch als heimatlosen, hoffnungslosen Flüchtling aus einer psychiatrischen Klinik. Wegen seiner dysfunktionalen (und weitgehend unerkannten) selbst-behindernden Kern-Philosophie konstruierte Reginald häufig bestimmte falsche Schlussfolgerungen, derer er sich völlig bewusst war und die er oft in der Art folgender Sätze formulierte: »Weil mir John nie sagt, wie sehr er mich mag, kann er mich offensichtlich nicht ausstehen.« – »Nachdem ich jetzt zehn Tennismatchs hintereinander verloren habe, werde ich immer verlieren.« – »Jeder, der mich kennt, sieht, was für einen miesen Job ich habe, und verachtet mich!«

Anstatt also nach irrationalen Überzeugungen (iB's) in Form einfacher Aussage- und Ausrufe-Selbstsätze zu suchen, wie es die REVT ursprünglich tat und wie es die kognitive Therapie, das Selbstinstruktions-Training, das Stress-Management und andere Formen kognitiver Verhaltenstherapie tun, sucht die Rational-Emotive Verhaltenstherapie heute – zusätzlich dazu, die einfacheren iB's der Klienten zu entdecken und zu verändern – primär nach ihren komplexen, insgeheimen *Kern-Philosophien* und zeigt ihnen, wie sie diese finden und überwinden können[49].

Seit Entstehung der REVT im Jahr 1955 habe ich viel klinische Erfahrung gesammelt, ebenso wie meine Kollegen, die mit ihren Techniken arbeiten; und die ursprünglichen Prinzipien wurden in vielerlei wichtiger Hinsicht korrigiert, erweitert und umgearbeitet. Die Theorie der REVT ist ganz und gar nicht statisch und wächst immer weiter – wie es jede gute Theorie tun sollte. Mit Bekehrungseifer infiziert, begann ich viele Aufsätze und Bücher zu schreiben und habe Hunderte von Gesprächen über die REVT geführt und Workshops geleitet, besonders vor Fachpublikum, so dass heute Tausende anderer Therapeuten dieses System vertreten oder Teile davon in ihre eigene psychotherapeutische Methode übernommen haben.

Fast ein Jahrzehnt lang war die REVT, was kognitive Therapien angeht, praktisch das einzige Kind im Haus. Pierre Janet, Paul Dubois, Alfred Adler und andere hatten Elemente der REVT von 1890 an teilweise vertreten, doch waren sie 1955 in den Vereinigten Staaten nicht sehr verbreitet, da das psychotherapeutische Haus größtenteils von der Freudschen Psychoanalyse beherrscht war[50].

George Kelly hat 1955 ein hervorragendes Buch veröffentlicht, *The Psychology of Personal Constructs* (Deutsch: Die Psychologie der persönlichen Konstrukte, 1986, Paderborn), doch obwohl sich seine Theorie, wie die Menschen ihre eigenen Gedanken, Gefühle und Verhaltensweisen größtenteils selbst konstruieren und nicht nur gelehrt oder konditioniert werden, erstaunlich mit der Theorie der REVT überschnitt, verwendete Kelly – überraschenderweise – praktisch keine kognitiven Methoden, um die neurotischen Konstruktionen der Menschen zu disputieren, und benutzte hauptsächlich die Technik des »fixierten Rollenspiels (fixed roleplaying)« aus der Verhaltenstherapie[51]. Kellys Buch hat mich nicht beeinflusst, als ich anfing, die REVT zu praktizieren und darüber zu schreiben, da ich es erst 1957 gelesen habe; und obwohl ich seiner Theorie größtenteils enthusiastisch zustimmte und das fixierte Rollenspiel für eine Methode hielt, die ich den REVT-Techniken hinzufügen konnte, war ich erstaunt, dass Kelly keine der kognitiven Methoden des Disputierens irrationaler Überzeugungen verwendete, mit denen Janet, Dubois und ich arbeiteten und die das Kernstück der REVT-Praxis ausmachen[52].

Andere kognitiv-verhaltenstherapeutisch orientierte Therapeuten stimmten anscheinend darin mit mir überein, denn als sie ihre eigenen Systeme formulierten, nahmen sie viele Methoden des aktiv-direktiven Informationensammelns und kognitiven Neustrukturierens mit auf, die ich seit 1955 glühend verfocht. So vertrat William Glasser als erster die Realitätstherapie im Jahr 1965, Aaron Beck schrieb 1967 über die kognitive Therapie der Depression, Albert Bandura setzte sich in seiner sozialen Lerntheorie 1969 für die Kognition ein, und Donald Meichenbaum, Marvin Goldfried, Maxie Maultsby sowie Arnold Lazarus begannen 1971 ihre Version der kognitiven Verhaltenstherapie niederzuschreiben. Diese ganze neue Generation von kognitiven Verhaltenstherapeuten folgte der Tradition der REVT, auch was das aktive Disputieren dysfunktionaler Überzeugungen angeht[53].

Mitte der 70er Jahre wurden die REVT und andere Formen kognitiver Verhaltenstherapie sehr beliebt, und es wurden Dutzende von Studien durchgeführt, welche zwei Haupttheorien bewiesen: 1. Die Menschen werden nicht einfach gestört, sondern sie neurotisieren sich größtenteils selbst mittels dysfunktionaler oder irrationaler Überzeugungen (iB's). An Neurosen, Psychosen und Borderline-Störungen erkrankte Menschen neigen dazu, mehr dieser iB's zu übernehmen, zu schaffen und aufrechtzuerhalten, als weniger gestörte und emotional gesündere Menschen dies tun. 2. Wenn die REVT und ähnliche Formen der kognitiven Verhaltenstherapie bei Neurotikern (und in geringerem Ausmaß auch bei Psychotikern und Borderline-Fällen) angewandt werden, neigen die so Behandelten dazu, sich selbst weniger ernstlich zu irritieren und sich stärker selbst zu aktualisieren[54].

Die REVT und die kognitive Verhaltenstherapie (kognitive VT) sind seit der Mitte der 70er Jahre bis heute bei den Therapeuten sehr anerkannt, vor allem in den Vereinigten Staaten, doch auch in vielen anderen Ländern, und die Mehrzahl praktizierender Psychologen verwendet nun wichtige Aspekte davon. Paul Wachtel, Marvin Goldfried, Larry Beutler, Josef Harriman und andere Psychologen gründeten in den späten 70er und frühen 80er Jahren die Bewegung der integrativen Psychotherapie, die heute recht bekannt geworden ist und zukunftsweisend zu sein scheint. Integrative Therapeuten verwenden fast immer viele Elemente aus der REVT und der kognitiven VT in ihrer Praxis[55].

Aaron Beck beansprucht für sich, dass seine Variante der REVT, die kognitive Therapie, *die* integrative Therapie sei[56]. In gewissem Maß hat er damit Recht, doch scheint die REVT in dieser Hinsicht einen größeren Anspruch zu haben. Zuallererst einmal war es die Pionierleistung der REVT, die Verhaltenstherapie mit der kognitiven oder philosophischen Therapie verband. Außerdem beschnitt die REVT einige der Hauptkonzeptionen der klassischen Psychoanalyse, besonders die angeblich enorme Bedeutung des Ödipuskomplexes, von tief verdrängten Prozessen, oraler und analer Fixierung, freier Assoziation und von Traummaterial, wie in der ersten Ausgabe von *Die rational-emotive Therapie* 1962 dargelegt wurde. Aber sie akzeptierte die Bedeutung von unbewussten Gedanken und Gefühle, der menschlichen Abwehrsysteme, des Einflusses früher Lehren in Familie und Kultur auf die Ziele und Werte von Jugendlichen und Erwachsenen, der interpersonalen Beziehungen und vieler der neoanalytischen Formulierungen Alfred Adlers, Otto Ranks, Erich Fromms, Franz Alexanders sowie Thomas Frenchs, Karen Horneys, Harry Stack Sullivans und anderer psychoanalytischer Neuerer[57].

Zweitens war die REVT schon immer humanistisch und existentialistisch ausgerichtet und integrierte einige grundlegende Gedanken Søren Kierkegaards, Martin Heideggers, Martin Bubers, Jean-Paul Sartres, Paul Tillichs sowie anderer Existentialisten[58]. Mein eigener Analytiker und psychoanalytischer Supervisor, Charles Hulbeck (oder Richard Huelsenbeck), war Lehranalytiker des Horney Instituts und ein Pionier auf dem Gebiet der existentialistischen Therapie, und er ermutigte mich, einige Aspekte der existentialistischen Philosophie in meine Praxis aufzunehmen[59].

Drittens war ich von der Erlebnisaktivierenden und Encounter-Bewegung von Will Schutz, Fritz Perls und anderen beeinflusst und nahm in den späten 60er Jahren einige ihrer Methoden in die Einzel- und Gruppensitzungen der REVT und, vor allem, in die ein- oder zweitägigen rationalen Encounter-Marathongruppen auf. Im Laufe der Jahre habe ich unzählige dieser Marathongruppen in der ganzen Welt durchgeführt, und wir veranstalten sie auch weiterhin regelmäßig am *Albert Ellis Institute for Rational Emotive Behavior Therapy* in New York[60].

Viertens entwickelte ich 1984 eine eintägige Rational-Emotive Intensiv-Gruppensitzung (Rational-Emotive Intensive), die kognitive Übungen zusammen mit Erfahrungs- und Verhaltensübungen umfasst, wobei ich aus den Methoden Werner Erhards und anderer Begründer intensiver Gruppenverfahren lernte, die kultischen und mystischen Verfahren jedoch nicht übernahm, die diese oft beinhalteten. Meine Kollegen und ich haben in vielen Teilen der Vereinigten Staaten eine große Anzahl dieser Intensivsitzungen erfolgreich durchgeführt und halten sie auch weiterhin jedes Jahr ab[61].

Fünftens, und dies ist wahrscheinlich der wichtigste Punkt, erkannte ich, bald nachdem ich 1955 mit der REVT begonnen hatte, dass die Menschen ihre selbst-schädigenden Überzeugungen oft massiv hervorrufen und an ihnen festhalten und sich einer Veränderung widersetzen, wenn sie sich nicht emotional und sehr intensiv darauf einlassen, sie zu ändern. Daher begann ich in den Fünfziger Jahren, die kraftvollen REVT-Methoden (die Windy Dryden lebhaft nannte) zu verwenden und meinen Klienten beizubringen. In den 60er Jahren entwickelte ich die berühmten Risikoübungen und andere emotiv-erlebnisaktivierenden Methoden der REVT. In den frühen 70er Jahren übernahm ich Maxie Maultsbys rational-emotive Imaginationen und machte sie noch ein wenig emotiver, als sie es in Maxies Anwendung waren[62].

Die REVT verwendet weiterhin viele dramatische, emotiv-evokative Methoden und hat sie bahnbrechend dem üblichen kognitiv-verhaltenstherapeutischen Rüstzeug hinzugefügt. Ironischerweise wird die jedoch immer noch als übermäßig »rationalistisch«, einseitig vernunftorientiert und nonkonstruktivistisch kritisiert, und verschiedenen Praktikern der kognitiven Verhaltenstherapie, wie Michael Mahoney, Vittorio Guidano, G. Liotti, Marvin Goldfried, Leslie Greenberg, J. C. Muran, M. A. Reda und Jeremy Safran, wird die Einführung der Verbindung von affektiven Methoden der Psychotherapie mit Methoden der kognitiven Verhaltenstherapie zugeschrieben, obwohl die REVT emotive Techniken bereits zehn oder zwanzig Jahre früher verwendete und vertrat, bevor diese »Erneuerer« sie zu verwenden begannen[63].

Doch greife ich bereits dem nächsten Kapitel, »Die Theorie der Rational-Emotiven Verhaltenstherapie (REVT)«, vor. Andere Hauptunterschiede zwischen der REVT und anderen kognitiven und nicht-kognitiven Therapieformen werde ich späteren Kapiteln dieses Buchs vorbehalten.

Anmerkungen

1. Crawford, 1985; Ellis, 1950, 1953, 1954, 1955a, 1955b, 1957a, 1991d, 1993i; Ellis & Harper, 1961a, 1961b; Ellis, Sichel, et al., 1989; Grieger, 1986; Harper, 1981; Hauck, 1977, 1984; Huber & Baruth, 1989.
2. Ellis, 1957b; Glover, 1940; Phillips, 1950.
3. Ferenczi, 1952; Horney, 1937, 1945, 1950; Rank, 1945; Sullivan, 1953.
4. Freud, 1965; Ferenczi, 1952; Fenichel, 1945; Fromm, 1950; Horney, 1945, 1950; Rank, 1945; Reich, 1942; Sullivan, 1953.
5. Ellis, 1957b.
6. Dollard & Miller, 1950.
7. Pavlov, 1927.
8. Eysenck, 1952; Salter, 1949; Wolpe, 1958, Watson, 1919.
9. Cassirer, 1958; De Bono, 1981; Ellis, 1984; FitzMaurice, 1990, 1991; Gelman & Byrnes, 1991; Hayakawa, 1965; W. Johnson, 1946; Korzybski, 1933; Oppenheimer, 1993; Richards & Chambers, 1993; Prilleltensky & WalshBowers, 1993; Wittgenstein, 1922j; Whorf, 1956.
10. Ellis, 1958a, 1976c, 1979b, 1992c.
11. Skinner, 1938, 1953, 1971, 1989, Tolman, 1932.
12. Ellis, 1965a, 1965b, 1965c, 1976a, 1976c; Ellis & Dryden, 1987, 1990, 1991p; Ellis & Grieger, 1977; Ellis & Harper, 1975.
13. Beck, 1976, 1992; Blau, 1993; Edelman, 1989, 1991, 1992; Ellis, 1992k; Pearce & Glantz, 1989; Ruth, 1992; Wilson, 1975.
14. DiGiuseppe, 1993; Dryden, 1994a; Ellis, 1971, 1972e, 1972g, 1973c, 1985b, 1988c, 1990, 1991a, 1991e, 1991h, 1991i, 1991n, 1991p; Ellis & Dryden, 1987, 1990, 1991; Langley, 1994; Lifton, 1994; Mahoney, 1991; Maslow, 1954; Otto, 1968; Rogers, 1961; Siegler, 1994; M. Smith, 1973; Zastrow, 1993.
15. Bernard, 1991, 1993; Dryden, 1994a; Dryden & DiGiuseppe, 1990; Ellis, 1957a, 1971, 1973c, 1985b, 1988e, 1991a; Ivanoff & Koloboua, 1992; Walen, DiGiuseppe, & Dryden, 1992; Yankura & Dryden, 1990.
16. DiGiuseppe, 1990; Dryden, 1984, 1985, 1990b; Ellis, 1957a, 1977a, 1977b, 1979b, 1979d; Friedman, 1991; Hauck, 1974; Nye, 1993; Tavris, 1982.
17. Ainslie, 1974; Danysh, 1974; Dryden & Gordon, 1993; Ellis, 1978, 1979a, 1979d, 1980a; Ellis & Abrams, 1994; Ellis & Dryden, 1987, 1990, 1991; Ellis & Knaus, 1977; Hauck, 1974; Knaus, 1974; Peck, 1978; Rosser & Ross, 1991; Walen, DiGiuseppe, & Dryden, 1992; Wessler & Wessler, 1980.
18. Ellis, 1958a; Ellis & Grieger, 1977, 1986; Ellis & Harper, 1975; Green, Fry, & Myerson, 1994; Wolfe, 1993; Wright, 1991.
19. Ellis, 1991b, 1991g, 1991i, 1991m, 1991p; Ellis, Abrams, & Dengelegi, 1993; Ellis & Velten, 1993.
20. Bard, 1987; Bonc, 1968; Burns, 1993; Dryden, 1994; Ellis, 1957a, 1957b; Ellis & Dryden, 1987; Ellis & Harper, 1975; FitzMaurice, 1989; Hauck, 1991; Miller, 1986; Mills, 1993.

21. Ellis, 1993d, 1993k, 1994a, 1994b; Loftus & Klinger, 1992.
22. Barlow, 1989; Beck & Emery, 1985; Clark, 1986; Ellis, 1957a, 1965c, 1979c, 1985b, 1966a, 1987g, 1988e; Hayes & Melancam, 1989; Laberge, Gauthier, et al., 1993; Wachtel, 1994.
23. Barlow, 1987; Barlow & Craske, 1989; Beck & Emery, 1985; Ellis, 1979c, 1988e, 1994a; Laberge, Gauthier, et al., 1993.
24. Barlow, 1989; Clark, 1986; Ellis, 1994a, 1994b.
25. Ellis & Abrams, 1994; Ellis, Abrams, & Dengelegi, 1993; Friedman, 1991; Rubin, Walen, & Ellis, 1990; Walter, 1993; Woods, 1987, 1990.
26. Ellis, 1991p.
27. Bateson, 1979; Ellis, 1991p; Sherrard & Amatea, 1994; Silverstein, 1993; Varela, 1979; Wachs, 1992.
28. Ellis, 1994a; Foa & Wilson, 1991; Seligman, 1991.
29. Bernard, 1991, 1993; Corey, 1994; De Silvestri, 1989; DiGiuseppe, 1986; Dryden, 1984, 1994a; Ellis, 1985b, 1988e, 1993d, 1993e, 1993f, 1993h, 1993j, 1993k, 1993m; Rorer, 1989; Walen, DiGiuseppe, & Dryden, 1992.
30. Guidano, 1987, 1991; Kelly, 1955; Mahoney, 1991; G. Neimeyer, 1993; R. Neimeyer, 1993; Ellis, 1990d.
31. Ellis, 1965c, 1972e, 1985b, 1988e; Ellis & Whiteley, 1979; Ellis, Young, & Lockwood, 1987.
32. Bernard, 1991, 1993; Dryden, 1994a; Ellis, 1993c, 1993d, 1993e, 1993f, 1993i, 1993k, 1993m; Yankura & Dryden, 1990.
33. Ellis, 1984a, 1985b, 1989c; Young, 1984.
34. Ellis, 1971, 1973c, 1985b, 1988e,
35. Coué, 1923.
36. Kelly, 1955; Mahoney, 1991; Piaget, 1963.
37. Ellis, 1962a; 1965c, 1966, 1991p; Ellis & Abrahms, 1978; Ellis & Dryden, 1987.
38. Ellis, 1957a, 1971, 1973b, 1973c, 1985b, 1988e, 1991p; Walen, DiGiuseppe, & Dryden, 1992.
39. Ellis, 1957a, 1957b, 1985b, 1988e, 1991p.
40. Ellis, 1971, 1973c, 1992j, 1993j, 1994j; Ellis & Dryden, 1987.
41. Ellis, 1988e, 1991p; Ellis & Dryden, 1987, 1990, 1991.
42. Bernard, 1991, 1993; Dryden, 1994; Ellis, 1987a, 1987b, 1987c, 1988e, 1990a, 1990b, 1991a, 1991b, 1991c, 1991d; Ellis, Abrams, & Dengelegi, 1992;Ellis & Dryden, 1987, 1990, 1991; Ellis & Harper, 1975; Ellis & Velten, 1992; Walen, DiGiuseppe, & Dryden, 1992; Yankura & Dryden, 1990.
43. Piaget, 1963; Kelly, 1955.
44. Ellis, 1972b, 1976c, 1985a; Ellis & Abrams, 1994; Ellis & Velten, 1992; Ellis & Yeager, 1989; Korzybski, 1933.
45. Bartley, 1984; Bourland & Johnson, 1991; Hartman, 1967; Korzybski, 1933; Popper, 1962.

46. Bourland & Johnstop, 1991; De Bono, 1991; Ellis, 1993d, 1993g, 1993k; FitzMaurice, 1990, 1991; Korzybski, 1921, 1923, 1933, 1951; Wittgenstein, 1922.

47. Bernard, 1991, 1993; Dryden, 1994u; Elli~, 1979«, 1979c, 1980e, 1985b, 1986a, 1988e, 1991p; Ellis & Dryden, 1987, 1990, 1991; Walen, DiGiuseppe, & Dryden, 1992.

48. Ellis, 1979a, 1988e; Frankl, 1959; Wachtel, 1994; Walen, DiGiuseppe, & Dryden, 1992; Watzlawick, Weakland, & Fisch, 1974.

49. Ellis, 1988e, 1991p, 1993; R. Lazarus, 1966; Lazarus & Folkman, 1984.

50. Adler, 1927, 1929, 1930; Dubois, 1902; Janet, 1895.

51. Kelly, 1955.

52. Bernard, 1991, 1993; Bernard & Wolfe, 1993; DiGiuseppe, 1991c; Ellis, 1957a, 1957b, 1958, 1974c, 1980c, 1988e; Moore, 1983; Phadke, 1982.

53. Bandura, 1969; Beck, 1967; Ellis, 1989e; Goldfried & Davison, 1991; Glasser, 1965; Lazarus, 1990; Maultsby, 1971; Meichenbaum, 1971.

54. Beck, 1991; DiGiuseppe, Miller, & Trexler, 1979d; Ellis, 1957b, 1979d; Engels & Diekstra, 1986; Hollon & Beck, 1993; Hollon, DeRubeis, & Seligman, 1992; Lipsey & Wilson, 1993; Lyons & Woods, 1991; McGovern & Silverman, 1984; Miller & Berman, 1983; Silverman, McCarthy, & McGovern, 1992; Smith & Glass, 1977; T. Smith, 1982, 1988; Smith & Aldred, 1986.

55. Beutler, 1983; Goldfried, 1980, 1993; Wachtel, 1977, 1994.

56. Beck, 1991.

57. Adler, 1927, 1929, 1930; Alexander & French, 1946; Ellis, 1957a, 1962; Fromm, 1950; Horney, 1937, 1950; Sullivan, 1953.

58. Buber, 1955, 1984; Heidegger, 1962; Sartre, 1968; Tillich, 1953.

59 Hoellen, 1993.

60 Ellis, 1969b; Ellis & Dryden, 1987; Perls, 1969; Schutz, 1967.

61. Ellis, Sichel, Leaf & Mass, 1984; Sichel & Ellis, 1984.

62. Dryden, 1994a; Ellis, 1979d, 1985b, 1988e; Ellis & Dryden, 1987, 1990, 1991; Ellis & Harper, 1975; Maultsby, 1991; Maultsby & Ellis, 1974; Walen, DiGiuseppe, & Dryden, 1992.

63. Ellis, 1969b, 1971, 1973b, 1985, 1988e; Goldfried & Davison, 1991; Greenberg & Korman, 1993; Greenberg & Safran, 1987; Guidano, 1991; Guidano & Lotti, 1983; Jennings, 1990; Kellerman, 1992; Kisel, Piercy, & Lipchik, 1993; Mahoney, 1991; Maultsby, 1971; Maultsby & Ellis, 1974; Muran, 1991: Safran & Greenberg, 1991.

II. Die Theorie der Rational-Emotiven Verhaltenstherapie

In Kapitel 2 der Erstausgabe von *Die rational-emotive Therapie* habe ich die Theorie der REVT in den Fünfziger Jahren (und einen Teil ihrer Praxis) recht gut beschrieben. Ich habe in dem Kapitel einige wichtige Punkte hervorgehoben, die ich immer noch für gültig halte, einschließlich der folgenden:

1. Einige der Grundprinzipien der REVT sind wohl kaum neu. Ich habe sie, offen gestanden, von vielen Denkern übernommen – und angepasst –, vor allem von Philosophen aus der griechischen und römischen Antike wie Zenon aus Kition, Epikur, Epiktet und Mark Aurel sowie von mehreren alten östlichen Philosophen wie Konfuzius, Gautama Buddha und Laotse[1]. Ich versuchte, die praktischsten Aspekte ihrer Lehren zusammen mit denjenigen modernerer Philosophen – besonders Immanuel Kant, John Dewey und Bertrand Russell – zu nehmen und speziell auf die Einzel- und Gruppenpsychotherapie anzuwenden[2].

2. Da ich ein experimentier- und risikofreudiger Mensch bin, probierte ich psychoanalytische, personenzentrierte, eklektische und andere therapeutische Methoden mit meinen ersten Klienten aus und dachte mir eine Reihe aktiv-direktiver Techniken aus, die zu funktionieren schienen. Später entdeckte ich durch umfangreiches Lesen, dass einige andere Therapeuten ebenfalls aktiv-direktiv arbeiteten, und freute mich, meine eigenen Ansichten durch ihre »bestätigt« zu sehen, und übernahm einige ihrer Vorgehensweisen. Meine erwähnenswertesten Mentoren in dieser Hinsicht, vor allem nachdem ich die REVT begründet hatte, waren Alfred Adler, Franz Alexander und Thomas French, Eric Berne, Paul Dubois, Jerome Frank, Alexander Herzberg, Abraham Low, Andrew Salter, Wilhelm Stekel und Joseph Wolpe[3].

3. Ich habe in der ursprünglichen Ausgabe von Die rational-emotive Therapie deutlich hervorgehoben, dass die Menschen sowohl »rational« als auch »irrational« sind – sich selbst (und der Gesellschaft) helfend, aber auch sich selbst (und die Gesellschaft) behindernd. Sie lernen und konstruieren selbstschützende und destruktive Gedanken, Gefühle und Verhaltensweisen. Obwohl sie in ihrem Denken, Fühlen und Handeln recht interaktional sind, übernehmen und schaffen sie größtenteils (nicht völlig) neurotische, selbst-behindernde Verhaltensweisen, durch unrealistisches, unlogisches und falsch verallgemeinerndes Denken so-

wie anderer Formen schwarzseherischen Denkens. Es ist ein Unglück, dass sie so dazu neigen, sich durch krummes Denken unnötige Not und Störung selbst zu schaffen, doch es ist ein Glück, dass sie oft und manchmal auch rasch einige der Grundfaktoren ihrer Störungen verändern können, wenn sie deutlich erkennen, wie sie das tun, und wenn sie hart daran arbeiten, anders zu denken[4].

4. Praktisch alle Psychotherapeuten, ob sie dies nun zugeben oder nicht, verwenden verschiedene Methoden, um ihren Klienten effektivere (oder »rationalere«) Möglichkeiten des Denkens, Fühlens und Handelns beizubringen. Die Kunst ist, dies wirkungsvoll zu tun! – und die REVT vertritt die Ansicht, dass die Therapeuten, wenn sie ehrlich, direkt und aktiv sind, wahrscheinlich bei den meisten Klienten bessere Ergebnisse erzielen werden. Doch nicht bei allen!

5. Viele indirekte Methoden der Psychotherapie funktionieren ebenso – wie die freie Assoziation, die Traumanalyse, die detaillierte Erforschung der Klientengeschichte, die Reflexion der Gefühle des Klienten über einen längeren Zeitraum hinweg sowie der Aufbau und die Analyse der tiefen Beziehung zwischen Klient und Therapeut. Die REVT stellt jedoch nicht nur die Hypothese auf, dass diese Methoden bei den meisten Klienten relativ ineffizient sind, sondern auch, dass man mit derartigen Methoden ebenfalls selten die grundlegenden Kern-Philosophien und ihre grandiosen, absolutistischen Foderungen und »Mussturbation« erreichen und verändern helfen kann. Diese selbstauferlegten absoluten Forderungen liegen den Neurosen der Klienten häufig zugrunde. Sie sind ihre Haupt»ursachen« und führen zu damit in Verbindung stehenden und interagierenden Philosophien; besonders zu der Neigung, alles schrecklich zu finden, zu der Haltung des Ich-kann-das-nicht-Ausstehens, dazu, sich selbst und andere zu verdammen sowie zu dem »Immer oder Nie«. Menschen, die Gewinn aus uneffizienten Psychotherapiemethoden ziehen, fühlen sich oft besser, doch sie machen selten eine tiefgreifende philosophische Veränderung im Sinne der REVT durch, die sie befähigt, ihren Zustand grundlegend zu verbessern[5].

6. Viele Therapeuten haben steif und fest behauptet, es sei sinnlos zu versuchen, den Klienten vernunftgeleitetes Denken beizubringen, und sie zu überreden, ihr dysfunktionales Denken, Fühlen und Handeln zu verändern. Freud beispielsweise sagte, Klienten zu überzeugen, dass ihr Peniswunsch oder ihre Kastrationsangst unrealistisch seien, bedeute »in den Wind zu reden«. George Kelly, dessen Theorie von der kognitiven Selbst-Konstruktion der Störungen durch die Menschen selbst einen Meilenstein in der Geschichte der Psychotherapie darstellt, vermied die

rationale Diskussion mit seinen Klienten und hielt sie für praktisch nutzlos[6].

Ganz im Gegenteil dazu vertritt die REVT, während sie viele emotionale und verhaltenstherapeutische Techniken betont, dass die Verwendung verschiedener kognitiv-überzeugender Methoden – wie lehren, diskutieren und das Disputieren irrationaler Überzeugungen (iB's) – bei vielen Menschen ziemlich wirksam sein kann. Seitdem ich diese Hypothese 1956 in meinem ersten bedeutenden Vortrag über die REVT auf dem Kongress der American Psychiatric Association (Amerikanische Psychologen Vereinigung) in Chicago formuliert habe, wurde eine große Anzahl von Studien durchgeführt, die sie größtenteils unterstützen[7].

Andere aktiv-direktive und kognitiv-überzeugende Therapeuten, die mit den REVT-Methoden gearbeitet haben, darunter Eric Berne, Lakin Phillips, Frederick Thorne und Joseph Wolpe, berichteten von ausgezeichneten Therapieresultaten. In der Folgezeit nach Gründung der REVT 1955 haben viele kognitive Therapeuten und kognitive Verhaltenstherapeuten, deren Methoden sich mit denen der REVT größtenteils überschneiden, ebenfalls von ungewöhnlichen Erfolgen im Vergleich zu den früher von ihnen verwendeten Therapieformen berichtet. Sie und ihre Kollegen haben Hunderte kontrollierter Untersuchungen durchgeführt, von denen der weitaus größte Teil darauf hindeutet, dass die kognitive Verhaltenstherapie (kognitive VT) bei vielen verschiedenen emotional gestörten Menschen wirksam ist[8].

7. Lassen Sie mich aus der ersten Ausgabe von *Die rational-emotive Therapie* zitieren, in welcher die REVT-Theorie der Wechselbeziehung zwischen Gedanken, Gefühl und Verhalten in einer Art und Weise dargestellt wird, die Mitte der 50er Jahre, als ich sie erstmals umriss, ungewöhnlich war:

»Die RT basiert auf der Annahme, dass menschliches Denken und Fühlen nicht zwei disparate, verschiedene Prozesse sind, sondern dass sie sich signifikant überschneiden und in gewisser Hinsicht miteinander identisch sind. Ebenso wie die beiden anderen Grundprozesse des Lebens, die sinnliche Wahrnehmung und die Bewegung, sind auch sie eng miteinander verwoben und können nicht völlig getrennt voneinander gesehen werden. Mit anderen Worten: Keine der vier fundamentalen Lebensfunktionen – Sinneswahrnehmung, Bewegung, Fühlen und Denken – wird isoliert erlebt. Eine Sinneswahrnehmung (jemand sieht z. B. ein Stück Holz) wird häufig von Bewegungsabläufen begleitet (er hebt es auf, knickt es, wirft es weg), sie kann Gefühle (Gefallen, Nichtgefallen)*

* Die ursprüngliche Bezeichnung für das Verfahren lautete »Rational Therapy«

und Denkprozesse (Erinnerungen oder Vorstellungen, was man damit tun könnte) auslösen. Auch wenn das Individuum körperlich agiert, wenn es fühlt oder denkt, sind die übrigen Verhaltensprozesse bewusst oder unbewusst mit daran beteiligt.

Statt zu sagen: ›A. denkt über dieses Problem nach‹, hieße es daher richtiger: ›A. nimmt wahr – bewegt sich – fühlt – denkt nach über dieses Problem.‹ Angesichts der Tatsache, dass sich A. vorwiegend intellektuell mit der Lösung des Problems beschäftigt und Wahrnehmung, Motorik und Emotionen nur eine periphere Rolle dabei spielen, ist es jedoch legitim, unsere Beschreibung des Vorgangs auf die Formel zu verkürzen, er denke darüber nach.

Ebenso wie das Denken und die sensorisch-motorischen Prozesse ist auch das Fühlen als komplexer Verhaltensmodus zu sehen, der untrennbar mit den übrigen Wahrnehmungs- und Reaktionsprozessen verflochten ist. Stanley Cobb bemerkte dazu: ›Ich schlage vor, den Begriff ›Emotion‹ (bzw. Gefühl) in folgenden Bedeutungen zu verwenden: 1. ein introspektiv gegebener affektiver Zustand, der gewöhnlich durch Interpretationsvorgänge vermittelt wird; 2. das ganze Zusammenspiel innerer physiologischer Veränderungen, das (im Idealfall) zur Wiederherstellung des normalen Gleichgewichts zwischen dem Organismus und seiner Umgebung beitragen soll; und 3. die verschiedenen durch die Umgebung stimulierten und ständige Interaktionen mit dieser anzeigenden, äußerlich erkennbaren Verhaltensmuster, die ein Ausdruck des erregten physiologischen Zustands (2) oder des mehr oder weniger angeregten Zustands (1) sind.‹[9]

Die Emotionen haben demnach nicht eine einzige Ursache bzw. Folge, sondern vielmehr drei Hauptquellen und -auslässe: a) die sensorisch-motorischen Prozesse; b) biophysikalische Stimulierung, übermittelt durch das autonome Nervensystem, den Hypothalamus und andere subkortikale Zentren; und c) die kognitiven Prozesse (Denkprozesse). Wenn man will, kann man noch einen vierten Weg anführen, auf dem Gefühle ausgelöst werden können, nämlich durch das Erinnern und Wiedererleben früherer emotionaler Prozesse (etwa wenn durch die Erinnerung an vergangenen Ärger eine neue Welle von Aggression hochkommt).

Unter normalen Umständen scheinen Gefühle aufgrund psychophysischer, hereditärer und erworbener Faktoren zu entstehen. Die Körperzellen einschließlich der des zentralen und autonomen Nervensystems sind infolge zahlreicher vorhergegangener anlage- und umweltbedingter Einflüsse ohnehin stets in einem Zustand der Erregbarkeit und Selbststimulierung. Trifft dann ein Reiz von einer gewissen Intensität auf die Gefühlszentren, so werden deren Verbindungswege verstärkt aktiviert

oder auch blockiert. Diese Reizung kann direkt erfolgen – z. B. durch elektrischen Strom oder Drogen, die direkt auf die Nervenzellen einwirken –, oder sie kann auf indirektem Wege, durch Beeinflussung der sensorisch-motorischen bzw. zerebralen Prozesse, vorgenommen werden, die ihrerseits auf die Gefühlszentren ausstrahlen und diese beeinflussen.
Kontrolle über die Emotionen kann theoretisch auf verschiedene Art ausgeübt werden: a) durch Verwendung von Elektrizität oder von biochemischen Mitteln (z. B. Elektroschockbehandlung, Barbiturate, ruhigstellende oder energiespendende Drogen); b) über das sensorisch-motorische System (beispielsweise durch gymnastische Übungen oder Joga-Atem-Techniken); c) durch Mobilisierung vorhandener Gefühle und Vorurteile (beispielsweise, wenn man sich aus Liebe zu den Eltern oder dem Therapeuten ändert); und d) durch Einschaltung der zerebralen Prozesse (z. B. Reflexionen, Nachdenken; indem man sich verstandesmäßig zu beruhigen oder aufzuputschen sucht).
All die genannten Mittel zur Beeinflussung der Emotionen stehen in enger Beziehung miteinander. So sind gymnastische Übungen beispielsweise geeignet, angenehme Gefühle hervorzurufen, bestimmte Erinnerungen bzw. Gedanken auszulösen und vielleicht biochemische Bedingungen zu schaffen, die sich auf die Nervenzellen auswirken: statt also nur die Emotionen zu beeinflussen, können solche Übungen durchaus einen multiplen kumulativen Effekt haben.«
Magda Arnold hat 1960 eine Betrachtungsweise des Denkens und Fühlens veröffentlicht, die sich mit derjenigen der REVT deckt und die der Ansicht sehr nahe steht, die ich 1954 formulierte (kurz bevor ich die REVT entwickelte) und 1956 veröffentlichte. Ihre Theorie besagt: »Emotion scheint nicht nur die Beurteilung dessen zu umfassen, welche Wirkung diese Sache oder Person auf mich haben wird, sondern auch ein definitives Hingezogenwerden oder Abgestoßensein. Besteht nicht das emotionale quale aus genau dieser, nicht von der Vernunft geleiteten, unwillkürlichen Anziehung oder Abneigung?«
Meine Aussage von 1954 war:
»Der Mensch bewertet ein Objekt (nimmt eine subjektive Haltung dazu ein), wenn er dieses als ›gut‹ oder ›schlecht‹, ›angenehm‹ oder ›unangenehm‹, ›zuträglich‹ oder ›schädlich‹ wahrnimmt und infolge seiner Wahrnehmung positiv oder negativ darauf reagiert. Das Bewerten ist ein fundamentales Charakteristikum und scheint quasi in einem Regelkreis zu funktionieren: denn die Wahrnehmung beeinflusst die Reaktion, und die Reaktion tendiert ihrerseits dazu, die späteren Wahrnehmungen zu beeinflussen. Auch scheinen frühere Wahrnehmungen spätere ebenso zu beeinflussen, wie sich frühere Reaktionen auf spätere auswirken.

Bei der Bewertung dürften stets sowohl Wahrnehmungen wie Reaktionen eine Rolle spielen, nicht bloß das eine oder das andere. Es scheint sich um eine fundamentale, ja geradezu definitorische Qualität des Menschen zu handeln: könnte er doch kaum überleben, wenn er nicht imstande wäre, auf ›gute‹ bzw. ›nützliche‹ Reize positiv und auf ›schlechte‹ bzw. ›schädliche‹ Reize negativ zu reagieren.

Der Mensch fühlt, wenn er ein Objekt intensiv bewertet – wenn er es deutlich als ›gut‹ oder ›schlecht‹, ›nützlich‹ oder ›schädlich‹ wahrnimmt und in negativer oder positiver Weise heftig darauf reagiert. Fühlen ist gewöhnlich, wahrscheinlich immer, mit irgendwelchen körperlichen Empfindungen verbunden, die das ursprüngliche Gefühl verstärken können, wenn sie wahrgenommen werden. Emotionen kann man daher einfach als Bewertungen mit einer starken physischen Komponente bezeichnen, während die sogenannten nicht emotionalen Einstellungen als Bewertungen mit relativ schwacher physischer Komponente definiert werden können.«[10]

Ich stimmte in der ursprünglichen Ausgabe auch mit der Sichtweise Magda Arnolds überein, dass unmittelbare und unreflektierte Gefühle sich von anhaltenden und reflektierten Emotionen (und Einstellungen) in gewisser Hinsicht unterscheiden. Ich stimme immer noch dem zu, was ich 1962 geschrieben habe:

»Doch flüchtige und anhaltende emotionale Reaktionen haben das Element gemeinsam: ›Was bedeutet dieses Ereignis, auf das ich gerade reagiere, für mich?‹ Und beide umfassen Handlungstendenzen hin zu oder weg von beurteilten Objekten. Doch andauernde Emotionen scheinen weit reflektierter zu sein als unmittelbare oder impulsive emotionale Reaktionen und sind folglich stärker philosophisch orientiert. Somit wird fast jeder augenblicklich mit einem gewissen Grad an Zorn auf eine Beleidigung oder eine Verletzung reagieren, weil fast alle Menschen einen derartigen Reiz als schlecht für sie einschätzen werden. Doch jene Menschen mit einer streitbaren ›Leg-dich-ja-nicht-mit-mir-an!‹-Lebensphilosophie werden wahrscheinlich viel länger im Affekt der Wut verbleiben und ihrem Zorn mehr Nahrung geben als jene, die nach der Philosophie ›Der Klügere gibt nach‹ leben.

Spontaner oder unreflektierter Zorn hängt in gewissem Ausmaß von der eigenen Weltsicht ab – ein sanftmütiger Mensch wird vielleicht gar nicht erst wütend, geschweige denn hält seine Wut lange vor. Doch müsste anhaltender oder reflektierter Zorn noch weit stärker von der eigenen philosophischen Einstellung abhängen und dürfte kaum das Ergebnis fast instinktiver Selbsterhaltungstendenzen sein.

Die in diesem Buch erörterten Emotionen, die einen intrinsischen Teil dessen darstellen, was wir gewöhnlich »emotionale Störungen« nennen, gehören fast immer zu der anhaltenden, reflektierten Sorte. Sie sind die Folge dessen, was Magda Arnold (und andere Psychologen) ›Einstellungen‹ (attitudes) und ›Gesinnungen‹ (sentiments) genannt haben. Sie haben eine relativ schwache unmittelbar-sensorische, dafür aber eine um so stärkere reflektiv-weltanschauliche Komponente. Anders ausgedrückt: anhaltende menschliche Emotionen sind die Folge relativ reflektierter Beurteilungen. Während wir sehr wohl dazu in der Lage sind, unreflektiert oder unmittelbar festzustellen, dass ein Apfel schlecht schmeckt oder dass ein Ball direkt auf uns zufliegt und wir augenblicklich Abscheu oder Angst empfinden, sind wir ebenso dazu fähig, reflektiert festzustellen, dass die meisten fleckigen Äpfel bitter schmecken und dass wir von einem Ball getroffen werden können, wenn wir uns in zu großer Nähe von ballspielenden Jungen aufhalten. In den beiden letzteren Fällen spüren wir möglicherweise bereits Abscheu oder Angst, wenn wir nur an verdorbene Äpfel denken oder uns vorstellen, von einem Ball getroffen zu werden.

Eine Emotion existiert demnach nicht aus sich selbst heraus, als eine spezielle und fast mystische Entität; vielmehr ist sie ein wesentlicher Teil eines gesamten, aus Wahrnehmung und Bewegung bestehenden Komplexes. Was wir gewöhnlich Denken nennen, ist eine relativ ruhige und leidenschaftslose Beurteilung (oder organisierte Wahrnehmung) einer gegebenen Situation, ein »objektiver« Vergleich vieler Elemente dieser Situation und das Erreichen irgendeiner Schlussfolgerung als Ergebnis dieses vergleichenden oder kritischen Prozesses. Und was wir gewöhnlich Fühlen nennen, ist eine relativ heftige und leidenschaftliche Beurteilung einer Person oder eines Objektes, wie ich in meinem Artikel von 1956 betont habe.

Ein großer Teil dessen, was wir Emotion nennen – wenn auch nicht unbedingt alles –, scheint daher eine Art Beurteilung oder Denken zu sein, das a) durch frühere Wahrnehmungen oder Erfahrungen stark einseitig oder voreingenommen ist; das b) höchst persönlich ist; das c) oft von heftigen körperlichen Reaktionen begleitet wird; und das d) wahrscheinlich die fühlende Person dazu verleiten wird, irgendeine positive oder negative Handlung folgen zu lassen. Was wir gewöhnlich Denken nennen, scheint dann eine eher ruhige, weniger persönliche, weniger auf Handlung ausgerichtete Art und Weise des Unterscheidens mit geringerer (oder zumindest weniger wahrgenommener) somatischer Beteiligung zu sein.

Überdies scheinen Denken und Fühlen bei erwachsenen Menschen, die in einer Gesellschaftskultur mit differenzierter Sprache sozialisiert worden sind, einander gewöhnlich zu begleiten, in einer zirkulären Ursache-

Wirkung-Beziehung zu agieren und in gewisser (wenn auch kaum in jeder) Hinsicht intrinsisch miteinander in Verbindung zu stehen. Unser Denken überschneidet sich fast völlig mit unserer Emotion und wird buchstäblich zu unserer Emotion, und unser Fühlen wird unter denselben Bedingungen buchstäblich zu unserem Gedanken.«

8. Damit die Menschen überleben und glücklich sein können, ist es besser für sie, wenn sie sowohl kurze als auch anhaltende Emotionen haben, um vorteilhafte Ereignisse einschätzen und auf sie zugehen zu können und um unangenehme beurteilen und sich davon fernhalten zu können. Selbst ihre stark negativen Einschätzungen und Gefühle – wie: »Ich hasse es, meinen Arbeitsplatz zu verlieren!« – sowie die begleitenden Gefühle der Enttäuschung und des Missbehagens sind gewöhnlich gesund und angemessen, weil sie den Menschen schützen und ihn veranlassen, Missliebiges zu vermeiden und sich so zu verhalten, dass derartige Erlebnisse in Zukunft möglichst nicht mehr vorkommen.
In der Erstausgabe von *Die rational-emotive Therapie* schrieb ich dazu:
»Bedeutet das, dass Gefühle immer von Gedanken begleitet sind? Nicht unbedingt. Ein, zwei Augenblicke lang mag es das bloße Gefühl geben. Wenn ein Auto direkt auf einen zufährt, empfindet man spontan Angst, ohne dass man Zeit hätte, sich zu sagen: ›Ach wie schrecklich, dass mich dieses Auto überfahren wird!‹ Vielleicht beginnt man dennoch, diesen Satz im Bruchteil einer Sekunde zu denken oder zu sich selbst zu sagen; vielleicht ist dieser Gedanke oder innere Monolog das Gefühl der Angst. Wie dem auch sei – angenommen, das Gefühl ist im ersten Augenblick nicht von bewussten oder unbewussten Gedanken begleitet, so erscheint es ohne ständige Zufuhr gedanklicher Nahrung dennoch fast unmöglich, einen emotionalen Ausbruch durchzuhalten. Denn wenn man sich nicht immer wieder in etwa sagen würde: ›Du lieber Himmel! Wie schrecklich wäre das gewesen, wenn mich dieses Auto niedergefahren hätte!‹, dann wäre der Schrecken, den man beim Nahen des Autos empfand, rasch verflogen. Und wenn man sich, nachdem man einen Kinnhaken bekommen hat, nicht immer wieder vorsagen würde: ›Dieser Kerl, der mich geschlagen hat, ist ein Unmensch! Hoffentlich bekommt er, was er verdient!‹, dann würde der physische Schmerz rasch abklingen und damit auch unsere Wut.
Obwohl man also annehmen kann, dass Gefühle nicht immer von Gedanken begleitet sind, hat es doch den Anschein, dass anhaltende Emotionen in der Regel mit Denkvorgängen assoziiert sind, ja dass dauerhafte Gefühle, sofern es sich nicht um körperliche Schmerzen oder andere spezifische Empfindungen handelt, das direkte Resultat fortgesetzter Denkprozesse sind. Wir sagen hier deshalb ›in der Regel‹, weil es theore-

tisch möglich ist, dass Gefühle, die durch bestimmte physische oder psychische Reize ausgelöst wurden, sich aus eigener Kraft am Leben erhalten. Außerdem kann die emotionale Erregung durch direkte Einwirkung von Drogen oder elektrischen Impulsen auf die Nervenzellen aufrechterhalten werden. Üblicherweise beschränkt sich diese Art von anhaltender direkter Stimulierung der affektauslösenden Zentren jedoch auf schwer pathologische Zustände bzw. auf experimentelle Situationen und ist entsprechend selten.

Geht man davon aus, dass Emotionen häufig, wenn auch nicht immer, von Denkvorgängen begleitet sind und dass sich das alltägliche Denken gewöhnlich in Form von Worten, Redewendungen und Sätzen vollzieht (und nicht in mathematischen Zeichen, Traumsymbolen oder anderen nonverbalen Chiffren), dann liegt der Schluss nahe, dass ein großer Teil unserer Gefühle die Form von Selbstgesprächen oder verinnerlichten Sätzen annimmt. Wenn dem so ist, dann sind die Redewendungen und Sätze, die wir uns immer wieder vorsagen, praktisch identisch mit unseren Gedanken und Gefühlen bzw. verwandeln sich in diese.«

Größtenteils stimme ich mit diesen Formulierungen immer noch überein. Doch ist das menschliche Denken, wie ich in dieser überarbeiteten Ausgabe von Die rational-emotive Therapie immer wieder betonen werde, überaus komplex und besteht aus mehr als nur internalisierten Sätzen. Kognition wird oft, aber nicht immer, in Sprache ausgedrückt, und Sprache beinhaltet Worte, Sätze und Absätze. Aber wir können, und tun es auch, in Bildern, in Symbolen und auf andere Art und Weise denken; und da wir Menschen sind, haben wir auch gedankliche Gefühle und gedankliche Reaktionen, wie Alfred Korzybski, S. I. Hayakawa, Kevin FitzMaurice und andere allgemeine Sprachwissenschaftler gezeigt haben[11].

Im Jahr 1963, als Die rational-emotive Therapie bereits in Druck war, veröffentlichte Robert Abelson, ein Sozialpsychologe, eine wichtige Abhandlung: »Computer Simulation of ›Hot‹ Cognition (Computersimulation ›heißer‹ Kognitionen)«, in welcher er zeigte, dass die Beschreibung eines Tischs als rund oder rechteckig eine »kalte« oder »objektive« Kognition ist, während seine Beurteilung als ein »guter« oder ein »schlechter« Tisch für einen bestimmten Zweck eine »heiße« Kognition darstellt.[12] Dies ähnelt meinem Gedanken der »schwachen« und »starken« Kognitionen, den ich in Die rational-emotive Therapie erklärt hatte.

In Anlehnung an und Erweiterung von Abelson spreche ich heute meinen Klienten gegenüber und in meinen Vorlesungen und Workshops zur REVT von drei Arten von Kognitionen: 1. »Kalte« oder beschrei-

bende Kognitionen – z. B.: »Dies ist ein Tisch« oder »Das ist der runde Tisch.« 2. »Warme« oder bewertende Kognitionen – z. B.: »Mir gefällt dieser Tisch« oder »Dieser Tisch gefällt mir nicht.« 3. »Heiße« oder stark bewertende Kognitionen – z. B.: »Ich mag diesen Tisch sehr und muss ihn benutzen!« oder »Ich hasse diesen Tisch und muss ihn zerstören!«
Die Theorie der REVT besagt, dass Gefühle oder Emotionen fast immer von »warmen« Kognitionen oder Bewertungen begleitet – und teilweise »verursacht« – werden, während starke und anhaltende Gefühle fast immer von »heißen« Kognitionen oder starken Bewertungen begleitet – und teilweise »verursacht« – werden. Wenn »heiße« Kognitionen derart absolutistisch und zwingend sind (z. B.: »Ich hasse diesen Tisch, ich kann seinen Anblick nicht ertragen und muss ihn zerstören, sonst kann ich überhaupt nicht mehr glücklich sein und werde mich umbringen!«), begleiten sie häufig selbst-behindernde Gefühle oder »emotionale Störungen«, beeinflussen diese stark und »verursachen« sie teilweise sogar.

9. Meiner Ansicht nach habe ich in *Die rational-emotive Therapie* eine wichtige Unterscheidung gemacht zwischen »angemessenen«, »gesunden«, »funktionalen« negativen Gefühlen und »unangemessenen« oder »gestörten« Gefühlen, wenn wir ein unglückliches oder nicht wünschenswertes aktivierendes Ereignis (A) – wie Versagen, Zurückweisung oder Unbehagen – erfahren. Wenn also eine Widrigkeit (A) auftritt, haben wir eine »warme« Kognition (z. B.: »Ich habe es nicht gerne, wenn ich versage und hoffe, es ändern zu können und dann Erfolg zu haben«), wir fühlen uns meist auf »angemessene« oder »gesunde« Art und Weise enttäuscht, traurig, frustriert oder bedauernd und motivieren uns damit, A zu verändern oder einigermaßen zufrieden zu leben, wenn wir es nicht verändern können.
Wenn andererseits dasselbe unglückliche aktivierende Ereignis oder dieselbe Missliebigkeit (A) eintritt und wir eine »heiße« und absolutistische, zwingende Kognition haben (z. B.: »Weil ich nicht gern versage, darf ich auf gar keinen Fall versagen, es ist schrecklich, wenn ich es tue, und ich bin ein unzulänglicher Mensch, weil ich versagt habe!«), werden wir oft »unangemessene«, »ungesunde« und »dysfunktionale« Gefühle der Panik, der Depression oder des Selbsthasses empfinden und uns damit hindern, A zu verändern, und dazu beitragen, unglücklich zu leben, wenn wir es nicht verändern können.
Da alle Emotionen in mancher Hinsicht »angemessen« sind, verwende ich heute (in Anlehnung an Windy Dryden) die Begriffe gesunde negative Emotionen und ungesunde negative Gefühle und versuche es zu

vermeiden, von »angemessen« und »unangemessen« zu sprechen.
Indem ich zwischen »gesunden«, »funktionalen« und »selbst-helfenden« negativen Gefühlen und »ungesunden«, »dysfunktionalen« und »selbst-schädigenden« Gefühlen unterschied, wenn wir unglückliche aktivierende Ereignisse oder Missliebigkeiten (A's) erfahren, nahm die REVT Robert Schwartz' Hervorhebung des Gleichgewichts bei der emotionalen Störung und in der Psychotherapie vorweg. Schwartz zeigt, dass »ein optimales Gleichgewicht positiver und negativer Kognitionen und Affekte mit psychischer Gesundheit in Verbindung steht, während ein kognitiv-affektives Ungleichgewicht der Psychopathologie zugrunde liegt«. Er stellt fest, »da Gleichgewicht einen nicht verringerbaren Kern an Negativem impliziert, bestätigt der Ansatz das Konfliktmodell, nach dem dem Klienten mitgeteilt wird, dass ein gewisses Ausmaß an Negativem in der Erfahrung unvermeidbar ist und adaptiv sein kann«[13].
Das ist im Grunde die Position der REVT: dass frustrierende aktivierende Ereignisse (A's) in unser aller Leben unvermeidbar sind. Daher sollten wir uns selbst lieber nicht dysfunktional glücklich oder neutral fühlen, wenn wir sie erfahren. Ebensowenig sollten wir auf ungesunde Weise Entsetzen und Depression empfinden. In beiden Fällen würden wir nicht angemessen mit diesen A's umgehen, um uns zu helfen, sie zu verändern oder erfolgreich damit zu leben. Unser negatives Gefühl in Bezug darauf ist »gesund«, und die REVT versucht nie, uns zu helfen, »rational« oder »unemotional« zu fühlen, wenn unsere A's unseren Interessen und denen unserer gesellschaftlichen Gruppe entgegenstehen. Schwartz, Michael Mahoney, Greg und Robert Neimeyer und andere Konstruktivisten deuten manchmal an, dass die REVT stark »rationalistisch« und »positivistisch« sei. Im Gegenteil, sie unterstützt weitreichend, was Schwartz und andere das »emotionale Gleichgewicht« nennen. Schon ihr Name – Rational-Emotive Verhaltenstherapie – weist darauf hin![14]
Weil die REVT-Praktiker direktes Denken, emotive Übungen und effektive Handlung verwenden, fragte ich in der Erstausgabe von Die rational-emotive Therapie ganz konkret: »Befürworten Sie die Kontrolle oder Veränderung aller menschlichen Emotionen durch die Kontrolle oder Veränderung des Denkens?« Ich antworte: »Nein, überhaupt nicht.« In der Erstausgabe fuhr ich fort:
»Viele Gefühlsausbrüche – etwa Anfälle von Zorn oder Angst – scheinen spontane und nahezu unmittelbare Folgen sensorisch-motorischer Prozesse zu sein, die entweder anlagebedingt oder auf frühe und gründliche Konditionierung zurückzuführen sind. So wird jemand üblicherweise

mit Angst reagieren, hinter dessen Rücken man plötzlich ein lautes Geräusch macht oder auf den man mit einem Auto zufährt; verwöhnt man ihn hingegen mit guten Mahlzeiten oder verschafft man ihm sexuelle Befriedigung, dann wird er einen in der Regel gern haben oder lieben.

Diese Art von Angst, Liebe und ähnlichen Emotionen scheinen biologisch verwurzelt zu sein, und man kann sich schwer vorstellen, wie der Mensch ohne ein Minimum an derartigen emotionalen Dispositionen überleben könnte. Wer sich daher das fragwürdige Ziel setzen wollte, alle menschlichen Emotionen »hinwegzukontrollieren«, der wäre zum Scheitern verurteilt.

Abgesehen von der menschlichen Überlebensfähigkeit sind viele emotionale Reaktionen jedoch äußerst lustvoll und gesund. Die meisten Menschen sind zwar imstande, ohne Liebe zu existieren, ohne die Genüsse der Kunst, der Musik und der Literatur und ohne das Gefühl der Freude, des Entzückens, der Seligkeit und der Wonne. Aber wer möchte schon unter solchen Umständen leben? Selbst ein Leben, das ein gerütteltes Maß an Kummer, Sorgen, Enttäuschung und Ärger enthält, kann interessanter und anregender sein als ein »bequemes« und »sorgenfreies« Dasein in einer (eintönigen) »heilen Welt«. Eine Existenz ohne jegliche Emotionen – ohne ein gewisses Maß an Kampf und Mühe, Wünschen und Sehnsucht mit allen Risiken, die üblicherweise mit solchen kognitiv-emotionalen Prozessen verbunden sind – wäre entsetzlich langweilig und unmenschlich[15].«

10. Die Schwierigkeit des Therapeuten ist zu entscheiden, wann die Klienten von selbst-schädigenden Gefühlen wie Panik, Depression, anhaltender Wut und Selbsthass berichten. Es ist nicht leicht zu entscheiden, was ihre »gesunden« und was ihre »ungesunden« negativen Gefühle (und Verhaltensweisen) sind und welche rationalen Überzeugungen (rB's) gewöhnlich die Ersteren, und welche irrationalen Überzeugungen (iB's) häufig die Letzteren begleiten. Die REVT formuliert das ABC der Emotion und der emotionalen Störung, wobei sie vielen alten und modernen Philosophen folgt.

Wir setzen uns Ziele und etablieren Werte (G's), besonders um lebendig zu bleiben und uns einigermaßen glücklich und schmerzfrei zu fühlen, wenn wir 1. allein, 2. mit anderen Menschen zusammen, 3. mit einigen wenigen Familienmitgliedern und anderen Vertrauten zusammen sind, 4. wenn wir Informationen sammeln und uns bilden, 5. wenn wir beruflich handeln und 6. wenn wir uns erholen. Wenn in unserem Leben glückliche oder angenehme aktivierende Ereignisse (A's) auftauchen, erleben wir die Folgen oder Konsequenzen (C's) von Glück oder Wohl-

behagen nicht nur wegen dieser A's, sondern auch wegen unserer Bewertungen oder Überzeugungen (B's) in Bezug auf sie – besonders: »Ich mag diese A's. Wie schön! Ich hoffe, sie dauern an und wiederholen sich.« Normalerweise führen unsere glücklichen A's (das Erreichen unserer Ziele und Werte) zu Wahrnehmungen (die »kühle« Kognitionen sein können) und Bewertungen (die »warme« oder »heiße« Kognitionen sein können), die alle B's in Bezug auf unsere A's sind und ihrerseits zu angenehmen Gefühlen und Verhaltensweisen (C's) führen. Aber nicht immer! Wir können eine Aufgabe erfolgreich durchführen oder von anderen anerkannt werden (A's), und wir können diese »glücklichen« A's neutral oder gelegentlich sogar negativ sehen. Deshalb erleben wir möglicherweise keine angenehmen Gefühle und Verhaltensweisen (C's).
Folglich haben wir eine gewisse Wahlmöglichkeit, was wir an Punkt C fühlen und wie wir uns verhalten. Besonders, wie ich bereits erwähnt habe, wenn A unglücklich oder missliebig ist – wie es von uns im Lichte unserer Ziele und Werte (G's) beurteilt wird –, haben wir die Wahl, an Punkt C sofort oder letztendlich gesund (selbst-helfend) oder ungesund (selbst-behindernd) zu fühlen. Aber wir wollen hier nicht übertreiben! Unsere Reaktionen (an Punkt C) auf alles Schlechte, das uns (an Punkt A) geschieht, unterliegen anderen wichtigen Einflüssen als unseren Überzeugungen (an Punkt B). Weil wir Menschen sind und daher genetisch prädisponiert sind, uns zu schützen, haben wir starke biologische Tendenzen, protektiv (an Punkt C) auf schmerzvolle und verletzende Stimuli zu reagieren, die an Punkt A auf uns einwirken. Wie Walter Cannon bereits zu Beginn unseres Jahrhunders gezeigt hat, neigen wir stark dazu, sie entweder zu bekämpfen oder vor ihnen zu flüchten. Dasselbe tun auch die meisten anderen Tiere, die weiterhin überleben[16].
Außerdem wurden wir suggestibel und lernfähig geboren und leben fast immer in einer Familie und gesellschaftlichen Gruppe, die uns anerzieht, wie wir (an Punkt C) auf etwas reagieren, das diese Familie und Gruppe als »schlecht« oder »unangenehm« (an Punkt A) definiert. Wenn wir »unglückliche« A's erleben, neigen wir folglich dazu, 1. individuell, unserer eigenen biosozialen Neigungen entsprechend, und 2. sozial, unseren sozial erlernten Einflüssen entsprechend, zu reagieren. Überdies sind wir, wie die Systemtheoretiker während des ganzen Jahrhunderts gezeigt haben, ein Organismus innerhalb eines ökologischen (Umwelt-) und politisch-sozialen (Gemeinschafts-)Systems. Wir werden daher unvermeidlich durch dieses System (und seine Veränderungen) beeinflusst; und wir haben unsererseits einen bedeutenden Einfluss darauf. Kein Mensch, wie John Donne sagte, ist eine Insel; und selbst wenn er es wäre, auch Inseln werden durch andere Naturkräfte – und durch den Menschen – beeinflusst![17]

Wo befindet sich also unsere Wahlmöglichkeit in Bezug auf Reaktionen auf sich unangenehm auswirkende Stimuli? Sie ist hauptsächlich in unserem Überzeugungssystem (B) verankert – wie wir im Hinblick auf Unangenehmes (A) denken, wahrnehmen, Pläne, Ränke und Intrigen schmieden. Wir können unsere Ziele und Werte (G), die wir dem Unangenehmen entgegensetzen, in beträchtlichem Umfang (nicht völlig frei) wählen, übernehmen und anpassen; und wir können ebenso unsere Überzeugungen (B's) im Hinblick auf unsere A's teilweise (nicht völlig frei) wählen. Durch diese zwei höchst bedeutsamen – und nur dem Menschen eigenen – Wahlmöglichkeiten können wir oft (nicht immer) bewusst und unbewusst gesunde, »rationale« Überzeugungen (rB's) und/oder ungesunde »irrationale« Überzeugungen (iB's) wählen und uns somit ermutigen, »unneurotisch« oder »neurotisch« auf unangenehme Dinge von Bedeutung in unserem Leben zu reagieren.

Ich habe dieses Prinzip des ABC der emotionalen Störung aus meiner Arbeit mit Hunderten von Klienten in den Jahren 1943 bis 1955 abgeleitet. Doch gleichermaßen habe ich es von vielen Philosophen übernommen, die ich vom Jahr 1929 an (als ich sechzehn war) studierte. Wie ich bereits erwähnte, haben alte östliche Denker, wie Gautama Buddha und Laotse, dies in gewisser Weise ebenfalls gesagt. Doch am klarsten von allen antiken Denkern waren die griechischen und römischen Stoiker, besonders Zenon aus Kition (der Begründer der Schule), Chrysippus, Panaitios von Rhodos (der den Stoizismus in Rom einführte), Cicero, Seneca, Epiktet und Mark Aurel.

Der Stoizismus wurde wahrscheinlich am besten von Epiktet vertreten, der den Notizen seines Schülers, Flavius Arrian, zufolge im ersten Jahrhundert im Enchiridion gesagt hat: »Nicht die Dinge selbst beunruhigen die Menschen, sondern die Vorstellungen von den Dingen.« (Epiktet 1978, Enchiridion, Kröner Verlag, Stuttgart) Shakespeare hat im siebzehnten Jahrhundert diesen Gedanken im »Hamlet« neu formuliert: »Denn an sich ist nichts weder gut noch böse, das Denken macht es dazu.« (Shakespeare, Hamlet; Sämtliche Dramen, Bd. III, Winkler Verlag, München) Immanuel Kant hat diesen Gedanken im achtzehnten Jahrhundert brillant in seiner Kritik der reinen Vernunft ausgeführt, welche mich im Jahr 1932, als ich neunzehn war, enorm beeinflusst hat[18].

Doch Vorsicht! Obwohl ich die ABC-Theorie der emotionalen Störung in der REVT größtenteils von Epiktet und anderen Stoikern übernommen habe und obwohl ich Epiktet zu einem der Schutzheiligen der kognitiven Verhaltenstherapie ernannt habe, indem ich einige seiner Gedanken in meinen Schriften in den 50er Jahren besonders herausgestellt habe, bin ich kaum ein Stoiker zu nennen. Neben Epiktet favorisiere ich auch Epikur, der die Freude als das wichtigste Gut und als Zweck der Moral hervorhob, doch der, wie das Webster's Biographical Dictionary vermerkt, die Meinung vertrat, »dass ein wirkliches Leben der Freude ein Leben der Vernunft, Ehre und Gerechtigkeit sein muss«. Obwohl die Stoiker, in REVT-Begriffen ausgedrückt, über eine hohe »Frustrationstoleranz« verfügen, zeigen viele ihrer Schriften über Sexualität, Liebe und Ehe, dass sie für meinen Geschmack zu asketisch sind. Die REVT bevorzugt Selbstverwirklichung und größtmögliche Freude ebenso wie Selbstdisziplin und ein gemäßigtes Ausmaß an Stoizismus[19].

Zurück zum ABC der REVT. Wie ich 1957 in How to Live with a Neurotic (Wie man mit einem Neurotiker leben kann) geschrieben habe, ist neurotisches Verhalten nicht nur dumm und sowohl selbst- als auch gesellschaftsbehindernd, sondern es besteht größtenteils aus dem dummen Verhalten eines keineswegs dummen Menschen. Wenn wir gestört fühlen und handeln, obwohl wir intelligent und gebildet genug sind, um es nicht zu tun, wählen wir oft dysfunktionale, irrationale Überzeugungen (iB's) im Hinblick auf die unangenehmen Erfahrungen (A's), weil wir entweder nicht erkennen, dass wir es tun, oder es aber erkennen und dennoch dickköpfig bei unseren iB's bleiben. Außerdem haben wir, obwohl wir oft wenig Wahlfreiheit bezüglich der unglücklichen A's in unserem Leben haben – z. B.: Tod unserer Lieben, Zurückweisung durch wichtige andere Mitmenschen sowie Unfälle und Naturkatastrophen –, gewöhnlich eine beträchtliche (wenn auch nicht völlige) Entscheidungsfreiheit im Hinblick darauf, wie wir diese A's betrachten. Daher können wir oft hilfreiche, nicht-neurotische Überzeugungen (B's) wählen und dadurch gesunde statt neurotischer, selbst-behindernder Konsequenzen (C's) herbeiführen.[20]

11. In psychoanalytischen und psychodynamischen Therapien, besonders in jenen, die auf Freud und auf die Objektbeziehungstheorie Melanie Kleins, Harry Guntrips, D. W. Winnicotts, Heinz Kohuts und Otto Kernbergs zurückgehen, wird angenommen, dass unsere dysfunktionalen Überzeugungen ihren Ursprung in unserer Kindheit haben, besonders in unserer Beziehung zu Familienmitgliedern, und dass wir die Störungen überwinden werden, zu denen sie führen, wenn wir ihre Ursprünge verstehen[21]. Das würde ich anzweifeln, da wir unsere wichtigsten iB's in der Adoleszenz oder gar im Erwachsenenleben übernehmen oder erschaffen. Selbst wenn sie – wie es häufig der Fall ist – in frühen Erfahrungen auftauchen oder daraus hervorgehen, wird es nicht notwendigerweise bei ihrer Veränderung helfen, ihren Ursprung zu kennen oder einzusehen. Somit wird das Wissen, dass wir unsere gegenwärtige Phobie vor dem Aufzugfahren von unseren neurotischen Eltern gelernt

haben, als wir drei Jahre alt waren, uns heute kaum dazu verleiten, diese aufzugeben. Es wird uns nicht überzeugen, unsere irrationale Überzeugung: »Aufzüge müssen absolut sicher sein und dürfen keinesfalls eine Gefahr für mich darstellen!« zu verändern.

Außerdem können wir, wie ich in der Erstauflage von *Die rational-emotive Therapie* betonte, leicht iB's über iB's hervorrufen und somit ernsthafte sekundäre Störungen schaffen, die sich von den iB's hinter unseren primären Störungen unterscheiden und dazu beitragen, diese zu festigen, ebenso wie uns davon abzulenken, sie (an Punkt D in der REVT) zu disputieren. Hier eine sinngemäße Wiedergabe dessen, was ich dazu in der ersten Ausgabe dieses Buchs geschrieben habe:

So entwickeln wir eine Störung vielleicht ursprünglich, weil wir entdecken, dass wir unserem Vater gegenüber starke Todeswünsche haben und (ziemlich unlogischerweise) denken, wir sollten verdammt und bestraft werden, weil wir diese Wünsche haben. Folglich unterdrücken wir vielleicht unseren Hass und entwickeln irgendein neurotisches Symptom, wie z. B. Hass auf Hunde – weil uns Hunde, sagen wir mal, an unseren Vater erinnern, der ein leidenschaftlicher Jäger ist.

Später lieben wir unseren Vater vielleicht sogar oder sind ihm gegenüber gleichgültig; oder der Vater stirbt und stellt kein Problem mehr für uns dar. Unser Hass auf Hunde jedoch bleibt vielleicht bestehen; nicht, wie manche Theoretiker behaupten würden, weil die Tiere uns immer noch an unseren alten Todeswunsch gegenüber dem Vater erinnern, sondern weil wir uns nun selbst glühend dafür hassen, das ursprüngliche neurotische Symptom zu haben – uns Hunden gegenüber unserer eigenen Meinung nach so töricht zu verhalten. Jedes Mal, wenn wir an Hunde denken, regt unser Selbsthass und unsere Versagensangst uns daher so sehr auf, dass wir nicht mehr klar denken können und unseren irrationalen Widerwillen nicht bekämpfen können.

In den Begriffen der irrationalen Überzeugungen (iB's) sagen wir uns zuerst: »Ich darf meinen Vater nicht hassen. Aber mein Vater mag Hunde und Hunde zu hassen, ist nicht verwerflich. Also hasse ich Hunde, die meinen Vater verkörpern.« Schließlich sagen wir uns dann allerdings: »Ich hasse Hunde; es gibt keinen guten Grund, weshalb ich Hunde hassen sollte; wie schlimm ist das für mich, Hunde ohne guten Grund zu hassen; deswegen bin ich töricht und tauge nichts!« Obwohl diese beiden Überzeugungen neurotisieren, kann man kaum behaupten, sie seien dasselbe. Folglich wird uns die Erforschung und Erklärung der Ursprünge unserer primären Neurose – oder die Hilfe, Einsicht in sie zu gewinnen – nicht unbedingt helfen, unsere sekundäre Neurose (d. h., unsere zweite Kette von iB's) zu verstehen und ihre immerwährende Erhaltung zu überwinden.

Wenn man uns also im Verlauf eines therapeutischen Prozesses hilft zu erkennen, dass wir Hunde hassen, weil wir sie irrationalerweise mit unserem Vater in Verbindung bringen, den wir ebenfalls hassen, und wir wegen dieses Hasses Schuldgefühle haben, können wir uns selbst sagen: »Wie dumm! Obwohl mir mein Vater ›ein Hund‹ zu sein scheint, sind echte Hunde nicht mein Vater. Ich kann leicht lernen, Hunde zu mögen oder ihnen gegenüber wenigstens gleichgültig zu werden, selbst wenn ich meinen Vater niemals lieben werde.« In diesem Fall wären wir von unserem Hass auf Hunde befreit.

Gleichzeitig können wir uns jedoch ebenfalls sagen: »Wie dumm! Hunde sind ganz sicher nicht dasselbe wie mein Vater; und nachdem ich nun diese neue psychologische Einsicht gewonnen habe, kann ich hier sehen, dass ich übermäßig verallgemeinere und die beiden verwechsle. Was bin ich doch für ein Idiot! Ich habe vorher noch nie erkannt, wie dumm ich sein kann! Da hatte ich also Recht mit der Vermutung, dass ich nichts tauge! Denn wie könnte ich mich selbst mögen, wenn ich mich immer wieder so idiotisch verhalte?« In diesem Beispiel haben wir zwar vielleicht die primäre Neurose (unsere unvernünftige Feindseligkeit Hunden gegenüber) verloren, halten dafür vielleicht aber hartnäckig an unserer sekundären Neurose (unserem Selbsthass, weil wir uns für dumm oder neurotisch halten) fest. Tatsächlich beschuldigen wir uns manchmal sogar eben deshalb stärker, weil wir Einsicht in unsere primäre Störung gewinnen und daher die sekundäre Störung verschlimmern (was der Grund dafür ist, weshalb es so vielen psychoanalytischen Patienten schlechter geht statt besser, wenn sie in ihrer Therapie vorankommen und ihre Einsichten klarer werden).

Überdies verlieren wir unsere Feindschaft Hunden gegenüber vielleicht gar nicht (ganz zu schweigen von unserer Selbstablehnung, weil wir sie hassen), wenn wir nach Jahren psychoanalytischer Behandlung entdecken, dass wir Hunde hassen, weil unser Vater sie liebte. Denn vielleicht sagen wir uns, nachdem wir ein wenig Einsicht gewonnen haben: »Vater hat einiges Schlimme getan, aber im Grunde war er gar kein so schlechter Kerl. Es ist dumm von mir, wenn ich ihn weiterhin hasse.« Und wir hören vielleicht tatsächlich auf, unseren Vater weiterhin zu hassen.

Aber vielleicht hassen wir immer noch Hunde. Nachdem wir irgendwann Hunde zu verabscheuen begannen (weil wir sie mit unserem verhassten Vater assoziierten), hielten wir dann unsere Feindseligkeit aufrecht, indem wir uns immer wieder etwas Ähnliches sagten wie: »Hunde sind zu nichts gut. Sie riechen schlecht. Sie beißen Menschen. Sie müssen versorgt werden. Alles Mögliche ist schlecht an ihnen.« Und diese nach-

folgenden rationalisierenden Überzeugungen werden uns wahrscheinlich, ganz von unserer Assoziation Hund–verhasster Vater abgesehen, Hundehasser bleiben lassen. Und diese Überzeugungen werden sich wahrscheinlich nicht automatisch in Nichts auflösen, nur weil wir jetzt erkennen, wie irrational und unberechtigt unsere ursprüngliche Feindschaft gegenüber Hunden war.

Damit diese Darstellung nicht so weit hergeholt erscheint, will ich hier erklären, dass ich sie dem tatsächlichen Fall eines meiner Klienten entnommen habe, der Hunde wirklich mit seinem verhassten Vater assoziierte und der, nachdem er selbst Welpen zu hassen und zu fürchten begonnen hatte, mehrere unangenehme Erfahrungen mit Hunden gemacht hatte (wahrscheinlich weil er sie so hasste und so große Angst vor ihnen hatte).

Obwohl ich im Verlauf der Therapie relativ wenig Probleme hatte, seinen ursprünglichen Hass auf den Vater aufzuspüren und ihm zu zeigen, dass er diesen Hass nicht fortzusetzen brauche, und obwohl es ihm gelang, zum ersten Mal in seinem Leben eine relativ gute Beziehung zu seinem Vater aufzubauen, verlor er seine Vorurteile größeren Hunden gegenüber nie und zog es vor, die Therapie zu beenden, ohne jemals an diesem Problem gearbeitet zu haben. In ähnlicher Weise habe ich eine ganze Menge anderer Klienten erlebt, die, nachdem sie ein beachtliches Ausmaß an Einsicht in den Ursprung ihres neurotischen Symptoms gewonnen hatten, diese Symptome niemals überwanden (auch wenn sie im Verlauf der Therapie in anderen Bereichen ihres Lebens beachtliche Fortschritte erzielten).

Wenn die bis hierher ausgeführte Hypothese eine gewisse Gültigkeit hat, sollten es sich Psychotherapeuten zu einem ihrer Hauptziele machen, den Klienten zu demonstrieren, dass ihre iB's nicht nur eine Hauptursache ihrer emotionalen Störungen waren, sondern es immer noch sind. Man kann ihnen zeigen, dass ihre irrationalen Sätze in gewisser Hinsicht unlogisch, unrealistisch und selbst-schädigend sind und dass sie die Fähigkeit besitzen, ihre gestörten Emotionen zu verändern, indem sie sich selbst rationalere und weniger selbst-behindernde Überzeugungen glauben machen.

Wie man anhand dieser freien Wiedergabe aus der Erstausgabe von *Die rational-emotive Therapie* erkennen kann, hat die REVT schon immer die Bedeutung der sekundären wie der primären Symptome der Neurose betont, eine Konzeption, die ich aus dem ABC ableitete, das ich ursprünglich bei Epiktet fand und zu dem ich einiges hinzugefügt habe. Denn, im Gegensatz zu den meisten Tieren, nimmt der Mensch nicht nur wahr und denkt, während er fühlt und sich verhält (und ist ein wirklich kognitiv-emotiv-verhaltensorientiertes Wesen), sondern er denkt auch über sein Denken nach – und manchmal denkt er über das Nachdenken über sein Denken nach!

So können wir also selbst-behindernd denken: »Aufzüge sind sehr gefährlich, und ich darf niemals einen betreten!« Dann können wir denken: »Wie töricht von mir, zu denken, Aufzüge seien gefährlich.« Und dann können wir denken: »Wie gut, dass ich über meine Gedanken darüber, dass ich denke, Aufzüge seien gefährlich, nachdenken kann und eine Veränderung meiner irrationalen Überzeugung, dass sie wirklich sehr gefährlich seien, in Erwägung ziehen kann.« Das Denken über das Denken, ebenso wie das Nachdenken über das Denken über das Denken, sind einzigartige menschliche Fähigkeiten, die beide sowohl neurotisch als auch antineurotisch genutzt werden können. Wieder haben wir eine Wahlmöglichkeit!

Diese Erweiterung des REVT-ABC auf sekundäre und tertiäre Ebenen des Denkens, Fühlens und Sich-Verhaltens ist in der Praxis sehr fruchtbar, da die Klienten, wie ich und andere REVT-Therapeuten entdeckt haben, mit den schlimmsten Neurosen (und Persönlichkeitsstörungen) ebenso sekundäre wie primäre Störungen aufweisen; manche haben tertiäre Störungen (besonders in Bezug auf effektives Wiederdurchdenken im Verlauf ihrer Therapie); und viele sind dazu in der Lage, ihr Denken über das Nachdenken über ihr Denken zu nutzen, um dazu beizutragen, ihre primären und sekundären Neurosen zu mildern.

12. Therapeuten, die das ABC der REVT verwenden, können ihren Klienten helfen, 1. ihre selbst-behindernden Überzeugungen zu erkennen, 2. zu sehen, wie sie bedeutsam zu ihren emotionalen Störungen beitragen, 3. zu lernen, wie man seine iB's disputiert (D), indem man sie eindringlich neu überdenkt und sie herausfordert, und 4. eine Reihe anderer kognitiver, emotiver und verhaltensorientierter Methoden der REVT zu verwenden, um sie zu verändern und an ihrer Stelle eine Reihe nützlicher, gesunder, rationaler Überzeugungen (rB's) aufzubauen.

Die bisher ausgeführten zwölf Punkte dieses Kapitels sind größtenteils dem ursprünglichen Kapitel 2 in Die rational-emotive Therapie (RET) entnommen, und ich vertrete sie immer noch. Lassen Sie mich nun einige andere Punkte aus der ursprünglichen Version erörtern, in denen ich heute anderer Meinung bin und die ich revidieren möchte.

In *Die rational-emotive Therapie* habe ich geschrieben, dass »dieses Buch einseitig die rationalen Techniken betonen wird, während gleichzeitig die mögliche Wirksamkeit anderer legitimer Möglichkeiten zur Beeinflussung gestörter menschlicher Emotionen zugegeben wird« (S. 41). Einige Jahre, nachdem ich diese Passage geschrieben hatte, begann ich eine Reihe höchst emotiver Methoden in die REVT mit einzubeziehen. Somit werden in der REVT heute ganz selbstverständlich rational-emotive Imaginationstechniken, Risikoübungen, Rollenspiele, nachhaltige Bewältigungsformeln, eindringliches Disputieren, Humor und viele andere emotiv-evokative Methoden verwendet. Und sowohl vor als auch nach 1962 habe ich eine größere Anzahl verhaltenstherapeutischer Methoden integriert, einschließlich der In-vivo-Desensibilisierung, Verstärkung, Bestrafung, des Trainings sozialer Fertigkeiten, des Selbstbehauptungstrainings und einer ansehnlichen Anzahl anderer aktiv-direktiver verhaltenstherapeutischer Methoden[22].

In der Originalausgabe hatte ich geschrieben: »Es scheint, als ob viele unserer Gefühlsregungen die Form von Selbstgesprächen oder internalisierten Sätzen annehmen.« Ja, es scheint so. Aber ich wiederhole noch einmal, heute würde ich sagen, dass unsere Gefühlsregungen größtenteils die Form einiger Selbstgespräche und einiger internalisierter Sätze annehmen, die, wenn sie erst einmal konstruiert sind, unsere grundlegenden impliziten oder insgeheimen Meinungen und Einstellungen formen. Wir neigen dazu, ein aktivierendes Ereignis oder eine unangenehme Erfahrung (wie z. B. das Nichtbestehen einer Prüfung) wahrzunehmen und es rasch zu unserer impliziten Kern-Philosophie in Beziehung zu setzen: »Ich darf nicht versagen, es ist schrecklich, wenn ich es tue; das macht mich zu einem wertlosen Menschen!« Wir fühlen uns augenblicklich ängstlich oder depressiv; und dann äußern wir (manchmal) unsere Kern-Philosophie in Worten und Sätzen wie: »Mist, ich bin durchgefallen! Schon wieder! Wie schrecklich! Ich tauge einfach nichts, weder bei dieser Prüfung – noch bei irgendetwas anderem!«

Manchmal gelingt es uns vielleicht sogar, uns ohne diese Sätze ängstlich und depressiv zu fühlen – doch kaum ohne irgendeine grundlegende Überzeugung oder Philosophie. Irgendwann einmal suchen und finden wir diese Philosophie jedoch, und dann beschreiben wir sie in einer Art von Selbstgespräch oder Selbst-Sätzen. So sagen wir uns: »Ich bin ein Perfektionist, der denkt, dass er immer alles perfekt machen muss,« oder: »Ich darf nichts Schlechtes tun. Da ich aber etwas Schlimmes tue, wie beispielsweise die beste Freundin meiner Frau zu begehren, bin ich ein verdorbener Mensch!«

Weiter schrieb ich damals: »Man kann seine Emotionen kontrollieren, indem man die internalisierten Sätze oder Selbstgespräche verändert, mit denen man diese Emotionen größtenteils überhaupt erst hervorgerufen hat.«

Nicht ganz! Wenn wir depressiv sind und den Satz: »Ich muss unbedingt hervorragende Leistungen erbringen, sonst tauge ich nichts«, in

»Ich würde am liebsten hervorragende Leistungen erbringen, bin aber als Mensch immer noch in Ordnung, wenn mir das nicht gelingt«, glauben wir den zweiten Satz vielleicht gar nicht wirklich, sondern haben immer noch den ersten internalisiert. Oder wir glauben ein wenig an den zweiten, an den ersten aber immer noch fest. Vielleicht sprachen wir den zweiten, rationalen Satz nur nach wie ein Papagei, ohne ihn wirklich zu meinen. Nicht nur die Worte sind es, die uns aufregen, sondern es ist unsere selbst-schädigende Meinung und die Zähigkeit, mit der wir daran festhalten. Wenn wir also unser depressives Gefühl verändern wollen, sollten wir besser diese Meinung verändern. Und die können wir ändern, indem wir uns neue Sätze sagen – und sie glauben. Doch es gibt auch andere Möglichkeiten, sie zu verändern – beispielsweise indem man Risiko über Risiko eingeht, bis man gegen Fehlschläge desensibilisiert ist. Oder wir verlieben uns vielleicht bis über beide Ohren in jemanden, der ebenfalls viel riskiert, und lernen vielleicht aus seinen Fehlschlägen, dass wir keine großartigen Leistungen vollbringen müssen, um uns selbst annehmen zu können. Es gibt mehrere Möglichkeiten, wie wir unsere Meinung verändern können; und unser Selbstgespräch zu modifizieren ist eine wichtige, doch kaum die einzige Möglichkeit!

Weiterhin stellte ich fest, dass wir, obwohl Emotionen gut und lebensschützend seien, nicht »mit intensiven und anhaltenden Emotionen wie andauernder Angst und starker Feindseligkeit« zu leben bräuchten. Heute erkenne ich, dass dies etwas übertrieben ist. Andauernde Angst mag uns helfen zu überleben, wenn eine wirkliche Bedrohung besteht, wie AIDS oder die atomare Kriegsführung. Anhaltende Panik jedoch scheint unnötig und schädlich. Intensive dysfunktionale Emotionen wie Depression und Angst sind fast immer unnötig und schädlich, doch haben sie möglicherweise biologische Wurzeln, die sie unter bestimmten Bedingungen »notwendig« herbeiführen. Intensive gesunde oder funktionale negative Emotionen – wie große Trauer und tiefes Bedauern – mögen zwar nicht notwendig sein, bewirken aber vielleicht mehr Gutes als Schaden und sind selten selbst-schädigend[23].

Die REVT ermuntert die Menschen daher oft, intensive und manchmal anhaltende Gefühle der Freude, des Vergnügens und der Ekstase einerseits sowie Trauer, Bedauern, Ärger und Frustration andererseits zu erfahren. Sie ist nicht, wie manche Formen des Zen-Buddhismus, gegen starkes Begehren, starke Wünsche und Sehnsüchte eingestellt, denn sie sieht angenehme Gefühle als wichtige Zugaben des Lebens und viele schmerzliche Gefühle als Motivation zur Korrektur und Veränderung negativer und destruktiver Erfahrungen. Emotionen sind gut und nützlich für den Menschen, und manchmal sind intensive und anhaltende Emotionen sogar noch besser![24]

»Neurose«, schrieb ich dann in *Die rational-emotive Therapie*, »ist das unlogische Verhalten eines potentiell logischen Menschen.« Diese Aussage ist teilweise richtig, da ich aufzeige, dass eine Neurose nicht ausschließlich selbst- oder sozial-behinderndes Verhalten ist; weil derartiges Verhalten auch aus Unwissenheit oder Dummheit resultieren kann. Außerdem ist eine Neurose, wie ich in How to Live With a Neurotic zum erstenmal gesagt habe, nicht nur dummes Verhalten (denn dann müsste man alle psychisch gestörten Menschen neurotisch nennen), sondern unintelligentes Verhalten intelligenter Individuen[25].

Jedoch ist unintelligentes Verhalten intelligenter Menschen nicht nur einfach unlogisch (z. B.: aus einer vernünftigen Prämisse einen falschen Schluss oder einen vernünftigen Schluss aus einer falschen Prämisse zu ziehen), sondern kann auch unrealistischem Denken entstammen – wie zu verlangen, dass der höchst fehlbare Mensch perfekt und unfehlbar sein solle. Und auch die Neurose kann nicht zutreffenden Wahrnehmungen folgen – wie zu »sehen«, dass uns die anderen immer übers Ohr hauen, wenn sie dies nur gelegentlich tun, und zu verlangen, dass sie nicht so »sein« sollen, wie sie anscheinend »sind«. Eine Neurose kann auch aus starrem, absolutistischem Denken erwachsen – wie zu verlangen, dass wir immer, unter allen Umständen, im Sport oder bei einer bestimmten Aufgabe, erfolgreich sein müssen. Oder sie kann aus dem Glauben entstehen, dass es nur einen Weg zum Glück gibt – wie die Liebe einer bestimmten Person zu erringen –, und zu verlangen, dass dieser Weg verwirklicht werde. Es gibt mehrere verschiedene Arten gestörter Gedanken, die oft zu neurotischen Gefühlen und Verhaltensweisen führen. Doch scheinen sie praktisch alle von (expliziten oder impliziten) Forderungen und »Muss« begleitet zu sein statt nur von Wünschen und Begehren[26].

In der Erstausgabe habe ich auch geschrieben, die meisten irrationalen Ideen der Menschen seien, »wie Psychoanalytiker seit mehreren Jahrzehnten hervorheben, dem Betreffenden von seinen Eltern in dessen früher Kindheit eingeflößt worden, und er halte zäh daran fest aufgrund seiner Bindung an die Eltern und weil die Ideen eingepflanzt, eingeprägt oder konditioniert wurden, bevor spätere und rationalere Denkmodi die Chance erhalten hatten, wirksam zu werden. Die meisten von ihnen werden uns allerdings, wie die Freud-Kritiker festgestellt haben, auch durch die umgebende Kultur eingeflößt, in welcher das Individuum lebt.«[27]

Heute möchte ich diese Aussage folgendermaßen revidieren:

1. Viele fragwürdigen Präferenzen und Werte werden den Menschen von ihren Eltern in der frühen Kindheit eingeprägt, wie beispielsweise

die Entscheidung für völlige sexuelle Abstinenz vor der Ehe. Doch sind diese gewöhnlich nicht störend, solange sie nicht zu absolutistischen »Muss« gemacht werden: »Ich muss vor der Ehe vollkommen abstinent sein, und es darf mich auch nicht nach außerehelichem Sex verlangen!«

2. Absolutistische, bedingungslose »Muss« werden teilweise durch die Eltern vermittelt, jedoch auf höchst inkonsequente und widersprüchliche Art und Weise. Wenn unsere Eltern uns also sagen: »Du musst sexuell abstinent bleiben!« oder »Du musst immer deine Hausaufgaben machen!« und wir diese Ziele und Regeln verletzen, was machen sie dann tatsächlich mit uns? Fast immer herzlich wenig. Sie schimpfen und schreien ein paar Minuten lang – und dann sind sie wieder nett zu uns und lieben uns! Die tatsächliche Botschaft, die sie uns also ständig vermitteln, ist: »Abstinenz ist in deiner Familie und Kultur vorzuziehen, Liebes, und es wird uns nicht gefallen, wenn du nicht abstinent bist, doch kannst du sexuell offensichtlich beinah alles tun, was du willst, ohne dass dir etwas Schreckliches geschieht.« Nur wenn wir die Du-darfst-Nicht unserer Eltern in Bezug auf Sex wörtlich und ernst nehmen und nur wenn wir sie zu unseren eigenen Geboten machen, neigen wir zu Störungen durch sie.

3. Zusätzlich dazu, die schwachen »Muss« unserer Eltern und unserer Kultur manchmal zu ernst zu nehmen, erfinden und konstruieren wir gewöhnlich ohne große Unterstützung von außen unsere eigenen absolutistischen »Muss«. Wenn unsere Eltern uns also nur sagen, dass es vorzuziehen sei, in Schule, Beruf oder Sport erfolgreich zu sein, werden wir oft den Selbst-Befehl verwenden: »Und daher muss ich absolut und immer Erfolg haben!« Somit sind unsere schlimmsten »Muss« nicht erlernt, sondern Eigenkreationen aus (häufig erlernten) Werten oder Präferenzen produziert und in neurotische, perfektionistische Gebote verwandelt[28].

4. Sobald wir die beharrlichen Behauptungen unserer Eltern und Kultur übernehmen und sie selbst erfinden, konstruieren und rekonstruieren wir sie auf höchst aktiv-direktive Art und Weise beständig selbst – wie Jean Piaget im Hinblick auf Kinder und Jugendliche zeigte, die ihre Gedanken, Gefühle und Handlungen aktiv immer wieder neu initiieren und verändern[29].

Die Psychoanalytiker, welche früher und heute sagten, dass wir unser neurotisches Verhalten von unseren Eltern und unserer Kultur übernommen hätten, haben in gewisser Hinsicht Recht, irren sich aber größtenteils. Wie ein großer amerikanischer Philosoph, Pogo, gesagt hat:

»Wir sind dem Feind begegnet, und wir sind es selbst.« Wir neurotisieren uns hauptsächlich selbst. Dem wollen wir ins Auge sehen.

Wie ich oft gesagt und geschrieben habe, haben wir Menschen zwei starke biologische Tendenzen. Erstens haben wir die uns angeborene Fähigkeit zu denken, über unser Denken, unsere Gefühle und unsere Verhaltensweisen nachzudenken sowie über das Nachdenken über unser Denken, unsere Gefühle und unsere Verhaltensweisen nachzudenken. Wir sind, im Gegensatz zu allen anderen Tieren auf der Erde, selbst-bewusst, selbst-verändernd und selbst-verwirklichend. Ohne diese angeborene Tendenz hätten wir als Spezies wahrscheinlich nicht überlebt, ebensowenig wie wir uns zum Beherrscher fast aller anderen Spezies gemacht hätten.

Zweitens haben wir viele angeborene Tendenzen, uns selbst sowohl individuell als auch kollektiv zu behindern und zu sabotieren. Tendenzen? Jawohl, wir werden mit verflixt wenigen Ideen und Verhaltensweisen geboren. Doch praktisch alle von uns kommen mit ursprünglichen und später entwickelten Tendenzen oder Neigungen auf die Welt, unsere flexiblen Präferenzen in starre, absolutistische Forderungen zu verwandeln – stark zu denken und zu fühlen! –, dass wir, weil wir etwas sehr wollen, es erlangen müssen und dass etwas nicht existieren darf, weil wir etwas anderes verabscheuen[30].

Wie in Kapitel 1 erörtert wurde, hat unsere Tendenz, zu »mussturbieren« und zu fordern, wahrscheinlich evolutionäre Wurzeln, weil die Menschen, als ihr Überleben und ihre Fortpflanzung vor zehntausenden von Jahren durch große Gefahren – wie durch stärkere Tiere und durch gewalttätig konkurrierende andere Menschen – bedroht waren, nicht viel Zeit hatten, über diese Gefahren erst nachzudenken. Wenn sie vor Entscheidungen auf Leben und Tod standen – z. B.: »Soll ich versuchen, diesen Löwen zu töten, oder soll ich um mein Leben laufen?« –, waren sie wahrscheinlich gezwungen, zu denken: »Ich muss laufen!« oder »Ich muss dieses Tier mit meinem Speer tödlich treffen!« an Stelle von: »Ich würde mein Leben ja lieber retten, aber wenn mir das nicht gelingt, so ist das ziemlich enttäuschend.« Somit mag augenblickliches, absolutistisches Denken – vor vielen Jahrhunderten – für das Überleben und die Reproduktion der Menschen notwendig gewesen sein, doch heute ruft es neurotische Verheerungen hervor![31] Wie ich (zusammen mit Shawn Blau und Michael Edelstein) in Kapitel 1 bereits hervorgehoben habe, ist dies nur eine spekulative Hypothese, für die wir vielleicht niemals zusätzliche Beweise finden können.

1. Capra, 1991; Epiktet, 1890; Lao-Tsu, 1975; Marcus Aurelius, 1890; Shapiro & Walsh, 1984; Stace, 1960; Tart, 1969, 1975; Underhill, 1974; Vaughan, 1984; Walsh & Vaughan, 1980.
2. Dewey, 1922; Ellis, 1981a, 1984b; Kant, 1929; Russell, 1965.
3. Adler, 1927, 1929; Alexander & French, 1948; Berne, 1961; Déjerine & Gaukler, 1913; Dubois, 1907; Frank & Frank, 1991; Herzberg, 1945; Low, 1952; Salter, 1948; Stekel, 1950; Wick, 1983; Wolpe, 1958, 1990.
4. Bernard, 1991, 1993; Ellis, 1957a, 1971, 1972a, 1973b, 1985b, 1988e, 1994; Dryden, 1994a; Yankura & Dryden, 1990.
5. Ellis, 1972a, 1979e, 1980c, 1985b, 1988e.
6. Freud, 1965; Kelly, 1955.
7. DiGiuseppe, Miller, & Trexler, 1979; Ellis, 1957b, 1979d; Engels, Garnefson, & Diekstra, 1993; Lipsey & Wilson, 1993; Lyons & Woods, 1991; McGovern & Silverman, 1984; Miller & Berman, 1983; Silverman, McCarthy, & McGovern, 1992; Smith & Glass, 1977.
8. Beck, 1991; Beck & Hollon, 1993; Hollon & Beck, 1944; Hollon, de Rubeis, & Seligman, 1992; Seligman, 1991.
9. John Reid, zitiert in Cobb, 1950.
10. Arnold, 1960; Ellis, 1956.
11. Blau, 1993; FitzMaurice, 1991, 1992; Hayakawa, 1962, 1965; Korzybski, 1933.
12. Abelson, 1963.
13. Schwartz, 1993.
14. Ellis, 1990d; Mahoney, 1991; G. Neimeyer, 1993; R. Neimeyer, 1993; Schwartz, 1993.
15. Ellis, 1962a.
16. Cannon, 1932.
17. Bateson, 1979; L. Bertalanfly, 1968; Hayes & Hayes, 1992; Huber & Baruch, 1989.
18. Ellis, 1957a, 1981a, 1984b; Epiktet, 1890; Kant, 1929.
19. Bernard, 1991; Dryden, 1994a; Ellis, 1967a, 1973b, 1991a; Ellis & Dryden, 1987, 1990, 1991; Eysenck & Ellis, 1993; Walen, DiGiuseppe, & Dryden, 1992; Wolfe, 1992.
20. Ellis, 1957a, 1957b, 1973b, 1988e; Ellis & Harper, 1975.
21. Guntrip, 1971; Kernberg, 1985; Klein, 1984; Kohut, 1971, 1977.
22. Bernard, 1960; Ellis, 1960, 1963a, 1963b, 1965c, 1969b, 1975c, 1976d, 1977a, 1977c, 1977d, 1977f, 1979b, 1979d, 1985b, 1988e; Ellis & Abrahm, 1978; Ellis & Abrams, 1994; Ellis, Abrams, & Dengelegi, 1992; Ellis & Dryden, 1987; Ellis & Grieger, 1977, 1986; Ellis & Velten, 1992; Walen, DiGiuseppe, & Dryden, 1992; Wolfe, 1992.

23. Ellis, 1980d, 1983b, 1982d, 1985b, 1986e, 1986g, 1987b, 1987g; Ellis & DiGiuseppe, 1993; Nottingham, 1992; Walen, DiGiuseppe & Dryden, 1992; Yankura & Dryden, 1990; Dryden, 1994a, 1994b.
24. Dryden, 1994a; Ellis, 1984b, Ellis & Yeager, 1988.
25. Ellis, 1957a.
26. Bernard, 1993; Dryden, 1994b; Dryden & DiGiuseppe, 1990; Dryden & Hill, 1993; Ellis, 1985b, 1988a; Ellis & Abrams, 1984; Ellis & Lange, 1994; Ellis & Velten, 1992.
27. Fromm, 1950; Horney, 1937.
28. Ellis, 1965b, 1965c, 1985b, 1988e, 1990d, 1992b, 1993n; Ellis & Dryden, 1987, 1991.
29. Piaget, 1963.
30. Ellis, 1957a, 1965c, 1985b, 1988e, 1990p; Ellis & Harper, 1975.
31. Beck, 1992; Blau, 1993; Edelman, 1989, 1991, 1992; Ellis, 1992k, Pearce & Kalman, 1989; Ruth, 1992; Wilson, 1975.

III. Das überarbeitete ABC der Rational-Emotiven Verhaltenstherapie (REVT)

Wie im vorangegangenen Kapitel bereits erwähnt, erkannte ich, wie komplex Kognitionen, Emotionen und Verhaltensweisen sind und wie sie sich unvermeidlich gegenseitig einschließen und miteinander interagieren, als ich erstmals das ABC der REVT formulierte. Im Lauf der Jahre erweiterte ich das ABC-Modell ständig, ebenso wie auch eine Reihe anderer REVT-Therapeuten, z. B. Michael Bernard und Ray DiGiuseppe, Cesare De Silvestri, Windy Dryden, Russell Grieger, Maxie Maultsby Jr., Chris Muran, Leonard Rorer, Richard und Ruth Wessler und Paul Woods[1].

Auch andere Theoretiker der Kognitiven Verhaltenstherapie haben bedeutend zu meinem ursprünglichen ABC-Modell der neurotischen Störung beigetragen, unter anderen Aaron Beck, William Glasser, Marvin Goldfried, L. S. Greenberg und J. D. Safran, Vittorio Guidano, Arnold Lazarus, Richard Lazarus, Michael Mahoney, Greg Neimeyer, Roberg Neimeyer und Robert Schwartz[2].

In der Folge dieser Entwicklungen beschloss ich auf Einladung, für die zweite »Evolution of Psychotherapy Conference«, die im Dezember 1990 in Anaheim, Kalifornien, stattfand, einen Vortrag über das überarbeitete ABC der REVT zu halten. Das vorliegende Kapitel beinhaltet diesen Vortrag, erweitert ihn und bringt das ABC der REVT auf den neuesten Stand[3].

Grundlegende menschliche Ziele und Werte

Lassen Sie mich zu Beginn nochmals den Buchstaben G erwähnen, der für Ziele (= Goals), Werte und Wünsche steht, welche die Menschen in ihr ABC der menschlichen Gesundheit und Störung einbringen. Der Mensch ist sowohl biologisch als auch durch soziales Lernen ein Ziele verfolgendes Tier, und seine grundlegenden Ziele (FG's = Fundamental Goals) sind, normalerweise, zu überleben, relativ schmerzfrei sowie einigermaßen befriedigt oder zufrieden zu sein. Als Teilziele oder Primärziele (PG's = Primary Goals) wollen sie glücklich sein, 1. wenn sie allein sind, 2. in Gemeinschaft mit anderen Menschen, 3. intim mit einigen wenigen auserwählten Anderen, 4. in Bezug auf Information und Bildung, 5. beruflich und wirtschaftlich und 6. in ihrer Freizeit. Ich stimme mit Seymour Epstein darin überein, dass die Hauptziele oder Motive von Menschen, die wahrscheinlich überleben, folgende sind:

1. der Wunsch, Vergnügen zu erlangen und Schmerz zu vermeiden, 2. der Wunsch, Erfahrungen zu begreifen und zu assimilieren und somit die Stabilität und Integrität des Informationen sammelnden und assimilierenden Systems aufrechtzuerhalten, 3. der Wunsch, zu anderen Menschen in Beziehung zu treten, und 4. der Wunsch, ein integriertes Selbst-System zu haben und die eigenen Charakterzüge als kompetent, erfolgreich und liebenswert einzuschätzen[4].

Ich würde Epsteins Liste noch die folgenden Grundziele hinzufügen: 5. der Wunsch, Verstand, Logik und einige Aspekte der wissenschaftlichen Methode zu verwenden, 6. der Wunsch, Lebensprobleme zu lösen und zu meistern sowie bei Aufgaben erfolgreich zu sein, die dem Überleben, dem Vergnügen, der Beseitigung von Schmerz und Gefühlen der Souveränität zugute kommen, 7. der Wunsch, neue Erfahrungen zu sammeln, besonders solche, die als neuartig und stimulierend angesehen werden, und 8. der Wunsch, eine gewisse Stabilität und Sicherheit in der Arbeit und im gesellschaftlichen Leben zu erlangen. Wie Russell Grieger feststellt, bieten diese Ziele (die ebenfalls Grundhaltungen oder Überzeugungen und Emotionen sind) einen Kontext, der Einfluss darauf hat, wie die Menschen ihre aktivierenden Ereignisse wahrnehmen und wie sie ihre Welt bewerten[5].

Anders ausgedrückt, fast alle Menschen scheinen mit den starken Tendenzen geboren und großgezogen zu werden, ihre Welt und ihr Leben eher günstig als widrig zu beurteilen, ihre Umwelt und andere Menschen als wichtig (und vorhersagbar, kontrollierbar und gerecht) anzusehen, andere als eine Quelle von Unterstützung und Glück und nicht als Ursprung von Unsicherheit und Unglück zu sehen und ihre Charakterzüge als fähig, gut und liebenswert, nicht als unfähig, schlecht und unliebenswert einzuschätzen. Wenn sich die Realität zu Wort meldet und ihnen demonstriert, dass sie selbst, andere und das Leben doch nicht so gutartig sind, fühlen sie sich auf gesunde Weise frustriert und traurig. Oft jedoch entscheiden sie sich auch dafür, sich in ungesunder Weise panisch, depressiv und wütend zu fühlen und sich dadurch zu neurotisieren[6].

Meine ABC-Theorie der Persönlichkeit vertritt folgenden Standpunkt: Wenn Menschen Reize oder aktivierende Ereignisse (A's) erfahren oder auch nur an deren Erfahrung denken, die sie als ihren Zielen (G's) dienend oder diese bestätigend interpretieren, reagieren sie ausdrücklich oder insgeheim (unbewusst) mit ihrem Überzeugungssystem (B = Belief System) und ihren Konsequenzen (C's = Consequences) freudig und zugewandt. Somit denken sie vorzugsweise (eher als fordernd) an Punkt B: »Das ist gut! Mir gefällt dieses aktivierende Ereignis«, und sie erleben die emotionale Konsequenz (C) der Freude oder des Glücks und die verhaltensbezogene Konsequenz (C), auf dieses aktivierende Ereignis zuzugehen und zu versuchen, es zu wiederholen. Wenn dieselben Menschen A's erleben, die sie als ihre Ziele (G's) blockierend oder sabotierend wahrnehmen, reagieren sie an den Punkten B und C normalerweise ausdrücklich oder insgeheim mit Ablehnung und Vermeidung. Somit denken sie an Punkt B vorzugsweise: »Das ist schlecht! Dieses aktivierende Ereignis missfällt mir«, und sie erfahren die emotionale Konsequenz (C) von Frustration oder Unglücklichsein und die verhaltensbezogene Konsequenz (C), dieses aktivierende Ereignis zu vermeiden oder zu versuchen, es zu ignorieren.

Diese ABC-Theorie der Persönlichkeit scheint recht einfach und klar und wird mehr oder weniger von Freud, der sie das Lustprinzip nannte, sowie von den meisten Psychologen unterstützt. Sie ist ebenfalls bei den existentialistischen und humanistischen Theoretikern anerkannt, die dem Konditionierungsmodell Reiz-Reaktion der radikalen Behavioristen widersprechen und denen das Modell Reiz-Organismus-Reaktion zusagt, weil es B, das Überzeugungssystem des Menschen, mit umfasst und somit mehr Raum für individuelle Unterschiede und Wahlmöglichkeiten lässt[7].

Das ABC der emotionalen Störung

Das ABC-Modell der REVT wird komplexer und strittiger, wenn man es auf die neurotische Störung anwendet. Denn es setzt Folgendes voraus: Wenn ihre Ziele (G's) durch aktivierende Ereignisse (A's) zunichte gemacht oder blockiert werden, haben Menschen die (bewusste oder unbewusste) Wahlmöglichkeit, mit gestörten (ungesunden) oder ungestörten (gesunden) negativen Konsequenzen (C's) zu reagieren. Wenn ihr Überzeugungssystem (B = Belief System) rational oder selbst-helfend ist, wird es Einstellungen oder Philosophien beinhalten, die den Menschen helfen, ihre Ziele zu erreichen. Diese rationalen Überzeugungen (rB's = rational Beliefs) werden überwiegend gesunde emotionale Konsequenzen (C's) hervorbringen – wie beispielsweise konstruktive Gefühle der Enttäuschung, Trauer, des Bedauerns und der Frustration – und ebenfalls gesunde verhaltensbezogene Konsequenzen – z. B. konstruktive Handlungen wie zu versuchen, aktivierende Ereignisse, welche die Ziele sabotieren, zu verändern, zu verbessern oder ihnen aus dem Weg zu gehen.

Dieses ABC-Modell der emotionalen/verhaltensbezogenen Störung ist immer noch ziemlich einfach und wird, wie oben erwähnt, von den meisten REVT-Therapeuten und kognitiven Verhaltenstherapeuten befolgt. Strittiger wird es, wenn es voraussetzt, dass die irrationalen Überzeugungen (iB's) oder dysfunktionalen Einstellungen, welche die selbststörenden Philosophien ausmachen, zwei Haupteigenschaften besitzen: 1. An ihrem Kern befinden sich ausdrückliche und/oder (gewöhnlich) insgeheime, starre, dogmatische, mächtige Forderungen und Befehle, die gewöhnlich als »Muss«, »Soll«, »Bräuchte«, »Sollte« und »Müsste« ausgedrückt werden wie: »Ich muss meine wichtigen Ziele unbedingt erreichen!« 2. Sie haben, gewöhnlich abgeleitet von diesen Forderungen, höchst unrealistische, übermäßig verallgemeinernde Schlussfolgerungen und Ursachenzuschreibungen – wie beispielsweise: »Wenn ich meine wichtigen Ziele nicht erreiche, wie ich es muss«, a) »ist das schrecklich«, b) »kann ich es nicht ertragen«, c) »bin ich ein wertloser Mensch« und d) »werde ich immer darin versagen, zu bekommen, was ich will, und jetzt und in Zukunft nur bekommen, was ich nicht will!«

Diesem speziellen ABC-Modell der menschlichen Störung folgt in der REVT Punkt D – das Disputieren der irrationalen Überzeugungen (iB's) der Menschen, bis sie zu E, einer Effektiven Neuen Philosophie (Effective New Philosophy) oder zu einigen vernünftigen bevorzugten Überzeugungen gelangen. Wie z. B.: »Ich möchte ja lieber erfolgreich und liebenswert sein, aber ich muss es nicht unbedingt!« – »Ich hätte sehr gern, dass andere mich fair und rücksichtsvoll behandeln, aber es gibt keinen Grund, weshalb sie dies müssten.« – »Angenehme und vergnügliche Lebensumstände wünsche ich mir sehr, aber ich brauche sie nicht.«

Das REVT-Disputieren (D) erfolgt einerseits kognitiv, indem man wissenschaftliches Fragen und Herausfordern einführt, um an die »Muss« und Forderungen der Menschen heranzukommen. Z. B.: »Weshalb muss ich gute Leistungen erbringen, auch wenn dies für mich wünschenswert ist?« – »Wo gibt es den Beweis, dass du mich rücksichtsvoll behandeln musst, sosehr ich mir das auch wünschen würde?« Doch disputiert wird auch emotiv. Z. B. unter Verwendung rational-emotiver Imaginationen, bei denen gestörte Menschen sich einen ihrer schlimmsten Rückschläge bei der Erreichung ihrer Ziele vorstellen, sich beispielsweise sehr depressiv fühlen lassen und dann kraftvoll daran arbeiten, ihr ungesundes Gefühl der Depression in ein gesundes wie tiefe Enttäuschung oder großes Bedauern zu verwandeln. Disputiert wird auch auf der Verhaltensebene. Z. B. können sozial ängstliche Menschen verhaltensbezogen ihre iB's disputieren, indem sie sich zu sozialen Kontakten zwingen, während sie sich gleichzeitig überzeugen, dass es nicht entsetzlich, sondern nur unangenehm ist, wenn man zurückgewiesen wird.

Diese spezifischere klinische Anwendung des REVT-ABC hat sich in Tausenden dokumentierter Fälle und, wie bereits erwähnt, in unzähli-

gen Untersuchungen als erfolgreich erwiesen. In den meisten dieser Untersuchungen wurde hauptsächlich das kognitive Disputieren der REVT verwendet, und es wurde unterlassen, die emotiven und verhaltensbezogen aktiven Methoden des Disputierens hinzuzufügen. Deshalb sage ich voraus, dass die REVT gegenüber Kontrollgruppen sogar noch besser abschneiden wird als bisher, wenn sie richtig untersucht wird.
Wenn das REVT-ABC so gut funktioniert, weshalb sollte ich mir die Mühe machen, es zu überarbeiten und vielleicht übermäßig zu verkomplizieren? Vor allem, weil es eine Menge Informationen über menschliche Gedanken, Gefühle und Verhaltensweisen auslässt, die ein detaillierteres und genaueres Bild davon abgeben würden, wie die Menschen zu sich selbst und zu anderen in Beziehung treten. Wenn dieses Bild deutlicher gezeichnet ist, kann es uns auch eine detailliertere Kenntnis der menschlichen Störungen vermitteln und davon, was getan werden kann, um diese zu verringern. Deshalb möchte ich in diesem Kapitel versuchen, einige hervortretende Details – wenn auch kaum alle – zu ergänzen, die ich bisher nicht dargestellt habe.
Das Wichtigste, was ich in diesem Kapitel hervorheben möchte, ist vielleicht, dass nicht nur Kognitionen, Emotionen und Verhaltensweisen interagieren, wie ich bisher stets postuliert habe – und nicht nur, dass sie praktisch niemals völlig voneinander getrennt und rein betrachtet werden können, sondern dasselbe scheint auch für das ABC der REVT zu gelten. G, A, B und C interagieren ständig miteinander; und sie alle scheinen Teil einer Zusammenarbeit untereinander zu sein.

Die Interaktionen der A's, B's und C's

Fangen wir mit G, den Zielen einer Person, an. Diese bestehen aus Zwecken, Werten, Standards und Hoffnungen, die oft biologische Neigungen sind (z. B. der Drang nach Essen), ebenso erlernt sind (z. B. der Wunsch nach Keksen) und außerdem geübt und zur Gewohnheit gemacht sind (z. B. zwanghaftes Zuvielessen). Die meisten starken und beharrlichen Ziele umfassen ausgeprägte kognitive, emotive, verhaltensbezogene und physiologische Elemente. So ist der Drang nach Essen kognitiv (z. B.: »Essen ist gut und für meinen Körper wichtig, also sollte ich jetzt essen«), emotiv (was das Vergnügen an »gutem« und das Missvergnügen an »schlechtem« Essen umfasst), verhaltensbezogen (was sich auf das Einkaufen, Kochen und Kauen »richtigen« Essens bezieht) und physisch (umfasst Empfindungen des Berührens, Schmeckens, Riechens, Hörens und Sehens). Ziele können gesund sein (z. B.: Essen um der richtigen Ernährung willen) oder ungesund (z. B.: zwanghaftes Zuviel- oder Zuwenigessen).

Ziele sind auch ein Teil des ABC menschlichen Verhaltens. Unser Ziel, zu überleben, umfasst unsere gesundheitsförderliche Überzeugung (B), dass Essen wünschenswert sei; sich gut zu fühlen (C), wenn es verfügbar ist; sich Mühe zu geben, das Richtige zu finden und zuzubereiten (C) sowie es als (gutes oder schlechtes) aktivierendes Ereignis (A) anzusehen (B), wenn es zuviel oder zuwenig gibt. Das reale (bewusste oder sogar unbewusste) Ziel (G) zu haben, zu überleben, und das spezielle Ziel, zu essen, um zu überleben, umfasst und beinhaltet normalerweise einige A's, B's und C's. In ähnlicher Weise umfasst das Ziel (G), nicht zu überleben, und speziell das, sich zu Tode zu hungern, ebenfalls mehrere A's, B's und C's – besonders die Überzeugung (B), dass man besser nichts essen sollte, das Gefühl (C), Essen zu verabscheuen, und die Verhaltensweise (C), jegliche Nahrung zu verweigern. Martyrer, die sich für den Tod entscheiden, ebenso wie Anorektiker, die sich für das Hungern entscheiden, haben A's, B's und C's, welche die meisten von uns äußerst selten haben.

Ziele (G's) interagieren und schaffen normalerweise ebenfalls verschiedene Arten von A's, B's und C's. So wird das Ziel, zu überleben und zu essen, um zu überleben, häufig große Auswirkungen auf unsere aktivierenden Ereignisse (A's) haben (das Vorhandensein oder Nichtvorhandensein von Nahrung); ferner wird es unsere Überzeugungen (B's) im Hinblick auf diese A's beeinflussen und dazu beitragen, heftige Gefühle und energische Verhaltensweisen in Bezug auf diese A's hervorzurufen. Menschen, die am Verhungern sind (A), aber überleben möchten, werden sogar Rinde oder Haut als Speise ansehen (A), werden die Überzeugung (B) hegen, dieses schlechte Essen sei nahrhaft, werden es heftig begehren (C) und aktiv danach suchen und es essen (C). Ziele (G's) umfassen und beeinflussen also Kognitionen, Emotionen und Verhaltensweisen; und Gedanken, Gefühle und Handlungen umfassen und beeinflussen natürlich oft die Ziele.

Betrachten wir nun die aktivierenden Ereignisse (A's), besonders jene, welche die Ziele der Menschen blockieren oder sabotieren und Störungen (C's) fördern oder dazu beitragen. Wie ist es mit dem Verlust von Anerkennung oder Liebe (A)? Vorausgesetzt wir haben das Ziel, Anerkennung zu finden, dann umfasst selbst ein geringer Mangel daran (A) oft mehrere B's: 1. Nicht bewertende Wahrnehmung oder Beobachtung – z. B.: »Dieser Mensch schaut finster drein.« 2. Bewertende (nicht selbstbewertende) Schlussfolgerungen oder Ursachenzuschreibungen – z. B.: »Dieser Mensch schaut mich finster an. Wahrscheinlich gefällt ihm nicht, was ich tue, und vielleicht mag er mich nicht.« 3. Bevorzugte negative Bewertungen – z. B.: »Dass dieser Mensch mein Verhalten nicht mag und mich auch nicht zu mögen scheint, so wie ich es gern hätte, finde ich unglücklich, aber deshalb kann ich mich selbst dennoch akzeptieren und einigermaßen glücklich sein.« 4. Negative »mussturbatorische« Bewertungen – z. B.: »Weil dieser Person mein Verhalten nicht gefällt und sie mich nicht mag, was nicht sein darf, ist das schrecklich, ich kann es nicht ertragen, und ich bin ein unfähiger, wertloser Mensch!«

Die Beziehungen zwischen aktivierenden Ereignissen (A's) und Überzeugungen (B's) im Hinblick auf diese A's sind interaktional und reziprok. A's haben oft bedeutenden Einfluss auf B's, und B's haben ebenfalls oft bedeutenden Einfluss auf A's. Wenn wir also A als einen Verlust der Anerkennung wahrgenommen haben, kann unsere Überzeugung (B): »Ich wäre lieber anerkannt, muss es aber nicht sein«, uns dahingehend beeinflussen, A als leichte Kränkung wahrzunehmen. Andererseits kann unsere Überzeugung (B): »Ich muss anerkannt werden und bin wertlos, wenn ich es nicht werde!« uns dahingehend beeinflussen, A als grausam beabsichtigten, nachhaltigen, enormen Angriff wahrzunehmen.

In ähnlicher Weise variieren unsere aktivierenden Ereignisse (A's) bezüglich Häufigkeit, Art und Ausmaß, von denen jeder einzelne und alle zusammen unsere Überzeugungen leicht beeinflussen oder zu ihnen beitragen können. Wenn also unser Verhalten gelegentlich von einem anderen leicht kritisiert wird, sind wir vielleicht der Überzeugung (B): »Ich fände gern die Anerkennung dieses Menschen, aber wenn nicht, dann ich das nicht schlimm, und ich kann es leicht aushalten.« Wenn jedoch dasselbe Verhalten beständig heftig verurteilt wird und wir energisch dafür angegriffen (A) werden, bauen wir vielleicht die Überzeugung (B) auf: »Diese Kritik (A) ist unfair und sie darf nicht geäußert werden! Ich kann sie nicht ertragen! Mein Widersacher ist ein abscheulicher Mensch, weil er mich so behandelt!«

Ebenso wie aktivierende Ereignisse (A's) zu Überzeugungen (B's) ermutigen oder dazu beitragen, beeinflussen sie auch die C's. So werden wir, wenn wir erneut voraussetzen, dass wir energisch das Ziel (G) verfolgen, von anderen anerkannt zu werden, aber tatsächlich abgelehnt werden (oder Ablehnung wahrnehmen), fast immer die emotionale Konsequenz (C) gesunder Gefühle der Enttäuschung, der Trauer, des Bedauerns und der Frustration empfinden und ebenfalls funktionale Handlungen (C's) vornehmen, wie über unsere missbilligten Verhaltensweisen zu sprechen und sie möglicherweise zu verändern. Diese Konsequenzen – oder manch andere Gefühle und Handlungen – sind häufige Begleiterscheinungen von A's, die unsere Ziele ernsthaft blockieren.

Praktisch alle Menschen haben mächtige angeborene Tendenzen, ihre großen Präferenzen in dogmatische, absolutistische »Muss« und Forderungen zu verwandeln. Wenn sie etwas erleben, das sie als ernstliche negative aktivierende Ereignisse betrachten, »mussturbieren« sie häufig darüber (an Punkt B) und rufen dadurch rasch ungesunde Konsequenzen (C's) gestörter Gefühle – wie Panik, Depression und Wut – und dysfunktionale Verhaltensweisen – wie Rückzug, Aufschiebeverhalten, Trinken und anderen Drogenmissbrauch sowie Gewalttätigkeit – hervor, wenn andere ihnen Missbilligung entgegenbringen. Somit umfassen und beinhalten negative aktivierende Ereignisse – oder was Martin Seligman Widrigkeiten (Adversities) nennt – fast immer unkonstruktive Emotionen und Handlungen; und sie haben sehr häufig auch Begleiterscheinungen wie selbst-schädigende Gefühle und Verhaltensweisen.

Auch beeinflussen die Konsequenzen (C's) die A's bedeutend oder rufen sie gar hervor. Wenn eine Frau also Entsetzen und Selbsthass wegen einer »Zurückweisung« ihres Geliebten empfindet, ist es sehr leicht möglich, dass sie ihn als »zurückweisend« sieht (interpretiert), obwohl er sich vielleicht gerade nur auf etwas anderes konzentriert.

Aktivierende Ereignisse (A's) haben, ebenso wie B's und C's, fast immer – vielleicht sogar immer – kognitive, emotive und verhaltensbezogene Aspekte. Von außen betrachtet mögen sie, auf Tatsachen beruhend, objektiv oder unpersönlich erscheinen – wie z. B. wenn man sich gute Gesundheit wünscht (G) und in einen Unfall verwickelt wird (von einem Auto angefahren wird) und wegen eines gebrochenen Beins Schmerzen leidet. Jedoch müssen wir, wenn A (der Unfall) zu B (unseren Überzeugungen dazu) und C (unseren emotionalen und verhaltensbezogenen Konsequenzen) führen soll, irgendwie wahrnehmen (kognitiv erkennen), was an Punkt A »objektiv« geschieht. Wir werden den Unfall auf verschiedenerlei Art und Weise sehen (kognitiv erkennen); wir werden ihn erfahren (emotiv) und etwas in Bezug darauf tun (handeln). Dieses Ereignis mag in der Welt möglicherweise tatsächlich geschehen. Doch solange es uns, einer denkenden, fühlenden und sich verhaltenden Person, geschieht, sind immer unsere Gedanken, Gefühle und Reaktionen beteiligt. Sollte der Fall eintreten, dass wir aufgrund eines Autounfalls im Koma liegen, werden wir, sobald wir aus dem Koma erwachen und davon erfahren, augenblicklich kognitiv, emotional und verhaltensbezogen darauf reagieren. Nur wenn wir bei Eintritt von A oder kurz darauf sterben, reagieren wir überhaupt nicht darauf. Doch dann werden wir wohl nie wieder reagieren!

Es wäre gut, nochmals zu verdeutlichen, was mit A's oder aktivierenden Ereignissen gemeint ist. Kritiker haben die REVT oft missverstanden und geglaubt, sie beziehe sich mit A's nur auf externe Reize. Tatsächlich können A's alles sein, was das Individuum sich vorzustellen in der Lage ist – d. h., alles, wodurch nachfolgende B's aktiviert werden und darauffolgende C's hervorgerufen werden können. Somit können A's beliebige Vorkommnisse aus unserer Vergangenheit sein, die realistisch oder verzerrt in unserem Gedächtnissystem ruht. A's können beliebige Dinge unserer gegenwärtigen Erfahrung sein, und A's können ebenso beliebige Ereignisse aus unserer fantasierten Zukunft sein. Von einer konstruktivistischen Sichtweise aus, welche die REVT akzeptiert, wird sogar die »äußere Realität« von den selbst-organisierten Menschen bedeutsam dargestellt und interpretiert und existiert vielleicht gar nicht »aus sich selbst heraus«. Sie wird eingeschränkt und teilweise fiktional gesehen[8].

Darüber hinaus können A's auch B's sein, was dann eintritt, wenn man einen ursprünglichen Gedanken an Punkt B_1 kritisch und an Punkt B_2 als albern und töricht bewertet. Wie es bei Problemen zweiter Ordnung häufig der Fall ist, können A's auch C's sein, nämlich das, was man tut, wenn man seinen eigenen Ärger (C_1) für schrecklich (B_2) hält und dadurch Schuldgefühle hervorruft (C_2).

Es ist nicht einmal ungewöhnlich, dass Menschen eine gesamte ABC-Sequenz als neues A denken und sich dann aufgrund neuer B's über sich selbst ärgern oder schuldbewusst werden, weil sie (B) so gedacht und (C) so gehandelt haben, wie sie es getan haben. Betrachten wir Folgendes als letztes Beispiel für die komplexen Möglichkeiten für aktivierende Ereignisse auf A-Ebene: A_1 (das Verhalten eines Anderen), B_1 (iB's) (über das Verhalten des Anderen), C_1 (Wut), A_2 (die eigene Wut), B_2 (iB's über die eigene Wut) und C_2 (Schuldgefühl). Nun kann diese gesamte doppelte Sequenz aus einem primären Problem mit Wut und einem sekundären Problem mit Schuldgefühlen zu einem aktivierenden Ereignis an Punkt A_3 werden, um an Punkt B_3 in seiner Gesamtheit zum Beispiel gedanklich folgendermaßen betrachtet zu werden: »Nach der ganzen Arbeit in der REVT sollte ich mich nicht einer so dummen Gedankenfolge hingeben und mir solche Schuldgefühle machen.«

A ist also ein aktivierendes Ereignis, das einem Individuum geschieht. Menschen fügen A praktisch immer kognitive, emotive und verhaltensbezogene Elemente hinzu. Sie sind intrinsisch Phänomenalisten und Konstruktivisten. Dies scheint im Wesen ihrer Natur als lebendige und oftmals ihres Selbst bewusster Menschen zu liegen.

Wie bereits erwähnt, interagieren Überzeugungen (B's) oft stark mit A's und beeinflussen diese reziprok. Überdies interagieren sie – wie die ursprüngliche ABC-Theorie der REVT und andere kognitive Verhaltenstherapien es sehen – heftig mit C's und beeinflussen sie reziprok. Somit führen bevorzugte B's – z. B.: »Ich würde sehr gern von Soundso geliebt werden, aber es muss nicht unbedingt sein« – normalerweise dazu, sich konstruktiv traurig und frustriert zu fühlen, wenn man sich von dieser Person zurückgewiesen fühlt; und »mussturbatorische« B's – z. B.: »Ich muss unbedingt von Soundso geliebt werden, sonst bin ich wertlos« – führen gewöhnlich dazu, dass wir uns selbst-behindernd panisch und depressiv fühlen.

Gleichzeitig interagieren Konsequenzen (C's) oft bedeutsam mit B's und beeinflussen sie reziprok. Wenn wir uns also depressiv fühlen (an Punkt C), nachdem wir zurückgewiesen worden sind (an Punkt A), und wir nun eine Annäherung an Menschen, die uns vielleicht zurückweisen könnten, vermeiden (C), könnten wir B's erfinden wie: 1. »Soundso ist dumm und ist es nicht wert, dass ich mich ihm nähere«, 2. »Ich finde leicht bessere Leute als Soundso«, 3. »Soundso mag mich nicht, weil er mich um meine Fähigkeiten beneidet.«

In ähnlicher Weise wie G und A ist B (unser Überzeugungssystem) kognitiv, emotiv und verhaltensbezogen – obwohl es auf den ersten Eindruck stark kognitiv oder philosophisch erscheinen mag. Wenn wir also von einem Auto angefahren werden, uns dabei ein Bein brechen und physische Schmerzen (A's) haben, dann werden wir oft sowohl bevorzugte Überzeugungen – »Das ist mir verdammt unangenehm!« – als auch »mussturbatorische« Überzeugungen – »Das hätte wirklich nicht passieren dürfen und es ist schrecklich, dass es passiert ist!« – haben. Beide Überzeugungen werden stark von unserer Schmerzempfindung beeinflusst, und wenn diese Überzeugungen zu Gefühlen der Frustration und des Entsetzens führen, scheinen diese Gefühle durch eine Feedback-Schleife diese Überzeugungen zu »bestätigen«. Sie haben außerdem starke verhaltensbezogene Begleiterscheinungen oder Komponenten. »Das ist mir sehr unangenehm!« deutet darauf hin, dass wir rasch etwas für unser Bein und gegen die Schmerzen tun werden. »Das hätte wirklich nicht passieren dürfen und es ist schrecklich, dass es passiert ist!« deutet darauf hin, dass wir verzweifelt versuchen werden, etwas wegen des Unfalls zu unternehmen – z. B. hysterisch zu klagen, Anzeige zu erstatten, uns in ein Krankenhaus bringen zu lassen etc. Es sind wir, die Menschen, die bevorzugte und »mussturbatorische« Gedanken bezüglich aktivierender Ereignisse haben. Doch haben Menschen beinah simultan mit ihren bewertenden Gedanken Gefühle und Verhaltensweisen, obwohl die Gedanken den Gefühlen und Verhaltensweisen tatsächlich vorausgehen mögen und dann, Millisekunden später, die Letzteren durch eine Feedback-Schleife die bewertenden Gedanken beeinflussen können. Folglich ist es fast unmöglich, dass wir bewertend über ein aktivierendes Ereignis in unserem Leben nachdenken, ohne gleichzeitig Gefühle dazu zu haben und in Bezug darauf zu handeln (oder nicht zu handeln).

Für den »einfachen« Fall, dass A durch ein äußeres Ereignis eintritt, hat Paul Woods ein Modell auf neurologischer Grundlage vorgeschlagen, um die Plausibilität meines Arguments zu demonstrieren, dass B's und C's A's beeinflussen können und dass C's B's beeinflussen können – ein Argument, das im ersten Augenblick die zeitliche Sequenz der Ursache-Wirkung-Beziehungen zu verletzen scheint. Schließlich lösen A's B's aus und B's verursachen C's. Wie könnten B's und C's A's beeinflussen und wie könnten C's innerhalb einer einzelnen ABC-Sequenz B's beeinflussen?

In der neurologischen Interpretation umfassen aktivierende Ereignisse (A's):

- Externe Ereignisse.
- Reizenergie, die durch diese externen Ereignisse übertragen wird.
- Sensorische Reaktion des Systems.
- Aktivität im sensorischen Bereich des Gehirns (die erlebte Empfindung).
- Aktivität im sensorischen Assoziationsbereich des Gehirns (die interpretierte Empfindung).

Überzeugungssysteme (B's) funktionieren größtenteils im kortikalen Bereich des Gehirns, wo Erfahrungen mit unserem Überzeugungssystem in Verbindung gebracht und bewertet werden. Konsequenzen (C's) bestehen aus emotionalen und verhaltensbezogenen Reaktionen auf A's und B's[9].

Zu Anfang tritt die einfache, »vorwärts gerichtete« ABC-Sequenz ein. Wenn erkannt wird, dass sich die A-Ebene, das aktivierende Ereignis, bis in die höheren Gehirnebenen hinein ausbreitet, dann ist die Erwägung vernünftig, dass Überzeugungen an Punkt B sowie Emotionen und Verhaltensweisen an Punkt C die A's beeinflussen können. Ein aktivierendes Ereignis, das mit einer augenblicklichen externen Reizsituation beginnt, breitet sich bis in die sensorischen Assoziationsbereiche hin aus, bevor es Prozesse auf der B-Ebene aktivieren kann. Dann kann man derartige Prozesse der B-Ebene auf die Assoziationsbereiche zurückwirken und die Interpretation oder Wahrnehmung des aktivierenden Ereignisses beeinflussen sehen. Somit kann die Interpretation (an Punkt A) einer Erfahrung durch die Überzeugungssysteme und Bewertungen (an Punkt B) beeinflusst werden.

In ähnlicher Weise können auch die darauf folgenden emotionalen und verhaltensbezogenen Reaktionen an Punkt C mit laufenden Aktivitäten

im Assoziationsbereich (A) ebenso wie mit laufenden Aktivitäten im kortikalen Bereich (B) interagieren. Somit kann weiter postuliert werden, dass C's auch mit A's und B's interagieren können, so dass sich alle drei gegenseitig beeinflussen.
Das folgende schematische Diagramm, Abbildung 1, fasst das Gesagte zusammen und macht deutlich, wo und wie die Interaktion zwischen A's, B's und C's möglich ist[10].

Abbildung 1

Schematisches Diagramm, welches die Interaktionsmöglichkeiten zwischen A's, B's und C's darstellt. Die Vorwärtsprogression des Ereignisses breitet sich im Diagramm von oben nach unten hin aus, und das interaktionale Feedback wird durch die Pfeile angezeigt.

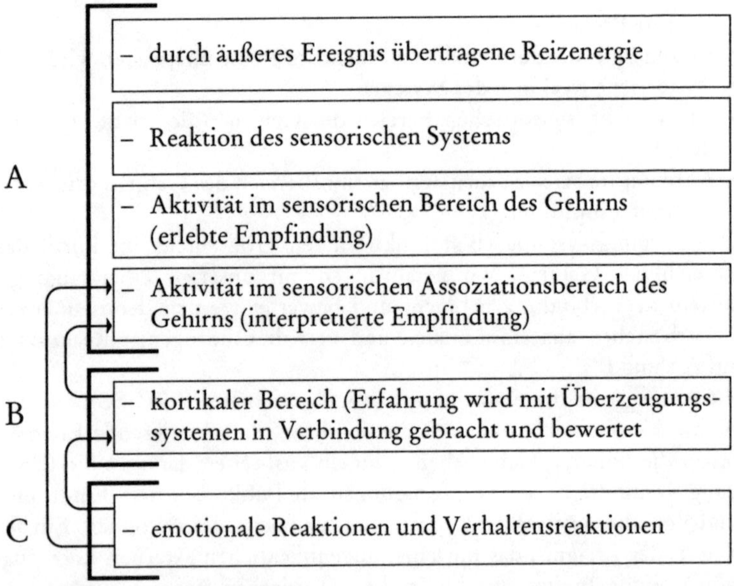

Dieses Diagramm darf man allerdings nicht zu ernst nehmen, bis Beweise aus der Neurophysiologie erhärten, was bisher noch Vermutung ist. Dem derzeitigen Denken entspricht, dass unser Gehirn meist »global« funktioniert und nicht in getrennt ablaufenden »Abteilungen«.
Wie Shawn Blau hervorhob, als er das Manuskript zu diesem Buch las, stellt das obige Modell B als im kortikalen Bereich befindlich und C in der emotionalen Region dar. Shawn stellt jedoch fest: »Dieses Modell ignoriert das entscheidende Merkmal des REVT-Konstrukts B, nämlich

dass es mit Bewertungen verbunden ist, die immer in Beziehung zu den internen homöostatischen Werten stehen müssen. Daher kann B nicht nur auf unemotionale Assoziationen beschränkt werden, sondern B muss von Anfang des B-Prozesses an ›emotionale‹ Werte haben. C beinhaltet dann die Integration der verschiedenen ›emotionalen‹ Bewertungen von B's; C bewertet also nicht an sich vollkommen wertfreie B's. (Ich verwende den Begriff ›emotional‹ hier sehr frei.)

»Eine weit einfachere Erklärung beruht auf der biologischen Funktion der bewussten Erfahrung, nämlich vorbewusste Wahrnehmungen auszusieben, bevor sie (die wichtigen) an Punkt A ausdrücklich erkannt werden können. Wenn das der Fall wäre, würden B und C ganz natürlich Einfluss darauf haben, welche Wahrnehmungen bedeutsam genug sind, um in bewusster Überprüfung Wichtigkeit zu erlangen. Dadurch haben B und C immer eine Auswirkung auf A.«

Ich neige zu der Ansicht, dass sowohl Paul Woods' Material und obige Abbildung 1 als auch Shawn Blaus Kommentare zu diesem Material einiges für sich haben, dass jedoch mehr definitive Daten die Unterschiede zwischen ihrer beider Ansichten auflösen könnten.

Auch möchte ich hier erwähnen, was ich später, im 13. Kapitel, unterstreiche: Die Überzeugungen (B's) der REVT unterscheiden sich merklich von Donald Meichenbaums »Selbstanweisungen« und Aaron Becks »automatischen Gedanken«, weil B in der REVT Bewertungen und »Muss« mit einbegreift, wenn sich die Menschen neurotisch machen. Meichenbaums und Becks Formulierungen vernachlässigen diese Aspekte von B's oft.

Das ABC interpersonaler Beziehungen

Wie man anhand obiger Beispiele erkennen kann, sind die Interaktionen und beidseitigen Einflüsse unter dem ABC gesunden und ungesunden Funktionierens vielfältig und beinah endlos. Ähnlich die Interaktionen zwischen den ABC's von zwei oder mehr Menschen in einer engen Beziehung. Wie ich und meine Koautoren in Rational-Emotive Couples Therapy (Rational-emotive Paartherapie) gezeigt haben, beeinflussen die C's von zwei Menschen die A's des jeweils anderen oftmals beträchtlich. Wenn also ein Ehemann seine Frau kritisiert (A), sagt sie sich vielleicht: »Er soll nicht so kritisch sein! Was ist er doch für ein Schuft!« (B) und reagiert möglicherweise mit Wut an Punkt C. Dann betrachtet er vielleicht ihre Wut als negatives aktivierendes Ereignis (A) und reagiert an Punkt C mit Depression. Die Ehefrau kann dann wiederum seine Depression als negatives aktivierendes Ereignis (A) ansehen und an Punkt C mit Schuldgefühlen und Selbstmitleid reagieren. Etcetera![11]

Im Fall intimer interpersonaler Beziehungen können die A's eines Paars ebenso stark ihre B's beeinflussen – und ihre B's können ihre A's bedeutsam beeinflussen. So kann im eben vorgestellten Beispiel die ständige Kritik des Mannes an einigen Handlungen seiner Frau diese dazu bringen, dies fälschlich als Kritik an ihrer Person zu interpretieren und dann zu glauben: »Er hasst mich abgrundtief!« Und ihre Bemerkung »Du hasst mich, du Schuft!« (Verbalisierung ihres Zorns an Punkt C) ermuntert ihn vielleicht, sie nochmals heftig zu kritisieren und sie zu schlagen (sein C_2 und ihr A_2). Die Frau bemerkt diese zusätzliche Kritik (A's) und kommt dann möglicherweise zu der Schlussfolgerung: »Sieh an! Jetzt bin ich völlig sicher, dass er mich nur noch hasst!« (ihr B_2) und reicht die Scheidung ein (ihr C_2).

Die Interaktionen zwischen den ABC's zweier Menschen können also weitreichend und tiefgreifend sein; und in einem Familiensystem, in dem es drei oder mehr Mitglieder gibt, mögen sie beinah unendlich komplex sein. Das bedeutet weder, dass in der Therapie all diese Interaktionen störungsverursachend sind noch dass sie von Therapeut und Klienten alle völlig enthüllt und verstanden werden müssen. Die für die Störung entscheidenden beinhalten gewöhnlich immer noch Gedanken, Gefühle und Handlungen, die offenkundig oder insgeheim mit »Muss« und Forderungen verbunden sind.

Nehmen wir z. B. an, dass eine verheiratete Frau von ihrem Mann heftig kritisiert wird (A_1). Sie kann sich rational sagen: »Es gefällt mir nicht, wenn er mich so behandelt; Ich glaube, ich möchte nicht mehr soviel mit ihm zu tun haben« (B_1), sich konstruktiv enttäuscht fühlen und sich sexuell von ihm zurückziehen (C_1). Doch ebenso kann sie rational überzeugt sein: »Ich glaube nicht, dass es richtig ist, mich sexuell von meinem Mann zurückzuziehen« (B_2) und kann sich dadurch selbst konstruktiv bedauernd fühlen lassen (C_2) wegen seiner schlechten Behandlung (A_1), wegen ihres Gedankens: »Ich glaube, ich möchte nicht mehr soviel mit ihm zu tun haben« (B_1), und wegen ihres sexuellen Rückzugs (C_1). Wenn sie dies tut, denkt, fühlt oder handelt sie, im Sinne der REVT, nicht neurotisch.

Sie kann jedoch leicht von der Kritik ihres Mannes ausgehend (A_1) ihren vernünftigen Präferenzen irrationale Forderungen hinzufügen und sich sagen: »Er darf mich nicht so kritisieren, und wenn er es tut, ist er ein absoluter Schuft!« (B_1) Dann fühlt sie sich vielleicht unkonstruktiv erzürnt und aggressiv und greift ihren Mann möglicherweise sogar tatsächlich an (C_1). Ihre »mussturbatorische« Forderung statt ihrer starken Präferenz, dass A_1 nicht eintreten möge, neurotisiert sie nun und ruft dramatisch andere Gefühle und Verhaltensweisen (C_1) hervor.

Und während diese Frau sich selbst neurotisch macht, fügt sie dem vielleicht noch eine sekundäre Störung mit Forderungen über ihre A_1, B_1 und C_1 zu. So kann sie beispielsweise darauf beharren: 1. »Ich darf mich von meinem Mann nicht kritisieren lassen!« (A_1), 2. »Ich darf meinen Mann nicht als Schuft ansehen!« (B_1) und 3. »Ich darf nicht aggressiv werden und ihn angreifen!« (C_1) Mit diesen Forderungen bezüglich ihrer ursprünglichen A, B und C kann sich diese Frau leicht selbst 1. ärgerlich, 2. depressiv und 3. schuldbewusst machen, weil es ihr nicht gelungen ist, die Kritik ihres Mannes zu kontrollieren (A_1), weil sie ihn irrationalerweise als Schuft bezeichnet hat (B_1), sowie wegen ihrer ungesunden aggressiven Handlungen (C_1). Ihre selbstgeschaffenen sekundären Störungen können dann rasch schwerer wiegen als die primären!
Gleichzeitig kann ihr Mann ihre A, B und C negativ betrachten und kann rational heftig wünschen oder bevorzugen, dass sie ihn nicht als kritisierend sehen soll (ihr A_1), ihn nicht für einen Schuft halten soll (ihr B_1) und nicht wütend auf ihn sein und ihn nicht angreifen soll (ihr C_1). Oder er kann irrational fordern, dass sie ihre A_1, B_1 und C_1 absolut nicht erleben darf und sich bezüglich ihrer Erlebnisse nicht ängstlich, depressiv und wütend machen darf.
Mit anderen Worten, wenn dieses Ehepaar die ABC's in ihrem eigenen Leben und in dem des anderen völlig versteht, werden sie weit besser überblicken, was in ihrer Beziehung geschieht – und was sie selbst herbeiführen. Ebenso wie ihr Therapeut. Doch, wie die Theorie und Praxis der REVT ursprünglich empfahl und immer noch empfiehlt, sollten sie, um den Prozess ihrer Störungen bezüglich dieser ABC's zu begreifen, ihre Präferenzen und Forderungen bezüglich ihres eigenen kognitiv-emotiven ABC's sowie der des anderen lieber deutlich erkennen. Wenn ihre eigenen kognitiv-emotiven B's Präferenzen sind, werden sie sich aller Wahrscheinlichkeit nach nicht gestört fühlen, sind sie jedoch »musturbatorisch«, werden die Klienten sich wahrscheinlich ängstlich, depressiv oder feindlich fühlen.
Mit dieser Aussage erwecke ich vielleicht den Anschein, mich für die alte REVT einzusetzen, in der die Überzeugungen (B's) für das Hervorbringen gestörter Konsequenzen (C's) als entscheidend angesehen wurden. Das ist teilweise richtig. Doch gehe ich ebenfalls zurück zu der ursprünglichen REVT, in der Gedanken und Gefühle als verbunden und verbündet angesehen wurden und nicht als unvereinbar. Denn obwohl ich die B's gewöhnlich als Überzeugungen bezeichnet habe – was sie auch sind –, interagieren sie stark miteinander und sind kognitiv-emotiv, wenn sie emotionale und verhaltensbezogene Konsequenzen nach sich ziehen.

Wie Robert Abelson gezeigt hat, können Kognitionen »kalt« und »heiß« sein und, wie ich hinzugefügt habe, ebenfalls »warm«. Folglich hat der oben genannte Ehemann die Wahl zwischen allen drei Arten von Kognitionen, wenn seine Frau auf gewalttätige Weise wütend ist: 1. »Ich sehe, dass meine Frau gewalttätig ist« (kühle Kognition). 2. »Ich mag es nicht, wenn sie gewalttätig ist. Ich wünschte, sie würde nicht so handeln. Wie ärgerlich, dass sie es tut« (warme, bewertende Kognitionen-Gefühle). 3. »Ich verabscheue ihre Angriffe zutiefst! Sie darf mich nicht angreifen! Wer sich so benimmt, taugt einfach nichts! Ich werde sie umbringen!« (heiße, gestörte Kognitionen-Gefühle). Kalte Kognitionen beinhalten wenig oder keine Gefühle. Warme Kognitionen umfassen von schwach bis stark reichende Bewertungen kalter Kognitionen und beinhalten ebenfalls schwache bis starke Gefühle. Heiße Kognitionen beinhalten ausgeprägte Gefühle, die gewöhnlich von stark bis sehr heftig reichen[12].

Und was ist mit den ABC's von Familienbeziehungen und von gesunder (rationaler) Familienunzufriedenheit und von ungesunder (irrationaler) emotional-verhaltensbezogener Störung? Dieses Kapitel ist viel zu kurz, um die fast unendlich komplexen indirekten Folgen der REVT-ABC's, bezogen auf Familien, detailliert aufzuzeigen, denn wenn ein Familienmitglied – sagen wir, eine verheiratete Frau mit zwei Kindern – mit den anderen Mitgliedern interagiert, hat jeder von ihnen seine eigenen Ziele (G), seine eigenen aktivierenden Ereignisse (A) (sowohl innerhalb als auch außerhalb der Familie), seine eigenen kognitiv-emotiven Überzeugungen (B) hinsichtlich seiner aktivierenden Ereignisse und seine eigenen kognitiv-emotiv-verhaltensbezogenen Konsequenzen (C) oder Reaktionen auf A, B und C. Jedes Familienmitglied hat außerdem Überzeugungen hinsichtlich der A's, B's und C's aller anderen Mitglieder und zieht Konsequenzen daraus.

Um das Ganze noch komplizierter zu machen, bauen die Familienmitglieder, obwohl sie Individuen sind, gleichzeitig eine Organisation oder ein System auf, das eine eigene Entität darstellt (ebenso wie eine Geschäftsfirma aus Individuen besteht, aber dennoch ein eigenständiges System darstellt). Dieses System hat ebenfalls Ziele (G), aktivierende Ereignisse (A), Regeln, Einstellungen und Überzeugungen (B) und Konsequenzen (C) hinsichtlich seiner A's, B's und C's. Folglich werden alle Familienmitglieder nicht nur gegenseitig von ihren G's, A's, B's und C's beeinflusst, sondern überdies von denen des Familiensystems. Außerdem beeinflussen die G's, A's, B's und C's eines jeden Familienmitglieds möglicherweise sogar tiefgreifend die G's, A's, B's und C's des Systems. Welche Komplexität! – Eine Komplexität, welche die Analyse der fast unendlichen Interaktionen in den Familien faszinierend macht. Festzustellen, weshalb oder auch nur wie ein beliebiges Familienmitglied oder die Familie selbst auf eine bestimmte Art und Weise handelt und weshalb diese Art und Weise zu gesunder Familienunzufriedenheit oder nichtkonstruktiven Störungen führt, scheint fast unmöglich. Doch in manchen wichtigen Bereichen ist es durchführbar, und ein Familientherapeut kann es wahrscheinlich und ist in der Lage, sowohl einzelnen Familienmitgliedern als auch der Familie selbst zu helfen, ihre aktivierenden Ereignisse, ihre Überzeugungen und ihre nichtwünschenswerten Konsequenzen konstruktiv zu verändern.

Hier kann das ABC wiederum wirksam eingesetzt werden, wenn man verwendet, was ich den double systems-Ansatz der REVT nenne. Zu diesem Zweck erklärt der REVT-Familientherapeut die ABC-Theorie zuerst allen Familienmitgliedern, gewöhnlich wenn sie zu gemeinsamen Sitzungen beisammen sind. Während der ersten paar Sitzungen bespricht der Therapeut mit allen, dass sie vermutlich mit der Familiensituation unzufrieden sind (ebenso wie auch mit dem Leben außerhalb der Familie) und dass sie ebenfalls wahrscheinlich ärgerlich sind über ihre Unzufriedenheit – z. B. sind sie ärgerlich auf andere Familienmitglieder, weil diese sie frustriert haben. Dann arbeitet der Therapeut größtenteils an ihren gestörten C's bezüglich ihrer A's (z. B. an ihrer Depression wegen der Kritik anderer Familienmitglieder).

So erklärt der Therapeut die REVT in den anfänglichen Sitzungen und arbeitet zusammen mit der ganzen Familie an mehreren ihrer individuellen Störungen hinsichtlich des zerrüttenden und unbefriedigenden Familiensystems. Danach, ansatzweise aber auch schon in den ersten Sitzungen, versucht der Therapeut auch die aktivierenden Ereignisse (A's) des Familiensystems ausfindig zu machen (z. B. Geldprobleme oder die Familienregel, dass die Kinder mehr lernen und in der Schule erfolgreicher sein sollten).

Während der REVT-Familientherapeut versucht, den Mitgliedern im System erkennen zu helfen, wie sie sich unnötig über das System aufregen und ihnen bei der Veränderung ihres eigenen ABC's zu helfen versucht – und besonders bei ihren irrationalen kognitiv-emotiven B's –, ermutigt er sie ebenfalls, die ABC's des Familiensystems selbst zu verändern. So hat eine Familie (oder einige ihrer Mitglieder haben) vielleicht das Ziel (G) oder die Vorstellung, dass der Mann arbeitet, während die Frau sich hauptsächlich um die zwei Kinder kümmert. Das widrige aktivierende Ereignis könnte die längere Arbeitslosigkeit des Mannes sein. Die Familie hegt vielleicht, in Übereinstimmung mit ihren Zielen, die rationale Überzeugung (rB = rational Belief), dass die Frau eher nicht arbeiten, sondern sich um die Kinder kümmern sollte, und die irrationale Überzeugung (iB = irrational Belief), dass es unbedingt so sein müsse, gleich wie die Situation an Punkt A aussieht. An Punkt C, der Konsequenz, befindet sich die Familie vielleicht in ernsthaften wirtschaftlichen Schwierigkeiten, und sowohl der Ehemann als auch die Ehefrau sind vielleicht depressiv, weil sie die Familie nicht ordentlich ernähren können, wenn sie starr an der irrationalen Überzeugung festhalten, dass nur der Ehemann arbeiten sollte und die Ehefrau es nicht darf. In diesem Fall könnte ein REVT-Familientherapeut versuchen, der Familie zu helfen, ihre irrationalen »mussturbatorischen« Überzeugungen zu verändern und durch bevorzugte Überzeugungen zu ersetzen.

Das Familiensystem ist möglicherweise auch dysfunktional, weil es von widrigen aktivierenden Ereignissen überwältigt wird. So könnte die Familie unter dem Verlust eines erwachsenen Mitglieds leiden, der die Rechnungen bezahlen half, unter dem Alkoholismus des Vaters, unter der physischen Misshandlung der Mutter, unter Inzest, unter schlechter Haushaltsplanung, unter dem Stehlen oder Vandalismus der Kinder etc. Einige dieser aktivierenden Ereignisse rühren vielleicht von emotionalverhaltensbezogenen Störungen eines oder mehrerer der Familienmitglieder her. Wenn ja, können diese Störungen mit Hilfe der REVT behandelt werden, und zwar entweder während gemeinsamer Familiensitzungen oder während besonderer Einzelsitzungen mit den Mitgliedern, welche die speziellen Probleme haben, die zu den widrigen A's für die Familie als Ganzem führen.

Die individuelle REVT umfasst praktische Problemlösung und das Training von Fertigkeiten. Während der Therapeut seinen Klienten zeigt, wie sie ihre kognitiv-emotiven Überzeugungen (B) entdecken, sie disputieren und ihnen entgegenhandeln können, kehrt er ebenso zu den widrigen aktivierenden Ereignissen (A) zurück und schlägt einige praktische Methoden vor, wie man sie vielleicht verändern könnte. Ähnlich zögert der Therapeut in der aktiv-direktiven REVT-Familientherapie nicht, jedem einzelnen oder allen Familienmitgliedern zu helfen, die aktivierenden Ereignisse in ihrem Leben zu verbessern, indem sie praktische Probleme lösen oder Fähigkeiten gewinnen, die ihnen (oder anderen Familienmitgliedern) helfen, besser zu funktionieren.

In der REVT wird also bei der Arbeit mit Paaren und Familien ein double systems-Ansatz verwendet, indem man versucht, den Menschen bei einer individuellen Veränderung im Familiensystem zu helfen, und sich gleichzeitig bemüht, das System selbst zu verändern, so dass seine dysfunktionale Struktur zu weniger Stressoren führt und weniger irrationale Überzeugungen begünstigt. In der REVT wird nicht angenommen, dass die Veränderung der Struktur, der Stressoren oder der Irrationalitäten des Familiensystems an sich die Überzeugungen (B) und die dysfunktionalen Konsequenzen (C) von einzelnen oder allen Mitgliedern im System verändert. Vielmehr wird hier die Ansicht vertreten, dass emotional gestörte Menschen – besonders Menschen mit Persönlichkeitsstörungen und Psychotiker – in fast jeder beliebigen Familie ziemlich gestört sein werden, auch wenn sie vielleicht in einer gut funktionierenden Familie weniger gestört wären als in einer dysfunktionalen. Sie haben gewöhnlich ihre eigenen genetischen, entwicklungsbedingten und erfahrungsbedingten Tendenzen, sich selbst zu stören; und daher kann eine Verbesserung des Familiensystems zwar helfen, wird sie aber kaum heilen.

Ebenso nimmt die REVT an, erstens, dass alle menschlichen Systeme aus Individuen zusammengesetzt sind, die miteinander und mit den Zielen, Regeln und der Struktur des Systems selbst interagieren. Daher führt der Weg zur Veränderung des Systems größtenteils über die Veränderung der darin befindlichen Individuen, obwohl andere Möglichkeiten der Veränderung ebenso plausibel sind. So könnte sich ein Familiensystem auch dadurch ändern, dass die Familie vom Land in die Stadt oder von einem Viertel in ein anderes umzieht.

Wenn sich das Familiensystem verändert, verändern sich die Individuen darin fast immer entweder zum Besseren oder zum Schlechteren; sind sie jedoch ernstlich gestört, verändern sie sich möglicherweise nur wenig. Ähnlich werden die Individuen in der Familie, wenn sie sich verändern, gewöhnlich das System merklich verändern – doch wiederum nicht allzu sehr, wenn das System recht starr ist (wie es beispielsweise in zutiefst religiös orientierten Familien der Fall sein kann).

In der REVT wird gewöhnlich angenommen, dass alle Mitglieder der behandelten Familie einigermaßen neurotisch sind – dass sie sich oft unnötig mit Angst, Selbsthass, Depression und Wut quälen und dass sie sich häufig übermäßig hemmen oder starr einschränken und/oder sich selbst übermäßig impulsiv, süchtig und zwanghaft machen. Die REVT-Familientherapeuten versuchen daher, die Störungen aller Familienmitglieder zu enthüllen, um ihnen zu zeigen, was sie tun, um diese Störungen hervorzurufen oder zu verschlimmern. Dann versuchen sie, ihnen besonders durch kognitive, emotive und verhaltensbezogene Hausaufgaben zu helfen, ihre Störungen zu verringern. Diese Art der REVT-Erklärungen werden gewöhnlich gegeben, wenn alle oder einige der Familienmitglieder beisammen sind, so dass alle die Hauptprobleme der jeweils anderen erkennen können und wie daran gearbeitet werden kann. Ihnen allen wird sowohl individuell als auch kollektiv gezeigt, wie sie sich normalerweise selbst mit absolutistischen, dogmatischen »Muss« neurotisieren und wie sie ihre irrationalen Überzeugungen (iB) kognitiv, emotiv und verhaltensbezogen aktiv disputieren (D) können.

Es wird in der REVT angenommen, dass gestörte Familienmitglieder häufig Unzufriedenheiten im System schaffen werden – besonders wenn ihre Störungen die Form von intensiver Wut, tiefer Depression oder Alkohol- und Drogensucht annehmen. Wenn Unzufriedenheiten z. B. wegen Geldproblemen oder unterschiedlichen Lebensstilen vorhanden sind, werden Menschen – so die REVT –, die diese zu verbessern oder aufzulösen helfen, dem Familiensystem und den Individuen damit helfen. Sind die Mitglieder jedoch immer noch recht neurotisch, werden sie dazu neigen, neue Unzufriedenheiten zu schaffen und alte zu verschlimmern. Daher betont die REVT-Familientherapie zunächst vermutlich mehr als andere Formen der Familientherapie, dass es wichtig ist, den einzelnen Familienmitgliedern zu zeigen, wie sie ihre Störungen reduzieren können, um dann die intrafamiliären Unzufriedenheiten und Widrigkeiten anzupacken.

Wo jedoch ernstliche Schwierigkeiten existieren – wie im Fall von Kindesmisshandlung oder Inzest –, werden diese Dysfunktionen sofort angegangen. Möglicherweise wird empfohlen, dass ein Kindesmisshandler oder ein Inzestopfer rasch von der Familie getrennt wird, dass die Familie in eine andere Nachbarschaft umzieht oder dass andere Formen praktischer Lösungen direkt versucht werden. Die REVT-Therapeuten befolgen gesetzliche Anordnungen zur Meldung von Kindesvernachlässigung sowie Missbrauch dem Klienten oder anderen Beteiligten gegenüber.

Ein einzigartiges Merkmal der REVT-Familientherapie ist, dass alle Familienmitglieder, die normal intelligent und etwa zehn Jahre oder älter sind, dazu ermuntert werden, REVT-Regeln bei anderen Familienmitgliedern (wie auch bei Menschen aus dem Umfeld) anzuwenden. So könnte eine Frau zu ihrem Mann sagen: »Du schreist die Kinder an, du Schuft, und das macht mich wütend und depressiv!« Er könnte dann dazu ermutigt werden, das ABC bei ihr anzuwenden und zu erwidern: »Du könntest Recht haben, Liebes. Ich schreie die Kinder an, und das ist falsch. Aber meine falsche Handlung macht mich nicht zu einem Schuft, sondern nur zu einem Menschen, der dieses Mal wie ein Schuft gehandelt hat! Und vergiss auch nicht, was die REVT sagt: Für keines deiner Gefühle bin ich verantwortlich, auch nicht, wenn du wütend und depressiv bist. Ich frustriere dich vielleicht damit, dass ich die Kinder anschreie. Aber was sagst du dir selbst wegen meines Schimpfens, das dich vor allem wütend werden lässt? Warum fragst du nicht nach deinen

›Muss‹ hinsichtlich meines Verhaltens und verwandelst sie in Präferenzen?« Nachdem der Therapeut ihn ermutigt hat, in dieser Weise über das Verhalten seiner Frau nachzudenken, wird ihn der Therapeut ebenfalls ermuntern, selbst rationaler über seine Wut und das Fehlverhalten seiner Kinder nachzudenken. Er wurde bereits ermutigt zuzugeben, dass sein Schreien unwirksam war. Nun kann er weiter ermuntert werden zu begreifen, wie seine irrationalen Forderungen ihn dazu verleiteten, die Kinder wütend anzubrüllen, und daran zu arbeiten, sein irrationales Denken zu verändern.

Natürlich helfen nicht alle Familienmitglieder anderen Mitgliedern bei ihren emotional-verhaltensbezogenen Problemen mit dem ABC der REVT. Doch habe ich entdeckt, dass in oft erstaunlich kurzer Zeit ungewöhnliche Fortschritte in einer Familie gemacht werden, wenn die Mitglieder das ABC der Störungen anderer wirklich begreifen und wenn sie diese anderen immer wieder daran erinnern, die REVT anzuwenden. Wenn mehrere Familienmitglieder ihre sie selbst aus dem Gleichgewicht bringenden »Muss« und Forderungen deutlich erkennen und sie aktiv und energisch in bevorzugte Überzeugungen zurückverwandeln, kann darauf ein beachtliches Wachstum folgen[13].

Wie die G's, A's und B's der Menschen beinhalten auch ihre C's mächtige emotive und verhaltensbezogene Elemente, die wechselseitig mit mächtigen kognitiven Elementen interagieren. Wenn wir also von einem Auto angefahren werden und ein gebrochenes Bein sowie Schmerzen haben und uns sagen: »Das hätte nicht passieren dürfen! Das ist schrecklich!« (B's), werden wir nicht nur dazu neigen, an Punkt C zu handeln (z. B. zu jammern und uns ins Krankenhaus bringen lassen), sondern wir werden uns oft auch depressiv und wütend fühlen und über die Ereignisse und ihre unglücklichen Folgen nachgrübeln und uns damit quälen. Man kann auch selbstmitleidige, paranoide Gedanken oder gar Selbstmordgedanken verfolgen, und wir können Gefühle der Depression und Verzweiflung oder Rachewünsche hegen etc. Wie immer sind wir Menschen, die auf aktivierende Ereignisse reagieren.

Wenn das bisher Gesagte Gültigkeit hat, dann bezieht sich, was wir Persönlichkeit nennen, normalerweise auf Personen – auf Menschen. Es ist die Art, wie Menschen sind – oder wie sie sich ziemlich konsequent und oft auch inkonsequent verhalten. Um sie zu begreifen, sollten wir lieber unser Umfeld oder unsere aktivierenden Ereignisse verstehen – weil wir immer und ausschließlich in einem Umfeld leben und nicht völlig in, aus, durch und für uns selbst. Darüber hinaus reagieren wir auf dieses Umfeld – ebenso wie auf uns selbst; und wir reagieren darauf körperlich und geistig, biologisch und psychologisch. Unsere »emotionalen« und

»psychologischen« Reaktionen sind kognitiv, emotional und verhaltensbezogen. Das ist unsere »Natur«. Wir können unsere Gedanken, Gefühle und Verhaltensweisen definieren, als ob sie einzelne oder getrennte Prozesse wären; doch ist dies selten zutreffend, wenn überhaupt. Im einen oder anderen Sinn sind, wie ich erstmals 1956 gesagt habe, »das Denken und Fühlen ... in mancher (wenn auch kaum in jeder) Hinsicht im Grunde dasselbe, so dass unser Denken zu unserem Gefühl und unser Gefühl zu unserem Denken wird.« Es ist gut zu wissen, dass sich in jüngster Zeit viele andere kognitive Verhaltenstherapeuten dieser Ansicht anschließen. Hierzu siehe Seymour Epstein, L. S. Greenberg und J. Safran, Vittorio Guidano, Richard Lazarus, Michael Mahoney, Christopher Muran und Donald Meichenbaum[14].

Anwendung des ABC in der Psychotherapie

Um unsere Gedanken, Gefühle und Verhaltensweisen zu verstehen und um zu erkennen, wie sie integral und holistisch miteinander verbunden sind, hilft es uns nicht unbedingt, wirksame und wirkungsvolle psychotherapeutische Theorien aufzustellen. Es stellt sich immer noch die Frage: Welcher dieser Prozesse fördert Störungen besonders und welcher kann wirkungsvoller als andere verändert werden, um eine größere, umfassendere und dauerhaftere persönliche Veränderung herbeizuführen? Oder wodurch kann erreicht werden, was wir ein besseres Funktionieren der Persönlichkeit oder geistige Gesundheit nennen?[15]

Wie die klinische Literatur und die Forschungsliteratur der vergangenen einhundert Jahre gezeigt hat, können Therapeuten ihren Klienten helfen, ihre Gedanken, Gefühle und Handlungen zu verändern, sich wirklich auf einen, zwei oder auf alle drei dieser Prozesse zu konzentrieren, und sie können in vielen Fällen sowohl zu kurzlebigen als auch zu dauerhaften Persönlichkeitsveränderungen beitragen. Von den Hunderten bisher verwendeter Techniken konnte bisher keine endgültig als allen anderen Methoden überlegen dargestellt werden. Die REVT hat (zusammen mit der Kognitiven Verhaltenstherapie) einen integrativen Standpunkt eingenommen und betont die aktiv-direktive Verwendung einer Reihe kognitiver, emotiver und verhaltensbezogener Methoden bei fast allen Klienten. Jedoch werden in der REVT direkte und indirekte, kooperative und eindringliche, kognitive und emotive Methoden des Überzeugens sowie Hausaufgaben bei verschiedenen Klienten, und besonders bei denen mit großem Widerstand, in unterschiedlicher Betonung und Proportion verwendet – weil alle Menschen Individuen sind und sowohl Ähnlichkeiten mit als auch Unterschiede zu anderen aufweisen[16].

Lassen Sie mich dieses Kapitel in einer kontroversen – und sogar etwas widersprüchlichen – Note abschließen. Weil Menschen Menschen sind, weil sie kognitiver sind als andere Wesen, stelle ich die Hypothese auf, dass kognitive Therapiemethoden vielen (nicht allen!) Klienten individuell und eleganter helfen können, schnellere, größere und tiefgreifendere Persönlichkeitsveränderungen zu erreichen als andere, weniger kognitive Techniken; und dass dies besonders auf neurotischere Klienten (eher als auf Klienten mit Persönlichkeitsstörungen und Psychosen) zutrifft. Überdies ist unsere kognitive Modalität, wie Russell Grieger [persönliche Mitteilung] mich richtigerweise erinnert hat, 1. spezifisch menschlich und 2. die von allen menschlichen Modalitäten interpersonal einflussreichste. Jawohl, ich erkenne die Schwierigkeiten, in die ich mich mit diesen Hypothesen bringen kann. Demzufolge, was ich weiter oben in diesem Kapitel geschrieben habe, ist das, was wir kognitiv nennen, keineswegs nur intellektuell, sondern umfasst oft weitreichende emotionale und motorische Prozesse. Außerdem beinhalten die speziellen kognitiven Methoden, die ich später beschreiben werde, sämtliche, auch emotive und verhaltensbezogene, Elemente und sind kaum ausschließlich intellektuell oder philosophisch. Dennoch will ich mich weiter vorwagen!

Erstens lassen Sie mich einen wichtigen Aspekt meines ABC in der REVT hinzufügen, der oft untergeht und den einer meiner scharfsinnigen Klienten deutlich erkannte. Wie ich bei diesem Klienten betonte, nachdem es ihm zuvor in fünf Jahren Psychoanalyse nicht gelungen war, seine schlimme und chronische Wut aufzugeben, gestalten sich die Menschen ihre irrationalen Überzeugungen (iB's) größtenteils selbst, statt sie von ihren Eltern zu übernehmen. Sie nehmen die aktivierenden Ereignisse ihres Lebens (in diesem Fall ständige Kritik und Misshandlung) und schaffen sich rationale Überzeugungen (rB's) dazu (z. B.: »Ich handle schlecht und werde Missbilligung ernten, und das ist Pech«) und ebenso irrationale Überzeugungen (iB's) (z. B.: »Ich darf nichts Schlechtes tun und muss meine Eltern und wichtige andere zufriedenstellen, sonst bin ich ein schlechter Mensch!«).

Wie ich in diesem Kapitel feststelle, sind die iB's der Menschen zwar kognitiv, interagieren jedoch regelmäßig mit emotiven und verhaltensbezogenen Komponenten, so dass sie sich alle gegenseitig beeinflussen. Doch weil der Mensch ein Sprache schaffendes, Symbole gestaltendes, Selbstgespräche führendes Wesen ist, sind seine iB's größtenteils in einer Art symbolischer Kurzschrift abgefasst und in bewussten und unbewussten heißen Kognitionen verschlüsselt wie im Falle dieses Klienten: »Ich tauge nichts! Ich kann die Missbilligung wichtiger Menschen nicht ertragen! Ich muss viel Geld verdienen, um zu beweisen, dass sich meine Eltern geirrt haben und dass ich Glück verdiene!«

Diese iB's sind größtenteils Reaktionen auf die unglücklichen aktivierenden Ereignisse (A's) im frühen und auch späteren Leben der Klienten. Doch wenn sie diese erst einmal oft konstruiert haben und sie als selbstbezogene Behauptung immer wieder eingeübt haben, werden sie in grundlegende Philosophien verwandelt, die absolut richtig und wahr scheinen, obwohl sie vielleicht dogmatische, irreführende Annahmen sind. Wie mein Klient es so schön ausgedrückt hat: »B beginnt als Folge von A, doch dann rückt es vor A und wird in neue A's eingebracht.«

Ich stimmte sofort zu. »Ja. B's – besonders die selbst-behindernden »Muss« an Punkt B – werden zuerst in Bezug auf A geschaffen oder konstruiert. Doch dann werden sie, durch Wiederholung und durch das Handeln, als wären sie wahr und grundlegend, zu einer grundlegenden Philosophie, die wir von nun an gern in A einbringen. Indem wir dies tun, verzerren und verändern wir oft A. Beispielsweise erleben wir uns vielleicht als völlig zurückgewiesen, wenn jemand nur eine leicht negative Bemerkung macht über etwas, das wir getan haben.«

Wie dieser Klient und ich anschließend ausführlich diskutierten, werden die heißen irrationalen Kognitionen, die wir in B verschlüsseln, oft zu grundlegenden philosophischen Annahmen – was George Kelly persönliche Konstrukte nannte –, die wir buchstäblich als Stützpfeiler in unserem Leben verwenden. Sie haben merklichen Einfluss auf unsere Ziele (G's), auf unsere aktivierenden Ereignisse (A's) und Konsequenzen (C's). Die REVT vertritt die Ansicht, dass sie sogar unsere sekundären B's bedeutsam beeinflussen. Somit führten die wichtigsten »mussturbatorischen« iB's meines Klienten – »Ich darf nichts Schlechtes tun und muss meine Eltern und wichtige andere Menschen immer zufriedenstellen!« – dazu, dass er gewohnheitsmäßig schlussfolgerte: »Weil ich oft nicht richtig handle und meine Eltern und andere wichtige Personen nicht zufriedenstelle, tauge ich nichts! Ich verdiene es nicht, glücklich zu sein! Ich muss mehr Erfolg haben als andere. Ich ertrage es nicht zu versagen! Niemals werde ich gut genug sein!« etc.

Wie ich an anderer Stelle bemerkt habe, und wie Russel Grieger hervorgehoben hat, werden dysfunktionale grundlegende philosophische Annahmen verstärkt und werden oft aus mehreren Gründen mächtiger. 1. Sie führen zu starken negativen Gefühlen – wie schlimme Wut und Depression –, die sie wahr erscheinen lassen. 2. Sie sind definitiv und tautologisch und können daher nicht empirisch entkräftet oder widerlegt werden. Z. B.: »Ich muss immer erfolgreich sein, sonst bin ich wertlos. Selbst wenn ich Erfolg habe, wie kann ich beweisen, dass ich nie versagen werde?« 3. Sie sind oft zirkulär. Z. B.: »Wenn ich versage, tauge ich nichts. Ich habe versagt – folglich kann ich nichts taugen. Und wenn ich nichts tauge, werde ich weiterhin versagen.« 4. Sie führen zu sich selbst erfüllenden Prophezeiungen. Z. B.: »Ich muss immer erfolgreich sein, sonst bin ich ein völlig inkompetenter Mensch. Ich habe versagt, deshalb bin ich völlig inkompetent. Weil ich inkompetent bin, werde ich dieses Mal bestimmt erfolglos sein. Weshalb sollte ich überhaupt versuchen, Erfolg zu haben? Da ich es nun nicht einmal versuche, beweist dies, wie inkompetent ich bin!« 5. IB's sind linguistisch und semantisch irreführend und werden durch unsere Tendenz, eine ungenaue Sprache zu verwenden, verstärkt. Z. B.: »Ich muss gute Leistungen bringen. Aber nachdem ich nun eine schlechte Leistung erbracht habe, bin ich schlecht. Aber wenn ich schlecht bin, werde ich immer schlechte Leistungen erbringen. Ich kann also nichts so gut leisten, wie ich soll. Also brauche ich es gar nicht erst zu versuchen.« 6. Unkritisch werden irrationale Überzeugungen (iB's) wiederholt und danach gehandelt, wodurch sie wahr erscheinen, selbst wenn sie schlechte Ergebnisse nach sich ziehen. Überdies werden die meisten dieser schlechten Ergebnisse nicht mit den iB's in Verbindung gebracht, noch wird gesehen, dass sie diesen folgen. Folglich dienen sie nicht dazu, diese Überzeugungen zu widerlegen. 7. Die meisten unserer iB's sind unbewusst – oder vorbewusst, gerade unterhalb unserer Bewusstseinsebene. Deshalb sind wir uns ihrer nicht vollkommen bewusst und erhalten sie daher leicht aufrecht[17].

Lassen Sie mich, weil dies kein Hauptthema des gegenwärtigen Kapitels ist, am Rand dazu bemerken, dass die Menschen viele irrationale und selbst- wie gesellschaftsbehindernde Ansichten hegen, die sie von ihren Familien, ihrer Kultur und ihren Religionen eingeflößt bekommen und die sie bewusst und unbewusst akzeptieren und befolgen. So akzeptiert ein in den Vereinigten Staaten großgewordener weißer Protestant möglicherweise die ethnischen, rassistischen, sexistischen, politischen und religiösen Vorurteile, die er in seiner frühen Sozialisation übernommen hat, und hegt irrationale Vorurteile gegenüber Ausländern, Schwarzen, Frauen sowie Nicht-Protestanten und verallgemeinert vielleicht törichterweise, wie »schlecht« alle Mitglieder dieser Gruppen seien. Und eine in unserer Kultur aufgewachsene Frau übernimmt recht leicht ihr eingeschärfte sexistische Standards und hält sich vielleicht für nicht begehrenswert, wenn sie nicht geliebt wird, nicht verheiratet, nicht durchsetzungsfähig, kinderlos oder »zu« karrierebewusst ist. Die REVT stellt die gedankenlose übergroße Treue gegenüber den früh eingeflößten rassistischen, sexistischen und anderen Vorurteilen in Frage und macht darauf aufmerksam, wenn die Menschen starr an ihnen festhalten und sich selbst dadurch Störungen beibringen. Besonders hilft sie den Menschen, ihre dogmatischen, absolutistischen »Soll« und »Muss« hinsichtlich ihrer Geschlechterrolle und anderer selbstgerechter Sozialisationsbotschaften zu disputieren, weil sie Dogma und starre Selbstgerechtigkeit als Hauptursachen für emotionale Störungen betrachtet[18].

Unterschiede sind natürlich eine menschliche Vorbedingung. Menschen sind jung oder alt, reich oder arm, weiß oder schwarz, männlich oder weiblich etc. Jede dieser Dichotomien ist in Wirklichkeit überdies ein Kontinuum. So sind einige von uns Hermaphroditen, obwohl wir alle »männlich« oder »weiblich« sind, und viele von uns sind in mancher Hinsicht »maskulin« (z. B. im Körperbau) und in anderer Hinsicht »feminin« (z. B. in unserer Kleidung und/oder unseren Interessen). Darüber hinaus werden Charakterzüge, die in einer Kultur als »maskulin« angesehen werden, in einer anderen oft viel weniger als typisch männlich betrachtet.

Unterschiede sind erträglich und oft vorteilhaft. Doch Vorsicht, wenn sich Präferenzen hinsichtlich von Unterschieden in »Muss« verwandeln! Wenn ich glaube, dass ich weiß, maskulin und wohlhabend sein muss und dass mein Gegenüber entweder sein muss wie ich oder mir untergeordnet sein muss, dann kommen wir beide in Schwierigkeiten. Denn wenn der andere anders ist, als ich glaube, dass er sein sollte, werde ich ihm gegenüber selbstgerecht sein und ihn vielleicht sogar verfolgen, und er wird mich für meine Selbstgerechtigkeit und Unterdrückung hassen und wahrscheinlich darauf bestehen, dass ich mich nicht so schlecht verhalten darf, wie ich es tue. Folge: Selbstgerechtigkeit, Diskriminierung, Feindschaft und Krieg.

Die REVT ist gegen unflexible »Muss« hinsichtlich unterschiedlicher Individuen und Gruppen und bevorzugt in beiden Fällen die Vielfalt. Die Klienten werden ermutigt, ihre eigenen Ansichten, Ziele, Bräuche und Standards zu entwickeln – und die anderer Menschen zu respektieren. In der REVT werden die Menschen mit ihrer Selbstgerechtigkeit akzeptiert, doch werden ihre vorurteilsbehafteten Verhaltensweisen in Frage gestellt. Die REVT ist nicht direkt politisch, bevorzugt aber eine Einstellung des »Leben-und-leben-Lassens«. Die »antimussturbatorische« Philosophie der REVT hat wichtige politische Auswirkungen. Sie ist gegen eine individuelle und allgemeine Politik, wenn diese zu Schikanen, Unterwerfung und Ausbeutung von Frauen, Nicht-Weißen, Armen und Mitgliedern religiöser, ethnischer, sozialer und anderer Minderheiten führt. Besonders versucht sie, derart unterdrückten Personen zu helfen, sich selbst ohne Bedingungen zu akzeptieren, eher selbstbewusst als feindselig zu sein und ungestört und energisch nach einer Veränderung jener Bedingungen zu streben, die sie verändern können. Häufig vertreten die REVT-Therapeuten eine feministische Grundüberzeugung, besonders bei unterdrückten Klientinnen. Wegen mangelnden Raums in diesem Band werden spezielle REVT-Methoden zur Hilfe unterdrückter und diskriminierter Menschen im zweiten Band dieses Buchs behandelt werden[19].

Weshalb fällt es den Menschen oft so schwer, die »Muss« und »Sollte« aufzugeben, welche sie akzeptieren und selbst hervorrufen und mit denen sie sich Störungen beibringen? Antwort: Sie verfügen über eine spezifische, wechselseitig zueinander in Beziehung stehende kognitive, emotive und verhaltensbezogene Natur.

Dogmatische »Muss« beinhalten oft zusammengesetzte Überzeugungen, die gleichzeitig starke kognitive, emotive und verhaltensbezogene Elemente in sich vereinen. Also: »Ich muss auf der ganzen Linie erfolgreich sein und damit deine Anerkennung gewinnen, sonst bin ich ein völliger Nichtskönner, mein Leben wird schrecklich sein, ich werde niemals erfolgreich oder anerkannt sein, und dann kann ich mich auch genausogut umbringen! Außerdem werde ich mich schrecklich ängstlich und depressiv fühlen, wenn ich versage und du mich nicht anerkennst, und ich kann diese Gefühle nicht ertragen und bin ein wertloser Trottel, weil ich sie habe!«

Imperative »Muss« haben gewöhnlich mächtige emotive und verhaltensbezogene Komponenten, die dazu beitragen, sich selbst zu erschaffen und zu intensivieren und die zu elenden kognitiven, emotiven und verhaltensbezogenen Folgen führen. Sie fordern Aufmerksamkeit für sich und verschlingen beträchtliche Zeit und Energie, welche die Menschen davon ablenken, aktiv diese »Muss« zu disputieren, und die sie ermutigen, in Bezug auf sie noch mehr störende (kognitiv-emotive) »Muss« hervorzubringen.

Die imperativen, bedingungslosen »Muss« der Menschen scheinen also unvermeidbar kognitiv, emotiv und verhaltensbezogen zu sein und führen ihrerseits zu schädlichem Denken, Sich-schlecht-Fühlen und zu selbstschädigenden Handlungen. Kein Wunder, dass die sogenannte intellektuelle Einsicht und ein schwaches Disputieren den Menschen gewöhnlich nicht sehr hilft, ihre tiefgreifenden »Muss« aufzugeben! Das ist der Grund, weshalb Klienten und andere Menschen mit Störungen in der REVT aktiv ermuntert werden, immer weiter eine Reihe starker, nachhaltiger, kognitiver, emotiver und verhaltensbezogener Methoden anzuwenden, die in das Disputieren selbst-schädigender »Muss« und Befehle eingeschlossen werden.

Wenn Menschen emotional und verhaltensbezogen gestört sind, schleichen sich überdies offensichtlich oder verstohlen verschiedene »Muss« in ihre Ziele (G's), ihre aktivierenden Ereignisse (A's), ihre Überzeugungen (B's) und ihre Konsequenzen (C's) ein. So geben diese Menschen ihren Zielen eine sehr große Bedeutung (»Ich möchte so sehr Erfolg haben und geliebt werden.«) und »mussturbieren« oft in dieser Hinsicht (»Deshalb muss ich unbedingt erfolgreich sein und geliebt werden!«). Sie neigen dazu, aktivierende Ereignisse als entsetzlich zu betrachten, wenn sie nur Pech bedeuten (d. h. ihren Zielen zuwiderlaufen) oder sogar, wenn sie gar nicht existieren. Wenn sie also in einem Kurs nur eine Zwei oder Drei bekommen haben statt einer Eins, betrachten sie diese Note als schrecklich schlecht oder gar als Versagen.

Neurotische Menschen haben, behauptet die REVT, in ihrem Überzeugungssystem praktisch immer ausdrückliche oder versteckte »Muss«, und sie haben häufig starke »Muss« (und »Darf-Nicht«) in Bezug auf ihre ursprünglichen »Muss« und die dysfunktionalen Gefühle und Verhaltensweisen, zu denen diese führen.

Schließlich werden auch noch die Konsequenzen (C's) der Menschen insgeheim oder offensichtlich mit »Muss« vollgepackt. Zwangsgedanken beinhalten: »Ich muss diesen Gedanken immer wieder denken!« und oft »Ich darf diesen Gedanken nicht denken!« Gefühle großer Angst umfassen sehr oft: »Ich muss mir Sorgen machen, um widrige Umstände abzuwehren!« und »Ich darf mir keine Sorgen machen, weil das sonst alles noch schlimmer macht!« Zwangshandlungen (wie die Sucht nach Alkohol und übermäßigem Essen und Zigaretten) umfassen und koexistieren buchstäblich mit »Muss« (»Ich muss mehr Essen haben, als mein Körper eigentlich braucht, weil es so gut schmeckt, auch wenn ich weiß, dass es nicht gut für mich ist!«). Wie oben erwähnt, schaffen die Menschen mächtige »Muss« hinsichtlich ihrer Konsequenzen (»Ich darf keine Angst haben und darf nicht zwanghaft trinken, um meine Angst vorübergehend zu lindern!«).

Die REVT vertritt also immer noch die Ansicht, dass tiefgreifende, dogmatische, absolutistische, imperative »Muss« wahrscheinlich den wichtigsten Aspekt neurotischer Störung darstellen. Doch stellt die überarbeitete REVT-Theorie die Behauptung auf, dass diese »Muss« nicht nur intellektuell, kognitiv oder philosophisch sind, sondern ebenfalls höchst emotiv und verhaltensbezogen, und dass sie ein integraler Bestandteil der Ziele, aktivierenden Ereignisse, Überzeugungen und gestörten Konsequenzen sind, wenn die Menschen neurotisch werden – oder sich selbst neurotisch machen.

Wenn irrationale Überzeugungen (iB's) sowohl bewusst als auch unbewusst und oft sehr nachdrücklich vertreten werden, wie die REVT annimmt, dann sollte man diese besser deutlich enthüllen und zeigen, wie destruktiv sie sind. Sowohl die Therapeuten als auch die Klienten sollten sie heftig und beharrlich angreifen. Weil diese Überzeugungen (B's) und ihre Konsequenzen (C's) kognitiv, emotiv und verhaltensorientiert sind, werden in der REVT viele Techniken zur Beeinflussung von Denken, Fühlen und Handeln verwendet mit dem Ziel, diese zu verändern. Doch werden diese Methoden größtenteils eingeführt, um den Klienten zu helfen, einen tiefgreifenden philosophischen Wandel durchzumachen, besonders um ihr rigides »mussturbatorisches« Denken in ein Alternativen suchendes, auf Präferenzen beruhendes Denken zu verändern. Diese Aspekte der Therapie werden aus mehreren Gründen hervorgehoben:

1. Wie bereits skizziert, scheinen dogmatische »Muss« den meisten anderen Arten dysfunktionaler Schlussfolgerungen und Ursachenzuschreibungen, übermäßigen Verallgemeinerungen und Definitionen zugrunde zu liegen, die kognitiv-emotionale Störungen begleiten. Wenn wir fest und tiefgreifend überzeugt sind, dass es gut ist, Erfolg zu haben, dass wir es aber niemals müssen, würden wir bei einem Versagen kaum schlussfolgern: a) »Das ist schrecklich!« b) »Ich kann es nicht ertragen!« c) »Ich tauge nichts, weil ich versagt habe!« d) »Ich werde nie Erfolg haben!« e) »Wenn ich zurückgewiesen werde, muss ich etwas falsch gemacht haben.« Wenn Therapeuten ihren Klienten helfen können, diese Kern-»Muss«, welche ihren dysfunktionalen grundlegenden philosophischen Annahmen zugrunde liegen, zu erkennen, aufzugeben und aufzuhören, sie neu zu schaffen, werden sie sich wahrscheinlich selten über irgendetwas – jawohl, irgendetwas – einschließlich ihrer gegenwärtigen Symptome, aufregen[20].
2. Wenn wir unseren Klienten helfen können, ihren therapeutischen Fortschritt aufrechtzuerhalten, dann sollten wir ihnen besser beibringen und sie ermutigen, weiterhin nach ihren offensichtlichen und verborgenen »mussturbatorischen« Philosophien zu suchen, ihnen weiterhin aktiv entgegenzudenken und emotional entgegenzuhandeln, um wissenschaftlich und geistig offen zu bleiben, statt selbstgerecht, unwissenschaftlich und gebieterisch fordernd zu sein.
3. Wir sollten unsere Klienten wachsam machen dafür, dass sie wahrscheinlich in ihre »mussturbatorischen« Gedanken zurückverfallen werden, damit sie sich weigern, sich selbst dafür zu verdammen, und geduldig und beharrlich zu starkem, auf Präferenzen beruhendem Denken zurückkehren können.
4. Wir können unsere Klienten ermutigen, kreativ und einfallsreich für sich selbst zu denken, statt nur den Ideen und Aufgaben ihrer Thera-

peuten zu folgen, so dass sie im Idealfall in ihrem Denken aufgeschlossener und weniger dogmatisch werden und in der Zukunft immer weniger dazu neigen, Intoleranz und Starrheit hervorzurufen. Während sie sich Veränderungen gegenüber öffnen, werden sie auch weiterhin spezielle Philosophien und versuchsweise Lösungen auf Lebensprobleme konstruieren, die ihnen helfen werden, selbst-schädigende und sozial destruktive Verhaltensweisen zu vermeiden und den Weg zur größtmöglichen Selbstverwirklichung und der Verwirklichung anderer zu erschließen[21].

Die REVT betont also immer noch, in Übereinstimmung mit ihrer ursprünglichen Auffassung, wie vorteilhaft es ist, wenn die Menschen einen tiefgreifenden Wandel ihrer grundlegenden Philosophie durchmachen und konsequent fortsetzen. Ich erkenne nun deutlicher als je zuvor, dass dieser tiefgreifende philosophische Wandel extrem kognitiv, emotiv und verhaltensbezogen ist. Diejenigen, die es erstens ehrlich und meistens tun, denken lieber in einer flexiblen, auf Präferenzen beruhenden Art und Weise statt in einer rigiden, »mussturbatorischen«. Zweitens werden sie sich stark, tatkräftig und recht emotional für wissenschaftliche und gegen intolerante Möglichkeiten engagieren, was die Sicht und Beziehung zu sich selbst, zu anderen und zur Welt betrifft. Drittens werden sie beständig und entschlossen weiter gegen kognitiv-emotionale Starrheit und für eine offene Geisteshaltung kämpfen und entsprechend handeln. Manchmal werden sie sogar einen persönlichen und gesellschaftlichen Kreuzzug gegen Engstirnigkeit und willkürliche intellektuell-emotional-verhaltensbezogene Beschränkung führen! Die von innen und durch andere ermutigte Intoleranz sind der REVT zufolge zwei der Hauptelemente menschlicher Störung. Eine effektive Therapie kann ihnen vermutlich aktiv und wirksam entgegenwirken. Wenn der Therapeut selbst frei ist!

Obwohl ich während der vergangenen paar Jahre über die Überlegungen in diesem Kapitel nachgedacht und sie überarbeitet habe, schulde ich Michael Mahoney besonderen Dank, der die REVT meiner Ansicht nach zu Unrecht kritisiert hat, assozionalistisch und rationalistisch zu sein, der aber zu Recht eine konstruktivistische Sichtweise der Kognitiven Verhaltenstherapie hervorgehoben hat und mich angeregt hat, zu erkennen und zu betonen, wie ungewöhnlich konstruktivistisch die REVT ist. Mahoney und Vittorio Guidano sind stärker psychoanalytisch und weniger konstruktivistisch, als ich es gern hätte, doch sind sie, wenn auch mit irrigen Annahmen bezüglich der REVT, ziemlich hilfreich für mich gewesen[22].

Mein langjähriger Freund Ted Crawford ist ebenfalls sehr hilfreich gewesen, indem er in Gespräch und Korrespondenz die zeitlich unbe-

grenzte, nach Alternativen suchende und/auch Einstellung von Alfred Korzybski und seinen Schülern betont hat – dessen Einfluss im vorliegenden Kapitel unverkennbar ist, wie ich hoffe, und mehr noch in meinem Artikel: »A Rational-Emotive Approach to Peace« (»Der Rational-Emotive Ansatz zur Schaffung von Frieden«)[23].
Noch größeren speziellen Dank schulde ich Chris Muran, dessen Aufsatz »A Reformulation of the ABC Model in Cognitive Psychotherapies: Implications for Assessment and Treatment« einige der Gedanken für dieses Kapitel initiierte und verstärkte. Er entwickelte »eine Idee von Schemata als unterschwellig zugrundeliegende kognitiv-affektiv-motorische Strukturen, die emotionale Erfahrungen angesichts externer Stimuli erklären.«. Ich stimme weitgehend mit dieser These überein. In diesem Kapitel habe ich versucht, Einzelheiten aufzuzeigen, die sie speziell auf die REVT anwenden[24].

Anmerkungen

1. Bernard, 1992, 1993; Bernard & DiGiuseppe, 1989; de Silvestri, 1989; DiGiuseppe, 1986; Dryden, 1984, 1994; Dryden & Gordon, 1991; Dryden & Yankura, 1992; Grieger & Boyd,1980; Grieger & Woods, 1994; Mautsby, 1984; Muran, 1991, 1993; Rorer, 1989; Wessler & Wessler, 1980; Woods, 1992.
2. Beck, 1976, 1991, 1993; Glasser, 1965; Greenberg & Safran, 1987; Guidano, 1991; A. Lazarus, 1991; R. Lazarus, 1966, 1991; Mahoney, 1991; G. Neimeyer, 1993; R. Neimeyer, 1993; Schwartz, 1993.
3. Ellis, 1991p.
4. Epstein, 1993.
5. Grieger, 1986.
6. Dryden, 1994a; Ellis, 1957a, 1973b,1985b,1988e; Ellis & DiGiuseppe, 1993; Epstein, 1993.
7. Freud, 1920/1965; Heidegger, 1962; Hoellen, 1993; May, 1969; Royce, 1962; Sartre, 1968; Yalom, 1990.
8. Ellis, 1990d, 1990i, 1992b; Kant, 1929; Lyddon, 1993; Mahoney, 1991.
9. Woods, 1987, 1990.
10. Woods, 1987, 1990.
11. Ellis, Sichel, Yeager, DiMattia, & DiGiuseppe, 1989
12. Abelson 1963; Ellis & Abrams 1994; Ellis & Velten, 1992.
13. Ellis, Sichel, Yeager, DiMattia, & DiGiuseppe, 1987; Ellis, 1957a, 1988c, 1988d, 1988e, 1993i.
14. Epstein, 1990, 1993; Greenberg & Safran, 1987; Guidano, 1987, 1991; Lazarus, 1991; Mahoney, 1991; Meichenbaum, 1990; Muran, 1991.

15. Bernard, 1991, 1993; Ellis, 1985b; Ellis & Dryden, 1990, 1991; Ellis & Grieger, 1977, 1986; Yankura & Dryden, 1990.

16. Ellis, 1957a, 1984a, 1985b, 1989c; Ellis & Dryden, 1987, 1990, 1991; Ellis & Watzlawick, 1986; Ellis & Zeig, 1988; W. Johnson, 1980; Young, 1984.

17. Bornstein & Pitman, 1992; Ellis, 1965c; Epstein, 1993; Erdelyi, 1992; Grieger, 1986; Kohlstrom & Barnhart, 1992; Loftus & Klinger, 1992; Mahoney, 1991; Weimer, 1974.

18. Ellis, 1983a, 1985a; Ellis & Dryden, 1991; Wolfe, 1992; Wolfe & Naimark, 1991.

19. Brislin, 1993; Corey, 1994; Dutton, 1992; Ellis, 1976d; Patterson, 1989; Pederson, 1990; Sue, 1988; Wolfe, 1992; Wolfe & Naimark, 1991; Worell & Remer, 1992.

20. Bernard, 1993; Dryder, 1994; Ellis, 1957a, 1977a, 1987a, 1987b, 1987g, 1988e; Ellis & Dryden, 1987, 1990, 1991; Ellis & Harper, 1975; Walen, DiGiuseppe, & Dryden, 1992.

21. DiGiuseppe, 1993; Ellis, 1990a, 1990c, 1990g, 1990h; Lifton, 1994; Siegler, 1994.

22. Ellis, 1989h, Ellis & Dryden, 1991; Guidano, 1991; Mahoney, 1991.

23. Crawford, 1989; Ellis, 1992g; FitzMaurice, 1990, 1991; Hayakawa, 1965; Kodish & Kodish, 1993; Korzybski, 1933.

24. Muran, 1991, 1993.

IV. Irrationale Überzeugungen, die psychische Störungen verursachen und aufrechterhalten

In unserer Gesellschaft werden wir alle von unseren Familien und anderen Institutionen indoktriniert, an abergläubische, unsinnige Ideen zu glauben. Diese Erkenntnis ist keinesfalls ein Verdienst der REVT: Philosophen haben das schon vor Jahrhunderten erkannt, und zahlreiche Soziologen und Anthropologen haben es dokumentiert. In einem soziologischen Werk erörtern Cuber, Harper und Kenkel eingehend die in der amerikanischen Gesellschaft »früher übliche nichtrationale Übernahme von Wertvorstellungen« und weisen darauf hin, dass viele unserer höchsten und dogmatisch verfochtenen Ideale – wie monogame Ehe, Freiheit, Erwerbssinn, Demokratie, Bildung, monotheistische Religion, Technik und Wissenschaft – ganz einfach als »gut« gelten und von denjenigen, die sie unseren Kindern einbläuen, selten ernsthaft überprüft oder in Frage gestellt werden. Wie La Barre so zutreffend feststellt: »In unserer Gesellschaft wird ein Kind zwangsläufig zum *right thinker**, bevor es überhaupt denken lernt.«[1]

Auch Psychoanalytiker haben in den letzten Jahrzehnten immer wieder aufgezeigt, wie durch gesellschaftlich vermittelten Aberglauben und Vorurteile weit verbreitete psychische Störungen entstehen können. K. Horney, E. Fromm, W. Reich und andere machten darauf aufmerksam, dass irrationale Ideologien zu den Hauptursachen von Neurosen zählen und dass die Anfälligkeit für psychische Störungen nur durch eine grundlegende Veränderung der Weltanschauung und der Lebensphilosophie des modernen Menschen reduziert werden könne[2].

Ich möchte versuchen, noch etwas weiter als die erwähnten Soziologen und Psychoanalytiker zu gehen und einige der ideologischen Quellen psychischer Störungen konkret zu benennen. Im Folgenden setze ich mich mit einer Reihe unlogischer und irrationaler Ideen auseinander, die gegenwärtig in der westlichen Welt weit verbreitet sind und die m. E. fast zwangsläufig neurotisierend wirken müssen. Die erwähnten Ideen können nach verschiedenen Gesichtspunkten klassifiziert werden, die folgende Aufzählung erhebt daher weder einen Anspruch auf Vollständigkeit noch schließt sie Überschneidungen aus; sie stellt nur eine von mehreren Möglichkeiten dar, zeitgenössische Irrationalismen zu kategorisieren.

---

* *right thinker* bedeutet sowohl Recht- als auch Rechts- und Richtigdenker (d. Übers.).

Überdies fasse ich sie unter drei »mussturbatorischen« Hauptüberschriften zusammen. Doch will ich sie zuerst so überprüfen, wie sie in der Erstausgabe von *»Die rational-emotive Therapie«* zusammen mit einigen gesünderen oder rationaleren alternativen Überzeugungen erschienen.

Irrationale Überzeugung Nr. 1: Die Meinung, es sei für jeden Erwachsenen absolut notwendig, von praktisch jeder anderen Person in seinem Umfeld geliebt oder anerkannt zu werden.
Obwohl oft – vielleicht mit Recht – behauptet wurde, dass Kinder Liebe und Anerkennung brauchen, und obwohl es zweifellos auch für Erwachsene wünschenswert ist, von vielen derjenigen Menschen, mit denen sie in enge Berührung kommen, geliebt und geschätzt zu werden, ist es fraglich, ob es absolut notwendig ist, dass jeder Erwachsene von praktisch jeder anderen Person in seinem Lebensbereich, die er für wichtig hält, akzeptiert wird. Der Glaube, dass man von wichtigen Mitmenschen akzeptiert werden müsse, ist aus mehreren Gründen irrational:

1. Mit der Forderung, von allen anerkannt zu werden, auf deren Anerkennung man Wert legt, setzt man sich ein perfektionistisches, unerreichbares Ziel: denn selbst wenn man von 99 Menschen akzeptiert oder geliebt wird, gibt es immer einen 100. oder 101. usw., der einen ablehnt.

2. Selbst wenn man von allen Leuten akzeptiert wird, die einem wichtig sind – wenn man von ihrer Anerkennung abhängig ist –, muss man sich ständig Sorgen machen, wie sehr sie einen mögen und ob sie einen immer noch mögen. Die Abhängigkeit von der Wertschätzung anderer ist daher zwangsläufig von einem beträchtlichen Maß an Angst begleitet[3].

3. Sosehr Sie sich auch anstrengen mögen, es ist unmöglich, immer liebenswert zu sein. Infolge deren eigener, persönlicher Vorurteile werden Sie immer von einigen Leuten, auf deren Anerkennung Sie Wert legen, abgelehnt oder mit Gleichgültigkeit behandelt werden.

4. Angenommen, es wäre möglich, die Anerkennung aller Leute zu erringen, auf deren Beifall Sie Wert legen, so würde Sie das so viel Zeit und Energie kosten, dass Ihnen nur wenig davon für lohnendere Ziele übrigbliebe.

5. Wenn Sie sich ständig um die Anerkennung anderer bemühen, müssen Sie sich bei diesen einschmeicheln und ihnen stets zu Willen sein – die Folge ist, dass Sie auf viele ihrer eigenen Wünsche und Bedürfnisse verzichten müssen und daher wesentlich weniger selbstbestimmt agieren.

6. Wenn Sie sich in zwanghafter Weise um Anerkennung durch andere bemühen – was unausbleiblich ist, wenn Sie Anerkennung nicht als wünschenswert, sondern als notwendig erachten –, dann werden Sie sich den anderen gegenüber so unsicher verhalten und ihnen so lästig fallen, dass Sie sich oft deren Anerkennung und Respekt verscherzen und somit Ihre eigenen Absichten vereiteln werden.

7. Lieben, nicht Geliebtwerden, ist eine ausfüllende, kreative Möglichkeit der Selbstverwirklichung. Doch das verzweifelte Bedürfnis, geliebt zu werden, fördert die Liebesfähigkeit nicht, sondern hemmt sie. Statt seine Probleme in irrationaler Weise durch ständiges Buhlen um Liebe und Anerkennung lösen zu wollen, täte der rationale Mensch gut daran, sein Heil in kreativem und produktivem Leben und Lieben zu suchen.
Konkreter:
(1) Er sollte zwar nicht versuchen, alle seine Wünsche nach Anerkennung auszumerzen, aber er sollte sich von seinem maßlosen, exzessiven Bedürfnis nach Liebe befreien.
(2) Er sollte sich in vielen Fällen aufrichtig bemühen, aus konkreten Gründen geliebt zu werden (etwa indem er jemandem Gesellschaft leistet oder dessen berufliches Fortkommen fördert), statt (wie ein Kind) »um seiner selbst willen«, wegen seiner »unsterblichen Seele« oder zur Hebung seiner (falschen) »Selbstachtung« geliebt werden zu wollen. Er sollte wissen, dass wahre Selbstachtung nicht durch den Beifall anderer zustande kommt, sondern weil man sich selbst mag und die meisten seiner eigenen Interessen verfolgt, ob das den anderen gefällt oder nicht.
(3) Wenn er von denjenigen, die er gerne auf seiner Seite hätte, nicht geliebt und anerkannt wird, dann sollte er sich zwar unumwunden eingestehen, dass das enttäuschend und frustrierend ist, aber sich nicht einreden, es sei eine furchtbare Katastrophe.
(4) Er sollte sich weder anpassen um der Anpassung willen noch rebellieren um der Rebellion willen. Er sollte sich von Zeit zu Zeit fragen: »Was möchte ich im Laufe meines relativ kurzen Lebens eigentlich tun?« Nicht: »Was möchten andere, dass ich tue?«
(5) Soweit es für ihn wünschenswert und praktikabel ist, die Anerkennung anderer zu erringen, sollte er sich in ruhiger, kluger, systematischer Weise darum bemühen, nicht hektisch und planlos. Dazu sollte er wissen, dass man am ehesten geliebt wird, wenn man selbst aufrichtig liebt.

Irrationale Überzeugung Nr. 2: Die Meinung, dass man sich nur dann als wertvoll empfinden dürfe, wenn man in jeder Hinsicht kompetent, tüchtig und leistungsfähig ist.

Viele oder gar die meisten Menschen in unserer Gesellschaft glauben – vielleicht mehr als die Angehörigen jeder anderen bisher existierenden Gesellschaft –, sie seien wertlos und müssten sich in eine Ecke verkriechen und sterben, wenn sie nicht in jeder möglichen Hinsicht – oder zumindest auf einem wichtigen Gebiet – tüchtig, kompetent und leistungsfähig seien. Dieser Gedanke ist aus mehreren Gründen irrational:

1. Kein Mensch kann auf allen oder den meisten Gebieten hervorragende Leistungen vollbringen; die meisten Menschen leisten nicht einmal auf einem Gebiet Außergewöhnliches. Zwar ist es durchaus vernünftig, sich um Erfolg zu bemühen, da reale Vorteile (finanzielle Belohnungen oder erhöhtes Vergnügen) damit verbunden sind, sich im Beruf, in einem Spiel oder in einer künstlerischen Betätigung auszuzeichnen. Aber von sich zu fordern, dass man Erfolg haben *müsse*, heißt, sich Gefühlen der Angst und persönlichen Wertlosigkeit auszuliefern[4].

2. Obwohl einem ein vernünftiges Maß an Erfolg und Leistung zweifellos Vorteile einbringt (speziell in unserer Gesellschaft), hat ein zwanghaftes Leistungsstreben gewöhnlich extremen Stress, Spannungszustände und die Überschreitung der eigenen körperlichen Grenzen zur Folge: Das Ergebnis sind verschiedene psychosomatische Leiden

3. Wer nach Erfolg und Leistung um jeden Preis strebt, fordert sich nicht nur selbst heraus und testet seine eigenen Kräfte (was sich durchaus positiv auswirken kann); er konkurriert auch ständig mit anderen und sucht diese zu überflügeln. Er wird dadurch fremdbestimmt (statt selbstbestimmt) und stellt sich faktisch unerfüllbare Aufgaben, da es vermutlich immer jemanden geben wird, der ihn übertrifft, so gut er auch auf einem bestimmten Gebiet sein mag. Es ist sinnlos, sich ständig neiderfüllt mit anderen Ehrgeizigen zu messen, da man erstens ja keinerlei Einfluss auf deren Leistungen hat, sondern nur die eigene steigern kann. In vieler Hinsicht hat man auch keine Macht über die eigenen Fähigkeiten und Qualitäten – man kann beispielsweise keine Schönheit werden, wenn man als hässliches Entlein auf die Welt kommt, und man wird es nicht zum Konzertpianisten bringen, wenn man unmusikalisch ist –, es ist daher unvernünftig, sich über Wesenszüge zu grämen, die man nicht ändern kann.

4. Wer die Leistungsideologie überbewertet, verwechselt seinen Fremdwert (d. h. den Wert, den andere unserer Leistung und unseren Qualitäten beimessen) mit seinem Eigenwert (d. h. seiner Lebendigkeit, seinem Wert für ihn selbst) (Hartman, 1959). Den persönlichen Wert eines Menschen von seinen Leistungen abhängig zu machen und zu behaup-

ten, um glücklich zu sein, müsse man andere übertreffen, heißt, sich einer zutiefst undemokratischen, faschistoiden Philosophie zu verschreiben, die sich nicht wesentlich von der Vorstellung unterscheidet, man müsse ein Arier, ein Weißer, ein Christ oder ein Mitglied des Establishments sein, um ein achtbarer, wertvoller Mensch zu sein.

5. Wer sich auf die Vorstellung fixiert, Leistung und Erfolg seien das Wichtigste auf der Welt, verliert oft eines der Hauptziele eines glücklichen Lebens aus den Augen: nämlich durch Experimentieren herauszufinden, welche Interessen uns die tiefste Befriedigung und Erfüllung versprechen, und einen guten Teil unseres kurzen Daseins beherzt der Verfolgung dieser Interessen zu widmen, gleichgültig, was andere davon halten mögen.

6. Übersteigertes Leistungsdenken bewirkt gewöhnlich, dass man große Ängste davor hat, Risiken einzugehen, Fehler zu machen und bei bestimmten Aufgaben zu versagen – Ängste, die einen ihrerseits daran hindern, jene Leistungen zu erbringen, die man erstrebt. Wer bei der Erfüllung einer Aufgabe zu stark mit sich selbst beschäftigt ist – meist eine Folge der Furcht vor dem Scheitern und dem damit verbundenen Gefühl der eigenen Wertlosigkeit –, wird a) fast immer außerstande sein, den geringsten Genuss aus seiner Beschäftigung zu ziehen, und b) nicht selten jämmerlich versagen.
Statt sich in unsinniger Weise ständig an die absolute Notwendigkeit zu erinnern, die Aufgaben und Probleme zu meistern, die einem das Leben stellt, wären folgende Verhaltensweisen vernünftiger:
(1) Statt sich mit dem Gedanken zu quälen, eine Aufgabe gut lösen zu müssen, sollte man sich darauf konzentrieren, sie zu lösen.
(2) Dabei sollte man versuchen, möglichst großes Vergnügen aus der Tätigkeit als solcher, nicht aus deren Ergebnis zu ziehen.
(3) Bemüht man sich um der eigenen Zufriedenheit willen, eine Sache gut zu machen, so sollte man nicht darauf bestehen, sie immer perfekt zu erledigen. In den meisten Fällen genügt es, das subjektiv, nicht das objektiv Beste zu leisten.
(4) Von Zeit zu Zeit sollte man die eigene Tätigkeit in Frage stellen und sich ehrlich eingestehen, ob man nach Leistung um ihrer selbst willen oder zur eigenen Zufriedenheit strebt.
(5) Wer eine Aufgabe bzw. ein Problem gut lösen möchte, sollte lernen, seine eigenen Fehler und Irrtümer willkommen zu heißen, statt entsetzt über sie zu sein und guten Nutzen aus ihnen zu ziehen. Er sollte die Notwendigkeit akzeptieren, sich auf jenen Gebieten, die er meistern möchte, durch Übung zu vervollkommnen, und sollte sich häufig zwin-

gen, Dinge zu tun, bei denen er zu versagen fürchtet; und er sollte die Tatsache uneingeschränkt akzeptieren, dass der Mensch ganz allgemein ein beschränktes Wesen ist und dass auch er selbst notwendige und unübersehbare Grenzen hat.

Irrationale Überzeugung Nr. 3: Die Idee, dass bestimmte Menschen böse, schlecht und schurkisch seien und für ihre Schlechtigkeit streng zu rügen und zu bestrafen seien.
Viele Menschen sind innerlich beunruhigt und von Hass- und Rachegedanken erfüllt, weil sie bestimmte Personen – häufig sie selbst eingeschlossen – für Missetäter halten, die aufgrund ihrer angeborenen Schlechtigkeit unmoralische Handlungen begehen; die einzige Methode, sie von Übeltaten abzuhalten, ist ihrer Überzeugung nach, sie zu tadeln und zu bestrafen (Diggory, 1962). Die genannten Vorstellungen sind aus mehreren gewichtigen Gründen falsch und irrational:

1. Die Idee, dass bestimmte Menschen schlecht oder böse seien, entspringt der alten theologischen Doktrin von der Willensfreiheit, die von der Annahme ausgeht, jeder Mensch habe freie Wahl zwischen »gutem« und »schlechtem« Handeln gemäß einem auf »Gott« oder das »Naturrecht« zurückführbaren absoluten Maßstab von Wahrheit und Gerechtigkeit; wenn jemand seinen »freien Willen« dazu benütze, »böse« zu handeln, sei er daher ein verstockter »Sünder«. Diese Doktrin entbehrt jeder wissenschaftlichen Grundlage, da ihre Schlüsselbegriffe – einschließlich »absolute Wahrheit«, »Gott«, »freier Wille« und »Naturrecht« – nichts anderes als willkürliche Definitionen sind, die durch empirische, wissenschaftliche Methoden weder bewiesen noch widerlegt werden können.
Außerdem haben zahlreiche psychotherapeutische Befunde dieses Jahrhunderts gezeigt, dass selbst wenn wir »freien Willen« operational als die (relative, nicht absolute) Fähigkeit des Menschen definieren, Verhaltensweisen selbst zu wählen, statt gezwungen zu sein, sich entsprechend den verschiedenen biosozialen Einflüssen zu verhalten, die ständig auf ihn einwirken, wir realistischerweise die Tatsache akzeptieren müssen, dass den Menschen heute ein erstaunlich geringer (wenn auch nicht unbedingt gar kein) Spielraum zu freier Willensausübung offensteht. Denn sie sind sich vieler ihrer mächtigsten Motive (wie Sexualtrieb oder Aggressionen) oft gar nicht bewusst und empfinden daher nicht, dass sie unter einem Zwang stehen, viele Handlungen auszuführen, die sie bewusst gar nicht ausführen wollen und die ihnen vielleicht große Schuldgefühle verursachen. Ihre unbewussten Triebe und Wünsche engen ihren »freien Willen« daher drastisch ein.

2. Wenn Menschen Handlungen begehen, die sie selbst (oder andere) für »schlecht« oder »unmoralisch« halten, dann scheinen sie das in letzter Konsequenz deshalb zu tun, weil sie zu dumm, zu unwissend oder psychisch zu gestört sind, um diese Handlungen zu unterlassen. Obwohl solche Menschen zweifellos anderen Schaden zufügen oder für diesen verantwortlich sind, ist es unsinnig, ihnen ihre Dummheit, Unwissenheit oder Gestörtheit vorzuwerfen (d. h. sie als Menschen abzuwerten). Sinnvoller ist es, zu sagen: »Sie haben diese ›schlechte‹ Handlung begangen; ich sollte daher mein Bestes tun, um sie zu veranlassen, nicht wieder so zu handeln. Nicht folgerichtig ist es hingegen, zu sagen: »Sie haben diese ›schlechte‹ Tat begangen; sie sind daher völlig wertlose Menschen, die es verdienen, streng bestraft oder getötet zu werden.« Eine »böse« Tat macht noch keinen »bösen« Menschen (wie sogar die katholische Kirche zugibt). Vielmehr handelt es sich um unangemessenes Verhalten, auf dessen Änderung sowohl um des Täters als auch um der Betroffenen willen hinzuarbeiten ist.

3. Aufgrund seiner biosozialen Gegebenheiten (einschließlich seiner Erbanlagen und seiner Erziehung) ist der Mensch eindeutig ein fehlbares Lebewesen, von dem realistischerweise erwartet werden muss, dass ihm Fehler und Irrtümer unterlaufen. Es ist daher unrealistisch, zu erwarten, dass dies anders sei, und ihn zu verurteilen, weil er so ist, wie er ist, und weil er die eigenen perfektionistischen Ansprüche nicht erfüllt, die man an ihn stellt. Der Satz »Er hat einen ernsten Fehler gemacht; ich hoffe, dass er sich das nächste Mal besser verhält« ist durchaus vernünftig. Hingegen ist die Aussage »Er hat einen ernsten Fehler gemacht; er hätte das nicht tun sollen und er sollte sich nächstes Mal besser verhalten« völlig unsinnig. Denn sie bedeutet im Klartext: »Ich habe unrealistischerweise erwartet, dass er kein Mensch, sondern ein Engel ist, der keine Fehler macht; und da sich jetzt gezeigt hat, dass er ein fehlbarer Mensch ist, fordere ich noch unrealistischer, dass er sich in Zukunft wie ein vollkommener Engel verhält.«

4. Die Praxis, einen falsch Handelnden als Bösewicht zu bezeichnen und ihm seine unangebrachten (und vielleicht antisozialen) Handlungen vorzuwerfen bzw. ihn dafür zu bestrafen, basiert auf der Annahme, dass Vorwürfe und Strafen geeignet seien, einen Menschen von weiteren Übeltaten abzuhalten und sein künftiges Verhalten entscheidend zu verbessern. Obwohl diese Annahme durch bestimmte Befunde gestützt wird (da sich Kinder und Erwachsene manchmal bessern, wenn sie vorwurfsvoll kritisiert oder bestraft werden), bietet die Geschichte der menschlichen Kriminalität und Strafjustiz eindrucksvolles Beweismaterial für die gegenteilige Hypothese: nämlich dass Menschen, die für ihre

»Sünden« hart bestraft werden, sich häufig nicht bessern, sondern im Gegenteil noch schlechter werden. Während ruhige, distanzierte Bestrafung von Fehlverhalten im Geiste eines Experimentators, der ein Versuchstier objektiv bestraft, wenn es in einem Lernlabyrinth einen falschen Gang betritt, den Lernprozess oft beschleunigt (Mowrer, 1960 a), gibt es gute Gründe für die Annahme, dass wütendes, vorwurfsvolles Strafen in mehr als 50 Prozent aller Fälle entweder die menschliche Lernfähigkeit beeinträchtigt oder aber sie mit so vielen schädlichen Nebenwirkungen für den Lernenden (speziell neurotischen Symptomen) fördert, dass der Preis zu hoch erscheint.

5. Auch aus theoretischen Gründen ist zu erwarten, dass durch emotionales Bestrafen von Fehlverhalten geringere Lernerfolge zu erzielen sein dürften als durch objektive Umerziehung. Denn wenn sich ein Mensch aus angeborener Dummheit falsch verhält (gleichgültig, ob es sich um eine Tat oder eine Unterlassung handelt), dann wird er durch Vorwürfe kaum intelligenter werden. Begeht er eine Fehlhandlung aus Unwissenheit, so wird diese nicht viel geringer, wenn man ihn vorwurfsvoll darauf hinweist. Und falls er aufgrund einer psychischen Störung falsch handelt, wird sich diese durch Vorwürfe mit ziemlicher Sicherheit noch verschlimmern. Es ist daher schwer einzusehen, wie ein Mensch durch wütendes oder rachsüchtiges Bestrafen von Übeltaten dazu veranlasst werden kann, das objektive Grundproblem moralischen Verhaltens zu lösen, d. h. eine Antwort auf die Frage zu suchen: »Was kann ich tun, um einen schon einmal begangenen Fehler künftig zu vermeiden?«

6. In Wirklichkeit ist es so, dass Vorwürfe, Feindseligkeit und Aggressionen fast sicher die wesentlichsten Ursachen der meisten psychischen Störungen sind. Wenn Kinder nicht nach dem Prinzip erzogen würden, sich selbst und anderen wegen möglicher oder tatsächlicher Verfehlungen Vorwürfe zu machen, würden sie sowohl weniger ängstlich, schuldbewusst oder deprimiert werden (Gefühle, die durch Selbstvorwürfe entstehen) als auch weniger feindselig, bigott oder überheblich (die Folge von Schuldzuweisung an andere). Wenn wir also unsere Kinder zu Neurotikern machen, indem wir ihnen Schuld zuweisen und sie lehren, andere zu beschuldigen; wenn wir sie noch schärfer verurteilen, sobald ihre neurotischen Symptome sie zwingen, zu den verschiedensten unangebrachten und antisozialen Verhaltensweisen Zuflucht zu nehmen, erklimmen wir damit nicht den Gipfel des Schwachsinns und Wahnsinns? Statt sich unmäßig über eigene oder fremde Verfehlungen zu ereifern, verhält sich ein rationaler Mensch gegenüber unangebrachten Handlungen bzw. Unterlassungen besser folgendermaßen:

1. Wenn wir die Missetaten anderer kritisieren, sollte uns klar sein, dass sie derartige Handlungen aus Dummheit, Unwissenheit und/oder aufgrund einer emotionalen Störung zu begehen pflegen. Wir sollten versuchen, die Menschen zu akzeptieren, wenn sie unklug handeln, und ihnen zu helfen, wenn sie ignorant oder gestört sind. Akzeptieren wir den »Sünder«, nicht unbedingt jedoch die »Sünde«. Am besten, wir heften einer Person das Etikett »Sünder« gar nicht erst an.
2. Wenn jemand uns beschuldigt, sollten wir zuerst uns fragen, ob wir etwas falsch gemacht haben; wenn ja, müssen wir uns bemühen, unser Verhalten zu ändern. Wenn nicht, muss uns klar werden, dass andere sich bei der Einschätzung unseres »schlechten« Verhaltens leicht irren können und dass es eine falsche Verallgemeinerung bedeutet, wenn diese anderen uns wegen unserer »Fehler« schlecht machen. Verunglimpfen wir sie also nicht, sondern akzeptieren wir sie so, wie sie nun einmal sind, gleich wie unglücklich oder unfair ihr gegenwärtiges Verhalten sein mag. Es gibt viele Gründe, vor allem die Tatsachen der Realität selbst, weshalb unangenehme Situationen und Ereignisse so sind, wie sie eben sind. Unangenehme Menschen oder Umstände nicht zu mögen ist völlig vernünftig; sich selbst jedoch ernstlich davon stören zu lassen, weil die Realität so ist, wie sie ist, ist selbst-schädigend. Oft wäre es schön, wenn die Dinge anders wären, als sie sind, oder wenn wir im Leben bekämen, was wir tatsächlich wollen. Doch die Tatsache, dass es schön wäre, wenn es so wäre, bedeutet weder, dass es unbedingt so sein muss, noch gibt es uns einen vernünftigen Grund, darüber entsetzt zu sein, wenn es nicht so ist. »Schlechte« Taten sind oft unangenehm und nachteilig, manchmal sogar gravierend. Doch zeigen Zeit und Perspektive regelmäßig, dass wir sie akzeptieren und uns an sie anpassen und manchmal sogar daraus lernen können.
3. Wenn wir uns anhaltend oder heftig über das unangemessene Verhalten anderer ärgern, wird uns dies kaum helfen, diese Menschen zu verändern. Im Gegenteil, je mehr wir uns über die unangenehmen Aspekte der Menschen und des Lebens ärgern, desto desorganisierter und ineffektiver werden unsere Bemühungen, den Menschen zu helfen und die Umstände zu verbessern.

Irrationale Überzeugung Nr. 4: Die Vorstellung, dass es schrecklich und katastrophal ist, wenn die Dinge nicht so sind, wie man sie gerne haben möchte.

Es ist einfach erstaunlich, wie viele Millionen Menschen auf dieser Erde empört und unglücklich darüber sind, dass die Realität nicht so ist, wie sie es sich wünschen, bzw. dass die Welt so ist, wie sie ist. Dass sich diese Leute ausgesprochen frustriert fühlen, wenn sie nicht bekommen, was sie wollen, ist nur natürlich. Aber dass sie sich durch diese Frustration in tiefe anhaltende Depressionen oder in ungeheure Wut versetzen lassen, ist aus mehreren Gründen ganz und gar unvernünftig:

1. Wenn die Umstände und die Menschen nicht so sind, wie wir sie gern hätten, wird die Forderung, dass sie anders sein sollen, sie wohl kaum verändern. Manchmal wird es die Menschen sogar ermutigen, sich noch schlechter zu benehmen.

2. Die Tatsache, dass kleine Kinder, die über eine geringe Fähigkeit zu philosophischem Denken verfügen, oft unfähig sind, unvermeidbare Frustrationen zu tolerieren, beweist kaum, dass wir es nicht können. Wir können es – wenn wir nur halb so fleißig daran arbeiten, die grimmige Realität zu akzeptieren, wie wir uns gewöhnlich zu überzeugen suchen, dass wir es nicht können. Ich habe Hunderte von Fällen gesammelt, die zeigen, dass die Menschen ungewöhnliche medizinische Probleme, Behinderungen und andere »grausame« Umstände akzeptieren können und dabei nicht in Katastrophenstimmung verfallen und daran arbeiten, sich anzupassen. Wenn ich die Zeit dazu finde, werde ich diese als Buch veröffentlichen mit dem Titel *Accepting the Inevitable* (das Unvermeidliche akzeptieren).

3. Obwohl es dem ersten Eindruck nach beachtliche Beweise dafür zu geben scheint, dass die Hypothese John Dollards, Neal Millers und ihrer Kollegen stichhaltig ist und Frustration oft zu Aggression führt, wird eine ausführlichere Überprüfung der Beweise zeigen – wie Nicholas Pastore und Magda Arnold angedeutet haben –, dass es nicht die Frustration selbst ist, die Feindschaft und Aggression wirklich »verursacht«, sondern die subjektive und moralische Einstellung gegenüber dieser Frustration. So werden Personen, die zwanzig Minuten lang in der Kälte auf einen Bus warten, nur damit dieser schließlich an ihnen vorbeifährt, nicht besonders feindselig reagieren, wenn sie a) entdecken, dass der Bus defekt ist. Sie werden jedoch fast immer wütend, wenn sie b) sehen, dass der Busfahrer mit einem höhnischen Grinsen grundlos an ihnen vorbeifährt. Doch in beiden Fällen können sie nicht mit dem Bus fahren und sind gleichermaßen frustriert[5].

4. In ähnlicher Weise haben Experimente gezeigt, dass wir selbst physischen Schmerz nicht nur in Relation zur Intensität des schmerzhaften Reizes erleben und darauf reagieren, sondern in großem Ausmaß in Relation zu den subjektiven, individuellen, einstellungsbedingten Vorurteilen der Person, die den Reiz erfährt. Die Fälle, in denen Fußball-

spieler trotz gebrochener Rippen weiterspielen, zeigen die Macht des menschlichen Willens bei der Überwindung von Schmerzen. Daher ist es gleichgültig, wie sehr wir von jemandem frustriert werden oder ob wir um etwas beraubt werden, das wir sehr stark wollen, gewöhnlich müssen wir nicht wütend und depressiv werden wegen dieses Mangels, wenn wir unsere Präferenz nicht als bittere Notwendigkeit definieren[6]. Statt sich über die frustrierenden Aspekte des Lebens bzw. über die reale oder eingebildete Ungerechtigkeit der Welt in unvernünftiger Weise aufzuregen, sollte sich der rationale Mensch folgende Einstellungen zu eigen machen:

(1) Er sollte zu unterscheiden suchen, ob frustrierende oder schmerzhafte Situationen objektiv schlecht sind oder ob er sich ihre irritierenden Aspekte bloß einbildet bzw. diese übertreibt. Sind bestimmte Zustände objektiv abzulehnen, dann sollte er dieser Tatsache ruhig ins Auge sehen und sich um Veränderung dieser Zustände bemühen. Ist es ihm gegenwärtig unmöglich, die genannten Zustände zu verändern oder zu beseitigen, sollte er lernen, sie zu akzeptieren bzw. sich mit ihnen abzufinden.

(2) Insbesondere sollte er sich seine eigene Tendenz bewusst machen, unvermeidliche negative Situationen zu Katastrophen aufzubauschen, sich einzureden: »O Gott! Wie schrecklich ist diese Situation – ich kann sie unmöglich ertragen!« Er sollte diesen Hang, überall Katastrophen zu wittern, in Frage stellen und bekämpfen und seine internalisierten Sätze folgendermaßen abändern: »Es ist bedauerlich, dass die Umstände so frustrierend sind. Aber das bringt mich nicht um; ich bin imstande, unter diesen unerfreulichen, aber nicht katastrophalen Umständen zu leben!«

(3) Wann immer es möglich ist, sollte er versuchen, aus frustrierenden Situationen das Beste zu machen, d. h. aus ihnen zu lernen, sie als Herausforderung zu akzeptieren, sie sinnvoll in sein Leben zu integrieren.

(4) Wenn ihn physische Empfindungen wie Kopfschmerzen irritieren, sollte er sein Bestes tun, um sie loszuwerden; ist dies nicht möglich, sollte er versuchen, sie aus dem Bewusstsein zu verdrängen bzw. sich davon abzulenken. So kann er sich etwa auf andere, angenehmere Aspekte des Lebens konzentrieren (wie Lesen oder Pingpong-Spielen), bis die unangenehmen Empfindungen von selbst vergehen. Er sollte versuchen, unvermeidliche Unannehmlichkeiten und Ärgernisse zu akzeptieren und sie nicht noch schlimmer zu machen, indem er sich darüber ärgert, dass er sich ärgert (und dadurch seinen ursprünglichen Zorn verdoppelt oder verdreifacht).

Irrationale Überzeugung Nr. 5: Die Vorstellung, dass menschliches Leiden äußere Ursachen habe und dass der Mensch wenig Einfluss auf seinen Kummer und seine psychischen Probleme nehmen könne.
Die meisten Menschen in unserer Gesellschaft scheinen zu glauben, dass sie durch andere Menschen und äußere Ereignisse unglücklich werden und dass sie nicht leiden würden, wenn diese anders wären. Sie meinen, sich aufregen zu müssen, wenn bestimmte unerfreuliche Umstände eintreten, und dass sie in diesen Fällen keine Kontrolle über sich selbst oder ihre Emotionen haben. Diese Überzeugung ist aus mehreren Gründen falsch:

1. Andere Menschen und äußere Ereignisse können einem, abgesehen von körperlicher Gewaltanwendung und der (direkten oder indirekten) Vorenthaltung bestimmter konkreter Vorteile wie Geld oder Nahrung, de facto wenig schaden. In unserer heutigen Gesellschaft wird man jedoch selten von anderen Menschen körperlich oder ökonomisch geschädigt; fast alle »Angriffe« sind psychischer Art und können einem kaum Schaden zufügen, solange man sie nicht irrtümlicherweise für schädlich hält. Es ist unmöglich, durch Worte oder Gesten Schaden zu erleiden, wenn man sich nicht davon verletzen lässt oder gar sich selbst verletzt. Es sind niemals die Worte oder Gesten anderer, die uns schaden, sondern unsere eigenen Einstellungen zu diesen und unsere Reaktionen auf diese symbolischen Angriffe.
Wie Eleanor Roosevelt so schön sagte: »Niemand kann uns ohne unsere Erlaubnis beleidigen.«

2. Jedes Mal, wenn wir sagen: »Es schmerzt mich, wenn meine Freunde mich brüskieren« oder: »Ich kann es nicht ertragen, wenn etwas schief geht«, machen wir *es* »entsetzlich«. Das Wort »es« ist in diesen Sätzen größtenteils definierend. Was wir wirklich meinen, ist: »Ich störe mich selbst, indem ich mir sage, es sei entsetzlich, wenn meine Freunde mich brüskieren« oder: »Ich sage mir selbst, dass es ganz fürchterlich ist, wenn etwas schief geht, dass ich eine derartige Situation nicht ertragen kann.« Obwohl sich das *es* in »es schmerzt mich« oder »ich kann es nicht ertragen« auf irgendein äußeres Ereignis zu beziehen scheint, das unkontrollierbar auf uns einwirkt, bezieht sich das Wörtchen »es« gewöhnlich auf eine ärgerliche Handlung oder Begebenheit, die »entsetzlich« wird, weil wir sie dazu machen, und die uns von sich aus zwar stört, jedoch kaum zerstört.

3. Obwohl Millionen Menschen unerschütterlich glauben, dass sie ihre Überzeugungen und Emotionen nicht kontrollieren können und dass ihnen daher Schreckliches aufgezwungen wird, gleich was sie unterneh-

men, ist diese Vorstellung übertrieben. In Wahrheit ist es für die meisten Menschen größtenteils deshalb schwierig, ihre Emotionen zu verändern oder zu kontrollieren, weil ihnen das nicht beigebracht wird und weil sie es selten versuchen. Oder, wenn sie sich gelegentlich zu verändern suchen, tun sie dies auf schlampige, hastige und ungenaue Art und Weise. Wenn diese Menschen aufhören würden, ihre Emotionen als rein »spontane« Prozesse zu betrachten und sie realistischerweise als größtenteils aus Wahrnehmungen, Gedanken, Bewertungen und verinnerlichten Philosophien zusammengesetzt ansähen, wären sie fähig, konsequenter an ihrer Veränderung zu arbeiten.

4. Extrem schädigende und unerwartete Ereignisse, die Kindern und Erwachsenen zustoßen – wie beispielsweise Inzest, körperliche Misshandlung und Aggressionen –, werden einen Menschen fast immer schockieren und Gefühle der Panik, des Entsetzens und der Depression mobilisieren. Jedoch nicht in jedem Fall. Denn manche Opfer erholen sich langsam von ihrem Schock und sind nur zeitweilig traumatisiert. Andere sind über einen langen Zeitraum hinweg ernsthaft traumatisiert und leiden unter einer posttraumatischen Panikstörung. Selbst in einer derart abscheulichen Situation interagieren also die Überzeugungen der Menschen bezüglich der schädigenden Ereignisse und ihre emotionale Reaktivität dazu mit dem Trauma und bringen viele verschiedene Schweregrade an Störungen hervor.

5. Wenn wir uns eine Zeit lang selbst gesagt haben, dass wir über gewisse Ärgernisse oder Gefahren wirklich wütend sein sollten, werden wir die Gewohnheit entwickeln, uns über diese Dinge so zu ärgern, dass es uns schwer fallen wird, angemessen oder selbsthelfend darauf zu reagieren. Doch wenn wir uns überzeugen, dass wir uns über derartige Ärgernisse oder Gefahren eben nicht aufzuregen brauchen, werden wir es weit einfacher finden, bei ihrem Auftreten angemessen zu reagieren. Mit wenigen Ausnahmen gibt es, um Shakespeare frei wiederzugeben, im Leben nichts absolut Schlimmes – das Denken macht es dazu.

Statt irrtümlicherweise zu meinen, keinerlei Herrschaft über die eigenen Emotionen zu haben, ist sich der informierte und intelligente Mensch bewusst, dass das unglückliche Bewusstsein weitgehend (wenn auch nicht ausschließlich) von innen kommt und von der unglücklichen Person selbst geschaffen wird. Dieser informierte Mensch wird gegenüber seinen eigenen negativen und selbstzerstörerischen Emotionen folgende Haltung einnehmen:

(1) Sooft er bemerkt, dass er über irgendetwas in zu heftige Erregung gerät (das heißt, nicht bloß gemäßigtes Bedauern über einen Verlust

oder Ärger über eine Enttäuschung empfindet), wird er sich rasch klarmachen, dass er die eigenen negativen Emotionen hervorruft, indem er auf eine bestimmte Situation oder Person unüberlegt reagiert. Er wird sich weder durch die »Tatsachen« täuschen lassen, dass seine akuten Ängste oder Aggressionen eine »natürliche« Ursache zu haben scheinen, noch sie als sein »existentielles Los« hinnehmen oder sie auf äußere Umstände zurückführen; stattdessen wird er der Tatsache offen ins Auge sehen, dass er ihre Hauptquelle ist und sie, da er sie hervorgerufen hat, auch wieder beseitigen kann.

(2) Nachdem er seine eigenen unglücklichen Empfindungen objektiv registriert hat, wird er über sie nachdenken und ihre Spur zu seinen eigenen unlogischen Sätzen zurückverfolgen, mit welchen er sie hervorruft. Er wird diese affekterweckenden Sätze dann logisch analysieren und nachdrücklich in Frage stellen, bis er sich von ihrer inneren Widersprüchlichkeit überzeugt und sie selbst als unhaltbar erkannt hat. Durch die radikale Analyse und Veränderung seiner Selbstverbalisierungen gelingt es ihm, die selbstzerstörerischen Emotionen und Handlungen zu vermeiden, die sie sonst nach sich gezogen hätten.

So wird ein Mensch, der den Kontakt mit Körperbehinderten fürchtet, davon ausgehen, dass ihm in Wirklichkeit nicht die Behinderten Angst einjagen, sondern seine eigenen internalisierten Sätze über die »Schrecklichkeit« von »Krüppeln«. Er wird sich diese Sätze in aller Ruhe bewusstmachen (z. B. »Krüppel sind in einer unglücklichen Lage, weil sie auf fremde Hilfe angewiesen sind; es wäre schrecklich, wenn ich in die gleiche Lage käme«). Dann wird er diese Sätze logisch analysieren (er wird sich z. B. fragen: »Steht der zweite Satzteil, dass es schrecklich wäre, wenn ich in die gleiche Lage käme, in logischem Zusammenhang mit dem ersten, dass Krüppel in einer unglücklichen Lage sind?«). Dann wird er seine Verbalisierungen ernsthaft in Frage stellen (z. B. indem er sich immer wieder vor Augen hält: »Obwohl es sicher bedauerlich wäre, wenn ich ein Krüppel und auf Hilfe angewiesen wäre, so wäre es doch nicht schrecklich oder katastrophal; und ganz bestimmt würde es nicht beweisen, dass ich wertlos bin.«)

Schließlich wird er über die weit verbreiteten falschen Ansichten nachdenken, die seiner Angst vor dem Kontakt mit Behinderten zugrunde liegen, und sich vor Augen halten, dass auch er so ein »armer Teufel« werden kann, der sich in einer »entsetzlichen« Lage befindet. Allmählich wird er sich davon überzeugen, a) dass der Kontakt mit Behinderten (oder anderen Benachteiligten) ihn nicht auf magische Weise in einen Krüppel verwandeln kann; und b) dass praktisch keiner der Zustände, die zwar nicht wünschenswert sind (wie behindert zu sein), wirklich als schrecklich oder katastrophal gelten muss; und c) dass er mit physischen Handikaps und anderen Schwierigkeiten fast immer fertig werden wird, solange er am Leben ist und auch in ungünstigen Lagen noch denken, planen und handeln kann.

Irrationale Überzeugung Nr. 6: Die Überzeugung, dass man sich über tatsächliche oder eingebildete Gefahren große Sorgen machen, sich ständig mit der Möglichkeit ihres Eintretens befassen müsse. Die meisten Menschen in unserer Gesellschaft scheinen hartnäckig zu glauben, dass sie die Pflicht haben, sich unentwegt über tatsächliche oder potentielle Gefahren und Bedrohungen Sorgen zu machen. Dieser Glaube ist aus mehreren Gründen irrational:

1. Obwohl es oft klug ist, vorbeugend über eine drohende Gefahr nachzudenken, ihre Abwendung zu planen und entsprechende praktische Maßnahmen in die Wege zu leiten, haben Gefühle, die man subjektiv als »Angst«, »Sorge« oder »intensive Furcht« wahrnimmt, selten einen prophylaktischen oder konstruktiven Charakter. Meist hindern sie einen sogar, im Falle einer Gefahr wirksame vorbeugende oder sonstige Gegenmaßnahmen zu ergreifen. Erstens wird man so aufgeregt und angespannt, wenn man sich große Sorgen über eine mögliche Gefahr macht, dass man außerstande ist, objektiv zu unterscheiden, ob die »Bedrohung« real vorhanden ist oder ob man sie übertreibt. So wird man, wenn man z. B. schreckliche Angst hat, von einem Ball getroffen zu werden und das Bewusstsein zu verlieren, kaum in der Lage sein zu unterscheiden, ob es sich bei dem Ball, mit dem eine Gruppe von Jungen spielt, um einen harten und gefährlichen Gegenstand (wie einen Baseball oder einen Golfball) handelt oder um ein weiches und harmloses Spielzeug aus Plastik oder weichem Gummi. Besorgtheit und übermäßige Ängstlichkeit führen somit oft zu Phantasien über die »Gefahren« einer bestimmten Situation, die objektiv unbegründet sind.

2. Starke Angst vor potentiellen Gefahren hindert einen häufig daran, der Gefahr im Ernstfall wirksam zu begegnen. Wenn man z. B. bemerkt, dass Jugendliche auf der Straße mit einem harten und gefährlichen Ball spielen, und darauf mit heftiger Angst reagiert, weil man selbst oder ein Angehöriger von dem Ball getroffen werden könnte, wird man sich über diese reale Gefahr so aufregen, dass man sich falsch verhält; statt den Jungen sachlich zu erklären, wie gefährlich das Spiel mit diesem Ball ist, wird man sie gegen sich aufbringen, indem man sie nervös anschreit, die Polizei ruft oder sie sonstwie belästigt, mit der Folge, dass sie erst recht weiterspielen.

3. Sich über das mögliche Eintreten eines schlimmen Ereignisses Sorgen zu machen, ist in den meisten Fällen nicht nur nicht geeignet, dieses Ereignis abzuwenden, sondern trägt oft dazu bei, es herbeizuführen. Wenn Sie überbesorgt sind, dass Sie einen Autounfall haben könnten, werden Sie unter Umständen so nervös, dass Sie mit einem anderen Auto kollidieren oder gegen einen Lichtmast fahren – Unfälle, die Sie leicht vermeiden könnten, wenn Sie ruhiger wären.

4. Übermäßige Ängstlichkeit in gefährlichen Situationen lässt Sie in der Regel die Gefahr übertreiben, in der Sie sich befinden. So werden Sie, wenn Sie große Angst vor Flugreisen haben, dazu neigen, die Wahrscheinlichkeit eines Absturzes zu überschätzen, die in Wirklichkeit nur etwa eins zu hunderttausend beträgt. Obwohl Ihre Sorge in diesem Fall eine gewisse Berechtigung hat, ist die tatsächliche Gefahr wesentlich geringer, als Sie sich einbilden.

5. Manche befürchteten Ereignisse – wie schwere Krankheiten und der Tod – sind unabwendbar, und nichts, auch nicht Ihre Angst und Sorge, können ihr Eintreten verhindern. Indem Sie sich über unvermeidliche Ereignisse Sorgen machen, verringern Sie in keiner Weise die Wahrscheinlichkeit, dass diese über Sie hereinbrechen; Sie haben jedoch nicht nur die unangenehmen Folgen dieser Ereignisse zu ertragen, sondern Sie laden sich mit der Sorge davor eine zusätzliche und oft noch viel schlimmere Bürde auf. Falls Sie beispielsweise guten Grund zu der Annahme haben, dass Sie in wenigen Jahren sterben werden, wird Ihre Angst vor dem Tod dieses Ereignis nicht nur nicht verhindern, sondern Ihre restlichen Tage, die Sie voll auskosten könnten, wenn Sie die Unabwendbarkeit Ihres Sterbens akzeptierten, zur Hölle machen.

6. Viele allgemein gefürchteten Gefahren – etwa die Möglichkeit, zuckerkrank zu werden, falls dieses Leiden in Ihrer Familie verbreitet ist – sind in Wirklichkeit gar nicht so schlimm, wie man sich das in seiner Angst ausmalt. Man kann mit Diabetes ein erträgliches, wenn auch zugegebenermaßen etwas eingeschränktes Leben führen; dasselbe gilt für Tuberkulose, viele Krebsarten und verschiedene andere Krankheiten. Es ist daher unsinnig, sich in Katastrophenstimmung zu versetzen, selbst wenn die Wahrscheinlichkeit groß ist, in absehbarer Zeit eine dieser Krankheiten zu bekommen. Statt sich durch übertriebene Ängstlichkeit selbst zu schaden, sollte ein vernünftiger Mensch eine andere Einstellung zu den Gefahren und Verlusten entwickeln, die ihm im Leben drohen:

(1) Er sollte sich klarmachen, dass die meisten seiner Sorgen nicht durch echte Gefahren hervorgerufen werden, sondern durch seine Ten-

denz, sich zu sagen: »Wäre es nicht schrecklich, wenn dieses und jenes passierte?« oder »Es wäre schrecklich, wenn ein bestimmter Fall einträte und ich nicht damit fertig würde.« Vielmehr sollte er lernen, seine angsterzeugenden verinnerlichten Sätze kritisch zu betrachten, und sie durch die vernünftigere und realistischere Einstellung ersetzen: »Es wäre äußerst unangenehm, wenn das und das geschähe, aber es wäre keine Katastrophe und ich kann auch damit fertig werden.«

(2) Er sollte sich immer wieder vor Augen halten, dass seine irrationalen Ängste ihm nicht helfen, Gefahren abzuwenden, sondern diese oft noch vermehren und verstärken, und dass sie ihm mehr schaden und ihn entscheidender schwächen als die angeblich so schrecklichen Ereignisse, um derentwillen er sich in solche Angst versetzt.

(3) Er sollte sich klarmachen, dass viele oder gar die meisten seiner Ängste verschleierte Formen der Angst davor sind, was andere von ihm denken könnten. Diese Art von Angst sollte er ständig in Frage stellen und sich bewusst machen, wie töricht sie in der Regel ist. Er sollte die Berechtigung der meisten Ängste in Zweifel ziehen, die er gegenwärtig hegt, wenn manche davon auch in der Vergangenheit am Platze gewesen sein mögen, als er kleiner und jünger war und Grund hatte, sich vor mehr Dingen zu fürchten.

(4) Er sollte gerade jene Dinge häufig tun, vor denen er sich am meisten fürchtet – wie in der Öffentlichkeit sprechen, einem Vorgesetzten seine Ansichten darlegen oder für seine Rechte eintreten –, um sich selbst zu beweisen, dass es da im Grunde gar nichts zu fürchten gibt.

(5) Er sollte sich keine Sorgen machen, wenn bereits besiegt geglaubte Ängste plötzlich wiederkehren, sondern sollte erneut an ihrer Überwindung arbeiten, indem er sie sich ehrlich eingesteht und über sie nachdenkt, bis er sie endgültig überwunden hat.

Irrationale Überzeugung Nr. 7: Die Meinung, es sei leichter, bestimmten Schwierigkeiten auszuweichen, als sich ihnen zu stellen. Viele Menschen sind der Ansicht, es sei empfehlenswert, nur die Dinge zu tun, die einem »liegen« und »leicht fallen« und von sich aus Spaß machen; den Schwierigkeiten und Verantwortungen, die das Leben mit sich bringt, gehe man dagegen am besten aus dem Wege. Diese Meinung ist aus verschiedenen Gründen falsch:

1. Wer glaubt, sich vor den Schwierigkeiten des Lebens drücken zu können, zieht nur die momentanen Vorteile eines solchen Verhaltens in Betracht und übersieht die vielen Probleme und Nachteile, die es mit sich bringt. Wenn es Ihnen beispielsweise schwer fällt, eine Frau um einen Kuss zu bitten (oder sie zu küssen, ohne zu fragen!), und Sie be-

schließen, keinen Korb zu riskieren, dann werden Sie zwar im Augenblick Ihrer negativen Entscheidung einen Seufzer der Erleichterung ausstoßen und sich besser fühlen, da Sie dem Problem ausgewichen sind. Aber sobald dieses momentane Gefühl verflogen ist, werden Sie sich vermutlich erneut quälen, weil Sie sich mögliches Glück entgehen ließen, weil Sie nicht herausgefunden haben, was sie von Ihnen hält, und weil Sie keine Erfahrungen im Werben oder im Küssen gesammelt haben usw. Es ist daher gut möglich, dass Sie für Ihre momentane »Zufriedenheit« mit leidvollen Stunden, Tagen oder gar Jahren bezahlen.

2. Obwohl Ihnen die Anstrengung gering erscheinen mag, die Sie Ihr Ausweichen vor einer Entscheidung oder einer Aufgabe kostet, handelt es sich in Wirklichkeit oft um einen langen und schmerzhaften Prozess. Denn es kann Sie buchstäblich viele Stunden des Hin- und Herüberlegens, der Selbstquälerei und abgefeimter Listen und Ränke kosten, bevor Sie sich entschließen, eine schwierige, aber potentiell lohnende Aufgabe nicht in Angriff zu nehmen; und das Missbehagen, dem Sie sich dadurch aussetzen, kann zehnmal größer sein als das Missbehagen, das Ihrer Meinung nach mit der betreffenden Aufgabe verbunden ist.

3. Selbstvertrauen entsteht letzten Endes nur durch eigenes Handeln, nicht durch Unterlassungen. Wir sind zuversichtlich, dass wir in Zukunft eine Aufgabe meistern und Spaß daran haben werden, weil wir bestimmte Aspekte dieser Aufgabe bereits in der Vergangenheit und Gegenwart bewältigt haben. Wenn Sie sich daher angewöhnen, stets den Weg des geringsten Widerstandes zu gehen, werden Sie vielleicht ein »bequemes« Leben haben, aber gleichzeitig werden Sie fast sicher über ein geringeres Maß an Selbstvertrauen verfügen.

4. Millionen von Menschen scheinen der Meinung zu sein, ein bequemes, problemloses, mit geringer Verantwortung beschwertes Leben sei besonders begehrenswert. Dies ist eine äußerst fragwürdige Annahme, wie Magda Arnold und Nina Bull hervorgehoben haben. Der Mensch scheint am »glücklichsten« zu sein, wenn er nicht untätig herumsitzt und vielleicht nicht einmal, wenn er jeweils einen relativ kurzen Augenblick lang stark erregt und emotional intensiv an etwas beteiligt ist. Am zufriedensten scheint der Mensch zu sein, wenn er sich zielorientiert verhält, d. h. wenn er sich einer langfristigen, eher schwierigen Aufgabe verschrieben hat, an der er systematisch und in relativer Ruhe arbeitet, ob diese nun auf dem Gebiet der Kunst, der Wissenschaft oder im geschäftlichen oder einem anderen Bereich liegt[8].
Wenn das Gesagte richtig ist, dann mag ein bequemes und verantwortungsarmes Leben zwar oft zeitweilig als angenehm empfunden werden

– speziell in Perioden der Erholung von einem aktiveren Lebensstil –, auf die Dauer kann es aber kaum befriedigen. Leben ist Handeln, sich Bewegen, Erfahrungen machen, schöpferisch tätig sein; und der Mensch lässt sich Möglichkeiten intensiver Erfüllung entgehen, wenn er sich angewöhnt, schwierigen Aufgaben und Problemen aus dem Weg zu gehen.

Statt Schwierigkeiten, Herausforderungen und Verantwortung zu meiden, sollte der rationale Mensch nach folgenden Grundsätzen verfahren:

(1) Die Dinge, die getan werden müssen, sollte er tun, ohne sich zu beklagen, so schwer es ihm auch fallen mag. Gleichzeitig sollte er sich praktikable Mittel und Wege überlegen, wie sich die vermeidbaren unangenehmen Aspekte des Lebens reduzieren lassen. Er kann sich dazu erziehen, notwendige Aufgaben zu lösen, indem er sich mit logischen Argumenten von ihrer Unvermeidbarkeit überzeugt und sich dann buchstäblich zwingt, sie so rasch wie möglich hinter sich zu bringen.

(2) Falls er dazu neigt, sich bestimmten Problemen und Verantwortungen zu entziehen, sollte er sich keinesfalls einreden, dass er eben von »Natur« aus oder seiner »Veranlagung« nach faul sei, sondern sich bewusst machen, dass praktisch jeder solchen Verweigerung eine Kette eigener Sätze zugrunde liegt, die entweder von unbegründeter Angst oder von Auflehnung zeugen. Und er sollte diese autosuggestiven Sätze schonungslos enthüllen und so lange logisch analysieren, bis es ihm möglich ist, sie durch vernünftigere und aktivitätsförderndere zu ersetzen.

(3) Er sollte sich vor übertriebener Selbstdisziplin und der Tendenz, sich die Dinge allzu schwer zu machen, hüten (gewöhnlich ein Zeichen von Schuldgefühlen und Selbstbestrafungstendenzen). Aber er sollte jene Aktivitäten fördern, die ihn zur Selbstdisziplin erziehen; nötigenfalls durch Aufstellung von Arbeitsplänen, das Anvisieren von Zwischenzielen und das Hinarbeiten auf mittelfristige Belohnungen.

(4) Er sollte der Tatsache ins Auge sehen, dass Leben Aktivität bedeutet und dass Ruhe und Zurückgezogenheit legitime Intervalle eines erfüllten Lebens darstellen, aber tödlich wirken, wenn sie den größten Teil dieses »Lebens« ausmachen. Er sollte weise genug sein, die Tatsache zu akzeptieren, dass speziell auf längere Sicht ein Leben, das voll von Verantwortung und Herausforderung ist und ständig Problemlösungen fordert, den größten Genuss verspricht.

Irrationale Überzeugung Nr. 8: Die Vorstellung, dass man sich auf andere verlassen sollte und dass man einen Stärkeren braucht, auf den man sich stützen kann.

Obwohl sich unsere Gesellschaft theoretisch zu Freiheit und Unabhängigkeit bekennt, scheinen viele von uns zu glauben, dass es besser ist, von anderen abhängig zu sein und jemanden zu haben, der stärker ist als man selbst und auf den man sich verlassen kann. Diese Meinung ist aus verschiedenen Gründen falsch:

1. Obwohl es stimmt, dass in dieser komplexen Gesellschaft jeder bis zu einem gewissen Grad von anderen abhängig ist (da uns ohne weitgehende Arbeitsteilung weder Lebensmittel und Bekleidung noch öffentliche Verkehrsmittel und hundert andere Dinge zur Verfügung stünden), besteht kein Grund, diese Abhängigkeit zu maximieren und buchstäblich zu verlangen, dass uns andere die Entscheidungen abnehmen und für uns denken. Seien wir jederzeit zur Zusammenarbeit bereit, aber vermeiden wir Unterwerfung.

2. Je mehr Sie sich auf andere stützen, desto öfter sind Sie gezwungen, auf Dinge zu verzichten, die Sie tun wollen, und müssen stattdessen das tun, was die anderen interessiert, auf deren Hilfe Sie angewiesen sind. Abhängigkeit steht seiner Definition nach in umgekehrtem Verhältnis zu Individualismus und Unabhängigkeit; es ist schlechthin unmöglich, gleichzeitig man selbst und völlig abhängig von anderen zu sein.

3. Je mehr Sie sich auf die Führung und Hilfe anderer verlassen, desto seltener werden Sie bestimmte Dinge selbst tun und dadurch etwas Neues dazulernen. Das heißt, je abhängiger Sie gegenwärtig sind, desto abhängiger werden Sie künftig sein. Wenn Sie von anderen abhängig sein müssen, um sich sicher fühlen zu können – da Sie dann keine Fehler machen können bzw. nicht zur Verantwortung gezogen werden, falls Sie welche machen –, verlieren Sie im Grunde an Sicherheit, statt zu gewinnen: denn die einzige echte Sicherheit, die Sie im Leben haben können, ist die Gewissheit, dass Sie nicht wertlos, sondern bloß ein fehlbarer Mensch sind, so viele Fehler Sie auch machen mögen. Abhängigkeit führt in einen Teufelskreis zu immer geringerem Selbstvertrauen und immer größerer Angst. Abhängig zu sein heißt, ständig und ohne Ende um ein Gefühl der Selbstachtung und Sicherheit zu ringen, das (auf diesem Wege) unerreichbar ist.

4. Wer sich auf andere verlässt, liefert sich ihnen auf Gnade oder Ungnade aus, d. h., er ist von äußeren Kräften abhängig, über die er oft keine Macht hat. Wenn Sie selbständig Entscheidungen treffen und handeln, können Sie wenigstens mit Ihrem eigenen Denken und Verhalten arbeiten und sich auf dieses stützen. Verlassen Sie sich hingegen auf andere, so wissen Sie nie, wann diese unzuverlässig werden, in einen anderen Erdteil ziehen oder sterben.

Statt ein Abhängigkeitsverhältnis gegenüber anderen Menschen (oder hypothetischen Abstraktionen wie dem Staat oder Gott) anzustreben, sollte der rationale Mensch sein Bestes tun, um auf seinen eigenen zwei Beinen zu stehen und selbst zu denken und zu handeln. Einige konkretere Ziele, die er in diesem Zusammenhang anstreben kann, seien nachstehend angeführt:
(1) Er sollte die Tatsache akzeptieren, dass er in einigen wesentlichen Hinsichten allein auf dieser Welt ist und immer sein wird – und dass es nicht unbedingt schlecht ist, allein zu stehen und für seine eigenen Entscheidungen verantwortlich zu sein. So freundlich und kooperativ er auch anderen gegenüber sein mag – wenn es darauf ankommt, weiß doch nur er, was er im Grunde will und braucht; und nur er allein kann seine Lebensprobleme lösen.
(2) Er sollte ganz klar sehen, dass es niemals schrecklich und fürchterlich ist, bestimmte Ziele nicht zu erreichen; dass der Mensch aus Rückschlägen am meisten lernt; und dass seine Misserfolge seinen persönlichen Wert als Mensch nicht schmälern. Er sollte demnach unbeirrt die Ziele anstreben, die er sich gesteckt hat, wenn die Chance, sie zu erreichen, auch oft gering ist; und er sollte sich die Einstellung zu eigen machen, dass es besser ist, Risiken einzugehen und selbstverschuldete Fehler zu machen, als seine Seele für die überflüssige »Hilfe« anderer zu verkaufen.
(3) Er sollte nicht aus unreifem Trotz jegliche Hilfe anderer ablehnen, um zu beweisen, wie »stark« er ist, und dass er ganz allein auf eigenen Füßen stehen kann, sondern sollte gelegentlich fremde Hilfe durchaus suchen und akzeptieren – wenn er sie wirklich braucht.

Irrationale Überzeugung Nr. 9: Die Vorstellung, dass die eigene Vergangenheit entscheidenden Einfluss auf unser gegenwärtiges Verhalten hat und dass etwas, das sich früher einmal auf unser Leben auswirkte, dies auch weiterhin tun müsse.
Viele Menschen in unserer Gesellschaft scheinen zu glauben und nach dieser Überzeugung zu handeln, dass etwas, das ihr Leben einmal entscheidend prägte oder darin eine wichtige Rolle spielte, diesen Einfluss für alle Zeiten beibehalten müsse. Dieser Glaube enthält verschiedene irrationale Elemente:

1. Wenn Sie sich von Ihrer bisherigen Lebensgeschichte über Gebühr beeinflussen lassen, begehen Sie den logischen Fehler der Übergeneralisierung: das heißt, Sie nehmen an, dass etwas, das unter gewissen Umständen richtig ist, unter allen Umständen richtig sei. So mag es beispielsweise eine Tatsache sein, dass Sie in der Vergangenheit außerstan-

de waren, Ihren Eltern oder anderen Erwachsenen gegenüber wirkungsvoll für Ihre Rechte einzutreten, und dass Sie deshalb gezwungen waren, sich fügsam zu verhalten und sich bei ihnen einzuschmeicheln, um ein Minimum an Ruhe zu haben und bestimmte Dinge zu bekommen, die Sie sich dringend wünschten. Aber das heißt nicht, dass Sie es heute, vielleicht zwanzig oder mehr Jahre später, immer noch nötig haben, sich anderen gegenüber ähnlich unterwürfig und schmeichlerisch zu verhalten, um sich selbst zu schützen oder um zu erhalten, was Sie wollen.

2. Wenn Sie sich zu stark von der Vergangenheit leiten lassen, werden Sie in der Regel zu oberflächlichen oder »bequemen« Lösungen Ihrer Probleme neigen, die sich früher bewährt haben, die aber heute relativ ineffektiv sein mögen. Normalerweise stehen für jedes Problem mehrere Lösungsmöglichkeiten zur Wahl, die nicht alle gleichermaßen effizient oder gründlich sind. Je mehr Sie sich von den Lösungen beeinflussen lassen, die Sie in der Vergangenheit erfolgreich angewandt haben, desto weniger werden Sie dazu neigen, nach möglichen Alternativen zu suchen, die Ihren gegenwärtigen Problemen besser gerecht werden.

3. Die Überbewertung des prägenden Einflusses der Entwicklungsjahre verführt dazu, dem wahren Satz »Weil ich in meiner Jugend lernte, mich neurotisch zu verhalten, fällt es mir sehr schwer, mich zu ändern« das falsche Ende anzuhängen »... ist es mir unmöglich, mich zu ändern, also gebe ich am besten auf und bleibe hoffnungslos neurotisch«.
Statt die Bedeutung der Vergangenheit zu überschätzen und sich immer wieder nach dem Schema seiner Übertragungsbeziehungen zu verhalten, wie die Psychoanalytiker das nennen, sollte man sich als rationaler Mensch folgende Einstellungen zu eigen machen:
(1) Man sollte die Tatsache akzeptieren, dass die Vergangenheit wichtig ist und man damit rechnen muss, in vieler Hinsicht durch seine früheren Erfahrungen nachhaltig beeinflusst zu werden. Aber man sollte auch anerkennen, dass die Gegenwart die Vergangenheit von morgen ist und dass man, indem man sich um Veränderung seiner Gegenwart bemüht, das Morgen grundlegend anders und weitaus befriedigender gestalten kann als das Heute.
(2) Statt automatisch fortzufahren, Dinge in der Gegenwart zu tun, weil man sie früher zu tun pflegte, sollte man innehalten und über diese mechanische Wiederholung von Verhaltensmustern nachdenken. Falls man unter einem starken früheren Einfluss steht, den man für schädlich hält, sollte man sowohl auf der verbalen wie auf der Handlungsebene konsequent dagegen ankämpfen: indem man das unkritische Festhalten an erlernten Verhaltensmustern als Humbug entlarvt und sich zwingt,

in geeigneten Momenten vom gewohnten Schema abzuweichen. Hat man beispielsweise Angst davor, Hähnchen zu essen, weil einem die Mutter in der Kindheit einredete, das sei ungesund, dann sollte man diesen Aberglauben der Mutter (und den eigenen, inzwischen internalisierten) so lange in Frage stellen, bis es einem gelingt, ihn zu erschüttern, und man sich zwingen kann, dieses Gericht zu essen und sich durch eigenes Handeln von seiner Unschädlichkeit zu überzeugen.
(3) Statt sich trotzig gegen die meisten oder alle früheren Einflüsse aufzulehnen, sollten wir alle unsere erworbenen Überzeugungen möglichst objektiv prüfen, abwägen und in Frage stellen und nur diejenigen bekämpfen, die uns heute schaden.

Irrationale Überzeugung Nr. 10: Die Neigung, sich über die Probleme und Verhaltensschwierigkeiten anderer Leute aufzuregen.

1. Die Probleme der anderen haben häufig wenig oder nichts mit uns zu tun, und es gibt keinen Grund, weshalb wir uns über Gebühr aufregen müssen, wenn sie anders sind als wir oder sich in einer Weise verhalten, die uns falsch erscheint. Wenn Frau Maier ihre Kinder zu streng erzieht, so mag das für sie und ihre Familie schädliche Folgen haben; und wenn wir die Möglichkeit haben, ihr zu helfen, um so besser. Aber sie ist nicht unbedingt eine Verbrecherin, weil wir ihre Handlungsweise nicht billigen – es könnte sogar sein, dass sie Recht hat und wir hinsichtlich ihrer Erziehungsmethoden Unrecht haben. Aber selbst wenn sie eine Verbrecherin wäre und beispielsweise ihre Kinder misshandelte oder tötete, hätte es keinen Sinn, deshalb völlig außer sich zu geraten – wichtiger wäre es, die zuständigen Behörden nachdrücklich auf den Sachverhalt aufmerksam zu machen.

2. Auch in Fällen, wo Mitmenschen so verhaltensgestört sind, dass sie Dinge tun, die uns ärgern oder schaden, wird unser Ärger zum größten Teil nicht durch ihr Verhalten ausgelöst, sondern durch unsere Einstellung dazu, unsere Neigung, Kränkungen und Beleidigungen zu »sammeln«. Behandelt uns beispielsweise jemand unhöflich, so schadet uns das in den seltensten Fällen. Aber wir sagen uns: »So eine Frechheit! Wie kann er es bloß wagen, mich so zu behandeln!« Was uns so in Rage bringt, ist also weit eher unser Nichtakzeptieren der Realität als seine Unhöflichkeit.

3. Wenn wir uns über das Verhalten anderer aufregen, tun wir so, als hätten wir beträchtliche Macht über sie und als könnte unsere Empörung ihr Verhalten auf magische Weise zum Besseren wenden. Das ist natürlich ein Irrglaube. Obwohl wir über enorme Kräfte verfügen, um

uns selbst zu kontrollieren und zu ändern (die wir leider selten nutzen), haben wir in Wirklichkeit nur wenig Macht über andere. Und je mehr wir uns über ihr Verhalten ärgern und aufregen – und sie durch unsere Aufmerksamkeit auszeichnen –, desto geringer ist die Wahrscheinlichkeit, dass wir sie zu einer Änderung veranlassen werden.

4. Selbst wenn es uns gelingt, das Verhalten anderer zu ändern, indem wir uns darüber aufregen, zahlen wir mit unserem Nervenverschleiß einen hohen Preis. Sicher hätte es andere, weniger selbstzerstörerische Mittel und Wege gegeben, die anderen in aller Ruhe von ihrem Fehlverhalten abzubringen. Meistens nützen wir mit unserer Wut und Empörung weder uns selbst noch den anderen.

5. Unsere Aufregung über das Benehmen anderer dient oft nur der Ablenkung von dem Punkt, auf den sich unser Interesse eigentlich konzentrieren sollte: nämlich wie wir uns benehmen und was wir tun. Wenn wir uns gestatten, uns lange über die Verwerflichkeit des Tuns anderer zu ereifern, so ist das nicht selten ein willkommener Vorwand, nicht vor der eigenen Tür kehren zu müssen und unsere eigenen Probleme ungelöst zu lassen.

Statt uns zu ärgern und aufzuregen, wenn sich andere unangemessen verhalten oder Dinge tun, die wir ablehnen, täten wir wesentlich besser daran, uns folgende Haltung anzugewöhnen:

(1) Wir sollten uns fragen, ob es sich wirklich lohnt, sich über das Tun und Lassen anderer zu empören, sowohl von ihrem als auch von unserem Standpunkt, und sollten uns nur dann um sie kümmern, wenn uns viel an ihnen liegt, wenn wir glauben, ihnen helfen zu können, sich zu ändern, und wenn wir meinen, ihnen durch unsere Anteilnahme eine echte Hilfe sein zu können.

(2) Auch wenn sich diejenigen, die uns viel bedeuten, falsch verhalten, sollten wir nicht in unnötige Erregung geraten, sondern vielmehr ruhig und sachlich versuchen, ihnen die Unangebrachtheit ihrer Handlungsweise vor Augen zu führen, und sollten ihnen liebevoll helfen, ihre Schwierigkeiten und Hindernisse zu überwinden.

(3) Wenn es absolut unmöglich ist, die anderen von ihrem selbstzerstörerischen oder lästigen Verhalten abzubringen, sollten wir zumindest versuchen, uns nicht über diese Situation zu ärgern, sondern uns stattdessen damit abfinden und das Beste daraus machen.

Irrationale Überzeugung Nr. 11: Die Vorstellung, dass es für jedes menschliche Problem eine absolut richtige, perfekte Lösung gibt, und dass es eine Katastrophe sei, wenn diese perfekte Lösung nicht gefunden wird.

Dieses Insistieren auf Sicherheit, absoluter Beherrschung der Lage und vollkommener Wahrheit ist in verschiedener Hinsicht irrational:

1. Soviel wir wissen, gibt es weder Sicherheit, Vollkommenheit noch absolute Wahrheit in der Welt. Wie Hans Reichenbach, John Dewey, Bertrand Russell, Karl Popper und viele andere neuere Denker überzeugend dargelegt haben, leben wir, ob wir es wollen oder nicht, in einer Welt der Wahrscheinlichkeit und des Zufalls und können außerhalb unser selbst keiner Sache sicher sein. Da die Dinge nun einmal so liegen und da das Sicherheitsstreben nur falsche Erwartungen und, als Folge der enttäuschten Hoffnungen, schließlich Angst auslöst, ist es das einzig Vernünftige, die (negative oder positive) Realität zu akzeptieren und sich niemals unsinnigerweise einzureden, man müsse sie vollständig kennen, restlos beherrschen und optimale Lösungen für alle Probleme haben.

2. Die Katastrophen, welche viele Leute über sich hereinbrechen sehen, falls es ihnen nicht gelingt, ihre Probleme für immer der einzig »richtigen« Lösung zuzuführen, oder falls sie keine totale Kontrolle über die äußeren Umstände haben, existieren in Wirklichkeit nur in der Phantasie der Betroffenen. Wer felsenfest überzeugt ist, dass es eine Katastrophe gibt, wenn er seine Probleme nicht auf der Stelle lösen kann, der wird durch seine Ungeduld irgendeine Katastrophe herbeiführen (etwa in akute Panik geraten oder sich als hoffnungslos ineffizient erweisen), wenn diese perfekte Lösung nicht sofort gefunden wird.

3. Perfektionismus engt gewöhnlich die Lösungsmöglichkeiten eines Problems ein und bewirkt, dass das Problem schließlich viel weniger »perfekt« gelöst wird, als dies der Fall wäre, wenn man nicht auf Vollkommenheit bestünde. So gibt es beispielsweise viele Möglichkeiten, Klavier spielen zu lernen; falls Sie aber darauf bestehen, bei einem bestimmten Lehrer lernen zu müssen, dann werden Sie es vielleicht nie oder nur schlecht lernen. Statt vollkommene und sofortige Lösungen für alle Lebensprobleme zu fordern und stets absoluter Herr der Lage sein zu wollen, tut ein rationaler Mensch besser daran, mit folgender Einstellung an seine Probleme heranzugehen:
(1) Angesichts eines schwerwiegenden Problems sollte man sich mehrere Lösungsmöglichkeiten überlegen und von diesen Alternativen schließlich die praktikabelste und realistischste, nicht die »vollkommenste« wählen. Das bedeutet nicht, dass man perfektionistisch jeden möglichen Aspekt jeder möglichen Alternative abwägen sollte – da man auf dieser Basis zu überhaupt keiner Entscheidung gelangen würde –, sondern dass man die Notwendigkeit von Kompromissen bereitwillig ak-

zeptieren und seine Entschlüsse in einem vertretbaren Zeitraum fassen sollte, sobald man die vorhandenen Alternativen entsprechend geprüft hat.

(2) Man sollte die Tatsache akzeptieren, dass extreme Lösungen und Pläne häufig (wenn auch nicht immer) ungünstig oder undurchführbar sind, und sollte deshalb gemäßigten Ansichten Gehör schenken und versuchen, einen Mittelweg zwischen den sich anbietenden Möglichkeiten zu wählen.

(3) Man sollte die Tatsache uneingeschränkt akzeptieren, dass Irren menschlich ist und dass man aller Wahrscheinlichkeit nach speziell anfangs falsche oder mittelmäßige Entscheidungen treffen wird und dass dieser Umstand nicht den wirklichen Wert eines Menschen schmälert. Im Bewusstsein, dass wir alle durch Versuch und Irrtum lernen, sollten wir stets bereit sein, zu experimentieren, verschiedene Pläne auf ihre Durchführbarkeit zu erproben, nach möglichen neuen Lösungen zu suchen und diese pragmatisch zu testen.

Die oben stehenden dysfunktionalen oder irrationalen Überzeugungen (iB's) habe ich in den ersten Praxisjahren der REVT bei meinen Klienten gesammelt. Als ich diese Klienten danach fragte, was sie sich selbst sagten, kurz bevor sie neurotisch fühlten und handelten, erkannte ich, dass praktisch alle häufig diese selbst-schädigenden Überzeugungen hegten. Als die Klienten diese zu verändern begannen, wurden sie merklich weniger gestört und meist auch glücklicher.

Die Bestätigung in dieser Hinsicht kam sehr rasch von anderen Therapeuten, die von meiner ursprünglichen Liste irrationaler Überzeugungen gehört hatten und damit bei ihren eigenen Klienten zu arbeiten begannen. Einige dieser Therapeuten fingen an, Tests für diese dysfunktionalen Überzeugungen auszuarbeiten, die meine Entdeckungen zum Modell hatten. Seither sind über fünfzig derartige Tests – einschließlich der *Dysfunctional Attitude Scale* (Skalierung dysfunktionaler Einstellungen) – entstanden und in Hunderten von Untersuchungen genutzt worden, von denen die meisten meine ursprünglichen Entdeckungen wiederholen: dass emotional gestörte Individuen einräumen, merklich mehr und stärkere iB's zu haben als weniger gestörte Testpersonen. Außerdem verändern die Menschen, wie ich im vorliegenden Buch immer wieder feststelle, ihre neurotischen Gedanken, Gefühle und Handlungen i. d. R. zum Positiven, wenn man ihnen durch Psychotherapie, Kurse, Selbsthilfematerial oder andere Methoden hilft, ihre dysfunktionalen in funktionalere Überzeugungen zu verwandeln[11].

Das ist sehr schön und scheint schon jahrhundertelang von vielen Philosophen und Predigern bestätigt worden zu sein. Ich selbst habe die in diesem Kapitel – sowie in der REVT allgemein – skizzierten »rationalen« Ideen in meinem eigenen Leben oft verwendet, und sie haben sich sehr gut bewährt. Über fünfzig Jahre lang habe ich unter keinerlei ernsthaften Ängsten oder Depressionen gelitten, obwohl ich bis zum Alter von zwanzig Jahren oft sehr ängstlich war! Auch chronisch wütend war ich in meiner Jugend, was ich heute nur noch gelegentlich und vorübergehend bin. Großartig!

Was aber noch wichtiger ist: Durch die Anwendung der oben umrissenen rationalen Überzeugungen (rB's) bei Tausenden von Einzel- und Gruppentherapieklienten sowie nochmals Tausenden von Menschen, die sich auf meinen öffentlichen Workshops zur Verfügung stellen, um mit mir an einem ihrer persönlichen Probleme zu arbeiten, habe ich auf direkte Weise vielleicht mehr Menschen geholfen, mit ernsthaften emotionalen Problemen fertig zu werden als irgendein anderer Psychotherapeut in der Geschichte der Menschheit. Und das in einer oft überraschend kurzen Zeitspanne.

Viele Menschen schrieben oder sagten mir, dass meine Schriften, Kassetten, Videos und andere Veröffentlichungen in den Massenmedien Tausenden von Menschen in der ganzen Welt direkt zugute gekommen sind und indirekt – durch Therapeuten, Lehrer und Autoren, die meine Botschaften weithin bekanntmachten – unzähligen weiteren Menschen in Schwierigkeiten geholfen haben.

Muss ich also viele Zweifel an der Wirksamkeit meiner Methode haben, gestörten Menschen ihre selbst-schädigenden Überzeugungen aufzuzeigen und ihnen zu helfen, diese in konstruktive »rationale« Präferenzen zu verwandeln? Nein, einige habe ich, aber nicht viele. Wenn emotional neurotische Individuen ernsthaft nach den wichtigsten, in diesem Kapitel beschriebenen iB's (und nach Hunderten von wichtigen Unterformen) suchen; wenn sie darauf beharren, sie zu finden und sie aktiv und energisch mit Hilfe einer Reihe von kognitiven, emotiven und verhaltensbezogenen Methoden der REVT zu disputieren; und wenn sie diese in Präferenzen verwandeln, statt an »mussturbatorischen« Gedanken und Gefühlen festzuhalten, werden ihre ernsthaften Neurosen fast verschwinden.

Lassen Sie mich von meinem Optimismus jedoch kurz Abstand nehmen und in einigen wichtigen Punkten Einspruch erheben. Trotz meines Optimismus hinsichtlich der potentiellen Wirksamkeit der REVT ist sie dennoch nur ein Notbehelf gegenüber der pandemischen menschlichen Irrationalität. Die im vorliegenden Kapitel aufgelisteten rB's werden oft nur beschränkt auf emotionale Probleme anwendbar sein und bleiben aus einer Reihe von Gründen weit davon entfernt, ein Patentrezept gegen menschliche Störungen darzustellen:

1. Sie treffen niemals auf alle Menschen zu jeder Zeit zu. Viele Neurotiker beispielsweise, die törichterweise glauben, sie müssten unbedingt, unter allen Umständen und zu jeder Zeit, von allen ihnen begegnenden wichtigen Menschen anerkannt und geliebt werden, und die sich eigensinnig weigern, ihr Liebes-»Bedürfnis« in eine vernünftige Präferenz zu verwandeln, machen sich vielleicht ständig selbst vor, dass sie von allen geliebt werden – oder dies doch bald eintreten wird. Andere werden Menschen, von denen sie nicht geliebt werden, als unbedeutend betrachten. Manche werden wiederum so sehr damit beschäftigt sein, Anerkennung zu gewinnen, dass sie praktisch keine Zeit haben, den missglückten Versuchen nachzutrauern. Und wieder andere werden so sehr vom Erfolg außerhalb von Beziehungen besessen sein, dass sie die Missbilligung der Menschen ignorieren.

2. Manche Menschen – wahrscheinlich sogar der größte Teil der Weltbevölkerung – wird nur bedingte statt unbedingter Selbst-Akzeptanz erlangen und sich nur »selbst mögen«, wenn sie erfolgreich sind oder gar herausragend erfolgreich. Das hat enorme Nachteile, besonders da sie den REVT-Ratschlägen folgen und sich als »gut« oder »okay« definieren könnten – ob sie sich nun kompetent verhalten oder nicht. Doch einige dieser Menschen, die sich potenziell selbst akzeptieren, sind tatsächlich häufig erfolgreich. Einige von ihnen erreichen Herausragendes. Andere sind so damit beschäftigt, gute Leistungen anzustreben, dass sie wenig Zeit haben, sich Angst oder Depressionen hinzugeben. Manchen bereitet es große Freude, anderen – z. B. ihren Freunden und Familienangehörigen – durch Geld, das sie erworben haben, zu helfen. Wieder andere haben nicht allzu viel Erfolg im Leben, tadeln sich jedoch nur dann selbst, wenn sie außerordentlich schlecht fahren – was selten vorkommt. Millionen Menschen mit einer höchst bedingten Selbst-Akzeptanz führen ein schlechteres Leben, als sie mit unbedingter Selbst-Akzeptanz erreichen würden. Aber sie kommen jedenfalls durch, haben »Erfolg« im Leben und haben niemals das Gefühl, Psychotherapie zu brauchen.

3. Andere Menschen für ihre schlechten »Taten« zu verdammen, führt laut der REVT zu viel menschlichem Leid – einschließlich Gewalt, Kindesmissbrauch, Aggressionen, Kriegen und Völkermord. Das ist wahr. Doch praktisch alle von uns regen sich oft darüber auf, was andere tun oder wie sie sich verhalten. Trotzdem kommen wir durch. Unsere »selbst-schädigende« und »gesellschaftsbehindernde« Wut hilft uns häufig, gegen Inkompetenz und Ungerechtigkeit zu kämpfen, bringt Interesse und Aufregung in unser Leben, hilft uns, uns »gut« und »edel«

zu fühlen, vermittelt uns einen allumfassenden Sinn und Zweck und bringt andere Vorteile mit sich. In rauheren Zeiten hätte unsere Rasse ohne Wut und Zorn wahrscheinlich nicht überlebt. Heute sind diese »destruktiven« Gefühle gefährlicher und führen vielleicht sogar zur Auslöschung des Menschen. Aber sind sie immer und für alle Menschen unter allen Umständen schlecht? Wohl kaum.

4. Eine niedrige Frustrationstoleranz – oder das Jammern über unglückliche aktivierende Ereignisse oder Widrigkeiten (A's) und der gleichzeitige Glaube, dass diese A's absolut nicht existieren dürfen und dass wir sie überhaupt nicht ertragen können und wir keinerlei Möglichkeit zum Glück haben, wenn sie auftreten – verursacht ebensoviel menschliches Elend wie jede andere »irrationale« Überzeugung (iB). Jawohl, das tut sie. Doch sie vermittelt auch Trost und Freude. So werden wir, weil wir Frustration »nicht ertragen« können, intelligenterweise energisch daran arbeiten, möglichst viel davon aus unserem Leben und dem unseres liebsten Menschen zu entfernen. Vielleicht nutzen wir, weil die Not oft die Mutter der Erfindung ist, unsere starken Gefühle der Frustration, um uns anzustrengen, bessere, erfreulichere Möglichkeiten des Überlebens zu schaffen. Möglicherweise finden wir die Arbeit gegen die Frustration selbst vergnüglich und herausfordernd, was uns zu einem weniger langweiligen Leben verhilft. Wir könnten viel Sinnvolles schaffen, indem wir menschliche Mühsal bewältigen statt zu versuchen, sie zu beseitigen.

Wie den vorangegangenen Argumenten – und vielen anderen, die ich leicht hinzufügen könnte – entnommen werden kann, sind die Gedanken, Gefühle und Handlungen, welche die meisten von uns oft »irrational« – d. h. selbstbehindernd – konstruieren, keineswegs immer sinnlos. Manchmal, sogar häufig, beinhalten sie Verhaltensweisen, die echte Vorzüge haben und einen intrinsischen Teil unserer »Natur« darstellen, und die uns ziemlich fehlen würden, vielleicht nicht einmal überleben lassen würden, wenn wir sie völlig beseitigten.

Wohin führt uns das? Zu dem postmodernistischen Schluss, denke ich, dass es weder unwiderlegbare, absolute »Rationalität« noch »Irrationalität« gibt. Das Universum scheint uns Menschen (und wahrscheinlich allem) gegenüber recht desinteressiert und teilnahmslos zu sein. Ihm ist es gleich, ob wir leben oder sterben, ob wir »glücklich« oder »unglücklich« leben. Doch uns ist es wichtig – weil wir lebendig, leidlich »bewusst« und »menschlich« sind. Sind wir einmal geboren, wünschen wir, mit weniger Schmerzen und mehr Freude weiterzuleben. Warum ist es uns wichtig? Weil es uns wichtig ist. Das ist wiederum unsere »Natur«.

Jedoch nicht uniform, nicht in monolithischer Übereinstimmung oder Bewusstheit. Manchen von uns ist es nicht einmal wichtig, zu überleben – also bringen sie sich direkt oder indirekt um. Manche von uns werden hundert Jahre alt – versuchen aber gar nicht wirklich, »glücklich« zu leben. Und manche von uns streben so verzweifelt nach einem Leben mit weniger Schmerz und mehr Freude, dass sie daraus tatsächlich viel Schmerz und wenig Befriedigung ziehen.

Ja, wir alle sind menschlich. Aber auf sehr unterschiedliche Weise! Strukturell sind wir gleich – zwei Arme, zwei Beine, zwei Augen etc. Statistisch befolgen diejenigen von uns, die alt werden, in etwa ähnliche Regeln – z. B. haben sie Umgang mit anderen, sie arbeiten, essen, treiben Sport, haben Sex, pflanzen sich fort etc. Doch keineswegs immer alle von uns! In vielen, vielen Varianten bringen wir uns irgendwie durch.

Die Menschen beschließen gewöhnlich (nicht immer!), zu leben und zu genießen; und wenn sie dies getan haben, beschließen sie ebenso, dass vieles – z. B. Nahrung und Unterkunft – »gut« oder »vorteilhaft« oder »rational« sei für ihren erwählten Zweck (leben und genießen). Ohne Ziel und Zweck scheint es keinen Sinn zu haben, manche Handlungen »gut« und andere »schlecht« zu nennen. Die Wichtigkeit von Leben und Genießen gibt einigen unserer Regeln »Sinn« und anderen »Un-Sinn«. Wenn uns Leben und Genießen nicht wichtig oder nichts wert wären und wir uns einfach auf das Universum verließen, um zu entscheiden, was »gut« und »schlecht« für uns ist, wo wären wir dann? Nirgends!

Nun ist das Problem wiederum: Es ist den Menschen zweifellos wichtig, zu leben und zu genießen, doch weder gleichermaßen noch in wundersamer Übereinstimmung. Teilweise stimmen wir überein – und oft gehen unsere Meinungen auseinander, wie unsere lange Geschichte und unsere ökonomische, kulturelle, religiöse und politische Vielfalt zeigt. Welche allgemeinen oder unveränderlichen Regeln und Gesetze sind dann also die »besten«, die es zu erlassen und zu befolgen gilt? Offensichtlich keine.

Wunderbar pluralistisch ausgedrückt. Aber nicht vollkommen richtig. Denn wenn alle Menschen auf der Welt völlig feindlich anderen gegenüber oder völlig selbstaufopfernd wären, wer würde letztendlich überleben? Nicht viele! Die menschliche biosoziale Vorbedingung scheint gewisse, ziemlich akzeptierte Lebensregeln zu verlangen. Somit haben überlebensfähige Menschen oft Sex, pflanzen sich fort, sorgen für ihre Kinder und leben in einigermaßen kooperativen sozialen Arrangements. Um zu überleben, sollten wir Menschen also zumindest das tun, was uns und unsere Gefährten vor einer tödlichen Vernichtung bewahrt.

Doch wie steht es damit, glücklich und unneurotisch zu überleben? Wie können wir das erreichen? Die Antwort darauf ist nicht allzu klar – weil viele von uns, wie oben bemerkt, dazu neigen, eine Reihe »falscher«, »ungesunder« und »törichter« Dinge zu tun, und sie trotzdem gesund durchkommen. Der Pluralismus herrscht zumindest teilweise immer noch vor.

Einige Hinweise auf »geistige Gesundheit« oder auf »Nicht-neurotisch-Sein« scheinen dennoch deutlich und vorhersagbar zu sein. Wenn wir beispielsweise fest glauben, nichts Wichtiges gut machen zu können, dass wir folglich wertlos seien und es nicht verdienten, Freude zu erleben und Schmerz zu vermeiden, werden wir uns aller Wahrscheinlichkeit nach oft angstvoll und depressiv fühlen. Vielleicht auch nicht – weil wir immer noch fest daran glauben können, dass den Schwachen und Unfähigen die Erde gehöre und dass wir, eben weil wir unbedeutend und wertlos sind, von St. Petrus in den Himmel aufgenommen würden und dann, nachdem wir nur etwa neunzig Jahre lang gelitten haben, für die Ewigkeit Glückseligkeit erfahren würden. Somit können wir über unsere Unfähigkeit und Wertlosigkeit sogar glücklich sein!

Ja, aber es ist nicht sehr wahrscheinlich.

Noch einmal, wenn wir mehr als die meisten Menschen unter Armut, körperlicher Misshandlung, Krankheit und Ungerechtigkeit zu leiden haben und glauben, dass unsere Schwierigkeiten wenig wünschenswert seien, unser Leben unerträglich machten und folglich absolut nicht sein dürften, werden wir uns sehr wahrscheinlich extrem elend und depressiv fühlen. Doch wenn wir gleichzeitig fest daran glaubten, dass der Teufel unsere Einschränkungen zu der Prüfung nutze, ob wir sie so gut ertragen können, dass er uns später zu seinem Mit-König in der Hölle machen und sicher sein kann, dass wir ihm fröhlich dabei helfen werden, andere Menschen bis in alle Ewigkeit dort unten rösten zu lassen, können wir uns tatsächlich für unser gegenwärtiges Leben auf der Erde begeistern.

Nochmals ja – aber immer noch nicht sehr wahrscheinlich!

Wie die klinischen Tatsachen recht deutlich zeigen, empfinden wir Menschen oft tiefe, intensive und langanhaltende Gefühle der Angst, Wut und Panik, wenn wir fordern – und nicht nur wünschen –, dass wir Erfolg haben und von wichtigen anderen anerkannt werden sollen und wenn wir befürchten, dass sich diese Forderungen nicht erfüllen werden. Dieselben klinischen Tatsachen weisen auch darauf hin, dass sich die meisten (nicht alle) eben dieser Menschen, die ernstlich depriviert oder schlecht behandelt werden und die fest davon überzeugt sind, dass sie absolut nicht frustriert sein dürfen, ernstlich depressiv fühlen.

Das ist im Großen und Ganzen, was die REVT-Theorie über die emotionale Störung sagt: Wenn wir wichtige »irrationale« oder »selbst-schädigende« Überzeugungen hegen – besonders grandiose Forderungen, dass wir absolut erfolgreich sein müssen, andere uns nett behandeln müssen und wir bekommen müssen, was wir wollen und wann wir es wollen –, werden wir sehr wahrscheinlich neurotisch denken, fühlen und handeln. Wenn wir jedoch diese Gebote Jehovas in starke, aber nicht fordernde Präferenzen umwandeln, werden wir sehr wahrscheinlich weniger neurotisch denken, fühlen und handeln.

Das ist eine Haupthypothese der REVT. Keine Tatsache! Nicht in Stein gemeißelt. Nicht absolut »wahr«. Nur eine vermutlich brauchbare Arbeitshypothese. Für wen? Für viele Leute meistens. Nicht jederzeit für alle. Um ausprobiert und geprüft zu werden. Nicht um absolut erwiesen zu sein.

In der REVT wird auch Folgendes angenommen – d. h. geraten: Wenn der Therapeut diese Hypothese als (für sich selbst und für seine Klienten) wahrscheinlich hilfreich ansieht, wenn er diesen Klienten ernsthaft zeigen möchte, wie sie diese Hypothese verwenden können, um ihre Störungen zu minimieren und ihr Glück zu maximieren, wenn ihm das Wohlergehen seiner Klienten (wie auch sein eigenes) ehrlich am Herzen liegt, wenn er seinen Klienten sorgfältig zuhört und sie als einzigartige Individuen behandelt, wenn er seine Klienten bedingungslos als Personen akzeptiert, die vielleicht schlecht angepasst sind, aber niemals schlechte Menschen sind, wenn er diesen Klienten immer wieder zeigt, wie sie weiter an sich arbeiten und üben können – wenn all diese Bedingungen erfüllt sind und wenn Therapeut und Klienten immer weiter an einer Veränderung arbeiten, dann werden einige bedeutende Besserungen wahrscheinlich, aber nicht sicher, eintreten. Vielleicht werden sie auch nicht eintreten oder erst nach langen gemeinsamen Anstrengungen von Therapeut und Klient.

In der REVT wird ebenfalls angenommen, dass Einzel- und/oder Gruppentherapie zwar wünschenswert, für das Eintreten einer Besserung jedoch keineswegs notwendig sei. Die in diesem Kapitel thematisierten Momente wie geänderte Überzeugungen, Gefühle und Handlungen, und besonders der Wandel von »irrationalen« und »dysfunktionalen« zu »rationalen«, »gesunden« Überzeugungen – oder von absolutistischen und »mussturbatorischen« in bevorzugende und nicht fordernde Philosophien – können ohne jegliche Psychotherapie eintreten, was oft auch geschieht. Am ehesten kann dies geschehen, wenn die Menschen Widrigkeiten und unglückliche aktivierende Ereignisse (A's) erleben und für sich selbst erfolgreiche Strategien und effektive Philosophien entdecken, wie sie damit fertig werden können.

Tatsächlich könnten die meisten unserer anti-neurotisierenden Einstellungen aus unseren unangenehmen Erfahrungen heraus und in Bezug auf sie sowie aus unseren ursprünglichen ineffektiven Reaktionen auf diese Erfahrungen (wie Panik und Verzweiflung) entstanden sein. Wenn wir diese selbst-schädigenden Reaktionen bemerken und sie zu verbessern wünschen, entwerfen wir vielleicht »spontan« vernünftige Philosophien, die uns helfen, gegenwärtig und zukünftig besser mit diesen Erfahrungen umzugehen. Suchtpatienten, die abhängig sind von Alkohol, Nikotin, zwanghaftem Spielen und anderen destruktiven Verhaltensweisen, geben ihre Sucht häufiger von selbst auf, ohne Therapie und ohne Selbsthilfegruppe als mit dieser Unterstützung.

Der Punkt, der in der REVT in diesem Zusammenhang am meisten hervorgehoben wird –, und den viele andere Therapien, besonders die personenzentrierten, existentialistischen und beziehungsorientierten, nicht vertreten – ist derjenige, dass die Menschen mehrere bedeutsame Entscheidungsmöglichkeiten für eine »Entneurotisierung« haben, zum Beispiel:

1. Sie können mit einem gut informierten Therapeuten (oder Freund) arbeiten, der sie mit ihren Störungen akzeptiert, ihnen ohne sie zu verurteilen zeigt, wie sie sich die Störungen größtenteils selbst beibringen und wie sie (indem sie ihre Forderungen nach Erfolg und rascher Befriedigung in starke Präferenzen verwandeln) hart daran arbeiten können, ihre neurotischen Gedanken, Gefühle und Handlungen zu verringern.
2. Wie oben bereits erwähnt, können sie aus ihren eigenen neurotischen Erfahrungen und Schmerzen sowie aus der Beobachtung anderer gestörter Menschen lernen. Sie können sich ihre Selbstbehinderung eingestehen und dann beständig und energisch daran arbeiten, sie zu mildern.
3. Sie können aus vielerlei Quellen, wie beispielsweise speziellen Selbsthilfekursen, Workshops und Materialien, lernen, wie sie und andere sich leicht selbst Störungen zufügen und was sie allein und mit anderen tun können, um merklich weniger neurotisch zu werden; und sie können diese Materialien beharrlich zu ihrem eigenen Vorteil (und dem anderer) nutzen.
4. Sie können eine Reihe anderer Selbsthilfe-Philosophien und -Verfahren übernehmen, von denen manche magisch und unwissenschaftlich sind, die jedoch nichtsdestotrotz lindernde oder heilende Ergebnisse zeigen. Beispielsweise könnten sie sich selbst durch den festen Glauben helfen, eine gute, edle Gottesmutter oder eine andere übernatürliche Macht stünde ihnen auf den leisesten Wink hin zur Verfügung und helfe ihnen unter allen Umständen, gesünder und glücklicher zu werden.

All diese Methoden – und wahrscheinlich viele weitere, die es noch zu erfinden gilt – funktionieren von Zeit zu Zeit. Doch alle haben wahrscheinlich neben ihren Vorzügen auch eindeutige Nachteile. Sich auf die therapeutische Beziehung zu verlassen, ist beispielsweise teuer, zeitaufwendig, kann zur Wahl des falschen »Helfers« führen und kann zu noch größerer – und pathologischer – Abhängigkeit führen. Sich auf sich selbst zu verlassen, kann leicht ineffektiv sein und von der eigenen niedrigen Frustrationstoleranz sabotiert werden. Sich auf Selbsthilfematerialien zu verlassen kann einen wiederum in die Irre führen, wenn sie nicht ungewöhnlich gut sind. Sich auf Gott, übernatürliche Geister oder Mächte oder auf fanatische Kults zu verlassen, kann sehr gut zu einer eigenständigen Zwangsstörung werden und für den Betroffenen wie für andere immens schädigend sein.

Es gibt also kein sicheres Heilmittel oder Patentrezept. Nein, keines! Die Frage bleibt: Was ist am häufigsten der beste Plan (oder die beste Kombination von Plänen) für die meisten gestörten Menschen? In der REVT wird natürlich der Standpunkt vertreten, dass ihre Theorie und Praxis der Psychotherapie am effektivsten ist, wenn sie richtig angewandt werden. Doch ist dies – wiederum – noch eine Hypothese.

Sie lautet: Wenn die Menschen in ihren Störungen signifikante (keine geringfügigen) Veränderungen durchmachen und wenn sie diese Verbesserungen beibehalten, dann tun sie dies gewöhnlich (nicht immer), indem sie eine der in diesem Kapitel beschriebenen Veränderungen ihrer Philosophie vornehmen. Ob sie diese Veränderungen der Philosophie allein, mit Hilfe anderer, im Verlauf der Beziehung zu einem Therapeuten, in Therapie- oder Selbsthilfegruppen, durch die Verwendung von Selbsthilfematerial, durch Hausaufgaben oder durch verschiedene andere Hilfsmittel erreichen, ist bedeutsam. Und welche dieser Methoden zur Veränderung bei den meisten Menschen am besten funktioniert, ist sehr wichtig und kann wahrscheinlich experimentell ermittelt werden. Doch scheinen sie alle zu funktionieren – wenn auch nicht gleich gut. Wenn die REVT-Hypothese einigermaßen zutrifft und wenn die Menschen ihre Störungen hauptsächlich dadurch abbauen, dass sie ihre Toleranz für die unvermeidlichen Frustrationen des Lebens heraufsetzen und ihre unvernünftigen, grandiosen Forderungen in vernünftige, nicht zwingende Präferenzen verwandeln, dann wird das Problem, wie man ihnen rascher und besser dazu verhelfen kann, zu dem therapeutischen Kernproblem.

Anmerkungen

1 Cuber, Harper, & Kenkel, 1956, Ellis, 1957a; 1976a; 1986c, 1986f, 1987b,1988e; Ellis & Harper, 1961a, 1961b; Frazer, 1959; Hoffer, 1951, 1955; Kahneman, Slovic, & Tkersky, 1982; Kahneman, Frederickson, Schreiber, & Redelmeir, 1993; La Barre, 1955; Nisbett & Ross, 1980; Rokeach, 1960; Tabori, 1959, 1961;

2. Fromm, 1941, 1947, 1955; Horney, 1937, 1950; Reich, 1949.

3. Beck, 1976; Beck & Emery, 1985; Burns, 1980; Ellis, 1957a, 1971, 1973b, 1985b, 1988e; Kaiser, 1965.

4. Bard, 1980; Burns, 1993; Ellis, 1958b, 1972e, 1976a, 1985b, 1988e; R. Franklin, 1993; Hauck, 1992; Miller, 1986; Mills, 1992; Woods, 1993.

5. Arnold, 1960; DiGiuseppe, 1990; Dryden, 1990; Dollard & Miller, 1950; Ellis, 1977a, 1977f; Nye, 1993; Pastore, 1950, 1952.

6. Ellis, 1978, 1979a, 1980a; Melzack, 1961.

7. Bandura, 1987; Hauck, 1992; Burns, 1993; Ellis & Harper, 1975.

8. Arnold, 1960; Bull, 1960.

9. Pietsch, 1993.

10. Bateson, 1979; T. Clark, 1992a, 1992b; Derrida, 1982; Dewey, 1922; Ellis,1993g; Kuhn, 1970; Popper, 1962, 1984; Reichenbach, 1953; Feyerabend, 1975; Russell, 1965; Varela, 1979.

11. Baisden, 1980; Beck, 1991; DiGiuseppe, Miller, & Trexler, 1979; Dobson, 1989; Ellis, 1957b, 1979d; Engels, Garnefskin, & Diekstra, 1993; Hajzler & Bernard, 1991; Hollon & Beck, 1994; Hollon, De Rubeis, & Seligman, 1992; Hollon & Garber, 1988; Jones, 1968; Kassinove, 1986; Kassinove, Crisci, & Tigerman, 1977; Lazarus, Lazarus, & Fay, 1993; Leaf, Allington, Mass, DiGiuseppe, & Ellis, 1991; Leaf & DiGiuseppe, 1992; Leaf, DiGiuseppe, Ellis, Mass, Backx, Wolfe, & Allington, 1990; Leaf, Ellis, DiGiuseppe, Mass, & Allington, 1990; Lipsey & Wilson, 1993; Lyons & Woods,1991; Miller & Berman, 1983; McGovern & Silverman, 1984; Schwartz, 1993; M. Schwartz, 1994; Silverman, McCarthy, & McGovern, 1992; Smith & Glass, 1977; Smith, Glass, & Miller, 1980; Thorpe et al., 1983; Weissmann, 1980.

V. Weitere dysfunktionale oder irrationale Überzeugungen und wie man sie disputiert

Die Theorie der Rational-Emotiven Verhaltenstherapie (REVT), dass irrationale Überzeugungen (iB's = irrational Beliefs) beträchtlich zu emotionalen Störungen und Verhaltensstörungen beitragen oder diese »verursachen«, ist seitdem ich sie 1955 formulierte und damit die Schulen der Kognitiven Therapie oder der Kognitiven Verhaltenstherapie begründete, bis heute umstritten. Viele Autoren der Postmoderne, Vertreter des Konnektionismus, des Konstruktivismus, des radikalen Behaviorismus und andere haben dieser Theorie widersprochen[1].

Gleichzeitig lehnen viele andere Praktiker der REVT und der kognitiven Verhaltenstherapie den Fachbegriff *irrationale Überzeugungen* ab, teilen aber die Meinung, dass dysfunktionale, negative oder selbst-schädigende Gedanken signifikant mit neurotischen und anderen Störungen korrelieren und dass es die Klienten befähigt, diese Störungen zu lindern, wenn man ihnen diese Vorstellungen in funktionalere Überzeugungen zu verändern hilft[2].

Wenn man voraussetzt, dass die REVT-Theorie hinsichtlich der irrationalen Überzeugungen bis zu einem gewissen Grad zutrifft und ihre Anwendung bis zu einem gewissen Grad wirksam ist, lassen ihre verschiedenen Ausführungen durch mich selbst und andere zu wünschen übrig, da sie manchmal mehrdeutig und gelegentlich sogar widersprüchlich sind.[3] Um diesen Streitpunkt klären zu helfen, will ich versuchen, in den Begriffen der heutigen REVT-Theorie und -Praxis die folgenden wichtigen Fragen zu beantworten:

Wann genau sind die Gedanken der Menschen irrational?

Welches sind die Hauptelemente irrationalen, unrealistischen, unlogischen und selbst-schädigenden Denkens, die oft in den iB's enthalten sind?

Welche Vorgehensweisen sind am geeignetsten, um den Klienten zu helfen, ihre Störungen hervorrufenden iB's zu disputieren und zu rationaleren, selbsthelfenden und sozial konstruktiveren Schlussfolgerungen zu gelangen?

Wann sind die Gedanken der Menschen irrational?

Im Allgemeinen bezeichnet man die Überzeugungen der Menschen als irrational, wenn sie unrealistisch, unlogisch und absolutistisch sind und wenn inbrünstig an ihnen festgehalten wird, selbst wenn sie unbeweisbar und unwiderlegbar sind. Jedoch gibt es viele Definitionen des Begriffs *rational,* und keiner von ihnen ist unzweifelhaft oder gleichbleibend »wahr«. Somit kann rational »objektiv« oder »unemotional« bedeuten, und es kann ebenfalls »subjektiv« oder »die besten Wege zur Befriedigung wählend« und folglich »emotional« bedeuten.

In der REVT-Theorie bedeutet rational vor allem selbsthelfend; doch weil die Menschen praktisch immer in sozialen Gruppen oder Gemeinschaften leben, bedeutet es gleichfalls sozial helfend und sozial interessiert. Die Menschen handeln rational, wenn sie erstens sich selbst helfen statt sich selbst zu sabotieren, zweitens, wenn sie angemessen mit anderen auskommen und drittens, wenn sie vorzugsweise mit Mitgliedern ihrer sozialen Gruppe zusammenarbeiten und ihnen helfen. Immer? Nun, nein – gewöhnlich. »Immer« hat fast immer wichtige Ausnahmen![4]

Die Theorie der REVT besagt ebenfalls, wie die meisten anderen Theorien über menschliche Selbsterhaltung und menschliches Wohlergehen auch, dass es eine starke Korrelation zwischen den allgemeinen iB's der Menschen, wie sie weiter vorn als unrealistisch, unlogisch, absolutistisch und starr beschrieben wurden und ihren selbst- und gesellschaftsbehindernden Gedanken, Gefühlen und Verhaltensweisen gibt. Wiederum nicht immer! Beispielsweise hat Shelly Taylor gezeigt, dass viele Menschen mit höchst unrealistischen und dogmatischen Überzeugungen über sich selbst und die Welt, stärker selbsterhaltend und glücklicher sind – oder es zumindest behaupten – als die realistischeren Menschen. Martin Seligman pflichtet dem teilweise bei[5].

Dennoch hält die REVT überzeugt (aber nicht starr) daran fest, dass die Menschen sich merklich weniger neurotisch und selbst-schädigend verhalten, wenn sie überwiegend realistisch, logisch, undogmatisch und flexibel sind – vor allem in den praktischen (interpersonalen und geschäftlichen) Bereichen ihres Lebens –, als wenn sie es nicht sind. Andere Vertreter der kognitiven Verhaltenstherapie sagen weitgehend dasselbe[6]. Die REVT vertritt dezidierter als andere Theorien der kognitiven VT die Hypothese, dass emotional gestörte Menschen gewöhnlich eine Reihe irrationaler Überzeugungen hegen; und dass diese praktisch alle daraus entstehen, dass die Person eine vernünftige Präferenz oder einen Wunsch in den Rang eines grandiosen »Muss« oder einer absolutistischen Forderung erhebt.

Laut REVT sind die drei wichtigsten irrationalen Forderungen oder arroganten »mussturbatorischen« Gedanken, welchen die Menschen anhängen, um sich Störungen beizubringen: 1. »Ich (ego) muss unbedingt in einer wichtigen Aufgabe (besonders wenn es um die Gewinnung der Anerkennung anderer geht) erfolgreich sein, sonst bin ich ein wertloser Mensch!« 2. »Ihr (die anderen) müsst mich immer und überall fair und freundlich behandeln, sonst taugt ihr nichts!« 3. »Die Bedingungen, unter denen ich lebe, müssen fast immer angenehm und vergnüglich sein, sonst ist mein ganzes Leben ziemlich verkorkst!«

Zusätzlich zu diesen drei grundlegenden »Muss« (und vielleicht als Abwandlungen hiervon) neigen die Menschen ebenfalls dazu, alles als entsetzlich hinzustellen (»Es ist entsetzlich – und nicht nur lästig –, wenn ich nicht soviel Erfolg habe, wie ich müsste und/oder wenn ihr mich nicht so nett behandelt, wie ihr es solltet!«). Sie schaffen sich die Überzeugung »Ich kann das nicht aushalten«. (»Ich kann es nicht ertragen zu versagen, oder wenn die Bedingungen so schlecht sind, wie sie absolut nicht sein sollten!«) Sie argumentieren mit Wertlosigkeit. (»Du und ich sind wertlose Menschen, wenn wir uns nicht so gut benehmen, wie man es sollte!«) Sie stellen Alles-oder-nichts-Positionen her. (»Wenn du und ich uns schlecht benehmen, wie wir es nicht sollten, werden wir das immer wieder und ohne Hoffnung auf Besserung tun!«) Und sie schaffen andere störende Gedanken, die ich, Aaron Beck, David Burns und andere kognitive Verhaltenstherapeuten beschrieben haben – wie beispielsweise zu personalisieren, wahrzusagen, voreilige Schlüsse zu ziehen, emotional Schluss zu folgern und perfektionistisch aufzutreten[7].

Akzeptieren emotional gestörte Menschen manchmal irrationale, dysfunktionale Überzeugungen von anderen (vor allem von ihren Eltern) und schaffen sie sie manchmal selbst, ohne Zuflucht zu Forderungen oder »Mussturbation« zu nehmen? Wahrscheinlich tun sie dies – weil irrationales Denken unser biologisches und soziales Erbe zu sein scheint, wie viele Philosophen und Wissenschaftler schon vor langer Zeit aufgezeigt haben[8]. Doch vertritt die REVT beinah als einzige Theorie die Ansicht, dass die Menschen, wenn sie eine emotionale Störung – selbst – entwickeln, fast immer bewusste und unbewusste, offensichtliche und verstohlene, absolutistische »Muss« haben, die ihre anderen Störung-schaffenden Irrationalitäten entzünden.

Verfügen wir bereits über empirische Beweise, dass dies so ist? Nein, noch nicht, teilweise weil die wenigen bisher entwickelten »Soll«- oder »Muss«-Tests sowohl bedingte »Soll« enthalten, wie: »Wenn ich dieses Examen bestehen will, sollte ich fleißig lernen«, welche größtenteils Präferenzen sind, als auch absolute »Soll«, wie: »Ich sollte und muss dieses Examen schaffen, ob ich nun dafür lerne oder nicht.« Die REVT vertritt die Meinung, dass nur unbedingte »Soll« zur Störung führen, Präferenzen ausdrückende jedoch nicht[9].

Die REVT stellt die Hypothese auf, dass die Menschen sich selten ernstlich selbst in irgendeiner Hinsicht neurotisieren würden, wenn sie strikt bei bevorzugenden selbstbezogenen Behauptungen blieben. Wenn sie also fortfahren würden zu glauben: »Ich möchte X sehr gern haben, aber ich werde es niemals brauchen!« und »Ich hasse Y zutiefst, aber wenn ich es nicht loswerde, kann ich immer noch ein einigermaßen glückliches Leben führen!«, wie oft würden sie sich selbst, andere und die Welt verdammen? Nicht sehr oft, sagt die REVT. Weitere Forschungen werden diese Hypothese einer Prüfung unterziehen, wie ich hoffe.

Welches sind die Hauptelemente irrationaler Überzeugungen?

Es scheint mehrere Hauptelemente der irrationalen Überzeugungen zu geben, welche die emotional-verhaltensbezogene Störung begleiten und sie oft auch »verursachen«. Doch überschneiden diese sich oft, schließen sich teilweise gegenseitig ein und sind manchmal auch nur unterschiedliche Bezeichnungen für dieselbe Sache. Beispielsweise ist »Weil ich dieses Mal elend versagt habe, werde ich immer wieder versagen« eine übermäßige Verallgemeinerung. Wie führt einmaliges Versagen – oder sogar vielfaches – zu der Schlussfolgerung, immer wieder zu versagen? Doch ist diese Aussage gleichfalls unrealistisch, weil die erfolglose Person, wenn sie sich weiter bemüht, wahrscheinlich wenigstens gelegentlich Erfolg haben wird. Der Schluss, immer zu versagen, ist außerdem unlogisch, ein Trugschluss, weil er nicht immer aus der Prämisse: »Ich könnte versagen« und aus der Tatsache: »Dieses Mal habe ich versagt« folgt. Ebensowenig folgt er aus der Überzeugung: »Ich darf niemals versagen, aber dieses Mal habe ich tatsächlich versagt, deshalb werde ich immer versagen.«

Die selbstbezogene Behauptung: »Weil ich dieses Mal kläglich versagt habe, obwohl ich niemals versagen darf, werde ich immer wieder versagen«, ist auch teilweise eine definierende oder tautologische Schlussfolgerung. Weil sie unterschwellig bedeuten kann: »Ich darf niemals versagen, und wenn ich etwas tue, das ich nicht darf, bin ich ein unfähiger, wertloser Mensch.« Mit dieser Behauptung definiere ich mich selbst als völlig inkompetent, wertlos und vermutlich unwürdig oder unfähig, Erfolg zu haben. Doch mich selbst nur dann als »gut« und »wertvoll« zu definieren, wenn ich niemals versage, bedeutet, eine unbeweisbare und unwiderlegbare tautologische Prämisse aufzustellen – und ist gleichermaßen unrealistisch. Es ist sehr unwahrscheinlich, 1. dass das Universum in sich eine Qualität wie »Wertvoll-Sein« oder »Wertlos-Sein« enthält, 2. dass es (oder das Schicksal) mich als wertlosen und unwürdigen Menschen auserkoren hat, weil ich versagt habe, und 3. dass es, nachdem es mich als »unwürdig« abgestempelt hat, eine besondere Kraft ausüben wird, um mich immer wieder versagen zu lassen.

Weil ich Erfolg haben will, definiere ich Versagen, was meinem Begehren zuwiderläuft, als »schlecht«. Das ist im Prinzip eine vernünftige Definition, weil sie mich motiviert, nicht zu versagen. Meine Einschätzung hilft mir, mich angemessen oder gesund traurig oder enttäuscht zu fühlen wegen eines Versagens und dadurch nach Erfolg zu streben. Definiere ich jedoch ein Versagen als entsetzlich und fürchterlich, beinhaltet meine Definition, dass es vollkommen oder einhundertprozentig schlecht sei zu versagen (was unrealistisch ist) und sogar, dass es mehr als einhundertprozentig schlecht sei (was ziemlich unrealistisch und unmöglich ist). Ein Versagen als »schlecht« zu definieren, kann also durchaus legitim und nützlich sein; es jedoch als »schrecklich« zu definieren, ist selbstdestruktiv.

Das Alles-entsetzlich-Machen und die Überzeugung: »Ich kann das nicht aushalten« sind ebenfalls Übertreibungen und übermäßige Verallgemeinerungen. »Entsetzliches« ist praktisch nie vollkommen schlecht; und »Unerträgliches« schließt selten für den Rest unseres Lebens alle Freuden aus.

Sobald die Menschen eine Situation mit irgendeinem der drei grundlegenden »Muss« angehen, welche die REVT mit emotionaler Störung in Verbindung bringt – »Ich muss eine absolut gute Leistung erbringen!« – »Du musst mich immer freundlich behandeln!« – »Die Umstände müssen vollständig so sein, wie ich sie haben will!« –, werden sie sehr wahrscheinlich – nicht unbedingt – einen oder mehrere der selbst-schädigenden Denkprozesse, wie sie in diesem Kapitel dargestellt sind, hervorbringen. Wenn die Menschen jedoch zu einem dieser destruktiven Denkprozesse neigen, sind meist andere Gedanken mit enthalten.

Wenn die Menschen also die Grundforderung (Basic Demand) haben: »Ich darf bei keiner wichtigen Aufgabe oder Beziehung versagen«, und dann doch scheitern, werden sie häufig schlussfolgern: »Deswegen bin ich ein unzulänglicher, wertloser, unwürdiger Mensch!« Diese Grundforderung und ihre selbstverunglimpfende Ableitung umfasst gewöhnlich eine Reihe von Denkprozessen, die, nach den gängigen Regeln von Beweis und Logik, als irrational eingeschätzt werden. Hier einige verbreitete wichtige nichtsachliche und unlogische Vorstellungen, mit denen sich die Menschen selbst Störungen beibringen:

Falsche Verallgemeinerung: »Ich bin mein Verhalten.«
Unrealistische Schlussfolgerung: »Bei dieser Aufgabe zu versagen bedeutet, dass ich immer versagen werde.«
Trugschluss: »Weil es mir wichtig ist, nicht zu versagen, darf ich nicht versagen, und es wäre katastrophal, wenn ich es täte.«
Definierende oder tautologische Behauptung: »Weil ich Versagen als entscheidend und unverzeihlich definiere, ist es entscheidend und unverzeihlich; und meine Definitionen machen mich wegen eines Versagens wertlos.
Theologische Schlussfolgerung: »Das Universum und sein Sinn und Zweck verlangen, dass ich nicht versage, und das Schicksal wird mich daher als wertlose Person betrachten und mich ernstlich bestrafen, wenn ich versagt habe.«
Selbst-schädigende Schlussfolgerung: »Warum sollte ich überhaupt noch versuchen, in irgendeiner Hinsicht erfolgreich zu sein oder mich zu vergnügen, wenn ich ein unzulänglicher, ziemlich wertloser, unwürdiger Mensch bin?«
Schlussfolgerung der Sekundärstörung: »Weil ich irrational denke und mein Gefühl der Wertlosigkeit selbst herbeiführe, beweist das, wie schrecklich unzulänglich und wertlos ich bin!«
Schlussfolgerungen der Hoffnungslosigkeit: »Weil ich schon seit so langer Zeit auf diese Art und Weise denke und niemals dazu fähig war, meine gestörten Gedanken, Gefühle und Handlungen zu verändern, ist es absolut hoffnungslos. Ich kann mich nicht verändern, und vielleicht sollte ich mich lieber umbringen!«
Selbstreflektive Schlussfolgerungen: »Weil meine Gedanken so mächtig und meine sie begleitenden Gefühle der Wertlosigkeit so tiefgreifend sind, sind die Einschätzungen meiner selbst und meine Gefühle der Wertlosigkeit zweifelsohne sachlich und wahr, und es hat keinen Zweck zu versuchen, sie zu leugnen oder zu verändern.«
Wenn die Menschen erst einmal fest und dogmatisch an der irrationalen Forderung festhalten, dass sie bei wichtigen Aufgaben und in Beziehungen unbedingt erfolgreich sein müssen, neigen sie häufig dazu, zu verschiedenen Arten trügerischen Denkens Zuflucht zu nehmen, wie man anhand der obenstehenden Liste erkennen kann, die jedoch sicher nicht vollständig ist. Diese unrealistischen, falsch verallgemeinernden, unlogischen, definierenden und anderweitig irreführenden Gedanken bestehen oft in vielerlei Kontexten und sind wahrscheinlich Teil der menschlichen Natur. Doch besonders scheinen sie emotionale Störungen zu begleiten. Überdies überschneiden und verstärken sie sich oft gegenseitig, wie bereits erwähnt.

Um zu zeigen, dass sich diese Elemente irrationalen Denkens nicht nur auf Selbstherabsetzung und Gefühle der Wertlosigkeit beziehen, möchte ich beschreiben, wie sie auch im Falle einer niedrigen Frustrationstoleranz (Angst vor Unbehagen) und Wut ins Spiel kommen. Nehmen wir an, eine Person hat die Grundforderung: »Die Leute müssen mich unbedingt nett und fair behandeln, und meine Lebensumstände dürfen nicht unangenehm und schwierig sein!« Dieser Mensch wird laut der REVT-Theorie oft dazu neigen, ziemlich wütend und übermäßig frustriert zu reagieren, indem er den bereits beschriebenen ähnliche Denk-Ungenauigkeiten und Denk-Verzerrungen hervorbringt, wenn er bei wichtigen Aufgaben versagt und sich wertlos fühlt, z. B.:

Falsche Verallgemeinerung: »Weil die Menschen mich nicht schlecht behandeln dürfen, es manchmal aber doch tun, sind sie so schlecht wie ihr Benehmen.« – »Weil mich die Umstände absolut nicht frustrieren sollten, es oft aber tun, sind diese Umstände schlecht, und die Welt, die ihre Existenz zulässt, ist entsetzlich.«

Unrealistische Schlussfolgerung: »Weil mich die Menschen nicht unfair behandeln dürfen, es manchmal aber doch tun, sind sie so schlecht, dass sie mich immer zum Opfer machen werden.« – »Weil mich echte Mühsal absolut nicht quälen darf, es oft aber tut, ist alles in meinem Leben zu mühevoll.«

Trugschluss: »Weil ich Ungerechtigkeiten und Schwierigkeiten hasse, dürfen sie mich nicht quälen; es ist eine absolute Katastrophe, wenn sie es doch tun!«

Definierende oder tautologische Behauptung: »Weil Ungerechtigkeiten und Schwierigkeiten nicht existieren dürfen, sehe und definiere ich sie als entscheidend und unverzeihlich, wenn sie auftreten, und sie sind auch wirklich so. Meine Definitionen machen die Menschen und die Welt vollkommen schlecht, wenn sie auftreten.«

Theologische Schlussfolgerung: »Weil ich absolut keine Ungerechtigkeit oder große Schwierigkeiten zu erdulden brauche, verlangen das Universum und sein Ziel und Zweck, dass sie nicht auftreten. Die herrschenden Mächte müssen daher die Menschen und Umstände verdammen und strafen, die mir nicht geben, was mir vom Universum zweifelsohne zusteht.«

Selbst-schädigende Schlussfolgerung: »Weil die Menschen und Umstände absolut nicht so ungerecht und mies sein dürfen, es aber manchmal sind, ist alles hoffnungslos. Was hat es für einen Sinn zu versuchen, mit den Widrigkeiten fertig zu werden und mir ein gutes Leben aufzubauen?«

Schlussfolgerung der Sekundärstörung: »Weil ich keine Wut empfinden und keine niedrige Frustrationstoleranz haben darf, sie aber erlebe, ist das Leben wirklich zu schwierig zu ertragen, und ich bin ein Idiot, weil ich so handle!«
Schlussfolgerungen der Hoffnungslosigkeit: »Weil ich keine Wut empfinden und keine niedrige Frustrationstoleranz haben soll, beides aber immer noch erlebe und nicht fähig bin, sie aufzugeben, ist es absolut hoffnungslos. Ich kann mich nicht verändern, und ich werde so viel endloses Elend erleben, dass ich mich vielleicht besser umbringe!«
Selbstreflektive Schlussfolgerungen: »Weil ich keine so mächtige Wut und keine so niedrige Frustrationstoleranz haben darf, beides aber habe, sind meine Einschätzungen des Schreckens auf der Welt und der Menschen darin sachlich und wahr, und es hat keinen Sinn zu versuchen, sie zu verändern.«

Welches sind die wichtigsten Möglichkeiten, den Klienten zu helfen, ihre irrationalen Überzeugungen zu disputieren und zu verändern?

Unter den wichtigsten Möglichkeiten, die entdeckt wurden und in der REVT weithin angewandt werden, um den Klienten zu helfen, ihre irrationalen Überzeugungen (iB's) zu disputieren und zu verändern, sind:

Das Disputieren grundlegender »Muss« und Forderungen

Wie bereits erwähnt, wird in der REVT-Theorie die Ansicht vertreten, dass die Kernüberzeugungen oder grundlegenden irrationalen Überzeugungen gestörter Menschen – aber nicht jeder gestörten Person – die drei hauptsächlichen »Muss« sind: 1. »Ich muss erfolgreich sein!« 2. »Du musst mich gut behandeln!« und 3. »Meine Lebensbedingungen müssen gut sein!« Wenn starr und unerschütterlich an diesen Überzeugungen festgehalten wird, begleiten sie eben jenes verzerrte Denken und scheinen oft zu praktisch allen seinen Elementen zu führen, wie es in diesem und im vorangegangenen Kapitel beschrieben wurde. Es werden übermäßige Verallgemeinerungen behauptet oder angedeutet, unrealistische Erwartungen gehegt, Trugschlüsse gezogen, definierende Behauptungen aufgestellt etc. Man kann sie also disputieren, indem man Fragen stellt wie: »Warum muss ich gute Leistungen bringen?« – »Wo ist der Beweis, dass die Menschen mich fair behandeln müssen, nur weil ich es lieber so hätte?« – »Kann ich wirklich beweisen, dass meine Lebensumstände keinerlei Mühsal enthalten dürfen?«
Die offensichtlichen Antworten auf diese Fragen lauten: »Es gibt keinen Grund, weshalb ich gute Leistungen bringen muss, obwohl es gewöhn-

lich durchaus vorzuziehen ist.« – »Die Menschen müssen mich offensichtlich nicht fair behandeln, gleich wie sehr ich das wünsche.« – »Niemand kann beweisen, dass meine Lebensumstände ohne Mühsal sein müssen, und es ist praktisch sicher, dass sie es nicht immer sein werden.«

Emotional störende »Muss«, »Soll«, »Müsste« und Forderungen sind absolutistisch und müssen angeblich unter allen Bedingungen und jederzeit erfüllt werden. Folglich können sie offensichtlich nicht gerechtfertigt und begründet sein. Gleich wie wünschenswert unsere Ziele und Werte sein mögen, sie werden in der Realität oft nicht erreicht werden. Und selbst wenn sie heute verwirklicht werden, werden sie oft morgen nicht erreicht werden. Die »Muss« implizieren absolute Notwendigkeit – die selten, wenn überhaupt jemals, vorhanden ist. Gewöhnlich führen sie dazu, dass wir vor einem wichtigen Projekt ängstlich werden, und danach depressiv, wenn unsere grandiosen Forderungen nicht erfüllt wurden.

Wie in diesem Kapitel bereits gezeigt wurde, führen absolutistische »Muss« oft zu unlogischen, definierenden, theologischen und anderen irrationalen Denkmodi – welche diese dann verstärken und fortbestehen lassen. Und was das Schlimmste ist, wenn die REVT-Theorie Recht hat, haben sie häufig selbst- und gesellschaftsbehindernde Folgen[10].

Kurz, man kann den Klienten zeigen, wie sie empirische, logische und utilitaristische Dispute verwenden können, um ihre grandiosen »Muss« zu disputieren. Alle in den vorangegangenen Absätzen erwähnten Formen des Disputierens können bei den Klienten (und zur Selbsthilfe für Einzelne und Gruppen) verwendet und ihnen beigebracht werden, doch verwendet man manche Modi bei speziellen Klienten meist beharrlicher, je nach der individuellen Aufnahmebereitschaft, sie zu verwenden und Nutzen aus ihnen zu ziehen.

Zusätzlich zur Disputation der grundlegenden »Muss« legt die REVT auch Wert darauf, den Klienten zu helfen, die Unterschiede zwischen der Definition von Ereignissen als unangenehm (schlecht und nachteilig) gegenüber entsetzlich (mehr als hundertprozentig schlecht) zu sehen und zu erkennen, dass sie unangenehme und schlimme Ereignisse aushalten und ertragen können, von denen sie berechtigterweise wünschen, dass es sie nicht gäbe, und von denen sie hoffen, dass sie bald vorüber sein mögen. Dennoch wird den Klienten beigebracht, dass sie diese Ereignisse, während sie andauern, und selbst wenn sie nie enden, aushalten können. Man benutzt typischerweise Phrasen wie: »Ich halte das nicht aus«, wenn man sich auf berechtigterweise als unangenehm angesehene Ereignisse wie medizinische Verfahren (Spritzen, Rektal- oder Vaginaluntersuchungen, Blutabnahme etc.), soziale Zurückweisungen durch

Freunde oder Liebespartner, den Verlust von beruflicher Stellung etc. bezieht. Manchmal sind die Ereignisse sehr, sehr unangenehm, wie beispielsweise der Verlust des Augenlichts, der sexuellen Potenz oder der Fähigkeit zu gehen als Folge eines Unfalls. Jedoch zeigen Wirklichkeit und Forschung, dass sich die Menschen tatsächlich an diese Ereignisse anpassen und sie mit der Zeit ertragen lernen können und es auch tun. Wie A. Brickman und seine Kollegen beispielsweise herausgefunden haben, zeigten Querschnittsgelähmte gegenüber Vergleichspersonen keine Unterschiede in ihrem Glücksniveau. Diese Schlussfolgerung (dass es hinsichtlich des Glücksgefühls keinen Unterschied zwischen Körperbehinderten und Nichtbehinderten gibt) wurde ebenfalls von P. Cameron und S. Feinman gezogen. Auch C. Wortman und R. Silver fanden heraus, dass Wirbelsäulenverletzte direkt nach ihrem Unfall zwar ziemlich unglücklich sind, ihre Affekte jedoch bald wieder auf ein höheres Glücks-Niveau zurückkehren. Dieser Forschungstyp zeigt unsere Fähigkeit, uns selbst an diese sehr schlimmen Ereignisse anzupassen und sie auszuhalten. In der REVT wird den Klienten folglich beigebracht, semantisch zwischen entsetzlich und unangenehm zu unterscheiden und das Potential zur Anpassung an schlimme (sogar an sehr, sehr schlimme) Ereignisse zu erkennen[11].

Spezielle Beispiele, wie man grundlegende »Muss« und andere irrationale Überzeugungen disputiert

Als Beispiel für das REVT-Disputieren nehmen wir den Fall einer Frau an, die in ihren Liebesbeziehungen wenig Erfolg hat. Ihre grundlegenden »Muss« und Forderungen lauten etwa: »Ich muss unbedingt einen festen Partner finden. Wenn ich niemals einen finde, bin ich unfähig zu guten Beziehungen und bin ein unzulänglicher Mensch. Ich kann es nicht ertragen, dass mir die Erfüllung meines größten Bedürfnisses versagt bleibt, mein gesamtes Leben ist entsetzlich, es wird immer so sein, und genausogut könnte ich mich umbringen!«

Ich würde nun versuchen, dieser Klientin ihre grundlegenden »Muss« und deren wichtigste Ableitungen vor Augen zu führen und ihr zu zeigen, wie sie diese beharrlich und wirksam disputieren kann, z. B.:

Die grundlegenden »Muss« disputieren: »Warum muss ich unbedingt einen festen Partner finden?«

Antwort: »Offensichtlich muss ich das nicht, auch wenn es mein größter Wunsch ist. Ich kann mich sehr traurig und enttäuscht fühlen, jedoch nicht depressiv und verzweifelt, wenn ich niemals einen geeigneten Partner für eine dauerhafte Beziehung finde.«

Falsche Verallgemeinerungen disputieren (»Wenn ich darin versage, jemals einen geeigneten Partner zu finden, bin ich ein unzulänglicher Mensch.«): »Wie werde ich zu einem vollwertigen Menschen, wenn ich nie einen geeigneten festen Partner finde?«
Antwort: »Ich bin nie unzulänglich. Ich bin zwar eine Person, die in Partnerschaften versagt, in vielen anderen wichtigen Aspekten ihres Lebens jedoch sehr wahrscheinlich erfolgreich ist. Selbst wenn ich wegen meiner eigenen Unzulänglichkeiten versage (und nicht aus Pech oder aus anderen Gründen), werde ich nicht in jeder Hinsicht jederzeit völlig unzulänglich sein.«

Unrealistische Schlussfolgerungen disputieren (»Weil ich mehrmals darin versagt habe, eine feste Beziehung aufzubauen, werde ich nie Erfolg damit haben und bin unfähig dazu.«): »Wie können fünf Schwalben einen Sommer machen? Wegen meiner Unwissenheit oder Einschränkungen habe ich vielleicht große Schwierigkeiten damit, aber wenn ich es weiter versuche, weshalb sollte ich dann keinen geeigneten Partner finden? Selbst wenn ich mehrmals dabei scheitere, wie könnte das beweisen, dass ich unter keinen Umständen erfolgreich sein kann?«
Antwort: »Gleich, wie traurig meine Geschichte im Hinblick auf Beziehungen bisher war, könnte ich immer noch Erfolg haben. Selbst wenn nicht, könnten mich ungünstige Umstände und nicht meine Beziehungsunfähigkeit daran hindern.«

Trugschlüsse disputieren (»Weil ich mir eine Partnerschaft sehr wünsche, muss ich damit unbedingt Erfolg haben, und mein Leben wäre furchtbar und ich könnte es nicht aushalten, wenn es mir nicht gelänge!«): »Wie folgt aus meinem großen Wunsch nach einer Partnerschaft, dass ich eine finden *muss* und dass mein Leben furchtbar würde und ich es nicht aushalten könnte, wenn ich keinen Partner fände?«
Antwort: »Das folgt daraus überhaupt nicht. Meine größten Wünsche brauchen niemals in Erfüllung zu gehen. Wenn sie es nicht tun und ich niemals in einer Partnerschaft lebe, werde ich enorm viel entbehren, doch wäre das weder entsetzlich noch absolut schlimm – nur eben schlimm. Ich kann entscheiden, es auszuhalten und weniger glücklich zu sein, als ich es ansonsten wäre, aber ich muss nicht verzweifelt und demoralisiert sein.«

Definierende oder tautologische Behauptungen disputieren (»Darin zu versagen, eine feste Beziehung zu finden, ist nicht nur sehr frustrierend, sondern entsetzlich und vernichtend! Erfolgreich in einer festen Bezie-

hung zu leben entspricht meinem Wert als Person und einem guten Leben.«): »Muss ich große Frustration und Entbehrung als ein vernichtendes Entsetzen definieren? Hängt mein Wert als Person absolut von meinem Erfolg ab, in einer festen Beziehung zu leben? Wohin wird es mich tatsächlich führen, wenn ich meinen persönlichen Wert und meine Möglichkeiten, irgendein Glück zu finden, in dieser Art und Weise definiere?«
Antwort: »Nein, ich kann große Frustration und Entbehrung als echte Unannehmlichkeiten definieren statt als vernichtendes Unheil. Mein Wert als Person hängt von meiner Lebendigkeit, meiner Menschlichkeit und meiner Entscheidung, unabhängig von meinem Erfolg Wert zu besitzen, ab und nicht von meiner Entscheidung, sie von einem unzuverlässigen Zustand wie dem Aufrechterhalten einer festen Beziehung abhängig zu machen. Mein Glück oder meinen Wert als Person in Entsprechung dazu zu definieren, ob ich eine feste Beziehung habe, wird mich vor allem ernsthaft ängstlich und depressiv machen und wird wahrscheinlich meine Möglichkeiten beeinträchtigen, eine derartige Beziehung zu finden. Wer braucht derart törichte Definitionen?«

Theologische Schlussfolgerungen disputieren (»Das Universum verlangt, dass ich eine feste Beziehung aufbaue, und das Schicksal oder die herrschenden Mächte sehen mich als unwürdigen Menschen an und strafen mich, wenn ich keine finde.«): »Kümmert es das Universum, das Schicksal oder die herrschenden Mächte wirklich, ob ich eine feste Beziehung habe oder ob nicht? Selbst wenn das Universum den Zweck hätte, dass ich (und andere Menschen) eine feste Beziehung finden, ist es wahrscheinlich, dass es mich (und andere) in dieser wichtigen Hinsicht verdammen und strafen wird?«
Antwort: »Es ist höchst unwahrscheinlich, dass es das Universum, das Schicksal oder die Mächte wirklich kümmert, ob ich eine feste Beziehung habe oder nicht. Selbst wenn es ihm wichtig wäre und es sehr stark wollte, dass ich (und andere Menschen) feste Beziehungen eingehen, ist es höchst unwahrscheinlich, dass es uns verdammen und bestrafen würde, wenn es uns nicht gelingt.«

Selbst-schädigende Schlussfolgerungen disputieren (»Wenn Menschen und Lebensumstände so schwierig und ungerecht sind und mich ständig daran hindern, eine gute und feste Beziehung aufzubauen, weshalb sollte ich dann überhaupt noch versuchen, eine zu finden?«): »Sind die Menschen und die Lebensumstände wirklich so schwierig und ungerecht, dass sie es mir unmöglich machen, eine gute und feste Beziehung

aufzubauen? Selbst wenn sie so schwierig und ungerecht wären, sollte ich dann nicht besser weiterhin hart an dem Versuch arbeiten, dennoch Erfolg zu haben? Und wenn es mir nie gelänge, muss mein Leben deswegen schrecklich und sinnlos sein?«
Antwort: »Nein, selbst schwierige und ungerechte Menschen und Lebensumstände machen es mir nicht unmöglich, eine gute, feste Beziehung aufzubauen. Wenn es sie wirklich gibt, sollte ich lieber noch fester und beharrlicher versuchen, die gute Beziehung zu finden, die ich mir wünsche. Selbst wenn es mir trotzdem nie gelingt, kann ich immer noch ein glückliches und sinnvolles Leben führen.«

Schlussfolgerungen der Sekundärstörung disputieren (»Weil ich irrationalerweise denke, dass ich unbedingt eine gute und feste Beziehung brauche, um ein wertvoller Mensch zu sein und ein glückliches Leben zu führen, und weil ich mich törichterweise selbst so ängstlich und depressiv mache mit meinem Fordern, beweist das, was für ein dummer und wertloser Mensch ich bin!«): »Selbst wenn man voraussetzt, dass meine Überzeugung, eine gute, feste Beziehung zu brauchen und mein Herbeiführen von ernster Angst und Depression dumm und selbstschädigend sind, wie können mich meine Gedanken und Gefühle zu einem dummen und wertlosen Menschen machen?«
Antwort: »Sie tun es nicht! Meine törichten Gedanken und destruktiven Gefühle, das *bin* nicht ich. Ich bin ein Mensch, der sich selbst endlos leiden lässt, aber kein Narr oder wertloses Individuum. Und weil ich endlos meine Störung verursache, kann ich auch hart daran arbeiten, sie aufzugeben!«

Schlussfolgerungen der Hoffnungslosigkeit disputieren (»Weil ich so angestrengt versucht habe, eine gute und feste Beziehung aufzubauen, und es mir immer noch nicht gelungen ist, werde ich niemals dazu in der Lage sein. Und weil ich mich deswegen immer noch ernsthaft aufrege, kann ich damit nicht einfach aufhören und mache mich weiterhin ängstlich und depressiv. Es ist hoffnungslos, und ich bin ein hoffnungsloser Fall!«): »Wie beweist mein andauerndes Misslingen, eine gute, feste Beziehung aufzubauen, dass ich niemals dazu fähig sein werde? Wenn ich mich eigensinnig weigere, damit aufzuhören, mich wegen meiner Partnerlosigkeit ernsthaft ängstlich und depressiv zu machen, warum kann ich dann diese Art von Weigerung nicht beenden?«
Antwort: »Nur weil ich bisher keine gute, feste Beziehung aufgebaut habe, beweist das noch lange nicht, dass es mir niemals gelingen wird. Ebensowenig beweist meine Weigerung, aufzuhören, mich wegen einer

fehlenden festen Beziehung aufzuregen, dass ich mich nicht ändern und mit dieser Art von Weigerung aufhören kann. Ich kann mein gestörtes Denken und Fühlen verändern!«

Selbstreflektive Schlussfolgerungen disputieren (»Weil meine irrationalen Überzeugungen, eine gute und feste Beziehung zu brauchen, so mächtig sind und weil meine Gefühle der Angst und Depression, weil ich keine habe, so ernst sind, sind die sie begleitenden Einschätzungen und Schrecken sachlich und wahr und es hat keinen Sinn zu versuchen, sie zu verändern.«): »Weshalb sind meine irrationalen Überzeugungen, eine gute Beziehung zu brauchen, sachlich und wahr, weil sie so mächtig sind? Was macht mein Gefühl des Schreckens wahr statt vielmehr übertrieben, nur weil es so tief und stark ist? Wo ist der Beweis, dass ich meine mächtigen destruktiven Überzeugungen und Gefühle nicht verändern kann?«
Antwort: »Meine Überzeugungen und Gefühle sind wahr und sachlich, insofern als sie offensichtlich vorhanden sind. Doch brauchen sie weder vorhanden zu sein, noch besitzen sie irgendeine sachliche Gültigkeit aus sich selbst heraus, sondern nur weil ich sie entsprechend konstruiere. Also kann ich gesunde negative Gefühle der Trauer und des Bedauerns konstruieren statt der ungesunden, unangemessenen Gefühle von Depression und Schuld wegen einer fehlenden festen Beziehung.«

Die oben angeführten irrationalen Überzeugungen (iB's) und selbstschädigenden Gefühle sind nicht erschöpfend abgehandelt, jedoch finden sie sich in der REVT und der kognitiven VT häufig – und können disputiert und herausgefordert werden. Neben den beschriebenen Formen des Disputierens kann eine Reihe anderer kognitiver, emotiver und verhaltensbezogener Techniken verwendet werden, um sie zu reduzieren und zu modifizieren; diese werden in späteren Kapiteln behandelt[12].
Eine andere Gruppe irrationaler Überzeugungen (iB's), die beim Hervorrufen und Aufrechterhalten emotionaler Störungen wichtig sind, besteht aus den Überzeugungen, die sich auf bewusste oder unbewusste Vernachlässigung oder Verleugnung irrationalen Denkens beziehen. Folglich könnte die Frau, die glaubt, sie müsse eine geeignete feste Beziehung haben oder sie sei ein unzulänglicher, wertloser Mensch, Zuflucht zu folgenden Verleugnungen nehmen:

Die Unterlassung, Irrationalität anzuerkennen: Möglicherweise erkennt sie ihr Gefühl der Wertlosigkeit an, erkennt jedoch nicht, dass es größtenteils ihrer Forderung nach einer festen Beziehung entstammt: »Ja, ich fühle mich wertlos und depressiv, aber ich weiß nicht, warum.«

Die Verleugnung der Verbindung zwischen irrationalen Überzeugungen und neurotischen Symptomen: »Ja, ich fühle mich wertlos und depressiv und glaube außerdem, dass ich unbedingt eine feste Beziehung haben muss, doch sind meine Gefühle unabhängig von meinen Überzeugungen und nicht mit ihnen verknüpft.«
Die Verleugnung, dass irrationale Überzeugungen wirklich irrational sind: »Ja, selbstverständlich glaube ich, dass ich eine gute und feste Beziehung aufbauen muss, um ein wertvoller Mensch und glücklich zu sein, aber das ist eine vernünftige Überzeugung. Ohne eine derartige Beziehung kann ich absolut nicht wertvoll und glücklich sein. Das ist die menschliche Grundvoraussetzung!«
Die Verleugnung, dass irrationale Überzeugungen zu neurotischen Folgen führen: »Ja, meine Überzeugung, dass ich unbedingt eine gute und feste Beziehung aufbauen muss, um ein wertvoller Mensch zu sein, ist irrational. Dennoch kann ich sie hegen, ohne sehr ängstlich oder depressiv zu sein. Meine Überzeugung mag verrückt sein, aber ich kann damit durchkommen und sogar Nutzen daraus ziehen.«

Die Klienten können auf spezielle Überzeugungen aufmerksam gemacht werden, und man kann diese aktiv disputieren. Und gewöhnlich kann den Klienten auch beigebracht werden zu erkennen, dass gestörte Gefühle häufig von iB's herrühren und normalerweise nicht weniger werden, wenn noch derartige Überzeugungen gehegt werden. Eine wichtige Ergänzung zum Disputieren der iB's in der REVT und der kognitiven VT ist es, den Klienten den utilitaristischen Wert vor Augen zu führen, wenn man sie einzugestehen und zu verändern wagt. Wenn Klienten weiterhin an ihren absolutistischen »Muss« in Bezug auf sich selbst, die anderen und die Welt festhalten, so wird ihnen gezeigt, dass sie aller Wahrscheinlichkeit nach dysfunktionale Gefühle und Verhaltensweisen hervorbringen, während sie, wenn sie diese iB's in flexible Präferenzen umändern, sich wesentlich weniger gestört fühlen werden und weniger gestört handeln werden.
In ähnlicher Weise kann man zeigen – und statistisch »beweisen« –, dass alle anderen, in diesem Kapitel beschriebenen Denkverzerrungen zu selbst-schädigenden und sozial-sabotierenden Folgen führen, z. B.:

Therapeut: Wenn Sie starr und zwingend glauben, dass Sie eine gute, dauerhafte Beziehung aufbauen *müssen*, um ein guter Mensch zu sein und Freude am Leben zu haben und ein derartiges wünschenswertes Ziel niemals erreichen, wie werden Sie sich dann wahrscheinlich fühlen?
Klient: Ich nehme an, ziemlich ängstlich und depressiv.

Therapeut: Richtig! Wenn Sie fest daran glauben, keine gute Beziehung aufbauen zu können, weil sie mehrmals dabei versagt haben, und wenn Sie dann tatsächlich fünf Mal scheitern, welche Folgen wird das wahrscheinlich nach sich ziehen?
Klient: Ich werde die Hoffnung aufgeben und bald aufhören, es zu versuchen.
Therapeut: Ja. Nehmen wir einmal an, Sie seien überzeugt, keine gute, dauerhafte Beziehung zu haben sei absolut schlimm und Sie könnten es überhaupt nicht ertragen und ihre depressiven Gefühle würden beweisen, dass es objektiv schlimm sei. Was wird dann wahrscheinlich geschehen?
Klient: Ich werde wahrscheinlich daran denken, mich umzubringen.«

Und so weiter und so fort. Den Klienten klarzumachen, dass ihre rationalen, in Präferenzen denkenden Überzeugungen fast immer zu gesunden, selbsthelfenden Gefühlen und Verhaltensweisen führen, die irrationalen, »mussturbatorischen« (besonders die selbstherabsetzenden und alles entsetzlich machenden) Überzeugungen dagegen fast immer zu selbstsabotierenden Emotionen und Handlungen, wird sie nicht unbedingt dazu bewegen, Letztere in Erstere umzuwandeln. Aber es hilft oft!
Zusammenfassend lässt sich sagen, dass die Theorie der Rational-Emotiven Verhaltenstherapie von den dysfunktionalen oder irrationalen Überzeugungen (iB's), die signifikant zu emotionalen Störungen beitragen oder sie »verursachen«, scheinbar einfach, in Wirklichkeit jedoch komplex ist. Sie stellt die Hypothese auf, dass die Menschen, wenn in ihrem Leben unglückliche oder wenig wünschenswerte aktivierende Ereignisse oder Widrigkeiten (A's) auftreten, die Wahl haben zwischen rationalen Überzeugungen (rB's), die gewöhnlich zu gesunden oder angemessenen negativen Konsequenzen (C's) wie Traurigkeit oder Bedauern führen, und irrationalen Überzeugungen (iB's), die häufig zu ungesunden oder unangemessenen Konsequenzen (C's) wie große Angst und Depression führen.
Konkreter und im Unterschied zu den meisten anderen kognitiven Verhaltenstherapien vertritt die REVT die Ansicht, dass Menschen, die irrationale Überzeugungen (iB's) haben, diese hervorbringen, indem sie ihre rationalen oder selbsthelfenden Präferenzen und Wünsche auf die Ebene von irrational absolutistischen, grandiosen »Muss« und Forderungen erheben. Stellen die Menschen diese Grundforderungen erst einmal heftig und beharrlich an sich selbst, an andere und an die Welt, neigen sie dazu, sobald diese Forderungen nicht oder möglicherweise nicht erfüllt

werden, vier selbst-schädigende Folgen hervorzurufen: 1. Sie sehen die Dinge als entsetzlich an und definieren schlimme oder unglückliche Situationen als entsetzlich, fürchterlich oder schrecklich – womit gemeint ist, hundertprozentig schlecht oder noch schlimmer. 2. Sie rufen die Überzeugung »Ich kann das nicht aushalten« hervor und bestehen darauf, dass sie unter »entsetzlichen« Umständen nicht leben oder überhaupt nicht glücklich sein können. 3. Sie verdammen sich selbst, andere Menschen und die Welt insgesamt und betrachten Menschen und Dinge als schlecht und wertlos. 4. Sie greifen auf »Immer« und »Niemals« zurück und beharren darauf, dass unglückliche aktivierende Ereignisse (A's) immer fortbestehen und niemals enden werden.

Diese selbst-schädigenden, irrationalen Prozesse interagieren kompliziert miteinander und beeinflussen sich gegenseitig bedeutsam. Folglich werden Anspruchshaltung und »Mussturbation« dazu führen, alles als entsetzlich anzusehen. Doch ein unglückliches Aktivierendes Ereignis »entsetzlich« zu definieren, wird gleichermaßen oft zu der Forderung führen, dass es, weil es so schlimm ist, absolut nicht existieren darf, dass man es nicht aushalten kann, dass die Menschen, die es herbeiführen, wertlos und verdammungswürdig sind, und dass es niemals aufhören wird.

Gestörte Menschen denken irrational – und fühlen und verhalten sich selbst-schädigend –, weil sie die angeborene Tendenz dazu haben, weil sie es von ihren Eltern und ihrer umgebenden Kultur lernen, und weil sie dazu neigen, dies von Kindheit an zu üben und sich anzugewöhnen. Es fällt ihnen leicht, dysfunktional zu denken. Einige der wichtigsten Denkprozesse, bei denen sie dies tun – die sich ebenfalls überschneiden und interaktiv gegenseitig beeinflussen –, sind: 1. Sie rufen falsche Verallgemeinerungen hervor. 2. Sie ziehen unrealistische Schlussfolgerungen. 3. Sie nehmen Zuflucht zu Trugschlüssen. 4. Sie sehen definierende und tautologische Aussagen als Tatsachen an. 5. Sie glauben starr an unwiderlegbare theologische Schlussfolgerungen. 6. Beharrlich rufen sie selbst-schädigende Schlussfolgerungen hervor und halten daran fest. 7. Sie ziehen Schlüsse hinsichtlich ihrer Störungen, die zu sekundären Störungen führen. 8. Sie ziehen den Schluss, dass alles hoffnungslos sei. 9. Sie ziehen selbstreflexive Schlüsse, mit denen sie sich überzeugen, dass ihre Gedanken und Gefühle eine »objektive« oder unabhängige Existenz besitzen, statt größtenteils selbstgeschaffen zu sein. 10. Sie missachten oder verleugnen die Verbindungen zwischen ihren dysfunktionalen, irrationalen Überzeugungen (iB's) und ihren Verhaltensweisen.

Wenn der Therapeut seinen Klienten hilft, ihre grundlegenden »Muss« und Forderungen einzugestehen und zu erkennen, wie oft diese zum

Alles-entsetzlich-Machen oder zu der Überzeugung »Ich kann das nicht aushalten« führen, dazu, die eigene Person und die anderer zu verunglimpfen und unglückliche aktivierende Ereignisse als immer bestehend und unveränderlich zu betrachten, dann kann er diesen Klienten auch helfen, ihre Irrationalitäten zu disputieren und damit ihren Zustand zu bessern. Die REVT vertritt die Ansicht, dass man zum Disputieren besser viele kognitive, emotive und verhaltensbezogene Möglichkeiten nutzen sollte. Eine Reihe kognitiver Methoden des Disputierens wurde in diesem Kapitel beschrieben, und weitere werden in späteren erörtert.

Anmerkungen

1. Dougher, 1993; Guidano, 1991; Hayes, 1987; Hayes & Hayes, 1992; Jacobson, 1992; Mahoney, 1991; Mahrer, 1989; G. Neimeyer, 1993; R. Neimeyer, 1993; Norcross & Goldfried, 1992; Schwartz, 1993.
2. Beck, 1991; DiGiuseppe, Miller, & Trexler, 1979; Ellis, 1979; Engels, Garnefson, & Diekstra, 1993; Hajzler & Bernard, 1991; Hollon & Beck, 1994; Hollon, DeRubis, & Seligman, 1992; Lipsey & Wilson, 1993; Lyons & Woods, 1991; McGovern & Silverman, 1984; McMullin, 1986; Miller & Berman, 1983; Silverman, McCarthy, & McGovern, 1993.
3. Ellis, 1962a, 1979d, 1979e, 1985; Maultsby, 1984; Walen, DiGiuseppe, & Dryden, 1992; Wessler, 1984, 1992.
4. Adler, 1958, 1964a, 1964b; Ansbacher & Ansbacher, 1956; Ellis, 1965a, 1965c, 1967, 1968c, 1973b, 1985b, 1988e.
5. Seligman, 1991; Taylor, 1990.
6. Baron, Baron, Berbel, Nolen, & Hochsma, 1990; Beck, 1976; Ellis, 1957a, 1962, 1985b, 1988e, 1991l; Kendall, 1993; Kendall & Brasswell, 1984; Lazarus, 1991; Maultsby, 1984; Meichenbaum, 1977; Moshman & Hoover, 1989.
7. Beck, 1976; Burns, 1980, 1989, 1993; Dryden, 1994a; Ellis, 1988e; Ellis & Abrams, 1994; Ellis & Dryden, 1987; Ellis & Velten, 1992.
8. Ellis, 1976a, 1987b, 1987g; Frazer, 1959; Hoffer, 1951; Kahneman, Slovik, & Tversky, 1982; Korzybski, 1933; Levi-Strauss, 1962; Nisbet & Ross, 1980; Piaget, 1963; Pitkin, 1940; Popper, 1962, 1984; Rosen, 1993; Russell, 1962; Tabori, 1959, 1961; Varela, 1979.
9. Brown & Beck, 1989; Ellis, 1965c, 1985b, 1988e, 1991p; Ellis & Grieger, 1977, 1986; Ellis & Harper, 1975.
10. Ellis, 1976a, 1985b, 1988b, 1991p.
11. Brickman, Coates, & Janoff-Bulman, 1978; Cameron, 1974; Feinman, 1978; Wortman & Silver, 1982.
12. Beck, 1976; Beck & Emery, 1986; Beck, Rush, Shaw, & Emery, 1979; Bernard & Joyce, 1993; Corey, 1994; Dryden, 1984, 1994; Ellis, 1985b, 1988e; Ellis & Velten, 1992; Lazarus, 1990; Maultsby, 1984; Meichenbaum, 1977; Safran & Greenberg, 1990; Walen, DiGiuseppe, & Dryden, 1992.

VI. Die Grundzüge der Rational-Emotiven Verhaltenstherapie

Die in Kapitel 4 der Erstausgabe von *»Die rational-emotive Therapie«* angeführten Hauptpunkte, mit denen ich immer noch übereinstimme, sind folgende:

1. Die Menschen neigen dazu, sich selbst neurotische Störungen beizubringen, wenn sie fest und andauernd an den irrationalen Überzeugungen (iB's) festhalten, die in den vorangegangenen beiden Kapiteln beschrieben wurden.

2. Nicht wegen der Missachtung anderer bringen sie sich neurotisch aus dem Gleichgewicht, sondern hauptsächlich, weil sie es für »schrecklich« halten, wenn man sie nicht anerkennt.

3. Kinder, die von ihren Eltern oder anderen heftig kritisiert werden, bringen sich selbst Störungen bei, hauptsächlich weil sie diese Kritik zu ernst nehmen, und nicht nur, weil sie sie hören. Wenn sie ihre Störung weiter aufrechterhalten, glauben sie weiterhin, dass sie nichts taugen, weil andere angeblich auf sie herabschauen.

4. Selbst Kinder brauchen irrationale Überzeugungen, die ihnen beigebracht werden, nicht zu übernehmen. Und sie müssen sie selbstverständlich nicht weiterhin akzeptieren, selbst wenn sie sie zu einem früheren Zeitpunkt ihres Lebens glaubten.

5. Menschen scheinen mit einer starken Tendenz zu Suggestibilität, Leichtgläubigkeit, Gedankenlosigkeit und übermäßiger Verallgemeinerung geboren zu werden. Das ist wahrscheinlich der Grund, weshalb sie so leicht die destruktiven Überzeugungen von Eltern und anderen übernehmen und sich zu eigen machen. Einige der Vorstellungen von Neurotikern, dass sie von anderen anerkannt werden *müssen*, mögen in der Kindheit konstruktiv sein, weil sie da nicht dazu fähig sind, für sich selbst zu sorgen. Doch sind dieselben Gedanken im Erwachsenenalter kaum konstruktiv[1].

6. Ein effektiver Therapeut ermutigt und überredet seinen Klienten oft dazu, entgegen seiner irrationalen Ängste zu handeln, so dass die dann unternommenen Handlungen den Vorstellungen entgegenwirken können, dass er gewisse Dinge nicht tun könne und dass es schrecklich wäre, wenn er sie täte. Manchmal zeigt der Therapeut seinem Klienten

sogar deutlich, dass er seine irrationalen Überzeugungen und dysfunktionalen Gefühle, die diese begleiten, niemals verändern wird, wenn er nicht mit einem gewissen Unbehagen das tut, wovor er in selbst-schädigender Weise Angst hat[2].

7. Vorzugsweise sollte der REVT-Praktiker nicht nur spezifische irrationale Überzeugungen seines Klienten disputieren – wie beispielsweise die Vorstellung, dass er bei einem Gespräch keinesfalls versagen darf –, sondern sollte auch nach den ihnen zugrunde liegenden Philosophien suchen – wie beispielsweise der Vorstellung, er dürfe bei keiner wichtigen Aufgabe versagen, sonst sei er wertlos. Diese allgemeinen iB's können den spezifischen dysfunktionalen Vorstellungen durchaus zu Grunde liegen.

8. Die REVT ignoriert oder untergräbt die Gefühle der Menschen nicht. Sie zeigt ihnen jedoch, wie sie ungesunde und selbst-schädigende Gefühle wie Panik, Depression und Wut minimieren können. Ebenso ermutigt sie zu starken oder leidenschaftlichen positiven Gefühlen, wenn die Dinge gut gehen, und betrachtet einige heftige negative Gefühle, wie Traurigkeit und Trauer, als »konstruktiv« oder »gesund«, wenn unerwünschte aktivierende Ereignisse oder Widrigkeiten (A's) auftreten[3].

Welche der Hauptpunkte aus Kapitel 4 der Erstausgabe von *»Die rational-emotive Therapie«* würde ich heute ändern oder auf den neuesten Stand bringen? Erstens sagte ich damals, dass wirkungsvolle gesellschaftliche Propaganda ebenso wie die angeborenen Anlagen zu irrationalem Denken die Menschen neurotisch mache – »besonders die von unseren Familien, Schulen, Kirchen und Regierungsinstitutionen verbreitete«. Damit hatte ich teilweise Unrecht. Eine derartige Propaganda mag uns beeinflussen, doch veranlasst sie uns wohl kaum, uns Störungen beizubringen. Selbst fragwürdige Ideen – wie z. B. die, dass wir möglichst viel Geld verdienen und die Anerkennung aller gewinnen sollten – dient kaum dazu, uns aus dem Gleichgewicht zu bringen, es sei denn, wir erheben sie zu einer absoluten Notwendigkeit. Denn unsere Familien, Schulen, Kirchen und Regierungsinstitutionen sagen uns vielleicht manchmal, und manchmal wahrscheinlich auch fälschlicherweise, dass diese Ziele wünschenswert seien; doch erklären sie uns kaum, dass ihre Verwirklichung eine absolute Notwendigkeit sei und wir als Mensch nichts taugten, wenn wir dabei versagten. Selbst wenn wir diese »falschen« Ideen also glauben, können wir uns, wenn wir uns ihnen entziehen, nur selbst sagen: »Zu schade. Ich habe etwas falsch gemacht, und das ist nicht wünschenswert; aber davon geht die Welt nicht unter. Ich bin immer noch in Ordnung.« Dann würden wir uns keine Störung zufügen.

Erheben wir jedoch die Dogmen unserer Familie und Kultur zu absolutistischen »Muss«, »Sollte« und »Müsste«, bringen wir uns in neurotische Schwierigkeiten. Noch einmal, es sind also nicht die uns vermittelten Ziele, Standards und Werte, die uns Störungen zufügen, sondern unsere eigene, ziemlich irrationale Tendenz, darauf zu beharren, dass wir sie unbedingt befolgen müssen, ebenso wie uns zu »beweisen«, dass wir »wertlos« sind, wenn wir es nicht tun.

Damals schrieb ich: »Wenn man sich einem Klienten zu Beginn seiner Therapie auf vorsichtige, unterstützende, permissive und warme Art und Weise nähern muss, weil er außergewöhnlich stark aus dem Gleichgewicht geraten ist, und ihm manchmal gestatten muss, seinen Gefühlen in freier Assoziation, Abreaktion, Rollenspiel und anderen expressiven Techniken Luft zu machen, dann kann dies ein notwendiger Teil einer wirksamen Therapie sein.« Ich arbeite nun seit fast vierzig Jahren mit der REVT und halte die Verwendung dieser Techniken kaum noch für einen notwendigen Bestandteil einer wirksamen Therapie, sondern nur noch für manchmal nützlich. Die REVT umfasst eine ganze Reihe expressiver und emotiver Techniken, doch verwende ich persönlich selten die freie Assoziation und intensive Abreaktion. Einige Klienten mögen derartige Methoden brauchen, doch die große Mehrheit der Klienten, die mich aufsuchen, einschließlich der persönlichkeitsgestörten und der im Grunde psychotischen, kann mit einer akzeptierenden und stützenden Haltung erreicht werden, die jedoch gleichzeitig aktiv-direktives Vorgehen, Belehrung und edukatives Disputieren ihrer irrationalen Vorstellungen umfasst. Jeder Klient ist natürlich anders, und viele brauchen eine gewisse Methode, wie beispielsweise die Abreaktion, weil sie diese zu brauchen glauben (weil sie schon oft darüber gelesen haben). Selbst schlechte Techniker können mit manchen Klienten vielleicht sehr gut arbeiten. Wenn die normale REVT also keine sehr guten Resultate hervorzubringen scheint, kann eine Vielzahl anderer Methoden, einschließlich sogar einiger »irrationaler«, verwendet werden[4].

Weiterhin stellte ich damals im Rahmen einer Fallgeschichte fest: »Das allgemeine Schuldprinzip kam zur Sprache, und ihm [Mervin] wurde präzise ausgeführt, weshalb es unlogisch sei, dass ein Mensch irgendeine anderen (oder sich selbst) wegen irgendetwas beschuldigen sollte.«

Ich möchte an dieser Stelle möglichst deutlich machen, dass die REVT den Menschen zeigt, dass es oft sehr berechtigt ist, sie zu tadeln oder ihnen die Verantwortung für ihr Verhalten (und das anderer) zu verdeutlichen, jedoch nicht, sich selbst, ihre Persönlichkeit, für dieses Verhalten anzuklagen. Der Mensch ist gewöhnlich verantwortlich für sein Tun und ist folglich im Unrecht, wenn er falsche, dumme oder unethische Dinge tut. Und das sollte er besser völlig anerkennen und nicht vorgeben, keinen Fehler gemacht zu haben, wenn dies zweifelsohne der Fall ist. Die REVT ermutigt die Menschen also oft, ihre Handlungen und Taten in Übereinstimmung mit ihren erwählten Zielen und Werten zu beurteilen und einzuschätzen. Aber sie zeigt ihnen, dass der Mensch nicht ist, was er tut.

Weiterhin schrieb ich in der Erstausgabe von *»Die rational-emotive Therapie«*, dass es das Hauptproblem eines effektiven Lebens sei, die Menschen dazu zu bringen »zu fragen, über ihre Überzeugungen nachzudenken und dadurch konsequentere, eher auf Tatsachen beruhende und durchführbare Konstrukte zu entwickeln als jene, die sie jetzt vielleicht besitzen«.

Diese Ansicht vertrete ich im Kern immer noch, betone aber, dass die REVT nicht nur zu einem logisch konsequenten und auf Tatsachen beruhenden Denken (d. h. ein Denken, das über empirische oder realistische Bezüge verfügt) ermuntert, sondern das auch besonders auf die praktischen Bedürfnisse eingehend und offen lernfähig ist. Normalerweise wollen wir leben, gesund sein, uns von gesellschaftlichen und anderweitigen Schwierigkeiten fernhalten, relativ frei sein, um unsere Wünsche zu verwirklichen und auf kurze wie auf lange Sicht glücklich zu sein, wenn wir allein oder mit anderen zusammen sind, wenn wir mit wenigen anderen sehr vertraut sind und wenn wir im Hinblick auf Bildung, Beruf und Freizeit erfüllt sind. Wir wollen uns selbst und die Gemeinschaft, in der wir uns zu leben entschieden haben, erhalten und entwickeln.

Wenn das unsere Ziele sind, sollten wir uns besser eine Reihe von Überzeugungen oder Kernphilosophien aneignen, die nicht nur vernünftig und konsequent sind und die Wirklichkeit akzeptieren, sondern die ebenfalls unseren gewählten (und sich manchmal verändernden) Zielen, Werten und Wünschen dienen und ihre Verwirklichung unterstützen. Und wir sollten vorzugsweise versuchen, in Übereinstimmung mit unseren grundlegenden Werten zu fühlen und zu handeln.

In der Erstausgabe von *»Die rational-emotive Therapie«* stellte ich das Fallbeispiel von Mervin vor, eines meiner frühen REVT-Klienten. Ich möchte diesen Fall mit ein paar Änderungen erneut zitieren und dann einige aktuelle Bemerkungen dazu machen.

Mervin, 23 Jahre, erschien einige Wochen nach Beginn seiner Therapie in meiner Praxis und berichtete, dass er sich sehr deprimiert fühle, aber nicht wisse, warum. Das vorgeschobene Hauptproblem dieses schwer neurotischen Patienten bestand darin, dass er in den beiden letzten Jahren zuviel getrunken hatte. Eine kurze Befragung ergab, dass er die Inventur, die zu seinen Aufgaben als Lehrling in einer Glasmalereiwerkstätte gehörte, unerledigt vor sich her schob. »Ich weiß, dass ich die Inventur machen sollte, bevor die Sache unüberschaubar wird«, gab er zu, »aber trotzdem verschiebe ich sie von einem Tag auf den anderen. Ehrlich gesagt, ich habe eine furchtbare Abneigung dagegen.« – »Warum haben Sie denn keine Lust dazu?« – »Weil es langweilig ist. Es macht mir einfach keinen Spaß.«

»Na dann ist es eben langweilig. Ich kann verstehen, dass Sie diese Arbeit ungern tun, aber müssen Sie deswegen eine furchtbare Abneigung dagegen entwickeln?«

»Ist das nicht im Endeffekt dasselbe?«

»Keineswegs. Wenn man etwas ungern tut, sagt man sich: ›Diese Sache macht mir keinen Spaß und deshalb möchte ich sie nicht tun.‹ Das ist in den meisten Fällen ein durchaus vernünftiger Satz. Steigert man sich hingegen in eine intensive Abneigung gegen eine Tätigkeit hinein, dann sagt man sich: ›Weil ich diese Sache nicht gern tue, sollte ich sie nicht tun müssen.‹ Und das ist zweifellos ein unsinniger Satz.«

»Warum ist es unsinnig, Abneigung gegen eine Aufgabe zu empfinden, die man nicht gerne tut?«

»Aus verschiedenen Gründen. Erstens ist es vom rein logischen Standpunkt völlig absurd, sich zu sagen: ›Weil ich etwas nicht gern tue, sollte ich es nicht tun müssen.‹ Der zweite Teil dieses Satzes ergibt sich in keiner Weise aus dem ersten. In Wirklichkeit meinen Sie nämlich etwa folgendes:

›Weil ich diese Sache nicht gern tue, sollten meine Mitmenschen und das Universum ein Einsehen haben und mich nicht dazu zwingen.‹ Aber ein solcher Satz ist natürlich barer Unsinn, denn warum sollten Ihre Mitmenschen und das Universum auf Sie Rücksicht nehmen? Es wäre schön, wenn sie es täten. Aber warum zum Teufel sollten sie? Ihr Satz stimmt doch nur unter der Voraussetzung, dass sich die ganze Welt samt allen Leuten um Sie dreht und Ihnen Rücksichtnahme schuldet.«

»Verlange ich wirklich so viel? Ich habe den Eindruck, dass ich mir nichts anderes wünsche, als in meinem jetzigen Job keine Inventur machen zu müssen. Ist das zuviel verlangt?«

»Ja, nach allem, was Sie mir erzählt haben, ist es zweifellos zuviel. Denn die Inventur ist nun einmal ein Teil Ihres Jobs, nicht wahr? Sie müssen sie machen, wenn Sie Ihre Lehrstelle behalten wollen, ist das nicht richtig?«

»Ja, so ist es wohl.«

»Und Sie wollen doch, aus Gründen, die Sie mir früher geschildert haben, auf diesem Ausbildungsplatz bleiben, nicht wahr?«

»Ja. Wie ich Ihnen erzählte, brauche ich in meinem Beruf eine mindestens einjährige Ausbildungszeit. Und ich wurde unter der Bedingung aufgenommen, dass ich bereit bin, Überstunden zu machen und ...«
» – und regelmäßig Inventur?«
»Ja, regelmäßig Inventur. Unter der Voraussetzung hat mich die Firma für das Jahr aufgenommen, das ich als Lehrzeit brauche.«
»Nun also. Weil Sie Glasmalerei lernen wollten und Sie diesen Beruf nur ergreifen können, wenn Sie eine einjährige Ausbildung absolvieren, haben Sie beschlossen, diese Stelle anzunehmen – mitsamt der damit verbundenen Mühen wie die Inventur. Sie hatten mit anderen Worten die Wahl, entweder diese Stelle samt ihren Unannehmlichkeiten in Kauf zu nehmen oder auf Ihren Berufswunsch zu verzichten. Aber obwohl Sie sich angeblich für die erste Alternative entschieden haben, ärgern Sie sich jetzt, weil diese gewisse Unannehmlichkeiten einschließt.«
»Aber mir ist ja nicht die ganze Arbeit zuwider, bloß die Inventur.«
»Das ist immer noch unvernünftig. Denn die Inventur ist ein Teil der von Ihnen geforderten Arbeitsleistung, und wenn Sie beschließen, diese Stelle anzunehmen, müssen Sie selbstverständlich auch diesen Teil akzeptieren. Statt also eine von zwei logischen Alternativen zu wählen – den Arbeitsplatz einschließlich der lästigen Inventur anzunehmen oder sich die Glasmalerei aus dem Kopf zu schlagen –, wehren Sie sich verstockt und überheblich gegen die erste Alternative, wollen sich aber auch nicht zur zweiten bequemen. Das heißt, Sie verlangen de facto, wie ich vorhin sagte, dass das Universum und alle Ihre Mitmenschen sich um Ihre Wünsche drehen sollten, statt so zu sein, wie sie sind.«
»So wie Sie es darstellen, klingt es wirklich so, als sei mein Standpunkt logisch unhaltbar. Aber was sagen Sie zu der Tatsache, dass mein Chef, wenn er mir entgegenkommen wollte, die Inventur schließlich ja auch jemand anderem übertragen könnte, da er doch eine fleißige und billige Arbeitskraft an mir hat? Er weiß schließlich genau, wie ich darüber denke, und es ist keine Arbeit, die für die Ausbildung in der Glasmalerei nötig ist.«
»Das stimmt. Ihr Chef könnte die Arbeit anders einteilen, er könnte Ihnen sogar die Arbeit ersparen, die Ihnen so unangenehm ist. Nehmen wir theoretisch einmal an, dass es unrecht von ihm ist, die Pflichten nicht anders zu verteilen, und dass jeder anständige Chef Sie mehr Maler- und weniger Inventurarbeiten machen lassen würde.«
»Das wäre schön! Dann würde ich mich überhaupt nicht beklagen!«
»Nein, vermutlich nicht. Aber selbst wenn wir annehmen, dass Ihr Chef in der Inventurfrage völlig Unrecht hat, ist Ihr Ärger, dass er Unrecht hat, dennoch unsinnig.«
»So?! Wieso?«

»Wie sehr er auch im Unrecht sein mag – Sie übersehen, dass jeder Mensch das Recht hat, Unrecht zu haben – und Sie billigen ihm dieses Recht nicht zu.«

»Aber warum hat jeder Mensch das Recht, Unrecht zu haben?«

»Ganz einfach, weil er ein Mensch ist; deshalb ist er fehlbar und neigt zu Irrtümern. Wenn Ihr Chef in der Inventurfrage unfair handelt – nehmen wir einmal an, er handle absolut unfair –, dann doch zweifellos, weil er dumm, unwissend oder psychisch gestört oder alles drei ist ... und als fehlbarer Mensch hat er ein Recht darauf, dumm, unwissend und gestört zu sein – wenn wir auch wünschen mögen, dass es nicht so wäre!«

»Er hat das Recht, sagen Sie, so spinnert und gemein zu sein, wie er will, obwohl die anderen wünschen mögen, dass er es nicht wäre?«

»Richtig. Und wenn Sie ihm Vorwürfe machen, dass er so ist, wie er ist, dann verweigern Sie ihm das Recht, ein Mensch zu sein, und erwarten von ihm – und das ist wirklich dumm, das müssen Sie zugeben! –, dass er ein Übermensch oder ein Engel ist.«

»Sie finden wirklich, dass ich das mache?«

»Ist es nicht so? Überlegen Sie sich außerdem noch einmal, wie unlogisch es ist, auf ihn wütend zu sein. Ob er in der Inventurangelegenheit nun fair oder unfair handelt: wenn Sie sich über ihn ärgern, weil Sie ihn für unfair halten, dann wird er doch deswegen auch nicht fairer, oder? Und Ihre Wut nützt Ihnen doch bestimmt auch nichts und bewirkt nicht, dass Sie sich besser fühlen. Wozu soll Ihre Wut also gut sein?«

»Zu gar nichts, vermutlich. Wenn ich mir sagen würde, dass – nun ja, dass es zwar unangenehm ist, dass die Inventur zu meinen Pflichten gehört und dass mein Chef das für richtig hält, aber dass es nun einmal so ist und es keinen Sinn hat, sich dagegen aufzulehnen, dann würde mir das alles vermutlich weniger ausmachen, glauben Sie nicht?«

»Ja, meinen Sie nicht auch? Es gibt übrigens noch einen Grund, warum Ihre Auflehnung unsinnig ist.«

»Welcher Grund ist das?«

»So unangenehm die Inventur auch sein mag, es hat doch keinen Sinn, sie noch unerfreulicher zu machen, indem Sie sich ständig vorsagen, wie grässlich sie ist. Wie wir in der rationalen Therapie immer wieder feststellen, ärgert sich der Patient nicht bloß über einen bestimmten Anlass – in Ihrem Fall die Inventur –, sondern er ärgert sich, dass er sich ärgert – das heißt, er muss mit dem doppelten Quantum an Wut fertig werden. Und der zweite, selbstgeschaffene Ärger kann unter Umständen noch zersetzender sein als der erste, der durch Ihren Job entsteht.«

»Weil ich mich weigere, mich mit der Unannehmlichkeit der Inventur

abzufinden, mache ich die Sache noch schlimmer für mich, als sie an und für sich ist – meinen Sie das?«
»Ganz recht. Zwar macht Ihnen die Inventur das Leben sauer, aber Sie selbst machen es sich noch viel saurer.«
»Ja. Und nachdem mir diese Büroarbeit ja doch nicht erspart bleibt und ich ganz genau weiß, dass der Chef niemand anderen beauftragen wird, wäre es wesentlich besser für mich, wenn ich sie rasch und ohne viel Worte hinter mich bringen würde, statt ein solches Theater deswegen zu machen.«
»Völlig richtig. Sie sehen also ein, dass Ihre Auflehnung in dieser Situation aus verschiedenen Gründen unlogisch ist, obwohl Unzufriedenheit mit dieser Verteilung der Arbeit unter Umständen gerechtfertigt sein mag?«
»Lassen Sie mich noch einmal überlegen. Zuerst entschließe ich mich, den Job trotz der Nachteile anzunehmen, weil ich eine Lehrstelle brauche, und dann widerrufe ich meinen eigenen Entschluss, indem ich mich weigere, die Nachteile in Kauf zu nehmen, die ich zunächst scheinbar akzeptiert hatte.«
»Ja, das ist der erste Punkt.«
»Zweitens, mein Arbeitgeber ist ein Mensch, aber ich weigere mich, ihn als Menschen zu akzeptieren, und erwarte, dass er sich wie ein Engel benimmt.«
»Genau. Das ist der zweite Punkt, in dem Sie sich unlogisch verhalten.«
»Drittens – Moment mal –, ich steigere mich in meine Wut hinein, was mir früher oder später ein Magengeschwür eintragen wird, was aber weder meinen Chef zum Umdenken veranlasst noch mir in irgendeiner Weise nützt!«
»Richtig.«
»Viertens – was war der vierte Punkt? Ich erinnere mich nicht.«
»Viertens: Sie ärgern sich, dass Sie sich ärgern, und schieben die Arbeit auf, die Sie früher oder später ja doch tun müssen, und mit dieser Wut-über-Ihre-Wut im Bauch wird Ihnen diese Arbeit zweifellos noch verhasster, als sie es normalerweise wäre.«
»Ja, richtig. Meinem echten Ärger füge ich noch einen eingebildeten falschen hinzu. Und damit mache ich einen unangenehmen Job noch unangenehmer für mich.«
»Ja. Sehen Sie jetzt ein, dass es höchst irrational ist, sich über jemanden zu ärgern – nicht nur in diesem Fall, sondern in allen ähnlichen Fällen?«
»Hm. Ich glaube, ja. Aber wie kann ich es mir abgewöhnen, mich zu ärgern? Einfach, indem ich einsehe, dass es sich nicht lohnt?«
»Nein, das allein genügt nicht. Es ist zu vage. Und zu leicht. Sie müssen konkreter vorgehen und genau die Sätze herausfinden, die Sie zu sich

selbst sagen, um Ihre Wut anzustacheln; und dann prüfen Sie diese Sätze und stellen sie in Frage, bis Sie ganz genau sehen, wie dumm sie sind, und Sie daher auch bereit sind, sie durch vernünftigere zu ersetzen.«

Ich half dem Patienten nun, sich klarzumachen, welche Sätze er sich vorsagte, um sich in eine Wut hineinzusteigern: »Mein Chef verlangt, dass ich die Inventur mache ... Das macht mir keinen Spaß ... Ich sehe nicht ein, warum ich das tun soll ... Er ist ein Schuft, weil er mich zwingt, diese langweilige, unkünstlerische Arbeit zu tun. Ich werde es ihm zeigen und mich einfach davor drücken ... Dann werde ich zufrieden sein.« Aber diese Sätze waren ein so offenkundiger Unsinn, dass Mervin sie nicht wirklich glauben konnte, also ersetzte er sie durch folgende: »Ich kann meinen Chef nicht täuschen, denn er sieht ja, was ich mache. So kann ich mein Problem also nicht lösen ... Ich sollte deshalb wirklich mit diesem Unsinn aufhören und die Inventur machen ... Aber ich denke nicht daran, es ihm zuliebe zu tun! ... Aber wenn ich es nicht tue, werde ich rausfliegen! ... Aber für ihn tue ich es nicht! ... Es wird mir aber nichts anderes übrig bleiben ... Ach, warum komme ich bloß immer in solche Zwangslagen?! Warum gerate ich immer in ein solches Schlamassel? ... Wahrscheinlich tauge ich einfach nichts! ... Und die Leute sind gegen mich ... Speziell mein Chef, dieser gemeine Schuft ... Ach, was soll's?!«

Diese Gedankengänge bewirkten, dass Mervin deprimiert wurde, sich vor der Inventur drückte und noch wütender und deprimierter wurde. Ich riet ihm, sich stattdessen etwa Folgendes zu sagen: »Inventur machen ist langweilig ... Aber es ist ein wesentlicher Teil meines gegenwärtigen Jobs ... Und ich lerne dabei vielleicht auch etwas Nützliches ... Deshalb ist es besser, diese Arbeit zu tun, so gut ich kann, und dadurch einen Nutzen für mich aus diesem Job zu ziehen, so wie ich später einen Nutzen aus dem Beruf des Glasmalers ziehen werde ...«

Ich wies Mervin auch darauf hin, dass er jedesmal, wenn er sehr wütend, schuldbewusst oder deprimiert sei, unlogisch denke, und riet ihm, sofort zu überlegen, welche irrationalen Gedanken ihn beschäftigen, und diese durch positivere zu ersetzen. Ich benutzte sein gegenwärtiges Dilemma – das Aufschieben der Inventur – zur Illustration seiner allgemeinen Neurose, die sich vor allem in einer Tendenz zum Alkoholmissbrauch äußerte. Ich machte ihm bewusst, dass auch seine Neigung zum Trinken seinem Hang entspreche, es sich leicht zu machen und Aggressionen gegen Leute wie seinen Chef zu entwickeln, die ihn zur Einhaltung bestimmter Regeln zwangen und ihn daran hinderten, in gewohnter Weise den Weg des geringsten Widerstandes zu gehen.

Auch das Problem der Unabänderlichkeit wurde behandelt und Mervin klargemacht, dass die einzig vernünftige Haltung gegenüber einem frustrierenden und unangenehmen, aber nicht beeinflussbaren Ereignis darin besteht, sich ohne Klagen damit abzufinden, stattdessen negative Aspekte breitzutreten. Das Aggressionsproblem wurde ebenfalls erörtert und dem Patienten vor Augen geführt, dass es viel wichtiger ist, sich selbst zu mögen und zu versuchen, im Leben das zu tun, was einen wirklich interessiert, als sich ständig um das Verhalten der anderen zu kümmern und ihnen ihre vermeintlichen Missetaten heimzahlen zu wollen.

Indem ich versuchte, Mervin einige allgemeine Grundsätze rationaler Lebensführung zu vermitteln, ging ich über sein aktuelles Problem hinaus und machte ihn mit einer Denkweise bzw. einer Methode der Problemlösung vertraut, die ihn befähigen sollte, künftig nahezu jede ähnliche Situation erfolgreich zu meistern.

Nach 47 Behandlungsstunden mit der rationalen Methode, verteilt über einen Zeitraum von zwei Jahren, war Mervin imstande, seine beruflichen Probleme zu lösen, seine Ausbildung abzuschließen und eine gehobene Position zu erreichen. Noch erfreulicher war, dass er den Alkohol fast völlig aufgab und sich auf ein Glas Bier pro Tag beschränkte. Seine Ressentiments gegenüber seinem Chef und seinen Arbeitskollegen verringerten sich auf ein Minimum und im ersten Jahr nach Abschluss der Therapie gelang es ihm, das, was er erreicht hatte, zu konsolidieren; er hielt seine Fluchttendenzen relativ gut unter Kontrolle und blieb freundlich.

Wenn ich diesen Fall erneut durchlese, fällt mir auf, dass ich bei Mervin stark kognitive Methoden verwendete, ihn das ABC der REVT lehrte und ihm zeigte, weshalb seine B's oft dysfunktional waren und wie er sie in wirksamere Einstellungen verändern konnte. Das hat größtenteils funktioniert – wie es bei einer ausgesprochen kognitiven oder betont rationalen Therapie häufig der Fall ist.

Heute würde ich eine Reihe emotiv-evokativer REVT-Methoden hinzufügen, ebenso wie mehr verhaltensbezogene Methoden, die ich in den Fünfzigerjahren, als ich mit Mervin arbeitete, selten verwendete. Emotiv würde ich ihm zeigen, wie er eine Reihe rationaler selbstbezogener Behauptungen zur Bewältigung erarbeiten und eindringlich verwenden kann. Ich würde ihm zeigen, wie er seine irrationalen Überzeugungen energisch und beständig disputieren (D) kann. Ich würde ihm die rational-emotiven Imaginationen (REI) beibringen, um ihm zu helfen, seine Gefühle der Wut und Depression ganz wahrzunehmen und dann ihre Veränderung zu üben. Vielleicht würde ich empfehlen, dass er die berühmten Risikoübungen durchführen solle, um seine diesbezüglichen Gefühle, und die der Selbstentwertung, in den Griff zu bekommen. Ich würde stärker, als im vorstehenden Bericht gezeigt, meine eigene bedingungslose Akzeptanz Mervins betonen und ihm Anleitung und Praxis in bedingungsloser Selbstakzeptanz geben[5].

Außerdem würde ich bei Mervin mehr verhaltensbezogene Methoden einbeziehen als jene, die ich in den Fünfzigerjahren verwendete. So würde ich ihn ermutigen, eine Reihe handlungsbezogener Hausaufgaben durchzuführen wie Planungsübungen für den Alltag und das Ausfüllen von Fragebögen; die systematische Einschränkung (zu Anfang wahrscheinlich Unterbindung) seiner Trinkgewohnheiten. Ich würde ihn anleiten, wie er sich selbst verstärken kann, um seine kognitiven, emotiven und verhaltensbezogenen Hausaufgaben durchzuhalten. Er sollte bis zu einem gewissen Grad ein Selbstbehauptungstraining ausprobieren und einige Dinge tun, die Selbstverwirklichung und Wachstum in sein Leben bringen könnten[6].

Ich habe wirklich versucht – und es ist mir zumindest teilweise auch gelungen, denke ich –, Mervin zu helfen, einen tiefgreifenden philosophischen Wandel durchzumachen und dadurch zu erreichen, was ich die elegante therapeutische Veränderung (elegant therapeutic change) genannt habe. Das würde ich heute immer noch versuchen[7], doch wäre mein Ansatz umfassender als in den Fünfzigerjahren.

Anmerkungen

1. Bernard & DiGiuseppe, 1994; Bernard & Joyce, 1994; Ellis & Bernard, 1983; Ellis, Wolfe, & Moseley, 1966; Gerald & Eyman, 1981; Kendall, 1990, 1991,1994; Vernon, 1989, 1991; Wilde, 1992; Zarb, 1992; Zingle, 1965.
2. Bernard, 1991, 1993; Dryden, 1994b; Ellis, 1958a, 1958b, 1971, 1973b, 1985b, 1988e; Ellis & Abrams, 1994; Ellis & Velten, 1992; Wolfe, 1992.
3. Ellis, 1979d, 1981b, 1982d, 1985b, 1986e, 1986g, 1987c, 1987g, 1987h, 1988e,1989i; Ellis & Dryden, 1987, 1990, 1991; Kendall, 1990; Knaus, 1974; Vernon, 1989, 1991; Wilde, 1992.
4. Ellis, 1984a, 1985b, 1989c; Young, 1984.
5. Dengelegi, 1990; Dryden, 1994a; Ellis, 1972c, 1976c, 1987g, 1988e, 1991p, 1992c; Ellis & Abrams, 1994; Ellis & Velten, 1992; FitzMaurice, 1988; Hauck, 1992; Miller, 1986; Mills, 1993.
6. Ellis,.1977a, 1979d, 1985b, 1988e, 1991p; Ellis & Abrams, 1978; Ellis & Abrams, 1994; Ellis, Abrams, & Dengelegi, 1992; Ellis & Hunter, 1991; Ellis & Knaus, 1977; Ellis & Lange, 1994; Ellis & Velten, 1992.
7. Bernard & Wolfe, 1993; DiGiuseppe & Muran, 1992; Ellis, 1972a, 1979e, 1980c; Shedler, Mayman, & Manis, 1993; Walen, DiGiuseppe, & Dryden, 1992

VII. Der Wert des Individuums aus rationaler Sicht

Das Kapitel 8 der Erstausgabe von »*Die rational-emotive Therapie*« ist, wie ich immer noch glaube, eine der besten Abhandlungen, die ich je geschrieben habe, weil darin eine Theorie des persönlichen Werts umrissen wird, die ein herausragendes Charakteristikum der REVT darstellt. Und eines der besten, wie ich finde. Ich stimme immer noch mit folgenden Hauptaussagen des Kapitels überein:

1. Die Menschen haben extrinsischen Wert für andere und intrinsischen Wert für sich selbst, doch verwechseln sie beides leicht und definieren sich selbst hauptsächlich als »gut« oder »wertvoll« im Sinn ihres vermuteten Wertes für andere[1].

2. Gedanken und Gefühle hinsichtlich des Selbstwerts sind größtenteils definiert und nicht empirisch beweisbar oder widerlegbar. Wir entscheiden uns, unser »Selbst« zu akzeptieren oder schlecht zu machen, und nehmen dann fälschlicherweise an, da wir Taten und Leistungen ziemlich genau als »gut« oder »schlecht« bewerten können, könnten wir gleichermaßen unser »Selbst« oder unser »Sein« bewerten, sobald wir Ziele definiert haben, an denen wir uns messen[2].

3. Wir verwechseln auch unsere Selbstbeurteilung mit unserem Glücklichsein. Doch obwohl glücklichere Menschen vielleicht ein besseres Leben führen als weniger glückliche, bedeutet das wohl kaum, dass sie deshalb bessere Menschen sind.

4. Der intrinsische Wert des Menschen kann nicht wirklich gemessen werden, weil sein Sein auch sein Werden mit umfasst. Das Sein ist prozesshaft mit einer sich ständig verändernden Gegenwart und Zukunft. Wie also könnten wir es jemals bewerten, solange es lebt und sich verändert?[3]

5. Selbstwert darf nicht mit Selbstvertrauen oder, wie Albert Bandura es nennt, Selbst-Wirksamkeit (self-efficacy) verwechselt werden. Wie viele Untersuchungen jetzt gezeigt haben, bringen wir gewöhnlich bessere Leistungen und gewinnen mehr Anerkennung, wenn wir wissen oder fühlen, dass wir effektiv sind (in der Schule, in der Arbeit, im Sport oder bei fast allem anderen). Doch können wir Selbst-Wirksamkeit oder Leistungs-Vertrauen (bzw. Arbeits-Vertrauen) haben, wie ich es 1962 genannt habe, ohne gleichzeitig über Selbst-Akzeptanz zu verfügen. Weshalb? Weil wir gute Leistungen erbringen und dies auch wissen, aber trotzdem noch denken können: »Ich muss besser werden.« Folglich glauben oder empfinden wir es nicht, gut genug zu sein[4].

6. Es gibt keine objektive Möglichkeit, unseren persönlichen oder intrinsischen Wert zu definieren, doch können wir ziemlich gefahrlos unsere Existenz, Lebendigkeit oder potentielle Zukunft einschätzen und sagen, dass wir »gut« oder »wertvoll« sind, wenn wir leben und die Aussicht und die Möglichkeit haben, lebendig und einigermaßen glücklich zu bleiben. Das ist ein definierender, aber dennoch praktikabler Weg, um unseren »Wert« zu bemessen.

7. Man kann den Menschen zeigen, dass sie sich lediglich durch eine Definition entwerten – weil sie *glauben,* dass sie wertlos seien. Daher sollten sie sich lieber dafür entscheiden, sich selbst als wertvoll zu definieren, weil das zu weit besseren emotionalen und verhaltensbezogenen Ergebnissen führt. Indem sie ihre Taten und Handlungen danach bewerten, wie erfolgreich sie sind oder wie viel Anerkennung sie bei anderen finden, ihr »Selbst« oder ihr »Sein« jedoch nicht bewerten, können sie sich selbst bedingungslos akzeptieren oder das gewinnen, was Carl Rogers uneingeschränkte positive Wertschätzung (unconditional positive regard) nennt[5].

8. Mangelnde Selbst-Akzeptanz entspringt nicht nur der Überzeugung: »Ich tauge nichts, wenn ich etwas Schlechtes getan habe«, sondern auch den depressiven Gefühlen in der Folge dieser Selbstverdammung und dem erneuten Sich-Abwerten (auf der Ebene der sekundären Neurose), indem man sich selbst sagt: »Ich tauge nichts, weil ich depressiv bin!« Wenn wir unseren Wert als Person an unseren guten und schlechten Leistungen festmachen, schaffen wir sehr häufig eine doppelte Dosis an Selbst-Wertlosigkeit.

9. Um den Menschen zu bedingungsloser Selbst-Akzeptanz und der Überzeugung zu verhelfen, in Ordnung oder gut zu sein, einfach weil es sie gibt, sollte man möglichst allen Kindern im Verlauf ihrer Erziehung von frühester Kindheit an diesen Gedanken beibringen[6].

10. Die eigenen Präferenzen für Erfolg und Anerkennung in »Muss« und Forderungen umzuwandeln, führt oft zu Gefühlen der Wertlosigkeit, weil die Menschen leicht die falsche Schlussfolgerung ziehen: »Weil ich erfolgreich sein muss und tatsächlich aber wenig erfolgreich bin, ist das nicht gut, und ich tauge nichts.« Wenn sie ihre »Muss« und Bedürfnisse wieder in Präferenzen zurückverwandeln und glauben: »Ich möchte sehr gern erfolgreich sein, muss es aber nicht«, dann werden sie ihre Selbst-Bewertung und ihre Selbstherabsetzung, die fast immer mit der Selbst-Einschätzung einhergeht, größtenteils reduzieren.

Den oben aufgeführten Prinzipien folge ich immer noch, verwende sie bei meinen Klienten in Einzel- und Gruppentherapie, lehre sie meinem

Publikum in Workshops und Vorlesungen und bin insgesamt froh, dass ich so klug war, sie in den Jahren 1955 bis 1962 zu veröffentlichen. Jedoch habe ich einige der in Kapitel 8 der Erstausgabe von *»Die rational-emotive Therapie«* erläuterten REVT-Theorien nun geändert und erweitert.

Über meine Aussage, dass sich der Wert eines Menschen am besten hinsichtlich seiner Existenz, seiner Lebendigkeit, seiner Aussichten und Möglichkeiten, glücklich zu sein, definieren lässt, bin ich hinausgegangen. Heute nenne ich diese Konzeption die unelegante Lösung des Problems der Selbst-Akzeptanz. Es ist richtig, dass wir ziemlich sicher sind, wenn wir uns auf diese Art und Weise definieren und glauben: »Ich bin ein guter Mensch, weil es mich gibt, weil ich am Leben bin, weil ich eine gewisse Freude am Leben finde und weil ich mich dafür entscheide, mich eher als »gut« denn als »schlecht« zu definieren« – denn »schlecht« oder »wertlos« sind wir nur, wenn wir dem Leben keinerlei Freude abgewinnen können – oder wenn wir tot sind! Sich für die Selbst-Akzeptanz in dieser Art und Weise zu entscheiden funktioniert – und ist höchst praktisch.

Eine ähnlich »unelegante« REVT-Lösung des Problems der Selbst-Akzeptanz stellt die Überzeugung dar: »Ich akzeptiere mich selbst vollständig als gutes, wertvolles Individuum, ob ich nun erfolgreich bin oder nicht und ob ich nun bei wichtigen Anderen Anerkennung finde oder nicht.« Diese Art von Selbst-Akzeptanz ist gleichermaßen praktisch und funktioniert unbedingt, weil sie uns »gut macht«, selbst wenn wir sehr wenig erfolgreich sind.

Diese beiden Lösungen arbeiten jedoch mit Definitionen und können deswegen empirisch weder bestätigt noch widerlegt werden. Und jedermann könnte ihnen folgendermaßen widersprechen: »Du sagt, dass du ein guter Mensch seist, weil du menschlich, lebendig und potentiell glücklich seist. Ich glaube, dass alle Menschen schlecht sind und ausgelöscht werden sollten! Nur ein toter Mensch ist ein guter Mensch!«

Wer von diesen beiden hat nun Recht – wir oder dieser Gegner unseres Gut- und Wertvoll-Seins? Von keinem der beiden kann bewiesen werden, wer Recht oder Unrecht hat, noch können die Meinungen als gültig oder ungültig dargestellt werden – weil diese Meinungen rein definitiv sind und nur durch die persönliche Entscheidung oder den persönlichen Geschmack »wahr« werden.

Ähnliches gilt für die andere sichere Definition unserer Qualität. Wenn wir glauben: »Ich bin ein guter, wertvoller Mensch, ob ich nun erfolgreich bin oder nicht und ob ich nun bei wichtigen Anderen Anerkennung finde oder nicht«, könnte jeder dagegen einwenden: »Aber ich hal-

te dich nur dann für ein gutes, wertvolles Individuum, wenn du außerordentlich erfolgreich bist und nur dann, wenn du von wichtigen Anderen umfassend anerkannt bist.«
Noch einmal, wer hat hier Recht? Keiner von beiden – weil beide das Recht auf ihre Meinung oder Definition dessen haben, worin ihr persönlicher Wert besteht. Somit scheinen alle Konzeptionen der »Güte« oder »Schlechtigkeit« unseres totalen, globalen, beständigen Werts zweifelhaft zu sein – selbst wenn wir und andere uns über den Wert unserer Leistungen einig sind. Diese Leistungen, erinnern wir uns, variieren von Tag zu Tag, von Woche zu Woche – manchmal sogar von Minute zu Minute. Somit können wir heute wunderbar und morgen schlecht Tennis spielen, können diese Woche von anderen sehr geliebt und von denselben Menschen nächste Woche abgrundtief gehasst werden.
Anhand allgemeiner Übereinstimmungen und Regeln können wir in unserer Einschätzung von Handlungen weitgehend einer Meinung sein. Den Ball beim Tennis über das Netz zu schlagen ist »gut« und ihn in das Netz zu schlagen ist »schlecht«. Wenn wir uns ein Ziel oder ein Vorhaben geben – wie beispielsweise sicher die Straße zu überqueren –, ist es »gut«, auf die Ampeln und Autos zu achten, und es ist »schlecht«, die Ampeln und Autos zu missachten.
So können wir durchaus unsere Ziele und Vorhaben setzen und die Regeln der Gemeinschaft beachten, in der zu leben wir uns entscheiden. So zu handeln wird gewöhnlich gute Resultate zeigen und ist folglich (wegen unserer Ziele) »gut« oder »wertvoll«. Doch wenn wir wirklich selbsthelfend, klug und »rational« sein wollen, sollten wir beschließen, nur unsere Handlungen, Taten, Gedanken, Gefühle und andere Verhaltensweisen zu bewerten, aber nicht unser Selbst, unser Sein, unser Wesen, unsere Gesamtheit. Ja, am besten wäre es, hier überhaupt nicht zu bewerten, doch mag das etwas unrealistisch sein, weil wir Menschen alle eine biologische Tendenz zu haben scheinen, sowohl unsere Verhaltensweisen als auch unser »Selbst« zu bewerten.
Dies ist die »elegante« Lösung zu bedingungsloser Selbst-Akzeptanz, die ich in den vergangenen fünfundzwanzig Jahren meinen Klienten, Zuhörern und Lesern beizubringen versucht habe: Geben Sie Ihre Selbst-Bewertungen auf, soweit es menschenmöglich ist – und geben Sie vor allem Ihre Selbst-Achtung auf. Wenn Sie Selbst-Achtung haben, glauben sie fast immer: »Ich bin in Ordnung oder gut, *weil* ich wichtige Aufgaben erfolgreich durchführe und *weil* ich ein netter, liebenswerter Mensch bin.« Diese Art von Selbst-Achtung ist eine der größten Krankheiten, die dem Menschen bekannt sind – denn wenn es uns nicht ge-

lingt, erfolgreich zu sein, und wir nicht uneingeschränkt geliebt werden (was fast unvermeidlich ist), fallen wir rasch darauf zurück, uns als wertlose, elende Menschen zu fühlen! Außerdem werden wir, selbst wenn wir erfolgreich sind und anerkannt werden, ewig Angst haben, beim nächsten Mal zu versagen – und unseren Selbstwert zu verlieren!
Passen Sie also auf! Versuchen Sie, nur zu bewerten, messen und einzuschätzen, wie erfolgreich und wie anerkannt Sie sind, jedoch nicht Ihr Selbst oder Ihren globalen Wert.[7].
Haben die Menschen große Schwierigkeiten damit, ihr Selbst, ihre Persönlichkeit überhaupt nicht einzuschätzen oder zu bewerten? In der Tat, die haben sie. Es scheint eine menschliche Vorbedingung zu sein, das eigene Selbst als »gut« und das Sein als »schlecht« zu beurteilen, je nachdem, wie viel Erfolg mit den Leistungen verbunden ist. Es ist also sehr schwierig, nur unser Tun zu bewerten und nicht unser Sein. Bei ständiger Arbeit und Übung – und konsequent folgerichtigem Denken – kann es uns oft (nicht immer) gelingen. Versuchen Sie es, und Sie werden sehen.
Falls Ihnen (oder Ihren Klienten) diese »elegante« Lösung des Selbstwertproblems nicht gelingen sollte, können Sie immer auf die weniger elegante zurückgreifen. Überzeugen Sie sich – ja, überreden Sie sich selbst eindringlich –, dass Sie »gut«, »akzeptabel« und »wertvoll« sind, einfach weil Sie ein Mensch sind, weil es Sie gibt, weil Sie sich dafür entscheiden, in Ordnung zu sein. Ist diese Lösung unelegant? Ja, aber sie funktioniert – wenn Sie sich dafür entscheiden, sie sich zu erarbeiten.
In der Erstausgabe zitiere ich mich mit der Antwort auf eine Klientin: »Ihr Bedauern ist Ihre Krankheit«, als sie sagt, es tue ihr leid, sich einen schlechten psychologischen Test für ihre Firma ausgedacht zu haben. Tatsächlich ist es konstruktiv und gesund für sie, es zu bedauern und enttäuscht zu sein, weil sie sich dieses Verfahren ausgedacht hat, nicht jedoch, sich deswegen panisch und depressiv zu fühlen. Wenn sie es nur bedauert, wird sie daraus wahrscheinlich nicht schlussfolgern, dass sie als Person nichts tauge, weil sie diesen Fehler gemacht hat.
Etwas später weise ich dann meine Klientin fälschlicherweise darauf hin, dass ein Mensch »ursprünglich lerne, dass er nichts tauge, weil seine Eltern dies dächten wenn er etwas nicht so macht, wie sie es gern hätten«. Heute weiß ich, dass das selten stimmt, weil die Eltern es selten wörtlich oder dauerhaft meinen, wenn sie sagen, wir müssten die Dinge so machen, wie sie es wünschen, und wir würden nichts taugen, wenn wir es nicht tun. Denn wenn sie tatsächlich so dächten, würden sie uns immer schlecht behandeln und vielleicht sogar fortgeben. Tatsächlich jedoch schreien sie uns eine Zeit lang an – und dann schließen sie uns gewöhnlich wieder in die Arme und behandeln uns wieder freundlich.

Eltern meinen meistens, dass es sehr wünschenswert wäre, wenn wir die Dinge nach ihrem Gutdünken (und dem der Gesellschaft) machen würden, und dass wir Schwierigkeiten bekämen, wenn wir es nicht tun. Unglücklicherweise verwenden sie Sätze wie: »Du musst es richtig machen« und »Wenn du mir nicht gehorchst, bist du böse«. Doch können wir aus ihren Handlungen beträchtliche empirische Beweise ziehen, dass sie selten meinen, wir seien durch und durch schlecht.

Andererseits übernehmen wir oft (nicht immer) die Standards und Werte, die unsere Eltern (und unsere Kultur) uns beibringen, und erheben sie zu absoluten »Muss«. Warum? Weil es die Natur, die angeborene Tendenz der meisten Menschen ist, wichtige Regeln und Ziele aufzugreifen und sie oft in dringende Notwendigkeiten zu verwandeln. Teilweise lernen wir also, dass wir Erfolg haben müssen und nichts taugen, wenn wir keinen haben. Doch größtenteils konstruieren oder erfinden wir diese »mussturbatorische« Art des Denkens selbst, mit oder ohne Hilfe unserer Eltern[8].

Weiter im Text der Erstausgabe äußere ich die – falsche – Meinung, dass die Sätze und »selbstherabsetzenden Worte, Ausdrücke und Absätze« meiner Klientin über sich selbst ihr das Gefühl der Wertlosigkeit vermitteln würden. Tatsächlich jedoch war es ihre grundlegende Meinung, ihre Kernphilosophie, welche ihre Gefühle der Wertlosigkeit »verursachte« und damit interagierte. Wenn sie sich depressiv und voll Selbsthass fühlte, »verursachten« und »schufen« diese Gefühle ebenfalls neue negative Vorstellungen und Verhaltensweisen. Ihre Selbstherabsetzung internalisierten Sätzen zuzuschreiben ist zwar teilweise richtig, jedoch erfasst es wenig von der kognitiven und philosophischen Komplexität der Vorgänge.

Ich werde in dieses Kapitel den Fall Letitias aus der Erstausgabe von *»Die rational-emotive Therapie«* mit nur unbedeutenden redaktionellen Änderungen einfügen.

Letitia, eine 36-jährige Psychologin, kam zur Therapie, weil sie jeden Morgen um etwa drei Uhr aufwachte in einem Zustand der Panik darüber, was am folgenden Tag in der Arbeit geschehen würde und ob das Testverfahren effektiv funktionieren würde, das sie für die große Firma erarbeitet hatte, bei der sie arbeitete. War sie frühmorgens erst einmal aufgewacht, konnte sie nicht mehr einschlafen; und dann war sie tagsüber bei der Arbeit praktisch unbrauchbar. Einige Jahre zuvor war sie vier Jahre lang in Freudscher psychoanalytischer Behandlung gewesen. Obwohl ihr das geholfen hatte, einige Probleme hinsichtlich der Beziehung zu ihren Eltern zu verstehen und zu lösen, konnte sie die Angstproblematik bezüglich ihrer Arbeit nicht in Griff bekommen. So be-

schloss sie, es mit der Rational-Emotiven Verhaltenstherapie zu versuchen.
Während der dritten Sitzung mit dieser Klientin kam es zu folgendem Dialog:

Klientin: Bitte sagen Sie mir genau, was ich zu tun habe. Heute Morgen war ich wieder um 3.30 Uhr wach und konnte überhaupt nicht mehr einschlafen, sondern habe mich schwitzend und aufgeregt im Bett hin und her geworfen. Und obwohl ich es irgendwie geschafft habe, mich ins Büro zu schleppen, war ich nicht wirklich dort und habe nur ineffektiv die Routineabläufe vollzogen. Wie kann ich das nur abstellen? Und das muss ich, und zwar bald!
Therapeut: Lassen Sie es mich noch einmal wiederholen. Es ist wirklich ein ziemlich einfaches Verfahren; und wenn Sie nur daran arbeiten, werden Sie – gerade als Psychologin – ziemlich rasch hinter die Sache kommen, denke ich. Doch obwohl es einfach ist, muss man daran arbeiten. Und, wie Sie wissen, ist bei einer Therapie keinerlei Zauberei im Spiel.
K: In Ordnung, ich will versuchen, genau zuzuhören, obwohl ich dieser Tage so zerstreut bin, dass ich mich kaum mehr als ein oder zwei Minuten lang konzentrieren kann. Meine Gedanken wandern einfach immer wieder zu diesem verflixten Test, den ich erarbeitet habe, und zu dem vielen Geld, das sie da hineingesteckt haben; und ob er gut funktionieren wird oder ob er nur Zeit- und Geldverschwendung ist. Ganz sicher bedaure ich es, dass ich überhaupt auf die Idee gekommen bin!
T: Aber das ist ja gerade, was ich Ihnen zeigen möchte: Ihre Sorge deswegen ist Ihre Störung. Da ersinnen Sie kreativ ein neues Testverfahren, und ob es nun funktioniert oder nicht, es ist Ihr Werk, und Sie könnten viel Spaß dabei haben, damit zu experimentieren und es zu vervollkommnen. Aber Sie starren so angespannt darauf, dass das Verfahren sich unbedingt konkret auszahlen muss und dass es eine Methode sein muss, für die Ihr Konzern sie loben und Ihnen sagen wird, wie großartig Sie sind, weil Sie sie erfunden haben. Und darüber vergessen Sie vollkommen Ihren Anteil an dem Verfahren und sind nur wie besessen von dem Anteil der Firmenleiter daran: wie es auf sie wirken wird.
K: Aber sie sind es doch, die mich bezahlen, nicht? Und wenn ihnen das Verfahren nicht gefällt oder es einfach nicht funktioniert, sobald es eingeführt ist, dann könnte ich leicht meine Stelle verlieren. Nachdem ich so lange so hart daran gearbeitet habe, diese beste Stelle, die ich jemals hatte, zu bekommen. Alles könnte umsonst gewesen sein. Ist das nichts, um sich deswegen Sorgen zu machen?
T: Nein. Sie wissen nur zu gut, dass Ihr Mann sehr gut dazu in der Lage ist, Sie und Ihr Kind zu unterhalten, selbst wenn Sie ihre Arbeitsstelle

verlieren und Ihr Lebtag lang keinen Tag mehr arbeiten würden. Und dass es ihn nicht im Geringsten stören würde, wenn Sie nicht arbeiteten. Das ist es also nicht. Sie wissen auch, dass Sie die gewissenhafteste Angestellte in Ihrer Firma sind und dass praktisch keine Gefahr besteht, dass man Sie gehen lässt, selbst wenn sich Ihr Testverfahren als unbrauchbar herausstellen sollte. Außerdem, selbst wenn die Gefahr bestünde, dass Sie Ihre Arbeit verlieren würden wegen Ihres Verhaltens am Arbeitsplatz – wegen Ihres Zustands der Panik am Tag und Ihrer Unfähigkeit zur Konzentration, nachdem Sie die halbe Nacht damit zugebracht haben, sich zu kritisieren. Würde die Angst davor, diese Stelle zu verlieren, nicht dazu beitragen, sie zu verlieren? Oder würde die Sorge nicht tatsächlich dazu beitragen, wie es ganz sicher der Fall zu sein scheint, die Stelle zu verlieren – indem sie Sie nachts immer wieder aufweckt und tagsüber in einem Zustand der Panik festhält?

K: Damit haben Sie natürlich Recht. Doch wie kann ich mich davon abhalten, mir mitten in der Nacht – oder zu jeder anderen Tageszeit – große Sorgen zu machen?

T: Ja, kehren wir zu den Grundlagen zurück. Wie ich Ihnen in den beiden ersten Sitzungen bereits erklärt habe, machen Sie sich große Angst, weil Sie sich, kurz bevor Sie anfangen, sich Sorgen zu machen, selbst etwas sagen, und weil dieses Etwas destruktiv ist. Also, Punkt eins, Sie sollten lieber zugeben, dass Sie sich selbst etwas sagen, um Ihre Angst hervorzurufen, und damit anfangen, intensiv nach den selbst-schädigenden Überzeugungen zu suchen, mit denen Sie sich immer wieder reindoktrinieren.

K: Und worin bestehen diese?

T: Sie bestehen aus einer richtigen Aussage, der eine falsche folgt. Die zutreffende Aussage ist: »Wenn mein Testverfahren nicht funktioniert und wenn ich mir weiterhin so viel Sorgen darum mache wie zur Zeit, werde ich weiterhin unfähig sein, mich tagsüber auf irgendetwas zu konzentrieren, und früher oder später werden meine Mitarbeiter sehen, dass ich kläglich ineffizient geworden bin, und sie werden mich nicht mehr an dieser Arbeitsstelle haben wollen.« Vollkommen vernünftig, dieser Satz, überhaupt nichts Verrücktes daran.

K: Und die falsche Aussage, die ich mir selbst sage?

T: Die falsche Aussage lautet: »Wenn mein Testverfahren nicht funktioniert und ich meine Arbeit ineffizient mache und meine Mitarbeiter mich nicht wollen, dann bin ich als Person wertlos.«

K: Aber wäre ich nicht wertlos – nutzlos –, wenn ich diese oder irgendeine andere Arbeit nicht ordentlich ausführen könnte und niemand sich beruflich mit mir verbinden wollte?

T: Nein. Sie wären eingeschränkt und hätte große Unannehmlichkeiten. Aber Ihr Versagen im Beruf hätte nichts zu tun mit Ihrem inneren Wert oder dem Wert, den Sie sich selbst beimessen.
K: Aber was würde ich mir selbst noch wert sein, wenn ich die Art von Arbeit nicht leisten könnte, die ich tun will, und wenn ich nicht die Ergebnisse erzielen könnte, die ich erzielen will?
T: Sie wären dann von großem Wert für sich selbst – solange Sie noch am Leben wären und die Möglichkeit hätten, glücklich zu sein, sich zu vergnügen.
K: Aber wie könnte ich glücklich sein und mich vergnügen, wenn ich das nicht tun könnte, was ich am liebsten tun will?
T: Warum könnten Sie es nicht? Ein Blinder wünscht sich wahrscheinlich mehr als alles auf der Welt, sehen zu können. Aber heißt das, dass alle Blinden verzweifelt unglücklich sind?
K: Nein, wahrscheinlich nicht. Aber sehr glücklich sind sie wohl auch nicht, nehme ich an.
T: Nein, nicht was ihre Blindheit angeht. Aber sie können über viele andere Aspekte ihres Lebens glücklich sein. Und viele, die eine gute Philosophie haben, sind selbst über ihr Blindsein nicht völlig unglücklich. Nehmen wir also einmal an, Sie wären nicht in der Lage, das zu tun, was Sie sich am meisten wünschen, wenn Sie unfähig wären, Ihr Testverfahren zu perfektionieren und in der Firma weiterhin völlig anerkannt zu sein. Pech! Schauen Sie, wie viel anderes Sie im Leben tun könnten, um sich zu vergnügen. Außerdem, wie würde es Ihre Wertlosigkeit für sich selbst beweisen, wenn Sie für Ihre Firma wertlos wären – vorausgesetzt, dass dies der Fall wäre?
K: Aber wenn ich tun möchte, was meine Firma auch von mir will, und ich für sie nutzlos bin, bin ich dann nicht auch nutzlos für mich selbst?
T: Nein – nicht, wenn Sie sich nicht dafür halten. Sie sind natürlich enttäuscht, wenn Sie ein gutes Testverfahren entwickeln möchten und es nicht können. Aber müssen Sie verzweifelt unglücklich sein, weil Sie enttäuscht sind? Und müssen Sie sich selbst für völlig wertlos halten, weil Sie eines der wichtigsten Dinge, die Sie im Leben tun wollen, nicht können?
K: Nein, wahrscheinlich nicht. Aber die meisten Menschen fühlen sich tatsächlich ziemlich wertlos, wenn Sie das, was sie sich vorgenommen haben, nicht ausführen können, nicht wahr?
T: Ja, wahrscheinlich schon. Aber muss das so sein? Die meisten intelligenten Menschen haben die verschiedensten dysfunktionalen Überzeugungen und sabotieren sich damit mehr oder weniger selbst. Aber müssen sie das?

K: Hmm …
T: Nun, müssen sie es?
K: Nein, natürlich nicht.
T: Warum tun Sie es also? Warum müssen Sie die möglicherweise größte aller Irrationalitäten glauben – dass keine Leistung zu erbringen oder frustriert zu sein dasselbe bedeute wie wertlos zu sein und das Leben oder Glück nicht zu verdienen?
K: Aber wie kann ich diese Irrationalität nicht glauben?
T: Wie zum Teufel halten Sie immer weiter an der Überzeugung fest? Es ist offensichtlich Definitionssache, dass Sie nichts taugen würden, wenn Sie in der Arbeit nicht erfolgreich wären. Und diese definierte Prämisse tut Ihnen in keiner Hinsicht gut, vielmehr verursacht sie Ihnen immensen Schmerz und Schaden. Wie können Sie unter den Umständen dieses definierte Gefasel also weiterhin glauben?
K: Das ist eine gute Frage! Wie mache ich das?
T: Sie wissen, wie. Sie machen sich nur nicht die Mühe, zu bohren und es herauszufinden. Nun, wie kann irgendjemand, besonders jemand, der psychologisch so gut ausgebildet ist wie Sie, und der normalerweise intelligent und logisch denkt, solchen Unsinn glauben?
K: Nun, wie die Anhänger Freuds und die Lerntheoretiker sagen würden, indem ich diesen Unsinn früh im Leben übernommen habe, vor allem von meinen Eltern.
T: Richtig. Aber wie kann man, nachdem man ursprünglich gelernt hat, nichts zu taugen, weil die Eltern das denken, wenn man ihre Wünsche nicht erfüllt, diesen Unsinn für den Rest seines Lebens glauben, selbst wenn man mit diesen Eltern keinen Kontakt mehr hat?
K: Nun, wahrscheinlich indem man sich diese Dinge immer wieder neu suggeriert, nachdem man sie einmal gelernt hat.
T: Wieder richtig. Durch fortgesetzte Autosuggestion oder Selbstgespräche verinnerlicht das Individuum die von den Eltern eingeschärfte Vorstellung, man sei wertlos, wenn man kein perfekter Erfolgstyp ist, und man wiederholt sich selbst gegenüber diese Idee immer wieder, ohne jemals innezuhalten und sich zu fragen: »Warum bin ich intrinsisch wertlos, wenn ich darin versage, anderen zu gefallen, oder wenn ich darin versage, das zu tun, was ich in meinem Leben tun möchte? Wo ist der Beweis, dass die Behauptung meiner Eltern jemals wahr war oder sein wird?«
K: Wenn ich also morgen früh zur Arbeit gehe, selbst wenn ich in der Nacht wieder schlecht geschlafen habe, und mich frage: »Warum tauge ich nichts, wenn mein Testverfahren versagt und ich allgemein schlechte Arbeit leiste und vielleicht sogar die Stelle verliere?« – dann werde ich

auf diese Frage keine vernünftige Antwort finden.

T: Genau. Denn es gibt keinen Grund, weshalb ein Versagen am Arbeitsplatz Sie – oder überhaupt irgendjemanden – zu einem wertlosen Trottel machen sollte. Nur das Denken, dass Sie einer seien, wird Sie – durch Definition – zu einem machen. Darüber hinaus gibt es keinen guten Grund, weshalb Sie weiterhin mitten in der Nacht schweißgebadet aufwachen sollten, wenn Sie Ihre Selbstdefinition überwinden, wertlos zu sein, wenn auch nur die Möglichkeit des Versagens in einer wichtigen Aufgabe besteht.

K: Ach? Was sage ich mir denn, um diesen Zustand herbeizuführen?

T: Können Sie sie nicht erraten oder folgern? Versuchen Sie, sie jetzt gleich herauszufinden.

K: Hmm. Vermutlich habe ich mir dann etwas gesagt wie: »Drei Uhr morgens! Noch ein paar Stunden, und ich muss wieder aufstehen und zur Arbeit gehen. Und dieses verflixte Testverfahren, das ich vielleicht überhaupt nicht erst hätte ausarbeiten sollen, wird wieder zur Prüfung und Validierung auf der Tagesordnung stehen. Und möglicherweise funktioniert es nicht oder erfüllt seine Aufgabe nur teilweise. Wird das nicht schrecklich sein! Für welchen Einfaltspinsel sie mich halten werden! Du meine Güte ...!«

T: Na, ausgezeichnet! Ich habe Ihnen ja gesagt, dass Sie diese Überzeugungen allein herausfinden können. Und ohne viel Übung oder Anstrengung haben Sie gleich eine ganze Reihe davon entdeckt. Machen Sie nur weiter so, dann sind Sie bald draußen aus dem neurotischen Dickicht.

K: Wissen Sie, ich habe diese Sätze wirklich gespürt, als ich sie eben gesagt habe. Ich habe gespürt, wie ich mich aufgeregt habe, genau in dem Moment, als ich sie neu hervorgerufen habe.

T: Und erkennen Sie auch, nachdem Sie diese Sätze nun ans Licht gebracht haben, wie töricht sie sind?

K: Sie meinen, dass es in Wirklichkeit gar nicht schrecklich sein würde, wenn die Leute, mit denen ich zusammenarbeite, mich für einen Einfaltspinsel halten würden?

T: Ja.

K: Nun, ein wenig erkenne ich es, wenn ich ehrlich bin. Aber vermutlich glaube ich es größtenteils immer noch – glaube, dass es schlimm wäre.

T: Gut, das ist der nächste Schritt – zu erkennen, dass es nicht schlimm wäre, wenn Ihre Zurückweisung durch die Arbeitskollegen tatsächlich stattfinden würde. Sie haben gerade den ersten wichtigen Schritt tun können – zu erkennen, was Sie sich selbst sagen, um Ihre derzeitige

Störung zu verursachen, oder zumindest einen großen Teil davon. Jetzt sind Sie bereit für den nächsten Schritt: logisch zu analysieren und das, was Sie sich selbst sagen, zu hinterfragen und heftig herauszufordern.
K: Demnach kann ich mich selbst überzeugen, dass es zwar höchst lästig wäre, wenn meine Kollegen meine Arbeit, und besonders dieses neue, von mir entwickelte Testverfahren, missbilligen würden, dass es jedoch nicht entsetzlich wäre, wenn sie es täten?
T: Ganz genau. Sie können sehen, dass die Unannehmlichkeit und Frustration, Missbilligung zu erfahren oder sogar gekündigt zu werden, überhaupt nichts mit Ihrem persönlichen Wert als Mensch zu tun hat. Denn was wäre denn wirklich so entsetzlich daran, wenn Sie den Respekt Ihrer Kollegen verlieren würden? In Wirklichkeit ist es doch nicht der Verlust Ihres Einkommens, sondern ist es nicht vielmehr der Schaden, den Ihr Prestige erleiden würde, und dass Sie diesen Verlust an Prestige als einen Minuspunkt für Ihren inneren Wert interpretieren würden?
K: Ja, je mehr ich darüber nachdenke, desto mehr glaube ich, dass Sie Recht haben. Die »Entsetzlichkeit« der Situation ist die geringe Selbstachtung, die ich für mich selbst hätte, wenn dieses Ereignis eintreten würde.
T: Und müssen Sie diese niedrige Selbsteinschätzung haben, selbst wenn Sie schweißgebadet mitten in der Nacht aufwachen, wenn Sie sich am folgenden Tag in einem Arbeitstief befinden und wenn Sie schließlich Ihre Stelle verlieren, weil Sie nicht richtig arbeiten können und Ihr Test nicht allzu gut läuft?
K: Nein, wohl nicht. Tatsächlich, ja, ich fange an zu sehen, glaube ich, fange an zu spüren, dass ich das nicht brauche. Ich muss mich nicht selbst hassen, wenn es mir nicht gelingt, gut zu schlafen, gut zu arbeiten oder andere dazu zu bringen, mich zu mögen. Ich muss nicht!
T: Prima. Ich bin sicher, Sie fangen wirklich an, es zu sehen. Wie fühlen Sie sich jetzt, in diesem Augenblick?
K: Irgendwie, als ob eine Last von mir abgefallen wäre, eine große Last, die mir auf den Kopf gedrückt hat.
T: Sehen Sie, was passiert, wenn Sie Ihre irrationalen Überzeugungen herausfordern und verändern! Vor nur ein paar Minuten haben Sie sich selbst gesagt und haben sich unglücklicherweise selbst überzeugt: »Aber es ist entsetzlich, wenn mich meine Kollegen ablehnen.« Und dabei haben Sie sich auch ziemlich scheußlich gefühlt. Aber jetzt fangen Sie an, sich zu fragen: »Ist es denn wirklich so entsetzlich? Warum kann ich mich nicht selbst mögen, ob die anderen meine Arbeit nun anerkennen oder nicht?« Und nun geht es Ihnen schon viel besser.

K: Ja, es ist erstaunlich. Es ist tatsächlich so! Und ich kann diese Veränderung meiner Überzeugungen und meines Gefühls von etwas Entsetzlichem jederzeit herbeiführen?
T: Warum nicht? Ist Ihr Gefühl von etwas Entsetzlichem denn viel mehr als die Vorstellungen, die Sie sich zurechtlegen, um es hervorzurufen? Unterscheidet sich Ihr Gefühl der Wertlosigkeit grundlegend von Ihren selbstentwertenden irrationalen Überzeugungen hinsichtlich Ihrer selbst?
K: So einfach ist das? Du lieber Himmel, was hat mein erster Analytiker nur die ganzen Jahre über gemacht, als ich zu ihm gegangen bin, wenn er nicht einmal diese einfache Sache erkennen und mir zeigen konnte?
T: Vielleicht hat er sich selbst seine eigenen irreführenden Überzeugungen gesagt, die ihm geholfen haben zu verschleiern, was wirklich in Ihrem Kopf vor sich gegangen ist. Aber das ist sein Problem. Was werden Sie hinsichtlich Ihrer Vorstellungen unternehmen, nachdem Sie nun anfangen zu erkennen, wie eng sie mit Ihren Gefühlen der Angst und Qual verbunden sind?
K: Ich nehme an, ich werde viel daran arbeiten müssen.
T: Das denke ich auch. Und wohlgemerkt nicht nur an Ihren ursprünglichen Überzeugungen, wie: »Wäre es nicht schrecklich, wenn mein Testverfahren nicht funktionieren würde und sie mich feuern würden?« Sondern auch an Ihren sekundären und tertiären Überzeugungen, die Sie zusätzlich noch auf diese ursprünglichen aufgebaut haben. Wie beispielsweise: »Ist es nicht entsetzlich, dass ich nun mitten in der Nacht aufwache und daliege und schwitze?« Und: »Ist es nicht entsetzlich, dass ich, nachdem ich letzte Nacht nicht schlafen konnte und wie ein Narr schwitzend in meinem Bett lag, jetzt so müde bin, dass ich heute nicht folgerichtig denken kann?« Diese zusätzlichen Vorstellungen, oder die Schuld, die Sie sich auferlegen, weil Sie sich überhaupt erst einmal selbst beschuldigen und folglich neurotisch sind, richten genausoviel Schaden an wie die ursprünglichen Ideen, wenn nicht sogar mehr. Und der Teufelskreis geht weiter und weiter.
K: Er hört nie auf, nicht wahr?
T: Nein, niemals – bis Sie ihn beenden. Sich selbst (und andere) zu verdammen ist der Kern vieler emotionaler Störungen. Und Sie, nur Sie, können Ihre Selbstverdammung beenden.
K: Verflixt noch mal, dazu bin ich fest entschlossen. Wirklich! Ich glaube, in diesen drei Sitzungen bei Ihnen habe ich mehr über mich selbst erfahren als in den ganzen vier Jahren Psychoanalyse. Und was noch besser ist, ich glaube, ich erkenne jetzt, wie ich dieses Wissen effektiv einsetzen kann. Und das werde ich auch tun!

Diese Klientin begann damit, mit ihrem neuen Wissen über sich selbst und ihre selbstverdammenden Tendenzen zu arbeiten, und innerhalb eines weiteren Monats schlief sie jede Nacht friedlich und machte sich tagsüber nur gelegentlich Vorwürfe, wie schlecht sie mit der Arbeit vorankam. Ihr Testverfahren funktionierte zwar einigermaßen gut, erfüllte jedoch nie ganz die Ansprüche, die sie und ihre Kollegen daran gestellt hatten; doch verkraftete sie ihre eigene Enttäuschung (und die der anderen) spielend und weigerte sich, sich deshalb abzuwerten. Zwei Jahre später arbeitete sie effizienter als je zuvor. Was noch wichtiger war, sie akzeptierte sich als wertvollen Menschen, selbst wenn sie im Büro oder zu Hause schlechte Leistungen erbrachte. Wir trafen uns auf einer Psychologenkonferenz, plauderten ein Weilchen miteinander, und dann sagte sie:

»Heute sehe ich nicht nur ganz deutlich, dass mein Wert für mich selbst nicht wirklich damit in Zusammenhang steht, was andere von mir denken, sondern es gelingt mir auch, diese Gedanken meiner dreizehnjährigen Tochter zu vermitteln, die ein sehr kluges, aber eher ängstliches Mädchen ist, indem ich selbst daran glaube und entsprechend handle. Und sie dazu zu bringen zu erkennen, dass sie ein wertvoller Mensch ist, gleich, was irgendjemand anderer, selbst ich und ihr Vater, von ihr halten, ist die befriedigendste Erfahrung, die ich in meinem Leben jemals gemacht habe. Die Sitzungen bei Ihnen wären es schon allein dafür wert gewesen, selbst wenn nichts anderes dabei herausgekommen wäre.«

Auch ich war froh darüber, dass die neue Einstellung dieser Klientin zu ihrem eigenen Wert außerdem auf die emotionale Erziehung ihrer Tochter ausgeweitet wurde. Denn der letzten Analyse zufolge ist das Konzept, dass Menschen wertvoll sind, weil sie existieren (gleich, was sie anderer Leute Meinung nach tun sollten), eher eine Frage der Erziehung als der Psychotherapie. Es ist weit besser, die Menschen in jungen Jahren mit diesem Gedanken großzuziehen, als später in einer psychotherapeutischen Erfahrung mühsam zu versuchen, es ihnen neu beizubringen.

Nachdem Dr. Robert A. Harper aus Washington, D.C., das vorstehende Material über persönlichen Wert gelesen hatte, stimmte er zwar mit dem Geist des Materials überein, fand aber, es sei zu philosophisch für eine wirksame Anwendung bei den meisten Klienten. Als einen realistischeren Ansatz zur Verwendung bei vielen sich selbst entwertenden Personen schlug er eine therapeutische Methode vor, die in folgenden Statements umrissen wird:

»Jeder Mensch, der aus freien Stücken immer noch am Leben ist, handelt ungeachtet der Überzeugungen, die er vielleicht äußert, der Annahme zufolge, dass das Leben lebenswert sei. Folglich ist die Überzeugung, dass das Leben lebenswert sei, nichts weiter als eine Annahme für jeden lebenden Menschen. Niemand hat einen Beweis dafür, dass das Leben lebenswert sei, denn er hat niemals etwas anderes als das Leben erfahren, hat keinen extrinsischen Maßstab und folglich keine Grundlage, um Leben mit Nichtleben zu vergleichen. Folglich hat die Person, welche dieser Überzeugung entsprechend, dass das Leben lebenswert sei, freiwillig weiterlebt, nichts weiter als diesen subjektiven Eindruck, auf den sie sich stützen kann.«

»Die dümmste aller Fragen ist folglich die häufig gehörte: ›Ist das Leben lebenswert?‹ Sie ist dumm, weil (a) der Fragende die Frage bereits durch seine Handlung bestätigend beantwortet hat, denn sonst wäre er tot; und (b) die Person, der diese Frage gestellt wird, niemals Nicht-Leben erfahren hat und folglich nicht mehr Einsicht in den Wert des Totseins hat als der Fragende.«

»Da also jeder, der noch lebt, der Annahme zufolge handelt, dass das Leben lebenswert sei, folgt daraus, dass der Annehmende, die einzelne Person, wertvoll ist (oder zumindest glaubt, dass er es ist). Da ich durch mein Weiterleben meine Überzeugung ausdrücke, dass das Leben lebenswert sei, muss ich also – solange ich weiterhin an dieser Annahme festhalte – wertvoll sein. Warum? Weil die einzige Möglichkeit, wie ich Leben (das ich für wertvoll halte) erfahren kann, durch mich selbst ist. Ich bin das einzige Medium oder Behältnis oder Instrument, um für mich diesen wertvollen Prozess zu erlangen – folglich muss ich, als das für mich einzig mögliche Verbindungsmittel zum Leben, wertvoll sein (solange ich weiterlebe). Man kommt nicht um die Tatsache herum, dass ich wertvoll bin, einfach weil ich bin – solange ich an der Überzeugung festhalte, dass das Leben wertvoll sei.«

»Angenommen, ich käme zu dem Schluss, dass das Leben wirklich nicht der Mühe wert sei und dass ich nicht wirklich wertvoll sei. Wenn ich das wirklich glaube, dann werde ich mich umbringen oder mich durch jemand anderen umbringen lassen. Doch wird meine suizidal negative Antwort hinsichtlich des Werts des Lebens und meiner selbst immer noch eine Annahme, ein Ausagieren einer Überzeugung sein. Ich werde weder mir selbst noch anderen bewiesen haben, dass das Leben wertlos ist. Ich werde durch mein Sterben einfach nur meine Vermutung deutlich gemacht haben, dass das Leben und ich nicht wertvoll seien. Doch solange ich lebe (und folglich meine Überzeugung ausagiere, dass das Leben etwas wert sei), sollte ich mich (zu meiner eigenen Freude und Befriedigung) lieber dem unvermeidlichen Folgesatz stellen, dass ich – einfach weil ich bin, existiere, lebe – auch wertvoll bin.«

»Als Praktiker der rational-emotiven Therapie habe ich mich dieser Frage des Lebens und Selbstwerts zusammen mit vielen Klienten gestellt. Einige von ihnen standen tatsächlich kurz davor, Selbstmord zu begehen (und nicht nur darüber zu reden). Ich bin ihnen mit der Einstellung begegnet: ›Selbstmord ist ganz bestimmt Ihr Vorrrecht, wie ich es sehe. Aber es gibt keinen Beweis, dass entweder das Leben oder der Tod eine Erfahrung ist, die sich lohnt. Kein lebender Mensch ist jemals wirklich tot gewesen. Und kein Toter ist jemals zurückgekehrt, um die Prozesse von Leben und Tod für uns zu vergleichen. Wir Lebenden können jedoch beobachten, dass der Tod ein sehr endgültiger Prozess zu sein scheint. Könnte es sich also nicht lohnen, obwohl Sie den Tod ernsthaft in Betracht ziehen, etwas weniger Endgültiges und Drastisches innerhalb der Grenzen des Lebensprozesses anzunehmen oder zu glauben? Und wäre es nicht besser, wenn Sie diesen Lebensprozess wirksamer und intensiver ausprobierten, bevor Sie sich umbringen?‹«

»Bisher haben sich, vielleicht auch nur durch Zufall, alle meine Klienten dafür entschieden, es noch einmal mit dem Leben zu versuchen. Ich sage: ›Vielleicht nur durch Zufall‹. Aber in Wirklichkeit glaube ich, dass Selbstmord oft eine rebellierende Art des Ausagierens ist – ›Den Hurensöhnen werde ich's zeigen!‹ Wenn der Therapeut dem Klienten einen Freibrief aushändigt und sagt: ›Fühlen Sie sich frei, die Reise zu wagen, aber es scheint mir eine sehr lange Reise zu sein‹, ist der Rebellion des Klienten gewöhnlich der Stachel genommen.«

»Um zu der Überzeugung zurückzukehren, dass das Leben zumindest potentiell wertvoll ist (und damit rational die Überzeugung zu akzeptieren, dass eben diese Überzeugung das Individuum schon wertvoll für sich selbst macht), habe ich beobachtet, wenn die Klienten erst einmal überzeugt sind, dass sie nur durch ihr Sein wertvoll sind, hören sie auf, sich so sehr um ihre Leistungen zu sorgen. Sie glauben dann nicht länger, dass sie vollkommene Leistung bringen müssen bei dem, was sie tun oder nicht tun. Das ist wahr, weil ihr früheres Verlangen nach Leistung, danach, geliebt zu werden, die Welt in Flammen zu setzen, seinen Ursprung in dem zugrunde liegenden Gefühl (der Überzeugung) hatte, dass ›ich nur so wertvoll werden kann‹. Oder es entsprang dem noch kränkeren und wahrscheinlich noch verbreiteteren Selbst-Satz: ›Im Grunde bin und bleibe ich wertlos; aber wenn ich mich perfekt benehme, kann ich den Leuten vielleicht vormachen, dass ich wertvoll sei; während mein Leben schrecklich, entsetzlich und unerträglich sein wird, wenn es mir misslingt, sie zum Narren zu halten.‹«

»Bis vor kurzem pflegte ich meine Klienten zu bitten, mir ihre Wertlosigkeit zu beweisen – was ihnen natürlich nicht gelang. Doch dann musste ich zugeben, dass ich nicht beweisen konnte, dass sie wertvoll sind, und das schien mir eine zu schwache Erwiderung darauf zu sein, dass sie ihre Wertlosigkeit nicht beweisen konnten. Keiner von uns hat also irgendetwas bewiesen – und die intelligenteren Klienten tendierten dazu, zu denken (und zu sagen): ›Wenn Sie nicht beweisen können, dass ich wertvoll bin, tippen Sie vielleicht nur darauf, dass ich wertvoll sei, während ich darauf wette, dass dem nicht so ist. Keiner von uns scheint wirklich zu wissen, wovon er eigentlich redet. Also weshalb sollte ich Ihnen glauben?‹«

»Heute zeige ich meinen Klienten jedoch, wie sie durch ihr Lebendigsein im Grunde darauf setzen, dass das Leben lebenswert sei und sie folglich zugeben müssen, dass die einzige Lebensquelle für sie – nämlich sie selbst – wertvoll ist, solange sie weiterleben. Es besteht keine Notwendigkeit, ihnen oder irgendjemand anderem irgendetwas zu beweisen. Vielmehr sollen sie herausfinden, wie sie durch Definition wertvolle Menschen sind und das Leben (von dem wir alle anzunehmen scheinen, dass es ein vergnüglicher Prozess sei) mehr genießen können, als sie es jetzt tun. Also sage ich nochmals: Hören wir auf, dumme Fragen zu stellen, und wenden wir uns der Frage zu, wie wir unser Leben verbessern können -wie wir das Leben mehr genießen und glücklicher sein können.«

Eine andere Möglichkeit, den Wert des Individuums zu betrachten, wurde von Dr. Edwin E. Wagner ausgearbeitet [persönliches Gespräch, 1962]. Er stellte fest, dass Gefühle von Wertlosigkeit und Depression daraus folgen, wenn das Individuum eine besondere Art internalisierter Sätze bildet – nämlich, dass er (a) nicht nur unzulänglich sei, sondern (b) immer unzulänglich und unfähig sein wird und folglich niemals bekommen wird, was er sich wünscht. Oder, anders ausgedrückt, das Individuum sagt sich selbst, dass es (a) nicht nur unzulänglich sei, sondern (b) hoffnungslos unzulänglich. Und im Sinne der ihn umgebenden Welt sagt sich der Depressive, dass (a) die Umstände ziemlich schrecklich seien und (b) immer schrecklich sein und sich niemals verbessern werden.

Obwohl die Sätze unter (a) im vorangegangenen Absatz zumindest teilweise wahr sein könnten – da das Individuum in der gegenwärtigen Situation unzulänglich sein kann und die Bedingungen auf der Welt ziemlich schlimm sein können –, werden die (b)-Sätze durch keinerlei Beweise gestützt, da es keinen Beweis gibt, dass das Individuum hoffnungslos unzulänglich ist oder dass die Umstände immer schlecht sein werden.

Annahmen, dass man im Grunde wertlos sei, können weder bewiesen noch widerlegt werden. Sie haben keine faktische Bedeutung, haben möglicherweise jedoch negative Folgen. Es sind definierte Postulate, die wahrscheinlich zu viel Leid und wenig Gutem führen. Es sollte sowohl weit klüger als auch weiser erscheinen, es zu unterlassen, von derartig unwiderlegbaren Annahmen auszugehen.

Anmerkungen

1. Ellis,1972e, 1973b, 1976c, 1985b, 1988e, 1994e; FitzMaurice, 1990; R. Franklin, 1993; Hartman, 1959, 1968; Hauck, 1992; Mead, 1936; Mills, 1993; Tillich, 1953.
2. Bone, 1968; Dengelegi, 1991; Ellis, 1972e, 1973b, 1976b, 1988e; FitzMaurice, 1990; R. Franklin, 1993; Johnson, 1946; Korzybski, 1933, 1951; Miller, 1986.
3. Bard, 1987; Ellis, 1972c; R. Franklin, 1993; Hartman, 1959, 1968; Hauck, 1992; Heidegger, 1962; Mills, 1993.
4. Bandura, 1986; Ellis, 1965c, 1972c, 1992c; Hauck, 1992.
5. Ellis, 1972c, 1972e, 1985b, 1988e, 1992c; Hauck, 1992; Mills, 1993; Rogers, 1961.
6. Bernard & Joyce, 1994; Ellis, 1972a, 1973a, 1973c, Ellis & Bernard, ,83; Knaus, 1974.
7. Burns, 1993; Dengelegi, 1991; Ellis, 1972e, 1973b, 1976c, 1977a, 1985a, 1985b,1988d, 1988g, 1990a, 1992c, 1994e; Ellis & Dryden, 1987, 1990, 1991; Ellis & Grieger. 1977; Hauck, 1992; Lazarus, 1977; T. Miller, 1986; Mills, 1993.
8. Ellis, 1990a, 1990d, 1990h, 1991i, 1991j, 1991m, 1991n, 1991p, 1994c, 1994f; Ellis & Abrams, 1994; Ellis & Velten, 1992.

VIII. Die Rolle von unbewussten Denkprozessen

Dieses Kapitel der Erstausgabe von *Die rational-emotive Therapie* enthielt einige gute Thesen, zu denen ich immer noch stehe (ebenso wie die REVT) und nach denen ich mich immer noch richte, wie beispielsweise folgende:

1. Der Mensch hat von Natur aus bewusste und unbewusste Gedanken und Prozesse und schafft sich seine neurotischen Gefühle und Verhaltensweisen mit unbewussten (wie auch mit bewussten) irrationalen Überzeugungen (iB's). Diese iB's sind nicht tief verborgen oder verdrängt (wie die psychoanalytische Theorie annimmt), sondern befinden sich fast immer dicht unterhalb der Bewusstseinsebene (in dem, was Freud das vorbewusste Denken nannte). Sie können relativ leicht ans Licht gebracht werden, wenn man die REVT-Theorie dazu verwendet, nach ihnen zu suchen und sie zu enthüllen.

2. Obwohl frühe traumatische Ereignisse und darauf bezogene Gefühle manchmal unbewusst verdrängt werden mögen, ist dies seltener, als in der Psychoanalyse vermutet wird; und die gestörten Gefühle, die diese traumatischen Erinnerungen begleiten, werden nicht automatisch durch frühe Konditionierung am Leben erhalten. Größtenteils werden diese Kindheitstraumata und die gestörten Philosophien (iB's), von denen sie ursprünglich begleitet wurden (und die oft von den dysfunktionalen Individuen konstruiert wurden), von den »traumatisierten« Personen heute aktiv am Leben erhalten. In großem Umfang sind es ihre gegenwärtige philosophische und verhaltensbezogene Retraumatisierung wie ihre natürlichen Versuche, das Geschehene zu verstehen, was die frühe Störung machtvoll aufrechterhält. Ein großer Teil dieses Retraumatisierens mag unbewusst vonstatten gehen – d. h. mit verborgenen, tieferen »mussturbatorischen« und alles schwarzmalenden grundlegenden Überzeugungen[1].

3. Die frühen Traumata und die gestörten Gedanken und Gefühle, die sie begleiteten, auszugraben und den Menschen bewusst zu machen, mag hilfreich sein. Doch mag es auch schädlich sein, wenn sich diese Menschen nicht auch die irrationalen – und eher »mussturbatorischen« als an Präferenzen orientierten – Kernüberzeugungen bewusst machen, die sie hinsichtlich der ursprünglichen Traumata hegten und zu denen sie immer noch neigen.

4. Diese iB's vollkommen bewusst zu machen und sie dann aktiv und bewusst zu disputieren und ihnen fest und beharrlich entgegenzuhan-

deln statt sie nur zu fühlen, wird die kognitiv-emotionalen Störungen der Menschen tendenziell reduzieren[2].

5. Wenn unbewusste Gedanken und Gefühle – wie der Hass auf die eigene Mutter – verdrängt werden, empfindet der Verdrängende ihretwegen oft Scham und »vergisst« sie daher unbewusst und leugnet sie bewusst. Hilft man den Verdrängenden mittels der REVT, sich zu weigern, ihr Selbst oder ihr Sein wegen irgendetwas zu beschuldigen oder zu verdammen, sondern nur ihre falschen und dummen Verhaltensweisen zu verdammen, und hilft man ihnen zu erkennen, dass ihre frühen Traumata schlimm und unglücklich waren, aber nicht »schrecklich« und »entsetzlich«, befähigt die REVT die Menschen oft, sich die wahren Ereignisse der Vergangenheit (und vielleicht auch der Gegenwart) anzusehen und ihre verdrängten Gedanken und Gefühle aus der Verdrängung zu holen, ihre selbststörenden Einstellungen zu verändern und sich somit von ihrem Hass zu befreien.

6. Statt ihren Klienten passiv zuzuhören und durch freie Assoziation ihre unbewussten, angeblich verdrängten Traumata, Gedanken und Gefühle zu enthüllen, können die REVT-Praktiker die unbewussten (wie auch die bewussten) Störungen ihrer Klienten entdecken und lindern, indem sie die aktiv-direktiven Methoden der Konfrontation, Restrukturierung und Unterweisung verwenden und indem sie ihren Klienten beibringen, aktiv nach ihren irrationalen Überzeugungen und ihren dysfunktionalen Gefühlen und Verhaltensweisen zu suchen und sie energisch zu disputieren.

Es folgen einige der Ansichten, die ich in diesem Kapitel 1962 vertrat, inzwischen jedoch revidiert habe.
Nicht aufrechterhalten möchte ich die Auffassung, dass Katastrophendenken und Selbstverdammung in Hinblick darauf, was richtig und was falsch sei, gewöhnlich gelernt werden, dass das eigene Katastrophendenken und die eigene Selbstverdammung *für* Fehler jedoch größtenteils selbst konstruiert und fortgesetzt erhalten werden. Katastrophendenken, Alles-entsetzlich-Machen und Selbstherabsetzung sind Überzeugungen, die den erlernten Konzepten von guten und schlechten Handlungen oft hinzugefügt werden. Manche Katastrophen – in der Bedeutung von sehr schlimmen Ereignissen wie Hochwasser und Erdbeben – existieren tatsächlich. Doch kommen sie nicht allzu häufig vor! Alles-entsetzlich-Machen und Selbstherabsetzung sind in Wirklichkeit Erfindungen, die über die Realität hinausgehen.
Nicht aufrechterhalten möchte ich auch den an einen Klienten gerichteten Satz aus der Erstausgabe: »Ihr gesamter emotionaler Ärger ist die

Folge dessen, was Sie sich selbst an Punkt B sagen.« Und ich stellte fest, dass »das wichtigste Element in dieser gestörten Geschichte die einfachen Ausrufesätze [seien] … die er sich an Punkt B immer wieder sage«. Doch seine Überzeugungen bestanden, wie ich heute erkenne, aus allen möglichen Gedanken, Annahmen, Hypothesen, Vorstellungen und anderen Kognitionen, die über einfache Selbst-Ausrufesätze hinausgehen. Ich sagte dem Klienten, dass das Denken daraus bestehe, »sich selbst internalisierte Sätze zu sagen«, was die Tatsache außer Acht lässt, dass wir auch andere Denkweisen zur Verfügung haben wie das Denken in Symbolen und Bildern.

Ich schrieb, dass die selbst-schädigende Philosophie des Klienten aus »oft wiederholten internalisierten Sätzen« bestehe. Doch besteht sie natürlich außerdem aus mehreren anderen Arten von Ideen und Gefühlen, die komplexe Zwischen- und Untertöne haben können.

Weiter schrieb ich, dass den Klienten in der REVT durch einen »rationalen Angriff auf [ihre] moralisierenden Tendenzen« geholfen werde. Das ist ziemlich falsch, da die REVT die Werte, Regeln oder die Moral der Menschen nicht angreift, sondern nur ihr Beharren herausfordert, dass diese Werte absolut erreicht werden müssen und dass jeder, der ihnen nicht folgt, ein schlechter, verdammenswerter Mensch sei. Moralisieren ist also in Ordnung, nur Selbstgerechtigkeit und Verdammung anderer wegen ihrer Unmoral sind es nicht.

In der Erstausgabe berichtete ich, dass ich »darauf bestand«, dass sich mein Klient selbst aggressiv stimme durch die »grandiose Sichtweise, die er in der Kindheit erlernte und nun unbewusst immer wieder wiederholte, dass die Menschen … ihn vor allen anderen lieben sollten und seinen vernünftigen oder unvernünftigen Forderungen nachgeben sollten«. Zuallererst einmal sollte ich besser nicht darauf bestehen, dass der Klient überhaupt irgendetwas denkt, um seine Aggressionen hervorzurufen. Der REVT-Theorie zufolge habe ich zwar sehr wahrscheinlich Recht und er macht sich mit seinen grandiosen »Sollte« aggressiv. Aber vielleicht auch nicht! Also sollte ich ihn lieber ermutigen, nach seinen grandiosen »Sollte« zu suchen, und nicht darauf beharren, dass er sie haben müsse.

Zweitens hat er seine grandiosen »Sollte« sehr wahrscheinlich nicht in der Kindheit gelernt, weil seine Eltern und andere Erwachsene ihm kaum beibrachten, dass sie ihn unbedingt mehr lieben sollten als alle anderen (einschließlich seiner Geschwister) und dass sie und andere Menschen seinen vernünftigen oder unvernünftigen Forderungen vollständig nachgeben sollten. Wie unwahrscheinlich! Wahrscheinlich brachten sie ihm bei: »Es wäre wundervoll, wenn du mehr geliebt würdest als alle anderen, und es wäre wundervoll, wenn wir und andere deinen vernünftigen und unvernünftigen Forderungen immer nachgäben. Schön wär's, Schatz!«

Wir können also sehr wohl annehmen, dass der Klient selbst, wie Millionen anderer kleiner Kinder, aus seinem Wunsch nach Liebe und seiner Präferenz für Wohlbefinden ein gottgewolltes Beharren auf besonderer Liebe und auf der Erfüllung seiner unvernünftigen Forderungen hinsichtlich seiner Wünsche und Begehren konstruiert hat. Wahrscheinlich schuf er dieses Beharren unbewusst und wiederholte es dann immer wieder bewusst und unbewusst, bis er es zu seiner Kernphilosophie gemacht hatte. Seine absolutistischen »Sollte« sind also mehr – wahrscheinlich weit mehr – von ihm selbst erfunden als von anderen eingeschärft worden. Mit dieser Sichtweise ist die REVT in mancher Hinsicht weit mehr an unbewusstem Denken interessiert als die Psychoanalyse. Denn sie setzt voraus, dass die meisten Störungen verursachenden Einstellungen der Menschen hauptsächlich selbst hervorgerufen sind und ihnen nicht von anderen eingeflößt wurden und dass sie größtenteils von unrealistischen, fordernden und dogmatischen Menschen unbewusst hervorgerufen und immerwährend erhalten werden.

Ferner stellte ich in der Erstausgabe drei Haupteinsichten der REVT vor, die ich inzwischen weitgehend revidiert habe. Einsicht Nummer 1, schrieb ich, bestehe aus »der Erkenntnis des Individuums, dass seine oder ihre emotionale Störung (an Punkt C) tatsächlich eine ältere oder vorangehende Ursache hat«. Heute würde ich stattdessen sagen: »Nein. Um Einsicht Nummer 1 zu gewinnen, sollten wir besser erkennen, dass die Hauptursache unserer Neurose nicht unsere aktivierenden Ereignisse oder Widrigkeiten (an Punkt A) sind, welche C vorangehen. Obwohl A zu C beiträgt, und obwohl auf starke negative A's (z. B. überfallen oder vergewaltigt zu werden) sehr viel wahrscheinlicher gestörte C's (wie Gefühle der Panik und Depression) folgen als auf schwache A's (z. B. von einem Fremden abgelehnt zu werden), sind die direkteren Ursachen unserer neurotischen Störungen (C's) hauptsächlich unsere iB's – die absolutistischen »Muss« (und die sie begleitenden dysfunktionalen Schlussfolgerungen und Ursachenzuschreibungen), an die wir hinsichtlich unserer nicht wünschenswerten A's fest glauben. Einsicht Nummer 1 besteht darin, die Bedeutung unserer eigenen irrationalen Überzeugungen sowie ihren Beitrag zu unseren gestörten Konsequenzen (C's) zu erkennen, zu verstehen und zu akzeptieren.«

Im Jahr 1962 schrieb ich, dass die Einsicht Nummer 2 das »Verstehen sei, dass die vom Individuum in seinem früheren Leben erworbenen irrationalen Ideen immer noch vorhanden sind und dass sie heute größtenteils deshalb existieren, weil es sich mit diesen Ideen ständig selbst reindoktriniert«. Meine überarbeitete Version der REVT-Einsicht Nummer 2 lautet: »Gleich, wie, wann und weshalb wir selbst-schädigende, irrationale Überzeugungen (iB's) erwerben, die größtenteils zu dysfunktionalen emotiv-verhaltensbezogenen Konsequenzen (C's) führen, wenn wir heute eine Störung haben, neigen wir dazu, diese iB's zu behalten und uns damit aus der Fassung zu bringen, nicht weil wir sie in der Vergangenheit hatten, sondern weil wir sie immer noch aktiv (wenn auch oft unbewusst) neu bestätigen und handeln, als wären sie wahr. Wir halten immer noch beständig und stark an diesen iB's fest, sehen sie als gültig an und verhalten uns in Übereinstimmung mit ihnen. Wir folgen in unserem Geist wie im Herzen immer noch den ›mussturbatorischen‹ Kern-Philosophien, die wir vielleicht vor Jahren übernommen oder erfunden haben oder die wir vor noch nicht langer Zeit akzeptiert oder konstruiert haben.«

Einsicht Nummer 3 beschrieb ich als »das vollkommene Begreifen des gestörten Menschen, dass es sein irriges und unlogisches Denken (das aus seiner Vergangenheit stammt und das er in der Gegenwart ständig wiederholt) einfach verändern muss ... Es gibt keine andere Möglichkeit für ihn, seinen Zustand zu verbessern, als seine früh erworbenen und immer noch standhaft vertretenen irrationalen Ideen energisch und beharrlich anzugreifen. [Ansonsten] wird er seine emotionale Störung definitiv nicht überwinden.«

Heute würde ich Einsicht Nummer 3 folgendermaßen ausdrücken: »Gleichgültig, wie gut uns die Einsichten Nummer 1 und 2 gelungen sind, die Einsicht allein wird uns kaum dazu befähigen, unsere neurotischen Störungen aufzuheben. Wir fühlen uns vielleicht besser, wenn wir wissen – oder zu wissen glauben! –, wie wir unsere Störung erworben haben und wie wir uns immer noch irritieren – größtenteils weil wir glauben, dass diese Einsichten nützlich und heilsam seien. Es ist jedoch unwahrscheinlich, dass sich unser Zustand wirklich bessert und auf gutem Niveau bleibt, wenn wir nicht die Einsichten Nummer 1 und 2 akzeptiert haben und obendrein zu Einsicht Nummer 3 vorangeschritten sind: Es gibt gewöhnlich keine andere Möglichkeit als Arbeit und Übung – ja, Arbeit und Übung –, um immer weiter nach unseren irrationalen Kern-Überzeugungen (iB's) zu suchen und sie zu finden; um sie aktiv, energisch und wissenschaftlich zu disputieren, um unsere absolutistischen ›Muss‹ durch flexible Präferenzen zu ersetzen, um unsere unangemessenen Gefühle in gesunde (selbsthelfende) Emotionen zu verwandeln; um unseren dysfunktionalen Ängsten und Zwängen standhaft entgegenzuhandeln. Nur durch einen kombiniert kognitiven, emo-

tiven und verhaltensbezogenen und ziemlich beharrlichen und energischen Angriff auf unsere ernsthaften emotionalen Probleme können wir sie wahrscheinlich merklich verbessern oder beseitigen – und auf Dauer fernhalten!«[3]
Der Erstversion dieses Kapitels fügte ich drei Falldarstellungen von Klienten bei, die ich in den Fünfzigerjahren behandelte. Hier möchte ich sie mit kleineren Änderungen nochmals wiedergeben.

Ich behandelte einen erfolgreichen jungen Geschäftsmann, der überzeugt war, dass er vollkommen impotent sei, weil er bei den letzten beiden Frauen, mit denen er sexuelle Beziehungen aufzunehmen versucht hatte, kläglich versagt hatte. Er hatte einige psychoanalytische Literatur gelesen und begann mir aufgeregt von seinem frühen Leben zu erzählen: besonders von den Lustgefühlen für seine Mutter, als er acht Jahre alt war, der inzestuösen Beziehung zu seiner jungen Tante, als er zwölf war, sowie der jugendlichen Angst, von seinem Vater beim Masturbieren entdeckt zu werden. Zu seiner Überraschung war ich nicht allzusehr an diesem Material aus seiner Kindheit interessiert. Noch weniger begeistert war ich, als er anfing, mir von einigen langen, verwickelten sexuellen Träumen zu erzählen.
Als ich seine Niedergedrücktheit sah – denn diese psychoanalytisch voreingenommenen Klienten werden häufig depressiv, wenn ich sie kaltblütig des Vergnügens beraube, die hochinteressanten Einzelheiten ihres frühen Liebeslebens auszubreiten –, erklärte ich, dass ich mich weit mehr für eine Tatsache interessierte, die er vollkommen ignorierte: nämlich, dass er sich zwei Jahrzehnte lang sexuell prächtig amüsiert hatte trotz Ödipus-Gefühlen, offensichtlichen Inzests und Kastrationsangst und dass er erst vor sehr kurzer Zeit, nach zweifachem, aufeinanderfolgendem Versagen, irgendwelche Potenzschwierigkeiten gezeigt hatte.
»Wie ist es möglich«, fragte ich diesen Klienten, »dass all diese schrecklichen Freudschen Komplexe, die Sie hier zu meiner Erbauung ausbreiten, Ihr Sexualleben nicht schon weit früher ruiniert haben? Wie Sie in den vergangenen fünfzehn Jahren umhergestreunt sind, würde sogar einen Anhänger Wilhelm Reichs beschämen. Und dennoch scheinen Sie davon überzeugt zu sein, dass Ihr Verlangen nach Ihrer Mutter im Alter von acht Jahren Ihnen das Leben völlig vergällt hat. Warum?«
Einen Moment lang war der Klient verblüfft. Woraufhin ich meinen üblichen REVT-Ansatz anwandte und ihm zu zeigen begann, dass sein frühes Leben und die von den Eltern vermittelten Ideologien wenig mit seinem derzeitigen Sexproblem zu tun hatten. Vielmehr, hob ich hervor, beeinflusste ihn derzeit negativ, dass er gegenwärtig an einem früh ein-

geflößten und später erfundenen Alles-entsetzlich-Machen festhielt und sich negativ reindoktrinierte.

»Was meinen Sie damit?«, fragte er verwirrt.

»Ich meine ganz einfach«, erwiderte ich, »dass die meisten Neurosen nach der ABC-Methode der Rational-Emotiven Verhaltenstherapie verstanden werden können. An Punkt A geschieht irgendetwas – beispielsweise macht die Frau, mit der Sie zusammensind, eine Bemerkung über die geringe Größe ihres Sexualorgans, oder sie deutet an, dass sie sexuell schwer zu befriedigen sei und Sie das Ziel möglicherweise nicht erreichen. An Punkt C werden Sie impotent. Fälschlicherweise glauben Sie dann, dass C von A verursacht worden sei – dass ihre Bemerkungen die Ursache für Ihr sexuelles Versagen seien. Oder aber Sie glauben, dass eine ganz andere Art von A – beispielsweise die Tatsache, dass es Sie im Alter von acht Jahren nach Ihrer Mutter verlangte und Sie deswegen immer noch Schuldgefühle haben – Ihre Impotenz an Punkt C verursache. Tatsächlich wird C jedoch nicht direkt durch A verursacht.«

»Was verursacht C oder meine Impotenz denn dann?«, wollte mein Klient wissen.

»Größtenteils B«, entgegnete ich. »Und B ist das, was Sie über A denken oder sich in Bezug auf A sagen. So könnten Sie denken: ›Okay, sie findet also, dass ich ein kleines Sexualorgan habe; aber ich kann es dennoch wirksam benutzen, um sie und mich selbst damit zu befriedigen.‹ Oder Sie könnten sich sagen: ›Nun, vielleicht ist sie sexuell schwer zu befriedigen, aber ich kann es immer noch versuchen. Habe ich Erfolg, prima; und wenn nicht, dann ich das einfach schade, aber kein Weltuntergang.‹ Stattdessen sagen Sie sich aber wahrscheinlich etwas wie: ›O mein Gott! Wie entsetzlich, dass Sie findet, ich hätte kleine Genitalien!‹ oder: ›Wäre es nicht einfach fürchterlich, wenn ich sie sexuell nicht befriedigen könnte und sie mich für einen absoluten Versager halten würde?‹ Indem Sie diese alles-entsetzlich-machenden Ideen an Punkt B glauben, führen Sie Ihre Impotenz an Punkt C herbei, ja erschaffen sie größtenteils.«

»Aber hat denn meine frühe Erziehung überhaupt nichts mit all dem hier zu tun, selbst wenn es wahr ist, was Sie sagen, und ich heute diese Dinge glaube, die Sie meinen?«

»Doch, sie hat wahrscheinlich etwas damit zu tun, was Sie sich heute an Punkt B sagen. Weil Sie offensichtlich nicht mit diesem negativen Denken an Punkt B geboren wurden und einiges davon vermutlich gelernt haben. Es ist jedoch nicht übermäßig wichtig zu wissen, dass Sie es ursprünglich lernten, als man Ihnen beibrachte (und Sie zustimmten), dass Sie wegen des Verlangens nach Ihrer Mutter oder der sexuellen Bezie-

hungen mit ihrer Tante schuldig seien, oder als Sie Angst hatten, Ihr Vater würde Sie kastrieren. Das Wichtigste ist vielmehr, dass Sie während der vergangenen fünfzehn Jahre dieselben Ideen, die man ihnen teilweise beibrachte, weiterhin geglaubt haben. Und es ist Ihre ständige Wiederholung dieser Überzeugungen, die diese heute am Leben erhält und das Alles-entsetzlich-Machen an Punkt B fortbestehen lässt.«
»Aber weshalb sind diese Dinge, die ich heute wiederhole, so falsch und neurotisch? War es denn nicht schrecklich, dass ich mit acht Jahren meine Mutter begehrte, und ist es heute nicht schrecklich, wenn meine Sexpartnerin kritische Bemerkungen über die Größe meines Sexualorgans macht?«
»Ganz sicher nicht. Es war vollkommen normal und natürlich, als Kind Ihre Mutter zu begehren, und selbst wenn Sie einige sozial falsche Handlungen begangen haben, wie eine Beziehung zu Ihrer Tante zu haben, ist es selbstverständlich zu erwarten, dass Kinder und Erwachsene fehlbar sind und auch in sexueller Hinsicht Fehler machen. Sich selbst endlos wegen solcher Fehler zu beschuldigen, ist sicherlich selbst-schädigend und neurotisch. Und obwohl es wenig wünschenswert ist, dass die Frau, mit der Sie zusammen sind, Ihr Sexualorgan für zu klein hält, ist es, wie bereits gesagt, nicht unbedingt katastrophal. Sie können sich mit ihr oder mit einer anderen Frau immer noch vergnügen, wenn Sie aufhören, sich selbst zu sagen, dass ihre Bemerkungen und Gefühle in Bezug auf Sie entsetzlich seien.«
»Dann mögen also diese Dinge«, fragte mein Klient, »die mir an Punkt A zustoßen – wie das Begehren meiner Mutter oder die hässlichen Bemerkungen einer Frau über die Größe meines Sexualorgans –, zwar wenig wünschenswert sein, doch müssen sie nicht unbedingt an Punkt C zu einer neurotischen Dysfunktion wie meiner Impotenz führen, wenn ich mir nicht selbst sage, dass diese unerwünschten Ereignisse schrecklich, entsetzlich und unverzeihlich seien? Ist das richtig?«
»Ja«, antwortete ich, »das ist richtig. Und wenn ich Sie davon wirklich überzeugen kann, dass Ihre neurotischen Probleme, einschließlich dieses Symptoms der Impotenz, das Ihnen jetzt so große Sorgen macht, von Ihren Gedanken an Punkt B herrühren und nicht von dem, was andere Menschen an Punkt A sagen oder denken oder tun, dann werden Sie in der Lage sein, Ihre eigenen selbst-schädigenden Überzeugungen in Frage zu stellen und herauszufordern sowie aufzuhören, sich selbst aus dem Gleichgewicht zu bringen.«
Und so geschah es auch. Innerhalb von drei Wochen erlangte mein Klient seine Potenz wieder und war sexuell bald leistungsfähiger als je zuvor. Und was vielleicht noch wichtiger war, er begann zu seiner eigenen

Überraschung zuzugeben, dass er viele Jahre lang etliche nicht-sexuelle Probleme gehabt hatte, besonders das Problem, in vielen gesellschaftlichen und arbeitsbezogenen Situationen schüchtern und schwach gewesen zu sein. Und gleichzeitig mit seiner Arbeit an dem sexuellen Problem begann er an den anderen Dingen zu arbeiten, die er sich selbst sagte, um damit seine gesellschaftliche und arbeitsbezogene Schüchternheit hervorzurufen, und sein Zustand besserte sich spürbar. Seitdem habe ich hin und wieder mit ihm gesprochen (da er mich von Zeit zu Zeit anruft, um mir neue Klienten zu empfehlen); er kann seinen gebesserten Zustand aufrechterhalten und scheint geheilt, was seine Impotenz angeht.

Der wichtigste Punkt dieses Falls ist, dass das sexuelle Problem dem Klienten sehr bewusst war, als er zur Behandlung kam. Ebensowenig waren ihm einige wichtige frühe Beiträge zu seinem Problem verborgen, da er sie in der Folge seiner psychoanalytischen Lektüre selbst herausgearbeitet hatte. Doch des wichtigsten Elements seiner gestörten Geschichte war er sich nicht bewusst: nämlich der höchst unlogischen, alles ins Schreckliche ziehenden Überzeugungen, die er sich an Punkt B immer wieder zu sagen pflegte. Und als diese verborgenen Überzeugungen während der ersten paar REVT-Sitzungen ans Licht kamen und ihm genau gezeigt wurde, wie sie seinen Zielen zuwiderwirkten und seine derzeitige Impotenz verursachten, war er fähig, diese Ideen zu verändern und eine merkliche Besserung zu erzielen.

Ich behaupte, dass dies bei emotionalen Schwierigkeiten gewöhnlich der Fall ist. Das Problem selbst ist nicht allzu oft verborgen; und die ursprüngliche Quelle des Problems mag entweder bekannt oder für seine Auflösung irrelevant sein. Zu wissen, dass unsere gegenwärtigen sexuellen Probleme sich auf unseren frühen Ödipuskomplex zurückführen lassen, bringt meist wenig oder keine Hilfe dabei, sich von dieser Schwierigkeit zu befreien. Doch wenn die genauen Philosophien bekannt sind, an die wir heute glauben, um dieses sexuelle Problem hervorzurufen und aufrechtzuerhalten, wird seine Beseitigung ziemlich wahrscheinlich.

Lassen Sie mich diese These nochmals anhand eines Gewaltproblems deutlich machen. In diesem speziellen Fall, dem einer 35-jährigen Hausfrau, war das Problem selbst verborgen, denn diese Frau kam zur Therapie, weil sie unter schweren Spannungskopfschmerzen litt. Sie war sich noch nicht klar darüber, dass sie ihre Rolle als Hausfrau zutiefst hasste und häufig daran dachte, das jüngste ihrer drei Kinder umzubringen. Erst nachdem ich sie darauf hingewiesen hatte, dass sie möglicherweise einige Personen oder Dinge heftig hasste, wenn sie ihre Spannungskopfschmerzen bekam, begann sie, mir und sich selbst zuzugeben, dass sie ihrem Mann gegenüber, ihren Kindern und der Welt insgesamt äußerst feindselig war. Dann erzählte sie mir eine haarsträubende Geschichte, wie sie häufig tagsüber ein Schläfchen machte und in dem Zustand zwischen Wachen und Schlafen davon träumte, ihre zweijährige Tochter auf einer dicht befahrenen Straße zu verlieren oder sie versehentlich zu verbrühen oder sie anderweitig zu verstümmeln oder zu töten.

Bezeichnenderweise erinnerte sich eben diese Klientin auch, nachdem ich sie zur Enthüllung ihrer mörderischen Gedanken hinsichtlich ihres Kindes ermutigt hatte, dass sie sich als Teenager niemals bewusst gestattet hatte zu masturbieren, sondern dass sie dies oft in demselben halb wachen, halb schlafenden Zustand getan hatte, den sie nun für ihre sadistischen Fantasien nutzte.

Auf den ersten Blick schien dies ein erfolgversprechender Fall für die Couch des klassischen Psychoanalytikers zu sein: Da meine Klientin als Kind von ihrer eigenen Mutter heftig zurückgewiesen worden war und, unter beträchtlichen Schuldgefühlen, deutliche sexuelle Gefühle erlebt hatte, wenn ihr Vater, zu dem sie eine enge Bindung hatte, sie auf den Knien schaukelte und ihr seine Zuneigung zärtlich zeigte. In meinen früheren Tagen als praktizierender Analytiker hätte ich wenig gezögert, ihr die Interpretation zu geben, dass sie sich mit ihrer eigenen Tochter identifizierte und dieses kleine Mädchen für die Sünden bestrafen wollte, die sie selbst in ihrer Kindheit begangen hatte, und dass sie statt einer verantwortungsvollen Ehefrau und Mutter ihrem Mann eine Kind-Frau bleiben wollte, so wie sie für ihren Vater etwas Ähnliches wie eine Kind-Frau gewesen war, und dass sie ihren Mann und ihre hausfraulichen Pflichten bitterlich verabscheute, wenn er sich weigerte, sie diese kindliche Rolle spielen zu lassen.

Ich habe diese möglichen Verbindungen zwischen der frühen Geschichte dieser Klientin und ihrer gegenwärtigen gewalttätigen Ablehnung ihrer kleinen Tochter vorsichtig aufgezeigt. Doch da ich ein klügerer Therapeut war als einige Jahre zuvor, als ich die klassische Analyse praktizierte, habe ich diese Übertragung aus der Kindheit der Klientin in die Gegenwart nicht übermäßig betont. Und wie so oft stellte ich fest, dass diese neu gewonnene Einsicht in diese »Ursprünge« ihrer Störung der Klientin wenig nutzten, wenn überhaupt etwas, obwohl sie meine Interpretationen sehr bereitwillig annahm und zustimmte, dass sie sich mit ihrer kleinen Tochter identifiziere und ihrem Vaterersatz-Ehemann immer noch eine Kind-Frau sein wolle.

Ich probierte dann einen mehr aktiv-direktiven REVT-Ansatz und versuchte dieser Klientin zu zeigen, dass die wahre Ursache ihrer gegenwärtigen Störung, gleich, was ihr in der Vergangenheit mit ihrer Mutter und ihrem Vater zugestoßen war, ihre Überzeugungen an Punkt B waren, wie beispielsweise: »Es ist immer noch schrecklich, dass ich mich von meinem Vater sexuell angesprochen fühlte; und ich muss meine Sünde wieder gutmachen, indem ich mich selbst und meine kleine Tochter bestrafe und Tod und Zerstörung über uns beide bringe.« Und: »Es ist entsetzlich unfair, dass ich mich um mein Haus, meinen Mann und drei Kinder kümmern muss und nicht das verantwortungslose Mädchen sein kann, das ich als kleines Kind war und um das Vater sich gut gekümmert hat. Die Situation darf nicht so schlimm sein, und ich muss sie verändern!« Und weiter: »Meine kleine Tochter ist eine große Plage und sollte sich nicht so benehmen, wie sie es tut, wenn ich so viel zu tun und so große Verantwortungen zu tragen habe. Ich werd's ihr zeigen, so ein Quälgeist zu sein!«

Zuerst zögerte meine Klientin, wie es oft der Fall ist, sich derartige Gedanken einzugestehen. Doch ich bewies ihr immer wieder, dass es bei den Folgen, unter denen sie litt, wahrscheinlich keine andere Möglichkeit als den Glauben an diese Philosophie gab, um sie zu bekommen. Eines Tages kam sie zur mir und sagte, sie habe eine ganze Woche lang keine Kopfschmerzen gehabt, doch dann, am Abend vor unserer Sitzung, habe sie wieder schreckliche Kopfschmerzen bekommen.

»Was haben Sie zu sich selbst gesagt«, fragte ich, »kurz bevor diese schrecklichen Kopfschmerzen anfingen?«

»Nichts«, antwortete sie. »Überhaupt nichts.«

»Das ist höchst unwahrscheinlich«, erwiderte ich. »Erstens einmal geschieht es selten, dass wir uns nichts sagen, denn wir denken immerfort an irgendetwas. Zweitens hatten sie höchstwahrscheinlich irgendwelche neurotischen Gedanken, wenn Sie wieder diese Spannungskopfschmerzen bekommen haben. Also was, glauben Sie, haben Sie sich selbst gesagt?«

»Nun, nachdem Sie mich darüber nachdenken lassen, erinnere ich mich, dass ich mir etwas gesagt habe, bevor die Kopfschmerzen anfingen – tatsächlich sogar die ganze Woche lang.«

»Und was ist das gewesen?«

»Ich habe mir immer wieder gesagt – wie Sie es mir in den Sitzungen beigebracht haben –, dass es nicht schrecklich und entsetzlich sei, wie sich meine kleine Tochter benimmt. Dass sie manchmal ein schrecklicher Quälgeist ist und dass es nicht entsetzlich unfair sei, wenn sie mich, klein und hilflos wie sie war, eine Menge Verantwortung und uninteressanter Arbeiten übernehmen ließ, von denen ich offen gestanden nicht begeistert bin.«

»Und was geschah, als Sie sich diese Gedanken immer wieder sagten?«
»Nun, wie ich schon gesagt habe, ich hatte die beste Woche seit Jahren. Tatsächlich kann ich mich an keine Zeit in meinem ganzen Leben erinnern, zu der ich mich so gut und so frei von nervöser oder körperlicher Spannung gefühlt habe. Diese Gedanken haben wirklich wie ein Zauber gewirkt!«
»Fein. Aber was ist dann passiert, das Sie sie hat ändern lassen? Wo sind Sie wieder davon abgekommen?«
»Hm, warten Sie mal. Gestern war den ganzen Tag über alles prima. Die kleine Linda war zwar eine rechte Plage, da sie einen schwierigen Tag hatte, den größten Teil ihres Essens verkleckerte und wie am Spieß schrie, obwohl ich geduldig war. Aber ich habe mir immer noch gesagt, so ist sie nun mal, Kinder sind so, und es ist zwar zu verflixt schade, aber so sind sie nun mal. Und alles ging prima. Dann um sechs kam Joe nach Hause. Und ... warten Sie mal ...«
»Ja, was geschah, als Joe nach Hause kam?«
»O ja, jetzt erinnere ich mich! Er hatte einen anstrengenden Tag in der Arbeit hinter sich. Als er sah, dass ich ungewöhnlich guter Laune war, fing er an, seinen Zorn an mir auszulassen. Er hat mir einiges gesagt, mich kritisiert, dass ich keine besonders gute Köchin wäre und Ähnliches, was er, wie er sagte, schon eine Weile mit sich umhertrug und bisher nicht zu äußern wagte. Und, ehe ich mich's versah, war er schon voll im Gange. Und ich ... ja! Jetzt erinnere ich mich wirklich. Ich habe mir diese Kritik eine Zeit lang angehört, aber dann habe ich mir gesagt: ›Verflixt noch mal! Hier bin ich so lieb zu Linda, die nur ein Kind ist, und lasse mir den ganzen Tag über ihren Quatsch bieten; und nun macht mir Joe, der ganz sicher alt genug ist, um es besser zu wissen und den ich gerade deshalb geheiratet habe, weil er – zumindest damals – nicht kritisch war, mehr Ärger als das Kind. Wie unfair!‹ Und nachdem ich mich eine ganze Woche lang so bemüht habe, verdiene ich das wirklich nicht!«
»Aha«, sagte ich, als meine Klientin aufgeregt die Stimme erhob und sich ihre Wangen gleichermaßen wie ihre Gefühle, die sie nun erneut durchlebte, erhitzten. »Sie haben sich also etwas gesagt, kurz bevor Ihre schlimmen Kopfschmerzen anfingen!«
»Ja«, bestätigte sie und lächelte schüchtern, »ich glaube schon. Und wie ich es gedacht habe! Jetzt begreife ich, worauf Sie hinauswollen. Ich glaube, so ist es immer: Wenn ich mich eine Zeit lang gut halte, dann denke ich, ich verdiene es mehr denn je, dass alles nach meinem Kopf geht und dass ich es weniger denn je verdiene, kritisiert oder abgelehnt zu werden. Und so bekomme ich zu diesen Zeiten bei der geringsten

Provokation meine reizbare Phase und führe meine Spannungskopfschmerzen herbei.«
»Genau. Unter diesen Umständen kehren Sie zu Ihrer gewöhnlichen Philosophie zurück: dass es völlig unfair und entsetzlich sei, dass Sie, besonders wenn Sie eine Zeit lang eine gute Ehefrau und Mutter gewesen sind, nicht Ihren Willen bekommen. Und Sie protestieren heftig gegen diese angenommene Ungerechtigkeit und Entsetzlichkeit. Doch leider richten Sie Ihre Rache größtenteils gegen sich selbst.«
»Wie Recht Sie haben! Jetzt ist es mir jedenfalls klar. Ich sollte wirklich lieber ein wachsames Auge auf meine Gedanken haben.«
Und sie hat auf ihre eigene Philosophie und die oft wiederholten, internalisierten Überzeugungen, aus denen diese bestand, geachtet. Einige Monate später hatte sie nicht nur keine auf ihr Kind gerichteten Mordgedanken mehr, sondern sie kam auch insgesamt besser mit ihrem Mann, ihren beiden anderen Kindern und den vielen Freunden und Verwandten aus. Ihre unbewussten gewalttätigen Gedanken waren nicht mehr verborgen, und, was noch wichtiger war, die zugrunde liegenden Philosophien, von denen sie ausging, um ihre Wut hervorzurufen, waren durch den REVT-Prozess klar enthüllt, und meine Klientin war fähig, sie bewusst in Frage zu stellen und herauszufordern, bis sie sich diesen destruktiven Überzeugungen nur noch selten unterwarf.

Immer wieder werden im Verlauf einer REVT Gedanken und Gefühle, die zutiefst unbewusst scheinen, rasch als die zugrunde liegenden »Muss« und Forderungen der Betroffenen sowie als die darauf folgende Verdammung ihrer selbst, der anderen und des Universums enthüllt. Wenn die Klienten dies erkennen und eine nicht beschuldigende Philosophie zu entwickeln beginnen, sich selbst und andere als »wertvoll« anerkennen, weil sie existieren und Menschen sind, oder nur die Verhaltensweisen, nicht aber das Selbst der anderen zu beurteilen, dann verlieren fast alle den Anreiz, ihre Probleme zu verbergen, und sind frei dazu in der Lage, sie offen zuzugeben und auszudrücken. Die Kraft – die Freud das Überich nannte, das jedoch funktioneller als dogmatische und nachhaltige Selbstverdammung definiert werden kann –, welche die Menschen dazu verleitet, ihre eigenen Missetaten zu verdrängen, wird therapeutisch reduziert, und ihr dringendes Bedürfnis, sich einiger ihrer bedeutendsten Gedanken, Gefühle und Handlungen unbewusst zu bleiben, tendiert zur Auflösung.

Lassen Sie mich einen weiteren illustrativen Fall vorstellen. Vor vielen Jahren behandelte ich einen 31-jährigen Mann, der die extremste unbewusste Tendenz zu sexueller Gewalt hatte, die mir in meiner Geschichte als Psychotherapeut je begegnet ist. Er war zwanghaft promiskuitiv, sowohl vor als auch nach seiner Eheschließung mit einer reizenden Frau, von der er sagte, dass er sie wirklich liebe. Und seine sexuelle Zwanghaftigkeit nahm oft die Form an, dass er einer Frau nachts in einer dunklen Straße folgte, ihr grob und schroff einen unsittlichen Antrag machte, und wenn sie seinen Annäherungsversuchen nicht augenblicklich nachgab, sie brutal schlug und dann davonlief. Später, als er zu erkennen begann, wie gefährlich dieses Vorgehen war, wandelte er es dahingehend ab, dass er seinen Opfern keine sexuellen Anträge mehr machte, sondern sich nur noch von hinten an sie anschlich und sie ohne jegliche Provokation schlug.

Obwohl dieser Klient erstaunlicherweise niemals erwischt wurde bei seinen Dutzenden verschiedener Angriffe auf Frauen, wurde seine Frau bei einigen Gelegenheiten misstrauisch wegen seines übel zugerichteten Zustands, und er berichtete ihr teilweise, was vorgefallen war. Als er die Situation mit ihr besprach, stimmte er zu, sich einer klassischen psychoanalytischen Behandlung zu unterziehen. Er blieb in dieser Behandlung sechs Jahre lang auf der Basis von drei bis fünf Sitzungen pro Woche. Sein Analytiker überzeugte ihn, dass er seiner Mutter gegenüber, von welcher der Klient glaubte, sie habe ihm seinen älteren Bruder vorgezogen, heftige unbewusste Feindseligkeit empfand. Außerdem ermutigte er ihn, seine angestaute Feindseligkeit einzugestehen und freizusetzen, so dass er sie nicht an anderen Frauen auszulassen brauchte.

Dementsprechend begann der Klient, seiner Mutter unmissverständlich die Stirn zu bieten. Er erklärte ihr, dass er sie immer gehasst habe, weil sie seinen Bruder vorgezogen habe, und brach schließlich völlig mit ihr. Gleichzeitig kämpfte er, von seinem Analytiker dazu ermutigt, heftig mit seinem Bruder, seinem Vater und seinem Geschäftspartner; dabei hat er vermutlich enorm viel aufgestaute Aggression freigesetzt.

Leider zeigte diese Form der Behandlung nur bescheidene Erfolge, obwohl sie für den Klienten höchst befriedigend war. Als er zur Behandlung zu mir kam, griff er immer noch gelegentlich Frauen auf der Straße an. Und er hatte, noch schlimmer, kurz zuvor sein Haus abgebrannt, um eine Versicherungssumme zu kassieren. Dabei war fast seine sechsjährige Tochter ums Leben gekommen, der er erlaubt hatte, eine Zeit lang in dem brennenden Haus zu bleiben, um das Feuer glaubwürdiger zu machen. Dieser Klient hatte offensichtlich immer noch ernste Sex- und Gewaltprobleme, und obwohl die Gründe für diese Probleme scheinbar nicht mehr verborgen waren, sondern psychoanalytisch auf die Feindseligkeit seiner Mutter gegenüber zurückgeführt worden waren, bestanden sie immer noch.

Ich schlug bei diesem Klienten rasch einen anderen Kurs ein als sein voriger Therapeut und versuchte ihm gleich zu Anfang zu zeigen, dass er

nicht nur gegenüber Frauen feindselig war, sondern praktisch zu allen, und dass sich seine Feindseligkeit niemals legen würde, indem er sie ehrlich zugab und sie weiterhin offen gegenüber seiner Mutter und allen anderen freisetzte. Er hatte, vermutete ich, eine allgemeine Philosophie, die seine Feindseligkeit immer wieder unterstützte, und das war die grandiose Sichtweise, die er in seiner Kindheit entwickelt hatte und nun unbewusst immer wieder wiederholte, nämlich dass die Menschen (besonders die ihm nahestehenden) ihn unbedingt mehr lieben sollten als alle anderen und dass sie seinen vernünftigen und unvernünftigen Forderungen nachgeben sollten. Statt zu glauben, dass es schön oder angenehm wäre, wenn andere ihn anerkennen oder seine Wünsche erfüllen würden, überzeugte er sich endlos immer wieder selbst, dass sie dies notwendig und selbstverständlich tun müssten und dass sie (als natürliche Folgerung dieser grandiosen Überzeugung) gemeine Schweine waren, wenn sie ihn nicht immer liebten und ihm halfen.
Ironischerweise hatte die psychoanalytische Therapie diesem Klienten geholfen, seine grandiosen und feindseligen Überzeugungen beizubehalten und sie zu vertiefen: Da sein Analytiker anscheinend gleichfalls glaubte, dass Mütter alle ihre Kinder gleich stark lieben sollten und alles andere ihnen großen Schaden zufüge. Deshalb tauge seine Mutter nichts, wenn sie ihn nicht außerordentlich gut behandelte, und verdiene es, dass man feindselig mit ihr umging. Im Gegensatz zu seiner vorhergehenden psychoanalytischen Behandlung gelang es mir, dem Klienten zu zeigen, dass es keinen Grund gab, weshalb seine Mutter ihn hätte lieben sollen – ebensowenig wie irgendjemand auf der Welt ihm die Dinge oder die Liebe geben musste, die er gern hätte. Obwohl ich beträchtliche Schwierigkeiten hatte, ihm zu dieser Erkenntnis zu verhelfen, ermutigte ich ihn beharrlich, seine grandiose Lebensphilosophie aufzudecken und energisch zu disputieren. Schließlich kam er eines Tages zu mir und sagte:
»Jetzt erkenne ich langsam, was Sie damit meinen, andere nicht wegen ihrer Fehler und Missetaten zu verdammen. Meine Mutter hat mich vor kurzem angerufen – zum ersten Mal seit einem Jahr hat sie es gewagt, nachdem ich ihr beim letzten Gespräch ordentlich meine Meinung gesagt hatte –, und nachdem sie ein paar Minuten lang nett gewesen war, fing sie wie immer an, darüber zu schimpfen, dass ich es im Leben zu nichts bringen würde, wie schlimm es sei, dass ich immer noch in Therapie ginge, und das ganze Zeug. Wie immer spürte ich, wie die Wut in mir aufstieg, und ich war schon drauf und dran, ihr wieder über den Mund zu fahren.
»Aber dann habe ich mir gesagt, wie Sie es mir gezeigt haben: ›Was sage ich mir selbst, damit ich auf diese arme Frau so wütend werde? Nicht

sie macht mich wütend; ich tue es.‹ Und augenblicklich erkannte ich, dass ich mir sagte, sie solle nicht die nörglerische, gehässige Art von Frau sein, die sie ist und schon immer war. Also habe ich mir gesagt: ›Okay, warum sollte sie nicht so sein, wie sie ist und schon immer war?‹ Und natürlich habe ich, wie Sie immer wieder hervorheben, keinen guten Grund gefunden, weshalb sie nicht genau so sein sollte, wie sie ist. Denn einen derartigen Grund gibt es nicht! Natürlich wäre es schön, wenn sie bestätigend, ruhig und alles wäre. Aber sie ist es nicht. Und sie wird es niemals sein. Und sie muss es auch nicht sein, damit ich selbst gut in der Welt vorankomme.

»Nun, sobald ich das deutlich erkannt hatte, verschwand mein Zorn auf das alte Mädchen natürlich. Nur so, als Experiment, hab' ich versucht, wieder wütend auf sie zu werden. Aber ich hab's einfach nicht geschafft. Stattdessen war ich sehr freundlich zu ihr – sehr zu ihrer Überraschung, wie Sie sich vorstellen können! – und habe sie sogar zum Weihnachtsessen zu mir nach Hause eingeladen, was ich schon seit Jahren nicht mehr gemacht, ja, woran ich nicht einmal gedacht hatte. Und ich habe mich so gut dabei gefühlt, das tun zu können. Nicht so sehr wegen ihr, glaube ich, sondern wegen mir. Denn jetzt ist mir wirklich klar, dass ich mit Menschen wie meiner Mutter nicht einer Meinung zu sein brauche und mich nicht für einen Schuft halten muss, nur weil sie es tun. Ebensowenig muss ich ihnen die Zähne einschlagen, um zu versuchen, ihre Ansichten zu widerlegen. Es gibt einen dritten Weg – sie so zu akzeptieren, wie sie sind, und sich nicht allzu sehr um ihre gehässigen Bemerkungen und Einstellungen zu kümmern. Und diesen dritten Weg gedenke ich von nun an einzuschlagen. Und wenn ich das tue, bin ich praktisch sicher, dass ich keine Frauen, Männer oder überhaupt irgendjemanden mehr anzugreifen brauche.«

Und das erwies sich als richtig. Viele Jahre sind vergangen, seit dieser Klient seine Therapie beendet hat, und ich sehe ihn nur noch ab und zu auf meinem regelmäßigen Workshop im Institut. Er hat in dieser Zeit keine Neigung mehr gezeigt, Frauen anzugreifen, Häuser niederzubrennen oder irgendeine der gewalttätigen sexuellen und nichtsexuellen Taten zu begehen, die er zwanghaft zu begehen pflegte. Seine Gründe für die früheren sadistischen Fantasien und Handlungen – welche nicht aus seiner unbewussten Feindschaft zu seiner Mutter bestand, sondern aus seiner zugrunde liegenden Überzeugung, dass praktisch jeder auf der Welt ihn anerkennen und seine Wünsche erfüllen sollte – sind nicht länger verborgen. Er hat seine grundlegenden Lebensphilosophien ans Tageslicht gebracht; und, was noch wichtiger ist, er war fähig, sie zu analysieren, disputieren und verändern. Mit seinen neuen – und weit be-

wussteren – Wertsystemen besteht für ihn keine Notwendigkeit mehr, anderen gegenüber offen oder versteckt feindselig zu sein, und seine Gewalttätigkeit hat daher ihre Hauptstützen verloren.
Die Rational-Emotive Verhaltenstherapie versucht demnach, die gestörten und destruktiven Emotionen der Klienten zu entdecken und die philosophischen Quellen dieser Gefühle zu analysieren. Während die meisten konventionellen Therapieformen gestörten Individuen nur zur Einsicht Nummer 1 verhelfen (»Ich mache mich größtenteils selbst neurotisch«), hilft die REVT Ihnen, überdies die Einsichten Nummer 2 und 3 zu gewinnen und zu nutzen (»Ich mache mich hauptsächlich immer noch selbst neurotisch« und »Ich sollte lieber anders daran arbeiten und üben, meine Störung zu verringern«).
Obwohl der REVT oft vorgeworfen wurde, weniger intensiv und nicht so »tiefgehend« zu sein wie die klassische Psychoanalyse oder andere »tiefenpsychologischen« Therapien, ist sie wahrscheinlich die »tiefstgehende« gegenwärtig bekannte Therapieform: weil in ihr besonders das Erreichen der Einsichten Nummer 1, 2 und 3 betont wird. Das umfasst Hausaufgaben, Desensibilisierung und Dekonditionierung sowohl innerhalb als auch außerhalb der Therapiesitzungen sowie viele Arten emotiv-evokativer Methoden, die den Klienten helfen, ihre Einsichten Nummer 1 und 2 zu verstärken und die Einsicht Nummer 3 wirklich in die Tat umzusetzen[4].

Anmerkungen

1. Ellis, 1962, 1963b, 1968b, 1976c, 1985b, 1991p, Ellis & Dryden, 1987 1990, 1991; Freud, 1965; Kihlstrom, Barnhardt, & Tataryn, 1992; Rorer, 1989.
2. Bernard, 1993; Dryden, 1994a, 1994b; Dryden & Hill, 1993; Ellis, 1971, 1973b, 1991b, 1991c, 1991e, 1991i, 1991k, 1991l 1991m; Ellis & Dryden, 1987, 1990, 1991; Ellis & Abrams, 1994; Ellis & Grieger, 1977, 1986; Ellis & Harper, 1975; Ellis & Velten, 1992; Walen, DiGiuseppe, & Dryden, 1992; Wessler & Wessler, 1980.
3. Bernard, 1991,1993; Bernard & Wolfe, 1993; Dryden, 1984,1994; Ellis, 1973b, 1985b, 1988e, 1991b, 1991c, 1991d, 1991g, 1991h, 1991i, 1991k, 1991p 1991n, 1992b, 1992d, 1992g, 1992j, 1993d, 1993f, 1993h, 1993i, 1993k, 19931 1993m; Ellis & Abrams, 1994; Ellis, Abrams, & Dengelegi, 1992, Ellis & Dryden, 1987, 1990,1991; Ellis & Lange, 1994; Ellis & Velten, 1993; Grieger & Woods, 1993; Rorer, 1989; Walen, DiGiuseppe, & Dryden, 1992, Yankura & Dryden, 1990.
4. Bernard, 1991, 1993; Dryden, 1994a, 1994b; Dryden & Hill, 1993, Ellis & Abrams, 1994; Ellis & Becker, 1982; Ellis & Dryden, 1987, 1990, 1991, Ellis & Velten, 1992; Walen, DiGiuseppe, & Dryden, 1992; Wolfe, 1992.

IX. Aktiv-direktive Psychotherapie

Die REVT ist eine der bahnbrechenden aktiv-direktiven Therapien, wie in Kapitel 10 der Erstausgabe von *»Die rational-emotive Therapie«* dargestellt wurde. Größtenteils stimme ich immer noch mit den Hauptpunkten jenes Kapitels überein, besonders mit den folgenden:

1. Die REVT vertritt in Theorie und Praxis den Standpunkt, dass sowohl der Therapeut als auch der Klient in der Therapie aktiv sein sollten. Obwohl sich die Einstellungen des Klienten sicher auch verändern können, wenn der Therapeut relativ passiv ist, wird angenommen, dass man ihm wirksamer helfen kann, wenn der Therapeut zumindest teilweise edukativ vorgeht.

2. Die REVT behauptet, dass die Menschen oft sehr beharrlich und starr an ihren Ideen festhalten und dass sie folglich von einem Therapeuten oft besser energisch angeleitet werden sollten, dass sie diese aufgeben und zu weniger selbst-schädigenden Überzeugungen gelangen können.

3. Die irrationalen Überzeugungen (iB's), mit denen die Menschen sich selbst irritieren, sind hauptsächlich Prämissen und ganz gewiss keine Tatsachen. Folglich können sie von einem effektiven Therapeuten aktiv herausgefordert werden. Und unlogische Schlussfolgerungen, die aus (vernünftigen wie selbst-schädigenden) Überzeugungen gezogen werden, können gleichfalls als ungültig und selbst-schädigend dargestellt werden – wenn der Therapeut dies seinen Klienten aktiv demonstriert[1].

4. Der REVT zufolge konstruieren die Menschen selbst ihre wichtigsten Irrationalitäten – d. h. ihre »Muss« und ihre Forderungen –, doch werden sie auch stark von ihren Eltern und ihrer Kultur beeinflusst (weil sie höchst suggestibel sind). Daher sollten die Therapeuten einen ziemlich starken Einfluss ausüben, um ihnen zu helfen, den vielen anderen starken Einflüssen auf sie entgegenzuhandeln[2].

5. Die REVT teilt die Meinungen Kurt Goldsteins, A. H. Maslows und Carl Rogers', dass den Menschen selbstverändernde und selbstverwirklichende Tendenzen angeboren sind. Doch sie vertritt auch den Standpunkt, dass sie starke angeborene selbst-schädigende, »mussturbatorische« Tendenzen haben und dass die Letzteren häufig den Ersteren in die Quere kommen und sie blockieren. Oft sind die Menschen wahrscheinlich nur mit therapeutischer Hilfe von außen dazu in der Lage, ihre selbst-schädigenden Tendenzen zu verringern und die selbstverwirklichenden zur Geltung zu bringen[3].

6. Im Fall einiger sehr gestörter und starrer Klienten – besonders jener mit Persönlichkeitsstörungen – ist eine unterstützende, sachliche Einstellung des Therapeuten möglicherweise beinah unabdingbar, damit eine echte Hilfe stattfinden kann.

7. Die Klienten entmutigen sich selbst aktiv hinsichtlich ihrer Fähigkeit zur Veränderung. Folglich erweist sich die aktive Ermutigung seitens des Therapeuten als sehr nützlich und manchmal sogar notwendig.

8. Viele Therapeuten scheinen zu befürchten, die meisten ihrer Klienten zu verlieren, wenn sie deren Irrationalitäten direkt angehen und ihnen bei deren Veränderung zu helfen versuchen. Ich habe dies bei Anwendung der REVT selten bestätigt bekommen. Wenn der Therapeut die Billigung seiner Klienten zu brauchen glaubt, neigt er zu einer passiven und seichten Arbeitsweise. Das nützt meist weder ihm selbst noch den Klienten etwas! Aktiv-direktive Therapeuten sind selten dermaßen schwach oder bedürftig.

9. Ein Großteil des Widerstands der Klienten resultiert möglicherweise daraus, dass sie sich ziemlich vernünftig den wenig effektiven Techniken psychoanalytischer und anderer Therapeuten widersetzen. In einer effizienteren Therapie werden sie sich wahrscheinlich weit weniger sträuben[4].

10. Im Laufe der Jahre übernehmen und schaffen die Klienten beharrlich schlechte Angewohnheiten und halten sie aufrecht. Ohne zu erkennen, dass sie dies tun, arbeiten sie in Wirklichkeit sehr beharrlich und energisch daran, sich selbst Störungen beizubringen und sie fortbestehen zu lassen. Folglich kann der Therapeut oft energisch darauf beharren, ihnen beizubringen, wie sie sich verändern können, und sie dazu zu ermutigen.

11. Die Aktivität der Klienten ist genauso wichtig wie die ihrer Therapeuten. In der Erstausgabe schrieb ich: »Energisches verbales Neudurchdenken wird gewöhnlich zu verändertem motorischen Verhalten führen. Und wirkungsvoll in neue Muster gelenkte sensorisch-motorische Aktivität wird gewöhnlich zu veränderter Ideenbildung führen. Doch die rascheste und tiefgreifendste Verhaltensmodifikation wird gewöhnlich aus einem kombinierten Angriff auf die alten, dysfunktionalen Arten von Denken und Tun folgen.«[5]

12. Gestörte Klienten haben sich selbst wirkungsvoll aus dem Gleichgewicht gebracht, und das gewöhnlich viele Jahre lang. Oft haben sie eine mächtige Tendenz, an ihren selbst-schädigenden Gedanken, Ge-

fühlen und Verhaltensweisen festzuhalten. Somit ist eine aktiv-direktive, und manchmal eindringliche Therapie häufig angebracht.

13. Wie im letzten Kapitel der Erstausgabe von *»Die rational-emotive Therapie«* hervorgehoben wurde, ist ein Großteil des Widerstands der Klienten wahrscheinlich biologisch begründet und folgt daraus, dass sie sich jeder Art von Veränderung, einschließlich vorteilhafter, gern widersetzen. Folglich kann der Therapeut diese Tatsache anerkennen und ziemlich hart daran arbeiten, den Klienten zu der Überwindung ihres natürlichen Widerstands zu verhelfen[6].

14. Widerstand entstammt oft der niedrigen Frustrationstoleranz (LFT = low frustration tolerance) und der Unbehagens-Störung der Klienten. Folglich kann der Therapeut ihnen besser vor Augen führen, dass dies so ist, und ihnen zeigen, wie sie ihre LFT angehen und überwinden können[7].

15. Viel Widerstand folgt vielleicht auch daraus, dass die Klienten defensiv sind und sich aufgrund von Scham oder Verlegenheit zu unbehaglich fühlen, um manche ihrer Hauptprobleme anzugehen. Die REVT geht aktiv-direktiv mit dieser Form des Widerstands um, indem sie den Klienten von Anfang an zeigt, dass sie sich nicht zu schämen brauchen, ebensowenig wie sie sich als Menschen herabzuwürdigen brauchen, gleich, wie schlecht ihre Leistungen sind. Daher hilft sie ihnen oft rasch, diese Art des Widerstands zu überwinden[8].

16. Zu Anfang weigern sich viele Klienten einzugestehen, dass sie wütend, ängstlich oder anderweitig emotional irritiert sind. Die aktive Beharrlichkeit, mit welcher der Therapeut ihnen zeigt, dass sie diese Gefühle tatsächlich haben, hilft ihnen oft, sie zu akzeptieren und ihnen entgegenzuarbeiten.

17. Um ihre Gedanken, Gefühle und Verhaltensweisen zu verändern, müssen die Menschen ihnen fast immer sowohl entgegenhandeln als auch entgegendenken und entgegenfühlen. Folglich sollte der Therapeut, auch wenn er keine Hausaufgaben gibt, oft lieber eng mit den Klienten zusammenarbeiten, damit sie dies akzeptieren können und daran arbeiten können, es durchzuführen.

18. Ein kombiniertes verbales und verhaltensbezogenes Infragestellen der dysfunktionalen Gedanken, Gefühle und Handlungen wird gewöhnlich weit besser sein als jede einzelne dieser Disputationsformen allein. Daher sollten effektive Therapeuten ihr Bestes tun, um dafür zu sorgen, dass die Klienten auf diesen beiden hochwichtigen Gebieten arbeiten[9].

Wie zu erwarten war, ist einiges des in diesem Kapitel der Erstausgabe von *»Die rational-emotive Therapie«* dargestellten Materials heute überholt und muss in der modernen REVT korrigiert werden. Hier folgen einige der Änderungen, die ich vorgenommen habe:

Ich hob hervor, dass die Menschen gewöhnlich neurotisch würden, weil sie die irrationalen Überzeugungen ihrer Eltern übernähmen und sich damit dann selbst immer wieder aktiv neu beeinflussten. Das stimmt teilweise. Doch ist wahrscheinlich zutreffender, dass die Menschen die Ziele und Standards ihrer Eltern und Kultur weitgehend akzeptieren und dann kreativ ihre absolutistischen »Soll« und »Müsste« hinsichtlich dieser Standards konstruieren. Die moderne REVT vertritt also vor allem die Meinung, dass die Menschen sich größtenteils selbst irritieren und dann »konstruktiv« damit fortfahren, sich mit denselben grundlegenden »Muss« zu irritieren.

Wir konstruieren und rekonstruieren fast alles, was wir tun – einschließlich unserer Neurosen! Wir tun dies, weil es unsere biologische Natur ist. Ebenso wie andere Tiere konstruieren wir unser Leben größtenteils, indem wir unbewusst oder stillschweigend auf die Aktivierenden Ereignisse reagieren, die wir erleben. Doch haben wir als Menschen die Fähigkeit, eine ganze Menge bewusster, kognitiver, emotiver und verhaltensbezogener Rekonstruktion zu vollziehen, und das versucht die REVT aktiv-direktiv zu verstärken[10].

In der Erstausgabe dieses Kapitels wies ich immer wieder darauf hin, dass ich und andere rational-emotive Verhaltenstherapeuten aktiv Hausaufgaben geben und den Klienten energisch zu Leibe rücken, damit diese sie auch durchführen. Der zweite Teil dieser Aussage ist richtig, weil ich in meiner Einzel- und Gruppentherapie die Aufgaben meiner Klienten überprüfe, herausfinde, was sie sich selbst sagen, wenn sie ihre Aufgaben nicht machen, und dafür sorge, dass sie ihnen erneut aufgetragen werden. Jedoch gebe ich (ebenso wie andere REVT-Praktiker) selten eine Hausaufgabe auf oder wieder auf, ohne mit den Klienten zusammen auszuarbeiten, was für jeden einzelnen von ihnen besonders passend wäre, und ohne mit ihnen über die Art der Hausaufgabe übereinzukommen. Oft sprechen wir auch darüber, welche Verstärker verwendet werden könnten, wenn sie durchgeführt wurde und welche Strafen verhängt werden könnten, wenn sie nicht durchgeführt wurde. In der Gruppentherapie nehmen auch die Mitglieder aktiv daran teil, Vorschläge für die Hausaufgaben anderer Mitglieder und zu späteren Änderungen zu machen.

So kam ich mit Manny, einem dreißigjährigen, sehr schüchternen, sexuell unerfahrenen Mann und seiner Therapiegruppe überein, dass er zum ersten Mal in seinem Leben eine Frau in einer beliebten New Yorker Bar ansprechen solle. Doch als es ihm wegen seiner extremen Angst, die anderen Besucher der Bar könnten sehen, wie er zurückgewiesen werde, nicht gelang, kamen wir mit ihm überein, seine Aufgabe dahingehend zu ändern, dass er nur am Telefon mit einer Frau sprechen sollte, die eine Bekanntschaftsanzeige aufgegeben hatte. Nachdem er das getan hatte, stimmte er zu, mit einer Frau zu reden, die im Bus neben ihm saß. Und als er drei Wochen später auch damit Erfolg gehabt hatte, willigte er ein, erneut zu versuchen, eine Frau in einer Bar anzusprechen, selbst wenn andere ihn dabei beobachteten. Er war fähig, es an einem Abend dreimal zu versuchen. Er traf mit sich selbst die Abmachung, dass er sich erst dann erlauben würde, ein Getränk zu bestellen, wenn er mit einer Frau gesprochen hatte; und es funktionierte!

Damals schrieb ich: »Die Störung eines Menschen [mag] größtenteils aus den ursprünglichen irrationalen Sätzen bestehen, mit denen er in seiner Kindheit indoktriniert wurde und die er sich seitdem ständig immer wieder gesagt hat.« Ich erkenne nun, dass er sich mit seinen »Sollte« und »Muss« größtenteils selbst indoktriniert hat und dass er sie sich immer wieder gesagt hat oder, zutreffender, unbewusst auf einer tiefgreifenden, zugrundeliegenden philosophischen Ebene gedacht hat und ihnen entsprechend handelt, ohne sie sich selbst gegenüber allzu oft auszusprechen.

In der Version dieses Kapitels von 1962 stellte ich mehrere Fälle vor, bei denen ich mit verschiedenen meiner frühen Klienten aktiv mit der REVT arbeitete. Lassen Sie mich diese Fälle hier mit kleineren Änderungen wiedergeben:

Als ich eine schizophrene Frau behandelte, die bereits nicht weniger als fünfzehn Jahre Therapie mit mehreren kompetenten Therapeuten hinter sich hatte und die immer noch außerordentlich gestört war, nahm ich mehrere Monate lang alles auf mich, was die Klientin zu bieten hatte. Und das war eine Menge! Sie pflegte mich buchstäblich mitten in der Nacht anzurufen, weigerte sich häufig, die Therapiesitzung zu beenden, nachdem die Zeit abgelaufen war, sie schrie mich mit lauter Stimme an, damit andere wartende Klienten sie hörten, sie rief mich während der Sitzungen mit anderen Klienten an und weigerte sich, den Anruf kurz zu halten, so dass ich schließlich auflegen musste. Sie agierte regelmäßig negativ und feindselig. Ich schluckte die Feindseligkeit und erreichte ein ausgezeichnetes Niveau psychischen Kontakts mit ihr. Aber dennoch war sie gelegentlich offen feindselig.

Eines Tages, als sie sich nach Ende ihrer Sitzung weigerte, mein Behandlungszimmer zu verlassen, erhob ich absichtlich die Stimme und

sagte: »Nun schauen Sie mal: Ich habe genug von dem Unsinn, dass Sie mein Behandlungszimmer nach Ablauf Ihrer Zeit nicht verlassen. Bereits mehrmals habe ich Sie freundlich darauf angesprochen, doch hat das offensichtlich nichts gefruchtet. Hiermit erkläre ich Ihnen nun ein für alle Mal: Wenn Sie hier nicht rasch verschwinden, sobald ich signalisiere, dass die Sitzung zu Ende ist, können Sie sich gleich einen anderen Therapeuten suchen. Und das gilt auch für die Anrufe und Ihre anderen Störungen. Wenn ich noch einen einzigen unnötigen Anruf von Ihnen bekomme, besonders wenn ich Ihnen sage, dass ich im Augenblick beschäftigt bin und nicht mit Ihnen sprechen kann, bedeutet dies das Ende unserer Beziehung. Und ich meine, was ich sage! Ich habe genug von Ihrem Unsinn, und wie es mir scheint, bin ich bisher ziemlich nett zu Ihnen gewesen. Doch was genug ist, ist genug! Entweder Sie zeigen von nun an einen gewissen Respekt für mich und meine Arbeitsweise, oder Sie können zum Teufel gehen und sich einen anderen Therapeuten suchen. Und wenn Sie das wollen, empfehle ich Ihnen gern sofort einen.«
Meine Klientin schaute entsetzt drein, wurde augenblicklich versöhnlich und verließ unter Entschuldigungen den Behandlungsraum. Danach hatte ich mehrere Monate lang keine Schwierigkeiten mit ihr. In dieser Zeit besserte sich ihr Zustand außerdem zum ersten Mal in ihrer langen Geschichte von Psychotherapien beachtlich. Dann begann sie langsam in ihr früheres negatives Verhalten mir gegenüber zurückzufallen, und nachdem ich dieses wieder einige Sitzungen lang erduldet hatte, erklärte ich ihr erneut ohne jegliche Umschweife, dass ich mich weigern würde, sie weiterzubehandeln, wenn sich ihr Benehmen nicht augenblicklich änderte. Sie wurde rasch viel rücksichtsvoller. Danach hatte ich wenig Probleme mit ihr, und sie machte sogar weitere Fortschritte.

In zwei anderen Fällen mit männlichen Patienten erklärte ich jedem von ihnen nach nur wenigen Sitzungen: »Nun wollen wir mit diesem Unsinn aufhören. Sie erzählen mir offensichtlich ein ganzes Bündel von Lügen und Ausflüchten, und bei diesem Tempo kommen wir nirgendwohin. Wenn Sie sich weiterhin selbst etwas vormachen wollen und sich weigern zu arbeiten, damit sich Ihr Zustand bessert, dann ist das Ihre Sache. Meine Sache ist es jedoch, den Menschen zu einer Besserung zu verhelfen, und ich habe nicht vor, Zeit an diejenigen zu verschwenden, die mir eine Menge Ärger machen. Also entweder hören Sie auf, zu lügen und auszuweichen, oder Sie können für den Rest Ihres Lebens in Ihrer verflixten Neurose schmoren. Wofür entscheiden Sie sich?« In beiden Fällen unternahmen die Klienten beachtliche Änderungen hinsichtlich ihrer Einstellungen zu mir, zur Therapie und zu sich selbst.

Mit dieser Art eines höchst aktiv-direktiven, nicht verwöhnenden Ansatzes kann ich manchmal, finde ich, negativistische und träge Menschen zu selbstheilender Handlung bringen, während eine passive, nichtdirektive Technik sie nur ermutigen würde, ewig ihre defätistischen und selbst-schädigenden Tendenzen auszuleben.

Außerdem finde ich, dass sich die beharrliche Aktivität des Therapeuten im Verlauf der REVT-Begegnungen oft auszahlt. Dies ist aus theoretischen Gründen zu erwarten: Da die Störung eines Menschen größtenteils aus den irrationalen Überzeugungen besteht, die er sich lange Zeit immer wieder sagte, ist es nur zu erwarten, dass derart beharrlich eingewurzelte Indoktrinationen ein beträchtliches Maß an, sagen wir, beharrlichem »*Ent*wurzeln« erforderlich macht. Das scheint für dic meisten erlernten Gewohnheiten gültig zu sein: Sind sie erst einmal deutlich »übererlernt«, dann ist es schwierig, selbst wenn sie zu ungünstigen Resultaten führen, sie wieder zu verlernen und andere Gewohnheiten anzunehmen. Daher sollte der an etwas gewöhnte Mensch besser immer wieder beharrlich am Prozess des Verlernens und Neulernens arbeiten.

Der REVT-Therapeut wird seine Klienten folglich immer wieder fragen, herausfordern und zu neuem Denken anleiten, bis selbst die »schwierigen Kunden« (DC's = difficult customers) unter ihnen bereit sind, ihre dysfunktionalen Verhaltensmuster aufzugeben und durch funktionalere Philosophien und Verhaltensweisen zu ersetzen. Wenn es der Therapeut unterlässt, beharrlich zu sein, laufen die Klienten oft zurück in ihre alten Verstecke und weigern sich, sich aus ihrer Neurose herausführen zu lassen.

In einem besonders schwierigen Fall behandelte ich eine hochintelligente junge Lehrerin, die unter Schwierigkeiten bei der Harn- und Stuhlentleerung litt, die eng mit ihren sexuellen Problemen verbunden zu sein schienen. Sie sprach jedoch äußerst ungern über sexuelle Themen und blieb, trotz einiger Vorstöße meinerseits, äußerst vage hinsichtlich ihres Liebeslebens. Besonders beharrte sie darauf, niemals masturbiert, noch irgendwelche Schuldgefühle in Bezug auf Masturbation zu haben. Ich hegte daran große Zweifel, konnte jedoch auch durch wiederholtes Fragen keine zusätzlichen Informationen erhalten.

In dem Gefühl, dass die Klientin offensichtlich Widerstand leistete, entschloss ich mich zu einem noch gründlicher geplanten Frontalangriff auf ihre Gefühle und ihr Handeln hinsichtlich der Masturbation. Trotz ihres Beharrens, dass sie noch nie masturbiert habe, erzwang ich eine Entscheidung und fragte sie, ob sie wisse, worin Masturbation bei Frauen bestehe. Sie schaute mich verwirrt an, daher sagte ich:

»Masturbation bei Frauen ist gewöhnlich nicht so, wie es oft in sogenannten schmutzigen Witzen oder Anspielungen dargestellt wird. Wissen Sie, wie man es wirklich macht?«

Sie wurde ziemlich verlegen und platzte schließlich heraus: »Nun, ich habe noch nie eine Kerze oder etwas Ähnliches benutzt.«
»Zweifellos haben Sie das nicht«, beharrte ich, »doch besteht Masturbation bei Frauen selten darin, eine Kerze oder Ähnliches zu verwenden. Gewöhnlich besteht sie aus der Nutzung irgendeiner Form von Reibung an den äußeren Sexualorganen oder der Klitoris, beispielsweise mit der Hand. Haben Sie jemals so etwas gemacht? Bestimmt haben Sie das, da fast alle Frauen es hin und wieder tun. Vielleicht haben Sie die Schenkel zusammengepresst, oder Sie haben sich am Schreibtisch gerieben oder Ähnliches. Können Sie sich jetzt erinnern?«
Plötzlich wurde meine Klientin hochrot und verstummte zehn Minuten lang völlig. Danach deutete sie langsam und unter meinem ständigen Beharren an, dass sie jahrelang masturbiert hatte. Es war dann einfach, ihr zu zeigen, dass sie die ganze Zeit über gewusst hatte, was sie tat, sich aber geweigert hatte, diese Tatsache anzuerkennen, indem sie sich vorgemacht hatte, Masturbation bestünde nur darin, Objekte in die Vagina einzuführen. Das bedeutete, dass sie hinsichtlich ihrer fortgesetzten Masturbation außerordentliche Schuldgefühle hatte, und diese Schuldgefühle verursachten zumindest teilweise die Schwierigkeiten bei der Harn- und Stuhlentleerung. Die Klientin räumte dies bald ein, beendete die Selbstherabsetzung, die sie wegen der Masturbation betrieben hatte, und ihr Zustand besserte sich langsam, während sie zuvor praktisch keinerlei Besserung hatte erreichen können.
In vielen anderen Fällen, die mit der REVT behandelt wurden, fand ich, dass sich Beharrlichkeit ausgezahlt hat. Wenn Klienten darauf bestanden, dass sie nicht schuldbewusst, wütend oder ängstlich seien, habe ich sie immer wieder mit Beweisen dafür, dass sie wahrscheinlich gestört seien, aus ihrem eigenen Verhalten konfrontiert. Und in vielen Fällen begannen sie es bald einzugestehen, beharrten jedoch vielleicht darauf, nicht zu wissen, weshalb. Oder sie bestanden darauf, dass sie sich selbst nichts sagten, um sich zu irritieren. Ich behaupte oft energisch, dass sie wissen, warum und dass sie irgendwelche selbst-schädigenden Ideen glauben. Wieder geben sie, je mehr ich darauf beharre, desto wahrscheinlicher zu, dass ich Recht habe und dass sie sich selbst helfen könnten, wenn sie diese Ideen veränderten.
Eine andere wichtige Methode, die in der REVT häufig angewandt wird, ist das Vereinbaren spezieller Hausaufgaben zwischen Therapeut und Klient.
Als Beispiel dafür, wie mit einem Klienten zusammen eine spezielle Aufgabe herausgearbeitet wird, können wir den Fall des 27-jährigen Carmine nehmen. Zur Therapie geschickt wurde er von seiner Verlob-

ten, die behauptete, dass er keinerlei Beziehung zu ihren gemeinsamen Freunden pflege, sondern Zeitung lesend oder an einem Rechenproblem arbeitend dasitze, wenn sie jemanden besuchten oder besucht wurden. Nach nur zwei Sitzungen mit diesem Mann erkannte ich, dass er ungewöhnlich gehemmt war, und dies seit seiner frühen Kindheit. Seine Mutter hatte alles, was er getan hatte, ungewöhnlich heftig kritisiert, und sein Vater hatte Carmines (durchaus beachtlichen) Schulerfolge zwar oberflächlich anerkannt, jedoch kein echtes Interesse an ihm gezeigt. Als Folge seiner schlimmen Verletztheitsgefühle und entsetzt von seiner Sichtweise der Reaktionen (oder mangelnden Reaktionen) seiner Eltern, hatte er angefangen, allen Menschen zu misstrauen und nur oberflächlich Beziehung aufzunehmen.

Auf theoretischer Grundlage wurde Carmine gezeigt, dass er sich wahrscheinlich Ideen sagte wie: »Wenn ich Menschen zu nahe komme, weisen sie mich vielleicht zurück wie meine Mutter und mein Vater, und das wäre entsetzlich!« und: »Wenn ich mich den Menschen gegenüber relativ unzugänglich zeige und sie mich trotzdem akzeptieren, dann werde ich mich sicher bei ihnen fühlen und werde mich ihnen gegenüber später mehr öffnen können.«

Bis zu diesem Zeitpunkt konnte der Klient noch nicht erkennen, dass er tatsächlich derartige Überzeugungen hegte, gab jedoch bereitwillig zu, dass es so sein könnte. Wir einigten uns daher auf die Hausaufgabe, (a) dass er nach seinen eigenen speziellen selbst-schädigenden Aussagen suchen sollte und (b) dass er sich zu diesen Zeiten des Rückzugs absichtlich zwingen sollte, eine engere Beziehung mit den anderen Menschen einzugehen, aufhören sollte, die Zeitung zu lesen, und alles sagen sollte, das ihm in den Sinn kam, gleich, wie dumm es scheinen mochte.

Zwei Wochen, nachdem er dieser Aufgabe zugestimmt hatte, kam Carmine zur nächsten Therapiesitzung und berichtete: »Ich habe getan, was wir verabredet hatten.«

»Ja? Und was ist geschehen?«

»Ziemlich viel! Ich fand es viel schwieriger, das durchzuführen, als ich gedacht hatte. Wirklich schwierig!«

»Aber Sie haben es trotzdem gemacht?«

»O ja. Ich habe mich dazu gezwungen weiterzumachen. Aber es war viel schwieriger, als ich erwartet hatte!«

»Wo genau lag die Schwierigkeit?«

»Erstens, diese Überzeugungen zu finden, von denen Sie dachten, dass ich sie mir sage. Zu Anfang konnte ich sie nur einfach nicht erkennen. Ich schien mir selbst überhaupt nichts zu sagen. Doch jedes Mal, wenn ich mich vor anderen Leuten zurückzog, sagte ich mir: ›Selbst wenn ich es nicht sehen kann, bin ich sicher, dass ich einige irrationale Gedanken habe. Welche sind es?‹ Und schließlich habe ich sie gefunden. Und es waren viele! Und alle scheinen sie dasselbe zu sagen.«

»Was denn?«

»Dass man mich zurückweisen würde.«

»Sie meinen, wenn Sie das Wort ergriffen und mit den anderen mitmachen würden?«

»Ja, wenn ich Kontakt zu ihnen aufnähme, würde man mich zurückweisen. Und wäre es nicht absolut entsetzlich, wenn man mich zurückweisen würde? Es gab keinen Grund für mich, dieses Entsetzliche auf mich zu nehmen, so schrecklich zurückgewiesen zu werden.«

»Also konnten Sie genausogut Ihre Falle zuschnappen lassen und in Ihrer Ecke bleiben, weit weg von den anderen.«

»Ja, genausogut konnte ich meine Falle zuschnappen lassen und weit weg von den anderen in meiner Ecke bleiben.«

»So haben Sie es also erkannt?«

»O ja! Natürlich habe ich es erkannt. Oft während dieser zwei Wochen.«

»Und haben Sie den zweiten Teil der Hausaufgabe gemacht?«

»Mich zu zwingen, das Wort zu ergreifen und etwas zu sagen?«

»Ja, den Teil.«

»Das war schlimmer. Das war wirklich schwierig. Viel schwerer, als ich gedacht hätte. Aber ich hab's gemacht.«

»Und …?«

»Oh, gar nicht schlecht. Ich habe mehrfach das Wort ergriffen, häufiger als je zuvor. Manche Leute waren sehr überrascht. Auch Phyllis war sehr erstaunt. Aber ich habe etwas gesagt. Und wollen Sie etwas wissen?«

»Was denn?«

»Manchmal hat es mir sogar Spaß gemacht!«

»Es hat Ihnen Spaß gemacht, sich auszudrücken?«

»Ja. An einem Tag waren die Slotts bei Phyllis. Und sie unterhielten sich über die Vereinten Nationen und Politisches, worüber ich wirklich nicht allzu viel weiß. Wissen Sie, ich glaube, ich habe es früher tatsächlich vermieden, viel über diese Sachen in Erfahrung zu bringen, da ich ja wusste, dass ich Angst haben würde, darüber zu reden. Nun, jedenfalls unterhielten sie sich darüber, was kürzlich in der Zeitung stand. Und ich wusste ungefähr, worum es ging. Deshalb dachte ich, ich würde gern etwas dazu sagen. Aber ich erkannte, dass ich wie immer meinen Mund halten und schweigen würde aus Angst, sie könnten mich alle anschauen, als ob ich verrückt wäre und nicht wüsste, wovon ich rede. Stattdessen aber sagte ich mir: ›Hier ist meine Gelegenheit, etwas zu riskieren und einen Teil meiner Hausaufgaben zu erledigen!‹ Und ich habe das Wort ergriffen und meine Meinung gesagt. Sie haben mich alle angeschaut, und ich weiß nicht einmal, wie es genau weiterging, doch schien niemand allzu sehr anderer Meinung zu sein. Jedenfalls, ich wusste, dass ich mich diesmal geäußert hatte, und das war prima.«

»Und wie haben Sie sich gefühlt, nachdem Sie sich so geäußert hatten?«

»Ungewohnt. Ich erinnere mich nicht, wann ich mich zum letzten Mal so gefühlt habe. Ich fühlte mich einfach außergewöhnlich – das heißt, gut. Das zu fühlen war wirklich etwas! Aber es war so schwierig. Fast hätte ich es nicht geschafft. Und bei ein paar anderen Gelegenheiten in der Woche musste ich mich erneut zwingen. Aber ich habe es geschafft. Und ich war froh!«

»Ihre Hausaufgaben haben sich also ausgezahlt?«

»Das haben sie wirklich.«

In den folgenden paar Wochen wurde Carmine, größtenteils als Folge seiner erfolgreich durchgeführten Hausaufgaben, sozial weniger gehemmt und war fähig, sich selbst freier zu äußern als jemals zuvor. Es ist fraglich, ob er ohne diese Art von Hausaufgabe so rasch so große Fortschritte erzielt hätte.

In einem anderen Fall machte ich mit Sonya, einer jungverheirateten Zwanzigjährigen, die beträchtliche Schwierigkeiten hatte, ihrer Schwiegermutter Zuneigung zu zeigen, eine spezielle Hausaufgabe aus. Ihre eigenen Eltern waren ihr gegenüber nie offen liebevoll gewesen, und sie hatte sie von früher Kindheit an Jack und Barbara genannt statt Dad und Mom. Doch Sonya mochte ihre Schwiegermutter und wollte freundlich zu ihr sein, denn sie war eine sehr herzliche Frau, die jedes Mal zusammenzuckte, wenn Sonya sie Mrs. Steen oder Marion nannte, und die offensichtlich Mom genannt werden wollte.

Das Problem der Klientin bestand darin, dass ihr nicht danach war, ihre Schwiegermutter »Mom« zu nennen und dass sie es für heuchlerisch hielt, wenn sie es täte, nur um mit ihr auf gutem Fuß zu stehen. Ich zeigte ihr jedoch, dass sie sich weigerte, die Dinge aus dem Bezugsrahmen ihrer Schwiegermutter heraus zu betrachten und dass sie diese moralisierend als schrecklich kindisch ansah. Wenn Sonya ihre Schwiegermutter akzeptierte, ohne sie in irgendeiner Weise zu verdammen, würde Sonya damit sich selbst, ihrem Mann und ihren Schwiegereltern helfen. Und mit dieser nicht moralisierenden Einstellung würde sie keine Schwierigkeit damit haben, ihre Schwiegermutter »Mom« zu nennen statt »Mrs. Steen«.

Sonya akzeptierte diese Sichtweise theoretisch, hatte aber immer noch große Schwierigkeiten damit, an ihre Schwiegermutter als »Mom« zu denken oder sie so anzusprechen. Daraufhin einigten wir uns auf die spezielle Hausaufgabe, dass Sonya Mrs. Steen etwa zwei Wochen lang täglich anrufen und das Gespräch mit »Hallo, Mom« beginnen sollte. Überdies sollte sie sich zwingen, im Laufe des Gesprächs zwei oder drei weitere Male »Mom« einfließen zu lassen. Widerstrebend willigte Sonya ein, es mit dieser Hausaufgabe versuchen zu wollen, obwohl sie sich dabei immer noch unbehaglich fühlte und sich etwas heuchlerisch vorkam. Nachdem dieses Experiment eine Woche lang durchgeführt worden war, sah ich Sonya und fragte sie, wie es ihr mit ihrer psychotherapeutischen Hausaufgabe erginge.

»O ja«, sagte sie, »ich wollte Ihnen davon erzählen. Nachdem ich meine Schwiegermutter an nur drei Tagen angerufen hatte, fand ich es wirklich einfach, sie ›Mom‹ zu nennen. Tatsächlich ist mir der Klang dieses Wortes sogar angenehm geworden. Und wissen Sie was? Ich habe sogar angefangen, auch meine Mutter so zu nennen! Und ihr scheint es zu gefallen!«

»Also haben Sie jetzt sogar zwei ›Moms‹ statt einer!«

»Ja. Und wie Sie es vorhergesagt hatten, fühle ich mich meiner Schwiegermutter wirklich näher. Und auch meiner Mutter! Es hat überhaupt nicht lang gedauert, nicht wahr?«

»Nein, ganz sicher nicht. Das Gefühl der Nähe folgte der Handlung, das Wort ›Mom‹ zu sagen, ziemlich rasch. Das ist genau das, was der französische Romanautor Stendhal vor gut einem Jahrhundert hervorgehoben hat: dass wir, wenn wir so tun, als ob wir einander lieben würden, es aller Wahrscheinlichkeit nach bald tun werden. Und das geschieht mit vielen unserer Gefühle – dass wir sie, *nachdem* wir entsprechend gehandelt haben, ziemlich tief zu empfinden beginnen.«

»Genau so ist es in meinem Fall eingetreten. Und ich bin sehr froh, dass es so ist und dass ich meine Hausaufgabe gewissenhaft gemacht habe. Ich hätte nie gedacht, dass ich durch die Psychotherapie praktisch wieder in die Schule gehen würde, aber darauf scheint es herauszukommen.«

»Und so sollte es wohl auch sein, wenn man in Betracht zieht, dass eine wirksame Psychotherapie und Neuorientierung oft praktisch synonym sind.«

Dies sind typische Beispiele für die vielen Möglichkeiten, wie höchst aktiv-direktive Methoden, einschließlich der Vereinbarung spezieller Hausaufgaben, in der REVT verwendet werden. Während andere Therapieformen, wie etwa die Verhaltenstherapie, ähnliche Techniken verwendet, tut die REVT dies auf Grund theoretischer Grundlagen, die ein integraler Bestandteil ihres logischen Grundprinzips sind.

Wenn verbale und sensumotorische Indoktrinationen und Selbst-Konstruktionen den Menschen beibringen, irrational zu denken und gestört zu fühlen, dann kann dieselbe Art von zweibahniger Restrukturierung hilfreich dabei sein, ihr Denken und Fühlen neu zu organisieren. Energisches verbales Umdenken wird oft zu verändertem motorischen Verhalten führen, und intensiv in neue Muster veränderte sensumotorische Aktivität wird oft zu einer veränderten Ideenbildung führen. Doch die raschesten und tiefgreifendsten Verhaltensmodifikationen folgen gewöhnlich aus einem kombinierten, verbalen und sensumotorischen Infragestellen der alten, dysfunktionalen Arten von Denken-Tun[11].

Anmerkungen

1. Ellis, 1957a, 1957b, 1965c, 1971, 1973b, 1977a, 1985b, 1991p.
2. Bernard, 1991, 1993; Dryden, 1994a, 1994b; Dryden & Hill, 1993; Ellis, 1991p; Ellis & Dryden, 1987, 1990, 1991; Ellis & Harper, 1975; Walen, DiGiuseppe, & Dryden, 1992; Yankura & Dryden, 1991.
3. Dryden & Yankura, 1992; Ellis, 1973b, 1991a; Goldstein, 1954; Maslow, Rogers, 1951, 1961.
4. Ellis, 1982a, 1985b, 1994a, 1994b; Wachtel, 1982.
5. Ellis, 1959a, 1962a, 1982a; 1985b.
6. Ellis, 1962a, 1977a, 1985b; Ellis & Knaus, 1977; Hauck, 1974; Dryden & Gordon, 1993; Dryden & Hill, 1993; Knaus, 1974, 1983; Walen, DiGiuseppe & Dryden 1992.
7. Ellis, 1985b; Ellis & Abrahms, 1994; Ellis & Dryden, 1987,1990, 1991; Ellis & Knaus, 1977; Ellis & Velten, 1992.
8. Ellis, 1985b, 1991i, 1991n, 1991p, 1992c, 1992g, 1992j, 1993d, 1993e; Hauck, 1992; Mills, 1993.
9. Dryden, 1994b; Dryden & Hill, 1993; Ellis, 1991a, 1991i, 1991n, 1991p, 1992g, 1992j, 1993d 1993i, 1993l; Ellis & Abrahms, 1978; Ellis & Dryden, 1987; Ibanez, 1960; Israeli, 1962; Walen, DiGiuseppe, & Dryden, 1992; Wolfe, 1992
10. Blau, 1993; Edelman, 1989, 1991; Ellis, 1957a, 1957b, 1965e, 1973b, 1985b, 1988e; Ruth 1992.
11 Bernard, 1991, 1993, Blau, 1993; Dryden, 1994a; Dryden & Hill, 1992; Ellis; 1957a, 1973a, 1977a, 1985b, 1988e, 1991p; Ellis & Abrams, 1994; Ellis & Velten, 1992; Greenberg & Safran, 1987; Guidano, 1987, 1991; Mahoney, 1991: Muran, 1991, 1993; Walen, DiGiuseppe, & Dryden, 1992; Wolfe, 1992.

X. Diskussion einiger Einwände gegen die REVT

Ist die Rational-Emotive Verhaltenstherapie (REVT) »rationalistisch« oder »konstruktivistisch«?

Die Kognitive Verhaltenstherapie (Kognitive VT) hat sich in den letzten Jahren unter dem starken Einfluss der Anhänger George Kellys sowie von Michael Mahoney, Vittorio Guidano und anderen Therapeuten konstruktivistisch orientiert[1]. Die REVT folgt diesem Trend nicht nur in vielerlei Hinsicht, sondern ist, wie im Folgenden erläutert wird, konstruktivistischer als andere kognitive Verhaltenstherapien. Dennoch wird ihr, ebenso wie den Therapien Aaron Becks, Donald Meichenbaums und anderer kognitiver Verhaltenstherapeuten, ziemlich oft vorgeworfen, »rationalistisch« zu sein statt »konstruktivistisch« und »prozessorientiert«, wie es vermutlich sein sollte. Ausführlich habe ich auf die Vorwürfe, die REVT sei zu rationalistisch, in einem Kapitel meines Buchs *The Essential Albert Ellis* geantwortet, das ich zusammen mit Windy Dryden publiziert habe. Hier möchte ich meine Argumente zusammenfassen[2].

1. Guidano und Mahoney betonen die aktive, generative und intentionale Dimension des persönlichen Wissensprozesses, durch den die Menschen tiefe kognitive Strukturen herausbilden. Außerdem heben Guidano und Mahoney hervor, dass man den Menschen helfen sollte, alternative Modelle des Selbst und der Welt zu übernehmen, damit ihre tiefen Strukturen auf flexiblere und adaptivere Art und Weise arbeiten können. Viele Jahre lang hat die REVT die Ansicht vertreten, dass die Menschen nicht nur von ihren Familien und ihrer Kultur tiefgreifende und starre Standards und Präferenzen lernen, sondern auch ihre eigenen konstruktivistischen und teilweise biologischen Tendenzen haben, um starre, absolutistische »Soll« und »Muss« hinsichtlich ihrer Werte zu schaffen. Sie erschaffen sich in der Tat Kohärenz und Stabilität in ihrem Leben – oft zu viel. Wie Guidano und Mahoney hilft die REVT den Klienten zu erforschen, wie sie ihre flexiblen Wünsche zu starren Forderungen erheben. Doch statt sich darauf zu verlassen, dass sie es »natürlich« tun, lehrt die REVT ihnen aktiv-direktiv, wie sie die ihnen angeborenen konstruktivistischen Tendenzen in ihrem eigenen und in ihrem sozialen Interesse nutzen können.

2. Guidano und Mahoney folgen W. B. Weimers Motorik-Theorie des Geistes, widersprechen konventionellen Sensorik-Theorien, die den Geist als einen reinen Wahrnehmungs-Sammler darstellen, und betrachten die REVT als eine dieser Theorien. Wenn Sie sich jedoch die ersten

Kapitel dieses Buchs, das zu einem Großteil auf seiner Erstausgabe aus dem Jahr 1962 basiert, nochmals durchsehen, werden Sie erkennen, dass die REVT den menschlichen »Geist« immer als sensumotorisch, als wahrnehmend-vorstellend und als emotiv-verhaltensbezogen betrachtet hat. Zusammen mit Alfred Korzybski, Jean Piaget und George Kelly vertritt sie die Ansicht, dass Menschen von Geburt an (ebenso wie durch Erziehung) aus ihren Wahrnehmungen Abstraktionen und Verallgemeinerungen konstruieren.

3. Guidano und Mahoney folgen Michael Polanyi, Friedrich Hayek und W. B. Weimer darin, die insgeheimen oder unbewussten Strukturen der Klienten, die zu Störungen führen, zu erforschen. Prima! Doch hat die REVT immer betont, dass die selbst-irritierenden Forderungen und »Muss« der Menschen oft (wenn auch nicht immer) insgeheim und unbewusst sind, während ihre Präferenzen und Wünsche gewöhnlich bewusst und oberflächlich sind. Die »tiefe« REVT zeigt den Menschen also ihr insgeheimes Beharren – und wie sie es bewusst minimieren können[3].

4. Guidano folgt den Theorien John Bowlbys, indem er die Ansicht vertritt, dass ein kleines Kind sich natürlicherweise eng an seine Eltern bindet und dadurch ein Gefühl von Selbst-Identität gewinnt, um so sein Leben zu organisieren. Dem stimmt die REVT zu, doch betont sie stärker als Guidano und Bowlby, dass Kinder starke Bindungen an ihre Eltern (und an andere) auch selbst erschaffen. Außerdem fügt die REVT hinzu, dass sie oft Forderungen nach Liebe und Anerkennung konstruieren ebenso wie Präferenzen dafür, dass sie sehr wohl ihr früh konstruiertes Liebes-Verlangen fortsetzen können und dass sie deshalb den Verlust von Zuneigung als eine verheerende Katastrophe betrachten und sich selbst eine Störung beibringen. In dieser Hinsicht ist die REVT also konstruktivistischer als Guidano[4].

5. Guidano zeigt, dass die Selbst-Akzeptanz und Selbst-Zerstörung der Menschen davon abhängt, wie sie insgeheim ihr Selbst an ihren Erwartungen messen, die sie an ihre Verhaltensweisen stellen sowie an deren Erfolg. Dem stimmt die REVT zu, doch zeigt sie den Klienten nicht nur, wie ihre Forderungen, gute Leistungen zu erbringen, zu Selbstabwertung und Depression führen, sie zeigt ihnen auch, wie sie bedingungslose Selbst-Akzeptanz (USA = unconditional self-acceptance) erlangen können, indem sie beschließen, sich selbst zu akzeptieren, ob sie nun gute Leistungen erbringen oder nicht und ob wichtige andere (einschließlich ihres Therapeuten!) sie anerkennen oder nicht. Wie Carl Rogers scheint Guidano seinen Klienten zur Erlangung einer bedingten

Akzeptanz zu verhelfen – weil ihr Therapeut sie »liebt«. Die REVT hilft ihnen, eine *unbedingte* Akzeptanz zu konstruieren – das heißt, wirklich bis ganz zu Ende zu denken.

6. Guidano stellt die These auf, dass es nicht die »reale« soziale Welt sei, die die Lebensereignisse ordnet und primäre persönliche Bedeutungen schafft, sondern wie die Menschen diese deuten. Richtig! Doch ist dies, was Epiktet – den Richard Wessler einen der ersten konstruktivistischen Therapeuten nannte – vor zweitausend Jahren sagte und ich in der REVT zu einem Eckpfeiler der bekannten ABC-Theorie der Persönlichkeit gemacht habe. Die REVT, die im Jahr 1955 ihren Anfang nahm, war Guidano also etwa drei Jahrzehnte darin voraus, diese konstruktivistische Theorie anzuerkennen[5].

7. Guidano befürwortet, dass Therapeuten »tiefe Veränderungsprozesse« in ihren Klienten fördern. Genau. Im Jahr 1972 habe ich einen Aufsatz veröffentlicht, in dem gezeigt wurde, dass die meisten Therapeuten ihre Klienten dazu ermutigen, sich gesünder zu fühlen, statt vielmehr, gesünder zu werden. Wie können die Klienten gesünder werden? Indem sie »einen tiefgreifenden philosophischen Wandel« vollziehen durch Verstehen und Auflösen ihrer grandiosen Forderungen an sich selbst, an andere und an die Welt. Das wäre wirklich konstruktivistisch!

8. Guidano findet, in Übereinstimmung mit Hayek, dass die Menschen ihre Lebensentwicklung selten durch rationales bewusstes Planen konstruieren. Das stimmt wahrscheinlich. Zunächst beobachten sie meist nur, agieren dann auf der Grundlage von Versuch und Irrtum und reagieren darauf wieder. Dem fügt die REVT jedoch hinzu, dass den Menschen auch die Gabe angeboren ist (ebenso wie anerzogen), zu planen und wieder zu planen, zu konzipieren und zu erfinden sowie sich an die Pläne, Konzeptionen und Erfindungen anderer Menschen anzupassen. Sie sind dazu fähig, den Verstand erfolgreich zu nutzen. Die REVT zeigt ihnen, wie sie ihre emotionalen Blockierungen – wie Panik und Depression – minimieren können, indem sie bewusst weniger Störung und mehr Wachstum und Erfüllung konzipieren und planen. Es hilft ihnen, konstruktivistischer zu sein, als sie es »von Natur aus« sind.

9. Guidano sagt, dass die »irrationalen« Annahmen der Klienten in Wirklichkeit »rational« seien, weil sie ihrem Wissen die inhärente Kohärenz und Verlässlichkeit geben und eine Modifizierung benötigen, »nicht weil sie irrational sind, sondern weil sie eine veraltete Lösung darstellen«. Dabei übersieht er, dass, wie ich 1979 geschrieben habe, »die RET kein absolutes oder unveränderliches Kriterium von Rationa-

lität postuliert«, sondern »irrationale« oder »dysfunktionale« Überzeugungen als diejenigen definiert, die ineffektiv sind, weil sie den eigenen persönlichen Zielen, Werten und Interessen der Menschen zuwiderlaufen. Unrealistische, unlogische und »mussturbatorische« Gedanken sind nicht aus sich selbst heraus »irrational«, weil manche Menschen trotz derartiger Gedanken glücklich durchs Leben kommen. Die REVT vertritt jedoch nur die Ansicht, dass sie signifikant mit Selbst-Sabotage korrelieren und daher oft besser verändert werden sollten.

10. Guidano sieht den Widerstand der Klienten als eine Weigerung, die »vernünftigen« Einstellungen ihres Therapeuten zu akzeptieren, weil diese der lebenslangen gedanklichen Konstruktionen der Klienten über sich selbst und andere widersprechen. Dies stimmt teilweise, doch ist die REVT-Theorie des Widerstands sogar noch konstruktivistischer. Sie vertritt die Ansicht, dass sich die Menschen größtenteils selbst dafür trainieren, irritiert zu werden. Dann konstruieren sie Gefühle und »gute« Gründe, um ihre Störungen aufrechtzuerhalten (z. B. fühlen sie sich bei Phobien erleichtert, wenn sie eine Fahrt im Aufzug vermeiden können, die sie »schrecklich gefährlich« gemacht haben). Oft arbeiten sie hart daran, an ihren Störungen festzuhalten, selbst wenn sie »erkennen«, wie schädlich sie sind. Sie erfinden hervorragende Ausreden dafür, weshalb sie die anstrengende Arbeit nicht tun können, die für die Überwindung ihrer Störungen notwendig ist. Der REVT zufolge wird der Widerstand gegenüber vorteilhafter Veränderung (bewusst und unbewusst) von den Menschen, die Widerstand leisten, konstruiert. Sie führen ihn verursachend herbei.

11. Guidano und Mahoney kritisieren möglicherweise zu Recht die »oberflächliche« Therapie Aaron Becks, Richard Lazarus', Donald Meichenbaums und anderer kognitiver Therapeuten, die hauptsächlich die »unrealistischen« oder »falschen Ursachenzuschreibungen« disputieren, wie beispielsweise: »Weil John mich tadelt, muss ich etwas Falsches getan haben. Er hasst mich abgrundtief. Das bedeutet, dass ich immer erfolglos sein werde und ein wertloser Mensch bin!« Dies sind unrealistische und unlogische Schlussfolgerungen und Bewertungen, und die meisten kognitiven Verhaltenstherapeuten disputieren sie und bringen ihren Klienten bei, sie selbst zu disputieren. Doch ist dies möglicherweise, wie die REVT »tiefer« aufzeigt, eine oberflächliche Therapie, weil sie nicht die tiefgreifende »mussturbatorische« Philosophie hinter diesen unrealistischen Schlussfolgerungen und Bewertungen enthüllt. Wie beispielsweise: »Ich darf auf keinen Fall, von keiner wichtigen Person für irgendetwas getadelt werden, das ich getan habe.« Die REVT zeigt den

Klienten daher, wie sie ihre antiempirischen Schlussfolgerungen disputieren können, untersucht jedoch auch die zugrunde liegende, »tiefere« Anspruchshaltung – wie Guidano und Mahoney es gewöhnlich nicht tun! Wer ist dann also wirklich konstruktivistisch![6]

12. Guidano übernimmt, wieder orientiert an Bowlby, in der Therapie eine psychoanalytische Haltung, die den Klienten zu erkennen hilft, welche kognitiven Modelle sie haben und dass sie diese größtenteils von ihren Eltern übernommen haben. Ebenso hilft sie ihnen, diese Modelle im Licht ihrer eigenen direkten Erfahrung ihrer eigenen Person und ihrer Eltern zu revidieren. Erst nachdem sie diesen Prozess oftmals durchgemacht haben – in einem bis fünf Jahren rekonstruktiver Therapie –, »sind die revidierten Modelle wahrscheinlich stabil«. Guidano sagt: »Es ist sinnlos und gefährlich, einem Klienten neues Wissen in den Kopf zu setzen«, weil die Information, die der Therapeut benötigt, aus den »tiefen Strukturen« des Klienten kommt, die vermutlich nur durch jahrelange konstruktivistische Therapie erschlossen werden können. Die REVT findet einen derartig passiven, psychoanalytisch orientierten Ansatz relativ wenig konstruktivistisch, weil er die kreativen Fähigkeiten der Klienten missachtet, Wissen versuchsweise und experimentell, niemals als Dogma, verwenden zu können, und die Fähigkeit der Therapeuten ignoriert, ihren Klienten die Wahl zu lassen zwischen der konstruktiven Nutzung der therapeutischen Lehren, ihrer Modifikation oder sogar ihrer Missachtung.
Guidano wiederum nimmt nicht-konstruktivistisch an, dass »es sinnlos und gefährlich sei zu versuchen, Menschen mit depressiver Organisation davon zu überzeugen, dass ihre innere Sichtweise ihrer selbst absurd sei« oder ihre grundlegenden Gefühle der Einsamkeit und der Vergeblichkeit des Lebens zu disputieren. Was für eine pessimistische und demoralisierende Sichtweise! Seitdem ich im Jahr 1955 mit der REVT begann, habe ich etwa fünfhundert selbstmordgefährdeten Klienten sehr eindringlich und direkt gezeigt, dass ihr Leben nicht aussichtslos ist und sie sich selbst trotz ihres Versagens bei der Arbeit und in der Liebe und trotz ihrer Einsamkeit bedingungslos annehmen können. Soweit ich weiß, beging keiner von ihnen Selbstmord, während ich ihn noch behandelte. Überdies habe ich ihnen gewöhnlich innerhalb von einer bis zu zehn Sitzungen ihre Gefühle von Hoffnungslosigkeit und ihre Suizidneigung aktiv ausgeredet und habe danach die folgenden neun Monate oder länger versucht, ihnen zu helfen, ihre seit langer Zeit bestehende schwere Depression zu überwinden.
Mahoney stellt richtig fest, dass die kognitiven Konstruktivisten die Ansicht vertreten, »Handeln und Fühlen seien untrennbare Ausdruckswei-

sen von Anpassung und Entwicklung«, und »rationalistische« Therapien würden die Emotionen verleugnen. Er (und Guidano) vergessen, dass ich in meinem ersten Aufsatz zur REVT auf der American Psychological Convention (Kongress amerikanischer Psychologen) in Chicago 1956 deutlich gesagt habe, dass Handeln, Fühlen und Wissen untrennbar sind und dass ich diesen Punkt in der Erstausgabe von *Die rational-emotive Therapie* von 1962 sogar noch deutlicher hervorgehoben habe. Im Gegensatz zu den meisten anderen Therapien unterscheidet die REVT klar und deutlich zwischen gesunden negativen Gefühlen – wie großer Traurigkeit und tiefem Kummer nach einem großen Verlust – und ungesunden negativen Gefühlen – wie schlimmer Panik und Depression – bei einem ähnlichen Verlust. Sie ermutigt daher zu starken negativen Gefühlen (C's) hinsichtlich unglücklicher Aktivierender Ereignisse (A's), ist jedoch nicht allen negativen Emotionen wohlgesonnen. Sie hält die Klienten von ungesunden negativen Gefühlen ab, indem sie ihnen ihre funktionalen und dysfunktionalen Überzeugungen (B's) hinsichtlich ihrer unglücklichen A's aufzeigt und ihnen beibringt, wie sie die Ersteren maximieren und die Letzteren minimieren können. Die REVT verleugnet also wohl kaum die menschlichen Emotionen, wie Mahoney und Guidano andeuten[7].

13. Guidano und Mahoney betonen richtig – wie auch Freud und Carl Rogers – die Wichtigkeit einer guten therapeutischen Beziehung, um die Klienten bei ihren grundlegenden Persönlichkeitsveränderungen zu unterstützen. Doch nehmen sie fälschlich an, dass »rationale« kognitive Therapien diesen Aspekt der Therapie ignorierten. Ich kenne keine kognitive Therapie – einschließlich derer Aaron Becks und Donald Meichenbaums – die eine auf Zusammenarbeit beruhende Beziehung zwischen dem Therapeuten und seinen Klienten nicht betonen würde. Die REVT geht sogar noch weiter und drängt alle ihre Praktiker, an ihrem eigenen Ärger auf schwierige Klienten und ihrer in dieser Hinsicht niedrigen Frustrationstoleranz zu arbeiten und sich zu bemühen, sie alle bedingungslos mitsamt ihren Gefühlen und Problemen anzunehmen, genau wie Carl Rogers es tun würde. Wie jedoch in praktisch allen Schriften sowie in der Ausbildung der REVT zu verstehen gegeben wird, zeigt die REVT den Therapeuten auch, wie sie ihren Klienten beibringen können, sich für ihre eigene Selbst-Akzeptanz zu entscheiden und sie zu konstruieren und nicht nur, sie nach dem Vorbild der Verhaltensweisen des Therapeuten zu gestalten. Somit hilft die REVT den Menschen, konstruktivistischer zu sein, als sie es von Natur aus sind[8].

14. Mahoney, Guidano und andere Konstruktivisten – wie Robert und Greg Neimeyer – nehmen auf irgendeine Weise an, dass jeder Thera-

peut, der aktiv-direktive kognitive Techniken der Verhaltenstherapie verwendet, selbstverständlich ernsthaft die »natürliche« Fähigkeit der Menschen zur Veränderung beeinträchtigt, weil die Menschen »natürliche« Konstruktivisten seien (was wahr zu sein scheint)[9]. Das scheint aus mehreren Gründen eine sehr naive Annahme zu sein:

a) Die ersten therapeutischen Konstruktivisten – wie beispielsweise Gautama Buddha, Epiktet und Mark Aurel – waren aktive Prediger und Lehrer und lauschten ihren Schülern keineswegs jahrelang passiv, bevor sie diese direkt drängten und ermutigten, ihre grundlegenden Annahmen und ihren Lebensstil zu verändern.

b) Dieselben den Weg bereitenden Konstruktivisten gaben ihren Schülern oft aktive Hausaufgaben – kognitive, emotive und verhaltensbezogene –, um ihnen zu helfen, sich zu verändern.

c) Weit mehr Menschen haben im Lauf der Jahrhunderte wichtige Persönlichkeitsveränderungen durchgemacht, indem sie an Kursen teilnahmen, Predigten und Vorlesungen lauschten, Artikel und Bücher lasen und in jüngster Zeit, indem sie audiovisuelles Selbsthilfematerial benutzten, als jene, die nur von guten therapeutischen Beziehungen profitierten[10].

d) Die akzeptierenden Beziehungen zu Klienten, wie Mahoney, Guidano und die meisten psychoanalytischen Therapeuten sie verwenden, richten oft ebenso Schaden, an wie sie nützlich sind, indem sie liebesbedürftige Klienten zur Abhängigkeit ermutigen und sie daran hindern, selbstständig zu denken und abhängiger zu werden.

e) Die Forschung hat gezeigt, dass Klienten, welche die aktiv-direktiven Methoden der REVT und anderer direkter Therapien erfahren, gewöhnlich genauso gute Beziehungen zu ihren Therapeuten haben wie jene, die sich passiveren Therapiemethoden unterziehen[11].

f) Eine Reihe von Untersuchungen, in denen gezeigt wird, dass gute Beziehungen zwischen Therapeuten und Klienten effektiver sind als schlechte, ergibt wahrscheinlich deshalb Sinn, weil sie darauf schließen lassen, dass die Klienten, wenn der Therapeut sie mitsamt ihren Fehlern akzeptiert – und somit dem »Sünder« vergibt, nicht jedoch die »Sünden« –. sehen und denken, dass bedingungslose Selbst-Akzeptanz (USA) möglich ist und sie sich diese folglich selbst in einem gewissen Ausmaß konstruieren. Doch könnten diese Untersuchungen auch zeigen, dass derartige Klienten hauptsächlich eine bedingte, wenn schon keine unbedingte Selbst-Akzeptanz erlangen – d. h.: »Ich mag mich selbst, weil mich mein Therapeut mag.« Wenn das so ist, dann fühlen sie sich besser, in REVT-Begriffen ausgedrückt (weil es angenehm ist, wenn der Therapeut sie »liebt«), doch verbessert sich ihr Zustand selten tatsächlich (weil sie sich selbst selten weniger irritierbar durch fast alles, einschließlich der mangelnden Liebe anderer, machen)[12].

Aus den vorangehenden Gründen kann man, denke ich, ersehen, dass die REVT entschieden »konstruktivistisch« ist, und nicht »sensationalistisch« und »rationalistisch«, wie manche Kritiker ihr vorwerfen. Weil sie aktiv eine konstruktivistische Persönlichkeitsveränderung lehrt, ebenso wie sie den Klienten Gelegenheit gibt, »natürlich« von selbst darauf zurückzugreifen, beansprucht sie, konstruktivistischer zu sein als viele ihrer heftigen Kritiker. Dies ist zumindest cine Hypothese, die wissenschaftlich untersucht werden kann.

Anmerkungen

1. Guidano, 1987, 1991; Kelly, 1955; Korzybski, 1933; Piaget, 1954, 1963; Weimer, 1975, 1977.
2. Ellis & Dryden, 1990.
3. Ellis, 1962a, 1971, 1973b; Guidano, 1987, 1988, 1991; Hayek, 1978; Mahoney, 1991; Polanyi, 1966; Weimer, 1975.
4. Bowlby, 1969, 1973, 1980; Ellis & Dryden, 1987, 1990, 1991.
5. Epiktet, 1890; Guidano, 1989, 1991; Wessler, 1993.
6. Beck, 1976; Ellis, 1979e, 1980c, 1985b, 1988e; Ellis & Dryden, 1987; Guidano, 1989, 1991; R. Lazarus, 1991; Mahoney, 1991, Meichenbaum, 1977.
7. Ellis, 1958, 1980b, 1986e, 1988e, 1989j, 1990h; Ellis & Abrahms, 1978; Ellis & DiGiuseppe, 1993; Ellis & Dryden, 1987; Guidano, 1988; Mahoney, 1981.
8. Beck, 1976; Ellis, 1972e, 1976c, 1985b, 1988e; Ellis & Abrams, 1994; Ellis, Abrams, & Dengelegi, 1992; Ellis & Dryden, 1987, 1991; Ellis & Velten, 1992; Freud, 1962; Meichenbaum, 1993; Rogers, 1961.
9. Guidano, 1988; Mahoney, 1991; G. Neimeyer, 1993; R. Neimeyer, 1993.
10. Coté, Gautier, et al., 1993; Dryden, Backs, & Ellis, 1987; Ellis, 1993a, 1994,f; Goleman, 1989; Langley, 1993; Lewinsohn & Rohde, 1993; Marks, 1994; Watson & Tharp, 1993.
11. DiGiuseppe, Leaf, & Linscott, 1993; Dryden, 1994b.
12. Bordin, 1979; Dengelegi, 1992; Ellis, 1972c, 1973b,1985b 1992c; Rogers, 1961; Strupp, 1987.

XI. Die Grenzen der Psychotherapie und der Klienten

Aus dem bisher Gesagten könnte der Eindruck entstanden sein, Psychotherapie nach dem rational-emotiven Ansatz sei ein einfacher Vorgang, bei dem es lediglich darum gehe, den Klienten klarzumachen, dass ihre psychischen Probleme auf ihre eigenen unlogischen internalisierten Sätze zurückzuführen seien, und ihnen beizubringen, wie sie diese Selbstverbalisierungen zu analysieren und zu bekämpfen haben, worauf man sie (nach wenigen Wochen) geheilt entlassen kann und sie fortan ein glückliches und zufriedenes Leben führen. Eine solche Vorstellung von den an Wunder grenzenden und leicht mobilisierbaren Segnungen der REVT (oder jeder anderen Form von Psychotherapie) wäre jedoch völlig falsch, ja geradezu irreführend.

Das Problematische an der Darstellung jeglicher Methode oder Technik ist, dass sich der sie Darlegende fast ausschließlich darauf konzentriert, zu erklären, wie diese Methode anzuwenden ist – und natürlich, wie diese erfolgreich geschieht. Dabei ist er sich meist durchaus bewusst, dass sein spezielles System, Musik oder Tennis zu unterrichten, Psychotherapie zu praktizieren o. ä., nicht bei allen Menschen unter allen Umständen gleich gute Erfolge verspricht; ja er weiß sogar, dass es bei manchen Personen völlig versagen wird. Gleichzeitig weiß er aber auch, dass die alternativen Methoden auf seinem Gebiet ebenso limitiert sind wie seine eigene; verständlicherweise zieht er es daher vor, auf jene Fälle hinzuweisen, in denen seine Technik funktioniert, die der anderen hingegen nicht. Er neigt mit anderen Worten dazu, seine Erfolge hervorzuheben und seine Fehlschläge zu bagatellisieren, so dass bei den Lesern seiner Schriften der Eindruck entstehen kann, seine Methode garantiere praktisch den Erfolg.

So ist es auch auf dem Gebiet der Psychotherapie. Die Exponenten der Lehren Freuds, Adlers, Jungs, Sullivans, Horneys, Ranks, Rogers', Ellis' etc. werden nicht müde, über die erfolgreiche Anwendung ihrer speziellen therapeutischen Methoden zu berichten; selten werden hingegen totale Misserfolge geschildert. Bei den positiven Therapieverläufen handelt es sich obendrein meist um ausgesprochene Idealfälle, das heißt um Heilerfolge, die mit minimalen Schwierigkeiten und maximaler Konzentration auf die Theorie und Praxis des jeweiligen Therapeuten erzielt wurden. Über ungünstige Therapieverläufe partielle Heilungen oder »erfolgreiche« Behandlungen, die mit Rückfällen enden, wird viel weniger veröffentlicht.

Das gilt auch für die in diesem Buch geschilderten Fälle. Fast alle wurden ursprünglich zur Illustration von Artikeln ausgesucht, die in Fachzeitschriften erschienen, in der erklärten Absicht, zu demonstrieren, wie die Rational-Emotive Therapie funktioniert. Natürlich dienten sie nicht dem Zweck, zu zeigen, wie sie nicht funktioniert; folglich erwecken sie, speziell zusammengenommen, den nicht ganz richtigen Eindruck, die REVT garantiere nicht nur den Erfolg, sondern ihre Erfolge kämen auch meistens auf dramatische Weise, nach relativ wenigen therapeutischen Sitzungen zustande.

Dieser Eindruck ist natürlich irreführend. Selbst die erfolgreichsten und effizientesten therapeutischen Methoden haben keine spektakulären Heilungsquoten aufzuweisen. Speziell wenn die Therapie in Privatpraxen erfolgt und von den Patienten aus der eigenen Tasche bezahlt werden muss, brechen viele die Behandlung nach kurzer Zeit ab, wenn sie erst minimale oder noch gar keine Fortschritte gemacht haben. Obwohl Vertreter neuerer psychotherapeutischer Methoden wie Eric Berne, John Rosen, Joseph Wolpe und ich berichten, dass sie in ihrer therapeutischen Praxis bis zu 90 Prozent Besserungen erzielten, deutet wenig darauf hin, dass darunter eine vollständige und irreversible Beseitigung der ursächlichen Störungen ihrer Patienten zu verstehen ist. Hinsichtlich ihrer Symptome haben sich diese Patienten durch die Behandlung maßgeblich verändert; der Wandel ihrer fundamentalen Lebensphilosophie scheint jedoch viel weniger tief zu reichen[1].

Sowohl von Laien als auch von Fachleuten wird häufig festgestellt, dass die meisten psychotherapeutischen Praktiker kaum als optimale Vorbilder gesunden Verhaltens anzusehen sind. Statt relativ angst- und aggressionsfrei zu sein, wie theoretisch zu erwarten wäre, wenn ihre eigenen Theorien gut funktionierten, sind nicht wenige trotz langer psychoanalytischer oder anderer Behandlung psychisch stark gestört.

Es ist auch oft darauf hingewiesen worden, dass Personen, die vorübergehend alle oder die meisten ihrer ursprünglichen neurotischen oder psychotischen Symptome verlieren, häufig Rückfälle erleiden und wenige Jahre nach Abschluss ihrer Therapie in einem fast ebenso elenden Zustand sind wie vorher. Ferner wurde bemerkt, dass Patienten, deren Befinden sich durch stationäre Behandlung oder eine günstige Entwicklung ihrer Lebensumstände deutlich besserte, häufig zu ihren gestörten Denk- und Verhaltensmustern regredieren, wenn sie nach Hause zurückkehren oder wenn sich ihre persönliche Lage wieder verschlechtert.

All diese und eine große Zahl ähnlicher Befunde legen den Schluss nahe, dass selbst die effizientesten psychotherapeutischen Methoden nur begrenzt wirksam sind. Den meisten fähigen Therapeuten bleibt es wohl nicht erspart, mit der Mehrzahl ihrer Klienten lange Zeit hindurch unter höchst entmutigenden Bedingungen arbeiten zu müssen. Und selbst wenn es ihnen gelingt, das Befinden ihrer Klienten deutlich zu bessern, halten diese zäh an einer großen Zahl jener Irrationalismen fest, mit denen sie ursprünglich in die Behandlung kamen, und reproduzieren ihr selbstsabotierendes Verhalten aufs Neue, nachdem sie sich selbst und ihre Therapeuten in den Glauben gewiegt hatten, sie verfügten über beträchtliche Einsicht in die Ursachen ihrer Störungen und wüssten diese Einsicht nutzbringend anzuwenden.

Dieses Phänomen der Widerspenstigkeit und inneren Weigerung des Klienten, im Laufe der therapeutischen Arbeit Fortschritte zu machen und zu halten, ist in der Fachliteratur, speziell der psychoanalytischen, seit langem unter der Bezeichnung »Widerstand« bekannt. Leider wurde das Konzept des Widerstands lange mit einer psychodynamischen Qualität ausgestattet, die nur sehr partiell zu erklären scheint, was das ist und weshalb es mit solcher Regelmäßigkeit auftritt. Das heißt, es wurde allzu leichtfertig angenommen, der Klient sträube sich bewusst oder unbewusst absichtlich und wissentlich gegen seine Heilung. Genauer gesagt, es wurde behauptet, der Klient wolle sich aus Gründen, die mit seiner Neurose oder Psychose zu tun haben, gar nicht bessern; oder er fürchte sich davor, seine Störung und die damit verbundenen neurotischen Gewinne aufzugeben; oder er führe quasi einen persönlichen, in der Übertragungsbeziehung begründeten Krieg gegen den Therapeuten und bemühe sich aus diesem Grund gar nicht darum, Fortschritte zu machen.

Zweifellos sind diese psychodynamischen Begründungen für den Widerstand gegen die Therapie manchmal zutreffend; es ist jedoch höchst unwahrscheinlich, dass sie das Problem voll ausschöpfen. Ich erkläre meinen eigenen Klienten häufig, dass sie sich aus den gleichen zwei Gründen weigern, energisch gegen ihre Störungen anzukämpfen, aus denen ihre Störungen ursprünglich entstanden sind: nämlich unnötige Angst und kindischer Trotz. Das heißt, sie haben Angst (aufgrund ihrer eigenen irrationalen Definition, wonach Versagen gleichbedeutend mit Wertlosigkeit ist), dass sie nicht gut genug oder tüchtig genug seien, um ihre Störung zu überwinden; daher versuchen sie es erst gar nicht, statt den Versuch zu wagen und ihr Scheitern zu riskieren. Und sie sind so überzeugt, dass sie Fortschritte machen sollten, ohne arbeiten zu müssen (weil sie die Welt irrationalerweise als einen Ort definieren, wo man ihnen über ihre Schwierigkeiten hinweghelfen sollte und eine gute Fee sie beschützen sollte), dass sie keine großen Anstrengungen unternehmen, um sich selbst zu helfen.

Obwohl ich glaube, mit diesen Deutungen gegenüber meinen Klienten richtig zu liegen, und obwohl mir viele von ihnen zustimmen, dass sie aus unlogischer Angst und/oder Überheblichkeit gegen die Therapie Widerstand leisten, habe ich dennoch den Eindruck, dass diese psychodynamischen Erklärungen des Widerstands nicht ganz ausreichen. Ein sehr wichtiges Element scheint zu fehlen; und dieses hat nach meiner (wenn auch nicht dogmatischen) Überzeugung mit der begrenzten biologischen Fähigkeit des menschlichen Organismus zu tun, folgerichtig zu denken und speziell sein eigenes Verhalten längere Zeit hindurch klar und logisch zu reflektieren. Widerstand gegen neue Ideen ist ein so wesentlicher und statistisch normaler Bestandteil des menschlichen Lebens, dass selbst große Wissenschaftler, wie Barber (1961) dargelegt hat, nicht frei davon sind, sondern sich häufig gegen die Anerkennung neuer gültiger Erkenntnisse sträuben[2].

Bevor ich näher auf die biologische Komponente menschlichen Denkens und Verhaltens eingehe, will ich die Möglichkeit in Betracht ziehen, dass meine Hypothese auch durch Umwelteinflüsse erklärt werden könnte. Wenn es stimmt – dies meine Hypothese –, dass der Mensch nicht nur ausgeprägte Tendenzen zu ernsten psychischen Störungen, sondern auch zum Widerstand gegen deren Beseitigung hat, dann könnte es doch sein, dass diese beiden Tendenzen auf Kindheitseinflüsse zurückzuführen, d. h. das Resultat einer Konditionierung durch die Umwelt sind.

Ich halte dieses Argument selbst dann für trügerisch, wenn zusätzliche experimentelle Daten zu seiner Unterstützung vorgelegt werden können, da es das biologische Substrat weitgehend ignoriert, auf das die Umweltbedingungen einwirken. Nehmen wir beispielsweise zwei bemerkenswerte Untersuchungen über die experimentelle Auslösung und Beseitigung von Neurosen bei Tieren. Beim ersten dieser Experimente stellte Howard Lidell fest, dass es leicht war, Schafe zu neurotisieren, indem er sie zu ständiger Wachsamkeit zwang; sobald sie jedoch neurotisch waren, erwies es sich als nahezu unmöglich, ihr Verhalten wieder zu normalisieren[3].

In ihrem Bericht über eigene und fremde Experimente mit Ratten und Hunden kommen Richard Solomon und Lyman Wynne zu dem Schluss, dass es ein Prinzip der partiellen Irreversibilität traumatischer Angstreaktionen gibt, das der »Heilung« von Verhalten, welches durch »primitive« traumatische Kindheitserlebnisse geprägt ist, »bestimmte Grenzen setzt. Dies gilt auch für psychosomatische Symptome, die eine direktere Manifestation früher Konditionierung sein könnten. Eine vollständige Beseitigung der Tendenz, solche Symptome zu entwickeln, ist selbst bei günstigstem Therapieverlauf nicht zu erwarten.«[4]

Diesen Befunden zufolge scheint klar zu sein, dass experimentell oder durch Umwelteinflüsse hervorgerufene Angst bei verschiedenen Tierarten neurotisches Verhalten auslösen kann, das später sehr schwer abzubauen ist; daraus könnte nun der Schluss gezogen werden, dass der Widerstand gegen die Therapie sowohl beim Menschen wie auch bei Säugetieren in direktem Verhältnis zur Intensität der früh erworbenen, durch Umwelteinflüsse hervorgerufenen Störungen steht.

Dieser Schluss wäre jedoch voreilig, da sich sofort die entscheidende Frage aufdrängt, warum Schafe, Ratten, Hunde oder Menschen hartnäckigen Widerstand gegen jede Art von Therapie leisten, sobald sie durch die Umweltbedingungen, unter denen sie leben, neurotisiert wurden. Eine ziemlich naheliegende Antwort auf diese Frage könnte lauten: Weil es eine inhärente Eigenschaft dieser Spezies ist, einmal erworbene psychische Störungen nur sehr schwer überwinden zu können.

Wenn Männer und Frauen beispielsweise nicht die Geschöpfe wären, die sie sind – wenn sie Bewohner des Mars oder der Venus o. ä. wären –, könnte es sein, dass sie trotz schwerer psychischer Störungen keinen Widerstand gegen therapeutische Beeinflussung leisten würden. Aber sie sind nun einmal keine Marsbewohner, sondern Menschen. Und ihre biologische Ausstattung und insbesondere das den Menschen auszeichnende Nervensystem scheint die natürliche Tendenz zum Widerstand gegen therapeutische Veränderung zu enthalten, auch wenn unbestreitbar nachzuweisen ist, dass ihre psychischen Störungen eine direkte Folge der Umwelteinflüsse sind, denen sie unterworfen waren.

Was ich damit vor allem sagen will, ist dies: dass das Individuum, so viele äußere Stimuli und Ereignisse auch zu seiner psychischen Störung beigetragen haben mögen, zum Teil oder weitgehend deshalb a) gestört wird und b) der Behandlung Widerstand leistet, weil es ein Mensch ist – und weil es als Mensch mit einer bestimmten neuromuskulären Veranlagung auf die Welt gekommen ist. Sein Gestörtwerden und Gestörtbleiben ist somit im Grunde sowohl ein biologisches als auch ein psychosoziales Phänomen; und statt nur nach den psycho-dynamischen Ursachen seiner Störung und seines Widerstands zu suchen, würden wir der Wissenschaft vom menschlichen Verhalten vielleicht sehr nützen, wenn wir auch den biologischen Wurzeln nachgingen[5].

Mehr als fünf Jahre lang habe ich der Erforschung des Ursprungs der neurotischen und psychotischen Prozesse Hunderter von Klienten gewidmet, ihre positiven oder negativen Reaktionen auf meine therapeutischen Bemühungen registriert und dabei über die biologischen bzw. psycho-dynamischen Ursachen ihrer psychischen Erkrankung und ihres Krankbleibens spekuliert. Dies hat zur Aufstellung mehrerer verschiedener Hypothesen geführt, die ich im Folgenden kurz skizzieren möchte. Was, so habe ich mich gefragt, sind einige der wichtigsten biologischen Gemeinsamkeiten, die praktisch alle Männer und Frauen dazu verleiten, sich bei vielen Anlässen selbstschädigend zu verhalten, selbst wenn sie weder unintelligent noch unaufgeklärt in Bezug auf optimale Methoden interpersonaler Konfliktlösung sind? Nachstehend meine vorläufige Liste biologischer Faktoren, die zur Entstehung menschlicher Neurosen und zum Widerstand gegen die therapeutische Arbeit beitragen.

Verlängerte Kindheit. Jeder Mensch macht eine relativ lange – mindestens zehn bis zwölf Jahre dauernde – Kindheit durch. In diesem Stadium ist sein geistig-psychisches Alter zwangsläufig ziemlich niedrig, selbst wenn sein Intelligenzquotient ungewöhnlich hoch sein sollte. Verglichen mit dem Entwicklungsgrad, den er selbst als Adoleszenter oder Erwachsener erreichen wird, ist das Kind unintelligent, unfähig und überemotional. Außerdem ist es, wenn es (was fast immer der Fall ist) in einer Welt von Erwachsenen lebt, ständig von Hunger, Schmerz, Verletzungen, Tod usw. bedroht. Die Folge ist, dass die Gedanken, Gefühle und Verhaltensweisen des Kindes, so angemessen sie in jungen Jahren sein mögen, fast immer eine ungünstige Grundlage für das Denken, Fühlen und Handeln darstellen, das dem Erwachsenen zu Gebote stehen muss, wenn er ein psychisch gesundes Leben führen will. Je nach seiner Erziehung mögen sich seine Kindheitserfahrungen als mehr oder weniger brauchbare Vorbereitung auf die Rollen erweisen, die er später im Leben zu spielen haben wird; aber wir können mit ziemlicher Sicherheit davon ausgehen, dass diese Erfahrungen in keinem Fall sonderlich hilfreich sind und sich häufig für seine künftige Existenz als ausgesprochen irreführend, dysfunktional und schädlich erweisen.

Außerdem sind die Erfahrungen des kleinen Kindes zwangsläufig primärer Art: sie erfolgen früher als die Erfahrungen des Adoleszenten und sie werden in einem Stadium gemacht, in dem das Individuum sehr beeinflussbar ist; in dem wenige oder keine vorherigen Eindrücke gelöscht werden müssen; und sie werden ihm durch andere Menschen und äußere Ereignisse buchstäblich aufgezwungen. Sowohl aus neurologischen als auch aus soziologischen Gründen ist daher nur zu erwarten, dass diese frühen Eindrücke in der Regel psychisch dauerhaft fixiert sind und das Verhalten beeinflussen werden, lange bevor sich die in der Adoleszenz und im Erwachsenenalter gemachten Erfahrungen auswirken können. Unter diesen Umständen ist es kaum verwunderlich, dass der Erwachsene zumindest in mancher Hinsicht zu früh erworbenen Verhaltensmustern tendiert, sosehr diese später seine Anpassung an die Welt der Erwachsenen behindern mögen.

Die Schwierigkeit des Verlernens. Sobald der Mensch gelernt hat – und speziell, wenn er »überlernt« hat –, etwas auf bestimmte Weise zu tun, fällt es dem menschlichen Organismus schwer, dies wieder zu verlernen. Selbst wenn er Neues lernt, überlagert dies oft das früher Erlernte, d. h., er behält viele Elemente des früher Erworbenen bei. Sobald er sich ein Verhalten angewöhnt hat, das in der Kindheit durchaus angemessen sein mochte (etwa zu weinen, wenn er frustriert ist), wird er später Schwierigkeiten haben, es abzulegen, obwohl er inzwischen erkannt hat, dass dieses Verhalten nunmehr unangebracht und dysfunktional ist. Verlernen erfordert ein beträchtliches Maß an Arbeit und Übung; es erfolgt nicht automatisch von selbst, sobald man die Dysfunktionalität einer bestimmten Gewohnheit eingesehen hat. Und den Menschen fällt es sehr schwer, wie noch zu erläutern sein wird, konsequent und systematisch zu üben und an sich zu arbeiten.

Trägheitsprinzipien. Ähnlich wie unbelebte Objekte scheinen auch Menschen bestimmten Trägheitsgesetzen zu unterliegen. Um ein Auto zu starten, muss man dem Motor eine Extramenge Benzin zuführen und mit besonderer Sorgfalt kuppeln und schalten. Sobald der Motor warmgelaufen ist, reichen weniger Benzin und ein geringerer Kraftaufwand aus, um das Auto in Gang zu halten, wozu es von sich aus tendiert (nach dem Folgesatz des Trägheitsgesetzes, demzufolge sich ein in Bewegung befindliches Objekt so lange weiterbewegt, bis eine Gegenkraft aufgewendet wird, die es stoppt).
Ähnlich ist es, sobald sich ein Mensch in Aktion befindet: Es fällt ihm relativ leicht, die einmal aufgenommene Aktivität fortzusetzen. Um die Tätigkeit aber erst einmal zu beginnen, bedarf es oft eines speziellen »inneren Rucks«. Und es kostet ihn oft ungeheure Mühe und Kraft, diesen zusätzlichen Antrieb zu mobilisieren – obwohl dieser Energieaufwand oft enormen Gewinn verspricht. Deshalb sträubt sich der Mensch auch so oft gegen diese anfängliche Anstrengung und zieht es vor, in dem Zustand zu verharren, in dem er gerade ist – und das ist nicht selten ein Zustand der Selbstsabotage und Selbstzerstörung. Wenn beispielsweise jemandem klargemacht wird, dass er seine neurotische Angst vor dem Radfahren nur überwinden kann, indem er sich immer und immer wieder zwingt, Rad zu fahren, wird es ihm viel leichter fallen, sich nicht den nötigen inneren Ruck zu geben, auf ein Rad zu steigen, als dies zu tun (speziell, solange seine Angst noch virulent ist). Folglich wird er auch nur geringe Anstrengungen unternehmen, um seine Neurose zu überwinden.

Kurzsichtigkeit. Die meisten Menschen haben die (statistisch) normale Tendenz, in Bezug auf viele Dinge kurzsichtig zu sein bzw. Rückfälle in die Kurzsichtigkeit zu erleiden, nachdem sie vorübergehend größeren Weitblick bewiesen haben. So will das Kind jetzt das Vergnügen, seine Pfennige für Naschwerk auszugeben, statt sein Geld zu sparen und zu warten, bis es sich später ein Spielzeug kaufen kann. Und der Erwachsene möchte sofort in den Genuss eines besser bezahlten Jobs kommen, obwohl er (widerwillig) zugeben muss, dass dieser Job keine Aufstiegsmöglichkeiten bietet und dass ihm eine andere, schlechter dotierte Stelle die Chance eröffnen würde, später viel mehr zu verdienen.

Selbst wenn der Erwachsene im Augenblick nicht kurzsichtig, sondern zukunftsorientiert ist, findet er es oft schwierig, konsequent danach zu handeln, da er aufgrund seiner langfristigen Planungen in der Gegenwart Frustrationen erdulden muss und selten absolut sicher sein kann, dass er am klügsten handelt, wenn er diese Frustration auf sich nimmt. Bestenfalls ist die Wahrscheinlichkeit größer, dass der längerfristige Hedonismus bessere Resultate zeitigen wird als der kurzfristige; aber die Menschen sind eine Spezies, die nicht gern nach dem Wahrscheinlichkeitsprinzip lebt, selbst wenn sie im Grunde keine echte Alternative haben.

Übermacht der Begierde. So gut wie alle Tiere scheinen ihr Überleben in erster Linie der Übermacht ihrer Begierde zu verdanken. Den Löwen verlangt nach Fleisch; der Hase mag Karotten; die Folge ist, dass beide überleben, statt zu verhungern. Selbst von der Blume, die sich der Sonne zuwendet, kann man sagen, sie »sehne sich« nach deren Strahlen. Der normale menschliche Säugling hat ein Verlangen nach der Brust seiner Mutter oder dem Sauger seiner Flasche; er schreit, wenn ihn eine Nadel sticht, und auf diese Weise überlebt er. Aber auch auf Dinge, die für das Überleben nicht notwendig sind, wie die Zustimmung anderer oder die Bewältigung einer schwierigen Aufgabe, richten sich die Wünsche von Kindern und Erwachsenen; und meistens sind diese Wünsche auch durchaus vernünftig, da der Mensch mehr Freude am Leben hat und sich effizienter verhalten kann, wenn diese Wünsche befriedigt werden.

Vieles andere jedoch erscheint zwar im Augenblick begehrenswert, auf lange Sicht jedoch ungünstig oder schädlich. Zu dieser Kategorie zählt beispielsweise der Konsum von Alkohol, Drogen und zuviel Nahrung. Andere Dinge sind im Allgemeinen harmlos, können jedoch unter Umständen sofort schädliche Folgen auslösen – etwa bestimmte Nahrungsmittel, die bei manchen Menschen allergische Reaktionen hervorrufen können. Wieder andere Dinge werden subjektiv als unangenehm empfunden (etwa schlecht schmeckende Medizin), sie üben jedoch früher oder später eine günstige Wirkung aus. Manche Aktivitäten (wie Tennis) sind unter bestimmten Umständen empfehlenswert (etwa bei gemäßigten Temperaturen), unter anderen (etwa bei großer Hitze) hingegen nicht.

Was ich damit sagen will, ist Folgendes: Der menschliche Organismus scheint so beschaffen zu sein, dass wenig Beziehung zwischen seinen Begierden (seien diese durch angeborene Tendenzen oder Konditionierung in bestimmter Richtung bedingt) und dem zu bestehen scheint, was der Mensch zu seinem eigenen Besten oder um seiner Selbsterhaltung willen tun oder lassen sollte. Und zumindest für den Augenblick tragen die Wünsche oft den Sieg über die Vernunft davon.

Auf jeden Fall gehe ich davon aus, dass heftige Wünsche den Betreffenden normalerweise präjudizieren, d. h. ihm die Wahl einer klugen, für ihn günstigen Handlungsweise erschweren; und dass es Menschen, die starken Begierden ausgeliefert sind, in Zuständen der Frustration oder Deprivation schwerer fällt, vernünftig zu überlegen, als im Zustand der Wunschlosigkeit. Diese verbreitete Voreingenommenheit, dieser Störfaktor, der das rationale Denken beeinträchtigt, korreliert vermutlich in signifikanter Weise mit neurotischem Verhalten.

Extreme Suggestibilität. Der normale Mensch ist, speziell in der frühen Kindheit, ein äußerst suggestibles Geschöpf. Bei der geringsten Provokation neigt er dazu, sich anderen anzuschließen, diese nachzuahmen und deren Ansichten und Verhalten oft sklavisch zu kopieren. Seine außerordentliche Beeinflussbarkeit hängt vermutlich irgendwie mit der Größe seiner Gehirnrinde zusammen und hat ausgesprochene Vorteile, da ohne sie viel nützliches und selbsterhaltendes soziales Lernen ebensowenig möglich wäre wie die Bereitschaft des Menschen zur Zusammenarbeit und Arbeitsteilung etc. Aber was im Hinblick auf so viele nützliche Anlagen und Fähigkeiten des Menschen gilt, trifft auch hier zu: Der Mensch scheint mit übermäßiger Suggestibilität und Nachahmungsneigung ausgestattet zu sein, und es fällt ihm oft sehr schwer, die Grenze zu ziehen, von der an es besser für ihn wäre, sich weniger beeinflussen zu lassen und stattdessen selbständiger zu denken, sich weniger anzupassen und mehr er selbst zu sein[6].

Wie üblich wird das Ausbalancieren der eigenen Tendenzen einerseits zur Suggestibilität und andererseits zur Unabhängigkeit für den Durchschnittsmenschen durch die spezifischen Erfordernisse seines Lebensraumes und seines Lebensabschnitts erschwert. Solange er klein und schwach ist, bedeutet es für ihn wahrscheinlich eine große Hilfe, andere nachzuahmen und sich ihnen anzupassen; sobald er älter und stärker ist, kann dasselbe Verhalten verdummend wirken. Im Umgang mit Verwandten und Familienangehörigen ist es oft klüger, sich unangenehmen Bedingungen anzupassen; bei der Wahl seiner persönlichen Freunde kann man jedoch viel unabhängiger verfahren und Leute wählen, die bereit sind, die eigenen Denk- und Verhaltensweisen zu akzeptieren und auf sie Rücksicht zu nehmen.

Da es also keine generelle, unabänderliche Regel für den Umgang mit dem menschlichen Hang zur Konformität bzw. zum unabhängigen Denken gibt, fällt es dem Durchschnittsmenschen ziemlich schwer, sich in flexibler, kluger Weise an die verschiedenen Situationen und Menschen anzupassen, mit denen er es im Laufe seines Lebens zu tun hat; häufig tendiert er dazu, sich entweder zu stark beeinflussen zu lassen oder allzu halsstarrig (d. h. neurotisch) zu reagieren.

Übertriebene Wachsamkeit und Vorsicht. Ohne irgendwelche Angstreaktionen würde der Mensch nicht lange überleben, denn er ist von zahlreichen Gefahren bedroht und muss lernen, diese zu verhindern, zu meiden oder sich ihnen zu stellen. Aber die Grenzen zwischen vernünftiger Vorsicht und wahnhafter Ängstlichkeit sind fließend. Es kann leicht geschehen, dass ein wachsamer Mensch, der vernünftigerweise auf den Autoverkehr achtet, wenn er die Straße überquert, unsinnigerweise anfängt, sich Sorgen zu machen, er könne überfahren werden, wenn er auf dem Bürgersteig geht oder gar sicher zu Hause in seinen vier Wänden sitzt. Während der Mensch im Unterschied zu niedrigeren Tieren in vieler Hinsicht sinnvoll prophylaktisch handeln kann, neigt er andererseits bei vielen Gelegenheiten zu sinnloser Übertreibung seiner Vorsicht, so wenn er sich in neurotischer Weise das Leben erschwert, indem er sich zehnmal am Tag die Zähne putzt, die Türen seines Autos mehrmals absperrt, bevor er sich sicher fühlt, Flugreisen vermeidet, weil jährlich ein paar hundert von den Millionen Menschen, die Flugzeuge benutzen, ums Leben kommen, und vieles mehr.

Es geschieht auch leicht, dass Menschen, die verständlicherweise Angst vor realen Gefahren haben, ebenso große Furcht vor Bedrohungen entwickeln, die ausschließlich oder teilweise nur in ihrer Phantasie existieren. So beginnt sich mancher Mensch, der begreiflicherweise um seinen Arbeitsplatz bangt, Sorgen zu machen, was jeder seiner Mitarbeiter in jedem Augenblick von ihm halten mag – obwohl es in Wirklichkeit von geringer oder gar keiner Bedeutung für sein Anstellungsverhältnis ist, wie diese Leute über die meisten Dinge denken, die er glaubt, sagt oder tut. Die conditio humana schließt, wie die Existentialisten feststellen, ein gewisses Maß an existentieller Furcht oder Angst ein; sie scheint auch eine Tendenz zu übertrieben großer, intensiver und häufiger – d. h. neurotischer – Angst in sich zu bergen. Diese biologische Tendenz zur Überängstlichkeit kann, so meine entschieden vertretene Hypothese, durch rationale Erziehung oder spätere Umerziehung zweifellos überwunden werden. Aber sie ist in der Regel vorhanden; und um sie überwinden zu können, müssen wir ihr ins Auge sehen und sie ohne Unterlass bekämpfen.

Größenwahn und trotzige Auflehnung. Es beeinträchtigt offenkundig die Funktionsfähigkeit eines Menschen, wenn er in der überheblichen Einbildung lebt, das Universum müsse sich um ihn drehen und alle anderen hätten sich seinen Wünschen zu beugen, und wenn er sich in kindischem Trotz gegen alle Sachzwänge und Beschränkungen auflehnt, die das Leben mit sich bringt. Was in der psychologischen und speziell in der psychotherapeutischen Literatur jedoch selten behandelt wird, ist die Neigung sogenannter normaler Menschen zu Größenwahn und trotziger Auflehnung.

Bei Kindern ist ein gewisses Maß an Überheblichkeit, Auflehnung und Aggression ein Zeichen seelischer Gesundheit. Wenn das Kind egozentrisch fordert, die Welt habe so zu sein, wie es sie sich wünsche, dann hilft es sich oft, die unvermeidlichen Schwierigkeiten seiner Existenz zu bewältigen, und wird dadurch stärker und selbstbewusster. Es ist daher durchaus natürlich, dass sich das Kind wie ein Barbar verhält, der seinen Willen in unfairer Weise gegen die Übermacht der anderen durchzusetzen sucht und rücksichtslos und verbissen deren Rechte zu schmälern trachtet.

Wenn keine gezielten und überlegten erzieherischen Gegenmaßnahmen getroffen werden, besteht die Gefahr, dass das Kind seinen Hang zur Selbstüberschätzung und zum trotzigen Aufbegehren auch als Jugendlicher und als Erwachsener beibehält. Wie bereits erwähnt, bleiben auch andere, gegenläufige Tendenzen in ihm wirksam, insbesondere die Neigung zur Konformität und die Suggestibilität. Aber bei vielen Gelegenheiten weigert sich der Mensch, auch wenn er den Jahren nach erwachsen ist, weil er ein Mensch ist und weil es schön wäre, wenn sich die ganze Welt nach ihm richtete, die harte Realität zu akzeptieren, und rennt starrsinnig mit dem Kopf gegen die Wand, obwohl er sich mit Sicherheit damit nur selbst schadet. Obwohl teilweise zivilisiert, bleibt sein biologischer Drang nach Selbstverwirklichung stets in gewissem Maß primitiv und kindlich und lässt ihn vielfach an selbstschädigenden und neurotischen Verhaltensmustern festhalten.

Extremismus. Es liegt etwas in der menschlichen Natur – und manche Menschen sind davon stärker betroffen als andere –, was es sehr schwierig für den Einzelnen macht, in vielen oder den meisten wichtigen Fragen einen Mittelweg einzuschlagen oder die Position der aristotelischen Mitte einzunehmen. Statt über mäßigende Tendenzen zu verfügen, die sie befähigen würden, extreme Verhaltensweisen zu korrigieren, neigen die Menschen häufig dazu, von einem Extrem ins andere zu verfallen – und dadurch ihren eigenen Interessen zu schaden.

Hat ein Mensch beispielsweise einen ultrakonservativen oder konformistischen Standpunkt vertreten und entdeckt, dass ihm dieser nicht genügend Befriedigung verschafft, so wäre zu erwarten, dass er nun eine etwas weniger konservative Position einnimmt. Sehr häufig tut er jedoch nichts dergleichen, sondern verlegt sich auf einen extrem radikalen oder nonkonformistischen Standpunkt – der ihm bald ebenso unbefriedigend vorkommen mag wie sein früherer. Die Mitte wird von Millionen Menschen gemieden, vielleicht, weil sie ihnen relativ undramatisch, gewöhnlich und langweilig erscheint; statt dessen klammern sie sich in eigensinniger und riskanter Weise an das eine oder andere Extrem und gewinnen dadurch nie sicheren Boden unter den Füßen.

Möglicherweise bewirken bestimmte Elemente des menschlichen Nervensystems, die vielfach nach einem Alles-oder-nichts-Prinzip statt nach gemäßigten Prinzipien der Erregung und Reaktion funktionieren, dass der Mensch in seinem Denken und Handeln zu Extremen neigt.

Verhaltensschwankungen. Wie Abe Murphy, Gardner Maslow und viele andere Beobachter festgestellt haben, weist die menschliche Persönlichkeit zahlreiche Tendenzen zu abrupter Veränderung, zu Oszillation und Instabilität auf. Obwohl die Homöostase, d. h. die Wiederherstellung des Gleichgewichts, ebenfalls ein fundamentales Attribut des Menschen und niedrigerer Tiere ist, treten zwischen den Phasen homöostatischer Balance immer wieder Perioden deutlich gestörten Gleichgewichts auf. Die meisten Menschen scheinen außerdem nicht imstande zu sein, längere Zeit in einem Zustand des Gleichgewichts und der Stabilität zu verharren. Sie beginnen sich zu langweilen und werden schlaff und reizbar, wenn sie Monat für Monat, Jahr für Jahr die gleiche Arbeit verrichten und ein eintöniges Leben führen; um die Monotonie zu durchbrechen, brauchen sie gewöhnlich Urlaube, gelegentliches Faulenzen, Trinkgelage oder Abwechslung anderer Art[7].

Die Lebensumstände gestatten jedoch oft die Perioden des Ausspannens und der Erholung nicht, die Männer und Frauen zu benötigen scheinen, um ihren Alltag ertragen zu können. Eine Mutter kann ihre kleinen Kinder einfach nicht alle paar Wochen verlassen und sich ein vergnügtes Leben machen; und ein Ehemann oder selbst ein lediger junger Mann kann es sich nicht leisten, seiner Arbeit fernzubleiben und stattdessen zum Pferderennen zu gehen oder in Kneipen herumzuhängen. Will man schlechte Gewohnheiten ablegen, so bedarf es der konsequenten Einhaltung eines strikten Umerziehungsplanes. Wer drei Wochen lang seine

Kalorienaufnahme reduziert und in der vierten Woche wieder so viel isst wie vorher, wird wahrscheinlich a) alles wieder zunehmen, was er vorher abgenommen hat, oder b) den Punkt nicht erreichen, ab dem es ihm leicht fällt, seine Diät fortzusetzen. Die Trägheitsgesetze, von denen in diesem Kapitel bereits die Rede war, erfordern, dass eine negative Verhaltensweise lange und konsequent genug gemieden wird, um dauerhafte Erfolge zu erzielen.

Es muss quasi erst ein biologischer Teufelskreis durchbrochen werden, bevor ein ungünstiges Verhaltensmuster überwunden werden kann. Zuerst ist das negative Verhaltensmuster leicht aufrechtzuerhalten und schwer abzubauen, so dass es systematischer Anstrengung bedarf, um alternatives Verhalten zu etablieren; und dann ist, was die Sache noch verkompliziert, das antrainierte Gegenverhalten schwer aufrechtzuerhalten, weil es nach relativ kurzer Zeit als langweilig und eintönig empfunden wird, während (der Tendenz der biologischen Oszillation entsprechend) die Rückkehr zu den alten negativen Verhaltensmustern als aufregend und lustbetont erlebt wird.

Aus zwei Hauptgründen sind eingeschliffene Gewohnheiten also schwer abzubauen und durch neue zu ersetzen. Nach einiger Zeit, wenn die neuen Verhaltensmuster lange genug praktiziert wurden, löst sich der Teufelskreis auf, und es kann dann sogar schwierig werden, die ursprünglichen Verhaltensweisen wiederherzustellen. Aber bis dahin fällt es dem Betreffenden verteufelt schwer, seine negativen Gewohnheiten aufzugeben und durch weniger neurotische Verhaltensmuster zu ersetzen.

Automatisierung und Gedankenlosigkeit. Einer der unbestreitbaren Vorzüge des menschlichen Organismus besteht darin, dass er bestimmte gelernte Verhaltensmuster nach einiger Zeit automatisch, gewohnheitsmäßig und ohne nachzudenken reproduzieren kann. So lernt das Kind zuerst mühsam, seine Schuhbänder zu binden; nach einer Weile bindet es sie, ohne nachzudenken, mit sehr geringer bewusster Anstrengung. Wenn dieser Prozess der Automatisierung und Gewohnheitsbildung nicht existierte, wären die Menschen extrem ineffizient und müssten ungeheure Mengen von Zeit und Energie für Aufgaben aufwenden, die sie jetzt im Handumdrehen erledigen. Die Automatisierung hat jedoch auch ausgesprochene Nachteile. Weil ein Mensch beispielsweise perfekt gelernt hat, seine Schuhbänder zu binden, fährt er vielleicht gedankenlos fort, Schuhe mit Bändern zu kaufen, während er bei etwas Nachdenken auf die Idee käme, dass er Schuhe mit Gummizwickeln kaufen (oder ausstatten) könnte oder mit irgendeiner anderen Vorrichtung, die Schnürsenkel überflüssig macht. Genauso kann sich der Mensch an ein schlecht funktionierendes Auto, eine lärmerfüllte Wohngegend oder einen streitsüchtigen Partner gewöhnen und anpassen und denkt dann nicht mehr daran, an seiner Situation etwas zu ändern, da sie ihm nicht mehr allzu unerträglich erscheint. Es ist jedoch möglich, dass es klüger für ihn wäre, eine Veränderung ins Auge zu fassen, als seine Lage weiterhin zu ertragen.

Sobald sich ein Mensch ein neurotisches Verhaltensmuster angewöhnt hat, neigt er dazu, dieses gedankenlos zu reproduzieren. Er kann es dann außerordentlich schwierig finden, seine Gedanken in eine Richtung zu zwingen, die es ihm ermöglicht, die gewohnte Reaktionsweise schließlich aufzugeben.

Vergesslichkeit. Freud und seine Nachfolger haben zwar den Verdrängungsaspekt des Vergessens hervorgehoben, dabei aber die Bedeutung seiner übrigen, normalen Aspekte stark vernachlässigt. Es scheint in der Tat eines der normalsten Phänomene der Welt zu sein, dass der Mensch vergisst, dass etwas schädlich oder nicht nützlich für ihn ist, selbst wenn er genügend Anzeichen für dessen potentielle Gefährlichkeit hat[8].

So wird ein Mensch, der im letzten Sommer fürchterlich unter seinen allergischen Reaktionen auf Erdbeeren gelitten hat, beim Anblick frischer Früchte nicht selten seine damalige Misere vergessen und leichtsinnig wieder welche essen. Eine Frau, deren Mann jahrelang unerbittlich an ihr herumkritisierte und die sich deswegen endlich von ihm scheiden ließ, wird sich ein paar Monate später nur noch undeutlich an sein Verhalten erinnern (speziell wenn sie infolge der Trennung einsam oder sexuell depriviert gewesen ist) und ihn nochmals heiraten – um ein oder zwei Wochen später entsetzt festzustellen, was für ein unerträglicher Nörgler er in Wirklichkeit ist.

Wie die Freudianer betonten, liegt dem neurotischen Vergessen oder Verdrängen eine Art Wunschdenken zugrunde – das dürfte auch auf die meisten der oben angeführten Beispiele zutreffen. Der Mensch möchte vergessen, dass er keine Erdbeeren verträgt oder mit seinem Partner nicht auskommt, und deshalb fällt es ihm leicht, diese Dinge aus seinem Bewusstsein zu verbannen. Aber selbst abgesehen von dieser auf Wunschdenken beruhenden Form von Vergesslichkeit gibt es gute Gründe für die Annahme, dass Gedächtnisspuren auf natürliche Weise verblassen und dass wünschenswerte Verhaltensaspekte mit der Zeit wieder in Vergessenheit geraten.

Nehmen wir noch einmal den Fall des Menschen, der allergisch auf Erdbeeren reagiert. Wenn er fortfährt, diese Früchte zu essen, hat er bald unter sehr unangenehmen Folgen zu leiden; und in Erinnerung an diese Reaktionen beschließt er klugerweise, künftig auf Erdbeeren zu verzichten. Aber nachdem er lange genug keine Beeren gegessen und folglich auch keine negativen Reaktionen erlebt hat, wäre es in der Tat bemerkenswert, wenn er sich seiner Nöte ebenso klar erinnerte wie zu der Zeit, als er sie eben durchgemacht hatte. Es ist im Gegenteil völlig normal und natürlich, dass er einige der schmerzvollsten Details seiner allergischen Reaktion vergisst und sich ihrer erst wieder entsinnt, nachdem er sich leichtsinnigerweise wieder zum Genuss von Erdbeeren hinreißen ließ. Wenn man also erklärt, der Betreffende vergesse die Risiken des Erdbeerenessens nur, weil er sie vergessen wolle oder weil er die schmerzliche Erinnerung daran verdrängt habe, so ignoriert man damit einige offenkundige, nichtpsychodynamische Aspekte des Falles.

Da der Mensch völlig normale und natürliche Tendenzen hat, schmerzhafte Folgen seines Verhaltens zu vergessen – dies meine Hypothese –, neigt er nur allzu leicht dazu, sich erstens selbstschädigend zu verhalten und zweitens zu dysfunktionalen Verhaltensweisen zurückzukehren, auch wenn es ihm vorübergehend gelungen war, diese abzulegen.

Wunschdenken. Wie ich im letzten Abschnitt feststellte, geschieht es immer wieder, dass jemand seiner Tendenz zum Wunschdenken nachgebend vergisst, etwas zu tun oder eine bestimmte Lebensweise zu meiden. Es ist Freuds großes Verdienst, den Mechanismus des Wunschdenkens als erster in vollem Ausmaß erkannt und dessen enormen Einfluss auf das Leben beschrieben zu haben. In der psychoanalytischen Literatur wird jedoch häufig von den impliziten Annahmen ausgegangen, a) dass Wunschdenken ein ungewöhnliches oder anomales Phänomen sei und b) dass es weitgehend durch frühkindliche Erfahrungen verursacht werde.

Es gibt jedoch im Gegenteil Anzeichen, die auf eine angeborene Tendenz des Menschen schließen lassen, zu erwarten, dass eine Sache existiert, weil man dies intensiv wünscht; und diese Tendenz scheint ein sehr häufiger und zumindest statistisch normaler Wesenszug der menschlichen Persönlichkeit zu sein.

Gerade die »Normalität« des Wunschdenkens führt jedoch häufig zu neurotischen Ergebnissen. Denn ob wir es wahrhaben wollen oder nicht, die Welt ist nun einmal kein Ort, an dem unsere innigsten Wünsche erfüllt werden; und auch die erfüllbaren Wünsche muss man meist längere Zeit vor sich her schieben, bevor sie befriedigt werden. Obwohl es also durchaus vernünftig und verständlich ist, dass wir unsere Wünsche erfüllt sehen wollen, ist es weit weniger vernünftig, dies zu erwarten.

Unsere starke Neigung zum Wunschdenken prallt somit ständig auf die harte Realität der Schranken, die uns und unserer Welt gesetzt sind.

Wenn wir nicht irgendwie lernen, unser Wunschdenken in Frage zu stellen und es ständig mit der Realität zu konfrontieren (was zwar möglich ist, aber den meisten von uns ziemlich schwer fällt), tendieren wir zu neurotischem Verhalten. Sobald wir einmal neurotisch sind, dehnen wir unsere Neigung zum Wunschdenken neben allem anderen natürlich auch auf die Psychotherapie aus und erwarten oft therapeutische Wunder, die höchst unwahrscheinlich sind. Wenn dann die unausbleibliche Desillusionierung einsetzt, reduzieren sich unsere eigenen konzentrierten Bemühungen um Besserung auf ein Minimum, und die Folge sind Widerstände gegen die Therapie.

Mangel an Konzentration und Organisation. Um das eigene Verhalten realistisch beurteilen und sein Leben sinnvoll planen zu können, muss der Mensch imstande sein, sich entsprechend auf die anstehenden Probleme zu konzentrieren und viele divergierende Elemente seines Daseins zu integrierten Ganzheiten zu verschmelzen. So muss er, wenn er eine einfache Aufgabe zu lösen hat (wie etwa, um drei Uhr nachmittag ein bestimmtes Flugzeug zu erreichen), die Flugtickets besorgen, seine Koffer packen, verschiedene Leute von seiner Abreise verständigen, sich um eine Fahrgelegenheit zum Flugplatz kümmern sich passend für den Flug ankleiden, seine Freunde oder Berufskollegen an seinem Bestimmungsort von seiner Ankunftszeit unterrichten, usw. Diese einfache Aufgabe erfordert somit Planung, Zeitbewusstsein und Organisation. Und wenn sich der Betreffende nicht zwingt, seine Aufmerksamkeit auf bestimmte Aspekte der aktuellen Aufgabe zu konzentrieren, wird er fast sicher sein Flugzeug versäumen, die falschen Sachen mitnehmen, keine Unterkunft haben, wenn er ankommt, oder andere wichtige Aspekte seiner Reise verfehlen.

Obwohl es den meisten Leuten nicht allzu schwer fällt, sich gelegentlich auf den einen oder anderen Aspekt ihres Lebens zu konzentrieren, scheint es ihnen große Schwierigkeiten zu bereiten, ihre Konzentration in wirksamer Weise aufrechtzuerhalten. Zum einen dringen zu viele Reize zusätzlich zu denjenigen, auf die sie sich konzentrieren wollen, auf sie ein. So wird der Durchschnittsmensch, während er seine Flugreise plant, bis zu einem gewissen Grad auch sein Verhältnis zu seiner Familie und seinen Mitarbeitern, seine verschiedenen Hobbys und Interessen, seine allgemeinen Lebensziele, seinen Appetit und seine sexuellen Bedürfnisse usw. berücksichtigen wollen oder müssen. Er wird selten in der Lage sein, sich ausschließlich auf seine Reise und sonst nichts einzustellen. Aber wenn er an seine allgemeinen Bedürfnisse denkt, kann es leicht passieren, dass er einen wichtigen Aspekt seiner Reise vernachlässigt. So oder so scheint es keine Patentlösung für sein

Problem zu geben, sowohl lang- als auch kurzfristige Bedürfnisse und Aufgaben unter einen Hut zu bringen; seine Aufmerksamkeit muss fast jede Minute von einem zum anderen Problem wandern und sich einmal an diesem und dann wieder an jenem Aspekt seiner aktuellen Aufgabe bzw. seiner langfristigen Bedürfnisse festmachen.
Selbst für die stabilsten und »normalsten« Menschen – so meine Hypothese – ist es sehr schwierig, sich unablässig und konsequent auf gegenwärtige und künftige Ziele zu konzentrieren. Obwohl wir in dem einen Augenblick meinen, uns auf diese Person oder Sache konzentrieren zu sollen, schweifen unsere Gedanken leicht ab, und unser Interesse teilt sich; im nächsten Moment reden wir uns dann ein, jener Mensch oder jene Situation verdienten unsere volle Aufmerksamkeit.
Wie nicht anders zu erwarten, scheint es von den Mühen und Erschütterungen einer planvollen Lebensgestaltung kein Entrinnen zu geben; unsere Fähigkeit, uns auf eine bestimmte Aufgabe zu konzentrieren, bis sie befriedigend gelöst ist, dürfte ebenso begrenzt sein wie unser Vermögen, unsere Aufmerksamkeit notfalls einer ebenso wichtigen oder noch dringlicheren Sache zuzuwenden, selbst wenn wir über Intelligenz und Bildung verfügen. Es kann daher relativ leicht geschehen, dass wir uns in einer bestimmten Situation übermäßig oder ungenügend konzentrieren und dadurch unseren eigenen (speziell den langfristigen) Interessen zuwiderhandeln.

Mangel an Ausdauer. Zu der Konzentrationsschwäche kommt die Tendenz des Menschen, langfristige, beharrliche Anstrengungen zu scheuen, rasch aufzugeben und sich länger dauernden Anforderungen durch »Faulheit« zu entziehen. Vielen Menschen fällt es (zum Unterschied von denjenigen, die wir in dem Abschnitt über Trägheit erwähnten) nicht schwer, eine Aufgabe in Angriff zu nehmen; aber so rasch sie in Fahrt kommen, so bald ermüden sie auch; sie beginnen sich zu langweilen und lassen in ihren Anstrengungen nach. Dieser Mangel an Durchhaltevermögen ist zum Teil auf unzureichende Motivation und Angst vor Versagen zurückzuführen; man gibt auf, weil sich der Erfolg nicht so rasch einstellt, wie man sich das erwartet hat, oder man zweifelt überhaupt an der Möglichkeit des Erfolgs, oder es fehlt an Verstärkern, die einem die nötige Motivation zum Weitermachen liefern würden.
Es gibt jedoch auch hier Grund zur Annahme, dass mangelnde Ausdauer nicht immer durch Angst oder Auflehnung bedingt ist; möglicherweise ist die Angst mancher Menschen vor dem Versagen und ihre Auflehnung gegen die Weiterarbeit an bestimmten Projekten weitgehend auf ihre biologischen Schwierigkeiten zurückzuführen, ein bestimmtes Leistungsniveau aufrechtzuerhalten.

Die meisten kleinen Kinder sind beispielsweise leicht ablenkbar, sie haben eine kurze Konzentrationsspanne und bringen es nicht fertig, längere Zeit hindurch bei einer schwierigen Aufgabe zu bleiben – nicht weil sie psychisch gestört sind, sondern weil sie normale Kinder sind. Es ist daher durchaus wahrscheinlich, dass viele oder die meisten Erwachsenen die gleichen angeborenen kindlichen Tendenzen haben und dass sie zwar zweifellos fähig sind, sich längere Zeit hindurch einer schwierigen und umfangreichen Aufgabe zu widmen, dass es ihnen aber schwer fällt und sie ungewöhnlich stark motiviert sein müssen, um bei der Sache zu bleiben.

Falls diese Hypothese richtig ist, wäre damit auch ein großer Teil des Widerstandes erklärt, dem man in der Psychotherapie begegnet. Denn wie bereits wiederholt festgestellt, kann selbstschädigendes Verhalten, sobald es über einen längeren Zeitraum hinweg zur eingeschliffenen Gewohnheit wurde, nur dann mit bleibendem Erfolg ausgemerzt werden, wenn der Betreffende unermüdlich gegen seine neurotischen Tendenzen ankämpft. Wenn er also eine angeborene Tendenz hat, nicht lange bei einer schwierigen Arbeit auszuharren, wird es ihm (abgesehen von etwaigen psychodynamischen Widerständen, die er gegen die Therapie haben mag) natürlich sehr schwer fallen, sich konsequent um therapeutische Fortschritte zu bemühen; er wird vielmehr dazu neigen aufzugeben, bevor eine nennenswerte Besserung eingetreten bzw. diese genügend gefestigt ist.

Überbewertung von Unrecht. Wahrscheinlich kommt der Mensch nicht mit dem ihm eigenen Gefühl für Unrecht und Ungerechtigkeit auf die Welt, sondern lernt von den anderen, was falsch und was richtig ist – und auch, jene zu hassen, die »falsch« handeln. Die Geschichte der menschlichen Kultur zeigt jedoch, dass der Mensch starke moralistische Tendenzen hat; und es gibt Gründe für die Annahme, dass diese menschliche Neigung zum Moralisieren, Richten und »Sammeln« von erlittener Unbill biologische Wurzeln hat. Es kann als einigermaßen gesichert gelten, dass jeder normale bzw. durchschnittliche Mensch, der in einem wie auch immer gearteten sozialen Umfeld aufgewachsen ist und gelernt hat, zwischen seinen eigenen Handlungen und Besitztümern und denjenigen anderer zu unterscheiden, dazu neigt, a) das Eigentum der anderen zu begehren; b) sich in unfairer Weise benachteiligt zu fühlen, wenn er nicht dasselbe leisten kann wie sie; c) es den anderen zu verübeln, wenn sie sich stark von ihm unterscheiden; und d) sich vom Schicksal oder der Welt schlecht behandelt zu fühlen, falls ihm diese vorenthalten, was er sich wünscht.

Ich behaupte mit anderen Worten, dass die menschlichen Gefühle des Neides, der Eifersucht und des Hasses sowohl biologisch angelegt als auch umweltbedingt sind. Wie viele anthropologische Untersuchungen gezeigt haben, ist kaum daran zu zweifeln, dass manche Völker kooperativer und weniger feindselig sind als andere, und diese Aggressionsfreiheit scheint mit den jeweiligen Erziehungsmethoden zusammenzuhängen. Dies widerspricht jedoch nicht der Tatsache, dass es eine starke menschliche Neigung zu geben scheint, sich ungerecht behandelt zu fühlen und andere zu hassen, von denen man sich ausgenützt glaubt. Bei entsprechender Schulung, speziell im rationalen Denken, kann es uns gelingen, ein durchschnittliches Kind zu einem relativ aggressionsfreien Erwachsenen heranzuziehen, oder auch, ein aufsässiges und unfreundliches Kind zu einem kooperativen und weniger ablehnenden Verhalten zu veranlassen. Es scheint jedoch viel leichter zu sein, das Kind zu einem leicht verletzbaren »Unrechtsammler« zu erziehen als zum Gegenteil; und es ist sogar denkbar, dass die Menschheit nicht überleben hätte können, wenn der Mensch nicht die sehr normale Tendenz hätte, wütend und aggressiv auf andere Lebewesen zu reagieren, die seine Bedürfnisbefriedigung oder gar seine Existenz zu gefährden scheinen.

Menschen mit einer ausgeprägten biologischen Tendenz, Unrecht zu sammeln, und mit einer Neigung zum Moralismus sind demnach in besonderer Gefahr, neurotisch zu werden und zu bleiben.

Neigung zu Schuldgefühlen. Ebenso wie die Tendenz, andere zu verurteilen, könnte auch der Hang zu Selbstvorwürfen und Schuldgefühlen teilweise biologisch bedingt sein. Damit soll nicht geleugnet werden, dass ein großer oder überwiegender Teil der quälenden Schuldgefühle, unter denen viele Menschen zu leiden haben, im Laufe ihrer Kindheit erworben wurde; alles spricht dafür. Da aber praktisch alle Menschen sowohl in der zivilisierten wie in der unzivilisierten Welt starker Schuldgefühle fähig sind bzw. sich vieler ihrer Handlungen schämen, liegt die Vermutung nahe, dass der Mensch das zu Schuldgefühlen neigende Lebewesen par excellence ist.

Die verschiedenen Methoden der Kindererziehung sind in diesem Zusammenhang besonders aufschlussreich. Theoretisch wäre es möglich, ein Kind zu erziehen, indem man es für jedes unerwünschte Verhalten gelassen bestraft und für jedes erwünschte Verhalten gelassen belohnt. Aber fast alle Völker der Welt scheinen ihre Kinder zu erziehen, indem sie sie für jedes Fehlverhalten wütend ausschimpfen, rügen und bestrafen – d. h. ihnen schwere Vorwürfe machen. Wahrscheinlich deshalb, weil es sich im Laufe der Jahrhunderte empirisch erwiesen hat, dass das

Erwecken von Schuldgefühlen eine der raschesten und vermeintlich wirksamsten Methoden ist, um das Verhalten eines Kindes zu beeinflussen. Es neigt normalerweise zu Schuldgefühlen; und seine Eltern, Lehrer, Chefs und sonstigen Vorgesetzten haben entdeckt, dass sie es kontrollieren können, indem sie ihm wegen einer Handlung oder Unterlassung Schuldgefühle einflößen.

Wenn es stimmt (wie wir in diesem Buch immer wieder behaupteten), dass Selbstvorwürfe der Urquell aller Angst- und Unwertgefühle sind, dann dürfte klar sein, dass der Mensch die starke Tendenz hat, Angst und Neurosen in sich auszulösen. Es muss natürlich nicht geschehen, aber die Wahrscheinlichkeit ist groß, dass es zu psychischen Störungen kommt. Nur durch gründliche Reflexion des Problems von Fehlverhalten und Schuld kann der Mensch in dieser Hinsicht selbstzerstörerische Schlüsse vermeiden. Wie wir in diesem Kapitel ausgeführt haben, fällt dem Durchschnittsmenschen jedoch die ständige Reflexion jedweden Lebensproblems an sich schwer. Die Aussichten, dass er die objektive Hinnahme von Fehlverhalten nicht mit schädlichen Selbstvorwürfen verwechselt, sind daher ziemlich gering.

Wenn wir richtig vermuten und es wahr ist, dass der Mensch dazu neigt, sich illegitimerweise wegen seines tatsächlichen oder potentiellen Verhaltens Vorwürfe zu machen, und deshalb Angst und Selbsthass bei sich hervorruft, dann dürfte es auf der Hand liegen, dass das Individuum, sobald es solcherart gestört ist, relativ wenig Chancen hat, sich in gelassener und vernünftiger Weise selbst zu helfen, um seine Störungen zu überwinden. Denn es wird sich zunächst selbst die Schuld am Auftreten der Störung geben und sich dann schwere Vorwürfe wegen deren Fortdauer machen, wenn sich keine rasche Besserung einstellt. Dadurch kommt der übliche schlimme Teufelskreis von Neurose und Widerstand gegen die Therapie zustande.

Hunger nach Erregung. Obwohl der Mensch einen deutlichen Hang zu Sicherheit, Stabilität und Beständigkeit hat, ist er auch ein Lebewesen, das große Befriedigung in Abwechslung, Abenteuer und der Suche nach Aufregung findet. Überdies, je sicherer und stabiler sein Leben ist, desto eher wird er es eintönig und langweilig finden und wünschen, etwas gänzlich Neues zu tun. Sein Hunger nach Erregung könnte durchaus vorteilhaft sein, wenn sein Leben nur gescheit organisiert wäre und ein gesundes Maß an Abenteuer mit einem vernünftigen Quantum an Sicherheit verbände. Aber das ist leider nicht oft der Fall.

Im Gegenteil, die moderne Konkurrenzgesellschaft ist eher arm an Abenteuern und ihre Gleichförmigkeit macht das Leben noch langweili-

ger. Die Verpflichtungen der Erwachsenen, so wie wir sie normalerweise verstehen, lassen wenig Spielraum für Großwildjagden in Afrika, sexuellen Partnertausch und aufregende berufliche Chancen. Der angeborene Abenteuerhunger bleibt folglich ungestillt: Spannungen resultieren. Oft wird die Suche nach Erregung ganz aufgegeben; das führt zu Verlust an Lebensfreude und einer eintönigen Existenz. In anderen Fällen bricht das Individuum aus seiner Enge aus und verfällt in die entgegengesetzten Extreme: Es wird zum Süchtigen, zum unverantwortlichen Spieler, zum Verbrecher, zu einem verkommenen Menschen oder zu einem, der auf andere Weise fast jeder Stabilität und Sicherheit entbehrt. Dazu kommt, dass selbst wenn das Individuum im allgemeinen stabil ist, sein Reizhunger ihn gelegentlich überwältigen kann. So kann eine einzige Woche auf dem Rennplatz einen sonst verantwortungsvollen Menschen für mehrere Jahre ruinieren oder eine Nacht trunkener Ausschweifungen in einem Bordell nach zwanzig Jahren zum Abbruch einer guten Ehe führen.
Ein großer Teil dieser Art von Spannungshunger ist typisch neurotischen Ursprungs und rührt von einer kindischen Auflehnung des Individuums oder seiner Angst, eine bedeutungslose Null zu sein. Aber ein gemäßigteres Verlangen nach Erregung gehört wahrscheinlich zur biologischen Natur der meisten Durchschnittsmenschen – und drängt sie gelegentlich zu selbstschädigendem Verhalten. Es ist auch leicht möglich, dass dieser angeborene Reizhunger bei manchen Menschen (z. B. jugendlichen Rechtsbrechern) stärker ist als bei anderen und dass bestimmte Aktivitäten von diesen physiologisch angelegten Neigungen beeinflusst (wenn auch nicht völlig determiniert) sind.
Wenn ein Individuum zumindest teilweise aufgrund dieses Reizhungers in Schwierigkeiten kommt, werden seine Bemühungen in der Psychotherapie eben dadurch stark beeinträchtigt. Denn die Psychotherapie – darauf müssen wir immer wieder verweisen – verlangt vom Patienten intensive und beharrliche Mitarbeit, und erregungshungrige Menschen sind für solcherart Mitarbeit wohl kaum zu gewinnen. Sie vernachlässigen die Therapie ebenso wie andere Aspekte ihrer Lebensverantwortung und stehen damit ihrer eigenen Besserung im Wege.

Stressanfälligkeit. Wie die Forschungen Hans Selyes und seiner Mitarbeiter in den letzten Jahrzehnten ergeben haben, neigt der normale Mensch bei anhaltender Belastung stark zu negativen Reaktionen. Sowohl auf extremen physischen Stress als auch auf ungewöhnliche psychische Beanspruchungen scheint der menschliche Körper mit a) einer Alarmreaktion gefolgt von b) einer Periode der Anpassung an das stressauslösende Moment zu reagieren, die andauert, bis die Energiereserven des Körpers verbraucht sind und ein psychophysischer Erschöpfungszustand eintritt[9].

Falls dies stimmt – und eine beträchtliche Menge an experimentellen und klinischen Befunden scheint dafür zu sprechen –, dann lässt sich mit ziemlicher Sicherheit sagen, dass das menschliche Individuum unter ungünstigen physischen oder psychischen Bedingungen, die im Laufe des heutigen Durchschnittslebens natürlich häufig auftreten, zu physischen und psychischen Erschöpfungszuständen neigt. Unter diesen Umständen kann es nicht überraschen, dass es in vielen Fällen mit neurotischem und fehlangepasstem Verhalten reagiert.

Die Sache wird noch dadurch verschlimmert, dass das Individuum, sobald es durch Stress in psychische Erregung gerät, diese Beunruhigung als weitere Form von Stress erlebt; dadurch wird es noch erregter und schließlich funktionsunfähig. Man kann sich natürlich vorstellen, dass der psychophysische Organismus eines ohnehin bereits schwer gestörten Menschen, der etwas unternehmen will, um seinen Zustand zu bessern, häufig so nahe am Rande des völligen Zusammenbruches ist, wenn er schließlich in die Behandlung kommt, dass er einfach unfähig ist, sich selbst zu helfen oder großen Nutzen aus der Hilfe zu ziehen, die er von außen erhält. Dies mag der Grund sein, warum manche extrem schwer gestörte Patienten anfangs überhaupt nicht psychotherapeutisch behandelt werden können, sondern zuerst ein Stadium körperlicher Ruhe und Rehabilitation durchmachen müssen, bevor mit der therapeutischen Arbeit begonnen werden kann.

Jedenfalls prädisponieren die physiologischen Stressmechanismen normalerweise viele Menschen zu psychischen Störungszuständen. Das bedeutet nicht, dass körperlicher Stress allein häufig zu psychischen Zusammenbrüchen führt; wahrscheinlich trifft dies nicht zu. Viele oder die meisten Menschen sind jedoch so veranlagt, dass jedesmal, wenn sie sich aufgrund ihrer falschen Einstellung zu den Dingen in eine Hysterie hineinsteigern, ihr physiologischer Stressmechanismus in Kraft tritt und ihnen viel größeres psychophysisches Missbehagen bereitet, als dies sonst der Fall wäre.

Dasselbe gilt für Personen, die zu allergischen Reaktionen neigen und die oft erst infolge der psychischen Erregungszustände, in die sie geraten, äußerst unangenehme physische Konsequenzen in Kauf nehmen müssen, die ihnen (fast) immer erspart blieben, wenn sie die genannten Zustände vermeiden könnten. Obwohl ideelle Faktoren in diesem Zusammenhang von größter Bedeutung sind, wäre es dumm, die fundamentalen ererbten und angeborenen Faktoren außer Acht zu lassen, die in diesen Zusammenhängen ebenfalls eine wichtige Rolle spielen.

Mangel an Selbst-Perspektive. Für die meisten Menschen ist es normal und zu erwarten, dass sie weniger fähig sind, sich selbst und ihr eigenes Verhalten objektiv zu betrachten als andere und deren Handlungen. Teilweise resultiert unser Mangel an Objektivität vielleicht einfach aus unseren Konzentrationsschwierigkeiten. Wenn wir uns gegenseitig betrachten, können wir uns leicht auf das konzentrieren, was der andere Mensch sagt und tut – ob er beispielsweise nervös ist oder ruhig, voll Liebe oder voll Hass. Doch können wir uns selbst nicht deutlich beobachten, während wir aktiv etwas sagen oder tun: aus dem guten Grund, dass wir uns in diesem bestimmten Augenblick auf das Sprechen oder Tun konzentrieren müssen statt auf das Beobachten. Wir können uns zurücklehnen, nachdem wir etwas gesagt oder getan haben, und können uns und die Wirkung, die wir auf andere haben, beobachten. Doch werden wir es wahrscheinlich fast unmöglich finden, uns selbst während der tatsächlichen Durchführung vollständig zu beobachten. Tatsächlich neigen wir zu einer schlechten Leistung, wenn wir uns genau beobachten, während wir eine Handlung vollziehen, weil wir dann nicht allzu viel Aufmerksamkeit darauf verwenden, was wir tun, sondern sie vielmehr darauf richten, wie wir es tun.
Überdies ist es i. d. R. schwierig für uns, unsere eigenen Leistungen objektiv einzuschätzen, weil wir gewöhnlich mit den daraus folgenden Ergebnissen zu eng in Verbindung stehen. Ob Jones entweder schlecht singt oder gut, ist uns ziemlich gleichgültig; daher können wir objektiv beobachten, wie schlecht oder gut Jones singt. Doch wenn wir selbst schlecht singen, finden wir dies oft entsetzlich. Folglich haben wir ein Interesse daran, entweder a) uns zu weigern festzustellen, wie schlecht wir tatsächlich gesungen haben, oder b) die schlechte Qualität unseres Gesangs überzubetonen, weil er so weit von dem Ideal, von dem wir glauben, dass wir es erreichten sollten, entfernt ist.
Mit anderen Worten, menschliche Selbsteinschätzungen neigen dazu, eher vorurteilsbehaftet als objektiv zu sein, und die Emotionen, die unser Vorurteil begleiten, verzerren häufig unsere Beobachtungen der eigenen Leistungen. Haben wir erst einmal ein Vorurteil und verdammen uns selbst für unsere »schlechten« Leistungen, dann regen wir uns überdies häufig stark auf, und unsere Aufregung hindert uns dann an einer weiteren genauen Selbstbeobachtung.

Mangelndes Unterscheidungsvermögen. Selbst der intelligenteste Mensch kann in einem oder in vielen Bereichen inhärente Urteilsschwächen haben. So kann ein Mann zwar ein fähiger Kritiker, medizinischer Diagnostiker oder Logiker sein und auf seinem Spezialgebiet zu Recht in dem Ruf stehen, zwischen Wert und Unwert, gesund und krank und richtig oder falsch unterscheiden zu können. In seinem Privatleben kann es ihm jedoch sehr schwer fallen zu wissen, wann er seiner Frau und seinen Kindern nachgeben und wann er ihnen gegenüber fest bleiben soll. Oder es kann ihm größte Schwierigkeiten bereiten zu unterscheiden, dass es zwar legitim ist, sich einzugestehen, wie Unrecht man in einer bestimmten Sache hat, dass es jedoch völlig falsch ist, sich deswegen zu verurteilen. Und infolge dieser Differenzierungsschwäche in verschiedenen Bereichen seines Lebens kann dieser Mann in ernste Schwierigkeiten mit sich selbst und anderen geraten (Mark, 1962). Ich vertrete hier die Hypothese (und dasselbe gilt auch für fast alle anderen in diesem Kapitel angeführten Punkte), dass es dem Durchschnittsmenschen, so intelligent er auch sein mag, tatsächlich schwer fällt, viele wichtige ethische, persönliche und soziale Unterscheidungen zu treffen, die er treffen können müsste, um nicht seinen eigenen Interessen zu schaden. Umgekehrt kann man sagen, dass der Durchschnittsmensch dazu neigt, in Bezug auf die erwähnten Unterscheidungen gedankenlos, nachlässig und leichtfertig zu verfahren. Das soll nicht heißen, dass keiner von uns fähig ist, zwischen effizienten und ineffizienten Problemlösungen zu unterscheiden, noch auch, dass wir nicht lernen könnten, diese Schwäche zu überwinden. Wir besitzen die Fähigkeit zur Differenzierung, und wir können lernen, sie besser anzuwenden. Aber es fällt uns sehr schwer, unser diesbezügliches Potential auszuschöpfen, und wir tendieren stark dazu, dies nicht zu tun[10].

Diese unsere Unterscheidungsschwäche – vorausgesetzt, es gibt sie und sie ist sowohl biologisch als auch durch die Umwelt bedingt – behindert nicht nur unseren Lebensalltag, sondern auch unsere Therapie. Denn eine erfolgreiche Psychotherapie besteht im Wesentlichen darin, einen gestörten Menschen davon zu überzeugen, dass er bei den Entscheidungen, die ihm das Leben abverlangt, sinnvoller verfahren kann als bisher, und ihm Mittel und Wege zu zeigen, wie er seine Diskriminationsfähigkeit schärfen könnte. Wegen dieser anlagebedingten Schwierigkeiten des Menschen, in seinen zwischenmenschlichen Beziehungen unterscheidungsfähiger zu werden und zu bleiben, erzielt die Psychotherapie ihre Erfolge quasi »gegen den Strich« und nur unter Aufwand von viel Zeit und Mühe sowohl seitens des Therapeuten als auch des Patienten.

Wenn der gestörte Mensch also normalerweise dazu neigt, nicht entsprechend zwischen der Falschheit seiner Handlungen und der Wertlosigkeit seiner Person zu unterscheiden, und der Therapeut sich bemüht, ihm bei der Überwindung dieser Tendenz zu helfen, dann ist zu erwarten, dass er ein Maximum an Energie und Überzeugungskraft aufbieten wird müssen und dass sich viele seiner Patienten gegen die Einsichten sträuben werden, die er ihnen zu vermitteln sucht. Oder sie machen sich diese Einsichten nur vorübergehend zu eigen, oder sie lernen zwar, bessere und vernünftigere Lebensentscheidungen zu treffen, wenden ihre geschärfte Urteilskraft aber in der Praxis nicht so lange an, bis sich diese automatisiert hat und zur »zweiten Natur« geworden ist. Sowohl Patient als auch Therapeut haben einen mühsamen Kampf zu führen, und es ist kaum verwunderlich, dass auf jeden Fortschritt ein Rückschlag erfolgt, bevor ein dauerhafter Sieg errungen wird.

Übergeneralisierungstendenzen. Eine Diskriminationsschwäche besonderer Art (und auch eine spezielle Form von Extremismus) ist jene Form von ineffektivem Denken, die man als Übergeneralisierung bezeichnet. Manche Lerntheoretiker definieren die Neurose quasi als Übergeneralisierung, und sie dürften damit nicht so Unrecht haben. Denn Angst besteht weitgehend aus der Vorstellung, es sei katastrophal (und nicht bloß unangenehm oder ärgerlich), wenn ein bestimmtes Ereignis eintritt; eine Phobie bedeutet, dass ein Mensch etwas nicht ertragen kann (statt bloß starken Widerwillen dagegen zu empfinden); von einer Zwangshandlung spricht man, wenn ein Mensch etwas tun muss (statt es bloß gern zu tun); und Aggressionen implizieren, dass sich der Betreffende einredet, der andere sollte nicht so sein, wie er ist (statt zu finden, es wäre schön, wenn er anders wäre). Alle diese neurotischen Überzeugungen beruhen, wie sich bei näherer Betrachtung herausstellt, nicht auf differenzierten Urteilen, sondern auf voreiligen und grundlosen Übergeneralisierungen.

Auch in diesem Fall gehe ich von der Hypothese aus, dass der Mensch ein Lebewesen ist, das von seiner biologischen Ausstattung her (genauer gesagt, dank der Komplexität seiner Großhirnrinde) die höchst vorteilhafte Fähigkeit besitzt, seine Wahrnehmungen zu umfassenden Konzeptionen oder Generalisierungen zusammenzufassen, das aber gleichzeitig auch die äußerst schädliche Disposition zur Übergeneralisierung aufweist. So fällt es ihm nicht schwer, die richtige Feststellung zu treffen, dass fleckige Äpfel gewöhnlich weniger gut schmecken als fleckenlose. Aber ebenso leicht zieht er daraus den falschen Schluss, dass alle fleckigen Äpfel schlecht und alle fleckenlosen gut schmecken. Genauer gesagt, er neigt zu dem Schluss, etwas sei schrecklich, weil es unerfreulich ist, und es wäre entsetzlich, wenn seine Mitmenschen ihn ablehnen, weil es ihm unangenehm ist.

In ähnlicher Weise neigt ein gestörter Mensch, der seine Störungen überwinden will, dazu, in Bezug auf therapeutische Prinzipien zu übergeneralisieren. Wenn er in der Therapie etwas über seine unbewussten Aggressionen erfährt, folgert er eilends: »Nun, da ich so feindselig bin, beweist das doch, dass ich wertlos bin!« Und wenn er in der rational-emotiven Psychotherapie gelernt hat, seine selbstschädigenden Prämissen in Frage zu stellen, neigt er leicht dazu, zwanghaft alle seine Annahmen anzuzweifeln. Im Verlaufe der Therapie kann er seine Übergeneralisierungstendenzen in vielfacher Weise dazu benutzen, den Heilungsprozess zu sabotieren[11].

Langsames Lernen. Viele oder die meisten Menschen scheinen viele Dinge nur sehr langsam zu lernen. Manchmal sind psychodynamische Gründe dafür verantwortlich. So konzentrieren sie sich aus Angst zu versagen oft nur ungenügend auf den jeweiligen Lerninhalt, oder sie sind bestrebt, andere zu beeindrucken, statt sich um Lernerfolge zu bemühen; oder sie versuchen gewaltsam, verschiedene Gegenstände sofort zu meistern, mit der Folge, dass gar nichts hängen bleibt. Vielfach scheinen jedoch physiologische Gründe an den langsamen Lernfortschritten schuld zu sein: etwa, dass der Lernende so viele Wiederholungen bzw. Erfahrungen braucht, bis er begreift, dass man seinen Kuchen nicht gleichzeitig haben und essen kann oder dass man ganz gut weiterleben kann, auch wenn man von einer wichtigen Bezugsperson abgelehnt wurde.

Wer langsam lernt, schadet zwangsläufig oft seinen eigenen wahren Interessen. Irgendwann wird er einsehen, dass er sich nicht auf eine bestimmte Weise verhalten darf, wenn er so viel wie möglich vom Leben haben will; aber bis dahin wird er sich neurotisch verhalten. Langsames Lernen ist übrigens nicht notwendigerweise eine Folge mangelnder Intelligenz, da einige der größten Genies dieser Welt zwar profunde, aber nicht unbedingt schnelle Denker gewesen sind. Langsam Lernende widersetzen sich fast ihrer Definition nach auch jeder einigermaßen raschen therapeutischen Veränderung. Wenn ihr Therapeut energisch und beharrlich genug mit ihnen arbeitet, machen sie sich seine vernünftigen Anweisungen schließlich zu eigen und wenden sie auch an. Aber sie machen dabei viele Umwege, packen alles so kompliziert wie möglich an und quälen sich entsetzlich ab, bevor sie einsehen, dass es keine sinnvollen Alternativen zu der Verhaltensweise gibt, die er ihnen beizubringen sucht, und dass sie in ihrem eigenen Interesse ihre selbstsabotierenden Grundeinstellungen zum Leben in Frage stellen müssen.

Unbesonnenheit und Überimpulsivität. Ein gewisses Maß an Leichtsinn und Impulsivität ist eine gesunde Komponente der menschlichen Persönlichkeit. Wäre ein Kind nicht das impulsive und risikofreudige Geschöpf, das drauflosstürmt, wo Erwachsene lange zögern, so würde es nicht die Erfahrungen und das Selbstvertrauen erwerben, die es braucht, um sich angemessen zu entwickeln. Aber während Impulsivität einerseits etwas Normales und Vorteilhaftes ist, ist es andererseits ebenso normal wie schädlich, unüberlegt und allzu impulsiv zu handeln. Denn wo soll man die Grenze zwischen gesunder Courage und gefährlichem Leichtsinn ziehen? Und wie soll das durchschnittliche Kind, geschweige denn der durchschnittliche Erwachsene wissen, wo diese Grenze zu ziehen ist?

Unbesonnenheit scheint mit anderen Worten sowohl ausgeprägte biologische wie auch gesellschaftlich geförderte und erlernte Komponenten zu haben. Und diese biologischen Aspekte disponieren das durchschnittliche Individuum dazu, oftmals im Leben unüberlegt zu handeln und sich unklugerweise auf alle möglichen Risiken einzulassen. Viele der intelligentesten Menschen, die je gelebt haben, waren offensichtlich neurotisch überimpulsiv; und es gibt keine überzeugenden Anzeichen, die darauf hinweisen, dass sie alle in ihrer frühen Kindheit zur Unbesonnenheit erzogen wurden. Viel wahrscheinlicher ist, dass viele der hervorragenden Generäle, Entdecker, Staatsmänner, Erfinder und Künstler mit einem weit überdurchschnittlichen Hang zur Impulsivität zur Welt gekommen sind und dass ihre biologische Mitgift in dieser Hinsicht zumindest einer der Hauptgründe ihrer späteren Leistungen war.

Wie Unbesonnenheit einen Menschen oft zu neurotischem Verhalten treibt, kann sie auch dazu beitragen, seinen therapeutischen Heilungsprozess zu verlangsamen. Impulsive Menschen nehmen nur ungern die Mühe des unablässigen Lernens und Übens auf sich, das nötig ist, wenn die Therapie zu einem Erfolg führen soll. Häufig fühlen sie sich von unseriösen, verrückten Therapiemethoden (wie den Reichschen Orgonkästen oder primitiven Wudu-Riten) angezogen, die aller Wahrscheinlichkeit nach keine echte Heilung bewirken. Wenn sie in einer vernünftigen therapeutischen Behandlung einigermaßen gut vorankommen, betrachten sie sich manchmal enthusiastisch bereits als geheilt und brechen die Therapie ab, obwohl ihre eigentlichen Störungen erst oberflächlich berührt wurden. Aus mehreren Gründen kann ihre Impulsivität, die sie zunächst veranlasste, sich überhaupt um eine Therapie zu bemühen, schließlich ihren Versuchen im Wege stehen, eine dauerhafte Besserung ihres Zustandes zu erreichen.

Verzögerte Wahrnehmung. Menschen und Tiere verfügen in den meisten Lebensbereichen über die Fähigkeit zu unmittelbarer Wahrnehmung, die ihnen das Überleben ermöglicht. Sobald Gefahr im Verzuge ist, sehen oder spüren sie diese und können Gegenmaßnahmen ergreifen. So sieht oder wittert das Wild aus großer Entfernung das Nahen eines Raubtieres und flieht augenblicklich; der Mensch sieht, dass sein Auto im Begriff ist, mit einem anderen zusammenzustoßen, und reißt sofort das Lenkrad herum, bremst oder ergreift andere Schutzmaßnahmen.

In vielen Bereichen des Gefühlslebens ist jedoch eine deutliche zeitliche Verzögerung zwischen Wahrnehmung und Reaktion erkennbar. So empfindet ein Mann, der dem Alkohol stark zuspricht, zunächst nur ein Gefühl der Entspannung oder Euphorie. Er macht sich im Augenblick nicht klar, dass er in kurzer Zeit schläfrig und am nächsten Morgen verkatert sein wird. Eine Frau, die auf ihre Mutter oder ihren Mann wütend ist, fühlt sich im Augenblick erleichtert, wenn sie ihrem »Verfolger« die Meinung sagt. Sie bedenkt dabei nicht, dass sie ihre Magensäfte zum Sprudeln bringt und sich früher oder später ein Magengeschwür zuzieht.

Wären sich der Trinker und die zornige Frau in dem Augenblick, in dem sie trinken bzw. in Wut geraten, über alle physischen und emotionalen Folgen ihres Handelns im Klaren, so könnten sie vielleicht lernen, dem Alkohol zu widerstehen bzw. sich die Wutausbrüche abzugewöhnen. Aber der völlig normale und natürliche Verzögerungseffekt, der in diesen Fällen auftritt, macht es ihnen sehr schwer, heute die Selbstbeherrschung aufzubringen, die nötig wäre, um morgen glücklicher zu sein.

Was die Sache noch schlimmer macht: Es scheint eine ständige zeitliche Lücke – vielleicht sollte man von verzögerter Einsicht sprechen – zwischen dem Denken und Fühlen des Durchschnittsmenschen zu geben. Der Betreffende ist nicht nur außerstande, sich in dem Augenblick, in dem er in Wut gerät, darüber Rechenschaft zu geben, dass seine Wut wahrscheinlich ernste negative Folgen für ihn haben wird; er ist insbesondere blind für die Tatsache, dass seiner Wut fast immer ein Denkvorgang vorausgegangen ist, der diese ausgelöst hat. Er sieht, dass jemand schlecht oder falsch handelt, und gerät rasch in Zorn; danach setzt er seinen Ärger zu dem Verhalten des anderen in Beziehung und glaubt, dieses hätte ihn in Rage gebracht.

Der Erzürnte übersieht jedoch, dass ihm vor jedem Wutausbruch ein Gedanke durch den Kopf schießt, etwa: »Dieser gemeine Soundso hätte nicht tun sollen, was er getan hat; ich ertrage es nicht, dass er sich so verhält!«, und dass es sein Gedanke und nicht das Verhalten des anderen ist, was ihn in Wirklichkeit in Wut versetzt. Außerdem verliert und verstrickt er sich oft so in seinen Ärger, dass es ihn völlig unmöglich dünkt, diesen mit irgendwelchen Gedanken in Verbindung zu bringen. Denn seine Gefühle sind sehr intensiv; die Gedanken, die diese Gefühle aus-

lösten, nimmt er hingegen nicht wahr (obwohl sie eine Erlebnisrealität darstellen) und spürt sie nicht in seinen Eingeweiden.
Selbst in Fällen, in denen das Individuum durchaus imstande ist zu begreifen, dass seine Gefühle in engster Beziehung zu seinen Gedanken stehen, ist es gewöhnlich (und normalerweise) nicht fähig, dies ganz klar zu erfassen, während es von Gefühlen überflutet wird. So mag die Frau, die über ihre Mutter in Wut gerät, später, wenn sie sich ausgetobt hat bzw. ihr Zorn verraucht ist oder – hauptsächlich durch das Verstreichen der Zeit – abgelenkt wurde, einsehen, dass es nicht notwendig war, sich in eine Wut hineinzusteigern, und dass ihre starke Gefühlsaufwallung durch ihr eigenes unlogisches Denken hervorgerufen wurde. Solange ihre Wut andauert, ist sie jedoch wahrscheinlich völlig außerstande, den Zusammenhang zwischen ihrer Erregung und ihrem eigenen Denken zu erfassen. Der zeitliche Abstand zwischen ihrem Zorn und der Einsicht, dass sie diesen selbst fabrizierte, ist gewöhnlich so groß, dass es zu dem Zeitpunkt, an dem sie endlich fähig ist, ihre zornauslösenden Gedanken wahrzunehmen und zu bekämpfen, viel zu spät ist, um zu verhüten, dass sie ihren Ärger an ihrer Mutter auslässt und dadurch ihren eigenen Interessen schadet.
Wenn diese Frau den Zusammenhang zwischen ihrem Zorn und ihrem unlogischen Denken generell erst längere Zeit nach ihren akuten Wutanfällen erfasst, wird es ihr außerdem nur schlecht gelingen, sich dazu zu erziehen, ruhig zu bleiben, wenn wieder eine ähnliche Situation mit ihrer Mutter eintritt. Ein Tennisspieler, der während eines Spiels erkennt, dass er den Ball zu stark schlägt, so dass dieser hinter der Grundlinie des Gegners auftrifft, wird sich gewöhnlich sofort zwingen, mit geringerem Kraftaufwand auszuholen; oft wird es ihm in kürzester Zeit gelingen, sein Spiel zu korrigieren. Wenn die erboste Frau nicht versucht, sich sofort, während sie mit ihrer Mutter streitet, zu korrigieren (d. h. ihr eigenes irrationales Denken in Frage zu stellen und ihre Wut zu dämpfen), wird sie in einer ähnlichen Lage sein wie der Tennisspieler, der erst nachts, wenn er im Bett liegt, über sein Spiel nachdenkt und es dann korrigieren möchte. Es liegt auf der Hand, dass es ihr unter diesen Umständen schwer fallen dürfte, sich in Gelassenheit zu üben.
Angesichts dieser Wahrnehmungs- und Erkenntnisverzögerungen, die einen Großteil unseres emotionalen Verhaltens beeinflussen, und speziell angesichts der Tatsache, dass unsere Gefühle fast immer untrennbar mit unserem Denken verbunden sind, dürfte es keinem Zweifel unterliegen, dass wir dazu neigen, bei vielen Gelegenheiten selbstschädigend zu handeln, und dass es uns sehr schwer fällt, unsere neurotische Selbstsabotage abzubauen.

Die Leichtigkeit, mit der Neurose zu leben. Für körperlich schwer behinderte Menschen ist es nicht einfach, in unserer Konkurrenzgesellschaft zu überleben; wenn sie es schaffen, haben sie oft Schwierigkeiten, einen Partner zu finden oder Nachwuchs zu bekommen. Die Folge ist, dass eventuell vorhandene erbliche Anlagen zur Behinderung nicht weitergegeben werden. Ernste psychische Störungen kann man jedoch viele Jahre lang kultivieren; sie scheinen nur selten die Lebenserwartung des Betreffenden zu verkürzen oder ihn daran zu hindern, sich fortzupflanzen. Die biologische Disposition zu solchen Störungen kann daher leicht an die Nachkommen vererbt werden und Generation um Generation unvermindert heimsuchen.

So abträglich eine Störung auch sein mag, der davon Befallene stellt meist fest, dass er sich mit der Zeit an sie gewöhnt. Sie hat etwas Vertrautes und Vorhersehbares, die sie ihm fast als alten Freund erscheinen lassen; bald lernt er auch die Grenzen der jeweiligen Behinderung kennen. So fällt es einem Menschen, der Angst hat, vor einem größeren Publikum zu sprechen, nach jahrelang praktizierten Manövern ziemlich leicht, allen Gelegenheiten auszuweichen, bei denen er dazu aufgefordert werden könnte; er hat stets passende Ausreden parat, bleibt Anlässen fern, bei denen man an ihn herantreten könnte, usw. Schließlich hat er so viel Übung darin, sich vor öffentlichen Auftritten zu drücken, dass er, mit seltenen Ausnahmen, kaum noch Angst dabei empfindet.

Und deshalb meint er schließlich, es lohne nicht die Mühe, an der Überwindung seiner Angst zu arbeiten.

Da es dem einzelnen oft so leicht fällt, mit neurotischen Handikaps zu leben und sogar beträchtlichen Gewinn aus seinen Symptomen zu ziehen, liegt es auf der Hand, warum so viele Menschen erstens neurotische Symptome erwerben und zweitens praktisch keine konzentrierte Anstrengung unternehmen, um sich von diesen zu befreien. Sie lernen, mit ihren Neurosen zu leben und sich dabei – fast – wohl zu fühlen! Und die biologisch bedingte Leichtigkeit, mit der ihnen dies gelingt, ist einer der Hauptfaktoren, die zu ihrer Störung beitragen und diese verewigen.

Körperliche Leiden. Viele Menschen, insbesondere Frauen, leiden üblicherweise unter den verschiedensten körperlichen Beschwerden, die bewirken, dass sie zu Depressionen, Angstzuständen, Aggressionen und anderen psychischen Störungen neigen. So sind Frauen einige Tage vor Beginn der Menstruation sehr anfällig für Depressionen; die meisten Männer und Frauen sind psychisch labil, wenn sie an Erkältungen, Infektionen, Krankheiten oder Erschöpfungszuständen leiden.

Möglicherweise verfügt das Individuum in diesen Perioden physischer Schwäche nicht im gleichen Maß über seine intellektuellen Fähigkeiten wie sonst und neigt deshalb eher dazu, irrational zu denken und in einen negativen seelischen Zustand zu geraten. Vielleicht beeinträchtigen Schmerzen und körperliches Unwohlsein auch die psychische Reaktionsbereitschaft (die sich umgekehrt auch auf die erstgenannten Faktoren auswirkt).

Mangel an konsequenter Selbstdisziplin. Obwohl es dem Menschen zeitweise gelingt, ein gewisses Maß an Selbstdisziplin aufzubringen, stellt dies für ihn gleichzeitig eine Belastung dar, da er es bald als langweilig und eintönig empfindet und seine Spontaneität und Freiheit eingeschränkt sieht. Besonders in der Jugend, aber auch in vorgerückten Jahren fällt es ihm sehr schwer, »ewig« Diät zu halten, zu studieren, zu planen, zu sparen oder zu lieben. Und genau das muss er leider in sehr vielen Fällen tun, wenn er sich nicht selbst an der Erreichung einiger der ihm wichtigsten Ziele hindern will. Um sich eine bestimmte Art von Freiheit zu erobern – speziell Freiheit von Angst –, muss er oft auf verschiedene andere Arten von Freiheit verzichten – speziell auf die Freiheit, genau das zu tun, was er will und wann er es will.

Wie in so vielen ähnlichen Fällen ist der Mensch in dieser Beziehung ständig zwischen zwei entgegengesetzten Verhaltensweisen hin- und hergerissen, die beide ganz bestimmte Vorzüge haben und auf die er beide nicht ganz verzichten kann, um ein Optimum an Glück in seinem Leben zu verwirklichen. So muss er, um einen psychisch gesunden Weg zu gehen (zu verschiedenen Zeiten und manchmal sogar gleichzeitig), in Maßen spontan und diszipliniert, flexibel und gefestigt, aktiv und entspannt, vorsichtig und risikofreudig, hedonistisch und akruistisch, kindlich und erwachsen sein. Das ist furchtbar schwer! Und in gewisser Hinsicht kann er nie einen vollständigen Sieg erringen.

Wie wir bereits festgestellt haben, ist der gemäßigte, vernünftige Weg, der zwischen den beiden extremen Verhaltensweisen liegt, oft sehr schmal und gewunden, und man kommt nur allzu leicht davon ab. Es ist daher statistisch normal, dass die Menschen von diesem idealen Pfad abweichen; neurotisches oder selbstschädigendes Verhalten ist somit nicht als seltene, sondern als geradezu alltägliche Erscheinung anzusehen.

Ebenso wie es dem durchschnittlichen (oder überdurchschnittlichen) Individuum schwer fällt, seine Selbstdisziplin aufrechtzuerhalten und dadurch nicht neurotisch zu werden, ist es für ihn auch schwierig (vielleicht sogar noch schwieriger), Selbstdisziplin zu üben, wenn er seine Neurose zu beseitigen versucht. Denn es ist leichter und spontaner für den Neurotiker, sich von seinen wirren Gefühlen leiten zu lassen, als auf die Ideologien zu achten, die diesen Gefühlen zugrunde liegen, diese zu analysieren und in Frage zu stellen (wie das bei jeder wirksamen Form von Psychotherapie notwendig ist). Selbst wenn gestörte Personen überdiszipliniert sind – wie das beispielsweise bei zwangsneurotischem Verhalten der Fall ist –, fällt es ihnen merkwürdigerweise zumindest kurzfristig immer noch leichter, an dieser dysfunktionalen Art von Disziplin festzuhalten, als sich zu zwingen, flexibler und in vernünftiger Weise diszipliniert zu werden. Fast jeder Weg, den ein Mensch in einem bestimmten Augenblick geht, erscheint ihm spontaner und angenehmer, als sich zu zwingen, einen neuen unerprobteren Pfad zu betreten. Wie bereits festgestellt, kann die Heftigkeit seiner kurzfristigen hedonistischen Wünsche im Augenblick und leider auch in vielen künftigen Momenten durchaus den Sieg davontragen, obwohl seinen langfristigen Zielen und seinem Glück vielleicht mehr gedient wäre, wenn er den Kurs wechselte.

Therapeutisches Umgehen mit biologisch bedingten Dispositionen zu irrationalem Verhalten. Wenn die in diesem Kapitel vertretenen Hypothesen auch nur halbwegs richtig sind, scheint es eine große Zahl angeborener menschlicher Tendenzen zu irrationalem Denken und Verhalten zu geben; es ist daher kaum verwunderlich, dass praktisch alle Menschen, in welcher Kultur sie auch aufgewachsen sein mögen, leicht neurotisch oder psychotisch werden bzw. bleiben. Wenn dem so ist, welche Lösungen stehen uns dann für dieses Problem zu Gebote?

Eine Lösung bestünde natürlich darin, die menschliche Natur zu ändern. Wenn der Mensch anfällig für psychische Störungen ist, weil er »Mensch« ist, dann ließe sich seine Anfälligkeit vielleicht reduzieren, wenn man ihn weniger »menschlich« machen könnte. Möglicherweise wäre dies zu erreichen, indem man seine biologische Grundstruktur durch Drogen, Operationen, genetische Eingriffe usw. verändert.

Leider ist eine solche Lösung im Augenblick weder klar erkennbar noch möglich. Selbst wenn die biologische Ausstattung des Menschen durch eugenische Verfahren oder postnatale Eingriffe radikal geändert werden könnte, steht auch nicht annähernd fest, welche konkreten Änderungen eigentlich erstrebenswert wären. Sollen wir beispielsweise die Struktur des Menschen dahingehend verändern, dass dieser »von Natur aus« vorsichtiger, stabiler und arbeitsamer wird? Oder sollen wir im Gegenteil versuchen, ihn abenteuerlustiger, spontaner und sorgloser zu machen? Sollen wir uns bemühen, seine Suggestibilität und Fügsamkeit zu erhöhen (damit er leichter lenkbar wird) – oder seine Unabhängigkeit und sein Selbstvertrauen zu stärken (damit seine Fähigkeit zu individuellem Ausdruck zunimmt)?

Solange die Frage nicht experimentell besser geklärt ist, was und wie der Mensch um seinet- und der anderen willen idealerweise sein sollte, wäre es sehr unklug von uns, an seiner biologischen Grundstruktur Änderungen vorzunehmen. Fast jede Eigenschaft hat sowohl ausgeprägte Vorzüge wie Nachteile; und bis heute wissen wir nicht genau, was geschehen würde, wenn einer der heutigen echt menschlichen Wesenszüge (wie Suggestibilität oder Reizhunger) entweder biologisch verstärkt oder abgeschwächt würde. Außerdem gibt es so etwas wie ein ausgewogenes ökologisches Gleichgewicht zwischen dem Auftreten bestimmter menschlicher Wesensmerkmale und anderen (wünschenswerten und nicht wünschenswerten) Eigenschaften; würde ein bestimmtes Merkmal auf irgendeine Weise eliminiert oder deutlich verstärkt, so sind die sich ergebenden Folgen kaum vorstellbar oder vorhersagbar. Ein beträchtliches Maß an experimenteller Forschung wäre nötig, bevor einigermaßen gültige Antworten gegeben werden können.

Eine Veränderung der biologischen Struktur des Menschen könnte, falls sie überhaupt möglich ist (und die Möglichkeit rückt ständig näher), jedoch auch eine Reihe weiterer Nachteile mit sich bringen. Wenn es gelänge, die biologische Basis der Neurosen völlig zu beseitigen, wären Männer und Frauen einander womöglich zu ähnlich und undifferenziert, um noch großen Gefallen aneinander zu finden; sie würden vielleicht einen großen Teil ihrer Lebensmotivation einbüßen, die sie immer wieder anspornt und sie nicht zuletzt dazu herausfordert, bis an die eigenen biologischen Grenzen vorzustoßen und diese zu überwinden; oder sie würden zu überspezialisiert (wie einige prähistorische Tierarten) und dadurch in ihrer Überlebensfähigkeit eingeschränkt usw. Aller Wahrscheinlichkeit nach wäre es für die Menschheit von Vorteil, eindeutig »schlechte« Merkmale wie extremen Schwachsinn, Psychosen und körperliche Behinderungen wegzuzüchten oder auf andere Weise biologisch zu eliminieren. Aber es gibt keine Beweise dafür, dass sich unsere Situation wesentlich verbessern würde, wenn wir alle in diesem Kapitel angeführten neurotisierenden Tendenzen auszumerzen suchten.

Die andere Lösung des Problems unserer biologischen Disposition zu psychischen Störungen ist, für eine günstige Grundeinstellung zum Leben zu sorgen, die es dem einzelnen, wenn auch unter ständiger Anstrengung, ermöglicht, trotz seiner angeborenen Handikaps ein erfolgreiches und glückliches Leben zu führen. Oder, anders ausgedrückt: Da wir von der Annahme ausgehen müssen, dass sich das neurotische Potential der Menschheit zumindest in der unmittelbaren Zukunft durch biochemische Mittel nicht erheblich reduzieren lassen wird, täten wir gut daran, unsere innere und äußere Umwelt so zu verändern, dass wir so gut wie möglich mit den vorhandenen Handikaps leben können.

Dies bedeutet, was von vielen Psychologen und Psychiatern leider übersehen wird, nicht eine, sondern zwei Aufgaben. Die erste besteht (wie die Freudianer und andere seit Jahren hervorheben) darin, dass das Individuum versuchen muss, die Einwirkungen der Umwelt auf sein Leben zu verstehen und den schädlichen Einflüssen entgegenzuwirken bzw. diese nicht zu fördern. So sollte sich der Einzelne klar darüber sein, dass er als kleines Kind von seinen Eltern scharf gerügt wurde und dass er nicht fortfahren muss, sich als Erwachsener in derselben Weise zu tadeln.
Das zweite wichtige, von vielen Psychologen leider vernachlässigte Element ist, dass der Mensch die schädlichen biologischen Einflüsse auf sein Leben kennen und sein Bestes tun sollte, um auch diese zu minimieren bzw. nicht zu unterstützen. Es geht also darum, sich nicht nur unnötige Schwierigkeiten zu ersparen, indem man aufhört, sich ständig selbst Vorwürfe zu machen (wie es einem als Kind von den Eltern und anderen Leuten beigebracht wurde), sondern sich auch selbst beizubringen, die »notwendigen« Schwierigkeiten zu bekämpfen und zu überwinden – nämlich die angeborene Tendenz, sich wegen normaler Fehler und Irrtümer zu verurteilen und zu bestrafen.
Ähnliches gilt auch für andere Aspekte psychischer Störungen. Während es dem Menschen manchmal relativ leicht fällt, zu begreifen, dass verschiedene seiner Ängste und Aggressionen erlernt sind und dass diese negativen Gefühle mit einer gewissen Mühe auch wieder verlernt werden können, ist es oft schwieriger für ihn, die Tatsache zu akzeptieren, dass er mit bestimmten Tendenzen, sich in Angst oder Wut zu versetzen, zur Welt gekommen ist und dass er auch diesen Neigungen entgegenwirken kann. Das Kernproblem ist hier vielleicht, dass man es auf der einen Seite mit bewusster Anstrengung, auf der anderen mit Quasi-Zauberei zu tun hat. Denn wenn ein Mann gelernt hat, seinen Vater zu hassen, und danach allen Männern, die ihm gleichen, einen neurotischen Hass entgegenbringt, dann muss es ihm fast wie Zauberei erscheinen, Einsicht in seinen frühen Hass zu gewinnen und durch diese Einsicht fähig zu sein, seinen Hass gegen Männer zu überwinden, die seinem Vater gleichen. Dieser magische und fast mühelose Aspekt der Einsicht in gelerntes Verhalten ist es, was die psychoanalytischen Therapieformen so attraktiv für viele Patienten macht, die de facto nur sehr geringen Nutzen aus ihren jahrelangen Analysen ziehen.
Akzeptiert ein Mensch hingegen voll das Faktum, dass seine Tendenz, alle zu hassen, die seine Wünsche nicht sofort erfüllen, sowie sein Hass gegen seinen Vater und gegen andere Männer, die ihm gleichen, von seiner biologisch bedingten Tendenz herrühren, alle zu hassen, die seinem

überheblichen Selbstbild im Wege sind, dann steht man vor einer viel schwierigeren therapeutischen Aufgabe. Denn die ererbte Tendenz, andere zu hassen, wird durch Einsicht in dieses Faktum nicht auf magische Weise eliminiert, obwohl dadurch die Punkte deutlich werden, an denen diese Tendenzen angegriffen werden können. Nachdem das Individuum diese Art von Einsicht erlangt hat, muss es mit Hilfe dieser Einsicht unermüdlich daran arbeiten, seine angeborenen sowie seine erworbenen Tendenzen zur Selbstüberschätzung in Frage zu stellen und abzubauen. Mit anderen Worten, wäre ein Mann ausschließlich durch das Zusammensein mit seinem Vater konditioniert worden, diesen und alle ihm gleichenden Männer zu hassen, dann würde es genügen, diese Form der Konditionierung zu durchschauen, um sich sagen zu können: »Das ist ja lächerlich! Gut, mein Vater war ein aggressiver, unduldsamer Mensch, der mich ständig gedemütigt hat, als ich klein war. Aber diese anderen Männer sind nicht mein Vater; warum sollte ich sie also genauso hassen wie ihn?« Bei diesem Maß an Einsicht könnte der Hass gegen den Vater zwar bestehen bleiben, die Abneigung gegen die anderen Männer würde jedoch vermutlich rasch verschwinden.

Dies ist jedoch keine zutreffende Darstellung der Situation. Falls die in diesem Kapitel beschriebenen biologischen Grundlagen psychischer Störungen tatsächlich existieren, ist die Situation in Wirklichkeit durch eine Reihe komplexer Elemente wie folgt gekennzeichnet: a) Ein Mensch hat die fundamentale, angeborene Tendenz, seinen Willen durchzusetzen oder dies zu fordern und Frustrationen zu verabscheuen. b) Sein Vater behandelt ihn schlecht (aus verschiedenen inhärenten Gründen, u. a. weil auch er seinen Willen durchsetzen will und Frustrationen hasst), d. h., er akzeptiert ihn nicht und frustriert ihn. c) Der Sohn entwickelt sowohl aus »natürlichen« Gründen (sein Ärger über die Frustrationen) als auch aus artifiziell und überflüssigerweise erworbenen Gründen (wie die unrealistische, märchenhafte Einstellung, dass ihn niemand frustrieren sollte) starke Aggressionen gegen seinen Vater. d) Wenn er später andere, seinem Vater gleichende Männer kennen lernt, hasst er auch diese, weil er sie erstens mit seinem Vater und den durch ihn ausgelösten Frustrationen assoziiert und zweitens, weil er (aufgrund seiner biologisch bedingten Tendenz zur Überheblichkeit) immer noch über die Möglichkeit wütend ist, dass er abgelehnt und frustriert werden könnte, und weil die (wenn auch geringe) Chance besteht, dass auch diese neuen Männer ihn auflaufen lassen, wie sein Vater dies früher tat.

Falls diese Darstellung die Ursachen der Aggressionen eines Menschen besser beschreibt als die simplere Hypothese von der assoziativen Konditionierung, so dürfte klar sein, dass die Einsicht in diesen Prozess nicht genügt, um die Aggressionen zu beseitigen. Denn der Betreffende muss nach wie vor mit der Tatsache fertig werden, dass er von Natur aus zur Überheblichkeit (heute ebenso wie früher) neigt und dass die einzige befriedigende Lösung des Problems darin besteht, gegen diese Neigung zur Selbstüberschätzung anzugehen und sie auf ein vertretbares Maß zu reduzieren. Denn nur wenn er diese seine negativen Tendenzen zu bekämpfen sucht, wird er imstande sein, a) die ursprünglichen Frustrationen, die ihm sein Vater bereitete, zu verstehen und zu akzeptieren und damit auch aufzuhören, ihm Vorwürfe zu machen und ihn zu hassen; und b) seine eigenen unangemessenen Gefühle gegenüber anderen, ob diese seinem Vater gleichen oder nicht, wirklich zu erkennen und abzubauen.

Konkreter gesprochen, eine umfassende Lösung des Problems ist nur möglich, wenn sich der Betreffende, sobald er Aggressionen empfindet, sagt:

a) Ich erzeuge meine Aggressionen selbst; sie werden nicht durch andere Menschen, etwa meinen Vater oder ihm gleichende Männer, oder äußere Ereignisse hervorgerufen. b) Ich erzeuge diese Aggressionen, erstens weil ich eine angeborene Tendenz zur Selbstüberschätzung habe, die mich zu dem Glauben verleitet, die anderen sollten mir immer zu Diensten sein, und zweitens, weil ich mir irgendwann eine unrealistische Einstellung zu eigen gemacht habe, die diese natürliche Tendenz noch verstärkt. c) Meine biologisch bedingte Tendenz zur Überheblichkeit, die zu meinen Aggressionen beiträgt, ist sehr schwer zu überwinden, eben weil sie ein integraler Bestandteil meiner menschlichen Natur ist; trotzdem kann ich, sobald sie auftritt, gegen sie ankämpfen, indem ich mir sage: »Ich muss nicht bekommen, was ich will, obwohl ich es mir sehr wünsche; und es ist nicht schrecklich und entsetzlich, wenn mein Vater oder andere Männer meinen Wünschen nicht entgegenkommen.« Auf diese Weise kann ich gelassen gegen meine selbstschädigende Tendenz ankämpfen, meine Frustrationen durch andere falsch zu deuten. d) Auf ähnliche Weise kann ich auch meine erworbene unrealistische Einstellung, die meine angeborenen Tendenzen zur Selbstüberschätzung und geringen Frustrationstoleranz noch verstärkt, bekämpfen und verändern, so dass sie mir nicht länger schadet.

Wenn ein Mensch jedesmal, wenn er Aggressionen gegen seinen Vater oder ihm ähnliche Männer in sich aufsteigen fühlt, seine negativen Emotionen auf die beschriebene Weise in Frage stellt, dann wird es ihm gelingen, nicht nur die assoziativ konditionierten Aspekte seines neurotischen Verhaltens abzubauen, sondern auch alle anderen wichtigen

Aspekte seiner überflüssigen (wenn auch teilweise »normalen«) Aggressionen gegen andere in den Griff zu bekommen. Genau dies sieht die rational-emotive Therapie als ihre Aufgabe an: nicht nur die »abnormen«, psychodynamisch hervorgerufenen oder persönlich geformten irrationalen Denk- und Verhaltensweisen des Menschen in Frage zu stellen, sondern – und dies ist ebenso wichtig – auch die Existenz seiner »normalen« angeborenen Tendenzen zur Irrationalität eindeutig und vorwurfsfrei zur Kenntnis zu nehmen und auch diese mit klarem Verstand zu bekämpfen.
Das soll nicht heißen, dass die REVT versucht, die Menschen in nichtmenschliche oder übermenschliche Wesen zu verwandeln. Das ist nicht der Fall. Indem sie das ganze Ausmaß ihrer höchst fehlbaren Menschlichkeit realistisch einschätzt und zumindest temporär akzeptiert, ist sie realistischer als manche anderen Therapiemethoden, die romantischer oder optimistischer sind. So vertreten manche humanistischen, personenzentrierten, konstruktivistischen, transpersonal und religiös orientierten Therapeuten in der Folge Jean Jacques Rousseaus die Ansicht, dass die Menschen im Grunde »gut« und »gesund« geboren werden und dass ihre schlechte familiäre und soziale Umgebung sie »böse macht« oder sie »konditioniert«, »böse« zu sein. Die REVT vertritt die weniger romantische Sichtweise, dass die Menschen nicht »gut« oder »böse« sind, sondern dass sie, sowohl angeboren als auch unter Einfluss der Umgebung, starke »gute« und »böse« Tendenzen haben.

Somit haben die Menschen eine Reihe von biologischen und sozialen Prädispositionen, wie in diesem Kapitel hervorgehoben wird, um sich selbst zu behindern und zu sabotieren, was sie für ihre eigenen Interessen (und die ihrer Gemeinschaft) halten. Sie entscheiden sich dafür, am Leben zu bleiben und das Leben zu genießen – und machen sich selbst doch oft, vor allem auf lange Sicht gesehen, unnötig unglücklich und manchmal selbstmordgefährdet. Doch gleichermaßen haben sie, sowohl angeboren als auch durch soziale Ermunterung, viele konstruktive, kreative und selbstverwirklichende Tendenzen. Worauf ich bestehe, nicht entweder/oder sondern sowohl/als auch.
Die REVT akzeptiert die Menschen also realistisch und bedingungslos, wie sie »sind« – »gut«, »schlecht« und vor allem änderungsfähig. Wie Jean Piaget, George Kelly, Vittorio Guidano, Michael Mahoney und andere führende Konstruktivisten trefflich bemerkt haben, verfügen die Menschen über ein ungewöhnliches Potential. Und gleichgültig, wie dysfunktional sie denken, fühlen und handeln, sie verfügen gewöhnlich über die Fähigkeit, ihr destruktives Verhalten zu rekonstruieren und entschieden bessere Lebensweisen zu konstruieren. Natürlich – wie

sonst könnte irgendeine Art von Psychotherapie nützlich sein? Doch haben die Menschen, seien wir ehrlich, auch deutliche Einschränkungen – einschließlich der Leichtigkeit, mit der sie ihre Störungen aufrechterhalten und verschlimmern. Sollen wir dies leugnen und zu viel von ihren Selbsthilfebemühungen und ihrer Zuflucht zur Psychotherapie erwarten? Und sollen wir leugnen, dass viele von ihnen – wenn auch glücklicherweise nicht alle – sehr wohl von einer guten Portion aktiv-direktivem Belehren, Ermutigen und sogar von ständigem Drängen profitieren können?[12]

Die REVT sagt natürlich nein. Nachdem sie die Menschen freimütig als einerseits höchst fehlerhaft und fehlbar sowie andererseits als kreativ konstruktivistisch akzeptiert, versucht sie wirksamere Wege herauszufinden – ja, zu konstruieren! –, um Klienten (wie auch Nichtklienten) zu helfen, kreativer und effizienter zu werden. Ja, wenn Sie so wollen, rationalere, emotivere, verhaltensbezogenere Möglichkeiten zu finden. Die REVT sagt nicht voraus, dass die Menschen aller Wahrscheinlichkeit nach jemals vollkommen, oder auch nur maximal vernünftig, effizient und selbstverwirklichend sein werden. Nicht, solange sie noch menschlich, allzu menschlich sind. Doch stellt die REVT die Hypothese auf, dass man ihnen helfen kann, sich selbst »rationaler« und weniger selbst-schädigend zu machen, als sie es »von Natur aus« wären. Und das, wie ich hinzufügen möchte, mit einer Unmenge harter Arbeit und Praxis. Jawohl, mit harter Arbeit und gemeinsamer Praxis[13].

Nachdem ich die Überlegungen und Gedanken dieses Kapitels in der Erstausgabe von *Die rational-emotive Therapie* geschrieben hatte, widmete ich dem Problem der menschlichen Störungen weitere Überlegungen und schrieb im Jahr 1976 einen Artikel für das *Journal of Individual Psychotherapy,* in dem versucht wurde zu zeigen, dass wir Menschen eine große Anzahl genereller Tendenzen haben, um »irrational« – gemeint ist selbst-schädigend und gesellschaftsbehindernd – zu denken, zu fühlen und zu handeln. In diesem Artikel habe ich 27 Hauptbereiche aufgeführt, in denen die Menschen auf der ganzen Welt und zu praktisch allen historischen Zeiten regelmäßig ihre eigene Effektivität und ihr Glück sabotiert haben. Ohne mich zu bemühen, das Thema erschöpfend zu behandeln, erwähnte ich 259 bedeutsame Irrationalitäten und veranschaulichte, dass ich diesen leicht Hunderte – nein, Tausende – mehr hinzufügen könnte.

Ich möchte die Leser auf meinen Originalartikel verweisen – der größtenteils in *The Essential Albert Ellis,* herausgegeben von Windy Dryden, abgedruckt ist. Doch lassen Sie mich hier einige der Hauptpunkte zusammenfassen[14].

1. Die Menschen verhalten sich oft irrational in Bezug auf Konventionen und Konformität, wie überholte und starre Bräuche, sich ständig verändernde teure Moden, Modetorheiten und angesagte Verrücktheiten, starre Regeln der Etikette und der Umgangsformen.
2. Menschen leiden oft unter ich-bezogenen Irrationalitäten, besonders der Tendenzen, sich selbst zu vergöttern oder zu verteufeln.
3. Sie haben mit Vorurteilen in Verbindung stehende Irrationalitäten, einschließlich sexueller, rassistischer, politischer, religiöser Vorurteile und Klassenvorurteile.
4. Alle Menschen nehmen gewöhnlich Zuflucht bei verschiedenen Arten von unlogischem und unrealistischem Denken, einschließlich übermäßiger Verallgemeinerung, Übertreibung, Absolutheitsforderungen, Kurzsichtigkeit und Sicherheitsstreben.
5. Die Menschen haben erfahrungs- und gefühlsmäßige Irrationalitäten, wie beispielsweise die feste Überzeugung, etwas müsse wahr sein, weil man etwas erlebt hat und seine Wahrheit »fühlt«. Dazu kommt die Überzeugung, dass etwas einen desto höheren »objektiven« Wahrheitsgehalt habe, je intensiver man es erlebt hat.
6. So ziemlich alle Menschen haben gewohnheitsbildende Irrationalitäten, besonders das leichte Annehmen unproduktiver und selbst-schädigender Gewohnheiten sowie das Beharren, diese aufrechtzuerhalten, obwohl die Menschen bewusst erkennen, wie destruktiv sie sind.
7. Das menschliche Geschlecht wird offensichtlich leicht süchtig nach vielen selbst-schädigenden Verhaltensweisen, einschließlich süchtigem Rauchen, übermäßigem Essen, zwanghaftem Trinken, Spielen und Drogenmissbrauch.
8. Gesundheitliche Irrationalitäten nehmen unter den Menschen überhand, einschließlich der Nichtbeachtung von zunehmender Luftverschmutzung und Lärmbelästigung, dem Vermeiden von ärztlichen und zahnärztlichen Vorsorgeuntersuchungen, dem Nichtbefolgen von ärztlichen und zahnärztlichen Ratschlägen und Verschreibungen sowie der Vermeidung einer gesunden Lebensweise.
9. Milliarden Erdenbewohner können die Realität nicht akzeptieren und neigen zu Aberglauben, Pollyannaismus und Utopismus, zu hingebungsvollem Glauben an Mythen, Märchen und romantischem Gewäsch.
10. Unzählige Einzelne und Gruppen vertreten überzeugt politische Irrationalitäten, die zu Kriegen und Bürgerkriegen führen, zu politischer Korruption und Bereicherung durch Amtsmissbrauch, zu Folter und Terror gegenüber Minderheiten und Dissidenten und zu extremem Nationalismus.

11. In allen Teilen der Welt weit verbreitet sind ökonomische Irrationalitäten, einschließlich ökologischer Verschwendung und Verschmutzung, Bestechung, Korruption und Diebstahl in der Wirtschaft, irreführender und hinterhältiger Werbung, Ineffizienz in Handel und Industrie sowie die Produktion minderwertiger Materialien.
12. Irrationales Vermeidungsverhalten bleibt meist hartnäckig bestehen, darunter Verzögerung, Trägheit, die Weigerung, sich wichtigen Realitäten zu stellen, mangelnde Überlegungen über und Vorbereitung auf die Zukunft und das Bedürfnis nach magischen Problemlösungen.
13. Feindselige Irrationalitäten sind weit verbreitet, darunter der unversöhnliche Hass auf Menschen, die in einigen ihrer Handlungen unfair schienen, die Erinnerung an vergangene Ungerechtigkeiten und ewige rachsüchtige Fehden gegen Menschen, die einem einmal etwas zuleide getan haben.
14. Erlebnissucht und der Zwang zur augenblicklichen Bedürfnisbefriedigung, wie zwanghaftes Spielen, Sexualität ohne Verhütungsmittel oder Schutz vor Geschlechtskrankheiten, falscher Feueralarm, Stehlen und Morden als Abenteuer, ernste Kämpfe oder Krawalle, die Ausübung grausamer Beschäftigungen (wie das Niederknüppeln von Babyrobben und Hahnenkämpfe) ist ebenfalls der Liste der Irrationalitäten zuzurechnen.
15. Mit Magie in Bezug stehende Irrationalitäten, einschließlich des hingebungsvollen Glaubens an Magie, Zauberei, Hexerei, Astrologie, Medien (Spiritismus), Geister, Amulette, Zahlenmystik, Kristalle, Tarot-Karten usw.
16. Unmoralische Irrationalitäten, wie sich unehrlichen und kriminellen Handlungen hinzugeben, die dem eigenen starken Moralkodex zuwiderlaufen. Sich eigensinnig zu weigern, kriminelle Machenschaften zu beenden, obwohl man immer wieder empfindliche Strafen dafür hinnehmen muss. Psychopathisches Verhalten wie völlige Verantwortungslosigkeit gegen sich und andere.
17. Selbst-schädigende Verhaltensweisen, die von einer niedrigen Frustrationstoleranz herrühren, einschließlich des vorrangigen Strebens nach augenblicklichen Vergnügungen, die beinah mit Sicherheit zu großen zukünftigen Qualen führen, das ungeduldige Jammern, wenn man auf das Eintreten einer befriedigenden Bedingung warten muss, und das Verzögern von Handlungen, von denen man weiß, dass sie zu späterem Nutzen führen werden.
18. Wie Sigmund und Anna Freud sehr schön gezeigt haben, sind die Menschen hinsichtlich ihrer Mängel oft natürlich defensiv. Statt sich ihnen ehrlich zu stellen, leugnen sie deren Existenz und halten sich

selbst damit von einer Verbesserung ihrer Situation ab. Gewöhnlich rationalisieren, verleugnen, unterdrücken, projizieren sie und identifizieren sie sich mit herausragenden Personen, und ansonsten denken, fühlen und handeln sie defensiv[15].

19. Menschen haben auch mit der Erinnerung verbundene Irrationalitäten, wie beispielsweise das Vergessen schmerzlicher Erfahrungen, statt diese zur Vermeidung zukünftigen Leids zu nutzen; die quälende Besessenheit von unglücklichen Ereignissen und die Überschattung des gesamten Lebens sowie das Verdrängen »schamhafter« Gedanken, Gefühle und Handlungen und somit das Nichtvermeiden ihrer Wiederholung.

20. Wahrscheinlich haben die meisten Menschen hin und wieder mit Sexualität in Beziehung stehende Irrationalitäten, einschließlich der Überhöhung von sexuellem Vergnügen, und schädigende sexuelle Betätigung; darauf zu beharren, sexuelles Versagen bedeute, dass der ganze Mensch ein Versager sei, das Schaffen von sexuellen Fetischen und die Überzeugung, Sexualität sei nur in einer sehr begrenzten Art und Weise wirklich vergnüglich, sowie die dogmatische Einstellung, man könne nur mit einem einzigen Partner und mit niemand anderem guten Sex haben.

21. Wissenschaftler ebenso wie Nichtwissenschaftler zeigen unrealistische, unlogische und antiwissenschaftliche Einstellungen zur Wissenschaft. So glauben sie oft, dass die Wissenschaft heilig sei und ein Heilmittel für buchstäblich alle menschlichen Probleme liefere, dass Erkenntnis nur durch wissenschaftliche Methoden gefunden werden könne, dass technologische Erfindungen und Fortschritte immer gut seien oder aber dass nichts wissenschaftlich entschieden werden könne und Mystizismus die einzig gute Lebensform sei, weil Heisenbergs Prinzip der Unbestimmtheit eine gewisse Gültigkeit besitzt.

Wie bereits erwähnt, umfasst meine Liste häufiger menschlicher Irrationalitäten in meinem Artikel »The Biological Basis of Human Irrationality«, der im »Albert Ellis Institute for Rational-Emotive Behavior Therapy« in New York erhältlich ist, 259 einzelne Punkte. Wenn wir diesen die weitverbreiteten dummen, unlogischen sowie personen- und gesellschafts-behindernden Gedanken und Praktiken hinzufügen würden, die viele andere Autoren in Zehntausenden von Artikeln, Büchern und Gesprächen aufgelistet haben, können wir leicht unzählige und überaus weit verbreitete Möglichkeiten finden, wie Männer, Frauen, Teenager und Kinder ihre ureigensten Interessen und die anderer Menschen immer wieder durchkreuzen[16].

Wie ich im vorliegenden Buch wie auch in meinen anderen Schriften ebenfalls gezeigt habe, und wie viele andere Psychologen gleichfalls immer wieder dargestellt haben, ist das, was wir eine »emotionale Störung« nennen, durchtränkt von dummen, unpraktischen, selbstzerstörerischen Kognitionen, Emotionen und Aktionen. Es ist nicht vollkommen sinnlos, weil es einige protektive, konstruktive Prozesse umfasst. Offensichtlich hat sich das menschliche Geschlecht noch nicht selbst ausgelöscht trotz der Tatsache, dass sich praktisch alle ihre Mitglieder oft neurotisch benehmen, dass eine ziemlich hohe Prozentzahl von ihnen (wahrscheinlich 20 bis 30 Prozent) an ernsten Persönlichkeitsstörungen leidet und dass eine beachtliche Prozentzahl (wahrscheinlich 10 Prozent) ständig oder gelegentlich psychotisch ist[17].

Hier könnte ich aufhören, doch will ich noch eine weitere traurige Tatsache hinzufügen. Die Hauptgruppe derer, die in unserer Kultur am besten dafür ausgebildet sind und am erfahrensten darin sind, mit menschlicher Irrationalität und Selbstbehinderung umzugehen, sind die Praktiker in den helfenden Berufen, besonders die Psychotherapeuten. Doch was ist mit ihren Dogmas, Starrheiten, Vorurteilen, abergläubischen Überzeugungen und anderen Irrationalitäten? Lassen Sie mich einige wenige weitverbreitete erwähnen. Psychotherapeutische »Helfer« denken und handeln oft folgendermaßen:

1. Sie überbetonen monolithisch und oft starr einen einzelnen oder hauptsächlichen Therapieansatz – wie Einsicht, emotionale Befreiung, Verständnis der Vergangenheit oder Rationalität –, statt flexibler und multimodal zu sein[18].
2. Sie haben selbst ein großes Bedürfnis nach der Liebe und Anerkennung ihrer Klienten, weshalb sie diese Klienten mit Abhängigkeitsbeziehungen fesseln[19].
3. Sie konzentrieren sich darauf, den Klienten zu helfen, sich besser zu fühlen, statt ihren Zustand wirklich zu bessern und tiefgreifende, dauerhafte kognitiv-emotive Verhaltensveränderungen durchzumachen[20].
4. Sie schaffen therapeutische Orthodoxien und exkommunizieren jene Therapeuten, die von ihren Dogmas abweichen[21].
5. Sie neigen dazu, nach einzigartigen, klugen und »tiefen« Erklärungen für die Störungen zu suchen – und sie auch zu »finden«! –, und ignorieren viele »oberflächliche«, aber begründetere Erklärungen[22].
6. Sie wenden sich Magie, Gesundbeten, Schamanismus und anderen unwissenschaftlichen Therapieformen zu[23].
7. Sie verfolgen vage definierte, utopische Ziele, welche die Klienten irreführen und ihnen schaden können[24].

In meinem Aufsatz »The Biological Basis of Human Irrationality (Die biologische Grundlage menschlicher Irrationalität)« führte ich nicht nur alle vorstehenden menschlichen Probleme auf und betonte, dass sie – ebenso wie viele weitere ähnliche! – offensichtlich existieren. Ich vertrat ebenso die Ansicht, dass ihr allgegenwärtiges Vorhandensein auf weltweiter Basis uns ernsten Grund zu der Überzeugung gibt, dass sie aller Wahrscheinlichkeit nach biologische Wurzeln haben und der elementaren Natur des Menschen entstammen. Wie ich am Ende dieses Aufsatzes bemerkte, können wir viele Gründe finden für die Vermutung, dass irrationales Denken, selbstzerstörerische Gefühle und dysfunktionales Verhalten meist das »normale« Schicksal aller Menschen ist. Es folgen einige der Gründe hierfür.

1. Alle schwerwiegenden menschlichen Irrationalitäten scheinen in der einen oder anderen Form bei buchstäblich allen Menschen vorzukommen. Natürlich nicht gleichermaßen! Manche von uns benehmen sich insgesamt weit weniger irrational als andere. Aber suchen Sie einmal einen Menschen, der sich nicht ziemlich häufig in seinem Leben vielen dieser schwerwiegenden Irrationalitäten unterwirft. Um beispielsweise nur einige der Hauptpunkte bezüglich Selbstsabotage anzusprechen: Haben Sie schon von einem einzigen Menschen gehört, der sich nicht oft sklavisch irgendeinem dummen gesellschaftlichen Brauch unterworfen hat, der sich selbst von absolutistischen Einschätzungen frei gehalten hätte, nie starke Vorurteile hatte, nie bei verschiedenen Formen unlogischen Denkens Zuflucht genommen hat, sich selbst nie glauben machte, seine heftigen Gefühle stellten objektive Realität dar, der keine selbst-schädigenden Gewohnheiten angenommen und beharrlich aufrechterhalten hat, keinerlei schädliche Suchten hatte, von jeglichen neurotischen Symptomen völlig frei geblieben ist, sich nie religiösen Dogmas unterworfen hat und sich nie irgendwelchen törichten Gesundheitsangewohnheiten hingegeben hat? Können Sie eine einzige Person finden, die sich nicht oft in vielerlei wichtiger Hinsicht selbst im Wege steht?

2. So ziemlich alle heute existierenden schwerwiegenden Irrationalitäten haben praktisch alle gesellschaftlichen und kulturellen Gruppen, die historisch und anthropologisch untersucht worden sind, in ihren Bann gezogen. Obwohl sich Regeln, Gesetze, Sittenkodexe und Standards von Gruppe zu Gruppe stark voneinander unterscheiden, bleiben sich Leichtgläubigkeit, Absolutismus, Dogmen, Religiosität und Anspruchshaltung hinsichtlich dieser Standards erstaunlich ähnlich. So raten uns oder erziehen uns unsere Eltern und unsere Kultur in der westlichen zivilisierten Welt dazu, die eine Art von Kleidung zu tragen, und die der Südseeinseln eine andere. Doch während sie uns gewöhnlich mitteilen:

»Du solltest dich besser auf die richtige und anständige Art anziehen, damit die Menschen dein Verhalten akzeptieren und sich dir gegenüber vorteilhaft verhalten«, erweitern wir irrationalerweise diesen »richtigen« (und nicht allzu irrationalen) Standard zu: »Ich muss mich anständig anziehen, weil ich die Anerkennung der anderen unbedingt brauche. Ich kann ihre Missbilligung und die Nachteile, die mir hierdurch erwachsen könnten, nicht ertragen, und wenn sie mein Verhalten ablehnen, bedeutet das, dass sie mich nicht mögen und ich als absolut miserabler Mensch eingeschätzt werde!« Obwohl unsere Eltern und Lehrer uns vielleicht ermutigen, auf diese absolutistische, selbstherabsetzende Art und Weise zu denken, scheinen wir die angeborene menschliche Neigung zu haben, a) sie leichtgläubig ernst zu nehmen, b) ihren Unsinn für den Rest unseres Lebens fortzuführen und c) falls sie uns relativ wenig Absolutismus mitgegeben haben sollten, diesen selbst zu erfinden.

3. Viele der Irrationalitäten, denen die Menschen weitgehend folgen, laufen fast allen Lehren von Eltern, Altersgenossen und Massenmedien entgegen. Dennoch weigern sie sich, diese aufzugeben! Wenige Eltern ermutigen uns, grob zu verallgemeinern, antiempirische Aussagen zu machen oder widersprüchliche Behauptungen zu vertreten. Dennoch neigen wir dazu, diese Dinge ständig zu tun. Unser Erziehungssystem ermuntert uns eifrig, zu lernen, zu verlernen und neu zu lernen. Dennoch haben wir große Schwierigkeiten, dies in vielerlei wichtiger Hinsicht zu tun. Wir treffen auf heftige, überzeugende Bemühungen anderer, uns dazu zu bringen, unproduktive und selbst-schädigende Gewohnheiten wie übermäßiges Essen und Rauchen aufzugeben. Doch nur allzu oft widerstehen wir diesen ständigen Belehrungen. Wir können buchstäblich, aus eigenem Willen, jahrelang zur Psychotherapie gehen, um unsere Ängste oder Neigungen zur Depression zu überwinden. Doch schauen wir uns nur den relativ geringen Fortschritt an, den wir oft machen!

Vielleicht haben wir Eltern, die uns mit extremer Skepsis oder antireligiösen Tendenzen erziehen. Dennoch können wir im Erwachsenenalter leicht eine extreme religiöse Überzeugung annehmen. Wir lernen, dass es ratsam ist, von der Schulzeit an regelmäßig den Arzt und Zahnarzt aufzusuchen. Doch veranlasst dies uns dazu, hinzugehen? Dämpft umfangreiche Lektüre über die Tatsachen des Lebens unseren Utopismus – oder befreit er uns von unangemessenem Pessimismus? Tausende gut belegter dokumentarischer Bücher und Filme haben die Ungerechtigkeiten von Kriegen, Aufständen, Terrorismus und extremem Nationalismus aufgedeckt. Haben diese uns wirklich dazu veranlasst, uns diesen Formen politischer Irrationalität entschlossen zu widersetzen?

Praktisch niemand ermuntert uns dazu, Dinge zu verzögern und es zu vermeiden, sich den Realitäten des Lebens zu stellen. Die gefährliche Suche nach Aufregung bringt uns selten die Billigung anderer ein. Hält das uns davon ab? Die große Mehrheit der Wissenschaftler lehnt magisches, nicht beweisbares, absolutistisches, gläubiges Denken ab. Schenken wir dem immer Beachtung? Gewöhnlich wissen wir sehr gut, welchen moralischen und ethischen Regeln wir uns unterwerfen, und fast jeder, den wir kennen, ermutigt uns, uns ihnen zu unterwerfen. Tun wir es? Eine niedrige Frustrationstoleranz und kurzsichtiger Hedonismus erweisen sich selten als anerkennenswert für unsere Eltern, Lehrer, Pfarrer und Lieblingsschriftsteller. Hält deren Missbilligung uns davon ab, häufig augenblicklicher Befriedigung auf Kosten zukünftiger Vorteile nachzugehen? Wer bringt uns bei zu rationalisieren und bestärkt uns, wenn wir dies tun? Welcher Therapeut, Freund oder Elternteil stimmt mit unseren anderen Formen von Defensivität überein? Doch gebietet deren fast allumfassender Widerstand uns Einhalt? Belohnen wichtige Mitmenschen in unserem Leben uns dafür, wenn wir von uns selbst oder von ihnen Perfektion fordern oder wenn wir jammernd und wehklagend fordern, dass die Umstände so eintreffen müssen, wie wir uns das wünschen?
Gewiss, viele Irrationalitäten haben eine wichtige kulturelle Komponente – oder werden von der Gesellschaft zumindest beachtlich gefördert und verschlimmert. Doch viele andere scheinen uns kaum beigebracht zu werden, und wieder andere werden heftig abgelehnt, gedeihen aber dennoch überall!

4. Wie bereits erwähnt, gelten praktisch alle hier aufgelisteten Irrationalitäten nicht nur für ignorante, dumme und ernsthaft gestörte Menschen, sondern gleichermaßen für hochintelligente, gebildete und relativ wenig gestörte. Kluge Menschen mit einem Doktortitel in Physik oder Psychologie haben beispielsweise Rassevorurteile, andere geben sich häufig Wunschdenken hin, glauben, wenn jemand etwas sehr stark glaubt – oder intensiv erlebt –, müsse es eine objektive Realität und Wahrheit besitzen, werden Opfer aller Arten von schädlichen Gewohnheiten (einschließlich Suchtkrankheiten wie Alkoholismus), verschulden sich töricht, sind fest davon überzeugt, die Anerkennung anderer zu brauchen, glauben, dass ein persönlicher Gott ihren Gebeten lauschen und sie erhören wird, fälschen Forschungsdaten und erfinden Gerüchte über andere, an die sie dann selbst fest glauben. Außergewöhnlich intelligente und gebildete Menschen legen wahrscheinlich weniger oder weniger starre Irrationalitäten an den Tag als die durchschnittliche Bevölkerung, doch besitzen sie kaum ein Monopol für rationales Verhalten!

5. So viele Menschen hegen höchst irrationale Überzeugungen und zeigen so oft derart ungewöhnlich selbst-schädigende Verhaltensweisen, dass wir nur mit großen Schwierigkeiten die Hypothese aufrechterhalten können, sie hätten diese Eigenarten ausschließlich durch Reaktion erlernt. Selbst wenn wir die Hypothese aufstellen, dass sie größtenteils oder hauptsächlich lernen, sich kontraproduktiv zu verhalten, stellt sich doch die offensichtliche Frage: Warum lassen sie sich von den Lehren ihrer Kultur so stark beeinflussen, und wenn sie diese in ihrer unerfahrenen Jugend aufnehmen, warum bringen sie sich dann nicht selbst bei, wie sie diese Geistlosigkeiten später wieder aufgeben können? Fast alle von uns lernen viele bedeutende politische, gesellschaftliche und religiöse Werte von unseren Eltern und Institutionen während unserer Kindheit, doch geben wir sie später oft auf, wenn wir erst auf das College gehen, einige wissenschaftliche Bücher gelesen haben oder uns mit Menschen anfreunden, die sich anderen Werten verschrieben haben. Warum tun wir dasselbe nicht mit vielen unserer idiotischsten und unpraktischsten Ansichten, die offensichtlich nicht mit der Realität in Einklang stehen und uns offensichtlich beträchtlich schaden?
Alle irrationalen Aussagen ergeben wenig oder keinen Sinn und verursachen immensen gesellschaftlichen und individuellen Schaden. Dennoch glauben wir fast alle hingebungsvoll an sie. Und selbst wenn wir aufzeigen können, dass irgendein bedeutsamer Teil dieser Überzeugungen gesellschaftlichem Lernen entspringt (was wahrscheinlich zutreffend ist), weshalb verinnerlichen wir sie so stark und halten so beharrlich daran fest? Wahrscheinlich weil wir eine mächtige biologische Prädisposition haben, dies zu tun.
6. Wenn kluge und allgemein kompetente Menschen viele ihrer Irrationalitäten aufgeben, neigen sie häufig dazu, andere Dummheiten zu übernehmen oder zu den entgegengesetzten irrationalen Extremen überzugehen. Hingebungsvoll religiöse Menschen werden oft zu hingebungsvollen Atheisten. Politische Extremisten des rechten Flügels enden als Extremisten des linken Flügels. Menschen, die mächtig verzögern, entwickeln sich später vielleicht zu zwanghaft Arbeitenden. Menschen, die sich einer irrationalen Phobie unterwerfen, tauchen häufig mit einer anderen, gleichermaßen irrationalen, aber ziemlich andersartigen Phobie wieder auf. Extremismus bleibt anscheinend ein natürlicher menschlicher Wesenszug, der die eine oder andere törichte Form annimmt.

7. Die Menschen, die am wenigsten von irrationalen Gedanken und Verhaltensweisen betroffen zu sein scheinen, greifen dennoch darauf zurück, und manchmal, zu gewissen Zeiten, sogar auf bedenkliche Wei-

se. Ein Mann, der selten auf andere wütend wird, mag gelegentlich so zornig werden, dass er beinah oder tatsächlich jemanden umbringt. Eine Frau, die furchtlos schwierige Fächer studiert und schwierige Prüfungen besteht, hat vielleicht das Gefühl, eine Ablehnung bei einem Bewerbungsgespräch nicht ertragen zu können, und sucht deshalb vielleicht nicht nach einer geeigneten Stelle. In Fällen wie diesen bringen ungewöhnliche Bedingungen der Umgebung oft ein törichtes Verhalten ansonsten vernünftiger Menschen hervor. Doch reagieren diese Individuen offensichtlich auf diese Bedingungen, weil sie irgendeine zugrunde liegende Prädisposition haben, auf ungewöhnliche Formen von Stress verrückt zu reagieren – und diese zugrunde liegende Disposition hat vermutlich angeborene Elemente.

8. Menschen, die verschiedenen Arten von Irrationalitäten stark ablehnend gegenüberstehen, werden oft deren Opfer. Agnostiker geben frommen, absolutistischen Gedanken und Gefühlen nach. Stark religiöse Menschen handeln ziemlich unmoralisch. Psychologen, die glauben, dass starke Schuldgefühle und Selbstherabsetzung selbst-schädigend sind, machen sich Schuldgefühle und entwerten sich selbst.

9. Das Wissen um oder die Einsicht in das eigene irrationale Verhalten hilft einem nur teilweise, es zu verändern, wenn überhaupt. Die Schädlichkeit des Rauchens kann uns sehr wohl bewusst sein – und wir rauchen mehr denn je! Wir können erkennen, dass wir Sexualität hassen, weil unsere Eltern uns dies in ihrem Puritanismus beigebracht haben, hassen sie möglicherweise aber dennoch weiterhin. Vielleicht ist uns unser arroganter Egoismus »intellektuell« auch deutlich bewusst, doch wissen wir »emotional« nicht, wie wir dies ändern können. Das entspringt größtenteils der grundlegenden menschlichen Tendenz, zwei widersprüchliche Überzeugungen gleichzeitig zu haben – eine »intellektuelle«, die wir schwach und gelegentlich vertreten, und eine »emotionale«, die wir energisch und beständig vertreten und derzufolge wir folglich gewöhnlich handeln. Diese Tendenz, eine Reihe gleichzeitiger, widersprüchlicher Überzeugungen zu hegen, scheint wiederum Teil der menschlichen Bedingung zu sein. Wie Robert Abelson gezeigt hat, haben alle von uns »kühle Kognitionen«, die vernünftig sein können, und »heiße Kognitionen«, die leicht ausgesprochen emotional und verrückt sein können[25].

10. Gleichgültig, wie hart und wie lange die Menschen daran arbeiten, ihre irrationalen Gedanken und Verhaltensweisen zu überwinden, sie finden es i. d. R. außerordentlich schwierig, sie zu überwinden oder auszulöschen. Und in gewissem Maße bleiben sie in dieser Hinsicht immer

ungewöhnlich fehlbar. Wir könnten die Hypothese aufstellen, dass es ihnen höchst schwer fällt, sich selbst neu zu konditionieren, weil sie ihre selbst-schädigenden Verhaltensweisen in sehr jungen Jahren allzu intensiv gelernt haben. Doch scheint die Schlussfolgerung einfacher und logischer, dass diese Fehlbarkeit auf eine inhärente Quelle zurückgeht – und dass unsere frühe Konditionierbarkeit und Neigung, Erziehung zu dysfunktionalem Verhalten zu akzeptieren, selbst einen bedeutenden Teil unserer angeborenen Fehlbarkeit darstellt! Sicher erwirbt niemand diese Konditionierbarkeit nur dadurch, dass er von jemandem konditioniert wird!

11. Es scheint einigermaßen klar zu sein, dass gewisse irrationale Ideen auf persönlichen, nicht erlernten (oder gegenteilig sogar erlernten) Erfahrungen beruhen, dass wir sie höchst kreativ erfinden. Nehmen wir beispielsweise an, wir verlieben uns in jemanden und fühlen intensiv, »wissen« und sagen: »Ich werde dich immer lieben, das weiß ich!« Dieses Wissen haben wir ganz sicher nicht gelernt – da wir nicht nur von Romeo und Julia lesen, sondern auch Unmengen anderer Informationen wie Scheidungsstatistiken, die zeigen, dass sich die Menschen selten auf ewig anhimmeln. Folglich wählen wir unser »Wissen« aus verschiedenen anderen Datenbits aus, die zu wissen wir uns entschieden haben könnten. Und das tun wir aller Wahrscheinlichkeit nach, weil die romantische Liebe unter den Menschen häufig die intrinsische Illusion mit sich bringt: »Ich weiß, dass es für immer ist, weil meine Gefühle für dich so authentisch und intensiv sind.« Zumindest größtenteils schaffen wir das falsche und irrationale »Wissen«, das unsere echten (und wahrscheinlich vorübergehenden) Gefühle begleitet, autistisch selbst.
Wir können auch als Jude oder Moslem erzogen worden sein und vielleicht zum Christentum übertreten und schlussfolgern: »Ich fühle, dass Jesus mein Retter ist, und ich bin überzeugt, dass Er der Sohn Gottes ist.« Haben unsere Erfahrung oder die Erziehung durch unsere Umgebung uns zu diesem Gefühl und Glauben geführt? Oder haben wir sie, aus verschiedenen Gründen, erfunden? Die natürliche Tendenz der Menschen scheint darin zu bestehen, häufig zu glauben, dass ihre tiefen Gefühle etwas »Objektives« oder »Reales« über das Universum beweisen. Dies scheint größtenteils ein Prozess der Illusion auf angeborener Grundlage zu sein.

12. Wenn wir uns einige der beliebtesten irrationalen Denkformen ansehen, scheint es, als würden die Menschen diese selbst erschaffen. Sie beginnen mit einer vernünftigen oder realistischen Beobachtung und enden mit einem Trugschluss. Somit beginnen wir mit: »Es wäre ange-

nehm und hätte Vorteile, wenn Jane mich liebte.« Dann schlussfolgern wir fälschlich: »Deshalb muss sie mich lieben, und ich finde es schrecklich, wenn sie es nicht tut.« Wenn wir mit einer noch stärkeren Bemerkung beginnen wie: »Es wäre für mich unerwartet und einzigartig schön, wenn Jane mich liebte«, haben wir noch eher die Tendenz zu schließen: »Deshalb muss sie es tun!« Doch gleichgültig, wie sehr sich der erste Teil unserer Behauptung als wahr erweist, der zweite bleibt ein Trugschluss, der absolut keinen Sinn ergibt.
Diese Trugschlüsse entstammen autistischem, grandiosem Denken – wir bestimmen ganz einfach, dass es das, was wir uns wünschen, geben *muss*, und das, was wir unangenehm finden, *nicht* geben *darf*. Diese Art und Weise autistischen Denkens scheint größtenteils angeboren[26].

13. Viele Arten irrationalen Denkens bestehen aus völlig übermäßigen Verallgemeinerungen, und wie Alfred Korzybski und seine Schüler gezeigt haben, scheinen übermäßige Verallgemeinerungen ein normaler (wenn auch törichter) Bestandteil des menschlichen Wesens zu sein. Kindern fehlt, wie Jean Piaget gezeigt hat, bis zum Alter von sieben oder acht Jahren oft ein gutes Urteilsvermögen. Manchen Erwachsenen fehlt es häufig ihr ganzes Leben lang![27]

14. Das menschliche Denken unterscheidet sich nicht nur signifikant in Relation zum Intelligenzniveau der Menschen, sondern manche Denkformen entstammen vielleicht größtenteils den Funktionen der linken oder der rechten Gehirnhälfte. Sowohl die Intelligenz als auch die Funktionen der linken und rechten Gehirnhälfte haben ein bedeutendes erbliches Element und entspringen nicht nur erlernten Erfahrungen[28].

15. Manche Formen von Irrationalität, wie eine niedrige Frustrationstoleranz oder die Suche nach den trügerischen Belohnungen augenblicklicher statt langfristiger Befriedigung, kommt bei vielen niederen Tieren ebenso wie beim Menschen vor. George Ainslie hat die Literatur zu den trügerischen Belohnungen überprüft und hat gezeigt, wie eine Abnahme der Wirksamkeit von Belohnungen sowohl bei Tieren als auch beim Menschen eintritt, je länger die Belohnungen von der Zeit der Wahl an aufgeschoben werden. Hier scheint wiederum ein recht deutliches physiologisches und erbliches Element offensichtlich[29].

16. Es gibt manche Beweise dafür, dass die Menschen es oft viel leichter finden, selbst-schädigendes Verhalten zu erlernen als nichtselbst-schädigendes. So essen sie sehr leicht zu viel, haben aber große Schwierigkeiten, eine vernünftige Ernährung einzuhalten. Sie können gewöhnlich von törichten Gleichaltrigen lernen, Zigaretten zu rauchen, doch wenn

andere Gleichaltrige oder Ältere ihnen beizubringen versuchen, mit dem Rauchen aufzuhören oder sich in anderer Hinsicht selbstfördernd zu verhalten, widersetzen sie sich diesen Lehren wie verrückt! Sie übernehmen recht leicht Vorurteile gegenüber Schwarzen, Juden, Katholiken und Asiaten, aber sie beachten selten die Lehren durch und durch toleranter Führungspersönlichkeiten. Sie konditionieren sich selbst rasch dazu, sich ängstlich, depressiv, gehässig und selbstherabsetzend zu fühlen, aber es benötigt einen enormen Aufwand an Zeit und Mühe, um diese gestörten Gefühle wieder loszuwerden. Wir scheinen zwar nicht gerade zu lebenslangem dummen, törichten und unvernünftigen Verhalten verdammt, aber weit sind wir davon nicht entfernt!

Obwohl dieses Kapitel bereits lang ist, fände ich es falsch, einiges zusätzliches Material auszulassen, das ich in meinen im Jahr 1987 in *The American Psychologist* erschienenen Aufsatz »The Impossibility of Achieving Consistently Good Mental Health« (Die Unmöglichkeit, dauerhafte seelische Gesundheit zu erlangen) aufgenommen habe. In diesem Artikel gebe ich offen zu, dass viele Klienten, selbst mit Hilfe der »wirksamen« REVT und kognitiven VT, trotz ihrer harten Arbeit in der Therapie schwierige Klienten (DC's = difficult customers) sind, die häufig nur eingeschränkte Fortschritte erzielen und die danach doch leicht wieder auf alte Niveaus ihrer Störungen zurückfallen. Viele von ihnen sind nicht wirklich neurotisch, sondern haben ernste Persönlichkeitsstörungen oder starke psychotische Tendenzen. Doch selbst diejenigen, die ich die »netten Neurotiker« nenne, widerstehen oft einer »eleganten« Veränderung – die dann eintritt, wenn sie ihre sich äußernden Symptome verlieren, andere Symptome wie Angst, Depression, Wut und Selbsthass aufgeben und für den Rest ihres Lebens weniger irritierbar werden[30].

Warum? Aus vielen guten Gründen, die ich in diesem Kapitel erklärt habe. So verwandeln sie natürlicherweise ihre starken Wünsche in absolutistische »Muss« und denken dann auf einer sekundären Ebene: »Ich darf keine ›Muss‹ haben! Ich darf nicht neurotisch sein!« Ihre gestörten Gefühle machen sie wiederum anfällig für weiteres »mussturbatorisches«, dysfunktionales Denken: »Ich fühle mich so depressiv, wenn du mich nicht liebst (was du musst!), dass ich nur dann glücklich werden kann, wenn ich deine Liebe gewinne (was ich muss!).«

Wenn die REVT-Theorie hinsichtlich der Haupt«ursachen« gestörter Gefühle und Verhaltensweisen zutrifft, folgt daraus häufig, dass dysfunktionale Emotionen und Verhaltensweisen irrationale Überzeugungen (iB's) oft schlimmer machen, ihrer Korrektur zuwiderlaufen und als starke Ablenkung dienen, sie wirksam zu disputieren. Menschliche Irritation verschlimmert häufig die Irritation!

Ein gestörtes Verhalten verstärkt auch, wie ich bereits erwähnt habe, krummes Denken. Wenn wir also fest daran glauben: »Weil ich gesellschaftliche Zurückweisung nicht ertragen kann, darf ich nicht zurückgewiesen werden!«, werden wir »gefährliche« Menschen meiden und uns nur mit »sicheren« treffen, von denen wir wissen, dass sie uns akzeptieren. Doch je mehr wir »gefährliche« Zurückweiser meiden, desto stärker werden wir uns selbst überzeugen, dass es entsetzlich wäre, wenn wir von ihnen zurückgewiesen würden. Unsere Sozialangst riskiert also nie eine Gefährdung und eskaliert folglich!

Während nun unsere Sozialangst (oder andere Panikzustände) eskaliert, neigen wir oft zu der Schlussfolgerung: »Ich habe keine Möglichkeit unversucht gelassen, meine Furcht vor Zurückweisung zu überwinden«, – eine falsche Beobachtung! – »ich kann mich also nicht verändern (wie ich es können sollte!).« Dann fühlen wir uns hoffnungslos und geben den Versuch auf. Uns zu verändern, scheint so schwierig und so unnatürlich, dass wir uns selbst sagen, es darf nicht so schwer sein, sich zu verändern! Und dann fallen wir auf die »Bequemlichkeit« unseres Vermeidungsverhaltens zurück[31].

Die gestörten Gedanken, Gefühle und Verhaltensweisen der Menschen interagieren bedeutsam miteinander – und verschlimmern somit die Störungen. Häufig – wenn auch nicht immer – arbeiten wir damit, wie wir normalerweise denken, fühlen und handeln, fleißig daran, uns selbst auf geistige Irrwege zu bringen und dort zu halten.

Ich habe die Irrationalitäten meiner Klienten detaillierter beobachtet als früher und habe unzählige Formen dieser subtileren und raffinierteren Selbstgespräche und unbewusst vertretenen Philosophien entdeckt.

Ich stelle die Hypothese auf, dass praktisch alle Menschen oft offenkundig irrationale Überzeugungen hegen und deshalb weit davon entfernt sind, gleichmäßig vernünftig und selbsthelfend zu sein. Doch nehme ich ebenso an, dass so ziemlich alle Menschen – und besonders jene, die als schwer neurotisch, psychotisch oder als an einer Borderline-Störung erkrankt bezeichnet werden – häufig mehrere subtile oder raffinierte Irrationalitäten vertreten – und sie folglich noch weniger wahrscheinlich aufgeben werden.

Ich stelle auch die Hypothese auf, dass eine große Anzahl von Menschen zusätzlich zu diesen subtilen irrationalen Kognitionen nicht nur talentiert sind, primäre absolutistische »Muss« zu erschaffen, die eine emotionale Störung hervorrufen, sondern dass sie außerdem sekundäre »Muss« hinsichtlich ihrer primären Störungen erfinden. Sie benutzen ihre konsequent gestörten Gefühle dazu, ihre irrationalen Überzeugungen zu verschlimmern. Sie verstärken ihre krumme Denkweise unbewusst durch Kognition und Verhalten. Sie erschaffen Gedanken, die zu gestörten Gefühlen und Verhaltensweisen führen, ebenso wie sie zirkulär diese Gefühle und Handlungen benutzen, um noch stärker irrationales Denken zu produzieren. Und in vielen Fällen ziehen sie den falschen Schluss, dass sie hoffnungslos geistesgestört sind und immer bleiben müssen.

Wenn meine Hypothese hinsichtlich der Schaffung und Aufrechterhaltung menschlicher Störungen durch klinische Beweise, wie ich sie in diesem Kapitel dargelegt habe, gestützt und schließlich auch durch weitere objektive Erfahrungsdaten erhärtet wird, weist das darauf hin, dass das menschliche Geschlecht tatsächlich auf einem schlechten Weg und es für jeden von uns heute praktisch unmöglich ist, beständig gute seelische Gesundheit zu erlangen und aufrechtzuerhalten? Ich denke schon, und wenn das Pessimismus sein sollte, machen Sie das Beste daraus!

Eigenartigerweise bin ich jedoch in Wirklichkeit ein Optimist hinsichtlich seelischer Gesundheit. Ich habe Hunderte von Artikeln, Kapiteln und Bücher geschrieben, habe Dutzende von Kassetten aufgenommen zu dem Thema, welche enorme Fähigkeit die Menschen haben, über ihr Denken nachzudenken, Rationalität und die wissenschaftliche Methode zu verwenden und ihr emotionales Schicksal radikal zu kontrollieren und zu verändern – vorausgesetzt, sie arbeiten wirklich daran. Eines meiner Bücher trägt sogar den superoptimistischen Titel *How to Stubbornly Refuse to Make Yourself Miserable About Anything -Yes, Anything!* (Wie Sie sich hartnäckig weigern, unglücklich zu sein. mvg-Verlag.)[32]

Somit glaube ich in Übereinstimmung mit vielen humanistischen Autoren, dass der Mensch neben seinen mächtigen selbst-schädigenden und selbstdestruktiven Tendenzen auch mächtige selbstverändernde und selbstverwirklichende Kräfte hat. Ebenfalls vertrete ich die Ansicht, dass die REVT über beachtliche Techniken verfügt, um den Menschen zu zeigen, wie sie ihre selbstverwirklichenden Gedanken, Gefühle und Verhaltensweisen verstärken und die selbstsabotierenden minimieren können. Ich bin in dieser Hinsicht also ziemlich optimistisch!« [33]

Lassen Sie mich jedoch vor Größenwahn warnen. Ich wiederhole: Gegenwärtig scheinen die meisten Menschen eine ungeheure Tendenz zu haben – obwohl sie diese nicht unbedingt permanent haben werden –, bei sich selbst leicht eine emotionale Störung hervorzurufen und sie aufrechtzuerhalten. Daher finden sie es immer noch praktisch unmöglich, beständige geistige Gesundheit zu erlangen und aufrechtzuerhalten.

Wenn wir diese Realität nicht klar und entschlossen anerkennen, werden wir wahrscheinlich unsere besten Bemühungen behindern, damit fertig zu werden und es zu verändern.

Anmerkungen

1. Berne, 1966; de Shazer, 1987; Ellis, 1957b; Eysenck, 1952; Goldfried & Castonguay, 1993; Rosen, 1953; Shedler, Mayman, & Manis, 1993; Wolpe, 1990; Woolfolk, 1992.
2. Barber, 1961.
3. Hoch & Zubin, 1950; Hunt, 1944.
4. Solomon & Wynne, 1954.
5. J. Adler, 1994; Bellak, 1994; Breland & Breland, 1961; Carey & DiLalla, 1994; Cloninger, Svrakic, & Przybek, 1994; Ellis, 1965b, 1976a; Eysenck. 1967, 1992; Gazzinga, 1993; Gibson, 1994; Wegner, 1994.
6. Ellis, 1976a, 1991m; Pitkin, 1940; Tabori, 1959, 1961.
7. Maslow, 1954, 1968; Murphy, 1947; Schwartz, 1993.
8. Mark, 1962.
9. Selye, 1956.
10. Mark, 1962.
11. Bourland & Johnston, 1991; De Bono, 1991; Ellis, 1994c; FitzMaurice, 1990; Korzybski, 1933; Steinfeld, 1994; Wittgenstein, 1922.
12. Guidano, 1991; Kelly, 1955; Mahoney, 1991; G. Neimeyer, 1993; R. Neimeyer, 1993; Piaget, 1963.
13. Ellis, 1993c, 1993d, 1993f, 1993i, 1993l.
14. Ellis, 1990d.
15. A. Freud, 1937; S. Freud, 1965.
16. Ellis, 1976c.
17. Ellis, 1991i, l991m, 1992h, 1994a, 1994b; Frank & Frank, 1991; Frazer, L. 1959; Friedman, 1991; Hoffer, 1951; Korzybski, 1933; Levi-Strauss, 1962; Low, 1952; Pitkin, 1932; Watzlawick, Weakland, & Fisch, 1974; Watzlawick & Ellis, 1987.
18. A.Lazarus, 1985, 1989, 1990; Lazarus & Dryden, 1991; Lazarus, Lazarus, & Fay, 1993; Steinfeld, 1994.
19. Ellis, 1968b, 1983b, 1985b.
20. Ellis, 1972a, 1991a.
21. Japanese Association, 1989; Norcross, 1993a, 1993b; Norcross & Goldfried, 1992.
22. Dryden, 1994; Ellis, 1968b; Esterson, 1993; Gray, 1993; Grunbaum, 1993; Schwartz & Wolfe, 1958; Skinner, 1934; Wolpe, 1991.
23. Ellis, 1972h, 1977a, 1986c, 1986f; Ellis & Yeager, 1988; May, 1986; Schneider, 1987; Trimpey, 1992.

24. Watzlawick, Weakland, & Fisch, 1974.

25. Abelson, 1963.

26. Ellis, 1976a, 1977a, 1977b; Ellis & Harper, 1975; Hauck, 1974, 1977, 984; Maultsby, 1984.

27. Piaget, 1963; Korzybski, 1933.

28. Gazzinga, 1993.

29. Ainslie, 1974.

30. Ellis, 1979e, 1985b, 1986h, 1987a, 1987b, 1987g.

31. Ellis, 1979a, 1980a; Ellis & Whiteley, 1979; Maultsby, 1984.

32. Ellis, 1988e.

33. Assaglioli, 1965; Ellis, 1973b, 1991a; Maslow, 1954, 1986, 1973; May, Rogers, 1961; Steinfeld, 1994.

XII. Wege zum Glück

Während ich mich dem Ende dieser überarbeiteten Ausgabe von *Die rational-emotive Therapie* nähere, erkenne ich mit zunehmender Deutlichkeit, wie komplex das Gebiet der Psychotherapie geworden ist, vor allem im Vergleich mit meiner Sichtweise von 1955. Damals unternahm ich den herkulischen Versuch, einige der Hauptaspekte dieses Fachgebiets zu vereinfachen und effizienter zu machen. Denn dort, wo Freud und seine Schüler sowohl in der Theorie als auch in der Praxis viel zu kompliziert waren und die meisten ihrer Klienten zu Scheinerklärungen hinführten, weshalb sie eine Störung entwickelt hätten und was sie dagegen unternehmen könnten und damit (wie ich fand) mehr Schaden anrichteten als Gutes taten, waren andere Therapeuten oft übermäßig schlicht und einseitig und übersahen viele für die Linderung psychologischer Dysfunktionen wichtige Faktoren.

Carl Rogers beispielsweise betonte wundervoll, den Klienten uneingeschränkte positive Wertschätzung zu geben, war aber davon besessen, dass die Beziehung zwischen Klient und Therapeut das Allerwesentlichste für eine Persönlichkeitsveränderung sei. Fritz Perls erkannte, dass man besser einige radikal auf Erfahrung beruhende Methoden verwenden sollte, war aber vernünftigem Denken gegenüber allergisch. Alfred Adler war großartig darin, die Menschen zu einer Veränderung ihrer Grundannahmen zu überreden, war aber nicht sehr emotiv oder verhaltensbezogen. Carl Jung ermutigte umfassend zu Individuation und Selbstverwirklichung, war aber zu sehr in Mythen und Mystizismen verstrickt. B. F. Skinner war zu einseitig verhaltensbezogen.

Bis zu einem gewissen Ausmaß veränderten meine frühen Schriften all dies und förderten die Vorstellung, dass wir Menschen uns selbst tiefgreifend beeinträchtigen und oft irritieren mit 1. innersten dysfunktionalen Überzeugungen, 2. emotionalen Reaktionen und 3. dysfunktionalen Verhaltensweisen, die wir in Bezug auf die wenig wünschenswerten Aktivierenden Ereignisse (A's), die in unserem Leben auftreten (oder die wir hervorrufen), konstruieren und aufrechterhalten.

Da meine ursprünglichen Ideen zum ABC der Störung und zu den Interaktionen von Kognitionen, Emotionen und Verhaltensweisen sowohl bei der »Verursachung« dieser Störung als auch deren Linderung klarer und überprüfbarer waren als die Ansichten vieler anderer Therapeuten, wurde von den 60er-Jahren an eine enorme Anzahl von Untersuchungen von der Bewegung der kognitiven Verhaltenstherapie ins Leben gerufen. Meine eigenen Pläne, diese Untersuchungen zu unterstützen, wurden mangels Forschungsgeldern fast vollständig durchkreuzt, weil ich (zu meiner eigenen Überraschung) bald entdeckte, dass staatliche und andere Forschungsgelder fast ausschließlich akademischen Institutionen sowie Forschern, die mit derartigen Organisationen verbunden sind, bewilligt werden. Somit war das Institute for Rational-Emotive Therapy, das ich gegründet und immer geleitet habe, im Laufe der Jahre selten in der Lage, selbst wichtige Untersuchungen zu fördern.

Zum Glück hatten jedoch einige andere Forscher in der REVT und kognitiven VT reguläre akademische Positionen inne und führten viele beachtenswerte Untersuchungen durch im Reich der Einschätzung und Veränderung von Überzeugungen und der emotionalen und verhaltensbezogenen Störungen, die sie gewöhnlich begleiten. Und sie haben eine große Anzahl ihrer Studenten dazu ermutigt, Dissertationen und andere Studien auf diesen Gebieten zu verfassen. Um nur einige dieser Forscher zu nennen, zu ihnen gehören unter anderen Albert Bandura, Aaron Beck, Howard Berlow, Gerald Davison, Raymond DiGiuseppe, Marvin Goldfried, Leslie Greenberg, Fred Kanfer, Howard Kassinove, Michael Mahoney, Alan Marlatt, Donald Meichenbaum, Neil Jacobson, Robert Schwartz und Paul Woods.

Wie zu erwarten war, hat diese Forschung die REVT und die kognitive VT nicht nur zur wahrscheinlich am besten untersuchten Therapieform werden lassen, sondern hat auch zu vielen Theorien und Systemen geführt, die heute weit komplizierter sind als meine ursprünglich recht einfachen. Das ist gut so, da praktisch alle psychologischen Theorien und Praktiken im Verlauf ihrer Entwicklung weniger monolithisch und pluralistischer werden. Ganz gewiss ist dies bei der REVT und der kognitiven VT eingetreten. Tatsächlich gibt es heute so viele verschiedene Modelle der kognitiv-emotiven Verhaltenstherapie, von denen viele miteinander im Widerspruch liegen, dass es schwierig ist, ihnen geeignete Namen zu geben!

In den letzten Jahren ist einer der am weitesten entwickelten Aspekte der REVT und der kognitiven VT der der Selbsterfüllung oder Selbstverwirklichung. Wie üblich haben Philosophen diesen Aspekt bereits vor Tausenden von Jahren aufgebracht, da mehrere östliche Denker wie Konfuzius, Laotse und Gautama Buddha sich nicht nur bemühten, den Menschen ihre Störungen überwinden zu helfen, sondern ihnen außerdem beizubringen, wie sie ein glücklicheres Leben führen konnten. Epikur, Epiktet, Mark Aurel und andere griechisch-römische Philosophen hatten in dieser Hinsicht ebenfalls sehr große Erfolge zu verzeichnen.

Wegen meiner eigenen Leidenschaft für die Philosophie, und besonders für die Philosophie des Glücks, erklärten meine frühen Bücher zur

REVT nicht nur, wie man Unglück und Neurose abwehren konnte, sondern auch, wie man sich in der Sexualität, der Liebe, der Ehe und bei Familienangelegenheiten selbst erfüllen und verwirklichen kann. Die REVT hat also immer versucht, Klienten wie Nichtklienten zu zeigen, wie sie zwei bedeutende lebenslange Ziele erreichen: 1. sich eigensinnig zu weigern, sich selbst panisch, depressiv, selbst-hassend und wütend zu machen, wenn sie von echten Missliebigkeiten oder unglücklichen Aktivierenden Ereignissen heimgesucht werden, und 2. außerdem nicht hektisch weiter nach größeren, tieferen und dauerhafteren Freuden zu suchen. Wie der Epikurianismus eher als der Stoizismus ist auch die REVT eher ehrlich hedonistisch als asketisch. Doch pflichtet sie auch eher dem stoischen Prinzip des langfristigen als dem kurzfristigen Hedonismus bei: Minimiere den unnötigen Schmerz und maximiere die Freuden von heute – und von morgen[1].

In der modernen Zeit wurde die Idee der Selbstverwirklichung von vielen Theoretikern und Therapeuten, darunter Kurt Goldstein, Abe Maslow, Wilhelm Reich, Fritz Perls und Carl Rogers, verbreitet. Die REVT akzeptiert ihre Empfehlungen teilweise, neigt jedoch mehr zum Realismus als zur Romantik und modifiziert ihre Ansichten in mehreren wichtigen Punkten.

REVT und der sich selbst aktualisierende Mensch

Wie die meisten anderen Therapien hat die REVT zwei Ziele: erstens, Menschen dabei zu helfen, ihre emotionalen Blockierungen und Störungen zu überwinden; zweitens, ihnen behilflich zu sein, besser zu funktionieren, sich mehr zu aktualisieren und glücklicher zu sein, als sie es sonst wären[1]. An anderer Stelle habe ich die REVT-Ziele zur Nicht-Störung beschrieben, so dass ich hier einige der Ziele beschreiben möchte, die für einen besser funktionierenden oder sich selbst-aktualisierenden Menschen vermutlich wünschenswert sind[2].

Die wichtigsten Punkte in dieser Hinsicht übernehme ich von meinem Freund Ted Crawford, der an einer Theorie über den gut funktionierenden Menschen arbeitete und herausfand, dass die meisten Menschen gespalten oder zerrissen sind und eher nach dem entweder/oder-Schema denken, fühlen und handeln statt nach dem Sowohl-als-auch-Prinzip.

Der Ansatz von Crawford unterscheidet drei Phasen:

1. Identifiziere das »entweder/oder«.
2. Wandle das »entweder/oder« in ein »sowohl-als-auch« um.
3. Bemühe dich intensiv dieses »sowohl-als-auch« in Deine Gesamtpersönlichkeit zu integrieren, um auf diese Weise die (natürlichen) Ambi-

valenzen, die Paradoxien und die logischen Inkonsistenzen des »sowohl-als-auch« zu akzeptieren.
Die persönliche Annahme des »sowohl-als-auch« führt zu einer quasi »heilsamen« Beweglichkeit einer Person und erhöht ihre Möglichkeiten, sich selbst zu aktualisieren.

Aktives Wählen der Selbst-Aktualisierung

Ich habe einige Jahre mit Ted Crawford an seiner Theorie zur Selbst-Aktualisierung und ihrer Verbindung zur Rational-Emotiven Verhaltenstherapie (REVT) gearbeitet, und möchte daher jetzt seine neueste prägnante Version der fünf selbstaktualisierenden Eigenschaften vorstellen und dann weiter ausführen. Um volles Funktionieren zu einer festen Gewohnheit zu machen, sagt Ted, sollte man »bewusst das Ziel oder den Zweck wählen, besser zu funktionieren.«
Ja, die REVT ist der Auffassung, dass Menschen mit der starken Tendenz geboren und auch erzogen werden, sowohl sich selbst zu schädigen (z. B. durch das Ignorieren der Fähigkeit, voller zu funktionieren), als auch ihre selbstzerstörerischen Gedanken, Gefühle und Verhaltensweisen zu ändern, um zu einem volles Funktionieren zu kommen. Bis zu einem gewissen Grad (jedoch nicht vollständig) wählen sie emotional-verhaltensbezogene Störungen (oder Gesundheit) und wählen eingeschränktes (oder volles) Funktionieren. Für eine größere Aktualisierung ihrer selbst, sollten sie daher wählen, daran zu arbeiten – jawohl zu arbeiten – mehr Wachstum, Entwicklung und Glück zu erlangen.
Genauer gesagt, um sich selbst zu einem besseren Funktionieren zu bringen, sollten sich die Menschen fragen: »Was mag ich wirklich, und was nicht?« »Wie kann ich ausprobieren und entdecken, was ich fühle, was ich tun möchte und was nicht?« »Welches der Dinge, die ich mag (z. B. Rauchen) und die ich nicht mag (z. B. Sport) schaden mir wahrscheinlich im gleichen Maß wie sie mir Vergnügen bereiten?« »Was wird mir wahrscheinlich in der Zukunft gefallen, und was werde ich grässlich finden?« »Was tue ich, um meine Vorlieben zu verstärken und meine Abneigungen zu verringern?« »Wie kann ich durch meine Erfahrungswerte meine Auffassungen zutreffender machen?«
Durch die Beantwortung dieser Fragen und dann durch das Handeln entsprechend dieser Informationen können die meisten Menschen sich selbst in Richtung einer größeren Selbst-Aktualisierung vorantreiben.

Disputieren von absolutistischem Sollen und Müssen

Zweitens rät Ted Crawford, dass es für Menschen, die eine größere Selbst-Aktualisierung erlangen wollen, besser wäre, »absolutistisches

Sollen und Müssen zu disputieren oder auf andere Art loszuwerden«. Dies ist eine grundlegende Theorie und Praxis der REVT. Siehe dazu die vorangegangenen Kapitel.

Problemlösungen präferieren, aber nicht fordern
Wie Crawford betont, lassen sich Lösungen zur Selbst-Aktualisierung leichter finden, wenn Menschen »das Problem angehen, ohne eine Lösung zu fordern oder zu erwarten. Die Forderung, dass eine Lösung vorhanden sein sollte und muss, blockiert die Entwicklung hin zur Selbst-Aktualisierung«. Wenn Menschen ein selbstaktualisierendes Problem auf eine Sowohl-als-auch-Weise angehen, dann beobachten, vermuten oder erfinden sie eine Theorie, revidieren sie ihre Vermutungen auf eine flexible Weise und entwickeln daraus eine konstruktive »Lösung« oder auch neue Möglichkeiten[3].
Konkreter gefasst, Menschen müssen nicht unbedingt eine Lösung für das Problem ihrer Selbst-Aktualisierung finden. Wenn sie sich sagen: »Ich muss mich selbst aktualisieren! Ich darf nicht dabei versagen, zu einer perfekten Selbst-Aktualisierung zu gelangen!«, so ist dies gleichzusetzen mit der Aussage: » Ich darf nicht an einen rosa Elefanten denken!« Dann werden sie höchstwahrscheinlich an einen rosa Elefanten denken – und ihre Selbst-Aktualisierung blockieren. Der Gedanke, dass es notwendig ist, sich selbst zu aktualisieren, wird ihr Stellen und Beantworten von Fragen wie der o. g. stören. Diese Fragen aber werden sie dazu bringen, individuell zu entdecken, was die Selbst-Aktualisierung ist, wie man sie erlangen kann und wie man daran arbeitet, sie zu erlangen.

Toleranz gegenüber sich selbst und anderen
Crawford sagt, dass Menschen, die sich selbst aktualisieren möchten, »ein Problem als System erforschen sollten, ohne irgendjemandem Schuld für den Status Quo oder für dessen Widerstand gegen die gefundene ›Lösung‹ zu geben«.
Dadurch können sie beitragen, das System umzugestalten. In einer Partnerschaft tragen immer beide Personen zu einem Problem bei, da beide in Bezogenheit zueinander leben. Deshalb ist es oft günstig, das Beziehungssystem neu zu gestalten. Unglücklicherweise betrachtet ein jeder oft den anderen/die andere als für das Problem verantwortlich und versucht die Partnerschaftsprobleme dadurch zu lösen, dass Änderungen vornehmlich beim Gegenüber gefordert werden.
Wenn es zu einem Problem kommt, tragen alle Betroffenen zu der Situation (oder dem System), die das Problem schafft, bei – auch wenn sie keinem geschadet haben. Sie sind verantwortlich für das, was sie tun, je-

doch als Person nicht zu tadeln oder zu verdammen. In konkretere REVT-Begriffe gefasst, bedeutet dies:

1. Geben Sie keiner Person, Ihrer eigenen inbegriffen, die Schuld für irgend etwas. Erkennen Sie an, dass Sie (und andere) sich vielleicht ineffektiv oder überrestriktiv verhalten und dadurch für sich selbst und andere viele wichtige Ziele und Werte vereiteln. Aber beurteilen oder bewerten Sie nur das negativ, was Sie und die anderen tun, und sehen Sie aktiv davon ab, Ihr (oder deren) Selbst für schlechte Leistungen zu bewerten. Arbeiten Sie daran, ihr Selbst, ihre Menschlichkeit bedingungslos zu akzeptieren, egal ob sie Gutes leisten oder von anderen anerkannt werden[4].

2. Bewerten oder beurteilen Sie aus dem gleichen Grund, was ihr Problem bei ihrer Selbst-Aktualisierung ist. Wie gut arbeiten Sie an seiner »Lösung«? Wie gut sind Ihre »Lösungen«? Wie können Sie weiter an deren Verbesserung arbeiten? usw. Aber bewerten – und insbesondere verteufeln – Sie sich (und andere Menschen) nicht für die schlechten »Lösungen«, die Sie oder die anderen gefunden haben. Sie (und andere) mögen in Hinblick auf Ihre (und deren) Selbst-Aktualisierung schlecht gehandelt haben, und Sie mögen ihre »schlechten« Lösungen dazu verwenden, um »bessere« zu erarbeiten. Aber dies können Sie nicht, wenn Sie sich und die anderen für Ihre und deren Verantwortung für eine Selbst-Aktualisierung auf niedrigem Niveau beschuldigen.

3. Weil Sie davon absehen, Menschen zu verurteilen, werden Ihre Pläne und erzielten Leistungen bezüglich der Selbst-Aktualisierung sehr wahrscheinlich auf Dauer offen und veränderbar sein. Dies ist eines der Hauptmerkmale (man kann fast sagen eine der Hauptvoraussetzungen) einer voll funktionierenden Person. Gemäß den REVT-Vorstellungen erwägen und verwenden vernunftorientierte Menschen alternative, nicht starre Wege zum Glück und sind daher offen für eine immer wiederkehrende Reaktualisierung.

Überwinden von Zaudern und niedriger Frustrationstoleranz

Ted Crawford postuliert, dass gut funktionierende Menschen anstatt zu zaudern, die Herausforderung einer Situation annehmen, sobald dies möglich ist. Zaudern hingegen verzögert in der Regel in bedeutendem Maße die Entwicklung einer derartig festen Einstellung. Konkreter gefasst, fügt die REVT seiner Haltung gegen das Aufschiebeverhalten hinzu:

1. Sie sabotieren zusätzlich Ihre emotionale Gesundheit und maximale Erfüllung, wenn Sie, nachdem Sie sich selbst und andere verdammt haben, darüber hinaus Ihrer niedrigen Frustrationstoleranz nachgeben (LFT – low frustration tolerance). Wenn Sie immer glauben, das Leben

sei zu schwer, fügen Sie der Störung Ihres Ego noch eine Störung des Wohlfühlens hinzu. Sie vergrößern hierdurch Ihre Frustrationen und Ihren Verdruss[5].
2. Zaudern und eine niedrige Frustrationstoleranz machen Sie nicht nur dysfunktional und unglücklich, Sie blockieren außerdem Ihre Fähigkeit, REVT und andere effektive Therapien zu erlernen und anzuwenden. Der Haken an der Sache ist: Jammern über die unschönen Seiten des Lebens schafft eine niedrige Frustrationstoleranz, und diese führt dann wieder zu vermehrtem Jammern und sabotiert eine selbst-aktualisierende Veränderung![6]

Eigenschaften selbst-aktualisierender Menschen
Die Auffassung der REVT über Selbst-Aktualisierung deckt sich,teilweise mit derjenigen anderer Ansätze wie z. B. dem von Carl Rogers und Abraham Maslow, die in anderen Bereichen wiederum stark von der REVT abweichen. Aber die Auffassung der REVT spiegelt auch die Ideen von Alfred Korzybski, dem Begründer und von S. I. Hayakawa, dem Verbreiter der »General Semantics« wieder, einer Gedankenschule, die der REVT nahe steht und die sie in bedeutendem Maße beeinflusst hat. Wie Hayakawa ausführt, sind einige der Haupteigenschaften eines gut funktionieren Menschen, die von Maslow, Rogers und der »General Semantics« bekräftigt werden und mit denen die REVT übereinstimmt, folgende:

1. *Nichtkonformität und Individualität.* Im umfassenden Sinne funktionierende Menschen (MFFPs/more fully functioning persons) sind nicht »voll angepasst« an die jeweilige soziale Gruppe, rebellieren aber auch nicht ausgesprochen gegen sie. »Der semantisch gut orientierte Mensch sorgt sich primär um das Territorium und nicht um die Landkarte, er sorgt sich eher um die soziale Wirklichkeit als um die soziale Fassade.« Die REVT hat immer eine vernünftige Nichtkonformität und Individualität in Bezug auf Sex, Liebe, Ehe, Beruf, Freizeit und andere wichtige Bereiche unterstützt. Seit Anbeginn ist sie eine höchst unkonventionelle Form der Psychotherapie und wird auch in jüngster Zeit von der eher konventionellen kognitiv-verhaltenstherapeutischen Bewegung als eine der führenden Therapien akzeptiert.

2. *Selbst-Aufmerksamkeit und Selbst-Akzeptanz.* MFFPs sind sich ihrer eigenen Gefühle bewusst, versuchen nicht, sie zu unterdrücken, richten sich oft nach ihnen, und selbst wenn sie letzteres nicht tun, sind sie in der Lage, sie in ihr Bewusstsein dringen zu lassen. In REVT-Begriffen heißt dies: Sie erkennen ihre negativen Gefühle (z. B. Angst und Wut) an, lassen sie aber nicht notwendigerweise nach außen durchdringen. Sie

bemühen sich oft, sie zu ändern, wenn sie unangemessen und selbstschädigend sind. Sie »kennen sich«, wissen aber auch, wie wenig sie über sich wissen[8].

3. *Akzeptieren von Zweideutigkeit und Unsicherheit.* MFFPs akzeptieren Zweideutigkeit, Unsicherheit, das Unbekannte, das Ungefähre und ein gewisses Maß an Unordnung. »Emotional reife Menschen akzeptieren die Tatsache, dass wir in einer Welt von Wahrscheinlichkeit und Zufall leben, in der es weder absolute Notwendigkeiten noch vollkommene Gewissheit gibt, und auch wahrscheinlich niemals geben wird. Das Leben in einer solchen Welt ist nicht nur erträglich, sondern kann sogar unter den Gesichtspunkten Abenteuer, Lernen und Streben auch sehr aufregend und erfreulich sein«[9].

4. *Toleranz.* MFFP's reagieren auf Gemeinsames ebenso wie auf Unterschiedlichkeiten. Sie erkennen durchaus, dass sich Dinge und Sachverhalte unterscheiden können, selbst wenn sie den gleichen Namen tragen. Für sie sind nicht alle Bäume grün, nicht jede Erziehung gut und nicht die gesamte Gentechnologie oder Kernenergie von Übel. Die REVT-Version lautet: »Emotional gesunde Menschen sind intellektuell flexibel, tendieren dazu, jederzeit einer Veränderung aufgeschlossen gegenüberzustehen und neigen dazu, die unendliche Vielfalt der Menschen, Ideen und Dinge in der Welt um sie herum nicht engstirnig (oder zumindest weniger engstirnig) zu sehen«[10].

5. Akzeptieren der menschlichen Animalität. MFFP's akzeptieren ihre eigene physische und »animalische« Natur sowie die der anderen und ekeln sich selten vor Körperausscheidungen, Gerüchen oder Körperfunktionen. In Worten der REVT ausgedrückt: Sie mögen verschiedene Empfindungen und Gefühle vielleicht nicht, sehen aber davon ab, deswegen etwas übermäßig schrecklich zu finden[11].

6. *Hingabe und hohes Vergnügen.* MFFP's tendieren dazu, Tätigkeiten (z. B. Arbeit) und Sport (z. B. Golf) als Ziel oder Vergnügen um ihrer selbst zu genießen und nicht einfach bloß als Mittel zum Zweck zu sehen (z. B. Arbeiten, um Geld zu verdienen oder Golf spielen der Gesundheit wegen). In der Darstellungsweise der REVT ausgedrückt: Hingabe an Menschen, Dinge oder Ideen, hauptsächlich weil Menschen völlig in Anspruch genommen und sich einer Sache widmen wollen, stellt einen der zentralen Aspekte emotionaler Gesundheit und Glück dar. Ich und Robert Harper haben es ganz deutlich gutgeheißen, dass Menschen sich einem langfristigem, vitalen, in Anspruch nehmenden Interesse widmen, um maximale Erfüllung und Glück zu erlangen[12].

7. *Kreativität und Originalität.* Maslow, Rogers, Hayakawa sowie viele andere Fachleute zeigen, dass voll funktionierende Persönlichkeiten in Bezug auf künstlerische als auch auf gewöhnliche Probleme normalerweise innovativ, kreativ und originell sind. In REVT-Begriffen: Sie tendieren dazu, eher selbstgesteuert als fremdgesteuert, eher originell als konformistisch, eher flexibel als starr zu sein und »sie scheinen ein zufriedeneres Leben zu führen, wenn sie zumindest einem bedeutenden kreativen Interesse nachgehen.«[13]

8. *Soziales Interesse und ethische Verantwortung.* Indem er Korzybski, Maslow und Rogers bestätigt, formuliert Hayakawa, dass MFFPs zutiefst ethisch handeln, vertrauenswürdig sind sowie konstruktiv und sozial verantwortlich reagieren. Die REVT folgt hier der Position Adlers und drückt ihre Ansicht so aus: »Emotional und geistig gesunde Menschen neigen dazu, rücksichtsvoll und fair anderen gegenüber zu handeln; sie vermeiden es, diesen anderen unnötigerweise zu schaden, sie engagieren sich selbstlos bei gemeinsamen Vorhaben und Initiativen und sie genießen nachhaltig ein bestimmtes Ausmaß an interpersonalen – und Gruppenbeziehungen[14].

Lassen Sie mich die o. a. Eigenschaften zur Selbst-Aktualisierung durch ein paar zusätzliche Charakterzüge abrunden, die sich mit den gerade genannten teilweise decken, und noch andere Aspekte zum vollen Funktionieren hinzufügen sowie einige Punkte wiederaufgreifen, die Ted Crawford schon genannt hat.

9. *Aufgeklärtes Selbstinteresse.* Gesunde und genießende Menschen sind ehrlich gegenüber sich selbst und gegenüber anderen, denken oft zuerst an sich, setzen in der Regel ein paar ausgewählte andere Menschen an die zweite Stelle, und den Rest der Welt nicht allzuweit dahinter. Ihr Selbstinteresse ist in der Hauptsache darauf ausgerichtet, zu genießen und nicht, sich zu beweisen[15].

10. *Selbststeuerung.* MFFPs leben in Bezogenheit zu anderen und unterstützen bzw. erbitten manchmal Hilfe von anderen, planen und entwerfen ihr Leben aber dennoch weitgehend selbst (wenn auch in einem sozialen Kontext). Sie brauchen für ihre Effektivität und ihr Wohlbefinden keine übergroße Unterstützung von außen[16].

11. *Flexibilität und wissenschaftliche Einstellung.* Wissenschaft orientiert sich nicht nur an empirischen Daten und Logik, sondern sie ist auch, wie Popper, Russell, Wittgenstein, Bartley und andere Wissenschaftsphilosophen gezeigt haben, in sich selbst vorurteilslos und flexibel. Wie die REVT betont, schaffen Menschen ihre Neurosen durch ri-

gide, imperative Muss- und Sollte-Forderungen weitgehend selbst. Umgekehrt sind sie bedeutend weniger neurotisch und damit selbstaktualisierend, wenn sie ihre dogmatischen, bedingungslosen Muss-Forderungen wissenschaftlich, d. h. realistisch, disputieren und in Vorlieben und Wünsche umwandeln[17].

12. *Bedingungslose Selbstakzeptanz.* Rogers und Tillich betonen gleichlautend eine bedingungslose Selbstakzeptanz. Die REVT war von Anfang an der Auffassung, dass Menschen selten ohne Störungen sind und Selbsterfüllung finden, es sei denn sie bewerten nur ihre Handlungen und Leistungen und nicht ihr globales »Selbst«. Sie können stattdessen wählen, »sich selbst« zu akzeptieren, egal ob sie Gutes leisten oder nicht, von wichtigen anderen Menschen anerkannt werden oder Defizite und Behinderungen aufweisen[18].

13. *Eingehen von Risiken und Experimentieren.* Selbst-Aktualisierung ohne das Eingehen von Risiken und ohne Experimentieren ist praktisch undenkbar. Menschen sollten mit vielen Aufgaben, Vorlieben und Projekten experimentieren, um herauszufinden, was sie wirklich wollen und was nicht, und sie sollten immer neue Niederlagen und Rückschläge riskieren, um tiefergehende, umfassende Genüsse zu erlangen[19].

14. *Langfristiger Hedonismus.* Seit ihren Anfängen 1955 schreibt die REVT, dass kurzfristiger Hedonismus – »Iss, trink und lass' dir's wohlsein, denn morgen könntest du sterben!« – klare Grenzen hat, denn morgen wirst du wahrscheinlich noch leben – mit einem Kater! Daher kann maximale Selbst-Aktualisierung weitgehend dadurch erreicht werden, dass Menschen auf intensives und extensives Vergnügen heute und morgen abzielen. Wo ersteres (wie bei vielen Abhängigkeitserkrankungen) letzteres sabotiert, sollte unmittelbare Belohnung oft lieber vermieden werden und langfristiger Hedonismus gesucht und ermutigt werden[20].

Die drei Haupteinsichten, welche die REVT anstrebt, sind folgende:
(1) Übernehmen Sie die Verantwortung dafür, dass Sie Störungen bei sich selbst hervorgerufen haben, und ziehen Sie sich nicht aus der Affäre, indem Sie die Schuld hauptsächlich anderen geben.
(2) Stellen Sie sich der Tatsache, dass ihre frühen Störungen nicht automatisch ihre Störungen von heute hervorrufen.
(3) Weder Wunder noch magische Kraft werden Sie verändern, sondern nur Ihre eigene kontinuierliche Arbeit und Praxis – jawohl Arbeit und Praxis. Entsprechendes gilt für die Selbst-Aktualisierung[21].
Die REVT-Auflassung von Selbst-Aktualisierung stimmt in vieler Hinsicht mit derjenigen anderer therapeutischer Richtungen überein. So

zeigte eine an 610 klinischen Psychologen durchgeführte Studie, dass alle fünf Hauptrichtungen – Psychoanalyse, Behaviorismus, die humanistisch existentielle, die eklektische und die Kognitive Therapie – eine grundlegende Übereinstimmung hinsichtlich der Bedeutung von Selbstwertentwicklung, Selbsterforschung und ausprobierenden Aktivitäten bei der persönlichen Veränderung aufweisen[22].

Jene Eigenschaften der Selbst-Aktualisierung, welche die REVT möglicherweise stärker als viele andere führende Psychotherapien betont, sind Flexibilität und eine »wissenschaftliche« Herangehensweise an die Realität, Selbst-Akzeptanz anstelle von Selbstwertgefühl sowie langfristiger Hedonismus. Um das Ziel einer voller funktionierenden Persönlichkeit aktiv zu erreichen und nicht nur verbal zu formulieren, macht sie folgende Vorschläge:

(1)Selbst-Aktualisierung aktiv wählen.

(2) Infragestellen absolutistischer Sollte- und Mussforderungen, die ihr Erreichen blockieren.

(3) Das Lösen von selbst-aktualisierenden Problemen vorziehen, aber nicht fordern.

(4) Toleranz sich selbst und anderen gegenüber.

(5) Überwinden von Aufschiebeverhalten und niedriger Frustrationstoleranz.

(6) Einordnen der Entwicklungsaufgaben in ein Gefüge von Teilen, die von Zeit zu Zeit neu zusammengefügt werden sollten.

(7) Von der entweder/oder-Einstellung zur Sowohl-als-auch-Einstellung gelangen – einschließlich Ambivalenz, Widersprüchlichkeit, Inkonsistenz, Verwirrung etc., und dann hinarbeiten auf eine integrierte Gesamtheit.Das entweder/oder leugnet Teile der Realität. Sowohl-als-auch-Einstellungen kommen der Wirklichkeit näher und sollten deshalb vorgezogen werden.

Abschließend soll noch einmal ausdrücklich betont werden, dass sich die REVT keineswegs gleichgültig gegenüber den Glücksansprüchen der Menschen verhält. Wir streben die Emanzipation des Individuums in dieser Welt an. In diesem Sinne soll sich der Mensch bemühen, aus seinem Leben- dem einzigen, von dem wir sicher wissen, dass es uns beschieden ist – soviel Freude und Genuss als immer möglich zu ziehen. Wenn er dabei die Begrenzungen berücksichtigt, die ihm durch die physische und soziale Welt auferlegt sind, vermag er seinem Lebensglück nahezukommen.

Anmerkungen

1. Bernard, 1991, 1993; Bernard & Wolfe, 1993; Dryden, 1994a, 1994b; Ellis, 1957a, 1957b, 1958a, 1958b, 1960, 1962b, 1963a, 1965a, 1965c, 1969b, 1971, 1972f, 1972g, 1973b, 1973c, 1974b, 1975a, 1976b, 1979d, 1991a; Walen, DiGiuseppe, & Dryden, 1992; Yankura & Dryden, 1990.
2. Crawford & Ellis, 1989; Ellis, 1957a, 1967, 1972a, 1972e, 1973b, 1973c, 1973d, 1973e, 1983a, 1985b, 1988e, 1991a.
3. Crawford, 1990.
4. Bernard, 1993; Bard, 1987; Bone, 1968; Burns, 1994; Ellis, 1957a, 1972e, 1973b, 1976c, 1988e; Ellis & Becker, 1982; Ellis & Harper, 1975; R. Franklin, 1993; Hauck, 1992; T. Miller, 1987; Mills, 1993; Tate, 1993.
5. Crawford, 1990; Ellis, 1979a, 1980a, 1988e; Ellis & Abrams, 1994; Ellis & Dryden, 1987, 1990; Ellis & Velten, 1992.
6. Dryden, 1994a; Dryden & Gordon, 1993; Ellis, 1979a, 1980a, 1983b, ,983c, 1985b, 19931; Ellis & Knaus, 1977; Hauck, 1974; Knaus, 1974, 1983.
7. Bernard, 1993, 1993; Bernard & DiGiuseppe, 1979b, 1989; Dryden, 1984, 1994; Ellis, 1962b, 1963a, 1965b, 1969b, 1976d; Ellis & Dryden, 1987, 1990; Hayakawa, 1968; Maslow, 1954; Weinrach, 1980; Wiener, 1988.
8. Hayakawa, 1968; Ellis & Abrams, 1994; Ellis, Abrams & Dengelegi, 1992; Ellis & Velten, 1992.
9. Ellis, 1968a, 1983a, 1991a; Hayakawa, 1968.
10. Ellis, 1983a; Ellis & Dryden, 1987, 1990, 1991.
11. Ellis, 1972g, 1988e; Ellis & Dryden, 1987; Ellis & Harper, 1975; Maslow, 1954; Perls, 1969.
12. Csikszentmihalyi, 1990; Ellis & Dryden, 1991; Ellis & Harper, 1961a, 1975; Hayakawa, 1968; Maslow, 1954.
13. Ellis, 1983a; Fromm, 1941; Hayakawa, 1968; Horney, 1950; Maslow, 1954; Rogers, 1961.
14. Adler, 1964a, 1964b; Ellis, 1983a, 1994e; Hayakawa, 1968; Maslow, 1954; Rogers, 1961.
15. Ellis, 1967a, 1983a, 1988e.
16. Adler, 1927; Ansbacher, 1971; Dreikurs, 1974; Ellis, 1957a, 1965a, 1973b, 1988e; 1990e, 1991e, 1992g.
17. Bartley, 1982; Ellis, 1973b, 1988e, 1989a; Ellis & Becker, 1982; Ellis & Harper, 1975; Popper, 1962, 1984; Russell, 1965; Wittgenstein, 1922.
18. Bandura, 1986; Bernard, 1991, 1993; Branden, 1968; Crawford, 1990; Ellis, 1957a, 1967, 1972e, 1973b, 1988e, 1992c; R. Franklin, 1993; Hauck, 1992; T. Miller, 1987; Mills, 1993; Rogers, 1961; Tillich, 1953.
19. Ellis, 1967a, 1973b, 1988e.
20. Ellis, 1957a, 1979a, 1980a, 1988e; Ellis & Knaus, 1980.
21. Ellis, 1973b, 1988e; Ellis & Abrams, 1994; Ellis & Dryden, 1987, 1990. Ellis & Harper, 1975; Ellis & Velten, 1992.
22. Mahoney, Norcross, Prochaska, & Missar, 1989.

XIII. Die Rational-Emotive Verhaltenstherapie (REVT) im Licht der postmodernen Philosophie

Ich habe die Rational-Emotive Verhaltenstherapie (REVT) immer als stark philosophisch ebenso wie sehr psychologisch betrachtet. Erstens habe ich viele ihrer grundlegenden Voraussetzungen und Theorien von Philosophen adaptiert: von den alten, unter anderen Konfuzius, Gautama Buddha, Epikur, Epiktet und Mark Aurel, und von den modernen Philosophen etwa Hume, Kant, Schopenhauer, Emerson, Thoreau, Dewey, Santayana, Heidegger, Sartre, Russell, Korzybski und Popper.
Obwohl die REVT schon immer ausgesprochen verhaltensbezogen war und stark emotiv-evokative Methoden bevorzugt, um den Menschen bei der Veränderung ihrer dysfunktionalen Ideen, Gefühle und Handlungen zu helfen, hat sie zweitens immer betont, dass die Klienten durchlaufen, was in der REVT eine tiefgreifende philosophische Veränderung genannt wird. Gemeint ist vor allem die Übernahme und Konstruktion starker Wünsche und Präferenzen, wobei zu vermeiden ist, diese autistisch und grandios in dogmatische, absolutistische »Muss« und Forderungen zu verwandeln. In diesem Sinn überschneidet sich die REVT mit dem gewöhnlich Wissenschaft oder wissenschaftliche Methode Genannten – weil »Wissenschaft« keine Absolutheiten billigt (obwohl sie Bedeutungen und Werte hat), Theorien und Abstraktionen zusammen mit logisch-empirischen und anderen Untersuchungen ihrer Hypothesen verwendet und nach praktischen, ständig veränderbaren »Lösungen« menschlicher Probleme strebt.
Dies hat für die REVT im Grunde schon immer gegolten und gilt immer noch. Jedoch hatte ich sie ursprünglich auf der Grundlage des logischen Positivismus geschaffen, einer modernen wissenschaftlichen Sichtweise, die in den 50er-Jahren in den USA und in Europa vorherrschte. Seitdem wurde der logische Positivismus unter dem Einfluss der Werke von Ludwig Wittgenstein, Karl Popper, N. R. Hanson, T. S. Kuhn, Gregory Bateson, Richard Rorty, W. W. Bartley, P. Feyerabend und anderen wissenschaftlichen Philosophen teilweise durch nicht-positivistisches oder postmodernistisches Denken ersetzt, und zwar sowohl in den Geisteswissenschaften (Jacques Derrida, Frederick Hayek, M. Foucault, Jürgen Habermas etc.) als auch in der Psychologie (George Kelly, Ron Harré, Kenneth Gergen, Jerome Bruner, Michael Mahoney, Vittorio Guidano, Robert und Greg Neimeyer etc.).
Wo steht die REVT im Hinblick auf die Postmoderne?

Die Postmoderne und die REVT

Die REVT stimmt mit den Vertretern der Postmoderne darin überein, dass es keinen objektiven Standpunkt gibt, von dem aus man beurteilen könnte, ob etwas absolut wahr ist. Doch stimmt sie auch mit Richard Rorty und Carl Bereiter darin überein, dass zwar alle Theorien und sogar »Tatsachen« menschliche Konstruktionen sind, wir es aber aus praktischen Gründen zeitweilig als gegeben ansehen können, dass das eine Wissen wahrscheinlich »besser« ist als das andere. Es ist also »besser«, bei elektrischem Licht zu arbeiten als bei Kerzenlicht – aber nicht immer und nicht für jeden Zweck.

Wenn – so die REVT – der Therapeut und seine Klienten eine Verringerung von Panik und Depression als gemeinsam vereinbarte Ziele auswählen (die sie natürlich auch nicht wählen können), wenn der Therapeut diesen Klienten aktiv-direktiv mehrere REVT-Methoden beibringt, die vermutlich ihre Panik und Depression minimieren können, und wenn die Klienten beträchtlich daran arbeiten, diese Methoden zu befolgen, dann wird die Erfolgsquote signifikant besser sein, als wenn keine REVT-Metoden angewandt werden. Die REVT setzt nicht voraus, dass Panik und Depression objektiv schlecht seien und dass die REVT-Methoden zu ihrer Minimierung für alle Klienten jederzeit faktisch gut seien.

Die REVT setzt aber voraus, dass die »mussturbatorischen« Überzeugungen der Menschen (»Ich muss bei Aufgaben erfolgreich sein, die ich für wichtig halte!«) oft (nicht immer) spürbar zu Angst und Depression beitragen und dass ihre Umwandlung in Präferenzen (»Ich würde bei Aufgaben, die ich für wichtig halte, sehr gern erfolgreich sein, kann mich selbst aber immer noch akzeptieren und Freude haben, wenn nicht«) vielen (nicht allen) Menschen manchmal (nicht immer) helfen wird (wenn sie eine derartige Umwandlung tatsächlich verwirklichen). Die REVT vertritt weder die Ansicht, dass perfektionistische Forderungen zu Angst und Depression führen *müssen*, noch dass deren Aufgabe zu einer Verbesserung führen *muss*.

Die REVT stellt (gegenwärtig) die Hypothese auf, dass Menschen, die leicht, ernstlich und dauerhaft in Panik und Depression geraten, oft (nicht immer) eine biologische und entwicklungsgeschichtliche Tendenz zu Störungen haben und dass man deshalb oft (nicht immer) lieber mit geeigneten Medikamenten und mit Psychotherapie versuchen sollte, ihre emotionalen Probleme zu lindern. Sie setzt voraus, dass sich diese Menschen hinsichtlich ihrer biosozialen Tendenzen zur Störung und in ihren Neigungen, Nutzen aus einer Behandlung zu ziehen, und in ihrem Hang, Methoden zu befolgen, die auszuprobieren sie einwilligen, beträchtlich unterscheiden. Die REVT ermutigt die Klienten aktiv-direktiv, die »besten« Methoden, die sie und ihr Therapeut vorschlagen, durchzuführen, jedoch auf experimenteller, nicht auf dogmatischer oder zwanghafter Basis.

Die REVT stimmt mit Carl Bereiter darin überein, dass die Vertreter der Postmoderne Recht haben mit der Feststellung, dass Fortschritt, einschließlich wissenschaftlicher Fortschritt, nur für spezielle, nicht für allgemeine Theorien in Anspruch genommen werden kann[1]. Wenn wir die REVT anwenden, vertreten wir die Ansicht, dass eine bestimmte Methode – -beispielsweise den Klienten zu zeigen, wie sie ihre irrationalen Überzeugungen disputieren können – dieses eine Mal und viele andere Male funktionieren könnte, es jedoch nicht notwendig immer muss, und dass sie wahrscheinlich bei diesem Klienten zu dieser Zeit funktionieren wird, jedoch kaum für alle Klienten zu jeder Zeit. Ebenso wie die REVT den Klienten zeigt, dass die Überzeugung: »Ich darf absolut keine ›Muss‹ verwenden!« oft selbst-schädigend ist, zeigt sie auch ihren Praktikern, dass es keinen Grund gibt, weshalb sich ihre »besten« Techniken bei einem bestimmten Klienten als jederzeit wirksam erweisen müssen.

Bereiter weist darauf hin, dass die Wissenschaft keine absolute oder objektive »Realität« braucht, an der sie ihre Theorien erproben könnte, bringt aber eine spezielle Verpflichtung zu konsequent logischem Denken auf ein »besseres« oder »progressiveres« Verständnis hin mit ein. Dieses logische Denken ebenso wie der Prozess des logischen Denkens selbst können jedoch immer in Frage gestellt werden. Die REVT ist offen für: 1. die Überprüfung ihrer gegenwärtigen Methoden, um zu sehen, wie wirksam sie sind, die Ziele von Klient und Therapeut zu erreichen, 2. ihre Wirksamkeit bei verschiedenen Klienten unter verschiedenen Bedingungen zu bestimmen, 3. ihre Wirksamkeit an Menschen aus verschiedenen Kulturen zu erforschen, 4. zu schauen, ob sie ihre Wirksamkeit über die Jahre hinweg verändern. Um diese Wirksamkeit der Methoden zu überprüfen, ermutigt die REVT zu einem beständigen Gespräch zwischen Klienten und Therapeuten, unter REVT-Therapeuten sowie zwischen REVT- und Nicht-REVT-Therapeuten und zwischen den Klienten und ihren Verwandten, Freunden und Kollegen.

Obwohl die REVT etwas autoritativ ist – weil sie Methoden verwendet, von denen die Therapeuten glauben, dass sie nützlicher seien als andere Methoden und die bei sich selbst anzuwenden sie den Klienten daher unterweisen –, ist sie nicht autoritär. 1. Weil sie manche Techniken eher versuchsweise verwendet. 2. Weil sie manchmal Techniken verwendet, die nicht der REVT entstammen, wenn die üblichen nicht zu wirken scheinen. 3. Weil sie verschiedene REVT-Methoden bei verschiedenen Menschen anwendet. 4. Weil sie jede Therapiesitzung, wie Aubrey Yates es vor Jahren für eine gute Verhaltenstherapie vorschlug, als ein Experiment betrachtet, dessen Ergebnisse nur teilweise vorhersagbar sind und dessen Verfahrensweisen folglich später in derselben Sitzung oder in folgenden Sitzungen geändert werden können[2]. 5. Weil sie ihren Klienten häufig rät, die kognitiven, emotiven und verhaltensbezogenen Hausaufgaben versuchsweise durchzuführen, um herauszufinden, welche stärker wirken und welche weniger wirksam sind.

Die REVT, der Konnektionismus und die situationsbezogene Kognition

Stephen Hayes und seine Kollegen sind kürzlich für den Assoziationismus oder die unvermeidbare Wechselbeziehung zwischen dem Individuum und seinem Umfeld eingetreten, da sie dies für eine wissenschaftlichere Möglichkeit halten, die Menschen und ihre Probleme zu betrachten, als sie in einer psychischen und sozialen Dualität zu sehen[3]. Eric Bredo verwendet, wenn er einen an John Dewey orientierten Pragmatismus in der Pädagogischen Psychologie vertritt, den Begriff *Situationskognition* (situated cognition), um zu zeigen, dass bei der Symbole verarbeitenden Sichtweise der Kognition der Geist im Allgemeinen als im Kopf befindlich gedacht wird und dass die Symbole im Kopf dann als Modell für Objekte in der externen Welt stehen. Doch in der Situationskognition, wie sie von John Dewey zu Beginn des 20. Jahrhunderts vorgestellt wurde, ist der Geist ein Aspekt der Interaktion Person–Umfeld selbst. Dewey erkannte, dass eine einseitige, erstarrte Sichtweise von Natur/Erziehung oder von Individualismus/Geselligkeit ein kindisches Bedürfnis nach Sicherheit in einer unsicheren Welt darstellte, und vertrat daher, wie später auch Alfred Korzybski, eine Sowohl-als-auch-Haltung. Er bemühte sich darum, den Verstand in der Erfahrung unterzubringen statt außerhalb[4]. Mit einem Symbole verarbeitenden Ansatz werden Sprache und Realität, Geist und Körper sowie das Individuum und die Gesellschaft als gespaltener Dualismus betrachtet. Doch wird angenommen, dass es einen äußeren Betrachter gibt, der die Dinge aus einem festen und nicht in Frage gestellten Rahmen heraus betrachtet, und diese angenommene fixierte Orientierung hat von Anfang an Blindheit und Vorurteile mit eingebaut. Somit kann vorausgesetzt werden, dass Gott immanent ist und dass alle Materie und Lebewesen durch Seine Augen gesehen werden (wie George Berkeley voraussetzte). Doch ist dies ein unbeweisbares und unwiderlegbares Vorurteil, das man kaum als »legitime« oder »wissenschaftliche« Sichtweise der Welt verwenden kann.

Die kognitive Sichtweise der Situation setzt andererseits voraus, dass unser menschliches Vokabular oder die Art und Weise, wie wir etwas definieren, eher aus dem Prozess des Handelns und Fragens entstehen kann als von außen gegeben zu sein. Wie Bredo bemerkt: »Statt einen Menschen als in einem Umfeld befindlich zu betrachten (›wie eine Kirsche in einer Bowle›, wie Dewey es einst ausgedrückt hat), werden die Aktivitäten von Person und Umgebung als Teile eines wechselseitig konstruierten Ganzen gesehen. Die Innen-außen-Beziehung zwischen Person und Umgebung, die in einer Symbole verarbeitenden Sichtweise gewöhnlich vorausgesetzt wird, wird durch eine Teil-Ganzes-Beziehung ersetzt. Diese Verschiebung der Sichtweise wird plausibler gemacht, indem man Person und Umfeld hinsichtlich ihrer Beiträge zu einer Aktivität betrachtet und nicht als getrennte Entitäten.«
Im Anschluss an Dewey weist Bredo auch darauf hin, dass wir von Konzepten als Werkzeuge denken, das Lernen als einen fortlaufenden, lebenslangen Prozess sehen, der aus dem Handeln in Situationen folgt (wie Brown, Collins und Duguid es beschreiben), die »Psyche« als ein Gewirr widersprüchlicher und unterbrochener Gewohnheiten betrachten und nicht nur einfach als etwas, das sich im Kopf abspielt, und mögliche Lösungen als Ideen sehen, die erst verifiziert werden müssen[5].
Die REVT, die die Kognition stärker betont als die meisten anderen Therapieformen, akzeptiert dieses Konzept der Situationskognition und stimmt mit Dewey und Bredo darin überein, dass die »Psyche« widersprüchliche Gewohnheitsmuster, geschichtliche Prozesse sowie vergangene und gegenwärtige Handlungen umfasst, und nicht nur einfach etwas ist, das sich im Kopf abspielt. Aktives Problemlösen – einschließlich von Psychotherapie – beginnt mit den gegenwärtigen »gestörten« Bedingungen, die von Therapeut und Klient auf beliebige Art und Weise interpretiert werden können (statt sie willkürlich als *das* Problem vorzudefinieren). Und mögliche therapeutische »Lösungen« für die »Störung« werden gemeinschaftlich ausprobiert und im Alltagsleben des Klienten aktiv getestet, um zu erkennen, ob sie dazu beitragen, das Leiden des Klienten zu lindern.
Bredo stellt fest, dass es in Erziehung und Wissenschaft »die fortgesetzte Offenheit gegenüber neuen Interpretationen ist, was wirkliche Beziehungen – jene, die nicht tot oder verdummend sind – weiterbestehen lässt.« Genauso ist es mit der »wirksamen« Therapie, einschließlich der »wirksamen« REVT. Es wird angenommen, dass eine Interpretation von Therapeut und Klient und die darin enthaltene Handlung stimmig ist, was bedeutet, für einige der Hauptschwierigkeiten des Klienten korrigierend. Doch es wird nicht behauptet, dass dies die einzige richtige

Interpretation ist und später modifiziert -oder sogar vollkommen aufgegeben – werden kann.
Jedoch steht die REVT der extremen Betonung auf narrativem Wissen, auf das In-Sprache-Fassen und auf therapeutischer Reflexivität skeptisch gegenüber, die von den existentialistischen Therapeuten (wie Carl Rogers, Rollo May und James Bugental), kognitiv-konstruktivistischen Therapeuten (wie Michael Mahoney und Vittorio Guidano) und von postmodernen Therapeuten (wie verschiedene Autoren in dem Sammelband *Therapy as Social Construction* von Sheila McNamee und Kenneth Gergen) vertreten wird. Diese Therapeuten sind wunderbar aufgeschlossen für die Ansichten und Ausdrucksformen ihrer Klienten und sehen deren Probleme als Interaktionen zwischen ihnen selbst und ihrem Umfeld (wie auch die überarbeitete Version des REVT-ABC, das ich in Kapitel 3 erläutert habe)[6]. Doch missachten sie größtenteils einige wichtige Aspekte therapeutischer Effizienz:

1. Das vergangene halbe Jahrhundert der Psychotherapie hat uns, trotz der etwas einseitigen Sichtweisen, dass das Umfeld den Klienten eine Störung zufügt und der Therapeut den Klienten mit verschiedenen Techniken in Ordnung bringt, einiges nützliche Wissen eingebracht über die Bedingungen, die zu emotionalen und verhaltensbezogenen Schwierigkeiten führen und mit diesen interagieren. Viele therapeutische Experimente haben uns einige Methoden gezeigt, wie man den Menschen helfen kann, mit diesen Störungen fertig zu werden, damit sie diese verringern und produktiver und glücklicher werden können. Wie ich, Arnold Lazarus, Raymond Corsini, Gerald Corey und andere Psychotherapeuten seit vielen Jahren hervorheben, ist klinisch und experimentell Expertenwissen gesammelt worden, das den Menschen helfen kann, besser mit ihren Lebensschwierigkeiten umzugehen, und es wäre töricht, diese Daten sämtlich zu ignorieren[7]. Folglich haben professionelle Therapeuten, Berater und psychiatrische Praktiker oft mehr Sachkenntnis als ihre Klienten und können dennoch darin versagen, den Klienten zu helfen, oder sie sogar behindern, wenn sie diese nicht richtig anwenden. Selbst existentialistische und prozessorientierte Therapeuten beeinflussen, wenn sie ehrlich sind, ihre Klienten stark durch direkte oder indirekte Ratschläge. Die REVT mit ihrem höchst interaktionalen, auf Zusammenarbeit beruhenden Ansatz ist ehrlicher aktiv-direktiv als viele anderen Therapien und unterstützt Forschungsarbeiten, die demonstrieren, dass dieser Ansatz, wenn er angewandt wird, sowohl den Therapeuten als auch seinen Klienten handlungsfähig macht, außerhalb wie auch innerhalb der Therapiesitzungen.

2. Wie medizinische, pharmakologische, genetische und andere Forschungserkenntnisse und klinische Erkenntnisse der letzten Zeit gezeigt haben und wie die REVT bereits seit den frühen 60er-Jahren betont, leiden viele Therapieklienten, und speziell jene, die lange behandelt werden, nicht nur unter kognitiven oder philosophischen Verzerrungen, sondern auch unter biologischen und organischen Defiziten. Ebenso wie Personen mit Lernbehinderungen und Aufmerksamkeitsstörungen in dieser Hinsicht nicht so tüchtig sind wie Nichtbehinderte (und so tüchtig wie die meisten ihrer Förderlehrer), sind viele psychisch ernsthaft Gestörte ihren Therapeuten in einigen wichtigen Bereichen nicht »gleichwertig«, obwohl sie als Personen gleichermaßen »wertvoll« sind. Es ist daher töricht – und oft auch iatrogen – vorzugeben, dass sie gleich seien, wie Kenneth Gergen und andere Konstruktivisten manchmal andeuten[8]. Statt rein existentielle Begegnungen mit diesen teilweise behinderten Menschen zu haben, ist es klüger zu versuchen, ihnen mit korrigierenden Ratschlägen (und Vereinbarungen über Hausaufgaben) sowie manchmal mit Überweisungen in psychiatrische, neurologische und medizinische Behandlung sowie zum Training sozialer Fertigkeiten zu helfen.

3. Der situationskognitive Ansatz im Besonderen wie die postmoderne Philosophie im Allgemeinen betonen den Standpunkt der REVT, dass Absolutismus und Dogma die Hauptquellen ineffektiven, einseitigen und starren Denkens und Verhaltens seien. Bredo hebt hervor, dass weder die Theorie noch die Praxis für sich unantastbar seien und dass es zu irreführender Starrheit führe, wenn das eine oder das andere vorherrschen müsse. Er befürwortet, dass wir »eine stärker auf Zusammenarbeit beruhende Beziehung zwischen dem Formalen und dem Formfreien, dem Theoretischen und dem Praktischen sowie zwischen dem Universalen und dem Speziellen suchen (sollen). Wir können eine gut funktionierende Arbeitsteilung zwischen den beiden erkennen und nicht die Vorherrschaft des einen oder anderen durch ihre völlige Trennung.«[9]
Dem stimme ich voll und ganz zu! Die REVT nimmt, den Lehren Alfred Korzybskis folgend, in einigen Punkten eine Haltung des Sowohl-als-auch oder des Und-auch ein.
a) Die REVT ist sowohl formal als auch formfrei. Theoretisch vertritt sie die Ansicht, dass Kognitionen Gefühle und Verhaltensweisen beeinflussen, doch auf interaktionaler Ebene, dass Gefühle und Verhaltensweisen auch die Kognitionen merklich beeinflussen. Wegen dieser Interaktionen und weil alle Menschen und alle Erfahrungen sich vielfältig unterscheiden, versucht die REVT, den Menschen formfrei (auf Erfahrungen beruhend) mit einer Vielzahl kognitiver, emotiver und verhal-

tensbezogener Versuche zu helfen, die Ziele zu erreichen, die diese Menschen erreichen wollen – und die sie in der Zukunft vielleicht auch auf andere Art und Weise erreichen wollen.

b) Die REVT ist sowohl universell als auch speziell. Sie sagt, weil die Menschen Menschen sind – und nicht nicht-menschlich oder übermenschlich –, haben sie viele universelle Tendenzen. Wenn sie also glauben, dass sie unbedingt eine hervorragende Leistung erbringen müssen, neigen sie gewöhnlich dazu, ängstlich zu werden, wenn sie möglicherweise versagen könnten, und depressiv, wenn sie tatsächlich versagt haben. Doch im Speziellen haben sie, und das zu verschiedenen Zeiten, Standards des Versagens. Sie bestimmen gewisse Dinge, bei denen ihnen ein Versagen bedeutsam erscheint, und sie erleben bestimmte Reaktionen auf ein Versagen hin etc.

c) Die REVT ist sowohl theoretisch als auch praktisch. Ihre Theorie besagt, dass es am besten wäre, wenn die Menschen einen tiefgreifenden philosophischen Wandel durchmachten, damit sie sich selbst nicht nur weniger irritieren würden, sondern damit sie sich auch für die Zukunft weniger irritierbar machen würden. Doch bei vielen Klienten, die das Ziel einer geringeren Irritierbarkeit nicht akzeptieren und nicht dafür arbeiten, begnügt sie sich praktisch mit einer geringeren augenblicklichen Störung. Ihre Theorie besagt, dass die Menschen besser eine Reihe von kognitiven, emotiven und verhaltensbezogenen Techniken anwenden sollten, um sich wirksam selbst zu verändern. Doch wenn sie dies aus Zeitmangel in der Therapie unterlassen, werden aus praktischen Gründen die relativ wenigen Methoden angewandt, welche die Klienten tatsächlich nutzen. In der Theorie ist die REVT in gewisser Hinsicht idealistisch, in der Praxis ist sie jedoch ziemlich nüchtern und pragmatisch.

Wie die Allgemeine Semantik und wie die Postmoderne könnte die REVT sehr gut diese pluralistische, flexible und nicht-absolutistische Sichtweise des Menschen und der Psychotherapie übernehmen, wenn sie nicht streng anti»mussturbatorisch« wäre. Einige Jahre lang hatte ich realistisch, logisch und pragmatisch die dysfunktionalen, irrationalen Überzeugungen (iB's) der Menschen in Frage gestellt und herausgefunden, dass so ziemlich jedem neurotischen Denken drei grandiose Forderungen zugrunde liegen – »Ich muss gute Leistungen erbringen!« – »Andere Menschen müssen mich rücksichtsvoll behandeln!« und »Die Umstände müssen so sein, wie ich sie haben will!« Nach dieser Entdeckung erkannte ich mehr denn je das Übel des Absolutismus und die Vorzüge des Pluralismus. So wurde ich, ohne es klar zu erkennen, zu einem der ersten Vertreter der Postmoderne. Doch kaum zu einem extremen!

Eine extreme oder radikale Postmoderne wird dogmatisch, wie Eric Bredo aufzeigt – und die Postmoderne ist angeblich antidogmatisch! Wie Brewster Smith hervorhebt, verleugnet extremes postmodernes Denken, wie manches von Kenneth Gergen, vielleicht die Ziele der Wissenschaft, um sich einem Ideal der Wahrheit zumindest anzunähern und um den Menschen zu helfen, nach einem »guten« gesellschaftlichen Leben zu streben. Zur Entkräftung dieser Behauptung besteht Gergen darauf, dass »die Wissenschaft« den Ansichten vieler religiöser und politischer Aktionsgruppen und kultureller Gruppierungen skeptisch gegenüberstehe, die Aspekte der sozialen Beziehungen des Lebens missachte und daher selbst »gleichermaßen totalisierend (sei) wie die Demagogie, welche die Wissenschaft zu ersetzen suche«. Gergen widerspricht auch dem Konzept der ersten oder grundlegenden Moralprinzipien, weil »derartige Behauptungen auch all jene herabwürdigen, an den Rand stellen oder trivialisieren, die etwas anderes sagen«. Er ist gegen abstrakte Prinzipien. »Selbst die abscheulichste Grausamkeit kann durch hehre Prinzipien gerechtfertigt werden.«[10]

Nun, in diesem postmodernen Zeitalter können wir nicht gut behaupten, dass entweder Smiths oder Gergens Einstellung eindeutig »wissenschaftlich« oder »wahr« wäre. Beide scheinen ihre Vorzüge zu haben – und ihre Schwächen. Und selbst wenn wir über die Vorzüge und Schwächen irgendeines Lehrsatzes sprechen, können wir nicht absolut, für alle Völker und Kulturen, übereinstimmen. Wo zum Teufel stehen wir also?

Unter Verwendung der REVT würde ich sagen, wir sollten lieber zu einer Art aristotelischem Mittelweg – oder Gleichgewicht – zwischen den beiden Extremen zurückkehren. Denn praktisch jeder Extremismus bedeutet eine übermäßige Verallgemeinerung, was uns sowohl in wissenschaftliche als auch in praktische Schwierigkeiten bringt. Smith bekommt also Probleme, wenn er die Ansicht vertritt, dass die Wissenschaft »Daten« oder »Wahrheiten« immer Priorität einräume. Erstens sind Wissenschaftler nur eine eng begrenzte Gruppe in der menschlichen Bevölkerung. Zweitens definieren manche von ihnen (z. B. religiöse oder mystische Wissenschaftler) »Daten« und »Wahrheit« anders als andere Wissenschaftler. Drittens haben Wissenschaftler oft »unwissenschaftliche« (z. B. »politische« Motive dafür, zu »entdecken«, was »wahr« und was »falsch« ist. Viertens verändern sich »wissenschaftliche« Methoden (und Moden!) im Laufe der Jahre. Fünftens geben manche Wissenschaftler »Daten« und »Wahrheiten« normalerweise Priorität. Aber immer? Sechstens können die Definitionen von »Daten« und »Wahrheiten« kaum unter allen Umständen immer objektiv entschieden werden. Siebtens sind manche Wissenschaftler unehrlich, gestört oder irregeleitet und weichen daher von dem ab, was objektiv »wahr« ist.

Aus diesen (und anderen) Gründen sollten Wissenschaftler wie Smith besser etwas sagen wie: »Die meisten Wissenschaftler versuchen i. d. R. ziemlich konsequent den ›Daten‹ Priorität einzuräumen, doch haben sie keine absolute oder sichere Möglichkeit, ihre ›objektive Wahrheit‹ zu ermitteln oder zu bestätigen. Wissenschaftliche Entdeckungen und Theorien dienen oft nützlichen Zwecken, doch ob sie dies nun tun oder nicht, sollte man besser regelmäßig überprüfen. Selten sind wissenschaftliche Ergebnisse für alle Individuen und Gruppen jederzeit gut und erweisen sich manchmal als den Zwecken verschiedener Individuen und Gruppen als abträglich. Selbst wenn die Wissenschaft die Ziele verfolgt, individuelles und gesellschaftliches Glück zu fördern, sind diese Ziele diskutierbar und nicht absolut.«

Somit sollte Smith, wenn er die Wissenschaft, die Daten und die empirische Wahrheit hochhält, lieber vorsichtig sein. Doch gleichermaßen sollte Gergen sich besser etwas mehr an den Mittelweg halten. Denn wenn man sich vorstellt, er und andere Vertreter der Postmoderne würden die extreme postmoderne Ansicht vertreten, die Wissenschaft sei gegenüber unwissenschaftlichen Sichtweisen und Projekten so voreingenommen, dass sie keine echten »Daten« oder »Wahrheiten« ermitteln könne, dass all ihre Theorien irreführende grobe Verallgemeinerungen seien, dass man ihr folglich überhaupt nicht vertrauen könne und dass sie gewöhnlich mehr Schaden anrichte, als der Menschheit als Ganzer und besonders den meisten menschlichen Untergruppen Gutes zu bringen. Derart radikale Vertreter der Postmoderne würden aus mehreren Gründen bald in Schwierigkeiten geraten:

1. Offensichtlich gräbt die Wissenschaft (ebenso wie die Beobachtung mit gesundem Menschenverstand) zahlreiche »Daten« aus, hinsichtlich derer sich die meisten Menschen einig sind – z. B., dass Automobile mit genügend Treibstoff (und einem fähigen Fahrer) fahren können, während diejenigen ohne Treibstoff nicht allein fahren können.

2. Selbst politisch und gesellschaftlich voreingenommene Wissenschaftler – wie diejenigen, die gegen Automobile sind, weil sie die Umwelt verschmutzen – können, wenn sie bestimmte wissenschaftliche Regeln befolgen, Autos (oder Gewehre oder Atombomben) planen, bauen, benutzen lernen, in Stand halten und effektiv einsetzen, obwohl sie diese stark ablehnen.

3. Obwohl viele »wissenschaftliche« Theorien grobe Verallgemeinerungen sind – z. B., dass nur die Wissenschaft die Welt retten könne –, trifft dies auf viele (oder die meisten) nicht zu. Zum Beispiel: Die Theorie, dass die Schutzimpfung gegen die Pocken oft wirkt und viele Menschenleben retten kann.

4. Die extrem postmodernistische Ansicht, dass man der Wissenschaft überhaupt nicht vertrauen könne, ist offensichtlich falsch, weil man ihr vertrauen kann, die Temperatur zu messen, verlässliche Brücken zu bauen, vorauszusagen, dass nur wenig Menschen mit schweren Lernstörungen im College erfolgreich sein werden, etc.

5. Die Ansicht, dass wissenschaftliche Theorien und Praktiken gewöhnlich mehr Schaden anrichten als Gutes bringen würden, klingt vielleicht manchmal wahr, doch kann gleichfalls gezeigt werden, dass die Wissenschaft viele wünschenswerte Dinge für Milliarden von Menschen herzustellen hilft – wie beispielsweise weniger verschmutztes Wasser – und dass sogar Minderheiten, die dadurch Schaden erleiden könnten (wie einige verfolgte politische Gruppen, die mit Gewalt unterdrückt werden), daraus auch beträchtlichen Nutzen ziehen können.

6. Wissenschaftliche Anstrengungen sind niemals völlig objektiv oder apolitisch – weil sie von Menschen unternommen und durchgeführt werden und weil Menschen, einschließlich Wissenschaftler, vielfältige Motive haben. Doch kann man sie als »objektiver« und »weniger politisch« definieren als künstlerische, sozioökonomische, religiöse und andere Bemühungen. So können sich Konservative und Liberale nicht leicht darauf einigen, was eine »gute« Steuer oder ein »gutes« Wahlverfahren ist, doch können sie sich relativ leicht darüber verständigen, wieviel Geld ein Steuergesetz tatsächlich einbringt und ob ein gegebener Stimmenzählapparat genau oder ungenau funktioniert. Manche »Tatsachen« sind, wissenschaftlich definiert, wirklich Tatsachen, nicht nur Meinungen. Weit angreifbarer als die »wissenschaftlichen Daten« selbst sind die Verwendungszwecke, zu denen die Menschen die »Fakten«, »Daten« und die »Wissenschaft« heranziehen. Sowohl Konservative als auch Liberale zitieren oft die gleichen »Tatsachen« – kommen aber diesbezüglich dennoch zu sehr unterschiedlichen Schlussfolgerungen!

Eine moderatere Sichtweise eines postmodernen Skeptikers, auf die man sich eher einigen kann, wird etwas ausdrücken wie: »Die Wissenschaft hat für viele Menschen häufig viele schlechte wie auch gute Aspekte. Sie ist ›unwissenschaftlichen‹ Sichtweisen und Projekten gegenüber manchmal so voreingenommen, dass sie Schwierigkeiten hat, echte ›Daten‹

oder ›Wahrheiten‹ zu ermitteln. Ihre Theorien bestehen häufig, wenn auch wohl kaum immer, aus irreführenden groben Verallgemeinerungen. Man vertraut ihr daher nicht vollkommen, sondern betrachtet sie oft mit Vorsicht und Misstrauen. Obwohl sie hilft, für Milliarden Menschen viel Gutes – oder von den Menschen Gewünschtes – zu schaffen, richtet sie manchmal auch mehr Schaden an, als Nutzen zu bringen, besonders für manche Gruppen und Kulturen.«

Wenn postmoderne und antipostmoderne Extremisten eher ausgeglichene Positionen der Mitte wie die vorstehend vorgeschlagenen einnehmen würden, glaube ich, würden sie eine fruchtbarere Diskussion miteinander in Gang bringen und eine beträchtlich größere Übereinstimmung erlangen. Sie wären dann toleranter, flexibler, undogmatischer und weniger absolutistisch. Meiner Meinung nach wären sie dann bessere Vertreter der Postmoderne – ebenso wie »gute« Wissenschaftler! Wie ich bereits seit vielen Jahre sage, ist das »Wesen« einer »guten« Wissenschaft die Toleranz für die Diskussion möglicher Veränderung. Mit einem Wort – »Antimussturbation«!

Die REVT umfasst also den wissenschaftlichen oder freidenkerischen Humanismus von Denkern wie Brewster Smith ebenso wie einen recht umfänglichen Bereich der radikaleren Postmoderne von Denkern wie Kenneth Gergen. Sie vertritt die Ansicht, dass diese beiden unterschiedlichen Sichtweisen kompatibler gemacht werden können, wenn wir als Menschen unsere von Jehova gebotenen »Muss« minimieren und sie durch zwar starke, jedoch nicht als notwendig definierte Wünsche ersetzen.

An dieser Stelle versucht die REVT philosophisch einzugreifen. Sie versucht, Absolutisten (einschließlich logischer Positivisten) zu dem Glauben zu verhelfen: »Ich wünschte, die Realität wäre sicher, objektiv und absolut und ich könnte immanente empirische Wahrheiten, unbeschönigte Tatsachen und erwiesene Gültigkeiten entdecken. Doch scheint eine derartige Gewissheit weder auffindbar noch überhaupt zu existieren, und es gibt keinen Grund, weshalb sie existieren sollte, weshalb sie existieren muss. Es wäre wundervoll, wenn ich über absolutes, unveränderliches Wissen verfügen würde. Aber ich brauche es nicht!«

»Mein Wissen und meine Realität werden sich mit meinen Gedanken, Gefühlen und Handlungen verändern. Ich und die anderen Menschen werden häufig sehr unterschiedliche Gedanken, Gefühle und Verhaltensweisen haben, weil wir uns alle in vielerlei wichtigen Punkten biologisch, umweltbezogen, kulturell und erfahrungsmäßig unterscheiden. Somit werde ich die Anderen (ihr jeweiliges Selbst) niemals vollständig oder umfassend kennen. Genauso wenig werden sie jemals mich (mein

Selbst) wirklich und wahrhaftig kennen. Wir können uns gegenseitig nur teilweise, annähernd kennen. Und unser Wissen voneinander (und von der uns umgebenden Welt) wird sie ewig verändern, während wir bedeutsam miteinander interagieren. Ich werde eine ständige Veränderung erfahren, weil ich von den Beziehungen zu meinem Körper und von meinem eigenen Denken, Fühlen und Verhalten beeinflusst werde und weil ich von meinen Beziehungen und Erfahrungen mit anderen Menschen und mit ›äußeren‹ Bedingungen beeinflusst werde. Doch da ich andere Menschen und Bedingungen immer beeinflusse und von diesen beeinflusst werde und da ich ebenfalls von meinen eigenen persönlichen Reaktionen auf diese Bedingungen beeinflusst werde, bin ich beides Mal ich selbst, ein persönliches Selbst und ein gesellschaftliches Selbst. Da ich ein Gedächtnis besitze, bin ich auch ein geschichtliches Selbst. Und da ich über einen Körper und ein Nervensystem verfüge, bin ich ebenfalls ein in Gewohnheiten agierendes oder konditioniertes Selbst.«

»Da ich einzigartig menschlich und ein einzigartiger Mensch bin, bin ich normalerweise fähig zu denken, über mein Denken nachzudenken, über meine Gefühle und Verhaltensweisen nachzudenken und über mein Nachdenken über mein Denken nachzudenken. Wegen meiner Fähigkeit, mich für oder gegen die Beschäftigung mit vielen meiner Gedanken, Gefühle und Handlungen zu entscheiden, kann ich in gewissem Ausmaß entscheiden, was ›besser‹ oder ›schlechter‹ für mich ist, und kann, wenn ich beharrlich daran arbeite, viele meiner Gedanken, Emotionen und Verhaltensweisen verändern. Doch mich selbst dauerhaft zu verändern ist schwierig und durch meine gesellschaftliche Konditionierung begrenzt. Ich sollte also besser die selbst- und gesellschaftsbehindernden Charakterzüge verändern, die ich ändern kann, würdevoll meine Einschränkungen akzeptieren, die ich nicht verändern kann, und ein gewisses Maß an Einsicht hinsichtlich dieser Differenz haben.«

»Weil ich mich dafür entscheide, in einer gesellschaftlichen Gruppe zu leben, weil ein großer Teil meiner Gedanken, Gefühle und Handlungen – meine Persönlichkeit – von dieser Gruppe beeinflusst und geformt worden sind und weil ich dazu geboren bin, ein soziales Wesen zu sein und soziale Kommunikation zu genießen, möchte ich erfolgreich mit der Gemeinschaft leben, in der zu leben ich mich entscheide, möchte ich es unterlassen, anderen Schaden zuzufügen, möchte ich zu einigen auserwählten Einzelnen eine vertrauliche Beziehung haben und dazu beitragen, meine auserwählte Gruppe im Besonderen sowie die menschliche Rasse im Allgemeinen zu schützen. Doch kann ich in einem gewissen Ausmaß wählen, wie stark ich gesellschaftlich verpflichtet sein will und wie stark ich ein ›selbstständiges‹ Individuum sein und mich Aktivitäten hingeben will, die teilweise (wenn auch niemals völlig) individuell und kontaktfeindlich sind. Außer als Einsiedler auf einer einsamen Insel (ohne Radio und Fernsehen!) kann ich nicht völlig kontaktfeindlich sein, doch kann ich mich entscheiden, es mehr zu sein, als andere Menschen es gewöhnlich für sich wählen würden.«

»Wenn er so dächte, wäre ein Absolutist kaum absolutistisch und dogmatisch. Doch ein extremer oder radikaler Vertreter der Postmoderne würde seine Forderungen in flexible Präferenzen umwandeln, wie beispielsweise: »Ich wünschte, dass die Realität völlig frei und nicht einschränkend wäre und dass es keine Restriktionen für meine Gedanken, Gefühle und Handlungen und für die meiner Gruppe gäbe und dass wir ziemlich frei wären zu tun, was wir tun wollen, und zu unterlassen, was wir nicht tun wollen. Aber ich brauche diese Art absoluter Freiheit nicht. Ich werde danach streben, so frei und unabhängig zu sein, wie es machbar ist. Aber ich bin auch großteils ein soziales Wesen und werde es immer sein, also werde ich mich gewöhnlich den Regeln und Normen der Gruppe fügen, in der zu leben ich mich entschlossen habe, und werde ihre Ansichten und Gefühle oft über meine eigenen stellen.«

»So gern ich von wichtigen anderen anerkannt werden und mit ihnen auskommen möchte, kann ich auch manchmal meine eigene Wahl treffen, und auch größtenteils allein.«

Noch einmal, wenn ein extremer Relativist die REVT anwenden würde, würde er die komplexen biologischen, gesellschaftlichen, historischen, erfahrungsbedingten und konditionierenden Einflüsse, für die wir alle sehr empfänglich zu sein scheinen, akzeptieren, wenn auch oft nicht schätzen, und würde ebenfalls seine eigenen menschlichen Einschränkungen akzeptieren, ebenso wie die anderer. Wenn dies so wäre, wäre extremer Relativismus, der oft mit Antiwissenschaftlichkeit vermischt ist, beträchtlich weniger häufig. Doch auch die Wissenschaftler würden nicht bei extremer Wissenschaftlichkeit bleiben, die ihre eigenen zahlreichen Gefahren hat und nicht »wissenschaftlich« ist.

Nun lassen Sie mich nicht anmaßend behaupten, dass die beständige Anwendung der REVT praktisch alle philosophischen, wissenschaftlichen und menschlichen Probleme lösen wird. Das wird sie nicht, und nichts wird dies wahrscheinlich jemals können. Die Menschen, gleich, wie intelligent sie sind, kommen immer wieder auf neue Lösungen für alte Probleme – und schaffen unaufhörlich neue, ungelöste. Zum einen sind sie menschlich, und das heißt fehlbar. Zum anderen unterscheiden sie sich stark untereinander, selbst wenn sie ziemlich ähnlich groß geworden sind. Sie werden also immer bedeutsame Differenzen haben, und sie werden aus diesen Differenzen häufig ernste Streitpunkte ma-

chen. Was das Leben – besonders das gesellschaftliche – interessant und faszinierend macht.
Dasselbe gilt für emotionale Störungen. Trotz all ihrer offensichtlichen Schwierigkeiten geben sie unserer Existenz eine Menge Würze. Jedoch was genug ist, ist genug! Es ist meine voreingenommene Sichtweise, dass ernste Neurosen, Persönlichkeitsstörungen und Psychosen nicht nur schlecht sind und vielleicht sogar soziale, politische, künstlerische und andere Vorteile haben. Doch sagen meine Vorurteile als Psychotherapeut, dass sie alle weit mehr individuellen und gesellschaftlichen Schaden anrichten, als dass sie Gutes bewirken. Dennoch bin ich in dieser Hinsicht nicht dogmatisch und würde es gern sehen, wenn ihren »nützlichen« Seiten wesentlich mehr Untersuchungen gewidmet würden. Insgesamt denke ich, dass einer ihrer wichtigsten Kerne – was ich »Mussturbation« nenne – gewöhnlich (nicht immer) viel menschliches Chaos verursacht, und zwar auf gesellschaftlicher Ebene ebenso wie auf individueller. Doch betone ich noch einmal, dies ist nur meine persönliche und kulturelle Überzeugung – keine zweifelsfrei bewiesene Tatsache.
Eines ist allerdings heute bereits empirisch erwiesen: Aus einer Reihe von Gründen, wie »gut« oder wie »schlecht« diese sein mögen, betrachten Millionen, vielleicht sogar Milliarden von Menschen Störungen ihrer selbst und anderer als außergewöhnlich behindernd und wünschen sich, sie zu minimieren. Selbst wenn die Berufe in den Bereichen der Psychotherapie und der Psychiatrie verschwinden würden, wäre die Sichtweise, dass eine emotionale Störung ziemlich bedauerlich ist (um nicht das Wort »schrecklich« zu erwähnen), immer noch enorm populär.
Als einer, der (wiederum voreingenommenermaßen) diese Sichtweise vertritt, habe ich mehr als ein halbes Jahrhundert dem Studium und der Arbeit mit gestörten Individuen gewidmet. Aus meinem Studium, meinen Lehren, meiner Forschung, meinen Schriften und der Durchführung von Psychotherapie mit vielen tausend Klienten ist die REVT entstanden. Sie ist sicherlich nicht das letzte Wort in der psychotherapeutischen Behandlung und wird im Laufe der kommenden Jahrzehnte verbessert, korrigiert und vielleicht sogar vergessen werden. Doch heute bleibe ich immer noch meinen beiden Voraussagen über sie treu, die ich in meiner ersten bedeutenden Präsentation auf dem Jahreskongress der Amerikanischen Psychologischen Vereinigung am 31. August 1956 getroffen habe. Lassen Sie mich diese beiden Vorhersagen heute aktualisieren und geringfügig verändern:

1. Die REVT, die eine hohe Dosis rationaler Analyse und Rekonstruktion enthält und die gleichfalls eine Reihe wirkungsvoller emotions- und aktionsbezogener Hausaufgabenmethoden umfasst, wird sich bei mehr

Kliententypen als wirksam erweisen als irgendeine der anderen Formen von Psychotherapie, die derzeit häufig angewandt werden.
2. Ein beträchtliches Ausmaß – oder zumindest ein Teil – der REVT wird sich als die wirksamste Art von psychologischer Behandlung erweisen, die dazu beiträgt, die grundlegenden Neurosen (im Unterschied zu den eher oberflächlichen neurotischen Symptomen) vieler Klienten zu minimieren, und zwar besonders jener, bei denen sich andere Therapieformen als relativ unwirksam erwiesen haben.
Ich stehe immer noch zu diesen Vorhersagen. Wir wollen sehen, ob umfangreiche Forschungsuntersuchungen mir Recht geben werden.

Anmerkungen

1. Bereiter, 1994.
2. Yates, 1970.
3. Hayes, 1987.
4. Bredo, 1994; Dewey, 1916, 1922, 1929; Korzybski, 1933.
5. Bredo, 1994; Brown, Collins & Duguid, 1989.
6. McNamee & Gergen, 1992.
7. Corey, 1994; Corsini & Wedding, 1994; Ellis, 1989e; Lazarus, 1993c.
8. Gergen, 1994.
9. Bredo, 1994.
10. M. B. Smith, 1994; Gergen, 1994.

Literatur

Abelson, H. (1959). Persuasion. New York: Springer.

Abelson, R. P. (1963). Computer stimulation of «hot« cognitions. In S. S. Tompkins & S. Messick, (Hrsg.), Computer stimulation of personality. New York: Wiley.

Adler, A. (1927). Menschenkenntnis. Leipzig: Hirtzel.

Adler, A. (1979). Wozu leben wir? Frankfurt a. M.: Fischer.

Adler, A. (1933). Der Sinn des Lebens. Wien, Leipzig

Adler, A. (1964a). Social interest: A challenge to mankind. New York: Capricorn.

Adler, A. (1964b). Superiority and social interest. Ed. by H. L. Ansbacher & R. R. Ansbacher. Evanston, IL: Northwestern University Press.

Ainslie, G. (1974). Specious reward: A behavioral theory of impulsiveness and impulse control. Psychological Bulletin 82, 463-496.

Ainsworth, M. D. (1979). Infant-mother attachment. American Psychologist 34, 932-937.

Alexander, F. & French, T. M. (1946). Psychoanalytic therapy. New York: Ronald.

Alford, B. A. (1993). Contextualistic behaviorism, radical behaviorism, and cognitive therapy: A dialogue on clinical behavioral theory. Behaviorist Therapists 16, 201-203.

American Psychiatric Association. (1994). Diagnostic and statistical manual of mental disorders, 4. Aufl., Washington, DC: American Psychiatric Association.

Anderson, C. (1966). Depression and suicide reassessed. Rational Living 1(2), 31-36.

Ansbacher, H. L. (1971). Alfred Adler and humanistic psychology. Journal of Humanistic Psychology ii (1), 53-63.

Ansbacher, H. L., & Ansbacher, R. (1956). The individual psychology of Alfred Adler. New York: Basic Books.

Appleton, V. P (1992). The amygdala: Neurobiological emotion, memory, and mental dysfunction. New York: Wiley-Liss.

Arnheim, R. (1958). Emotion and feeling in psychology and art. Confina Psychiatry 1, 69-88.

Arnold, M. (1960). Emotion and personality, 2Bde. New York: Columbia University.

Ascher, M., (Hrsg.)(1989). Paradoxical procedures in psychotherapy. New York: Guilford.

Assaglioli, R. (1991). Transpersonal development. London: Grafton.

Assaglioli, R .A. (1965). Psychosynthesis. New York: Hobbs-Dorman.

Ayers, A. J. (1936). Language, truth, and logic. London: Gollancz.

Bandler, R., & Grinder, J. (1978). The structure of magic, 2 Bde. Palo Alto: Science and Behavior Books. – Deutsche Ausgabe: Struktur der Magie. Paderborn: Junfermann 1981.

Bandura, A. (1969). Principles of behavior modification. New York: Holt, Rinehart & Winston.

Bandura, A. (1986). Social foundations of thought and action: A social cognitive theory. Englewood Cliffs, NJ: Prentice-Hall.

Bard, J. (1980). Rational-emotive therapy in practice. Champaign, IL: Research Press.

Barkley, B. A. (1990). Attention deficit hyperactivity disorder. New York: Guilford.

Barlow, D. H. (1989). Anxiety and its disorders: The nature and treatment of anxiety and panic. New York: Guilford.

Barrett, W. (1958). Irrational man. New York: Doubleday.

Barton, S. (1994). Chaos, self-organization, and psychology. American Psychologist 49, 5-14.

Bateson, G. (1979). Mind and nature: A necessary unit. New York: Dutton. – Deutsche Ausgabe: Geist unf Natur. Frankfurt a. M.: Suhrkamp 1982.

Beck, A. T. (1963). Thinking and depression. Archives of General Psychiatry 9, 324-333. Reprinted: New York: Institute for Rational-Emotive Therapy.

Beck, A. T. (1967). Depression. New York: Hoeber-Harper. – Deutsche Ausgabe: Kognitive Therapie der Depression. München: Urban & Schwarzenberg 1981.

Beck, A. T. (1976). Cognitive therapy and the emotional disorders. New York: International Universities Press. – Deutsche Ausgabe: Wahrnehmung der Wirklichkeit und Neurose. Kognitive Therapie emotionaler Störungen. München: Pfeiffer 1979.

Beck, A. T. (1991). Cognitive therapy: A 30-year retrospective. American Psychologist 46, 382-389.

Beck, A. T. (1992). The descent of man: An evolutionary perspective on major depression. Psychopathology Research 3, 2-5.

Beck, A. T., & Emery, G. (1985). Anxiety disorders and phobias. New York: Basic Books. – Deutsche Ausgabe: Kognitive Verhaltenstherapie bei Angst und Phobien. Tübingen; dgvt 1981.

Beck, A. T., & Freeman, A., & Associates. (1990). Cognitive therapy of personality disorders. New York: Guilford. – Deutsche Ausgabe: Kognitive Therapie der Persönlichkeitsstörungen. München: Psychologie Verlags Union 1993.

Beck, A. T., & Hollon, S. (1993). Controversies in cognitive therapy: A dialogue with Aaron T. Beck and Steve Hollon. Journal of Cognitive Psychotherapy 7, 79-93.

Beck, A. T.; Rush, A. J.; Shaw, B. E, & Emery, G. (1979). Cognitive therapy of depression. New York: Guilford. – Deutsche Ausgabe: Kognitive Therapie der Depression. München: Urban & Schwarzenberg 1981.

Beilin, H., & Pufall, P. (Hrsg.) (1992). Piaget's theory: Aspects and possibilities. Hillsdale, NJ: Erlbaum.

Beireiter, C. (1994). Implications of postmodernism, or, science as progressive discourse. Educational Psychologist 29, 3-12.

Bell, D. (1958). Work and its discontents. Boston: Beacon.

Bellak, L. (1994). The schizophrenic syndrome and attention deficit disorder. American Psychologist 49, 25-29.

Benson, H. (1975). The relaxation response. New York: Morrow.

Bergin, A. E. (1983). Religiosity and mental health: A critical re-evaluation, and meta-analysis. Professional Psychology 14, 170-184.

Bernard, M. E., (Hrsg.) (1991). Using rational-emotive therapy effectively: A practitioner's guide. New York: Plenum.

Bernard, M. E. (1993). Staying rational in an irrational world. New York: Carol Publishing.

Bernard, M. E., & DiGiuseppe, R., (Hrsg.) (1989). Inside RET: A critical appraisal of the theory and therapy of Albert Ellis. San Diego, CA: Academic Press.

Bernard, M. E., & DiGiuseppe, R., (Hrsg.) (1994). Rational-emotive consultation in applied settings. Hillsdale, Nl: Erlbaum.

Bernard, M. E., & Joyce, M. R. (1994). Rational-emotive therapy with children and adolescents, New York: Wiley.

Berne, E. (1961). Transactional analysis in psychotherapy. New York: Grove. – Deutsche Ausgabe: Transaktionsanalyse der Intuition. Paderborn: Junfermann 1989.

Bernheim, H. (1947). Suggestive therapeutics. New York: London Book Company. (Original publication, 1986). – Deutsche Ausgabe: Die Suggestion und ihre Heilwirkung. Tübingen: edition diskord 1985.

Bertalanfly, L. von. (1968). General systems theory. New York: Braziller.

Beutler, L. E. (1883). Eclectic psychotherapy: A systematic approach. New York: Pergamon.

Biglan, A. (1993). Capturing Skinner's legacy to behavior therapy. Behavior Therapist 16, 3-5.

Blatt, S. J., & Felsen, I. (1993). Different kinds of folks may need different kinds of strokes. Psychotherapy Research 3, 245-259.

Blau, S. E. (1993). Cognitive Darwinism: Rational-emotive therapy and the theory of neuronal group selection. ETC: A Review of General Semantics 50, 403-441.

Boas, G. (1961). The limits of reason. New York: Harper.

Bohm, D. (1980). Wholeness and the implicate order. London: Routledge & Kegan Paul.

Bornstein, R. E, & Pittman, T. S. (1992). Perception without awareness. New York: Guilford.

Bourland, D. D., Jr., & Johnston, F. D., (Hrsg.) (1991). To be or not: An E-prime anthology. San Francisco: International Society for General Semantics.

Bowlby, J. (1969). Attachment and loss: I: Attachment. New York: Basic Books. – Deutsche Ausgabe: Bindung. München: Kindler 1975.

Bowlby, J. (1973). Attachment and loss: II: Separation. New York: Basic Books. – Deutsche Ausgabe: Trennung. München: Kindler 1976.

Bowlby, J. (1980). Attachment and loss: III: Loss: Sadness and depression. New York: Basic Books. – Deutsche Ausgabe: Verlust, Trauer und Depression. Frankfurt a. M.: S. Fischer 1984, 4. Aufl.

Branden, N. (1970). The psychology of self-esteem. New York: Bantam.

Bredo, E. (1994). Reconstructing educational psychology: situated cognition and Dewey pragmatism. Educational Psychologist 29, 23-35.

Breland, K., & Breland, M. (1961). The misbehavior of organisms. American Psychologist 16, 681-684.

Breuer, J. und Freud, S. (1895). Studien über Hysterie. In: Freud, Gesammelte Werke, Bd.I, London/Frankfurt 1952: S. Fischer.

Brislin, R. W. (1993). Understanding culture's influence on behavior. Fort Worth: TX: Harcourt Brace Jovanovich.

Brown, C. (1985). Down all these years. New York: Bantam.

Brown, G., & Beck, A. T. (1989). The role of imperatives in psychopathology: A reply to Ellis. Cognitive Therapy and Research 13, 315-321.

Brown, J. S. Collins, A., & Duguid, P (1989). Situated cognition the culture of learning. Educational Psychologist 18, 32-42.

Buber, M. (1923). Ich und Du. Leipzig: Hirtzel.

Buber, M. (1947). Dialogisches Leben. Gesammelte philosophische und pädagogische Schriften. Zürich: Müller.

Budman, S. H.; Hoyt, M. F., & Friedman, S., (Hrsg.) (1992). The first session in brief therapy. New York: Guilford.

Bull, N. (1960). An introduction to attitude psychology. Journal of Clinical & Experimental Psychopathology 27, 147-158.

Burnet, K. J.; Taylor, C. B., & Agras, W. S. (1985). Ambulatory computerassisted therapy for obesity. Journal of Consulting and Clinical Psychology 53, 698-703.

Burns, D. D. (1980). Feeling good: The new mood therapy. New York: Morrow. – Deutsche Ausgabe: Fühl' dich gut. Stuttgart: edition trèves, 1986.

Burns, D. D. (1989). Feeling good handbook. New York: Morrow.

Burns, D. D. (1993). Ten days to self-esteem. New York: Morrow.

Cade, B., & O'Hanlon, W. H. (1993). A brief guide to brief therapy. New York: Norton.

Cannon, W. B. (1932). The wisdom of the body. New York: Norton.

Capra, F. (1991). The tao of physics, 3. Aufl. Boston: Shambhala. – Deutsche Ausgabe: Das Tao der Physik. München: Scherz 1984.

Carey, G., & Di Lalla. (1994). Personality and psychopathology: Genetic perspectives. Journal of Abnormal Psychology 103, 32-43.

Carey, S., & Gelman, R. (1991). The epigenesis of mind. Hillsdale, NJ: Erlbaum.

Carlson, C. R., & Hoyle, R. H. (1993). Efficacy of abbreviated progressive muscle relaxation training: A quantitative review of behavioral medicine research. Journal of Consulting and Clinical Psychology 61, 1059-1067.

Cassirer, E. (1969): Was ist der Mensch? Stuttgart: Kohlhammer.

Caverni, J. P; Fabre, J. M., & Gonzales, M. (1990). Cognitive biases. Amsterdam: North-Holland.

Chess, S., & Thomas, A. (1986). Temperament in clinical practice. New York: Guilford.

Chess, S.; Thomas, T., & Birch, H. G. (1965). Your child is a person. New York: Viking.

Cissna, K. N., & Anderson, R. (1994). The 1957 Martin Buber-Carl Rogers dialogue, as dialogue. Journal of Humanistic Psychology 34 (1), 11-45.

Clark, D. M. (1986). A cognitive approach to panic. Behaviour Research and Therapy 34, 461-470.

Clark, T. W. (1992a). Humanism and postmodernism. Humanist 53 (1), 18-23.

Clark, T. W. (1992b). Relativism and the limits of rationality. Humanist 52(1), 25-32, 42.

Clark, T. W. (1993). Reply to Haughness. Humanist 53 (4), 21-22.

Coalson, B. (1993). The trauma war. Journal of Humanistic Psychology 33 (4), 48-62.

Cobb, S. (1950). Emotions and clinical medicine. New York: Norton.

Cohen, E. D. (1992). Syllogizing RET: Applying formal logic in rational emotive therapy. Journal of Rational-Emotive & Cognitive Behavior Therapy 10, 235-252.

Cohen, R., & Siegel, A. W. (1991). Context and development. Hillsdale, NJ: Erlbaum.

Conner-Greene, P. A. (1993). The therapeutic context: Preconditions for change in psychotherapy. Psychotherapy 30, 377-382.

Corey, G. (1994). Theory and practice of counseling and psychotherapy, 5. Aufl. Pacific Grove, CA: Brooks/Cole.

Corsini, R. J., & Wedding, D. (1994). Current psychotherapies. Itasca, IL: Peacock.

Coué, E. (1923). My method. New York: Doubleday, Page. – Deutsche Ausgabe: Was ich sage. Basel: Schwabe 1926.

Cramer, D., & Fong, J. (1991). Effect of rational and irrational beliefe on intensity and »inappropriateness« of feelings. Cognitive Therapy and Research 15, 319-329.

Crawford, T. (1981). Levels of agreement. Santa Barbara, CA: Selbstverlag,

Crawford, T. (1982). Some difficulties to sharing differences. Santa Barbara, CA: Selbstverlag.

Crawford, T. (1983). Differences and unresolved conflicts. Santa Barbara, CA: Selbstverlag.

Crawford, T. (1985). Our philosophy for differences and disagreements. Santa Barbara, CA: Selbstverlag,

Crawford, T. (1986). Guiding principles for discovering the compatibility of differences. Santa Barbara, CA: Selbstverlag.

Crawford, T. (1993). Changing a frog into a prince or princess. Santa Barbara, CA: Selbstverlag.

Crawford, T. (1988). The five coordinates for a good relationship and better communication. Santa Barbara, CA: Selbstverlag.

Crawford, T., & Ellis, A. (1989). A dictionary of rational-emotive feelings and behaviors. Journal of Rational-Emotive and Cognitive-Behavioral Therapy 7 (1), 3-27.

Crick, F. (1994). The astonishing hypothesis: The scientific search for the soul. New York: Scribner's.

Csikszentmihalyi, M. (1990). Flow: The psychology of optimal experience. San Francisco: Harper Perennial. – Deutsche Ausgabe: Flow. Das Geheimnis des Glücks. Stuttgart: Klett-Cotta 1992.

Cuber, J.; Harper, R .A., & Kenkel, W. F.: (1956). Problems of American society. New York: Holt.

Cummings, N. (1994, February). Comments on programmed material and psychotherapy. Assembly of the 21st Century. American Psychological Association, Washington, D.C.

Daniels, M. (1988). The myth of self-actualization. Journal of Humanism, Psychology 28 (1), 7-38.

Davies, M. E (1993). Dogmatism and persistence of discredited beliefs. Personality & Social Psychology Bulletin 19, 692-699.

Davis, J. W., (Hrsg.) (1972). Value and valuation. Knoxville, TN: University of Tennessee Press.

De Bono, E. (1991). I am right—You are wrong: From rock logic to water logic. New York: Viking.

Decker, L. R. (1993). Beliefs, post-traumatic stress disorder and mysticism. Journal of Humanistic Psychology 33, 15-33.

Decker, L. R. (1993). The role of trauma in spiritual development. Journal of Humanistic Psychology 33 (4), 33-46.

Deikman, A. (1982). The observing self: Mysticism and psychotherapy. Boston: Beacon Press.

Déjerine, J., & Gaukler, E. (1913). Psychoneurosis and psychotherapy. Philadelphia: Lippincott.

Dengelegi, L. (1990, April 25). Don't judge yourself. New York Times, p. C3.

Derrida, J. (1982). Margins of philosophy. Chicago: University of Chicago Press.

DeShazer, S. (1985). Keys to solution in brief therapy. New York: Norton. – Deutsche Ausgabe: Das Spiel mit Unterschieden. Wie therapeutische Lösungen lösen. Heidelberg: Carl Auer 1992.

DeSilvestri, C. (1989). Clinical models in RET: An advanced model of the organization of emotional and behavioral disorders. Journal of RationalEmotive and Cognitive Behavior Therapy 7, 51-58.

Dewey, J. (1922). Human nature and conduct. New York: Modern Library. – Deutsche Ausgabe: Erfahrung und Natur. Frankfurt a. M.: Suhrkamp 1995.

DiGiuseppe, R. (1986). The implication of the philosophy of science for rational-emotive theory and therapy. Psychotherapy 23, 634-639.

DiGiuseppe, R. (1991a). Comprehensive cognitive disputing in RET. In M. E. Bernard, (Hrsg.), Using rational-emotive therapy effectively, 173-196. New York: Plenum.

DiGiuseppe, R.; Leaf, R., & Linscott, J. (1993). The therapeutic relationship in rational-emotive therapy: A preliminary analysis. Journal of Rational Emotive & Cognitive Behavior Therapy 11, 223-233.

DiGiuseppe, R., & Linscott, J. (1993). Philosophical differences among cognitive therapists: Rationalism, constructivism, or both? Journal of Cognitive Psychotherapy 7, 117-130.

DiGiuseppe, R. A.; Miller, N. J., & Trexler, L. D. (1979). A review of rational-emotive psychotherapy outcome studies. In A. Ellis & I. M. Whiteley, (Hrsg.),

Theoretical and empirical foundations of rational-emotive therapy (pp. 218-235). Monterey, CA: Brooks/Cole.

DiGiuseppe, R .A., & Muran, J. C. (1992). The use of metaphor in rational-emotive psychotherapy. Psychotherapy in Private Practice 10, 151-16S.

Diller, A. (1993). Ellis in Blackheath: An overview of the Albert Ellis Seminar. The Rational Therapist I (2), 60-67.

DiMattia, D. (1991). Using RET effectively in the workplace. In M. Bernard, ed., Using RET effectively (pp. 301-318). New York: Plenum.

Dobson, K. S. (1989). A meta-analysis of cognitive therapy for depression. Journal of Consulting and Clinical Psychology 57, 414-419.

Dollard, J.; Doob, L. W.; Miller, N. E.; Mowrer, O. H., & Sears, R. R. Frustration and aggression. New Haven, CT: Yale University.

Dollard, J., & Miller, N. (1950). Personality and adjustment. New York: McGraw-Hill.

Doris, J. (1991). The suggestibility of children's recollections.

Dougher, M. J. (1993). On the advantages and implications of a radical behavioral treatment of private events. The Behavior Therapist 16, 204-206.

Dreikurs, R. (1974). Psychodynamics, psychotherapy and counseling, rev. Ausg., Chicago: Alfred Adler Institute.

Dryden, W. (1984). Rational-emotive therapy: Fundamentals and innovations. Beckenham, Kent: Croom-Helm.

Dryden, W. (1985). Couples therapy. In W. Dryden, (Hrsg.): Marital therapy in Britain, vol. 1. (pp. 195-221). London: Harper & Row.

Dryden, W. (1990a). Creativity in rational-emotive therapy. Loughton, England: Gale Centre.

Dryden, W. (1990b). Dealing with anger problems: Rational-emotive therapeutic interventions. Sarasota, FL: Professional Resource Exchange.

Dryden, W. (1990c). Rational-emotive counseling in action. London: Sage.

Dryden, W (1991). Reason and therapeutic change. London: Whurr.

Dryden, W. (1991). Theoretically-consistent eclecticism: Humanizing a computer addict. In J. Norcross, (Hrsg.): Casebook of eclectic therapy. New York: Brunner-Mazel.

Dryden, W. (1992). Reason and emotion in psychotherapy: Thirty years on. London: Goldsmith's College, University of London.

Dryden, W. (1994a). Overcoming guilt. London: Sheldon.

Dryden, W. (1994b). Progress in rational emotive behaviour therapy. London: Whurr

Dryden, W.; Backx, W., & Ellis, A. (1987). Problems in living: The Friday Night Workshop. In W. Dryden, Current issues in rational-emotive therapy (154-170). London and New York: Croom Helm.

Dryden, W., & DiGiuseppe, R. (1990), A primer on rational-emotive therapy. Champaign, IL: Research Press.

Dryden, W., & Ellis, A. (1985). Dilemmas in giving warmth or love to clients: An interview with Albert Ellis. In W. Dryden, Therapists' dilemmas (pp. 5-16). London: Harper & Row.

Dryden, W., & Golden, W. L. (1986). Cognitive-behavioural approaches to psychotherapy. London: Harper & Row.

Dryden, W., & Gordon, J. (1991). Think your way to happiness. London: Sheldon Press.

Dryden, W., & Gordon, 1. (1993). Peak performance. Oxfordshire, England: Mercury.

Dryden, W., & Hill, L. K., (Hrsg.) (1993). Innovations in rational-emotive therapy. Newbury Park, CA: Sage.

Dryden, W., & Trower, P. (Hrsg.) (1986). Rational-emotive therapy: Recent developments in theory and practice. Bristol, England: Institute for RET; (UK).

Dubin, R. (1992). Central life interests: Creative individuals in a complex world. New Brunswick, NJ: Transaction.

Dubois, P. (1907). The psychic treatment of nervous disorders. New York: Funk & Wagnalls.

Dutton, M. A. (1992). Empowering and healing the battered woman: A model for assessment and intervention. New York: Springer.

Dyer, W. (1977). Your erroneous zones. New York: Avon.

Edelman, G. M. (1989). The remembered present: A biological theory of consciousness. New York: Basic Books. – Deutsche Ausgabe: Unser Gehirn: Ein dynamisches System. München: Piper 1993.

Edelman, G. M. (1991). Bright air, brilliant fire: On the matter of the mind. New York: Basic Books. – Deutsche Ausgabe: Göttliche Luft, vernichtendes Feuer. Wie der Geist im Gehirn entsteht. München: Piper 1995.

Edwards, G. (1992). Does psychotherapy need a soul? In W. Dryden & C. Feltham, (Hrsg.) Psychotherapy and its discontents (pp. 194-224). Buckingham, England: Open University Press.

Ellenberger, H. F. (1970). The discovery of the unconscious. New York: Basic Books. – Deutsche Ausgabe: Die Entdeckung des Unbewussten. Bern/Stuttgart: Huber 1973.

Ellis, A. (1950). An Introduction to the scientific principles of psychoanalysis. Genetic Psychology Monographs 41, 147-212.

Ellis, A. (1953). Is the vaginal orgasm a myth? In A. P. Pillay and A. Ellis, (Hrsg.): Sex, society and the individual (pp. 155-162). Bombay: International Journal of Sexology Press.

Ellis, A. (1955a). New approaches to psychotherapy techniques. Brandon, VT: Journal of Clinical Psychology Monograph Supplement, Vol. 11.

Ellis, A. (1955b). Psychotherapy techniques for use with psychotics. American Journal of Psychotherapy 9, 452-476.

Ellis, A. (1956). An operational reformulation of some of the basic principles of psychoanalysis. In H. Feigl & M. Scriven, (Hrsg.): The foundations of science and the concepts of psychology and psychoanalysis (pp. 131-154). Minneapolis: University of Minnesota Press. (Also: Psychoanalytic Review 43, 163-180).

Ellis, A. (1957a). How to live with a neurotic: At home and at work. New York: Crown, rev. Ausg., Hollywood, CA: Wilshire Books, 1975.

Ellis, A. (1957b). Outcome of employing three techniques of psychotherapy. Journal of Clinical Psychology 13, 344-350.

Ellis, A. (1958a). Rational psychotherapy. Journal of General Psychology 59, 35-49. Nachdruck: New York: Institute for Rational-Emotive Therapy.

Ellis, A. (1958b). Sex without guilt. New York: Lyle Stuart. – Deutsche Ausgabe: Lieben – ohne Schuldgefühl. München: Lichtenberg 1966.

Ellis, A. (1959a). Rationalism and its therapeutic applications. In A. Ellis, The place of value in the practice of psychotherapy (pp. 55-64). New York: American Academy of Psychotherapists.

Ellis, A. (1959b). Requisite conditions for basic personality change. Journal of Consulting Psychology 23, 538-540.

Ellis, A. (1962a). Reason and emotion in psychotherapy. Secaucus, NJ: Citadel.– Deutsche Ausgabe: Die rational-emotive Therapie. München: Pfeiffer 1993, 5. Aufl.

Ellis, A. (1962b). The American sexual tragedy, rev. Ausg., New York: Lyle Stuart and Grove Press.

Ellis, A. (1963b). Toward a more precise definition of »emotional« and »intellectual« insight. Psychological Reports 13,125-126.

Ellis, A. (1965a). Suppressed: Seven key essays publishers dared not print. Chicago: New Classics House.

Ellis, A. (1965b). The treatment of borderline and psychotic individuals. New York: Institute for Rational-Emotive Therapy. Rev. Ausg., 1988.

Ellis, A. (1966). A rational approach to interpretation. New York: Institute for Rational-Emotive Therapy. Rev. Ausg., 1991.

Ellis, A. (1967a). Goals of psychotherapy in A. H. Mahrer, (Hrsg.): The goals of psychotherapy (206-220). New York: Macmillan.

Ellis, A. (1967b). Should some people be labeled mentally ill? Journal of Consulting Psychology 31, 435-446. Rev. Ausg., 1991, New York: Institute for Rational-Emotive Therapy.

Ellis, A. (1968a). Is objectivism a religion? New York: Lyle Stuart.

Ellis, A. (1968b). Is psychoanalysis harmful? Psychiatric Opinion 5 (1), 16-25. Nachdruck: New York: Institute of Rational-Emotive Therapy.

Ellis, A. (1969a). A cognitive approach to behavior therapy. International Journal of Psychiatry 8, 896-900.

Ellis, A. (1969b). A weekend of rational encounter. Rational Living, 4 (2). 1-8. Reprinted in A. Ellis & W. Dryden, The practice of rational-emotive therapy (pp. 180-191). New York: Springer, 1987.

Ellis, A. (1971). Growth through reason. North Hollywood, CA: Wilshire Books.

Ellis, A. (1972a). Helping people get better rather than merely feel better. Rational Living, 7 (2), 2-9.

Ellis, A. (1972d). Executive leadership: The rational-emotive approach. New York: Institute for Rational-Emotive Therapy.

Ellis, A. (1972e). Psychotherapy and the value of a human being. New York: Institute for Rational-Emotive Therapy. Nachdruck in A. Ellis & W. Dryden, The Essential Albert Ellis. New York: Springer, 1990. – Deutsche Ausgabe: Psychotherapie und der Wert eines Menschen. In: Ellis, A. & Grieger R. (Hrsg.): Praxis der rational-emotiven Therapie. München: Urban & Schwarzenberg 1979.

Ellis, A. (1972f). Psychotherapy without tears. In A. Burton, (Hrsg,): Twelve therapists (pp. 103-126). San Francisco: Jossey-Bass.

Ellis, A. (1972g). Sex-love adventure and personality growth. New York: Institute for Rational-Emotive Therapy. Rev. ed., 1991.

Ellis, A. (1973a). Emotional education at the Living School. In M. M. Ohlsen, ed. Counseling children in groups (pp. 79-94). New York: Holt, Rinehart and Winston. Reprinted: New York: Institute for Rational-Emotive Therapy.

Ellis, A. (1973b). Humanistic psychotherapy: The rational-emotive approach. New York: McGraw-Hill.

Ellis, A. (1974a). Cognitive aspects of abreactive therapy. Voices, 10 (1), 48-56. Reprinted: New York: Institute for Rational-Emotive Therapy.

Ellis, A. (1974c). Technique of disputing irrational beliefe (DIBS). New York: Institute for Rational-Emotive Therapy.

Ellis, A. (1974d). The treatment of sex and love problems in women. In V. Franks & V. Burtle, (Hrsg.): Women in therapy (pp. 284-306). New York: Brunner/Mazel.

Ellis, A. (1976a). The biological basis of human irrationality. Journal of Individual Psychology 32, 145-168. Reprinted: New York: Institute for Rational-Emotive Therapy.

Ellis, A. (1976c). RET abolishes most of the human ego. Psychotherapy 13, 343-348. Reprinted: New York: Institute for Rational-Emotive Therapy. Rev. ed., 1991.

Ellis, A. (1976d). Sex and the liberated man. Secaucus, NJ: Lyle Stuart.

Ellis, A. (1977a). Anger—how to live with and without it. Secaucus, NJ: Citadel Press. – Deutsche Ausgabe: Wut – Die Kunst sich richtig zu ärgern. München: Goldmann 1987.

Ellis, A. (1977e). Intimacy in psychotherapy. Rational Living 12 (2), 13-19.

Ellis, A. (1977f). Skill training in counseling and psychotherapy. Canadian Counsellor 12 (1), 30-35.

Ellis, A. (1979a). Discomfort anxiety: A new cognitive behavioral construct. Part 1. Rational Living 14 (2), 3-8.

Ellis, A. (1979b). The intelligent womans guide to dating and mating. Secaucus, NJ: Lyle Stuart.

Ellis, A. (1979c). A note on the treatment of agoraphobia with cognitive modification versus prolonged exposure. Behavior Research and Therapy 1, 162-164.

Ellis, A. (1979d). Rational-emotive therapy: Research data that support the clinical and personality hypotheses of RET and other modes of cognitive behavior therapy. In A. Ellis & J. M. Whiteley, (Hrsg.) Theoretical and empirical foundations of rational-emotive therapy (pp. 101-173). Monterey, CA: Brooks/Cole.

Ellis, A. (1979e). Rejoinder: Elegant and inelegant RET. In A. Ellis & J. M. Whiteley, Theoretical and empiricalfoundations of rational-emotive therapy (pp. 246-267). Monterey, CA: Brooks/Cile Publishing.

Ellis, A. (1980a). Discomfort anxiety: A new cognitive behavioral construct. Part 2. Rational Living 15 (1), 25-30.

Ellis, A. (1980b). Psychotherapy and atheistic values: A response to A. E. Bergin's »Psychotherapy and religious values.« Journal of Consulting and Clinical Psychology 48, 635-639.

Ellis, A. (1980c). Rational-Emotive Therapy and cognitive behavior therapy: Similarities and differences. Cognitive Therapy and Research 4, 325-340.

Ellis, A. (1981a). The place of Immanuel Kant in cognitive psychotherapy. Rational Living 16 (2), 13-16.

Ellis, A. (1981b). The use of rational humorous songs in psychotherapy. Voices, 16 (4), 29-36.

Ellis, A. (1982a). Must most psychotherapists remain as incompetent as they are now? Journal of Contemporary Psychotherapy 13 (1), 17-28.

Ellis, A. (1982c). Self-direction in sport and life. Rational Living 17 (1), 23-33.

Ellis, A. (1982d). Solving emotional problems. Audiokassette. New York: Institute for Rational-Emotive Therapy.

Ellis, A. (1982e). The treatment of alcohol and drug abuse: Rational-emotive approach. Rational Living 17 (2), 15-24.

Ellis, A. (1983a). The case against religiosity. New York: Institute for Rational Emotive Therapy. Rev. ed., 1991.

Ellis, A. (1983b). The philosophic implications and dangers of some popular behavior therapy techniques. In M. Rosenbaum, C. M. Franks, & Y. Jaffe, (Hrsg.): Perspectives in behavior therapy in the eighties (pp. 138-151). New York: Springer.

Ellis, A. (1983c). Failures in rational-emotive therapy. In E. B. Foa & P. M. G. Emmelkamp, (Hrsg.): Failures in behavior therapy (pp. 159-171). New York: Wiley.

Ellis, A. (1984b). The place of meditation in cognitive behavior therapy and rational-emotive therapy. In D. H. Shapiro & R. Walsh, (Hrsg.): Meditation (pp. 671-673). New York: Aldine.

Ellis, A. (1985a). Intellectual Fascism. New York: Institute for Rational Emotive Therapy. Rev., 1991.

Ellis, A. (1985b). Overcoming resistance: Rational-emotive therapy with difficult clients. New York: Springer.

Ellis, A. (1985c). A rational-emotive approach to acceptance and its relationship to EAPs. In S. H. Klarreich, J. L. Francek, & C. E. Moore, (Hrsg.): The human resources management handbook (pp. 325-333). New York: Praeger.

Ellis, A. (1985d). Why Alcoholics Anonymous is probably doing more harm than good by its insistence on a Higher Power. (Review of Alcoholics Anonymous, 3. Aufl.). Employee Assistance Quarterly 1 (1), 95-97.

Ellis, A. (1986a). Anxiety about anxiety: The use of hypnosis with rational-emotive therapy. In E. T. Dowd & J. M. Healy, (Hrsg.) Case studies in hypnotherapy (pp. 3-11). New York: Guilford. Reprinted in A. Ellis & W. Dryden, The practice of rational-emotive therapy. New York: Springer, 1987.

Ellis, A. (1986b). Bibliography. American Psychologist 41, 382-397. Reprinted: New York: Institute for Rational-Emotive Therapy.

Ellis, A. (1987a). The evolution of rational-emotive therapy (RET) and cognitive-behavior therapy (CBT). In J. K. Zeig, The evolution of psychotherapy (pp. 107-132). New York: Brunner/Mazel.

Ellis, A. (1987b). The impossibility of achieving consistently good mental health. American Psychologist 42, 364-375.

Ellis, A. (1987c). Integrative developments in rational-emotive therapy (RET). Journal of Integrative and Eclectic Psychotherapy 6, 470-479.

Ellis, A. (1987d). On the origin and development of rational-emotive therapy. In W. Dryden, ed. Key cases in psychotherapy (pp. 148-175). London: Croom Helm.

Ellis, A. (1987e). Religiosity and emotional disturbance: A reply to Sharkey and Maloney. Psychotherapy 24, 826-827.

Ellis, A. (1987f). Reply to Parker on fanaticism and absolutism. Journal of Counseling and Development 66, 156-157.

Ellis, A. (1987e). A sadly neglected cognitive element in depression. Cognitive Therapy and Research 11, 121-146.

Ellis, A. (1988a). Comments on Finley's «Critique of Rational-Emotive Philosophy.» Psychotherapy 25, 147-148.

Ellis, A. (1988b). Comments on R. M. Grieger's »Contextual model of the ABCs of RET.« Journal of Rational-Emotive and Cognitive-Behavioral Therapy 6, 189-195.

Ellis, A. (1988c). How to live with a neurotic man. Journal of RationalEmotive and Cognitive-Behavioral Therapy 6, 129-136.

Ellis, A. (1988e). How to stubbornly refuse to make yourself miserable about anything—yes, anything! Secaucus, NJ: Lyle Stuart.

Ellis, A. (1988f). The shortcomings of spiritual healing. California Journal of Rational Recovery I (2), 3-4.

Ellis, A. (1989a). Comments on Debra Hull's concept of rationality. American Psychologist 44, 1160-1161.

Ellis, A. (1989b). Comments on my critics. In M. E. Bernard & R. DiGuiseppe, (Hrsg.): Inside rational-emotive therapy, (pp. 199-233). San Diego, CA: Academic Press.

Ellis, A. (1989c). Comments on Sandra Warnock's »Rational-Emotive Therapy and the Christian client.« Journal of Rational-Emotive & Cognitive Behavior Therapy 7, 275-277.

Ellis, A. (1989d). Dangers of transpersonal psychology: A reply to Ken Wilber. Journal of Counseling and Development 67, 336-337.

Ellis, A. (1989e). The history of cognition in psychotherapy. In A. Freeman, K. M. Somin, L. E. Beutler & H. Aronowitz, (Hrsg.) Comprehensive handbook of cognitive therapy (pp. 5-19). New York: Plenum.

Ellis, A. (1989f). Ineffective consumerism in the cognitive-behavioral therapies and in general psychotherapy. In W. Dryden & P. Tower, (Hrsg.): Cognitive psychotherapy: Stasis and change, (pp. 159-174). London: Cassell.

Ellis, A. (1990a). Albert Ellis live at the Learning Annex. 2, Auidokassette. New York: Institute for Rational-Emotive Therapy.

Ellis, A. (1990b). Commentary on the status of sex research: An assessment of the sex revolution. Journal of Psychology & Human Sexuality 3 (1), 5-18.

Ellis, A. (1990c). How can psychological treatment aim to be briefer and better?—The rational-emotive approach to brief therapy. In J. K. Zeig & S. G. Gilligan,

(Hrsg.): Brief therapy: Myths, methods and metaphors (pp. 291-302). New York: Brunner/Mazel.

Ellis, A. (1990d). Is rational-emotive therapy (RET) »rationalist« or »constructivist«? In Ellis, A., & Dryden, W. The essential Albert Ellis (pp. 114-141). New York: Springer.

Ellis, A. (1990e). Let's not ignore individuality. American Psychologist 45, 781.

Ellis, A. (1990f). My life in clinical psychology. In C. E. Walker, ed. History of clinical psychology in autobiography. Homewood, IL: Dorsey.

Ellis, A. (1990g). Rational and irrational beliefe in counselling psychology. Journal of Rational-Emotive and Cognitive-Behavioral Therapy 8, 221-233.

Ellis, A. (1991a). Achieving self-actualization. Journal of Social Behavior and Personality 6 (5), 1-18. Reprinted: New York: Institute for Rational-Emotive Therapy.

Ellis, A. (1991b). Are all methods of counselling and psychotherapy equally effective? New York State Association for Counselling and Development Journal 6 (2), 9-13.

Ellis, A. (1991c). Cognitive aspects of abreactive therapy, rev. ed. New York: Institute for Rational-Emotive Therapy.

Ellis, A. (1991d). How can psychological treatment aim to be briefer and bester? The rational-emotive approach to brief therapy. In K. N. Anchor, ed. The handbook of medical psychotherapy (pp.81-88). Toronto: Hografe and Huber.

Ellis, A. (1991e). How to fix the empty self. American Psychologist 46, 539-540.

Ellis, A. (199li). The philosophical basis of rational-emotive therapy (RET). Psychotherapy in private practice, 8 (4), 97-106.

Ellis, A. (1991j). Rational-emotive therapy. In A. M. Horne & J. L. Passmore, (Hrsg.): Family counseling and therapy, 2. Aufl. (pp. 403-434). Itasca, IL: F. E. Peacock.

Ellis, A. (1991k). Rational-emotive treatment of simple phobias, Psychotherapy 28, 452-456.

Ellis, A. (1991m). Suggestibility, irrational beliefe and emotional disturbance. In J. F. Schumaner, (Hrsg.): Human suggestibility (pp. 308-325). New York: Routledge.

Ellis, A. (1991n). Using RET effectively: Reflections and interviews: In M. E. Bernard, (Hrsg.): Using rational-emotive therapy effectively (pp. 1-33). New York: Plenum.

Ellis, A. (1991p). The revised ABCs of rational-emotive therapy. In J. Zeig, (Hrsg.): The Evolution of psychotherapy: The second conference. New York: Brunner/Mazel. Vollständige Fassung: Journal of Rational-Emotive Therapy 9, 139-172.

Ellis, A. (1991q). Self-management workbook: Strategies for personal success. New York: Institute for Rational-Emotive Therapy.

Ellis, A. (1992a). Do I really hold that religiousness is irrational and equivalent to emotional disturbance? American Psychologist 47, 428-429.

Ellis, A. (1992b). First-order and second-order change in rational-emotive therapy: A reply to Lyddon. Journal of Counseling and Development 70, 449-451.

Ellis, A. (1992c). Foreword to Paul Hauck's, Overcoming the rating game (pp. 1-4). Louisville, KY: Westminster/John Knox.

Ellis, A. (1992d). Group rational-emotive and cognitive-behavioral therapy. International Journal of Group Psychotherapy 43, 63-80.

Ellis, A. (1992e). My current views on rational-emotive therapy (RET) and religiousness. Journal of Rational-Emotive & Cognitive-Behavior Therapy 10, 37-40.

Ellis, A. (1992f). My early experiences in developing the practice of psychology. Professional Psychology 23, 7-10.

Ellis, A. (1992g). Rational-emotive approaches to peace. Journal of Cognitive Psychotherapy 6, 79-104.

Ellis, A. (1993a). The advantage and disadvantages of self-help therapy materiale. Professional Psychology: Research and Practice, 24, 335-339.

Ellis, A. (1993b). Are atheists really more psychologically disturbed than religionists? Free Inquiry, 13 (3), 18-19.

Ellis, A. (1993c). Changing rational-emotive therapy (RET) to rational emotive behavior therapy (REBT). Behavior Therapist, 16, 257-258.

Ellis, A. (1993d). Fundamentals of rational-emotive therapy for the 1990s. In W. Dryden & L. K. Hill, (Hrsg.): Innovations in rational-emotive therapy (pp. 1-32). Newbury Park, CA: Sage Publications.

Ellis, A. (1993i). The rational-emotive therapy (RET) approach to marriage and family therapy. Family Journal: Counseling and Therapy for Couples and Families, 1, 292-307.

Ellis, A. (1993j). Rational-emotive therapy and hypnosis. In J. W. Rhue, S. J. Lynn, & 1. Kirch, (Hrsg.): Handbook of clinical hypnosis (pp. 173-186). Washington, DC: American Psychological Association.

Ellis, A. (1993k). Reflections on rational-emotive therapy. Journal of Consulting and Clinical Psychology 61, 199-201.

Ellis, A.(1993l). The sport of avoiding sports and exercise. Audiokassette. Aurora, CO: Sound Images, Inc.

Ellis, A. (1993m). Vigorous RET disputing. In M. E. Bernard & J. L. Wolfe, (Hrsg.) The RET resource book for practitioners (pp. 1-7). New York: Institute for Rational-Emotive Therapy.

Ellis, A. (1993n). Constructivism and rational-emotive therapy: A critique of Richard Wessler's critique Psychotherapy 30, 531-532. Also: Another reply to Wessler's critique of rational-emotive therapy. Psychotherapy 30, 535.

Ellis, A. (1994a). Post-traumatic stress disorder (PTSD) in rape victims: A rational emotive behavioral theory. Journal of Rational-Emotive and Cognitive Behavior Therapy, 12, 3-25.

Ellis, A. (1994b). The treatment of borderline personalities with rational emotive behavior therapy. Journal of Rational-Emotive and Cognitive Behavior Therapy, in press.

Ellis, A. (1994c). General semantics and rational emotive behavior therapy. Bulletin of General Semantics.

Ellis, A. (1994f). Secular humanism. In E. Wertz, (Hrsg.): The Humanistic Movement (pp. 233-242). Lake Worth, FL: Gardner Press.

Ellis, A. (1994g). Rational emotive behavior therapy. In R. Corsini & D. Wedding, (Hrsg.) Current Psychotherapies. Itasca, IL: Peacock.

Ellis, A., & Abrahms, E. (1978). Brief psychotherapy in medical and health practice. New York: Springer.

Ellis, A., & Abrams, M. (1994). How to cope with fatal disease. New York: Barricade Books.

Ellis, A.; Abrams, M., & Dengelegi, L. (1992). The art and science of rational eating. New York: Barricade Books.

Ellis, A., & Becker, I. (1982). A guide to personal happiness. North Hollywood, CA: Wilshire Books.

Ellis, A., & Bernard, M. E., (Hrsg.) (1983). Rational-emotive approaches to the problems of childhood. New York: Plenum.

Ellis, A., & Bernard, M. E. (1985a). What is rational-emotive therapy? In A. Ellis & M. E. Bernard, (Hrsg.): Clinical applications of rational-emotive therapy (pp. 1-30). New York: Plenum.

Ellis, A., & Bernard, M. E., (Hrsg.) (1985b). Clinical applications of rational-emotive therapy. New York: Plenum.

Ellis, A., & Blum, M. (1967). Rational training: A new method of facilitating management and labor relations. Psychological Reports, 28, 1267-1284. Reprinted: New York: Institute for Rational-Emotive Therapy.

Ellis, A., & DiGiuseppe, R. (1993). Are inappropriate or dysfunctional feelings in rational-emotive therapy qualitative or quantitative? Cognitive Therapy and Research 17, 471-477.

Ellis, A., & DiMattia, D. (1991). Rational effectiveness training:A new method of facilitating management and labor relations. Rev. Ausg., New York: Institute for Rational-Emotive Therapy.

Ellis, A., & Dryden, W. (1985). Dilemmas in giving warmth or love to clients: An interview with Windy Dryden, In W. Dryden, Therapists' Dilemmas (pp. 5-16). London: Harper & Row.

Ellis, A., & Dryden, W. (1990). The essential Albert Ellis. New York: Springer.

Ellis, A., & Dryden, W. (1991). A dialogue with Albert Ellis: Against dogma. Philadelphia: Open University Press.

Ellis, A., & Dryden, W. (1993). A therapy, by any other name? An interview. The Rational Emotive Therapist I (2), 34-37.

Ellis, A., & Grieger, R., (Hrsg.) (1977). Handbook of rational-emotive therapy, Bd. 1. New York: Springer. – Deutsche Ausgabe: Praxis der rational-emotiven Therapie: Urban und Schwarzenberg 1979

Ellis, A., & Grieger, R., (Hrsg.) (1986). Handbook of rational-emotive therapy, BD. 2. New York: Springer.

Ellis, A., & Harper, R. A. (1961a). A guide to rational living. Englewood Cliffs, NJ: Prentice-Hall.

Ellis, A., & Harper, R. A. (1961b). A guide to successful marriage. North Hollywood, CA: Wilshire Books.

Ellis, A., & Harper, R. A. (1975). A new guide to rational living. North Hollywood, CA: Wilshire Books.

Ellis, A. & Hoellen, B. (1997). Die Rational-Emotive Verhaltenstherapie – Reflexionen und Neubestimmungen. München: Pfeiffer.

Ellis, A., & Hunter, P. (1991). Why am I always broke? New York: Carol Publications.

Ellis, A.; Kernberg, O.; Person, E., & Bums, D. (1993). Meeting of the Minds Conference: Video vignettes followed by therapeutic responses. Videokassette. New York: Institute for Rational-Emotive Therapy.

Ellis, A., & Robb, H. (1994). Acceptance in rational-emotive therapy. In S. C. Hayes, N. S. Jacobson, V. M. Follette, & M. J. Dougher, (Hrsg.): Acceptance and change. Reno, NVL Context Press.

Ellis, A., & Schoenfeld, E. (1990). Divine intervention and the treatment of chemical dependency. Journal of Substance Abuse 2, 459-468.

Ellis, A.; Sichel, J. L.; Yeager, R. J.; DiMattia, D. J., DiGiuseppe, R. A. (1989). Rational-emotive couples therapy. Needham, MA: Allyn & Bacon.

Ellis, A., & Watzlawick, P. (1986). Debate: Direct vs. indirect psychotherapy. Audiokassette. Garden Grove, CA: Info-Medix and Milton H. Erickson Foundation.

Ellis, A., & Whiteley, J. M. (1979). Theoretical and empirical foundations of rational-emotive therapy. Monterey, CA: Brooks/Cole.

Ellis, A.; Wolfe, J. L., & Moseley, S. (1966). How to raise an emotionally healthy, happy child. North Hollywood, CA: Wilshire Books.

Ellis, A., & Yeager, R. (1989). Why some therapies don't work: The dangers of transpersonal psychology. Buffalo, NY: Prometheus.

Ellis, A., Young, J., & Lockwood, G. (1987). Cognitive therapy and rational-emotive therapy: A dialogue. Journal of Cognitive Psychotherapy I (4), 137-187.

Enfield, R. E. (1994). Rational emotive behavior therapy. In R. J. Corsini, (Hrsg.): Encyclopedia of Psychology, Bd. 3 (pp. 279-280). New York: Wiley.

English, H. B., & English, A. C. (1958). A comprehensive dictionary of psychological and psychoanalytical terms. New York: Longmans, Green.

Epiktet. Handbüchlein der Moral und Unterredungen. Stuttgart: Kröner 1978.

Erdelyi, M. H. (1992, Juni). Psychodynamics and the unconscious. American Psychologist 47, 784-787.

Erwin, E. (1992). Current philosophical issues in the scientific evaluation of behavior therapy theory and outcome. Behavior Therapy 23, 151-171.

Eschenroeder, C. (1979). Different therapeutic styles in rational-emotive therapy. Rational Living 14 (1), 3-7.

Eschenroeder, C. (1982). How rational is rational-emotive therapy? A critical appraisal of its theoretical foundations and therapeutic methods. Cognitive Therapy and Research 6, 381-392.

Esterson, A. (1993). Seductive mirage: An exploration of the work of Sigmund Freud. Open Court.

Evans, J. (1984-1985). Albert Ellis' conception of rationality: How reasonable is RET? Review of Existential Psychology & Psychiatry 19 (2-3), 129-134.

Eysenck, H. J. (1952). The effects of psychotherapy: An evaluation. Journal of Consulting Psychology 16, 319-324.

Eysenck, H. J. (1964). Experiments in behavior therapy. Oxford: Pergamon.

Eysenck, H. J. (1967). The biological basis of personality. Springfield, IL: Thomas.

Eysenck, H. J. (1985). The fraud of Freudianism. New York: Penguin.

Eysenck, M. W. (1992). Anxiety: The cognitive perspective. Hillside, NJ: Erlbaum.

Fallon, D. (1992). An existential look at B. F. Skinner. American Psychologist 47, 1433-1441.

Fals-Stewart, W., & Lucente, S. (1994). Behavioral group therapy with obsessive-compulsives: An overview. International Journal of Group Therapy 44, 35-51.

Farrelly, F, & Brandsma, J. (1978). Provocative Therapy. San Luis Obispo, CA: Impact. – Deutsche Ausgabe: Provokative Therapie. Berlin: Springer 1986.

Feinman, S. (1978). The blind as »ordinary people.« Journal of Visual Impairment and Blindness 72, 231-238.

Fenichel, O. (1974). Psychoanalytische Neurosenlehre. Freiburg i. Br.: Olten.

Ferenczi, S. (1979). Schriften zur Psychoanalyse. Frankfurt a. M.: Fischer.

Ferguson, M. (1980). The Aquarian conspiracy. Los Angeles: Tarcher.

Feyerabend, P. (1975). Against method. New York: Humanities Press. – Deutsche Ausgabe: Wider den Methodenzwang. Frankfurt a. M.: Suhrkamp 1976.

Finley, R. D. (1987). Critique of rational-emotive philosophy. Psychotherapy 24, 271-276.

FitzMaurice, K. (1989). Self-concept: The enemy within. Omaha, NE: FitzMaurice Publishing Co.

FitzMaurice, K. (1990). The secret of maturity. Omaha, NE: Palm Tree Publishers.

FitzMaurice, K. (1991). We're all insane. Omaha, NE: Palmtree Publishers.

Floyd, W. A. (1981). Another psychotherapist looks at religion: A reply to Albert Ellis. Psychology 18 (2, 3). 26-29.

Follette, W. C., & Houts, A. C. (1992). Philosophical and theoretical problems for behavior therapy. Behavior Therapy 23, 251-261.

Forsterling, F. (1985). Rational-emotive therapy and attribution theory: An investigation of the cognitive determinants of emotions. British Journal of Cognitive Psychotherapy 3 (1), 15-25.

Fox, V. L. (1994). Addiction, change and choice: The new view of alcoholism. Tucson, AZ: See Sharp Press.

Frank, J. D., & Frank J. B. (1991). Persuasion and healing. Baltimore, MD: Johns Hopkins University Press. – Deutsche Ausgabe: Die Heiler. Stuttgart: Klett-Cotta 1981.

Frankl, V. (1979). Der Mensch vor der Frage nach dem Sinn. München: Piper.

Franklin, J. (1987). Molecules of the mind. New York: Delta.

Franke, C. M., & Wilson, G. T. (1978). Behavior therapy: Theory and practice. New York: Brunner/Mazel.

Frazer, J. G. (1959). The golden bough. New York: Macmillan.

Frazier, K. (1986)). Science confronts the paranormal. Buffalo, NY: Prometheus.

Freeman, A., & Dattilio, F. W. (1992). Comprehensive casebook of cognitive therapy. New York: Plenum.

Freud, A. (1937). The ego and the mechanisms of defense. London: Hogarth. – Deutsche Ausgabe: Das Ich und die Abwehrmechanismen. Frankfurt a. M.: 12. Aufl. 1988.

Freud, S. Gesammelte Werke, Bd. 1–17, Frankfurt a. M.: S. Fischer 1940-1952.

Fried, R. (1993). The psychology and physiology of breathing. New York: Plenum.

Friedman, H. S., (Hrsg.) (1991). Hostility, coping, and health. Washington, DC: American Psychological Association.

Fromm, E. (1950). The sane society. New York: Holt, Rinehart & Winston. – Deutsche Ausgabe: Der moderne Mensch und seine Zukunft. Frankfurt a.M.: Europäische Verlagsanstalt 1960.

Garcia, E. J., & Blythe, B. T. (1977). Developing emotional muscle. Georgia: University of Georgia.

Gazzinga, M. S. (1993). Nature's mind. New York: Basic Books.

Gelber, D. M. (1993). Re: Exposure therapy. Behavior Therapist, 16 (2), 13.

Geller, L. (1984). Another look at self-actualization. Journal of Humanistic Psychology 24 (2), 93-106.

Gelman, S. A., & Byrnes, I. F. (1991). Perspectives on language and thought. New York: Cambridge University Press.

Gendlin, G. T. (1978). Focusing. New York: Everett House. – Deutsche Ausgabe: Focusing. Salzburg, Otto Müller.

Gerald, M., & Eyman, W. (1981). Thinking straight and talking sense: An emotional education program. New York: Institute for Rational-Emotive Therapy.

Gergen, K. J. (1994). Exploring the postmodern: perils or potentiale. American Psychologist, 49, 412-416.

Gergen, K. J. (1991). The saturated self. New York: Basic Books. – Deutsche Ausgabe: Das übersättigte Selbst. Heidelberg. Carl Auer 1996.

Gilovich, T. (1992). How we know what isn't so: The fallibility of human reason in everyday life. New York: Free Press.

Glasser, W. (1965). Reality therapy. New York: Harper & Row.

Glover, E. (1940). An investigation of the techniques of psychoanalysis. Baltimore: Williams & Wilkins.

Goldberg, C. (1991). Understanding shame. Northvale, NJ: Aronson.

Goldfried, M. R. (1980). Toward the delineation of therapeutic change principles. American Psychologist 35, 991-999.

Goldfried, M. R. (1991). Research issues in psychotherapy integration. Journal of Psychotherapy Research 1, 5-25.

Goldfried, M. R. & Davison, G. C. (1991). Clinical behavior therapy, 3. Aufl. New York: Holt Rinehart & Winston. – Deutsche Ausgabe: Klinische Verhaltenstherapie. Berlin: Springer 1979.

Goldsmith, T. H. (1991). The biological roots of human nature. New York: Oxford.

Goldstein, K. (1954). The concept of health, disease, and therapy. American Journal of Psychotherapy 8, 745-764.

Gombrich, E. H. (1959). Art and illusion. New York: Macmillan.

Gould, R. A.; Clum, G. A., & Shapiro, D. (1993). The use of bibliotherapy in the treatment of panic: A preliminary investigation. Behavior Therapy 24, 241-252.

Grau, A. (1977). Religion is rational. In J. L. Wolfe & E. Brand, (Hrsg.): Twenty years of rational therapy (pp. 131-135). New York: Institute for RationalEmotive Therapy.

Granvold, D. K., ed. (1994). Cognitive and behavioral treatment: Methods and applications. Pacific Grove, CA: Brooks/Cole.

Gray, P. (1993, November 29). The assault on Freud. Time, pp. 47-51.

Green, L., Fry, A. F., & Myerson, J. (1994). Discounting delayed rewards: A life-span comparison. Psychological Science 5, 33-36.

Greenberg, L. S., & Korman, L. (1993). Assimilating emotion into psychotherapy. Journal of Psychotherapy Integration 3, 249-265.

Greenberg, L. S., & Safran, J. D. (1987). Emotion in psychotherapy. New York: Guilford.

Greenwald, H. (1987). Direct decision therapy. San Diego, CA: Edits.

Grieger, R. M. (1985). From a linear to a contextual model of the ABCs of RET. Journal of Rational-Emotive Therapy 3 (2), 75-99.

Grieger, R. M., ed. (1986). Rational-emotive couples therapy. A special issue of Journal of Rational-Emotive Therapy. New York: Human Sciences Press.

Grieger, R. M., & Boyd, J. (1980). Rational-emotive therapy: A skills-based approach. New York: Van Nostrand Reinhold.

Grieger, R. M., & Grieger, I., (Hrsg.) (1982). Cognition and emotional disturbance. New York: Human Sciences Press.

Grunbaum, A. (1993). Validation in the clinical theory of psychoanalysis. New York: International Universities Press.

Guidano, U. E. (1987). Complexity of the self. New York: Guilford.

Guidano, V. F: (1988). A systems, process-oriented approach to cognitive therapy. In K. S. Dobson, (Hrsg.) Handbook of cognitive behavioral therapies (pp. 307-356). New York: Guilford.

Guidano, V. F: (1991). The self in process. New York: Guilford.

Guidano, V. E, & Liotti, G. (1983). Cognitive processes and emotional disorders. New York: Guilford.

Guisinger, S., & Blatt, S. J. (1994). Individuality and relatedness: Evolution of a fundamental dialectic. American Psychologist 49, 104-111.

Guntrip, H. (1971). Psychoanalytic theory, therapy and the self. New York: Basic Books.

Haaga, D. A. E, & Davison, G. C. (1989). Outcome studies of rational-emotive therapy. In M. E. Bernard & R. DiGiuseppe, (Hrsg.): Inside rationalemotive therapy (pp. 155-197). San Diego, CA: Academic Press.

Habermas, J. (1995). Theorie des kommunikativen Handelns. 2 Bde. Frankfurt a. M.: Suhrkamp.

Hajzler, D., & Bernard, M. E. (1991). A review of rational-emotive outcome studies. School Psychology Quarterly 6 (1), 2709.

Haley, J. (1963). Strategies of psychotherapy. New York: Grune & Stratton. – Deutsche Ausgabe: Gemeinsamer Nenner Interaktion. München: Pfeiffer 1987, 2. Aufl.

Haley, J. (1973). Uncommon therapy: The psychiatric techniques of Milton H. Erickson. New York: Norton. – Deutsche Ausgabe: Die Psychotherapie Milton H. Ericksons. München: Pfeiffer 1996, 4. Aufl.

Hanna, F: (1993). The transpersonal consequences of Husserl's phenomenological method. Humanistic Psychologist 21 (1), 41-57.

Harper, R. A. (1959). Psychoanalysis and psychotherapy. Englewood Cliffs, NJ: Prentice-Hall.

Harper, R. A. (1981). Limitations of marriage and family therapy. Rational Living 16 (2), 3-6.

Hartman, R. S. (1959). The measurement of value. Crotonville, NY: General Electric.

Hartman, R. S. (1967). The measwement of value. Carbondale, IL: University of Southern Illinois Press.

Hauck, P. A. (1972). Reason in pastoral counseling. Philadelphia: Westminster.

Hauck, B A. (1973). Overcoming depression. Philadelphia: Westminster.

Hauck, P. A. (1974). Overcoming frustration and anger. Philadelphia: Westminster. – Deutsche Ausgabe: Wer wird denn gleich in die Luft gehen? So überwindet man Frustration und Ärger. Düsseldorf: Econ 1987.

Hauck, P. A. (1977). Marriage is a loving business. Philadelphia: Westminster.

Hauck, P. A. (1984). The three faces of love. Philadelphia: Westminster.

Hauck, P. A. (1992). Overcoming the rating game: Beyond self-love—beyond self-esteem. Louisville, KY: Westminster/John Knox.

Hayakawa, S. I. (1962). The use and misuse of language. Greenwich, CT: Fawcett.

Hayakawa, S. I. (1965). Language in action. New York: Harcourt, Brace and World.

Hayakawa, S. I. (1968). The fully functioning personality. In S. I. Hayakawa (Hrsg.): Symbol, status and personality (pp. 51-69). New York: Harcourt Brace Jovanovich.

Hayek, F A. (1952). The sensory order. Chicago: University of Chicago Press.

Hayek, F: A. (1964). The theory of complex phenomena. In M. Bunge, (Hrsg.): The critical approach to science and philosophy: Essays in honor of K. R. Popper (pp. 332-349). New York: Free Press.

Hayck, F A. (1978). New studies in philosophy, politics, economics, and the history of ideas. Chicago: University of Chicago Press.

Hayek, E A. (1982). The sensory order after 25 years. In W. B. Weimer & D. S. Palermo, (Hrsg.) Cognition and the symbolic processes. Bd. 2 (pp. 287-293). Hillsdale, NJ: Erlbaum.

Hayes, R. L. (1994). The legacy of Lawrence Koulberg: Implications for counseling and human development. Journal of Counseling & Development 72, 261-267.

Hayes, S. C. (1987). A contextual approach to therapeutic change. In N. Jacobson, ed. Psychotherapists in clinical practice: Cognitive and behavioral perspectives (pp. 327-287). New York: Guilford.

Hayes, S. C., & Hayes L. J. (1992). Some clinical implications of contextualistic behaviorism: The example of cognition. Behavioral Therapy 23, 225-249.

Hayes, S. C.; McCurry, S. M.; Afan, N., & Wilson, K. (1991). Acceptance and commitment therapy (ACT). Reno, NV: University of Nevada.

Hayes, S. C., & Melancon, S. M. (1989). Comprehensive distancing, paradox, and the treatment of emotional avoidance. In M. Ascher, (Hrsg.): Paradoxical procedures in psychotherapy (pp. 110-130). New York: Guilford.

Hebl, J. H., & Enright, R. D. (1993). Forgiveness as a psychotherapeutic goal with elderly females. Psychotherapy 30, 658-667.

Heesacker, M.; Heppner, P, & Rogers, M. (1982). Classics and emerging classics in counseling psychology. Journal of Counseling Psychology 29, 400-405.

Heidegger, M. (1993). Sein und Zeit. 17. Aufl. Tübingen: Niemeyer.

Hendlin, S. J. (1992). When good enough is never enough. New York: Putnam.

Herzberg, A. (1945). Active psychotherapy. New York: Grune & Stratton.

Hilgard, E. R. (1956). Theories of learning. New York: Appleton.

Hoellen, B. (1993). Richard Huelsenbeck und Albert Ellis. Zeitschrift fur Rational-Emotive Therapie & Kognitive Verhaltenstherapie, 4, 5-37.

Hoffer, E. (1951). The true believer. New York: Harper & Row.

Hollon, S. D., & Beck, A. T. (1994). Cognitive and cognitive behavioral therapies. In S. L. Garfield & A. E. Bergin, (Hrsg.) Handbook of psychotherapy and behavior change, 4. Auf. New York: Wiley.

Hollon, S. D.; DeRubeis, R. J., & Seligman, M. E. (1992). Cognitive therapy and the prevention of depression. Applied & Preventive Psychology 1, 88-95.

Hollon, S. D., & Garber, J. (1988). Cognitive therapy. In L. Y. Abramson, (Hrsg.): Social cognition and clinical psychology: A symposium (pp. 204-253). New York: Guilford.

Hornstein, G .A. (1992). The return of the repressed: Psychology's problematic relations with psychoanalysis, 1906-1960. American Psychologist 47, 254-263.

Horney, K. (1937). Neurotic personality of our time. New York: Norton. – Deutsche Ausgabe: Der neurotische Mensch unserer Zeit. Frankfurt a. M.: S. Fischer 1995.

Horney, K. (1945). Our inner conflicts. New York: Norton. – Deutsche Ausgabe: Unsere inneren Konflike. Neurosen in unserer Zeit – Entstehung, Entwicklung und Lösung. München: Kindler 1973.

Horney, K. (1950). Neurosis and human growth. New York: Norton. – Deutsche Ausgabe: Neurose und menschliches Wachstum. Frankfurt a. M.: S. Fischer 1985.

Houston, J. (1982). The possible human. Los Angeles: Tarcher.

Huber, C. H., & Baruth, L. G. (1989). Rational-emotive and systems family therapy. New York: Springer.

Hughes, J. M. (1989). Reshaping the psychoanalytic domain. Berkeley, CA: University of California Press.

Hunt, J. M. V. (Hrsg.) (1944). Personality and the behavior disorders. New York: Ronald

Israeli, N. (1962). Creative art. Journal of General Psychology 66, 33-45.

Jacobson, E. (1938). You must relax. New York: McGraw-Hill. – Deutsche Ausgabe: Entspannung als Therapie. München: Pfeiffer 1996, 3. Aufl.

Jacobson, N. S. (1992). Behavioral couple therapy: A new beginning. Behavior Therapy 23, 491-506.

Jakubowski, P., & Lange, A. J. (1978). The assertive option: Your rights and responsibilities. Champaign, IL: Research Press.

James, W. (1914). Varieties of religious experience. London: Longmans Green.

Janet, P. (1898). Neuroses et idée fixes. 2 Bde. Paris: Alcan.

Jantsch, E. (1981). The evolutionary vision. Boulder, CO: Westview Press.

Jennings, S. (1990). Drama therapy for families, groups and individuals. London: Jessica Kingsley.

Johnson, N. (1980). Must the rational-emotive therapist be like Albert Ellis? Personnel and Guidance Journal 59, 49-51.

Johnson, W. (1946). People in quandaries. New York: Harper & Row.

Johnson, W. R. (1981). So desperate the fight. New York: Institute for Rational-Emotive Therapy.

Jones, J. (1958). To the end of thought. Newspaper 6, 1-35.

Jung, C. G. (1984). Grundwerk. 9 Bde. Zürich; Walter.

Jung, C. G. (1993, November 19). Crazy times. New York Times, p. 1-33.

Kahneman, D.; Frederickson, B. L.; Schreiber, C. A., & Redelmeir, D. A. (1993). When more pain is preferred to less: Adding a better end. Psychological Science 4, 401-405.

Kahneman, D.; Slovic, P., & Tversky, A., (Hrsg.): Judgment under uncertainty: Heuristics and biases. New York: Cambridge University Press.

Kaiser, H. (1965). Effective psychotherapy. New York: Free Press.

Kanfer, F. H., & Goldstein, A. P., (Hrsg.) (1986). Helping people change, 3. Aufl. New York: Pergamon.

Kant, I. (1781).Kritik der reinen Vernunft, Hamburg: Meiner 1956.

Kassinove, H. (1986). Self-reported affect and core irrational thinking. Journal of Rational-Emotive Therapy 4, 119-130.

Keegan, A. (1989). Albert Ellis: On psychotherapy, psychology and science. American Association for Counseling and Development Guidepost 31 (12), 1, 4, 6.

Kegan, R. (1982). The evolving self. Cambridge, MA: Harvard University Press.

Kellerman, P. F. (1992). Focus on psychodrama. London: Jessica Kingsley.

Kelly, G. (1955). The psychology of personal constructs, 2 Bde. New York: Norton.

Kendall, P C. (1991). Child and adolescent therapy: Cognitive-behavioral procedures. New York: Guilford.

Kendall, P. C. (1994). Treating anxiety disorders in children: Results of a randomized clinical trial. Journal of Consulting and Clinical Psychology 62, 100-110.

Kennedy, J. S. (1992). The new anthropomorphism. Cambridge, England: Cambridge University Press.

Kernberg, O. (1985). Borderline conditions and pathological narcissism. Northvale, NJ: Aronson. – Deutsche Ausgabe: Borderline-Störungen und pathologischer Narzißmus. Frankfurt a. M.: Suhrkamp 1983.

Kessel, M.; Goldston, S. E., & Jaffe, J. M., (Hrsg.) (1992). The present and future of prevention. Newbury, CA: Sage.

Kiesler, D. J. (1966). Some myths of psychotherapy research and the search for a paradigm. Psychological Bulletin, 65, 110-136.

Kihlstrom, J. F.; Barnhardt, T. M., & Tataryn, D. J. (1992, June). The psychological unconscious—Found, lost, and regained. American Psychologist 47, 788-791.

Kirschner, S. R. (1993). Inescapable moralities: Psychology as public philosophy. Journal of Theoretical and Philosophical Psychology 13, 87-88.

Klarrich, S. H. (1990). Work without stress. New York: Brunner/Mazel.

Klee, M. (1990). Cognitive and behavioral approaches to meditation. In M. G. Kwee, Psychotherapy meditation and health (pp. 36-53). Lodon: East/West Publications.

Klein, M. (1984). Envy and gratitude and other works. New York: Free Press

Kraus, W. (1974). Rational-emotive education. New York: Institute for Rational-Emotive Therapy.

Knaus, W. (1983). How to conquer your frustrations. Englewood Cliffs. NJ: Prentice Hall.

Kodish, S. P., & Kodish, B. I. (1993). Drive yourself sane. Englewood. NJ: Institute of Genreal Semantics.

Kohut, H. (1971). The analysis of the self. New York: International Universities Press. – Deutsche Ausgabe: Narzissmus. Frankfurt a. M.: Suhrkamp 1973.

Kohut, H. (1977). The restoration of the self New York: International Universities Press. – Deutsche Ausgabe: Die Heilung des Selbst. Frankfurt a. M.: Suhrkamp 1981.

Kohut, H. (1991). The search for the self: Selected writings of Heinz Kohut. Madison, CT: International Universities Press.

Korzybski, A. (1921). Manhood of humanity. San Francisco: International Society for Genreal Semantics.

Korzybski, A. (1923). Fate and freedom. In I. J. Lee, (Hrsg.): The language of wisdom and folly (pp. 341-357). San Francisco: International Society for Genreal Semantics.

Korzybski. A. (1933). Science and sanity. San Francisco: International Society for Genreal Semantics.

Korzybski, A. (1951). The role of language in the perceptual processes. ln R. R. Blake & G. V. Ramsey, (Hrsg.): Perception: An approach to personality (pp. 170-205). New York: Ronald.

Kuehlwein, K. T., & Rosen, H., (Hrsg.) (1993). Cognitive therapies in action. San Francisco: Jossey-Bass.

Kuhn, T. S. (1970). The structure of scientific revolutions. Chicago Universitiy of Chicago Press. – Deutsche Ausgabe: Die Struktur wissenschaftlicher Revolutionen. Frankfurt a. M.: Suhrkamp 1973

Kurtz, P. (1973). Humanist manifestos I and II. Buffalo: Prometheus.

Kurtz, P. (1984). In defense of secular humanism. Buffalo: Prometheus.

Kurtz, P. (1985). Humanism. In G. Stein, (Hrsg.): The dictionary of unbelieving (pp. 328-333). Buffalo: Prometheus.

Kurtz, P. (1986). The transcendental temptation. Buffalo, NY: Prometheus.

Kurtz, P. (1992-1993) Toward a new enlightment: A response to the postmodernist critiques of humanism. Free Inquiry, 13(1), 35-37.

L'Abate, L. (1992). Programmed writing: A self-administered approach for individuals, couples, and families. Pacific Grove, CA: Brooks/Cole.

LaBarre, W. (1955). The human animal. Chicago: University of Chicago.

Laberge, B.; Gauthier; J. G., Coté; G.; Plamondon, J., & Cormier, H. J. (1993). Cognitive-behavioral therapy of panic disorder with secondary major depression. Journal of Consulting and Clinical Psychology 61, 1028-1037.

Lamont, C. (1982). The philosophy of humanism. New York: Ungar.

Landman, L. (1993). Regret: The persistence of the possible. New York: Basic Books.

Landrine, H. (1992). Clinical implications of cultural differences: The referential versus the indexical self. Clinical Psychology Review 12, 401-415.

Landy, E. E. (1994). Disjunctive psychotherapies. In R. I. Corsini, (Hrsg.): Encyclopedia of psychology, 2. Aufl. (Bd. 1, pp. 426-429). New York: Wiley.

Lange, A., & Jakubowski, P (1976). Responsible assertive behavior. Champaign, IL: Research Press.

Langley, M. H. (1994). New York: Springer.

Lao-Tsu (1975). Tao: A new way of thinking. New York: Harper & Row.

Lasch, C. (1978). The culture of narcissism. New York: Norton.

Lawrence, C., & Huber, C. H. (1982). Strange bedfellows? Rational-emotive therapy and pastoral counseling. Personnel and Guidance Journal 5, 263-264.

Lawson, D. (1994(Identifying pretreatment change. Journal of Counseling & Development 72, 244-248.

Lazarus, A. A. (1977). Toward an egoless state of being. In A. Ellis & R. Grieger, (Hrsg.): Handbook of rational-emotive therapy. Bd. 1 (pp. 113-116). New York. Springer

Lazarus, A. A. (1985). Marital myths. San Luis Obispo, CA: Impact.

Lazarus, A. A. (1989). Can we prevent a regressive passage back to some form of mentalist psychotherapy? Review of K. S. Dobson, (Hrsg.): Handbook of cognitive behavioral therapies. New York: Guilford, 1988. Contemporary Psychology 34, 1038-1039.

Lazarus, A. A. (1990). The practice of multimodal therapy. Baltimore: Johns Hopkins. – Deutsche Ausgabe: Praxis der Multimodalen Therapie. Tübingen: dgvt-Verlag 1995.

Lazarus, A. A. (1993a). Tailoring the therapeutic relationship, or being an authentic chameleon. Psychotherapy 30, 404-407.

Lazarus, A. A. (1993c). Theory, subjectivity and bias: Can there be a future? Psychotherapy 30, 674-677.

Lazarus, A. A., & Dryden, W. (1991). A dialogue with Arnold Lazarus: »It depends.« Buckingham, England & Philadelphia: Open University Press.

Lazarus, A. A.; Lazarus, C., & Fay, A. (1993). Don't believe it for a minute: Forty toxic ideas that are driving you crazy. San Luis Obispo, CA: Impact Publishers.

Lazarus, R. S. (1966). Psychological stress and the coping process. New York: McGraw-Hill.

Lazarus, R. S. (1991). Emotion and adaption. New York: Guilford.

Lazarus, R. S., & Folkman, S. (1984). Stress, appraisal, and coping. New York: Springer.

Leaf, R. C.; Allington, D. E.; Mass, R.; DiGiuseppe, R., & Ellis, A. (1991). Personality disorders, life events, and clinical syndromes. Journal of Personality Disorders 5, 264-280.

Leaf, R. C., & DiGiuseppe, R. (1992). Review of A. T. Beck, et al, Cognitive therapy of personality disorders. Journal of Rational-Emotive and Cognitive Behavior Therapy 10, 105-106.

Leaf, R. C.; DiGiuseppe, R.; Ellis, A.; Mass, R.; Backx, W.; Wolfe, 1., & Allington, D. E. (1990). »Healthy« correlates of MCMI scales 4, 5, 6, and 7. Journal of Personality Disorders 4, 314-330.

Leaf, R. C.; Ellis, A.; DiGiuseppe, R.; Mass, R., & Allington, D. E. (1991). Rationality, self-regard and the »healthfulness« of personality disorders. Journal of Rational-Emotive and Cognitive Behavior Therapy 9, 3-36.

Lecky, P. (1943). Self-consistency. New York: Doubleday/Anchor.

Lederer, W. (1959). Primitive psychotherapy. Psychiatry 22, 255-265.

LeDoux, J. E. (1989). Cognitive-emotional interactions in the brain. Cognition and Emotion 3, 276-289.

Levin, D. M. (1991). Psychology as a discursive formation: The postmodern crisis. Humanistic Psychologist 19 (3), 250-276.

Levi-Strauss, C. (1962). The savage mind. Chicago: University of Chicago Press.

Lewinsohn, P.; Antonuccio, D.; Breckenridge, J., & Teri, L. (1984). The »coping with depression« course. Eugene, OR: Castalia.

Lewinsohn, P. M., & Rohde, P. (1993). The cognitive-behavioral treatment of depression in adolescents: Research and suggestions. Clinical Psychologist 46, 177-183.

Lifton, R. J. (1994). The protean self. New York: Basic Books.

Lipchik, E., & Geffner, R. (1994). A comment on Jacobson's findings. Family Therapy News 21, (1), 21.

Lipsey, M. W., & Wilson, D. B. (1993). The efficacy of psychological educational, and behavior treatment: Confirmation from meta-analysis. American Psychologist 48, 1181-1209.

Loftus, E. F., & Klinger, M. R. (1992). Is the unconscious smart or dumb? American Psychologist 47, 761-765.

Lowen, A. (1970). Pleasure. New York: Lancer. – Deutsche Ausgabe: Freude. München: Goldmann 1996.

Lowen, A. (1975). Bioenergetics. New York: Coward-McCann. – Deutsche Ausgabe: Bioenergetik. Reinbek b. Hamburg: Rowohlt 1988.

Lyddon, W. I (1993). Contrast, contradiction, and change in psychotherapy. Psychotherapy 30, 383-390.

Lyddon, W. J. (1993). Development constructivism: An integrative framework for psychotherapy practice. Journal of Cognitive Psychotherapy 7, 217-224.

Lynn, S. J.; Neufeld, V., & Mare, C. (1993). Direct versus indirect suggestions: A conceptual and methodological review. International Journal of Clinical and Experimental Hypnosis 41, 124-152.

Lyons, L. C., & Woods, P. J. (1991). The efficacy of rational-emotive therapy: A quantitative review of the outcome research. Clinical Psychology Review 11, 357-369.

Mahoney, M. J. (1974). Cognition and behavior modification. Cambridge, MA: Ballinger. – Deutsche Ausgabe: Kognitive Verhaltenstherapie. München: Pfeiffer 1977.

Mahoney, M. J. (1976). Scientist as subject. Cambridge, MA: Ballinger.

Mahoney, M. J. (1991). Human change processes. New York: Basic Books.

Mahoney, M. J., & Norcross, J. C. (1993). Relationship styles and therapeutic choices. Psychotherapy 30, 423-426.

Mahrer, A. R. (1989). How to do experiential psychotherapy: A manual for practitioners. Ottawa, Canada: University of Ottawa Press.

Mann, R. D. (1984). The light of consciousness: Explorations in transpersonal psychology. Albany, NY: State University of New York Press.

Marcus, N. N. (1993). The given element in experience: An importart therapeutic consideration. Journal of Cognitive Psychotherapy 7, 93-104.

Mark Aurel. Des Kaisers Marcus Aurelius Antonius Selbstbetrachtungen. Stuttgart: Reclam 1981.

Marks, I. (1994). Behavior therapy as an aid to self-care. Current Directions in Psychological Science 3 (1), 19-22.

Marlatt, G. A. & Gordon, J. R., (Hrsg.) (1989). Relapse prevention: Maintenance strategies in the treatment of addictive behaviors. New York: Guilford.

Marti-lbazez, F: (1960). Centaur. New York: MD Publications.

Maslow, A. H. (1954). Motivation and personality. New York: Harper & Row. – Deutsche Ausgabe: Motivation und Persönlichkeit. Reinbek b. Hamburg: Rowohlt 1981.

Maslow, A. H. (1968). Toward a psychology of being. New York: Van Nostrand Reinhold.

Maslow, A. H. (1973). The farther reaches of human nature. Harmondsworth, UK: Penguin. – Deutsche Ausgabe: Psychologie des Seins. Frankfurt a. M.: S. Fischer 1994. 5. Aufl.

Masterson, J. F. (1981). The narcissistic and borderline disorders. New York: Brunner/Mazel. – Deutsche Ausgabe: Psychotherapie bei Borderline-Patienten. Stuttgart: Klett-Cotta 1992, 2. Aufl.

Maultsby, M. C., Jr. (1971a). Rational emotive imagery. Rational Living 6 (1), 24-27.

Maultsby, M. C., Jr. (1971b). Systematic written homework in psychotherapy. Psychotherapy 8, 195-198.

Maultsby, M. C., Jr. (1984). Rational behavior therapy. Englewood Cliffs, NJ: Prentice-Hall.

Maultsby, M. C., Jr., & Ellis, A. (1974). Technique for using rational-emotive imagery. New York: Institute for Rational-Emotive Therapy.

May, R. (1969). Love and will. New York: Norton. – Deutsche Ausgabe: Liebe und Wille. Edition humanistische Psychologie 1988.

McClernon, J. (1994). Hugs from the refrigerator. Kansas City, MO: Westport Publishers.

Mclntyre, A. (1981). After virtue. London: Duckworth.

McMullin, R. (1986). Handbook of cognitive therapy techniques. New York: Norton.

McNamee, S., & Gergen, K. J. (1992). Therapy as social construction. Newbury Park, CA: Sage.

Mead, G. H. (1936). Mind, self and society. Chicago: University of Chicago Press.

458

Meehl, P. (1981). Ethical criticism in value clarification. Rational Living 16 (1), 2-9.

Meehl, P. E. (1962). Schizotaxia, schizotypy, schizophrenia. American Psychologist 17, 827-838.

Meichenbaum, D. W. (1977). Cognitive-behavior modification. New York: Plenum. – Deutsche Ausgabe: Kognitive Verhaltensmodifikation. München: Psychologie VerlagsUnion 1995.

Meyer, A. (1948). The commonsense psychiatry of Dr. Adolf Meyer, ed. by A. Lief. New York: McGraw-Hill.

Miller, A. R. (1993). Managing change in the workplace. In W. Dryden & L. K. Hill, (Hrsg.): Innovations in rational-emotive therapy (pp. 272-285). Newbury Park, CA: Sage.

Miller, G. A. (1969). Psychology as a means of promoting human welfare. American Psychologist 24, 1063-1075.

Miller, R. C., & Berman, J. S. (1983). The efficacy of cognitive behavior therapies: A quantitative review of the research evidence. Psychological Bulletin 94, 39-53.

Miller, T. (1986). The unfair advantage. Manlius, NY: Horsesense, Inc.

Mille, D. (1993). Overcoming self-esteem. New York: Institute for Rational Emotive Therapy.

Montgomery, R. W. (1993). The ancient origins of cognitive therapy: The reemergence of stoicism. Journal of Cognitive Psychotherapy 7, 5-19.

Moore, R. H. (1983). Inference as »A« in RET. British Journal of Cognitive Psychotherapy I (2), 17-23.

Moore, R. H. (1993). Traumatic incident reduction. In W. Dryden & L. K. Hill, (Hrsg.): Innovations in rational-emotive therapy (pp. 116-159). Newbury Park, CA: Sage.

Moreno, J. L.: (1990). The essential J. L. Moreno. New York: Springer.

Moses-Zirkes, S. (1993, August). Pleasure, pain evaluation not always rooted in logic. APA Monitor, (p. 30-31).

Moshman, D., & Hoover, L. M. (1989). Rationality as a goal of psychotherapy. Journal of Cognitive Psychotherapy 3, 31-41.

Mowrer, O. H. (1960a). Some constructive features of the concept of sin. Journal of Counseling Psychology 7, 185-188.

Mowrer, O. H. (1960b). »Sin,« the lesser of two evils. American Psychologist 15, 301-304.

Mowrer, O. H. (1960c). Learning theory and behavior. New York: Wiley.

Munsterberg, H. (1919). Technique of psychotherapy. Boston: Houghton Mifflin.

Murphy, G. (1947). Personality. New York: Harper.

Neimeyer, G. J. (1993). The challenge of change: Reflections on constructive psychotherapy. Journal of Cognitive Psychotherapy 7, 183-194.

Neimeyer, R. A. (1993). Constructivism and the cognitive psychotherapies: Some conceptual and strategic contrasts. Journal of Cognitive Psychotherapy 7, 159-171.

Newman, B. (1992). The reluctant alliance: Behaviorism and humanism. Buffalo, NY: Prometheus.

Nicoll, W. G. (1993). Multiple systems counseling: An integration and extension of Adlerian and systems theories. Individual Psychology 49, 132-152.

Nichols, N., & Zax, M. (1977). Catharsis in psychotherapy. New York: Gardner.

Nisbett, R. E. & Ross, L. (1980). Human inference: Strategies and shortcomings. Englewood Cliffs, NJ: Prentice-Hall.

Norcross, I. C., & Goldfried, M. R. (1992). Handbook of psychotherapy integration. New York: Basic Books.

Norcross, I. C.; Prochaska, V. O., & Farber, J. A. (1993). Psychologists conducting psychotherapy: New findings and historical comparisons on the psychotherapy division membership. Psychotherapy 30, 692-696.

Nottingham, E. (1992). It's not as bad as it seems: A thinking approach to happiness. Memphis, TN: Castle Books.

Nye, B. (1993). Understanding and managing your anger and aggression. Federal Way, WA: BCA Publishing.

O'Donohue, W., & Smith, L. D. (1992). Philosophical and psychological epistemologies in behaviorism and behavior therapy. Behavior Therapy 23, 173-194.

O'Donohue, W., & Szymanski, J. (1993). Change mechanisms in cognitive therapy of a simple phobia: Logical analysis and empirical hypothesis testing. Journal of Rational-Emotive and Cognitive Behavior Therapy 11, 207-227.

Olkin, R. (1994). The use of a paradoxical intervention for the treatment of recalcitrant temper tantrums. Behavior Therapist, 17, 37-40.

Otto, H. (1968). Group methods designed to actualize human potential. Chicago: Achievement Motivation Systems.

Overholser, J. C. (1993). Elements of the Socratic method: Systematic questioning. Psychotherapy 30, 67-74; 30, 75-85.

Palmer, S., & Dryden, W. (1993). Ellis on REBT: Stephen Palmer and Windy Dryden interview Albert Ellis. The Rational Emotive Therapist I (2), 44-52.

Parker, D. (1987). Ellis on fanaticism and absolutism. Journal of Counseling and Development 66, 573.

Pastore, N. (1950). A neglected factor in the frustration-aggression hypothesis. Journal of Psychology 29, 271-279.

Pastore, N. (1952). The role of arbitrariness in the frustration-aggression hypothesis. Journal of Abnormal and Social Psychology 47, 728-736.

Patterson, G. R. (1982). Coercive family process. Eugene, OR: Castalia.

Pavlov, I. P. (1927). Conditioned reflexes. New York: Liveright. – Deutsche Ausgabe: Die bedingten Reflexe. München: Kindler 1972.

Peale, N. V. (1952). The power of positive thinking. New York: Fawcett. – Deutsche Ausgabe: Die Kraft des positiven Denkens. Thalwil: Oesch 1954.

Pearce, J. K., & Glantz, K. (1989). Exiles from Eden: Psychotherapy from an evolutionary perspective. New York: Norton.

Pederson, P. (1990). The multi-cultural as a fourth force in counseling. Journal of Mental llealth Counseling 12, 93-95.

Peele, S. (1975). Love and addiction. New York: Bantam.

Peele, S. (1989). The meaning of addiction. Lexington, MA: Lexington Books.

Perls, F. (1969). Gestalt therapy verbatim. New York: Delta. – Deutsche Ausgabe: Gestalt-Therapie in Aktion. Stuttgart: Klett-Cotta 1996, 8. Aufl.

Perls, F., Hefferline, R., & Goodman, P. (1952). Gestalt therapy. New York: Julian. – Deutsche Ausgabe: Gestalt-Therapie. Grundlagen. München: dtv 1992.

Phadke, K. M. (1982). Some innovations in RET theory and practice. Rational Living 17 (2), 25-30.

Phillips, E. L. (1956). Psychotherapy. Englewood Cliffs, NJ: Prentice-Hall.

Piaget, J. (1954). The construction of reality in the child. New York: Basic Books. – Deutsche Ausgabe: Der Aufbau der Wirklichkeit beim Kinde. Stuttgart: Klett-Cotta 1974.

Piaget, J. (1963). The origin of intelligence in children. New York: Norton.

Pielack, L. (1994). What does the MPD mean to you, the therapist? Advocate 17 (5), 7.

Pietsch, W. V. (1993). The serenity prayer. San Francisco: Harper San Francisco.

Pitkin, W. (1940). The history of human stupidity. New York: Simon & Schuster.

Platanov, K. E. (1959). The word as a physiological and therapeutic factor. Moscow: Foreign Language Publishing.

Plomin, R., & Neiderhiser, J. M. (1992). Genetics and experience. Current Directions in Psychological Science 1, 160-163.

Plutchik, R. (1990). Emotions and psychotherapy: A psychoevolutionary perspective. In R. Plutchik & H. Kellerman, (Hrsg.) Emotion: Theory, Research and Practice, vol. 5. New York: Academic Press.

Polanyi, M. (1966). The tacit dimension. New York: Doubleday.

Popper, K. R. (1962). Objective knowledge. London: Oxford. – Deutsche Ausgabe: Objektive Erkenntnis. Hamburg: Hoffmann + Campe 1993.

Popper, K. R. (1985). Popper selections, ed. by D. Miler. Princeton, NJ: Princeton University Press. – Deutsche Ausgabe: Lesebuch. München: UTB 1995.

Prochaska, 1. O.; DiClimente, C. C., & Norcross, J. C. (1992). In search of how people change: Applications to addictive behaviors. American Psychologist 47, 1102-1114.

Raimy, V. (1975). Misunderstandings of the self. San Francisco: Jossey-Bass.

Rand, A. (1961). For the new intellectual. New York: New American Library.

Randi, J. (1987). The faith-healers. Buffalo, NY: Prometheus.

Rank, O. (1929). Wahrheit und Wirklichkeit. Leipzig: Hirtzel.

Reason, J. (1990). Human error. Cambridge, England: Cambridge University.

Reich, W. (1942). The function of the orgasm. New York: Orgone Institute. – Deutsche Ausgabe: Die Funktion des Orgasmus. Köln: Kiepenheuer + Witsch 1987.

Reich, W. (1960). Selected writings. New York: Farrar, Strauss and Cudahy.

Reichenbach, H. (1953). The rise of scientific philosophy. Berkeley, CA: University of California.

Richardson, F. C. & Chambers, J. C. (1993). Social theory as practice: Metatheoretical options for social inquiry. Journal of Theoretical and Philosophical Psychology 13, 137-153.

Robb, H. (1993). Letters and mail. Journal of Rational Recovery 6 (2), 23-24.

Robin, M. W., & DiGiuseppe, R. (1993). Rational-emotive therapy with an avoidant personality. In K. T. Kuehlwein & H. Rosen, (Hrsg.) Cognitive therapies in action (pp. 143-159).

Rogers, C. R. (1943). Counseling and psychotherapy. Boston: HoughtonMifflin. – Deutsche Ausgabe: Die nicht-direktive Beratung. Frankfurt a. M.: S. Fischer, 4. Aufl. 1995.

Rogers, C. R. (1951). Client-centered therapy. Boston: Houghton-Mifflin. – Deutsche Ausgabe: Die Klienten-zentrierte Gesprächstherapie. Frankfurt a. M.: S. Fischer 1978.

Rogers, C. R. (1957). The necessary and sufficient conditions of therapeutic personality change. Journal of Consulting Psychology 21, 95-103.

Rogers, C. R. (1961). On becoming a person. Boston: Houghton-Mifflin. – Deutsche Ausgabe: Entwicklung der Persönlichkeit. Stuttgart: Klett-Cotta, 10. Aufl. 1994.

Rogers, C. R. (1980). A way of being. Boston: Houghton-Mifflin. – Deutsche Ausgabe: Der neue Mensch. Stuttgart: Klett-Cotta 1993, 5. Aufl.

Rokeach, M. (1960). The open and closed mind. New York: Basic Books.

Rorer, L. G. (1989). Rational-emotive theory: 1. An integrated psychological andphilosophical basis, II. Explication and evaluation. Cognitive Therapy and Research 13, 475-492; 531-548.

Rosen, G. (1990, August 10). The dangers of self-help materiale. Paper presented at the 98th convention of the American Psychological Association, Boston.

Rosenthal, D. (1971). Genetics of psychopathology. New York: McGraw-Hill.

Rowe, D. C. (1993). The limits of family influence: Genes, experience, and behavior. New York: Guilford.

Russell, B. (1950). The conquest of happiness. New York: New American Library. – Deutsche Ausgabe: Eroberung des Glücks. Frankfurt a. M.: Suhrkamp, 4. Aufl. 1982.

Russell, B. (1965). The basic writings of Bertrand Russell. New York: Simon & Schuster.

Ruth, W. J. (1992). Irrational thinking in humane: An evolutionary proposal for Ellis' genetic postulate. Journal of Rational-Emotive and Cognitive Behavior Therapy 10, 3-20.

Sachse, R. (1993). The effects of intervention phrasing on therapist-client communication. Psychotherapy Research 3, 260-277.

Safran, J. D., & Greenberg, L. S., (Hrsg.) (1991). Emotion, psychotherapy, and change. New York: Guilford.

Salomone, G. (1993). The fellowship of the steps: The recovery movement as a new world religion. Journal of Rational Recovery 6 (2), 13-16.

Salter, A. (1949). Conditioned reflex therapy. New York: Creative Age.

Salter, A. (1952). The case against psychoanalysis. New York: Creative Age.

Sartre, J. P. (1968). Philosophische Schriften I. Reinbek b. Hamburg: Rowohlt 1994.

Schacter, S., & Singer, J. E. (1962). Cognitive, social and physiological determinants of emotional state. Psychological Review 69, 374-399.

Schafer, R. (1992). Retelling a life: Narration and dialogue in psychoanalysis. New York: Basic Books. – Deutsche Ausgabe: Erzähltes Leben. Narration uns Dialog in der Psychoanalyse. München: Pfeiffer 1995.

Scharff, J. S., & Scharff, D. E. (1992). Scharff notes: A primer of object relations. Northvale, NJ: Aronson.

Schneider, K. (1987). The deified self: A »centaur« response to Wilber and the transpersonal movement. Journal of Humanistic Psychology 27, 196-216.

Schofield, W. (1964). Psychotherapy: The purchase of friendship. Englewood Cliffs, NJ: Prentice-Hall.

Schutz, W. (1967). Joy New York: Grove.

Schwartz, E. K., & Wolfe, A. (1958). Irrational trends in contemporary psychotherapy. Psychoanalytic Review 45, 65-74.

Schwartz, G. E. (1991). The data are always friendly: A systems approach to psychotherapy integration. Journal of Psychotherapy Integration 1, 55-69.

Schwartz, R. (1993). The idea of balance and integrative psychotherapy. Journal of Psychotherapy Integration 3, 159-181.

Scoggin, F.; & Jamison, C., & Gochneaur, K. (1989). Comparative efficacy of cognitive and behavioral bibliotherapy. Journal of Consulting and Clinical Psychology 57, 403-407.

Sears, R. R. (1943). Survey of objective studies of psychoanalytic concepts. New York: Social Science Research Council.

Seligman, M. E. P (1975). Helplessness. San Francisco: Freeman. – Deutsche Ausgabe: Erlernte Hilflosigkeit. München: Psychologie VerlagsUnion 1995.

Seligman, M. E. P. (1991). Learned optimism. New York: Knopf.

Sexton, T. L. (1994). Systemic thinking in a linear world: Issues in the application of interactional counseling. Journal of Counseling & Development 72, 249-258.

Selye, H. (1956). The stress of life. New York: McGraw-Hill.

Shapiro, D. H., & Walsh, R. N., (Hrsg.) (1984). Meditation: Classic and contemporary perspectives. New York: Aldine.

Sharkey, P. W. (1981). Something irrational about rational emotive psychology. Psychotherapy 18, 150-155.

Sharpe, E. I. (1985). The universal Gita. Peru, IL: Open Court.

Shadler, J.; Mayman, M., & Manis, M. (1993). The illusion of mental health. American Psychologist 48, 1117-1131.

Shibles, W. (19741. Emotion: The method of philosophical therapy. Whitewater, WI: Language Press.

Shorkey, C. T., & Whiteman, V. L. (1977). Development of the Rational Behavior Inventory. Educational and Psychological Measurement 37, 527-534.

Sichel, J., & Ellis, A. (1984). RET self-help form. New York: Institute for Rational-Emotive Therapy.

Siegler, R. S. (1994). Cognitive variability: A key to understanding cognitive development. Current Directions in Psychological Science 3 (1), 1-5.

Silver, D., & Rosenbluth, M. (1992). Handbook of Borderline disorders. CT: International Universities Press.

Silverman, M. S.; McCarthy, M., & McGovern, T. (1992). A review of outcome studies of rational-emotive therapy from 1982-1989. Journal of Rational Emotive and Cognitive-Behavior Therapy 10 (3), 111-186.

Simon, A. D.; Angell, K. L.; Monroe, S. M., & Thase, M. E. (1993). Cognition and life stress in depression: Cognitive factors and the definition, rating, and generation of negative life events. Journal of Abnormal Psychology 1002, 584-591.

Sinclair, R. C.; Hoffman, C.; Mark, M. M.; Martin, L. L., & Pickering, T. L. (1994). Construct accessibility and the misattribution of arousal: Schacter and Singer revisited. Psychological Science 5, 15-19.

Skinner, B. F. (1938). The behavior of organisms. New York: Appleton-Century.

Skinner, B. F. (1953). Science and human behavior. New York: Macmillan.

Skinner, B. F. (1954). Critique of psychoanalytical concepts. Scientific Monthly 79, 300-335.

Skinner, B. F: (1956). Freedom and the control of men. American Scholar 25, 47-65.

Skinner, B. F (1971). Beyond freedom and dignity. New York: Knopf.

Skinner, B. F: (1989). Recent issues in the analysis of behavior. Columbus, OH: Merrill.

Smith, M. B. (1973). On self-actualization. Journal of Humanistic Psychology 13 (2), 17-33.

Smith, M. B. (1984). Humanistic psychology. In R. J. Corsini, (Hrsg.): Encyclopedia of psychology, Bd. 2 (pp. 155-158).

Smith, M. B. (1991). Values, self and society: Toward a humanist social psychology. New Brunswick, NJ: Transaction.

Smith, M. B. (1994). Selfhood at risk: Postmodern perils and the perils of postmodernism. American Psychologist 49, 405-411.

Smith, M. B., & Jones, E. T. (1933). Neophobia, ontological insecurity, and existential choice following trauma. Journal of Humanistic Psychology 33 (4), 89-109.

Smith, M. L., & Glass, G. V. (1977). Meta-analysis of psychotherapy outcome studies. American Psychologist 32, 752-760.

Smith, M. L.; Glass, G. V., & Miller, T. 1. (1980). The benefits of psychotherapy. Baltimore: Johns Hopkins University Press.

Smith, T. W. (1982). Irrational beliefe in the cause and treatment of emotional distress: A critical review of the rational emotive model. Clinical Psychology Review 2, 505-522.

Smith, T. W. (1989). Assessment in rational-emotive therapy. In M. E. Bernard & R. DiGiuseppe, (Hrsg.): Inside rational-emotive therapy (pp. 135-153). Orlando, FL: Academic Press.

Smith, T. W., & Allred, K. (1986). Rationality revisited: A reassessment of the empirical support for the rational-emotive model. In E. C. Kendall, (Hrsg.): Advances in cognitive-behavioral research and therapy, vol. 5 (pp. 63-87). New York: Academic Press.

Snyder, M. (1994). The development of social intelligence in psychotherapy. Journal of Humanistic Psychology 34 (1), 84-108.

Solomon, R., & Wynne, L. (1954). Traumatic avoidance learning. Psychological Review 61, 353-385.

Spillane, R. (1985). Achieving peak performance: A psychology of success in the organization. Sydney, Australia: Harper & Row.

Spivack, G.; Platt, J., & Shure, M. (1976). The problem-solving approach to adjustment. San Francisco: Jossey-Bass.

Spivack, G., & Shure, M. (1974). Social adjustment in young children. San Francisco: Jossey-Bass.

Stace, W. T. (1960). The teachings of the mystics. New York: New American Library.

Stampfl, T. G., & Levis, D. I (1967). Essentials of implosive therapy. Journal of Abnormal Psychology 72, 496-503.

Standal, S. W., & Corsini, R. 1, (Hrsg.) (1951).Critical incidents in psychotherapy. Englewood Cliffs, NJ: Prentice-Hall.

Stanton, H. (1977). The utilization of suggestions derived from rational-emotive therapy. International Journal of Clinical and Experimental Hypnosis 25, 18-26.

Stanton, H. E. (1989). Hypnosis and rational-emotive therapy—A destressing combination. International Journal of Clinical and Experimental Hypnosis 37, 95-99.

Stark, K. D.; Humphrey, L. L.; Laurent, J.; Livingston, R., & Christopher, J. (1993). Cognitive, behavioral, and family factors in the differentiation of depressive and anxiety disorders during childhood. Journal of Consulting and Clinical Psychology 61, 878-888.

Starker, S. (1988a). Do-it-yourself therapy. Psychotherapy 25, 142-146.

Starker, S. (1988b). Psychologists and self-help books. American Journal of Psychotherapy 43, 448-455.

Stein, G., (Hrsg.) (1984). The dictionary of unbelief. Buffalo, NY: Prometheus.

Stekel, W. (1950). Technique of analytical psychotherapy. New York: Liveright.

Steketee, G. S. (1993). Treatment of obsessive-compulsive disorder. New York: Guilford.

Stoolmiller. M.; Duncan, T.; Bank, L., & Patterson, G. R. (1993). Some problems and solutions in the study of change: Significant patterns in client resistance. Journal of Consulting and Clinical Psychology 61, 920-928.

Stuckey, R. S. (1991, October). Alcohol and drug addiction are actually disorders of pleasure. Psychiatric Times, pp. 42, 45.

Sue, D. W. (1981). Counseling the culturally different. New York: Wiley.

Sue, S. (1988). Psychotherapeutic services for ethnic competencies. American Psychologist 43, 301-308.

Sullivan, H. S. (1953). The interpersonal theory of psychiatry. New York: Norton.

Suzuki, D. T. (1956). Zen Buddhism. New York: Doubleday Anchor Books.

Suzuki, D. T.; Fromm, E., & DeMartino, R. (1963). Zen buddhism and psychoanalysis. New York: Grove.

Tabori, P. (1961). The art of folly. Philadelphia: Chilton.

Tabori, P. (1959). The natural science of stupidity. Philadelphia: Chilton.

Tart, C. T., (Hrsg.) (1969). Altered states of consciousness. New York: Wiley.

Tart, C. T., (Hrsg.) (1975). Transpersonal psychologies. New York: Harper Colophon Books, p. 504.

Tavris, C. (1983). Anger: The misunderstood emotion. New York: Simon and Schuster.

Taylor, S. E. (1990). Positive illusions: Creative self-deception and the healthy mind. New York: Basic Books.

Thorne, I: C. (1950). Principles of personality counseling. Brandon, VT: Journal of Clinical Psychology Press.

Thorpe, G. L.; Barnes, G. S.; Hunter, I E., & Hindes, D. (1983). Thoughts and feelings: Correlations in two clinical and two nonclinical samples. Cognitive Therapy and Research 7, 565-574.

Tillich, P. (1953). Der Mut zum Sein. Berlin: de Gruyter.

Tolmen, E. C. (1932). Purposive behavior in man and animals. New York: Appleton.

Trimpey, J. (1989). Rational recovery from alcoholism: The small book. New York: Delacorte.

Trimpey, J. (1993). Recovery as education. Journal of Rational Recovery 6 (2), 5-10.

Trimpey, J. (1993). Step zero: Addiction voice recognition technique. Journal of Rational Recovery 6 (1), 5-7.

Trimpey, J., & Trimpey, L. (1990). Rational recovery from fatness. Lotus, CA: Lotus Press.

Trimpey, J., Velten, E., & Dain, R. (1993). Rational recovery from addictions. In W. Dryden & L. K. Hill, (Hrsg.): Innovations in rational-emotive therapy (pp. 253-271). Newbury Park, CA: Sage.

Tyler, F. B.; Brome, D. P., & Williams J. E. (1991). Ethnic validity ecology and psychotherapy. New York: Plenum.

Underhill, E. (1974). Mysticism. New York: New American Library.

VanCleave, K. G., & Ellis, A. (1988). Unclogging cognitive cogs: A conversation with famed psychologist Dr. Albert Ellis. Mensa Bulletin 321, 6-9.

Varela, F: (1979). Principles of biological autonomy. New York: North Holland.

Vaughan, A. E. (1994). The Emperor's new paradox. Behavior Therapist 17, 61-62.

Vaughan, E (1984). Discovering transpersonal identify. Journal of Humanistic Psychology 25 (3), 13-38.

Velten, E. (1986). Withdrawal from heroin and methadone with RET: Theory and practice. In W. Dryden & P. Trower, (Hrsg.) Rational-emotive therapy: Recent developments in theory and practice (pp. 228-247). Bristol, England: Institute for RET (UK).

Velten, E. (1993). Can your higher power be anything? Journal of Rational Recovery, 6 (2), 11-12.

Vernon, A. (1989). Thinking, feeling, behaving: An emotional education curriculum for children. Champaign, IL: Research Press.

Vernon, A. (1991). Rational-emotive therapy: Classroom applications. New York: Institute for Rational-Emotive Therapy.

Wachs, T. D. (1992). The nature of nurture. Newbury Park, CA: Sage.

Wachtel, P. L. (1977). Psychoanalysis and behavior therapy: Toward an integration. New York: Basic Books. – Deutsche Ausgabe: Psychoanalyse und Verhaltenstherapie. Stuttgart: Klett-Cotta 1981.

Wachtel, P. L., (Hrsg.) (1982). Resistance. New York: Plenum.

Wachtel, P. L. (1994). From eclectism to synthesis: Toward a more seamless psychotherapeutic integration. Journal of Psychotherapeutic Integration 1, 43-54.

Wachtel, P. L. (1994). Cyclical processes in personality and psychopathology. Journal of Abnormal Psychology 103, 51-54.

Walen, S. R.; DiGiuseppe, R., & Dryden, W. (1992). A practitioner's guide to rational-emotive therapy. New York: Oxford University Press.

Walen, S. R., & Rader, M. W. (1991). Depression and RET. In: M. E. Bernard, (Hrsg.): Using rational-emotive therapy effectively (pp. 219-264). New York: Plenum.

Walsh, R. N., & Vaughan, F. (1980). Beyond ego. Los Angeles: Tarcher.

Walter, M. (1993). Personal resilience. Ottawa, Canada: Author.

Warner, R. E. (1991). A survey of theoretical orientations of Canadian clinical psychologists. Canadian Psychology 32, 525-528.

Warnock, S. (1989). Rational-emotive therapy and the Christian client. Journal of Rational-Emotive & Cognitive Behavior Therapy 7, 263-274.

Warren, R.; McLellarn, R. W., & Ellis, A. (1987). Albert Ellis' personal responses to the survey of rational-emotive therapists. Journal of RationalEmotive Therapy 5, 92-101.

Warren, R., & Zgourides, G. D. (1991). Anxiety disorders: A rational-emotive perspective. Des Moines, IA: Longwood Division Allyn & Bacon.

Washburn, M. (1990). Two patterns of transcendence. Journal of Humanistic Psychology 30 (3), 84-112.

Watson, D., & Tharp, R. (1993). Self-directed behavior, 6. Aufl. Pacific Grove: Brooks/Cole.

Watson, J. B. (1919). Psychology from the standpoint of a behaviorist. Philadelphia: Lippincott.

Watson, J. B., & Rayner, R. (1920). Conditioned emotional reactions. Journal of Experimental Psychology 3, 1-14.

Watson, P. J. (1993). Apologetics and ethnocentrism: Psychology and religion within an ideological surround. International Journal for the Psychology of Religion 3 (1), 1-20.

Watts, A. (1960). Nature, man and sex. New York: New American Library.

Watzlawick, P.; Beaven, A., & Jackson, D. (1967). Pragmatics of human communication. New York: Norton. – Deutsche Ausgabe: Menschliche Kommunikation. Bern: Hans Huber 1990, 8. Aufl.

Watzlawick, P., & Ellis, A. (1987). Debate: Indirect versus direct approaches to psychotherapy. Audiokassette. Phoenix, AZ: Info Medix and The Milton H. Erickson Foundation, Inc.

Watzlawick, P.; Weakland, J., & Fisch, R. (1974). Change. New York: Norton. – Deutsche Ausgabe: Die interpersonale Theorie der Psychiatrie. Frankfurt a. M.: S. Fischer 1980.

Wegner, D. M. (1994). Ironic processes of mental control. Psychological Bulletin 101, 34-52.

Weimer, W. B. (1975). The psychology of inference and expectation. In G. Maxwell & R. M. Anderson, (Hrsg.): Induction, probability and confirmation. Minneapolis, MN: University of Minnesota Press.

Weimer, W. B. (1977). A conceptual framework for cognitive psychology. In R. Shaw & J. D. Bransford, (Hrsg.): Acting, perceiving and knowing. Hillsdale, NJ: Erlbaum.

Weimer, W. B. (1982). Hayek's approach to the problems of complex phenomena: An introduction to the theoretical psychology of the sensory order. In: W. B. Weimer & D. S. Palermo, (Hrsg.): Cognition and the symbolic processes, Bd. 2 (pp. 267-311). Hillsdale, NJ: Erlbaum.

Weimer, W. B. (1991). Rationalist constructivism, scientism, and the study of man and society. Hilladale, NJ: Erlbaum.

Weinrach, S. G. (1980). Unconventional therapist: Albert Ellis. Personnel and Guidance Journal 59, 152-160.

Weismann, A. (1980). Dysfunctional attitude scale. Paper presented at the 51st Annual Meeting of the Eastern Psychological Association, Hartford, CT.

Werner, E. E., & Smith, R. S. (1982). Vulnerable but invincible: A study of resilient children. New York: McGraw-Hill.

Wessler, R. L. (1984). Alternative conceptions of rational-emotive therapy: Toward a philosophically neutral psychotherapy. In M. A. Reda & M. J. Mahoney, (Hrsg.): Cognitive psychotherapies: Recent developments in theory, research and practice (pp. 65-79). Cambridge, MA: Ballinger.

Wessler, R. L. (1992). Constructivism and rational-emotive therapy: A critique. Psychotherapy 29, 620-625.

Wessler, R. L., & Hankin-Wessler, S. W. R. (1986). Cognitive appraisal therapy. In W. Dryden & W. Golden, (Hrsg.) Cognitive-behavioural approaches to psychotherapy (pp. 196-223). London: Harper & Row.

Wessler, R. A., & Wessler, R. L. (1980). The principles and practice of rational-emotive therapy. San Francisco, CA: Jossey-Bass.

Whitehead, T. L., & Reid, B. V., (Hrsg.) (1992). Gender constructs and social issues. Chicago: University of Chicago Press.

Whorf, B. (1956). Language, thought and reality. New York: Wiley.

Wiek, E. (1983). Psychotherapy focus: Old and new. Voices 18 (4), 34-38.

Weiner, D. (1988). Albert Ellis: Passionate skeptic. New York: Praeger.

Wilber, K. (1982). The pre/trans fallacy. Journal of Humanistic Psychology 22 (2), 5-43.

Wilber, K. (1989). Let's nuke the transpersonalists. Journal of Counseling and Development 76, 332-335.

Wilber, K. (1990). Eye to eye, rev. Ausg. Boston: Shambhala. – Deutsche Ausgabe: Die drei Augen der Erkenntnis. München: Kösel 1988.

Wilber, K. (1993). The great chain of being. Journal of Humanistic Psychology 33, 52-65.

Wilson, E. O. (1975). Sociobiology: The new systhesis. Cambridge, MA: Harvard University Press.

Wilson, P. H. (1992). Principles and practice of relapse prevention. New York: Guilford.

Wilson, R. A. (1959). To the end of sanity. Independent 4, 6.

Wilson, S. R. (1988). The »real self« controversy: Toward an integration of humanistic and interactionist theory. Journal of Humanistic Psychology 28 (1), 39-65.

Withers, L. E., & Wantz, R. A. (1993). The influence of belief systems on subjects' perceptions of empathy, warmth, and genuineness. Psychotherapy 30, 608-615.

Wittgenstein, L. (1970). Tractatus logico-philosophicus. Frankfurt a. M.: Suhrkamp.

Wolberg, L. R. (1954). Technique of psychotherapy. New York: Grune & Stratton.

Wolf, W. (1962). Wider horizons in psychotherapy. American Journal of Psychotherapy 16, 124-149.

Wolfe, J. L. (1992). What to do when he has a headache. New York: Hyperion.

Wolfe, J. L. & Brand, E., (Hrsg.) (1977). Twenty years of rational therapy. New York: Institute for Rational-Emotive Therapy.

Wolfe, J. L., & Fodor, I. G. (1975). A cognitive-behavioral approach to modifying assertive behavior in women. Counseling Psychologist 5 (4), 45-52.

Wolfe, J. L., & Naimark, H. (1991). Psychological messages and social context. Strategies for increasing RET's effectiveness with women. In M. Bernard, (Hrsg.): Using rational-emotive therapy effectively. New York: Plenum.

Wolpe, J. (1958). Psychotherapy by reciprocal inhibition. Stanford, CA: Stanford University Press.

Wolpe, J. (1990). The practice of behavior therapy, 4. Aufl. Needham Heights, MA: Allyn and Bacon.

Woods, P. J. (1987). Do you really want to maintain that a flat tire can upset your stomach? Journal of Rational-Emotive Therapy 5, 149-161.

Woods, P. J. (1991). A calculation strategy for complicated decisions. Roanoke, VA: Scholars Press.

Woods, P. J. (1992). A study of belief and non-belief items from the Jones' irrational beliefe test with implications for the theory of RET. Journal of Rational-Emotive and Cognitive Behavior Therapy 10, 41-52.

Woods, P. J. (1993). Building positive self-regard. In M. E. Bernard & J. L. Wolfe, (Hrsg.): The RET resource book for practitioners (158-161).

Woolfolk, R. L. (1992). Hermeneutics, social construction and other items of intellectual fashion: Intimations for clinical science. Behavioral Therapy 23, 213-223.

Worell, J., & Remer, P (1992). Feminist perspectives in therapy: An empowerment model for women. New York: Wiley.

Wright, J. (1994). Professional community-building: An antidote to compassion fatigue. Family Therapy News 25 (1), 15-16.

Wright, J. H.; Thase, M. E.; Beck, A. T., & Ludgate, J. W. (1993). Cognitive therapy with inpatients. New York: Guilford.

Wrong, D. H. (1994). The problem of order. New York: Free Press.

Yalom, 1. (1990). Existential psychotherapy. New York: Basic Books. – Deutsche Ausgabe: Existenzielle Psychotherapie. München: Edition humanistische Psychologie 1989.

Yankura, 1, & Dryden, W. (1990). Doing RET: Albert Ellis in action. New York: Springer.

Yapko, M. D., & Ellis, A. (1990). An interview with Albert Ellis, Ph. D. Milton H. Erickson Foundation Newsletter 10 (1), pp. 1, 6, 7, 11-12;10 (2), 2-3.

Yates, A. (1970). Behavior Therapy. New York: Wiley.

Young, H. S. (1984). Special issue: The work of Howard S. Young. British Journal of Cognitive Psychotherapy 2 (2), 1-101.

Zaidel, D. W. (1994). World's apart: Pictoral semantics in the left and right cerebral hemispheres. Current Directions in Psychological Science 3 (1), 5-8.

Zajonc, R. B. (1980). Feeling and thinking: Preferences need no inferences. American Psychologist 35, 151-175.

Zajonc, R. B. (1984). On the primacy of affect. American Psychologist 39, 117-123.

Zarte, J. M. (1992). Cognitive-behavioral assessment and therapy with adolescents. New York: Brunner/Mazel.

Zastrow, C. (1993). You are what you think: A guide to self-realization. Chicago: Nelson Hall.

Zettle, R. D., & Hayes, S. C. (1980). Conceptual and empirical status of rational-emotive therapy. In M. Hersen, R. M. Eisler, & P. M. Miller, (Hrsg.): Progress in behavior modification, Bd. 9 (pp. 125-162). Orlando, FL: Academic Press.

Zingle, H. W. (1965). Therapy approach to counseling underachievers. Ph. D. thesis. University of Alberta.

Danksagung zur Erstausgabe von »Die rational-emotive Therapie«

Ich danke den folgenden Zeitschriften für die Erlaubnis, einige Materialien in dieses Buch aufzunehmen: *American Psychologist, Annals of the American Academy of Psychotherapists, Journal of Clinical Psychology, Journal of Counseling Psychology, Journal of Consulting Psychology, Journal of General Psychology, Journal of Psychology, Marriage and Family Living, Psychological Reports* und *Quarterly Review of Surgery, Obstetrics and Gynecology.* Außerdem danke ich Prentice-Hall, Inc. für die Erlaubnis, Material aus *Critical Incidents in Psychotherapy* von S.W. Standal und R. J. Corsini zu übernehmen, sowie Lyle Stuart für die Erlaubnis, Texte aus *Impolite Interviews* von Paul Krassner nachzudrucken.
Das Manuskript für die Erstausgabe dieses Buchs wurde von Dr. Roger J. Callahan, Dr. Magda Denes, Dr. Robert A. Harper, Dr. John W. Hudson, Dr. Madeleine Mason Lloyd, Dr. Stephen H. Sherman, Brookings Tatum und Dr. Edwin E. Wagner gelesen, die alle wertvolle Vorschläge dazu eingebracht haben, von denen jedoch keiner für die hier vorgestellten Thesen verantwortlich zu machen ist.

Danksagung zur überarbeiteten und aktualisierten Neuauflage von »Die rational-emotive Therapie«

Viele meiner Freunde und Kollegen haben Teile oder das gesamte Manuskript dieses Buchs gelesen, haben wertvolle Anmerkungen dazu gemacht und haben umfassend zu seiner Verbesserung beigetragen. Einige von ihnen haben enorm viel Zeit in meinen ersten Entwurf investiert und haben grammatikalische, redaktionelle, stylistische und inhaltliche Änderungen vorgeschlagen, die sich als äußerst hilfreich erwiesen haben. Keiner von ihnen ist natürlich für den Inhalt oder Stil dieser endgültigen Version verantwortlich.

Unter meinen Kritikern, denen ich überaus dankbar bin, befanden sich unter Anderen Shawn Blau, Ted Crawford, Ray DiGiuseppe, Windy Dryden, Michael Edelstein, Kevin FitzMaurice, Howard Kassinove, Andy Mollica, Barry Morris, Stevan Nielsen, Diana Richman, George Steinfeld, Phillip Tate, Emmett Velten, Stephen Weinrach, Paul Woods und Joseph Yankura. Was für eine bunt gemischte und hilfreiche Mannschaft!

Der gesamte Mitarbeiterstab des Institute for Rational-Emotive Therapy in New York hat beachtlich dazu beigetragen, diesem Buch zur Druckreife zu verhelfen – besonders Dominic DiMattia, Beth Free, Tim Runion, Alice Ledesma und Cari Meckler. Weitere, überaus hilfreiche Institutsmitglieder waren unter anderen Christie Dickson, Christina Gollob und Sherrie Myers.

Wie erwartet trugen auch einige viel beschäftigte Leute bei Carol Publishers beträchtlich dazu bei, dieses Buch erfolgreich – und korrekt! – in den Druck zu bringen, einschließlich Hillel Black und Allan Wilson.

Vor allem bin ich den Hunderten von Autoren und Psychotherapeuten dankbar, von denen ich im Lauf der Jahre die drei großen »P« gelernt habe – Philosophie, Psychologie und Psychotherapie. Einige der Namen erscheinen in der umfangreichen Biographie am Ende dieses Buchs. Viele andere bleiben hier ungenannt, doch ist ihr Einfluss bis heute immens und wird niemals vergessen werden.

Dieses Buch ist also weniger das Projekt eines Individuums, sondern sehr stark ein Gemeinschaftswerk. Wie es sein sollte!

Zur Rational-Emotiven Verhaltenstherapie ist in der Reihe »Leben lernen« ebenfalls erschienen:

Albert Ellis
Burkhard Hoellen

Die Rational-Emotive Verhaltenstherapie – Reflexionen und Neubestimmungen

256 Seiten
ISBN 3-7904-0646-5
Leben lernen 112

Die Rational-Emotive Verhaltenstherapie – unter dem Namen RET in den 50er Jahren von Albert Ellis entwickelt – ist auf dem Weg, eine der bedeutendsten Therapieformen unserer Zeit zu werden. Seit ihren Anfängen propagierte die REVT die gezielte Hinführung zur Eigenverantwortlichkeit des Klienten und förderte den Abbau irrationaler »Glaubenssätze«. Obwohl die Kernaussagen der REVT auch heute noch Gültigkeit beanspruchen können, hat es über die Jahre hinweg auch bedeutende Veränderungen, Positionswechsel und Weiterentwicklungen gegeben – sowohl in der Theorie als auch in der praktisch-therapeutischen Ausrichtung.
Diese Weiterentwicklungen werden hier an ausgewählten Themen dokumentiert. In einem ersten, die theoretischen Zugänge betreffenden, Teil werden Entwicklungstendenzen der REVT für das 21. Jahrhundert formuliert sowie wichtige intellektuelle Einflüsse offengelegt. In einem zweiten Teil sind aktuelle Positionen zur Methodik therapeutischen Handelns versammelt (Diagnostik, therapeutische Beziehung usw.). Der dritte Teil ist Einzelthemen der therapeutischen Praxis gewidmet.

Disputation – Vorgehensweisen

Techniken S. 173ff

Beispiele S. 177ff

Fragebsp. S. 209